L'intégralité de votre livre accessible en ligne

avec une simple connexion Internet !

OFFERT LIVRE EN LIGNE

+ Des outils utiles et intuitifs :

- sommaire interactif
- surlignage en couleurs
- notes personnelles et marque-page.

W0210071

Pour ACTIVER votre livre en ligne

- Rendez-vous sur www.nathan.fr/livre-en-ligne .
- Créez un compte **Nathan** en suivant les indications en ligne
  OU connectez-vous simplement avec vos identifiant et mot de passe **Facebook** si vous disposez déjà d'un compte **Facebook**.
- Cliquez sur « Activer un livre », saisissez votre clé d'activation personnelle puis le mot du livre qui vous sera demandé.

Votre clé d'activation personnelle :

ACBMAY-W2V-B24G

Pour toute CONNEXION ULTÉRIEURE

Connectez-vous sur www.nathan.fr/livre-en-ligne avec vos identifiants **Nathan** OU **Facebook**.

IMPORTANT

Votre clé d'activation est unique et personnelle : une fois utilisée, elle ne sera plus valide. Elle offre un accès de 24 mois à compter de la date d'activation. Elle est réservée à un seul utilisateur et ne peut être partagée.

Configuration minimale requise : Internet Explorer 8, Mozilla Firefox 3.4, Chrome, Safari, Opera toutes versions.

Retrouvez les conditions générales d'utilisation sur www.nathan.fr/livre-en-ligne.

Nathan

Géopolitique de l'Afrique et du Moyen-Orient 978-2-09-167479-7

COLLECTION NOUVEAUX CONTINENTS

GÉOPOLITIQUE de l'AFRIQUE et du MOYEN-ORIENT

Ouvrage dirigé par Roland Pourtier

Jeanne-Marie Amat-Roze
Agrégée et docteur en géographie,
professeur émérite à l'université Paris-Est Créteil

Marcel Bazin
Agrégé et docteur en géographie,
professeur honoraire à l'université de Reims Champagne-Ardenne

Brigitte Dumortier
Normalienne, agrégée et docteur en géographie,
maître de conférences à Sorbonne Université

Géraud Magrin
Agrégé et docteur en géographie,
professeur à l'université Paris 1 Panthéon-Sorbonne

Roland Pourtier
Agrégé et docteur en géographie,
professeur honoraire à l'université Paris 1 Panthéon-Sorbonne

Olivier Sanmartin
Docteur en géographie, maître de conférences
à l'université de Tours (UMR CITERES-EMAM)

Roman Stadnicki
Docteur en géographie, maître de conférences
à l'université de Tours (UMR CITERES-EMAM)

Nathan

Dans la collection Nouveaux continents

– *La Mondialisation contemporaine – Rapports de force et enjeux*
Ouvrage dirigé par Nicolas Balaresque
Auteurs : Delphine Acloque, Aurélien Delpirou, Judicaëlle Dietrich, Hadrien Dubucs, Jean-Yves Piboubès, Cécile Picardat

– *Les grandes Mutations du monde – De 1913 à nos jours*
Ouvrage dirigé par Éric Godeau
Auteurs : Nicolas Balaresque, Noël Bonhomme, Ismaël Ferhat, Matthieu Osmont, Jean-Yves Piboubès

– *Géopolitique de l'Asie*
Ouvrage dirigé par Nicolas Balaresque
Auteurs : Nicolas Balaresque, Michel Bruneau, Sébastien Colin, Jean-Yves Piboubès, Anne Viguier

– *Géopolitique de l'Europe*
Ouvrage dirigé par Bernard Elissalde
Auteurs : Nicolas Balaresque, Yves Colombel, Philippe Dugot, Bernard Elissalde, David Rigoulet-Roze, Frédéric Santamaria

– *Géopolitique des Amériques*
Ouvrage dirigé par Laurent Faret et Jean-Yves Piboubès
Auteurs : Anne-Marie Amilhat-Szary, Virginie Baby-Collin, Laurent Faret, Pierre Gautreau, Martine Guibert, Marie-Gabrièle Lachmann, Frédéric Leriche, Marie-Carmen Macias, Nina Montes de Oca, Alain Musset, Pascale Nédélec, Jean-Yves Piboubès, Chloé Reiser, Damien Simonneau, Hervé Théry

Dans la collection Guide
Nouvelle Histoire du monde contemporain – De la fin du XIXe siècle à nos jours
Ouvrage dirigé par Jean-Yves Piboubès – Préface de Bertrand Badie
Auteurs : Nicolas Balaresque, Juliette Benelli, Noël Bonhomme, Mathias Burgé, Léo Cayeux, Virgile Cirifice, Julie Delamard, Éric Godeau, Mathilde Harel, Philippe Lacombe, Stéphanie Leu, Thomas Maineult

Édition : Anaëlle Féret
Maquette intérieure : Dany Mourain
Couverture : studio interne
Mise en page : Nadine Aymard
Cartographie : Légendes cartographie
Relecture : Nathalie Rachline
Fabrication : Laura Milhomme

ISBN : 978-2-09-167479-7

N° de projet : 10301767
Dépôt légal : juin 2022
Achevé d'imprimer en mai 2024
par SEPEC Numérique - N06601240402 - France

SOMMAIRE

Liste des notions
liennathan.fr/d898ff

Liste des documents
liennathan.fr/44x5mt

Liste des ZOOMS
liennathan.fr/85wnn9

Liste des QR codes
liennathan.fr/77i7ti

Bibliographie
liennathan.fr/9s85ty

AFRIQUE ET MOYEN-ORIENT

Tout découpage de la terre prête à débat. Regrouper dans un volume unique l'Afrique d'une part et le Moyen-Orient d'autre part n'échappe pas à une interrogation quant à la pertinence de ce mariage entre deux entités territoriales le plus souvent étudiées séparément. La *Géographie Universelle*, réalisée sous la direction de Roger Brunet, la somme la plus récente, comprend un volume exclusivement consacré à l'Afrique au sud du Sahara, et un autre regroupant l'Afrique du Nord, le Moyen-Orient et le monde indien. Tantôt l'Afrique est étudiée comme un tout, allant de la Méditerranée jusqu'à la pointe australe du continent, tantôt l'Afrique du Nord est associée au Moyen-Orient. La Banque mondiale, parmi d'autres organisations internationales, individualise une région MENA (*Middle East and North Africa*). Les États-Unis adhèrent à cette vision géopolitique régionale axée sur un « Grand Moyen-Orient » embrassant l'ensemble des territoires dominés par l'islam entre le Maroc à l'ouest et les confins de l'Asie centrale à l'est. On se trouve donc en présence de deux systèmes de représentation géographique : l'une privilégie l'unité continentale de l'Afrique et l'orientation méridienne des forces qui la structurent par-delà la coupure du Sahara et se prolongent en direction de l'Europe ; l'autre met l'accent sur l'axe est-ouest solidarisé par une histoire qui a tissé des liens millénaires entre l'Afrique méditerranéenne et l'Orient. À l'intersection de ces deux ensembles géohistoriques, le Maghreb (les pays du couchant) établit une passerelle entre l'Europe, l'Asie et le monde noir.

Conséquence de l'hégémonie américaine, le « Moyen-Orient » a éclipsé dans la nomenclature géographique le « Proche-Orient » longtemps en faveur parmi les Européens. Toutefois, leur périmètre respectif se recoupe partiellement, celui du Moyen-Orient étant en général plus englobant que celui d'un Proche-Orient parfois réduit aux pays du « Levant » riverains ou proches de la Méditerranée orientale. Mais ces ensembles géopolitiques, quelle que soit leur désignation, sont à géométrie variable, en fonction des soubresauts de l'histoire et de leur interprétation. Il en va de même des contours fluctuants du Machrek, l'Orient arabe. Quant à l'« Asie mineure » ou Anatolie, elle désigne la péninsule comprise entre la mer Noire et la Méditerranée, et se confond aujourd'hui *de facto* avec la Turquie.

Les ensembles géopolitiques ne correspondent pas nécessairement aux découpages institutionnels et aux catégories statistiques. Par rapport à la classification des Nations unies, on intégrera dans le Moyen-Orient, outre les États d'« Asie occidentale », l'Iran et l'Afghanistan classés dans le groupe « Asie du Sud ».

La manière d'étudier les grands ensembles spatiaux qui structurent la planète dépend de la place accordée à la nature et à l'histoire, et surtout à la façon d'appréhender leurs interférences. Dans une perspective de représentation physique, la dimension continentale est privilégiée. De ce point de vue, l'Afrique, l'un des cinq continents, est parfaitement circonscrite et spécifiée : elle couvre 30 300 000 km². Sa population a dépassé le milliard d'habitants en 2009 et est estimée à 1,35 milliard en 2020. Figurant en général au centre des planisphères, ses contours sont nets et ne prêtent pas à discussion, à la différence des limites de l'Europe, par exemple : au nord la Méditerranée, à l'ouest l'océan Atlantique, à l'est l'océan Indien, les deux océans mêlant leurs eaux à la pointe méridionale du continent, au cap de Bonne-Espérance.

Ce continent massif, et qui offre peu de facilités naturelles à la pénétration, confine en deux points à l'Asie et à l'Europe. Un étroit pédoncule entre Port-Saïd et Suez l'attache à l'Asie. L'ouverture du canal de Suez en 1869 lui a conféré une exceptionnelle valeur géostratégique. L'accroche des deux continents est ténue et pourtant essentielle : elle a fait de l'Égypte, à l'angle oriental de la Méditerranée, un carrefour de civilisation où s'entrecroisent les influences africaines, asiatiques et méditerranéennes. À l'autre extrémité de la Méditerranée, les Colonnes d'Hercule des Anciens mettent l'Afrique à quelques encablures de l'Europe. Le rocher de Gibraltar, vigie de l'Europe, fait face à Tanger la cosmopolite. L'Espagne se projette sur le sol africain dans les enclaves de Melilla et de Ceuta, enclaves européennes qui tentent de se verrouiller face aux pressions migratoires. Ces deux voies de passage remplissent un rôle décisif pour l'ouverture du continent africain sur le monde extérieur. Jadis, selon la Bible, les eaux de la mer Rouge s'écartèrent pour permettre à Moïse de fuir d'Égypte vers la péninsule du Sinaï et Israël. Dès le VIIe siècle de l'ère chrétienne, la conquête arabe déferle sur l'Afrique du Nord en empruntant l'isthme de Suez ; le détroit de Gibraltar n'arrête pas sa progression vers l'Europe. Jusqu'à la chute de Grenade en 1492, l'Andalousie musulmane est un actif relais entre l'Orient, l'Afrique et l'Europe. Lors de sa plus grande expansion au XIe siècle, l'Empire almoravide s'étend de l'Espagne au Sénégal. Aujourd'hui, les flux ont changé de nature et de sens. Un grand nombre d'Africains cherchent par tous les moyens, et souvent au péril de leur vie, à gagner l'Europe qu'ils s'imaginent comme une terre promise qui leur offrira ce que ne peut leur procurer un continent encore affecté par le sous-développement, bien qu'il connaisse, depuis le début du XXIe siècle, une croissance soutenue de 5 % par an en moyenne. Le fuseau euro-africain impose sa géographie aux flux migratoires Sud-Nord, confirmant la fonction géopolitique primordiale de la Méditerranée, espace relais, espace tampon.

L'ancienneté des contacts, des échanges, des influences croisées entre l'Afrique, le monde méditerranéen et le Moyen-Orient se traduit par une double tension entre l'axe est-ouest d'une « Afrique-Asie » consolidée par l'islam et l'axe nord-sud d'une « Eurafrique » à laquelle la colonisation européenne a donné corps. Située au sud du Sahara, l'Afrique dite « subsaharienne », selon la nomenclature des Nations unies, est souvent traitée comme une entité distincte. Elle correspond à l'Afrique noire, par opposition à l'Afrique septentrionale blanche. Entre les deux, le plus grand désert du monde constitue une césure spatiale de grande importance. Obstacle physique à la circulation, il n'a cependant jamais été une barrière étanche. Il n'a empêché ni les échanges commerciaux, de faibles volumes il est vrai, ni la diffusion de l'islam, véhiculé par les commerçants dont les caravanes chamelières ont bravé le désert. Des complémentarités de ressources entre l'Afrique tropicale et l'Afrique du Nord ont alimenté des flux marchands depuis une haute Antiquité. Mais les échanges ont toujours été asymétriques : tant le Maghreb que le Moyen-Orient ont utilisé leur suprématie politico-militaire pour s'approvisionner en esclaves parmi les populations noires. Les espaces de contact, les *sahel* (du mot arabe désignant « le rivage »), ont toujours été des espaces stratégiques, qu'il s'agisse du Sahel continental, zone de transition entre le désert saharien et les pays de savane de l'Afrique dite « soudanienne » (de *bled es soudan,* « le pays des Noirs »), ou du Sahel maritime des rivages de l'océan Indien. Là, les Arabes ont ouvert un autre front de commerce et d'islamisation sur ces côtes facilement accessibles depuis la péninsule Arabique et où s'est forgé le monde swahili, symbiose des langues et des cultures bantoues et arabes.

L'Afrique septentrionale et le Moyen-Orient arabe ont ainsi entretenu avec l'Afrique noire des relations de même nature selon un modèle d'échange inégal. À partir de la fin du XVe siècle et de la découverte, par les navigateurs européens, des côtes africaines, le destin de l'Afrique noire bascule. Les horizons de la traite esclavagiste s'élargissent aux Amériques, les flux s'intensifient, touchent désormais la plus grande partie du continent au sud du Sahara, de sorte que sa spécificité s'accentue du fait de son cantonnement dans la seule fonction de pourvoyeuse d'esclaves. Il faut attendre la fin du XIXe siècle, et la disparition progressive de la traite esclavagiste, pour que le panorama se modifie. Mais le changement n'est que partiel : avec la colonisation, le commerce licite se substitue certes au « trafic honteux », mais il n'est demandé à l'Afrique noire que de fournir des matières premières aux métropoles coloniales qui lui vendent en échange des produits manufacturés. Aujourd'hui, les systèmes productifs fondés sur les rentes, qu'elles soient agricoles, minières ou pétrolières, restent dominants et ne sont pas toujours favorables au développement économique et social de cette partie du monde. Les spécificités de l'Afrique noire, qu'il s'agisse de ses retards ou des rattrapages en cours, justifient à elles seules qu'elle fasse l'objet d'une étude particulière.

Ces considérations dessinent ainsi dans ses grandes lignes le plan de l'ouvrage, logiquement organisé en trois grandes parties. La première traite de questions communes à l'espace Afrique-Moyen-Orient, les deux autres sont consacrées aux aspects particuliers des deux grands sous-ensembles qui le composent. L'Afrique noire – ou subsaharienne – ne pose pas de problème de délimitation : elle couvre la totalité des terres situées au sud du Sahara. Il importe cependant de distinguer, au sein de ce « sous-continent » l'Afrique tropicale, *sensu stricto*, de l'Afrique australe qui, par bien des aspects (écologiques, démographiques, économiques), présente des points communs avec l'Afrique du Nord. Celle-ci est clairement identifiée, mais l'Égypte, État charnière, est rattachée plus souvent au Machrek qu'au Maghreb.

Conformément à la représentation géopolitique d'un « Grand Moyen-Orient », le Maghreb sera abordé dans la troisième partie. Si l'islam participe d'une vision globale de ce Moyen-Orient, ses déchirements internes ajoutent à l'instabilité de cette partie du monde d'une extraordinaire complexité et qui se trouve au cœur d'enjeux géopolitiques planétaires.

Une aire d'instabilité majeure

Un point commun à l'aire géographique Afrique-Moyen-Orient réside dans la fragilité de nombreux États, et dans la fréquence des guerres dont elle est le théâtre depuis quelques décennies. Chacune de ces guerres renvoie à une combinaison de facteurs spécifiques et à quelques principes généraux d'explication. En premier lieu, à quelques exceptions notables (pays du Maghreb, Égypte, Turquie, Iran, Éthiopie), les États de la région sont des créations coloniales, souvent fragiles. C'est le cas de l'Afrique subsaharienne dans sa quasi-totalité et d'une grande partie du Moyen-Orient réorganisé par les puissances occidentales au lendemain de la Première Guerre mondiale sur les décombres de l'Empire ottoman. La Grande-Bretagne mais aussi les États-Unis, qui commencent alors à affirmer leur rôle de grande puissance, s'y sont taillé la part du lion. Agent secret de Sa Majesté, l'homme qui deviendra pour l'histoire et la légende Lawrence d'Arabie contribue à la résurrection de la grandeur arabe depuis longtemps affaiblie par les Turcs. De nouvelles compositions territoriales émergent en fonction des richesses pétrolières pressenties. L'Arabie se construit sur un désert jusqu'alors désolé, mais dont les ressources pétrolières vont bientôt dépasser toutes les espérances et, par ricochet, conforter le fondamentalisme islamiste wahhabite de la dynastie saoudienne. Le Koweït et quelques petits émirats aujourd'hui regroupés dans les Émirats arabes unis parviennent à échapper à son emprise. La création de l'Irak ressuscite la Mésopotamie tout en promouvant un concurrent de l'Arabie saoudite et de l'Iran conformément au principe géopolitique qui recommande de « diviser pour régner ». La France, écartée des grandes manœuvres pétro-politiques dominées par les Britanniques puis par les Américains, doit se contenter d'un mandat sur le Liban et la Syrie : c'est l'origine de la diaspora des Libano-Syriens dans l'empire colonial français, principalement en Afrique occidentale et centrale, où ils forment aujourd'hui des communautés très actives dans le secteur commercial.

La fragilité d'un grand nombre d'États s'explique par les conditions de leur genèse. Les Européens ont taillé des territoires sans tenir compte ni des réalités économiques ni des spécificités culturelles, linguistiques, religieuses des populations arbitrairement rassemblées à l'intérieur de frontières issues d'accords conclus exclusivement entre puissances coloniales. Depuis les indépendances africaines, les sécessions, comme celle du Katanga dans l'ex-Congo belge et du Biafra au cours des années 1960, et les guerres civiles ont affaibli les États en entravant leur développement : longs conflits du Soudan du Sud luttant pour son indépendance, finalement acquise en 2011, ou de l'Angola ; guerres plus brèves mais très cruelles des années 1990 (Liberia, Sierra Leone, Somalie, Congo-Zaïre, sans oublier le génocide rwandais). Ces conflits violents témoignent de la difficulté du « vivre-ensemble » au sein d'États jeunes, travaillés par les dissensions et les rivalités de pouvoir entre groupes ethniques facilement instrumentalisés par des acteurs politiques mal formés aux pratiques démocratiques. Les conflits les plus récents s'inscrivent dans ce schéma de rivalités politico-ethniques qui épargnent peu de pays. C'est ainsi que la Côte d'Ivoire, longtemps présentée comme un modèle de stabilité politique et de développement économique, se remet à peine de la division entre « sudistes » et « nordistes » dont elle a beaucoup souffert au cours des années 2000. Au Soudan, la guerre qui a éclaté au Darfour en 2003 a fait rejouer les tensions séculaires entre pasteurs nomades et agriculteurs sédentaires.

Depuis 2010, une nouvelle vague de conflits a déferlé sur l'Afrique ; les interventions militaires extérieures, avec l'aval de l'ONU, se sont multipliées. En Libye, elles se sont soldées par l'élimination de Mouammar Kadhafi en 2011, mais le pays n'a retrouvé ni stabilité ni sécurité, tandis que la guerre s'est déplacée vers d'autres théâtres en déstabilisant le Sahel. Au Mali, l'affaiblissement de l'État a donné un nouveau souffle aux indépendantistes touareg, et laissé le champ libre aux mouvements djihadistes se réclamant d'Al-Qaida au Maghreb islamique (AQMI), provoquant, début 2013, l'intervention militaire française avec l'opération Serval. La même année, la fragilité de la République centrafricaine a pris un tour dramatique avec la rébellion des populations du nord du pays qui a rapidement dégénéré en un conflit opposant pasteurs et cultivateurs, musulmans et chrétiens, chefs politiques et entrepreneurs de guerre, et précipité un des pays les plus pauvres d'Afrique dans un cycle de violences que les forces armées dépêchées par l'Union africaine, la Communauté économique et monétaire de l'Afrique centrale (CEMAC) et la France n'ont pas réussi à enrayer durablement. Quant au Soudan du Sud, à peine indépendant, il a été déchiré par des rivalités internes qui l'ont plongé dans une guerre civile avec pour conséquence un exode des populations et une famine en 2017, les accords de paix conclus en 2020 demeurant très fragiles. L'Éthiopie elle-même, alors que le Premier ministre Abiy Ahmed venait de recevoir le prix Nobel de la paix en 2019, a renoué avec la guerre en 2020, lorsque la province du Tigré a pris les armes contre le pouvoir d'Addis-Abeba.

Tout comme l'Afrique, le Moyen-Orient est le théâtre de guerres incessantes. Depuis sa création en 1948, Israël est en conflit avec ses voisins arabes ; après les guerres des Six-Jours et du Kippour, aucun traité de paix n'a été conclu. Le Liban a connu quinze ans de violence opposant les communautés religieuses musulmanes et chrétiennes, dont la cohabitation repose sur de délicats équilibres politiques. L'Irak, que les guerres du Golfe ont rendu exsangue, peine à retrouver une paix durable, ses structures étatiques, affaiblies par l'intervention américaine, laissant le champ libre à la compétition violente entre Arabes chiites, Arabes sunnites et Kurdes. Ces derniers, au territoire fragmenté par les frontières, se répartissent entre la Turquie, l'Irak, l'Iran et la Syrie. Ils forment une nation sans État dont les revendications unitaires constituent un problème géopolitique complexe et qui semble insoluble. La Syrie, où l'opposition issue de la majorité sunnite s'est soulevée, en 2011, contre un régime brutal aux mains de la minorité alaouite, a sombré dans une longue guerre civile qui a fait 500 000 victimes en une décennie et généré des flux massifs de réfugiés dans les pays voisins (Liban, Turquie, Jordanie) et jusqu'en Europe (principalement l'Allemagne). Le conflit, lourd d'une menace de déstabilisation de tout le Moyen-Orient, a ravivé la rivalité entre la Russie et les États-Unis, et conduit à un renforcement des positions de Moscou en Méditerranée orientale.

Un immense arc de crise prend en écharpe l'ensemble de l'espace étiré du Sahel jusqu'à l'Afghanistan. La désagrégation de l'Irak et de la Libye ainsi que l'enlisement de la guerre en Syrie ont fait le lit des mouvements djihadistes. L'État islamique (Daech de son acronyme arabe) a proclamé le califat à Bagdad en 2014. Plusieurs groupes islamistes lui ont fait allégeance, dont Boko Haram, qui fait régner la terreur au nord-est du Nigeria et autour du lac Tchad. La région MENA est la plus touchée par les violences armées, dont les populations civiles paient le prix fort, mais l'Afrique subsaharienne est à son tour visée par les attentats islamistes qui ont frappé à Nairobi, N'Djamena, Bamako, Ouagadougou, Grand-Bassam et embrasent désormais l'ensemble du Sahara-Sahel.

En continuité avec la stratégie de Ben Laden, les djihadistes portent le fer au cœur du monde occidental et chrétien. Depuis 2015, les attentats se sont multipliés en Europe, de Paris à Nice, de Londres à Berlin, de Stockholm à Saint-Pétersbourg. Les tensions géopolitiques propres à l'Afrique et au Moyen-Orient poussent leurs métastases bien au-delà des limites de cette aire géographique.

Si l'actualité propulse l'islamisme sur le devant de la scène, celui-ci n'est qu'un des facteurs des conflits qui secouent l'Afrique et le Moyen-Orient. Les enjeux territoriaux ont été au cœur de la guerre sans merci que l'Irak et l'Iran se sont livrés pour l'appropriation d'un territoire en basse Mésopotamie à la fin des années 1980. L'Érythrée et l'Éthiopie se sont affrontés entre 1998 et 2000 à propos d'un litige qui ne porte pourtant que sur un mouchoir de poche. Mais le problème le plus complexe, le plus crucial pour l'avenir de la région, réside dans le conflit israélo-palestinien, conflit territorial par excellence puisqu'un même territoire est revendiqué par deux prétendants, sans perspective d'entente.

La question de l'État, de sa capacité à encadrer des populations diverses et souvent peu enclines à cohabiter, de son aptitude à résister aux forces centrifuges et à contrôler son territoire est centrale, tant en Afrique subsaharienne qu'au Moyen-Orient. Bien que les tensions internes suffisent à déclencher des conflits, des facteurs externes interviennent aussi dans leur genèse et leur développement. Les ressources minières et pétrolières représentent des enjeux économiques considérables et de portée internationale. En raccourci, le Moyen-Orient est perçu au travers de l'islam et du pétrole. L'or noir joue un rôle, direct ou indirect, dans tous les conflits. Les deux guerres du Golfe de 1990 et 2003 sont étroitement liées à la politique américaine de sécurisation des approvisionnements pétroliers. Au début du XXIe siècle, cette même préoccupation a conduit les compagnies américaines à investir massivement dans le golfe de Guinée, l'« autre Golfe » sur lequel elles misaient pour réduire leur dépendance vis-à-vis des sources d'approvisionnement du golfe Arabo-Persique jusqu'à ce que pétrole et gaz de schiste modifient à nouveau, à leur avantage, la géopolitique mondiale des hydrocarbures.

Un tournant géopolitique

Le début de la décennie 2020 est marqué par quelques changements géopolitiques majeurs. En août 2021, les États-Unis quittent définitivement l'Afghanistan, soldant vingt ans d'une guerre inutile. Les talibans sont à nouveau au pouvoir à Kaboul. L'échec de la première puissance militaire mondiale ouvre la voie à une redistribution des cartes au Moyen-Orient et jusqu'en Afrique. La Russie et la Turquie profitent de ce trou d'air pour conforter leurs positions au sud de la Méditerranée. Ankara ne cache pas sa volonté de restaurer la grandeur ottomane. Quant au Kremlin, il renoue avec la politique africaine du temps de la guerre froide. Le groupe privé Wagner, proche du président Poutine, s'est imposé comme un acteur incontournable dans la crise dans laquelle la République centrafricaine s'est engluée.

La situation de la France au Sahel, où un sentiment anti-français prend de l'ampleur depuis la fin des années 2020, est fragilisée par l'enlisement militaire qui conduit l'état-major français à repenser son dispositif stratégique et ses alliances. La décision annoncée le 17 février 2022 de retirer Barkhane du Mali est une première étape. Le vide à venir est déjà comblé par les mercenaires de Wagner, à l'affût, qui ont répondu à l'appel de la junte militaire dès l'automne 2021. Même si Bamako n'est pas Kaboul, le retrait précipité des troupes américaines a donné un mauvais signal. L'avenir du Sahel est plus que jamais lié à l'histoire du monde depuis l'invasion militaire de l'Ukraine par la Russie commencée le 24 février 2022. Il est significatif qu'ayant à se prononcer sur une résolution de l'Assemblée générale de l'ONU qui condamne l'intervention militaire russe en Ukraine (résolution adoptée par 141 pays le 2 mars 2022), 24 pays africains sur 54 se sont abstenus ou n'ont pas pris part au vote. Les raisons en sont diverses : réchauffement de la guerre froide, position de neutralité reflétant un sentiment anti-occidental, dépendance extrême de nombreux pays africains vis-à-vis de l'importation de blé russe, en particulier en Égypte et dans les pays du Maghreb. S'ajoutant au risque de pénurie de céréales pour des raisons climatiques, la guerre a immédiatement provoqué une flambée des prix dont les conséquences sociales pourraient être considérables. Les retombées de la guerre en Ukraine seront mondiales et n'épargneront ni l'Afrique ni le Moyen-Orient, dont les économies sont particulièrement vulnérables.

Logiques rentières et enjeux économiques mondiaux

Un des traits communs aux économies africaines et moyen-orientales tient à la domination, quasi exclusive, des activités rentières caractérisées par l'exportation de produits primaires bruts ou semi-transformés. Ces pays du Sud expédient vers les marchés consommateurs du Nord des produits agricoles – méditerranéens (agrumes) ou tropicaux (café, cacao, banane) –, des bois tropicaux et, surtout, des produits miniers et pétroliers, qui jouent aujourd'hui un rôle clé dans les relations internationales. L'Afrique subsaharienne détient toutes sortes de minerais, les uns plutôt communs (fer, cuivre, bauxite, uranium), les autres rares et stratégiques (cobalt, chrome, colombo-tantalite, terres rares), sans omettre l'or, le platine et le diamant. Pendant la guerre froide, la nécessité pour les États-Unis de s'assurer un approvisionnement en cobalt explique leur sollicitude envers le Congo-Kinshasa et le soutien qu'ils apportèrent au président Mobutu. L'Afrique du Sud a construit sa fortune et son développement industriel sur l'exploitation de son riche potentiel minier. Mais elle fait exception : elle est le seul pays disposant d'une industrie de transformation diversifiée. Les autres se contentent d'exporter des produits bruts, les industries manufacturières en cours de développement n'étant destinées qu'au marché intérieur. Ils restent sous la dépendance technologique des firmes multinationales, et sous la dépendance commerciale des marchés consommateurs du Nord. Cette relation asymétrique héritée du système colonial se perpétue avec l'arrivée de nouveaux acteurs mondiaux insatiables dans leur quête de matières premières, au premier rang desquels la Chine, premier partenaire commercial de l'Afrique depuis 2011.

Les pays producteurs de pétrole donnent l'image la plus achevée de l'économie rentière. La rente prélevée sur les sociétés pétrolières américaines, européennes et maintenant asiatiques constitue le socle économique et social des pétromonarchies du Golfe. La négociation des contrats pétroliers, la fixation des royalties, de la fiscalité, des modalités de partage de production... dominent la politique des États producteurs et exportateurs. Regroupés au sein de l'OPEP, ils sont devenus un acteur incontournable de la géopolitique mondiale. Les pays du Golfe, Arabie en tête, tiennent une place si importante par leur production et leurs réserves d'hydrocarbures qu'ils sont un élément clé du système économique mondial. Plus tard venus, les producteurs africains, toujours plus nombreux (le Ghana a rejoint le club des pays producteurs fin 2010, le Mozambique mise sur des réserves gazières considérables), occupent une place non négligeable dans l'économie pétrolière, tout en demeurant loin derrière les performances des pays producteurs du Moyen-Orient.

Toutefois, le pétrole n'est pas nécessairement synonyme de développement ; certains observateurs s'interrogent même sur « la malédiction du pétrole » – et plus généralement des matières premières –, fauteur de troubles, de tensions sociales, de violences et, dans les cas extrêmes, de guerres, comme au Nigeria et en Irak. La guerre civile en Angola a été financée soit par le pétrole, soit par le diamant. Partout, la gestion des recettes pétrolières est un exercice complexe et peu transparent, surtout dans les États fragiles minés par la corruption. Les questions pétrolières, toutefois, ne peuvent être isolées du contexte politique global. De multiples facteurs internes et externes interfèrent, comme dans la crise irakienne. Une chose est sûre, qu'ils se situent au Moyen-Orient ou en Afrique, les pays vivant de la rente pétrolière sont embarqués dans des dynamiques de mondialisation qui limitent leur autonomie.

Autre point commun à la plupart des pays dépendant de la rente minière ou pétrolière, leur agriculture a été sacrifiée sur l'autel d'une croissance fondée principalement, sinon exclusivement, sur les recettes d'exportation des produits extraits de leur sous-sol. Il en résulte une dépendance alimentaire croissante. La question de la souveraineté alimentaire sera cruciale dans les décennies à venir, l'Afrique et le Moyen-Orient, premiers destinataires de flux mondiaux de céréales, étant particulièrement exposés aux conséquences des aléas climatiques et à l'insécurité politique.

Mais là s'arrêtent les ressemblances. Les pays du Moyen-Orient, avec ou sans pétrole, connaissent une forte croissance économique, à l'exception de ceux dont le développement a été brisé par les guerres (Irak, Afghanistan, Syrie, Liban). Les monarchies du Golfe, fortes de leurs pétrodollars, investissent tous azimuts (par exemple, le Qatar en France). L'Afrique subsaharienne reste, en revanche, le continent de la pauvreté, la plupart des États figurant dans le bas de tous les classements mondiaux, quels que soient les indicateurs économiques ou sociaux considérés. Le signe le plus tangible de ses difficultés réside dans la récurrence des pénuries alimentaires, même si leurs manifestations aiguës, les famines, tendent à s'estomper grâce aux filets de l'aide internationale. Le faible poids économique du continent, combiné aux plus fortes croissances démographiques, constitue une donnée géopolitique fondamentale, tant à l'échelle régionale qu'à l'échelle mondiale. Les carences du développement alimentent des frustrations, fragilisent les États, grossissent les flux de l'émigration, ce qui pourrait bien être, à terme, plus préoccupant pour les équilibres internationaux que le terrorisme issu des milieux islamistes. Les situations ne sont cependant pas figées. Depuis le début du millénaire, l'Afrique subsaharienne enregistre des taux de croissance bien supérieurs à ceux de l'Europe. Elle est entrée de plain-pied dans l'ère des technologies de l'information et de la communication. On évoque désormais les « lions » d'un continent d'avenir qui s'apprêterait à suivre les traces des « tigres » asiatiques. L'Afrique est présentée comme la « nouvelle frontière ». Mais elle part de très bas, de sorte qu'il faudra attendre longtemps encore avant qu'elle accède aux standards des pays développés, et même à l'émergence, ce nouvel horizon de développement. Une chose est sûre cependant, l'afro-optimisme s'est substitué à l'afro-pessimisme de la fin du XXe siècle.

Avec ses traits communs et son extrême diversité, le grand ensemble composé du continent africain et de l'extrémité occidentale de l'Asie est d'une très grande complexité, qu'il s'agisse des trajectoires historiques, des organisations sociales, culturelles, politiques, des allégeances religieuses ou des réponses aux défis du développement dans un contexte de démographie souvent explosive. Les vingt-sept chapitres composant l'ouvrage sont organisés autour de thématiques qui, croisant les temps longs et les données d'actualité, fournissent à la fois un riche corpus d'informations et des réflexions destinées à faciliter la compréhension de cette complexité.

Roland POURTIER

Partie I
Afrique et Moyen-Orient : héritages et défis

Cette première partie est consacrée à une mise en perspective géopolitique globale de l'espace Afrique-Moyen-Orient. Les cinq chapitres qui la composent traitent de questions transversales intéressant un ensemble de territoires couvrant 44 millions de km² pour une population d'environ 1,5 milliard d'habitants en 2020, répartis entre 68 États. Il va sans dire qu'un ensemble aussi vaste composé de l'Afrique dans sa totalité et du tiers occidental de l'Asie offre davantage de diversité que d'unité. Cependant, à l'aune d'une géodynamique continentale combinant grands espaces et temps long, il est possible de dégager un certain nombre de problématiques communes.

La première porte sur les **conséquences politiques des découpages territoriaux** de l'Afrique et du Moyen-Orient effectués par les Européens lors de la colonisation de l'Afrique d'une part, à la suite de l'effondrement de l'Empire ottoman d'autre part. Dans les deux cas, les frontières ont été imposées, en fonction des rapports de force entre puissances européennes, sans tenir compte des populations. Il en résulte une inadéquation générale entre les territoires d'État et les représentations identitaires, dont maints peuples, comme les Kurdes, ont fait les frais. Fruit d'une histoire articulant dynamiques internes et interventions de puissances extérieures, la région Afrique-Moyen-Orient est aujourd'hui, à l'échelle du monde, celle qui cumule le maximum de risques pour la paix.

La deuxième concerne les **questions de population**. L'Afrique et le Moyen-Orient se singularisent, à l'échelle mondiale, par leur démographie. Cet ensemble géographique regroupe les pays les plus prolifiques de la planète et présente une très forte mobilité, tant intérieure qu'extérieure. Les défis posés par une croissance démographique exceptionnelle affectent surtout l'Afrique subsaharienne, et avant tout l'Afrique tropicale, car en Afrique septentrionale et australe, comme dans un nombre croissant de pays du Moyen-Orient, la transition démographique est désormais suffisamment avancée pour que l'on observe une baisse significative, parfois spectaculaire, de la fécondité. Au Moyen-Orient, les pays producteurs d'hydrocarbures sont devenus les pôles d'une immigration intense principalement issue du monde indien et des Philippines. Quant à l'émigration, elle pèse désormais fortement sur les relations avec l'Europe : les flux de migrants originaires du Maghreb, d'Afrique noire et des théâtres de guerre du Moyen-Orient (Afghanistan, Irak, plus récemment Syrie) forcent les barrières dont l'espace Schengen tente, sans grand succès, de s'entourer.

Le troisième point met en exergue le **rôle du religieux dans les dynamiques sociales et politiques**. Le réveil de l'islam et son instrumentalisation politique constituent une inflexion géopolitique de premier ordre. La dimension religieuse est constitutive du conflit israélo-palestinien. L'islamisme et le djihadisme représentent aujourd'hui un facteur de déstabilisation de la région MENA, ses répercussions allant bien au-delà, qu'il s'agisse du Sahel, devenu l'épicentre des violences et de l'insécurité en Afrique, ou du monde occidental. Il convient donc d'être très attentif à la question de la religion, longtemps sous-estimée, tout en se gardant d'une vision manichéenne inspirée ou non par la thèse du « choc des civilisations », très réductrice. Les conflits qui affectent l'Afrique et le Moyen-Orient ont des causes multiples, la religion n'étant qu'un déterminant parmi d'autres, même s'il lui arrive d'en être le détonateur.

Le quatrième élément commun réside dans l'**importance des déserts et des enjeux pour l'accès à l'eau**. Confrontés aux fortes contraintes de ces marges de l'œkoumène, les hommes ont trouvé des réponses communes pour s'adapter à un environnement minéral dans lequel la vie se concentre dans les oasis et le long des quelques fleuves qui les traversent. L'irrigation, le nomadisme, la domestication du chameau sont très comparables d'un bout à l'autre du domaine. Il n'est pas jusqu'aux encadrements politiques des sociétés nomades en tribus et confédérations de tribus qui ne présentent de fortes parentés, qu'il s'agisse des Maures, des Touaregs, des Somalis ou des Bédouins. Outre les déserts proprement dits, de vastes étendues portent la marque de l'aridité : la question de l'eau occupe une place centrale dans le quotidien des populations comme dans les politiques des États. L'hydropolitique vient donc en complément de l'étude des espaces désertiques, arides, semi-arides qui se succèdent presque sans discontinuité de la Mauritanie à l'Afghanistan. Aujourd'hui, cette diagonale aride se caractérise par la survivance de genres de vie nomades – malmenés par la mondialisation –, la prégnance de l'islam et le poids des enjeux pétroliers qui ont opéré des reclassements entre des États inégalement dotés en hydrocarbures.

Le cinquième lot de questions porte sur les **systèmes rentiers** qui dominent les économies de la très grande majorité des pays de la zone étudiée. La fonction première de l'Afrique et du Moyen-Orient dans l'économie-monde consiste, pour l'essentiel, à exporter des matières premières brutes, issues du sol et du sous-sol, vers les pays du Nord, auxquels s'ajoutent désormais les grands pays émergents. La découverte des immenses ressources pétrolières des régions du golfe Arabo-Persique a complètement bouleversé les équilibres régionaux déjà malmenés par la disparition de l'Empire ottoman. En Afrique, le pétrole joue un rôle croissant et contribue à redessiner les contours d'une géopolitique qui voit s'estomper peu à peu les héritages coloniaux et s'affirmer l'influence des États-Unis et de la Chine. Dans le contexte de la mondialisation libérale, les économies de la plupart des pays africains et du Moyen-Orient restent monolithiques, comme si la rente faisait obstacle à leur diversification. Les ressources étant de surcroît très inégalement réparties, il en résulte des inégalités de revenus énormes entre les pays, illustrées par le contraste entre les émirats pétroliers et la majorité des États africains qui comptent parmi les plus pauvres du monde, de même qu'entre les groupes sociaux, la richesse nationale étant partout accaparée par une petite minorité détentrice du pouvoir politico-économique.

1 ÉTATS ET FRONTIÈRES : DES CONSTRUCTIONS TERRITORIALES FRAGILES

À quelques exceptions près, les États d'Afrique et du Moyen-Orient, dans leurs configurations actuelles, sont des constructions récentes, nées de la domination européenne, qu'il s'agisse de la colonisation ou du démantèlement de l'Empire ottoman après la Première Guerre mondiale. L'Europe – Grande-Bretagne et France en tête – a tracé leurs frontières sans se préoccuper des peuples. Il en résulte maintes discordances entre les territoires d'État et les aspirations de certaines populations qui contestent la carte politique, aussi bien en Afrique qu'au Moyen-Orient. Au-delà de ces points communs, une différence historique de grande importance distingue l'ensemble MENA (*Middle East and North Africa*), qui a vu naître les plus anciens États du monde, de l'Afrique subsaharienne où la plupart des États ont été créés *ex nihilo* par les puissances coloniales européennes. S'il existe quelques vieilles démarcations frontalières, notamment au Maghreb, la grande majorité des frontières ont été tracées au XIXe ou au XXe siècle. Un certain nombre d'entre elles font l'objet de contentieux. Les uns ont été réglés par la Cour internationale de justice de La Haye, ou sont en attente de l'être, les autres ont provoqué des guerres.

Notions principales

Balkanisation : désigne un processus de fragmentation politique d'un territoire. Le terme renvoie à l'histoire des Balkans au XIXe siècle lorsque les nationalismes se sont dressés contre la domination de l'Empire ottoman avec pour conséquence la création de plusieurs États indépendants. Par extension, la balkanisation a désigné le processus de morcellement de l'Afrique consécutif à la colonisation et dénoncé au XXe siècle par les partisans d'un panafricanisme.

État et nation : les découpages territoriaux ont donné naissance à des États, définis et reconnus en termes juridiques, mais la construction des nations est un processus long et complexe dans des États « fragiles » menacés par des dissensions internes, souvent très éloignés du modèle de l'État-nation.

Hétéronomie des frontières : désigne le fait que les frontières actuelles des États ne sont pas nées des dynamiques internes propres à l'histoire des sociétés, tant africaines que moyen-orientales, mais des interventions des puissances européennes qui ont décidé seules des découpages territoriaux en appliquant leurs propres normes sans tenir compte des configurations locales.

CHRONOLOGIE

1453 : Prise de Constantinople par les Ottomans
1652 : Fondation de la ville du Cap
1830 : Début de la conquête de l'Algérie
1884-1885 : Conférence de Berlin
1916 : Accords Sykes-Picot
1919 : Fin de l'Empire ottoman
1923 : Traité de Lausanne
1948 : Création de l'État d'Israël
1957 : Indépendance de la *Gold Coast* sous le nom de Ghana
1964 : L'OUA se prononce pour l'intangibilité des frontières africaines.

1980-1988 : Guerre Iran-Irak
1990 : Invasion du Koweït par l'Irak, prélude à la guerre du Golfe
2011 : Indépendance du Soudan du Sud. Début de la guerre civile en Syrie
2021 : Retrait des troupes américaines d'Afghanistan

I. La genèse des frontières

Aussi bien en Afrique qu'au Moyen-Orient, les frontières actuelles présentent des points communs et des implications géopolitiques comparables. Elles ne sont pas l'aboutissement de l'histoire des formations sociopolitiques endogènes, mais le résultat de l'intervention de forces extérieures hégémoniques. Jusqu'à la Seconde Guerre mondiale, l'impérialisme européen, nonobstant ses rivalités internes, imposa sa loi et élabora le puzzle des États africains et moyen-orientaux. **La caractéristique essentielle de leurs frontières est leur hétéronomie génétique.**

A. L'INVENTION DES FRONTIÈRES AFRICAINES

1. Un débat passionné, un héritage fondateur

La question des frontières africaines est de celles qui suscitent des débats parmi les plus vifs car leur tracé renvoie inéluctablement aux conditions du partage colonial de l'Afrique. À la différence du Maghreb, où le Maroc, l'Algérie et la Tunisie sont délimités par des frontières anciennes, fixées dans leurs grandes lignes sous l'Empire ottoman sur une trame remontant à l'Empire romain, les frontières de l'Afrique subsaharienne résultent de traités signés par les États européens, la plupart du temps entre eux seuls, du milieu du XIXe siècle au début du XXe siècle.

Ces frontières coloniales s'inscrivent dans une séquence inverse de celle qui, en Europe, a vu la formation des États-nations s'achever, au prix de multiples guerres, à la frontière : ici, au contraire, **la frontière précède l'État, qui lui-même précède l'émergence –** éventuelle **– d'une nation**. C'est pourquoi la création des frontières représente un moment crucial dans le processus de construction (*State Building*) de l'Afrique contemporaine, une bifurcation fondamentale dans sa trajectoire historique. Elle constitue aussi un redoutable défi car l'antériorité généralisée du contenu par rapport au contenant est responsable de multiples discordances entre les fractures spatiales issues des démarcations frontalières et les réalités sociopolitiques des territoires.

2. De la conférence de Berlin à l'intangibilité des frontières de l'OUA

La conférence de Berlin (1884-1885), réunie à l'instigation de Bismarck pour régler entre Européens les problèmes posés par la compétition coloniale, reste le **symbole du partage de l'Afrique**. En résumé, l'Europe aurait partagé l'Afrique à Berlin. Ce n'est pas tout à fait exact : la conférence de Berlin établit les règles que les puissances s'engageaient à suivre pour s'approprier telle ou telle partie du continent, mais elle ne procéda pas à son partage. Sur le plan territorial, elle décida seulement de la création d'un « État indépendant du Congo ». Elle élabora par ailleurs le statut international des fleuves Congo et Niger. Il est vrai qu'après cette conférence, les puissances coloniales se livrèrent à une course effrénée qui aboutit, en moins de vingt ans, à l'appropriation quasi complète de l'Afrique noire, à l'exception de l'Éthiopie, qui ne fut colonisée que plus tard par l'Italie et pour une courte durée (1936-1941), du Liberia et du cas particulier de l'Afrique du Sud.

En un laps de temps très court, l'Afrique subsaharienne fut donc découpée et partagée entre la demi-douzaine de puissances européennes qui participèrent à la colonisation. **La conférence de Berlin** est importante en ce sens qu'elle **marque une rupture fondamentale dans les pratiques** : auparavant, les Européens négociaient avec les chefs des villages ou des royaumes côtiers pour obtenir des droits d'installation. Après Berlin, ils ne jouent plus qu'entre eux et imposent leur loi par la force aux populations africaines désormais exclues de toute négociation. C'est pourquoi certains intellectuels africains estiment qu'il faudrait réunir un « Berlin II » afin de remettre à plat la carte politique de l'Afrique. Mais cette remise en cause ouvrirait la boîte de Pandore, ce dont l'Afrique, qui souffre déjà de tant de conflits, n'a certes pas besoin.

3. *Res nullius et uti possidetis*[1]

La grande période du partage de l'Afrique n'a couvert qu'une courte période, entre 1880 et 1914, mais dès 1900 les puissances coloniales s'étaient déjà attribué l'essentiel du continent. L'Afrique noire était alors considérée comme *res nullius*, c'est-à-dire « la chose de personne », comme une *tabula rasa* sur laquelle les Européens pouvaient à leur guise imprimer leur marque, imposer leur domination, décider entre eux du tracé des frontières. Le grand principe qui présida au partage fut celui de l'antériorité de l'occupation d'un territoire (voire d'une simple présence attestée) à partir duquel une « sphère d'influence » pouvait être revendiquée. Il en résulte un puzzle territorial entièrement nouveau, réalisé au gré des explorations et des expéditions militaires, même si certaines entités politiques préexistantes ont pu être prises en considération. Les multiples traités entre puissances européennes constituent la référence juridique des frontières actuelles.

En effet, l'Organisation de l'unité africaine (OUA), créée en 1963, prit la décision historique de **ne pas remettre en cause les frontières héritées de la colonisation**. Le principe juridique de l'*uti possidetis*, autrement dit de « l'intangibilité des frontières coloniales », fut adopté lors de la réunion de l'OUA au Caire en 1964. Depuis lors, ce dogme est resté l'un des plus sûrs fondements de la géopolitique africaine. Après plusieurs décennies d'indépendance, les frontières africaines ont remarquablement tenu, nonobstant les crises et les guerres : **la carte politique de l'Afrique a moins changé, durant cet intervalle, que celle de l'Europe**. La stabilité du découpage imposé par les Européens, si souvent critiqué, doit être soulignée, même si certaines voix s'élèvent périodiquement pour remettre en cause ses principes fondateurs. L'héritage colonial n'est certes pas immuable. L'éclatement du Soudan avec l'indépendance du Soudan du Sud en 2011 constitue un accroc de taille, peut-être annonciateur de révisions futures de la carte politique élaborée dans les chancelleries européennes.

B. LES DÉPOUILLES DE L'EMPIRE OTTOMAN

Le Moyen-Orient a vu, lui aussi, ses configurations territoriales profondément remaniées, mais au terme d'un processus très différent sur fond d'histoire millénaire et d'un extraordinaire palimpseste d'organisations politiques, de royaumes et d'empires dont la grandeur passée est toujours présente dans les représentations géopolitiques. Les États actuels sont

1. L'*uti possidetis juris* : principe issu du droit romain et qui entérine en droit une situation de fait, en l'occurrence en reconnaissant la validité des frontières héritées.

issus du démantèlement de l'Empire ottoman, amorcé au XIXe siècle, accéléré avec la Première Guerre mondiale.

1. Les impérialismes européens avant 1914

Pendant que les « voyages d'Orient » fascinaient les élites littéraires européennes, la Grande-Bretagne avait pour priorité d'assurer la sécurité de la route des Indes. Dès 1839, elle s'installe à Aden, avant d'étendre son emprise sur la côte orientale de la péninsule Arabique, depuis le Koweït jusqu'à Oman. Ces protectorats accéderont à l'indépendance entre 1961 et 1971. La Grande-Bretagne complète son dispositif stratégique en occupant militairement l'Égypte en 1882 pour contrôler le canal de Suez. Aux extrémités orientales du Moyen-Orient, elle signe en 1893 un accord avec l'émir afghan Abdur Rahman Khan afin de contrer les ambitions de la Russie en direction de l'océan Indien. L'accord porte sur le tracé de la **« ligne Durand », actuelle frontière entre le Pakistan et l'Afghanistan** et source de conflit régional, car elle coupe en deux le pays pachtoun.
Beaucoup moins ambitieux, l'impérialisme français se limite à la protection de la province autonome du mont Liban, en 1860, embryon du futur Liban. L'Allemagne, quant à elle, est principalement active en Turquie. En 1903, elle entreprend la construction du Bagdadbahn, chemin de fer destiné à relier Istanbul au golfe Persique, et participe à la création de la Turkish Petroleum Company : pendant la guerre de 1914-1918, l'approvisionnement en pétrole de ses armées du front oriental en dépendra.

2. La ligne Sykes-Picot

En mai 1916, les diplomates britannique Mark Sykes et français François-Georges Picot mènent des négociations secrètes en prévision d'un démembrement de l'Empire ottoman en cas de victoire des alliés. Les traités qui solderont la défaite ottomane s'en inspireront pour définir la frontière entre la Syrie d'une part, l'Irak et la Jordanie d'autre part. La mainmise des Britanniques et des Français sur une partie du monde arabe et sa partition ont été mal vécues par les Arabes, auxquels la Grande-Bretagne avait promis en 1915 la création d'un grand royaume pour prix de leur engagement contre les Turcs. Un siècle plus tard, la rancœur contre ce qui est perçu comme une trahison persiste, l'**accord Sykes-Picot restant un symbole des menées des puissances européennes au Moyen-Orient**.
L'État islamique, établi précisément de part et d'autre de cette ligne, axe de l'éphémère Califat proclamé à Bagdad en 2014, participait de la remise en cause d'un ordre territorial imposé de l'extérieur.

3. Frontières et territoires après la Première Guerre mondiale

Le traité de Sèvres (1920), amendé par le traité de Lausanne (1923), fixe les frontières de la Turquie, héritière d'un Empire ottoman réduit à l'Anatolie et à une étroite tête de pont en Europe. Sous la pression des vainqueurs, la jeune Société des Nations confie en 1920 à la France un mandat sur le Liban et sur la Syrie, et à la Grande-Bretagne un mandat sur la Palestine et la Mésopotamie, futur Irak. Outre la Turquie, seuls l'Iran et l'Afghanistan, l'Arabie saoudite et le nord du Yémen échappèrent à la domination de la Grande-Bretagne, secondairement de la France. De même qu'en Afrique, ces deux puissances ont été de grandes faiseuses de frontières.
Tous les territoires sous mandat sont devenus indépendants, dès 1932 pour l'Irak, en 1943 pour le Liban, 1946 pour la Syrie et la Jordanie, 1948 pour Israël et de 1961 à 1971 pour les Émirats arabes unis. Avec l'indépendance, ils ont découvert que **de nombreuses frontières n'avaient pas été définies avec rigueur**, soit par manque d'intérêt de la puissance manda-

taire, soit parce que la notion d'une démarcation linéaire est étrangère aux sociétés nomades. Dans la péninsule Arabique, le désert était réputé ouvert à tous les nomades, tout comme au Sahara. Mais, dans les deux cas, la valorisation économique du territoire, due principalement à la présence d'hydrocarbures et de ressources minières, et les nécessités sécuritaires de contrôle territorial ont fini par imposer une définition précise de la ligne frontière, aussi bien sur terre que sur mer.

II. Des « frontières de papier » aux démarcations frontalières

Il est fréquent de lire, à propos des frontières africaines comme de celles du Moyen-Orient, qu'elles sont « artificielles » et « arbitraires ». Les frontières ne sont jamais « naturelles », même s'il arrive que leur tracé coïncide avec des lignes remarquables comme les littoraux, les cours d'eau, les lignes de crête : la décision d'en faire une frontière relève toujours de l'action humaine et, le plus souvent, d'un arbitrage entre deux formations politico-territoriales. La véritable spécificité de la plupart des frontières africaines et moyen-orientales réside dans leur **hétéronomie, autrement dit dans leur origine exogène**, du fait qu'elles ont été décidées par des puissances extérieures, et sans consultation ni des formations politiques existantes, ni, *a fortiori*, des populations.

ZOOM ▶ Le retour de la frontière

Les frontières sont de retour après une éclipse marquée par le succès d'un sans-frontiérisme initié par Médecins sans frontières en 1971, réponse humanitaire à la guerre du Biafra, poursuivi par la chute du mur de Berlin en 1989 et les illusions de *La fin de l'histoire* de Francis Fukuyama, publié en 1992, suivi par *La fin des territoires* de Bertrand Badie en 1995, pendant que l'Europe expérimentait un espace de libre circulation où les poste-frontière ressemblaient à des pièces de musée. Le marché, la mondialisation triomphante semblaient devoir reléguer les frontières dans un passé révolu. Du moins pour ceux que David Goodhart désigna récemment comme « *anywhere* » par opposition aux « *somewhere* » (*Les deux clans*, 2019, original en anglais 2017). C'était oublier les dix ans de guerre en Yougoslavie (1991-2001) et les années d'efforts laborieux pour aboutir aux accords de Dayton (1995) sur le tracé de nouvelles frontières. C'était oublier les revendications, sur tous les continents, de frontières délimitant des territoires en fonction du « droit des peuples à disposer d'eux-mêmes ». Un monde sans frontière n'existe pas. Tout homme, toute société a besoin de limites. Les frontières sont inhérentes à la construction des identités. Régis Debray l'a rappelé de belle manière en 2010 dans *Éloge des frontières*.

L'Afrique n'échappe pas à la question des frontières, posée ici comme cas d'école : celles-ci seraient « artificielles » et « arbitraires », ce qui relève de la tautologie, puisque la définition même de la frontière tient dans ces deux termes. L'originalité des frontières africaines est double. D'une part, la notion de frontière linéaire, telle que l'Europe l'a imposée à partir du XVIIe siècle, n'existait pas, ce qui correspondait dans bien des cas à des espaces faiblement peuplés où la délimitation entre groupes de population pour l'accès aux ressources territoriales ne s'imposait pas. D'autre part, les frontières, Afrique du Nord mise à part, ont été dans leur totalité décidées et tracées dans les chancelleries européennes, sur base de rapports de forces entre puissances européennes et de vagues connaissances cartographiques, sans tenir compte des réalités humaines, à fortiori d'un hypothétique désir de vivre ensemble. D'où les tensions structurelles entre territoires et identités. Tensions, voire conflits, n'empêchent pourtant pas les frontières d'être aujourd'hui une donnée géopolitique fondamentale de la construction des États, de plus en plus sourcilleux de les faire respecter par leurs voisins.

La situation est différente au Moyen-Orient, sillonné de frontières souvent très anciennes. Cas d'espèce, Israël illustre une production permanente de frontières linéaires, facteur de conflit sans fin. L'Irak et l'Iran se sont livré une guerre terrible pour un litige frontalier en basse Mésopotamie. Le jeu des frontières anciennes recoupe les legs plus récents du dépeçage de l'Empire ottoman après la Première Guerre mondiale, ajoutant à la complexité de territoires inachevés et du réveil des nationalismes, notamment du monde kurde. Partout la question des frontières, un temps sous le boisseau, s'est réveillée avec force.

A. DES FRONTIÈRES-ZONES AUX FRONTIÈRES-LIGNES

Les logiques qui ont présidé au découpage territorial, calquées sur la notion européenne de frontière linéaire, ne correspondaient pas aux logiques dominantes en Afrique subsaharienne et dans certaines parties du Moyen-Orient. Ici, les royaumes et empires précoloniaux s'accommodaient de frontières-zones : des espaces tampons, des marges éloignées des centres de pouvoir et généralement peu peuplées. Là, des émirs, beys ou deys, nominalement dépendants de la « Sublime Porte », régnaient sur des entités territoriales aux limites souvent floues. **L'Europe a imposé la rigueur de la ligne** là où il y avait *continuum* ou vacuité, remplaçant l'incertitude des confins par la précision géométrique des ruptures linéaires. Du moins dans les principes, car beaucoup de frontières décidées par les Européens demeurent imprécises et sont à l'origine de multiples contentieux.

Le tracé des frontières s'est souvent effectué sans connaissance précise du terrain, sur des cartes approximatives : les diplomates se référaient à des documents cartographiques souvent lacunaires qui ne permettaient que des tracés grossiers, des lignes tirées au cordeau sans rapport avec des données de terrain qu'on ignorait. D'où l'importance des « frontières de papier », des découpes géométriques, des lignes droites tendues entre deux points connus, ou définies par leurs coordonnées géographiques, méridien ou parallèle. Dans certains cas, ces lignes théoriques furent modulées sur des réalités de terrain à l'occasion de missions de délimitation : c'est ainsi que la frontière séparant le Cameroun du Gabon, d'abord définie par un parallèle bornant les zones d'influence revendiquées par l'Allemagne et la France, fut ensuite « calée » sur le tracé de cours d'eau suivant sensiblement cette ligne. Aujourd'hui, sur environ 80 000 km de frontières que compte le continent africain, seuls 40 % sont bornés.

On pourrait penser que l'absence de démarcation ne prête pas à conséquence dans des espaces inhabités comme les déserts, zébrés sur les cartes de grandes frontières rectilignes, invisibles sur le terrain. En réalité, **les États sont de plus en plus jaloux de leur souveraineté sur la totalité de leur territoire**, notamment les périphéries qui sont souvent des zones de refuge pour des mouvements dissidents, et des interfaces propices à la contrebande.

Le contrôle des frontières est devenu un enjeu géopolitique, surtout quand elles sont contestées : le Sahara occidental, ancienne colonie espagnole du Rio de Oro, annexé par le Maroc mais revendiqué par les Sahraouis, a été militairement démarqué par le royaume chérifien. D'une manière générale, lorsque les frontières tranchent dans un tissu humain dense, le bornage a été réalisé.

B. LES LOGIQUES DU DÉCOUPAGE

Le découpage de l'espace, en Afrique comme au Moyen-Orient, n'est pas le fruit du hasard. Il répond à un certain nombre de logiques, les unes renvoyant à des rivalités entre acteurs coloniaux, à des concurrences pour l'accès aux ressources ou à la sécurisation de routes commerciales, les autres à la prise en compte de réalités autochtones ou à des représentations géographiques.

1. L'expansion européenne et les jeux de puissance

a) Les projections de l'Europe au sud de la Méditerranée

La France a joué un rôle essentiel au Maghreb, en particulier en Algérie, seule colonie de peuplement de toute l'Afrique si l'on met à part le cas particulier de l'Afrique du Sud. Son échec final a laissé des traces douloureuses et des relations complexes d'amour-haine. Les protectorats de Tunisie et du Maroc n'ont pas connu de drames comparables. Dans les trois cas, **la relation France-Maghreb occupe une place géopolitique de premier ordre**. Sur le plan des frontières, la France a assumé l'héritage de l'histoire dans la partie méditerranéenne du Maghreb, y compris dans ses hésitations, notamment en ce qui concerne la délimitation, toujours litigieuse, entre le Maroc et l'Algérie dans la région d'Oujda. Quant à la partie saharienne, les « territoires du Sud », c'est la France qui en a fixé les frontières en s'appuyant sur la cartographie militaire, conjointement avec celles de l'Afrique-Occidentale française, par une convention datant de 1905, signée par le ministre de l'Intérieur dont relevait l'Algérie, et le ministre des Colonies. L'imbroglio de la frontière saharienne entre l'Algérie et le Maroc, du fait de l'existence de plusieurs tracés coloniaux, a été, en 1963, à l'origine d'un conflit avivé par la question saharouie [→ CH. 7], la « guerre des sables ». Les deux pays sont parvenus à un accord finalement ratifié par le Maroc en 1992, mais le contentieux n'est pas réglé sur le fond : le regain de tension, à l'automne 2021, menace à nouveau la stabilité régionale.

b) La Tripolitaine et la Cyrénaïque

Entre la Tunisie et l'Égypte, la Tripolitaine et la Cyrénaïque, seuls espaces ayant échappé aux convoitises françaises ou britanniques, ont été conquises par l'Italie pour former en 1912 la colonie de Libye qui, augmentée de territoires sahariens, couvre plus de 1,6 million de km^2. Un contentieux territorial portant sur la **« bande d'Aozou » au nord du Tchad** n'a trouvé de solution juridique qu'en 1994, au bénéfice de la partie tchadienne.

c) L'Europe et l'Afrique noire : des territoires à prendre

Alors que les Européens étaient restés cantonnés sur les côtes africaines depuis que leurs marins en avaient relevé les contours à la fin du XVe siècle, la pénétration du continent à des fins scientifiques, commerciales, politiques et missionnaires devient dans la seconde moitié du XIXe siècle l'un des moteurs essentiels de l'impérialisme colonial. Qu'il s'agisse de chercher de nouveaux débouchés pour les productions de l'industrie européenne ou, pour la France, de redorer le blason de l'armée défaite en 1870 à Sedan, **l'Afrique devient le nouveau champ des compétitions entre puissances européennes**, ce qui se traduit par le *scramble**. Même l'Allemagne, sans tradition coloniale, se prend au jeu dès lors que Bismarck se déclare convaincu de l'importance des enjeux commerciaux et politiques de la conquête de l'Afrique. Conformément aux règles fixées à Berlin qui reconnaissent le droit d'antériorité, une « course au clocher » démarre et n'aura de cesse que l'ensemble du continent soit attribué aux puissances européennes impliquées dans la compétition.

DÉFINITION

Scramble **:** ce mot anglais signifiant « ruée » a été utilisé pour désigner ce qu'on a aussi appelé la « course au clocher », c'est-à-dire la compétition entre puissances européennes (principalement l'Angleterre, la France et l'Allemagne) pour être les premières à s'emparer de tel ou tel territoire.

d) Le Moyen-Orient : une recomposition territoriale stratégique au détriment du droit des peuples

Les interventions européennes au Moyen-Orient, plus tardives, sont clairement stratégiques et économiques. Pour les Britanniques qui mènent le jeu, il n'est pas question de créer des colonies, mais d'assurer la sécurité de la route des Indes, puis de contrôler la production de pétrole. Dès la Première Guerre mondiale et jusqu'à aujourd'hui, ce dernier devient l'enjeu géopolitique majeur. À l'exception du foyer juif, ancêtre de l'État d'Israël, les aspirations nationales ne sont pas prises en considération, qu'il s'agisse des Arabes ou des Kurdes, en dépit des promesses qui leur avaient été faites. La création d'un État kurde, pourtant prévue par le traité de Sèvres, a fait les frais du partage en zones d'influence britannique et française, de sorte que la population des anciens émirats kurdes s'est trouvée éclatée entre Turquie, Syrie, Irak et Iran. **La question kurde**, aujourd'hui étroitement articulée avec les guerres en Irak et en Syrie, **est une des plus explosives du Moyen-Orient**.

Longtemps maîtres du jeu, les Britanniques durent composer avec les États-Unis qui prirent pied en Irak comme actionnaire de l'Iraq Petroleum Company quand celle-ci se substitua à la Turkish Petroleum Company en 1927. Après la Seconde Guerre mondiale, le leadership américain, suite notamment au pacte du Quincy entre Roosevelt et le roi saoudien, a modifié la hiérarchie des puissances, mais l'héritage territorial légué par le Royaume-Uni et secondairement la France n'a pas été modifié : le démembrement de l'Empire ottoman effectué il y a bientôt cent ans est une des causes structurelles des guerres contemporaines au Moyen-Orient.

2. Ressources et frontières

La présence, avérée ou supposée, de ressources du sous-sol a, dans certains cas, pesé sur les tracés frontaliers. C'est ainsi que la ligne Sykes-Picot, qui laissait initialement la région de Mossoul à la France, a été rectifiée en 1920 lors de la conférence de San Remo, préparatoire au traité de Sèvres : **la Grande-Bretagne récupérait les riches champs pétroliers**, intégrés à l'Irak – aujourd'hui encore au cœur du conflit régional. En compensation, la France obtenait des avantages pétroliers à l'origine de la constitution de la Compagnie française des pétroles, ancêtre du groupe Total.

Un siècle plus tard, c'est encore pour des raisons liées au contrôle d'espaces riches en hydrocarbures que la fixation de la frontière entre le Soudan et le Soudan du Sud est entravée, Khartoum cherchant à conserver des accès aux champs pétroliers [→ CH. 7].

3. La « nature » comme guide et caution de la production frontalière

Alors qu'au Moyen-Orient et en Afrique du Nord les Européens modifièrent les configurations territoriales préexistantes, au sud du Sahara ils eurent à **créer de toute pièce des territoires**, notamment en Afrique centrale. En l'absence de grandes entités politiques ou parce qu'ils ignoraient ou déniaient l'historicité des sociétés africaines, ils trouvèrent dans la nature une forme de rationalité susceptible de légitimer leur entreprise. Dans le bassin du Congo, ils privilégièrent l'hydrographie qui leur fournit la première trame cartographique des futures colonies. Cette représentation naturaliste correspondait en outre à une vision du monde élaborée au XVIIIe siècle, représentant la terre comme une succession de bassins hydrographiques séparés par des chaînes de montagne, familière aux diplomates. Les cours d'eau, les lacs et les lignes de partage des eaux ont tout naturellement guidé leur main quand ils tracèrent des frontières dans les salons de Londres, Paris, Bruxelles ou Berlin.

ZOOM ▸ Le Congo (RDC), un modèle d'État hydrographique

Le cas le plus démonstratif de l'application de la logique hydrographique est celui de la création de l'État indépendant du Congo (EIC), inscrite dans l'Acte final de la conférence de Berlin (1885). Le roi des Belges, Léopold II, avait obtenu que l'Association internationale africaine (AIA), très active depuis sa création en 1876, soit dotée d'un statut d'État, aussi la question se posa de son assiette territoriale. Les débats sont très instructifs quant aux représentations géopolitiques de l'époque : ne tenant aucun compte du contenu humain de l'Afrique équatoriale, la conférence décida de définir le territoire du Congo en le calquant sur le bassin de son fleuve éponyme. On tint compte en revanche des droits d'antériorité, notamment de la France et du Portugal, puissances occupantes d'une partie de ce bassin. Mais, globalement, le nouvel État se superpose à la plus large partie de l'immense bassin hydrographique qui occupe le centre du continent. « État hydrographique », tout comme le Gabon construit sur le bassin de l'Ogooué, le Congo (RDC) doit sans doute à cette forte unité physique d'avoir résisté à l'éclatement auquel les tensions politiques semblent parfois le destiner. La puissance des représentations géographiques constitue un élément d'identité et de cohésion non seulement du territoire, mais aussi des populations qui l'habitent.

Lors du découpage de l'Afrique, **l'accès aux voies navigables** a représenté un enjeu à la hauteur de l'importance du transport fluvial pour le contrôle des territoires et leur exploitation économique, en un temps où n'existait aucune autre voie de transport. À la conférence de Berlin, par exemple, les Anglais attachèrent une importance particulière au statut des deux grands fleuves, le Congo et le Niger, qui furent déclarés fleuves internationaux ouverts à la navigation de toutes les puissances : les préoccupations commerciales l'emportaient sur toute autre considération aux yeux des diplomates anglais, porte-parole des intérêts de la classe marchande. C'est pour avoir accès au Zambèze que les Allemands revendiquèrent pour leur colonie du Sud-Ouest africain, aujourd'hui la Namibie, la souveraineté sur un étroit corridor inséré entre l'Angola et le Botswana, la « bande de Caprivi », du nom du négociateur qui dota la colonie de ce curieux appendice.

4. Les traces du passé

Les frontières décidées dans les chancelleries européennes n'ont pas totalement fait table rase du passé. Les lignes tracées au cordeau ou construites sur l'hydrographie ne doivent pas faire oublier le travail des diplomates pour adapter les frontières au substrat historique là où la conquête coloniale fut confrontée à de véritables États. Le tracé des frontières entre le Niger et le Nigeria ou entre le Tchad et le Soudan a ainsi donné lieu à une reconnaissance attentive des limites entre sultanats. Celui des frontières du Liban a mobilisé la mémoire des relations séculaires entre la France et le Levant. Des débats souvent vifs ont opposé chercheurs et politiques à propos du rattachement de tel ou tel territoire à une colonie. L'Adrar a ainsi été disputé entre le Soudan français (actuel Mali) et l'Algérie, non pas par les populations, mais par les administrateurs ou militaires épris de passion pour le pays touareg. La complexité de l'action contemporaine de la France au Mali porte la trace de cet héritage.

III. Les conséquences du découpage

A. LA BALKANISATION

1. En Afrique

L'Afrique compte 54 États, soit 28 % des 193 États membres de l'ONU. Par comparaison, elle représente 22 % de la superficie mondiale et 16 % de sa population. Est-elle pour autant

« balkanisée » ? De nombreuses critiques adressées au découpage colonial vont dans ce sens et en rendent les Européens responsables, entendant par là que le continent aurait été volontairement morcelé en petites entités non viables, d'où résulterait une imbrication d'États aussi complexe et explosive que dans les Balkans du XIXe siècle. À vrai dire, les conditions du partage de l'Afrique tiennent bien davantage aux rivalités entre puissances européennes qu'à l'application du principe « diviser pour régner ». Si on compare par ailleurs l'Afrique et l'Europe, on voit que la superficie moyenne des États africains est nettement supérieure à celle des États européens.

S'il existe quelques micro-États insulaires (Maurice, les Comores ou les Seychelles, Sao Tomé-et-Principe et une poignée de petits États continentaux), on compte en revanche douze États dépassant le million de km². Il n'y a d'ailleurs aucun rapport entre la taille des États et leur viabilité, les grands États étant tout aussi exposés aux crises que les petits : il suffit de penser au Soudan, le plus vaste des États africains jusqu'à sa scission en 2011, et au Congo-Zaïre d'un côté, au Rwanda et à la Sierra Leone de l'autre. Les **critiques relatives au morcellement de l'Afrique** sont sous-tendues par une représentation géopolitique implicite, le **panafricanisme**, [→ CH. 16] qui eut une certaine audience auprès des intellectuels au moment des indépendances mais s'est effritée au contact d'une réalité dominée par les nationalismes contemporains.

2. Au Moyen-Orient

Profitant de l'affaiblissement de l'Empire ottoman, la Grande-Bretagne, dont le but était de contrôler l'espace entre la Méditerranée orientale et le golfe Persique, a largement contribué au maintien d'un émiettement des pouvoirs locaux en jouant sur les diversités communautaires et les rivalités tribales. Les intérêts pétroliers ont très vite joué leur rôle, balayant les aspirations de populations, au demeurant trop divisées pour imposer leurs vues. **Le monde arabe en a fait les frais**, perdant une chance historique d'accéder à une unité, en demeurant plus mythique que réelle, mais dont l'évocation pèse sur les enjeux géopolitiques. Les germes des conflits qui déstabilisent la région depuis des décennies se trouvent en partie dans cette balkanisation de la région au lendemain de la Première Guerre mondiale.

3. Des tentatives de regroupement

La condamnation de la balkanisation fait partie des discours récurrents pointant la responsabilité de l'héritage délétère du colonialisme. Afin de remédier à l'éclatement territorial, diverses initiatives de regroupement ont été tentées, indépendamment des grandes utopies relevant du panafricanisme et du panarabisme.

En Afrique subsaharienne, diverses organisations régionales ont vu le jour après les indépendances. Les unes ont pris le relais des anciennes fédérations d'Afrique-Occidentale française (A-OF) et d'Afrique-Équatoriale française (A-EF) : Union économique et monétaire ouest-africaine (UEMOA) et Communauté économique et monétaire de l'Afrique centrale (CEMAC) ; leur fait pendant, dans les anciennes colonies britanniques, l'East African Community. Les autres visent à dépasser les clivages hérités de la colonisation, entre anglophones et francophones principalement : Communauté économique des États de l'Afrique de l'Ouest (CEDEAO) et Communauté économique des États de l'Afrique centrale (CEEAC) [→ CH. 16]. **Mais il ne s'agit que d'unions économiques, ou monétaires, en aucun cas de rapprochement politique.**

En 1959, une éphémère fédération du Mali, réunissant l'ancien Soudan français et le Sénégal, dura moins d'un an. La confédération de Sénégambie entre le Sénégal et la Gambie

eut une durée de vie plus longue (1982-1989), mais ne résista pas aux divergences d'intérêt entre les deux pays pourtant imbriqués l'un dans l'autre.
En Afrique du Nord, l'**Union du Maghreb arabe (UMA)**, créée en 1989, est restée une coquille vide du fait du contentieux persistant entre l'Algérie et le Maroc. Une résolution de la question du Sahara occidental pourrait lui redonner des couleurs. La **République arabe unie (RAU)**, créée en 1958 sous l'instigation de Nasser par l'union de l'Égypte et de la Syrie, fut une tentative, inspirée du panarabisme, de restaurer l'unité du monde arabe. Mais, dès 1961, la RAU avait perdu toute consistance, quand bien même elle resta le nom officiel de l'Égypte jusqu'en 1971, après la disparition de Nasser.
Le seul regroupement réussi a été la création, en 1971, de l'État des **Émirats arabes unis** (EAU), fédération de sept émirats logés entre le golfe Persique et Oman, dont les villes futuristes d'Abou Dhabi et de Dubaï disent la richesse, fondée sur le pétrole.
Partout ailleurs, les difficultés et les échecs des politiques visant à réviser la carte politique léguée par les puissances européennes attestent de la réalité des nationalismes. Les dynamiques unitaires n'ont pas, jusqu'à présent, manifesté autant de détermination que certains mouvements séparatistes.

B. LES CONTENTIEUX FRONTALIERS ET LEURS RÈGLEMENTS

1. Imprécisions frontalières et conflits

Souvent tracées à la hâte, les frontières de l'Afrique et du Moyen-Orient font l'objet de multiples contentieux. En Afrique subsaharienne, les frontières « intra-impériales » de l'A-OF et de l'A-EF, simples décisions administratives et non pas traités internationaux, ont souvent été approximativement définies. Elles ont donné lieu à quelques contestations après l'indépendance, voire à des conflits armés comme entre le Mali et le Burkina Faso [→ CH. 7]. Dans la péninsule Arabique, l'imprécision des délimitations héritées de l'Empire britannique a suscité des litiges réglés par la négociation. En revanche, la **question du Chatt-el-Arab**, frontière entre l'Irak et l'Iran, a été un des motifs de la guerre entre ces deux pays (1980-1988). La contestation de la frontière entre Irak et Koweït est une des causes de l'invasion de ce dernier en 1990 et de la guerre du Golfe qui s'ensuivit.

2. La Cour internationale de justice de La Haye

Le coût des guerres provoquées par les incertitudes frontalières a convaincu un nombre croissant d'États de s'en remettre à l'arbitrage de la Cour internationale de justice de La Haye. Un de ses arrêts retentissants a concerné la « **bande d'Aozou** », 100 000 km^2 au nord du Tchad, que la Libye du colonel Kadhafi revendiquait au nom d'un accord conclu en 1935 entre Laval et Mussolini cédant ce territoire à la Libye. N'ayant pas été ratifié, cet accord n'avait pas de valeur en droit international. La Cour de La Haye a donné raison au Tchad en 1994.
Un nombre croissant de conflits ont trouvé leur résolution à La Haye (Mali/Burkina, Cameroun/Nigeria, Bahreïn/Qatar, etc.). Mais bien d'autres litiges frontaliers persistent encore. C'est pourquoi l'Union africaine, désireuse de régler les problèmes de l'Afrique en Afrique plutôt qu'aux Pays-Bas, fait pression sur les États pour qu'ils trouvent une solution aux contentieux frontaliers au plus vite, afin d'éliminer un facteur de conflit potentiel.

3. Les frontières maritimes

Les frontières coloniales avaient négligé leur prolongement maritime. Avec l'exploitation des ressources en mer – pêche mais surtout pétrole –, la question est devenue d'une brûlante actualité. En 1982, la convention de Montego Bay a édicté un certain nombre de principes pour définir les frontières maritimes, le dernier mot revenant toutefois aux États. **La géogra-**

phie facilite ou rend très complexe le tracé des frontières maritimes, en particulier dans le cas des golfes, golfe Persique ou golfe de Guinée. Il va sans dire que la présence d'hydrocarbures en mer rend particulièrement critique la définition juridique des frontières maritimes, qui conditionne celle des zones économiques exclusives (ZEE). L'imbroglio juridique est parfois si complexe que les compagnies pétrolières préfèrent conclure des accords entre elles plutôt que se retrouver en situation de conflit.

C. LA FRONTIÈRE CRÉATRICE

La frontière a souvent une connotation négative, celle de barrière, d'enfermement. Mais elle est aussi libératrice. L'Afrique et le Moyen-Orient, terres s'il en est de migrants et de réfugiés, en savent quelque chose. Franchir une frontière est bien souvent une promesse de liberté. La frontière crée l'espoir d'une vie meilleure, ou simplement de la survie. L'effet frontière se manifeste de multiples façons.

1. Frontière, nation, nationalisme

Le fait de doter un espace de frontières lui confère les attributs d'un territoire. En opposant le dedans et le dehors, la frontière contribue puissamment à l'émergence de nouvelles strates identitaires qui se superposent aux identités ethniques. La force créatrice de la ligne séparative se manifeste partout. On ne la franchit pas innocemment, surtout quand un conflit révèle l'importance d'être d'un côté plutôt que de l'autre. Qu'on le veuille ou non, **la frontière est productrice d'altérité**. Aussi aberrants que puissent apparaître certains tracés, ils existent, et la durée leur confère une indéniable réalité. Dès l'école, les enfants reconnaissent les contours de leur pays, gravés sur la couverture de leur cahier d'écolier. La géographie s'apprend en traçant les limites de la patrie. Il n'est pas rare que des monuments représentent le territoire national. À Madagascar, la carte de l'île, sculptée dans la pierre, se dresse systématiquement au centre des villes, mémoire du soulèvement de 1947 et emblème de l'unité nationale. La frontière, créatrice d'État, participe dans un même mouvement à la genèse de la nation et à l'émergence de nationalismes. Ces derniers sont une des dimensions constantes de l'histoire compliquée du Moyen-Orient, les tentatives d'union du monde arabe, par exemple, s'étant toujours brisées sur les divergences d'intérêts des États.

2. Les dynamiques transfrontalières

Toute frontière est une rupture, et en même temps une interface propice aux échanges. Les différences de monnaie, de système économique, de production attirent le commerce. L'instauration de postes de contrôle, de surveillance des frontières et surtout les douanes engendrent des activités multiples, légales ou illégales. Les frontières africaines et moyen-orientales sont des **lieux privilégiés pour les activités informelles**. La contrebande est partout présente. La faible capacité de contrôle des frontières les rend poreuses, tandis que la propension généralisée de l'administration douanière à la corruption favorise toutes sortes de trafics. Sur les pourtours du Nigeria et des pays voisins, de nombreux marchés vivent de ces échanges. Ne disposant que d'une monnaie non convertible, le naira, la principale puissance économique d'Afrique de l'Ouest se procure des devises grâce à ces échanges avec les pays frontaliers qui tous font partie de la zone franc. Le **Bénin, qualifié d'« État entrepôt »**, est tributaire de ces échanges avec son grand voisin. Au Moyen-Orient, l'embargo frappant l'Iran a été détourné en utilisant notamment le port de Dubaï. Le Sinaï constitue une plaque tournante du commerce informel avec Gaza. Les guerres d'Irak et de Syrie ont, quant à elles, fait naître une intense contrebande, le pétrole étant au cœur des échanges. Pendant ses quelques années d'existence, l'État islamique s'est financé grâce à de multiples activités illicites.

Le commerce transfrontalier est d'autant plus dynamique qu'il passe par l'intermédiaire de réseaux ethniques que les frontières n'ont pas fait disparaître. L'aire d'extension des Yoruba, par exemple, s'étend de l'ouest du Nigeria jusqu'au Bénin. Les réseaux arabes transnationaux du Moyen-Orient ont toujours fait preuve d'une grande efficacité. Licites ou clandestins, les échanges animent la plupart des régions frontalières et de véritables « pays-frontières », ainsi que les désigna Alpha Oumar Konaré, ancien président du Mali, se développent dans ces espaces privilégiés de l'échange. Les populations se sont ainsi pleinement approprié cette institution qui leur était autrefois souvent étrangère : la frontière.

2 DYNAMIQUES DÉMOGRAPHIQUES ET MOBILITÉS

La population de l'Afrique et du Moyen-Orient est estimée en 2020 à 1,7 milliard d'habitants, soit le cinquième du total mondial. Elle a été multipliée par 5 depuis 1950 et pourrait encore doubler d'ici 2050. Aucune autre partie du monde ne connaît une telle croissance démographique, celle-ci étant due, pour une large part, à l'Afrique subsaharienne. Ce bouleversement sans précédent joue un rôle central dans la géopolitique régionale et, par ses implications migratoires, dans la géopolitique mondiale. Conséquence de l'explosion démographique, la population est très jeune, la plus jeune du monde, source de multiples défis économiques, sociaux et politiques. L'ensemble Afrique-Moyen-Orient n'est homogène ni dans la répartition de la population, ni dans ses dynamiques. Mais, partout, les mobilités rebattent les cartes : mobilités internes de l'exode rural, migrations vers les bassins d'emploi régionaux ou, au-delà des mers, migrations vers les pays du Nord. L'insécurité et les guerres engendrent par ailleurs des flux de réfugiés qui, du Moyen-Orient à l'Afrique subsaharienne, tentent de gagner l'Europe au péril de leur vie dans la traversée de la Méditerranée, plus que jamais *Mare Nostrum* au centre d'un espace tripolaire Europe-Afrique-Moyen-Orient. Les différentiels démographiques et les pressions migratoires déjà à l'œuvre vont, dans les décennies à venir, jouer un rôle crucial dans les relations entre l'Europe, riche mais vieillissante, l'Afrique, en mal de développement et débordant d'une jeunesse impatiente, et le Moyen-Orient, fort de ressources pétrolières qui pèsent sur l'international, mais déchiré par des fractures internes.

Notions principales

Explosion démographique : expression utilisée lorsque la croissance de la population atteint des valeurs très élevées, conséquence du maintien d'une forte fécondité, alors que la mortalité a beaucoup reculé.

Réfugiés et déplacés : est considérée comme réfugiée toute personne qui, quel qu'en soit le motif (politique, sécuritaire, économique, écologique), s'estime menacée dans son pays et trouve refuge en franchissant une frontière. Lorsque, pour les mêmes motifs, les déplacements s'effectuent à l'intérieur du pays de résidence, on parle de « personnes déplacées », ou de « déplacés internes ». Le Haut Commissariat des Nations unies pour les réfugiés (UNHCR), dévolu initialement aux seuls réfugiés au sens juridique, prend désormais en compte, tout en les distinguant, les diverses catégories de personnes contraintes de fuir leur lieu de résidence.

Transition démographique : désigne le passage d'un régime démographique ancien, caractérisé par des taux de natalité et de mortalité élevés, à une situation démographique dans laquelle ces taux sont beaucoup plus bas. Au cours de la transition, la baisse de la mortalité est généralement plus précoce que celle de la fécondité, entraînant une augmentation plus ou moins forte de la population.

CHRONOLOGIE

1950 : La population de l'Afrique-Moyen-Orient est estimée à 300 millions.
2005 : Mise en place de Frontex
2009 : La population de l'Afrique franchit le cap du milliard.
2015 : Vague de réfugiés syriens en Europe
2016 : Création de l'Agence européenne de garde-frontières et de garde-côtes
2021 : Des migrants d'Irak et de Syrie, instrumentalisés, tentent de pénétrer en Europe par la frontière entre la Biélorussie et la Pologne.

I. Une croissance démographique exceptionnelle

L'Afrique et le Moyen-Orient totalisaient 300 millions d'habitants en 1950, un peu plus de 1,7 milliard en 2020, et pourraient en compter 3 milliards en 2050, selon les projections de l'ONU. Cette croissance donne le vertige : en un siècle, la population aura été multipliée par 10, bouleversant les équilibres démographiques mondiaux. Entre 1950 et 2020, le pourcentage de la population mondiale de la région a bondi de moins de 12 % à 22 % et pourrait dépasser 30 % en 2050. **C'est un changement majeur dans l'histoire du monde.**

A. DES DYNAMIQUES DÉMOGRAPHIQUES INÉGALES

Une entité géographique couvrant 37 250 000 km² n'est évidemment pas homogène et présente de grandes différences de densité et de comportement démographique. Les espaces pleins, comme ceux des vallées irriguées, contrastent avec les espaces vides des déserts, par définition peu ou pas habités, ou des régions couvertes par la forêt équatoriale. Beaucoup d'États se composent de l'un et de l'autre, de sorte que les densités moyennes n'ont pas beaucoup de sens : les 100 millions d'Égyptiens que compte le pays vivent sur 4 % du territoire national. De l'Afrique septentrionale au Moyen-Orient, les densités se calquent sur les ressources en eau. La répartition des hommes dans l'espace constitue bien sûr une donnée fondamentale de la géopolitique. À cet égard, les cartes des guerres en Irak et en Syrie visualisant notamment les territoires gagnés et perdus par Daech sont éloquentes.
L'Afrique du Nord et le Moyen-Orient ont connu, depuis le milieu du XXe siècle, une forte croissance selon des rythmes différents. Les conditions de la transition démographique permettent de distinguer deux ensembles. Le premier comprend les pays d'Afrique septentrio-

Évolution de la population (en millions d'habitants)

	1950	2019	2050
Afrique du Nord	49	242	370
Moyen-Orient	67	370	530
Afrique subsaharienne	180	1 066	2 120
Total	**296**	**1 678**	**3 020**
% pop. mondiale	11,7	21,7	31

Source : Nations unies, *World Population Prospects: The 2019 Revision.*

nale et australe et ceux du Moyen-Orient, à l'exception de l'Afghanistan, du Yémen, de l'Irak et des Territoires palestiniens. Dans tous ces pays, l'indice synthétique de fécondité (ISF) est inférieur à 4 enfants par femme, voire à 3 (2,1 en Iran, 2,2 en Tunisie, 2,4 en Afrique du Sud). Les taux de croissance annuelle de la population se situent entre 1 et 2 %. Au Maghreb et dans la majorité des pays du Moyen-Orient, la baisse très rapide de la fécondité résulte de la **révolution silencieuse de la contraception**. En à peine une génération, le nombre d'enfants par femme a été divisé par 2 ou 3. Un tel bouleversement des comportements vis-à-vis de la maternité tord le cou aux considérations sur les blocages culturels et la domination des hommes sur les femmes dans les sociétés musulmanes, dont les plus émancipées ont montré leur capacité d'adaptation et de réponse au monde contemporain.

Il en va différemment dans le second ensemble que forment les pays d'Afrique tropicale (regroupant Afrique occidentale, centrale et orientale), où la révolution contraceptive tarde à s'imposer. Partout, l'ISF se situe entre 4 et 6, et même davantage au Niger, qui détient le record mondial avec 6,8 enfants par femme. La population croît de 2,5 à 3 % par an (3,8 % au Niger). **C'est le dernier ensemble au monde à être aussi peu avancé dans la transition démographique** : au Moyen-Orient, l'ISF le plus élevé (4,3 en Afghanistan) se situe en dessous de la moyenne d'Afrique tropicale (environ 5).

Les contrastes entre les deux situations sont étroitement corrélés avec les niveaux de développement, l'urbanisation et l'éducation. Les retards de l'Afrique tropicale en matière de contraception (taux les plus bas de la planète) correspondent aux retards de développement et expliquent la spécificité de cette partie du monde, principal vecteur de la croissance démographique actuelle de l'ensemble Afrique-Moyen-Orient. Aucune analyse géopolitique ne peut faire l'impasse sur ce défi du nombre et sur ses répercussions aux échelles locale, régionale et mondiale.

B. LE POIDS DE LA JEUNESSE

L'ensemble Afrique-Moyen-Orient est le plus jeune du monde et le demeurera pendant longtemps.

L'Afrique et le Moyen-Orient : une population jeune

	Pourcentages des moins de 15 ans	Pourcentages des 65 ans et plus
Monde	26	8
Afrique	41	4
Moyen-Orient	30	5
Europe	16	17

Source : Nations unies, *World Population Prospects: The 2019 Revision.*

En 2019, la proportion des moins de 15 ans dépasse 45 % dans la plupart des pays d'Afrique subsaharienne (jusqu'à 50 % au Niger), contre 30 % en moyenne en Afrique du Nord et au Moyen-Orient. Le contraste est particulièrement saisissant avec l'Europe et ses 16 % de moins de 15 ans, plus encore quand on tient compte des personnes âgées dans la comparaison. La proportion des jeunes de moins de 15 ans et des personnes de plus de 65 ans varie en fonction de l'avancement de la transition démographique. L'Afrique septentrionale

(33 % de jeunes de moins de 15 ans et 6 % de personnes de plus de 65 ans) et l'Iran (respectivement 25 % et 6 %) se distinguent nettement de l'Afrique tropicale (44 % et 3 %) ou de l'Afghanistan (42 % et 3 %). Les États dont la population se compose principalement de main-d'œuvre immigrée d'âge actif, comme les Émirats et le Qatar, présentent une configuration très particulière (14 % et 2 %). Ces données de base, qui mettent en exergue la jeunesse de l'Afrique et du Moyen-Orient dans un contexte mondial en voie de vieillissement, sont d'une extrême importance. Elles sont déjà – et le seront encore plus dans les années et décennies à venir – au centre des politiques d'insertion économique, sociale et culturelle des jeunes. Elles sont et seront aussi **déterminantes pour l'organisation des champs migratoires entre l'Afrique, le Moyen-Orient et l'Europe**, sinon au-delà. Qu'il s'agisse d'emploi ou de migration, l'avenir des jeunes est crucial. Trop d'exemples montrent que l'absence d'insertion des jeunes provoque de l'instabilité et de la violence, voire les pousse à intégrer des milices armées : **les politiques de population et de régulation démographique devraient être prioritaires**. Cela est d'autant plus urgent que le potentiel reproductif reste très élevé et que la population va continuer à croître, même si l'ISF diminue rapidement du fait de la structure de la pyramide des âges.

C. BOMBE DÉMOGRAPHIQUE OU DIVIDENDE DÉMOGRAPHIQUE ?

1. La peur du nombre

Le néomalthusianisme a connu un certain succès aux États-Unis, notamment avec la publication de l'ouvrage *The Population Bomb* de Paul R. Ehrlich, en 1968. Depuis lors, les publications alarmistes se focalisent sur l'Afrique, sans épargner le monde arabo-musulman, en référence plus ou moins implicite au « choc des civilisations ». Le « péril jaune » n'est plus d'actualité depuis l'effondrement démographique du Japon, suivi de la révolution démographique de la Chine. En revanche, la démographie incontrôlée de l'Afrique noire et des quelques pays du Moyen-Orient demeurés natalistes est considérée par un nombre croissant d'analystes comme un **facteur de déstabilisation du monde** – à tout le moins, une cause de conflits locaux et de guerres pour l'accès aux ressources devenues rares sous le poids du nombre. Les massacres interethniques récurrents dans la région des Grands Lacs africains, dont le point d'orgue fut le génocide au Rwanda (avril-juillet 1994), peuvent se lire comme des régulations démographiques. En contrepoint du pessimisme malthusien, des thèses optimistes considèrent que la pression sur la terre stimule le progrès : *Évolution agraire et pression démographique* d'Ester Boserup (1965, traduction française 1970) demeure la référence d'une approche qui n'est pourtant plus en phase avec la réalité car, depuis la parution de cet essai, la population a quadruplé dans l'espace Afrique-Moyen-Orient, rendant la contrainte démographique de plus en plus préoccupante. Le glissement de la population vers l'urbain ne fait que décaler le problème en activant la « bombe urbaine ». Les pays pétroliers du Moyen-Orient donnent cependant une image aux antipodes de cette représentation : les pétrodollars ont fait émerger un milieu urbain d'une modernité fascinante, sans commune mesure avec les lieux de survie qui sont le commun des quartiers populaires des villes africaines.

2. Le dividende démographique : espoir ou mirage ?

Réfutant la fatalité du lien entre augmentation de la population et pauvreté, des économistes et des démographes ont développé le concept de « dividende démographique ». Celui-ci intervient lorsque la baisse des courbes de la natalité, de la mortalité et surtout de la fécondité aboutit à une situation où le pourcentage de la population active est très élevé par rapport aux dépendants (enfants et personnes âgées). Les pays asiatiques émergents ont bénéficié de ce dividende qui pourrait à son tour, dans les décennies à venir, aider les pays en phase de transition démographique à conforter leur économie au moment où ceux-là commenceront à affronter le vieillissement. Les pays d'Afrique et du Moyen-Orient se trouvent désormais en première ligne, tout en se positionnant différemment sur l'échelle des changements à venir selon leur profil démographique singulier. S'il est vrai que la plupart d'entre eux peuvent en principe prétendre, à un moment ou à un autre, bénéficier du dividende démographique, les perspectives positives que peut laisser espérer l'ouverture de cette fenêtre d'opportunité dépendront des capacités des économies à créer des emplois : pour le seul continent africain, la Banque africaine de développement (BAD) estime qu'il faudrait créer plus de 400 millions d'emplois d'ici 2050. On mesure l'ampleur d'un tel défi. S'il n'était pas relevé, on pourrait craindre une multiplication des foyers d'instabilité et un renforcement des pressions migratoires.

Pour aller plus loin
Le dividende démographique
liennathan.fr/g783hx

II. Des systèmes migratoires complexes

L'actualité douloureuse des cohortes de migrants tentant par tous les moyens de gagner l'Europe pour fuir les théâtres de guerre du Moyen-Orient ou dans l'espoir d'une vie meilleure emplit les médias, nourrit des inquiétudes croissantes et investit les débats politiques européens. Ce faisant, elle occulte les réalités de temps long, celles de mobilités inhérentes aux destins individuels et au devenir des sociétés d'Afrique et du Moyen-Orient.

A. MOBILITÉS ET PEUPLEMENT

Ancrages anciens dont témoigne la riche archéologie du Grand Moyen-Orient et vagues de migrations successives ont dessiné, au cours des millénaires, le palimpseste d'un peuplement bigarré. La question que pose la géopolitique est de savoir ce qui, entre ancrage et mobilité, peut susciter, de nos jours, des rivalités de pouvoir sur les territoires. Les résurgences du passé et les représentations fantasmées y prennent leur part.

1. Moyen-Orient : un passé millénaire réactualisé

L'ancienneté des vagues successives de peuplement venues de l'est, tout comme les « grandes invasions » en Europe, a fait oublier la violence de leurs origines. Les mondes iranien, arabe, turc, tantôt superposés, tantôt éclatés ou affrontés, dessinent le **kaléidoscope d'un « Orient compliqué »**. La cartographie politique contemporaine du Moyen-Orient, résultat des « coups de hache » des vainqueurs de la Première Guerre mondiale, a tenté de figer des espaces jadis fondés sur des réseaux de villes et de circulation, substituant le principe aréolaire au principe réticulaire. La création d'un foyer juif en Palestine jettera les bases d'une nouvelle pensée territoriale annonciatrice de la création de l'État d'Israël en 1948. Deux mille ans après la destruction du temple de Jérusalem, la diaspora juive alimente un important courant migratoire, l'*alya*, montée vers Israël plus que retour des Ashkénazes européens, des Séfarades d'Afrique du Nord et même des Falachas d'Éthiopie, qui avaient perdu le contact avec le judaïsme avant qu'Israël prenne seul l'initiative de leur transfert. Au contraire de ce

Le système migratoire euro-africain et moyen-oriental

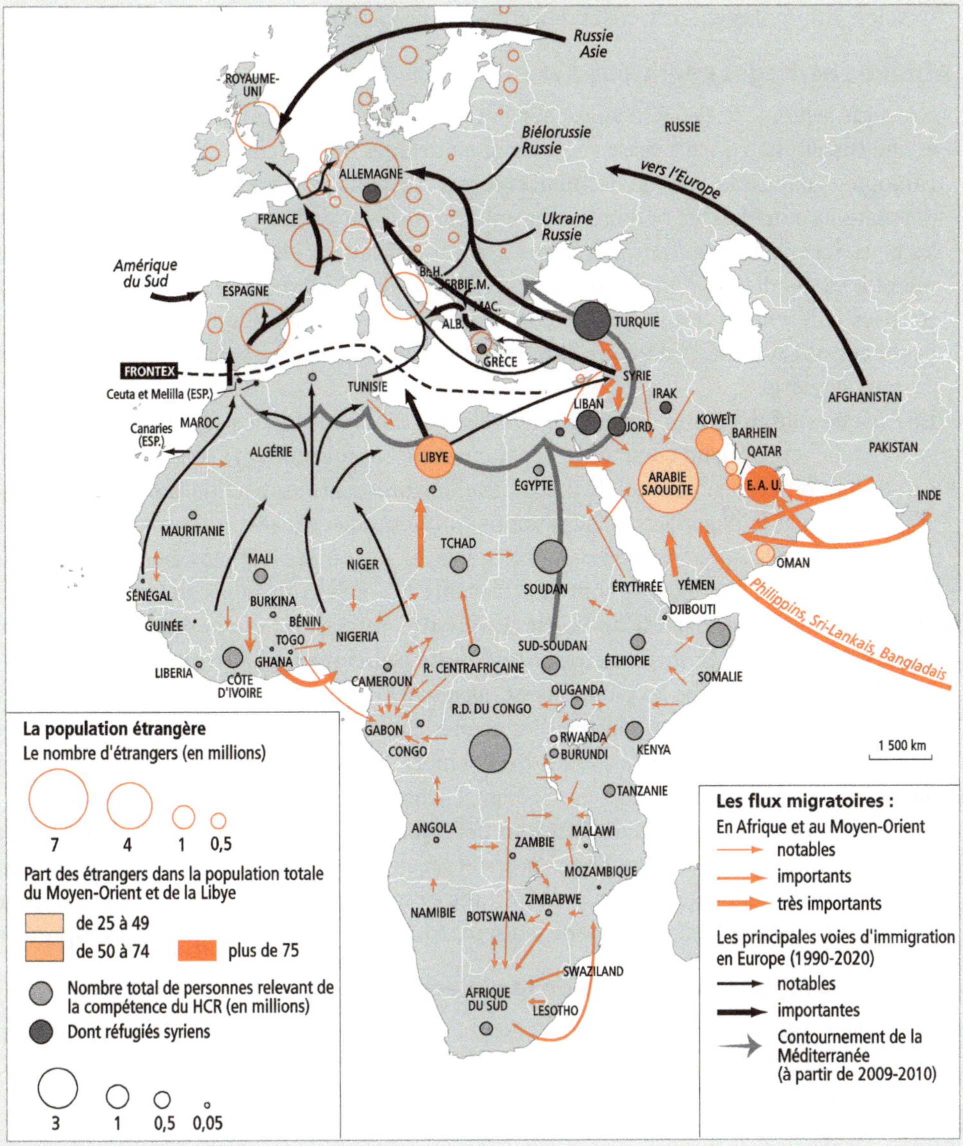

mouvement d'attraction, Mustafa Kemal Atatürk a créé la Turquie moderne au prix de l'expulsion de la strate de peuplement grec d'Anatolie, après deux millénaires de présence. Ces deux épisodes emblématiques montrent à la fois la résilience de la mémoire d'un territoire symbolique et la vulnérabilité d'implantations, aussi anciennes soient-elles, confrontées à des forces adverses, l'une et l'autre engendrant des déplacements de population. **L'histoire est faite de migrations volontaires ou forcées, d'« invasions » qui remodèlent sans cesse les territoires**, laissant des lignes de fracture dans l'imaginaire, prêtes à rejouer. Les acteurs politiques y puisent en général des raisons de leurs engagements. Les Kurdes y trouvent la légitimité de leurs revendications indépendantistes. Avec le temps, les vagues successives de peuplement finissent par brouiller, dans une certaine mesure, les appartenances par les voies du métissage, de l'hybridation. Les plus récentes participent activement aux recompositions sociales, culturelles et territoriales, et sont souvent impliquées dans des conflits.

2. Afrique : héritages migratoires et coloniaux

L'Afrique septentrionale a été profondément transformée par la conquête arabe du VIIe siècle et une islamisation qui n'a laissé subsister que quelques noyaux chrétiens, Coptes en Égypte, Éthiopiens dans leur bastion des hautes terres. Les relations entre conquérants arabes et populations autochtones berbères, souvent tendues, ont varié au cours des siècles et selon les lieux. La colonisation française favorisa les revendications identitaires berbères, qui continuent à se manifester épisodiquement en Algérie et au Maroc, même si la langue arabe, sous ses différentes variantes dialectales, s'est imposée partout. **Commerçants arabes et berbères ont diffusé l'islam au Sahara**, les empires et royaumes saharo-sahéliens prenant ensuite la relève.

En Afrique subsaharienne, l'histoire migratoire est différente, étalée sur une longue période, encore inachevée quand commence la colonisation européenne. Les migrations bantoues – depuis leur berceau situé voici deux à trois millénaires dans les pays de la Bénoué, partagés aujourd'hui par le Nigeria et le Cameroun – ont lentement investi la totalité du continent situé au sud de ce noyau originaire. Au XIXe siècle, leurs avancées les plus méridionales, celles des Xhosas et des Zoulous, se sont heurtées aux Européens installés au Cap depuis la fin du XVIIe siècle. **La question de l'antériorité des migrants, européens ou africains, constitue toujours la toile de fond de débats politiques en Afrique du Sud.**

La colonisation a perturbé les mouvements migratoires, stoppant certains d'entre eux en créant frontières et États. En Afrique australe, les guerres zouloues du début du XIXe siècle, regroupées sous le terme de *Mfecane*, ont provoqué d'importants déplacements de population, notamment du groupe Ndebele, que le découpage colonial a intégré à la Rhodésie du Sud, aujourd'hui le Zimbabwe. Depuis lors, bien des tensions politiques du Zimbabwe s'ancrent dans l'opposition entre le groupe majoritaire Shona et les Ndebele. En Afrique comme au Moyen-Orient, et quelles qu'en aient été les particularités, **les conditions historiques du peuplement, anciennes ou récentes, impriment leurs marques sur la géopolitique contemporaine**.

3. Traite esclavagiste et mémoire de la violence

La mobilité a souvent revêtu des formes contraintes. Parmi elles, la traite esclavagiste occupe une place à part et fait l'objet de débats passionnés, bien qu'il y ait de moins en moins de contestations sérieuses des chiffres des historiens[1]. La traite continentale transsaharienne en direction de l'Afrique septentrionale et du Moyen-Orient (voire de l'Europe, la présence d'esclaves noirs dans la Rome antique étant attestée) représenterait un cumul de 9 millions d'individus entre le VIIe et le XXe siècle. La traite orientale arabe, *via* la mer Rouge et l'océan Indien, particulièrement active au XIXe siècle, porterait sur un effectif de 8 millions. Quant à la traite atlantique, estimée à 11 millions de personnes, elle s'est concentrée sur une période relativement courte (XVIe-XIXe siècle, avec un maximum au XVIIIe siècle).

Les conséquences démographiques de la traite restent controversées. En revanche, **la mémoire de la traite s'invite dans les débats politiques actuels**, tant au nord (États-

1. Voir, à ce sujet, les ouvrages suivants :
Olivier Pétré-Grenouilleau, *Les Traites négrières. Essai d'histoire globale,* Gallimard, 2004.
Catherine Coquery-Vidrovitch, *Les Routes de l'esclavage. Histoire des traites africaines, VIe-XXe siècle,* Albin Michel, 2018.
Paulin Ismard (dir.), *Les Mondes de l'esclavage. Une histoire comparée,* Seuil, 2021.

Unis, Grande-Bretagne, France), au sein de la mouvance « décoloniale », qu'au sud. Dans les espaces sahélo-soudaniens qui furent le plus violemment ponctionnés, le souvenir des expéditions guerrières des tribus nomades, principalement arabes, reste vivace. Les troubles politiques ravivent des peurs ancestrales, comme en République centrafricaine : les musulmans nordistes *séléka* sont perçus comme héritiers des esclavagistes par les populations du Sud qui se sont organisées en milices d'autodéfense, *anti-balaka*. Dans un autre registre, la question des « réparations » est posée par certains groupes d'activistes africains qui ne se contentent pas de la reconnaissance de l'esclavage et de la traite négrière comme crime contre l'humanité, mais réclament des compensations financières – oubliant au demeurant de s'adresser aux pays arabes, comme si la traite transsaharienne et orientale était dédouanée d'une responsabilité qui ne concernerait que les anciennes puissances coloniales, alors que le Moyen-Orient a été l'épicentre de la traite des Noirs pendant deux millénaires. Vérité historique et posture idéologique font rarement bon ménage.

B. TRANSFORMATIONS ÉCONOMIQUES ET DYNAMIQUES DE PEUPLEMENT

1. Transferts de population du rural à l'urbain et littoralisation

L'Afrique et le Moyen-Orient n'échappent pas au mouvement universel d'urbanisation. L'exode rural représente la forme de mobilité la plus générale. Le Moyen-Orient et l'Afrique du Nord sont parvenus à un stade plus avancé que l'Afrique subsaharienne, mais partout ce grand transfert de population est à l'œuvre. Cas extrêmes, les États pétroliers, dont la plus grande partie du territoire est désertique, se réduisent pratiquement à leurs villes : taux de population urbaine de 90 % à Bahreïn, 85 % en Arabie et dans les Émirats arabes unis. À l'opposé, l'Afrique tropicale fait partie des régions du monde les moins urbanisées (40 %), mais elle est en train de combler son retard en affichant les taux de croissance les plus élevés au monde, de sorte que les villes sont devenues des lieux d'extrême tension sur le marché de l'habitat et de l'emploi, et de violences potentielles.

Le mouvement d'urbanisation s'accompagne partout d'une littoralisation, conséquence de l'insertion croissante des économies tant africaines que moyen-orientales dans l'économie mondiale. Les villes-ports, dont de nombreuses capitales d'État, constituent autant de pôles stratégiques de relations intra- et extra-régionales mettant en compétition des sociétés du monde entier. Le troisième opérateur portuaire mondial, Dubai Ports Authority, en l'emportant sur le groupe français Bolloré pour la gestion du port de Dakar, en est une illustration.

2. Migrations intra-africaines et accumulation du capital

Les traditions anciennes de mobilité se jouent des frontières héritées de la colonisation. Elles concernent en particulier les commerçants, maures et dioulas en Afrique occidentale, haoussas en Afrique centrale. Depuis les indépendances, les différences de potentiel économique ont engendré de nouveaux flux migratoires. L'« eldorado » gabonais, par exemple, a attiré des populations des pays proches (Cameroun, Guinée équatoriale, Congo, République démocratique du Congo) mais aussi de tout l'Ouest africain, du Sénégal au Mali et au Bénin. La population du Gabon compte un quart d'étrangers, ce qui provoque périodiquement des manifestations xénophobes. Partir en migration représente une occasion d'accumuler un pécule, ce qui est plus difficile dans son pays d'origine du fait de la pression familiale pour partager le bénéfice de son activité. Le capital accumulé en migration servira à payer la dot et accomplir le mariage coutumier ou à investir dans l'immobilier ou dans des activités commerciales ou artisanales.

3. Fronts pionniers, conflictualité entre autochtones et allochtones

En Afrique subsaharienne, là où le peuplement est le moins achevé, des espaces peu habités se sont ouverts, depuis le début du XXe siècle, à une mise en valeur agricole par des migrants en quête de terres à cultiver ou de pâturages. Des fronts pionniers (à l'image du Brésil, mais sans en avoir l'ampleur) ont ainsi modifié la géographie du peuplement. Les migrations agricoles peuvent s'effectuer à l'intérieur des États – par exemple, au Burkina Faso, des régions peuplées du plateau Mossi vers la région de Bobo-Dioulasso. Elles peuvent aussi être transfrontalières – les Mossi ont ainsi émigré massivement vers les régions de plantation de café-cacao de Côte d'Ivoire forestière. Dans un contexte différent, des populations du Rwanda surpeuplé ont émigré vers les provinces orientales de RDC, Nord-Kivu et Sud-Kivu.

Ces migrations, bien accueillies dans un premier temps, ont commencé à poser problème lorsque le poids du nombre a rendu l'accès à la terre concurrentiel, dressant les autochtones, qui se considèrent comme détenteurs des droits fonciers, contre les allochtones, allogènes ou étrangers selon les vocables utilisés. Les conflits violents en Côte d'Ivoire et surtout au Kivu, comme les fortes tensions dans l'est du Burkina Faso, résultent des situations de pénurie foncière consécutive aux migrations. En Côte d'Ivoire, les étrangers représentent 25 % de la population, et, si l'on ajoute les étrangers naturalisés, ce pourcentage est bien plus élevé : c'est une des raisons des crispations politiques autour de l'« ivoirité » qui a empoisonné la vie politique ivoirienne et conduit à la guerre civile dans les premières années du XXIe siècle [→ CH. 13].

La croissance démographique africaine ne peut que multiplier ce type de conflits pour l'accès à des ressources inextensibles.

C. LES MIGRATIONS INTERNATIONALES DE TRAVAIL

Entre pôles d'emploi et réservoirs de main-d'œuvre, d'intenses mouvements migratoires impliquent les pays de la zone Afrique-Moyen-Orient. Mais cette dernière est aussi un foyer émetteur de migrations vers les pays du Nord, principalement l'Europe, et un foyer récepteur de migrations asiatiques, de l'Inde aux Philippines. Dans ce maelström migratoire mondial, Afrique et Moyen-Orient se positionnent différemment.

1. Le monde arabe pétrolier, principal pôle attractif

Les régions productrices de pétrole et de gaz du Moyen-Orient se répartissent entre les pays peuplés – Irak et Iran disposant d'une main-d'œuvre nationale abondante –, et les pays de la péninsule Arabique, pays du « vide » dont le développement de l'économie pétrolière n'a été possible qu'en faisant appel à une immigration massive de travail. **Les pays du Golfe ne comptent pas moins d'une quinzaine de millions d'immigrés**, dont quelque 9 millions en Arabie saoudite. Les étrangers comptent pour les deux tiers de la population du Koweït, près des trois quarts de celle des Émirats. Populations nationales et assimilées (Européens, Nord-Américains) et populations étrangères sont rigoureusement séparées dans l'espace selon une géographie ségrégationniste implacable.

L'immigration de travail a d'abord été régionale, venue des pays pauvres : Égypte (au moins 1,5 million de travailleurs), Palestine, Yémen. Depuis les années 1990, elle s'est élargie à l'Asie lointaine : Inde, Pakistan, Philippines. L'exploitation de millions de travailleurs migrants est régulièrement dénoncée par quelques ONG, sans effet – comme s'il était moins risqué de condamner la traite esclavagiste des siècles passés que les conditions actuelles du travail.

2. L'Afrique, principal pôle émetteur

Si l'on fait abstraction de l'actualité de la tragédie syrienne, c'est le continent africain qui représente, avec la Turquie, la source principale des migrations internationales extra-européennes vers l'Europe, principalement la France, pour des raisons historiques liées à l'histoire coloniale, et l'Allemagne, pour des raisons historiques plus lointaines renvoyant à son alliance avec l'Empire ottoman avant 1914.

Environ 5 millions d'Africains résident actuellement en Europe, sans compter les clandestins ; ils se partagent entre Maghrébins (3 millions) et Subsahariens (2 millions). Les pays de destination portent la marque de l'héritage colonial. Pour des raisons linguistiques et culturelles évidentes, la majorité des migrants africains se dirigent les uns vers la Grande-Bretagne, les autres vers la France. Les flux migratoires sont ainsi une composante du Commonwealth et de la Francophonie. On retrouve les mêmes choix préférentiels entre les anciennes colonies portugaises et le Portugal – avec un mouvement inverse non négligeable de Portugais s'installant en Angola et au Mozambique. L'héritage colonial s'observe aussi avec l'émigration d'Éthiopiens et d'Érythréens vers l'Italie, d'Équato-Guinéens vers l'Espagne. Mais l'éventail des destinations ne cesse de s'ouvrir non seulement vers l'Europe, mais aussi vers l'Amérique du Nord, Canada et surtout États-Unis, où l'on recense 1,5 million d'étrangers originaires d'Afrique noire, un chiffre qui a explosé depuis 1960. **La mondialisation de l'émigration**, marquée depuis quelques années par des flux importants en direction de la Chine (quelques centaines de milliers de migrants), **rebat les cartes des mobilités humaines**. Dans ce grand mouvement migratoire mondialisé, la dimension qualitative compte de plus en plus : capter le *brain drain* ou les footballeurs prometteurs est plus intéressant qu'importer une main-d'œuvre sans qualification.

Un cas particulier est celui de l'Afrique du Sud, principal pays récepteur de flux migratoires internes au continent africain. Sous le régime de l'apartheid, les pays proches des bassins d'emploi minier sud-africains ont fourni une abondante main-d'œuvre, au point de créer de graves déséquilibres démographiques qu'illustre la situation du Lesotho. Les hommes partaient travailler dans les mines, les femmes et les enfants vivaient d'un peu d'agriculture et des salaires masculins gagnés à l'extérieur. La situation n'a pas fondamentalement changé depuis lors, mais le cercle de recrutement de main-d'œuvre s'est élargi au Zimbabwe et au Mozambique. Après la fin de l'apartheid, l'attraction de l'Afrique du Sud s'est ouverte à de nouveaux pays, notamment à la RDC. Plus de 2 millions d'étrangers africains sont aujourd'hui officiellement recensés, mais l'immigration clandestine est sans doute plus importante encore. Dans un contexte économique tendu, **l'ampleur de la migration a alimenté un fort courant xénophobe** qui s'est traduit par des violences envers les Zimbabwéens en 2008. La tradition africaine d'hospitalité trouve vite ses limites et, comme partout ailleurs, l'étranger, dès qu'il est en surnombre, devient bouc émissaire.

3. L'Afrique noire, pôle attractif

L'histoire coloniale est à l'origine de deux diasporas importantes en Afrique, celle des Syro-Libanais à l'ouest du continent, celle des Indo-Pakistanais à l'est, chacune forte de 200 000 à 300 000 personnes. Suite au mandat français sur la Syrie et le Liban après la Première Guerre mondiale, l'installation en Afrique noire de commerçants issus de ces deux pays a été encouragée pour compenser les faiblesses du commerce local. **Le « Libanais », synonyme de commerçant, fait désormais partie du paysage urbain**, du Sénégal jusqu'au bassin du Congo. Les guerres civiles au Liban entre 1975 et 1990 ont provoqué l'arrivée en Afrique noire d'une nouvelle strate de migrants, moins bien intégrés et concurrencés aujourd'hui par les Chinois. L'effondrement de l'économie libanaise, consécutive à la guerre en Syrie, alimente une nouvelle vague d'émigration, moins vers l'Afrique que vers l'Amérique.

À l'est du continent, les diasporas indo-pakistanaises remontent à la fin du XIXe siècle, lorsque les Britanniques importèrent une main-d'œuvre asiatique jugée plus efficace et rentable que la main-d'œuvre africaine pour le développement de la culture de la canne à sucre dans la région de Durban et celui de l'industrie. C'est l'origine de l'importante communauté dite « indienne » d'Afrique du Sud, forte de plus d'un million de personnes, qui continue à vivre dans des quartiers séparés depuis l'abolition de l'apartheid. Elle nourrit la mémoire de Gandhi, qui y fit ses premières armes d'avocat voué à la défense du peuple. En Afrique de l'Est, les minorités indiennes occupent des fonctions commerciales du Kenya à la Tanzanie. Leur réussite suscite des jalousies, source de tracasseries administratives, voire d'expulsions, comme ce fut le cas en Ouganda en 1972 sous le régime fantasque d'Idi Amin Dada. **À Madagascar, les Indo-Pakistanais, appelés *Karanes*, occupent une position dominante dans le commerce**, ce qui les expose périodiquement à la vindicte populaire, d'autant plus qu'ils vivent en communautés fermées et endogames.

D. DIASPORAS ET REMISES

Les diasporas originaires d'Afrique et du Moyen-Orient jouent un rôle économique et politique de plus en plus important.

1. Flux financiers et développement

Les fonds envoyés par les migrants vers leur pays d'origine, ou remises (*remittances*), contribuent, dans une mesure variable mais souvent essentielle, au développement économique, voire à la survie de populations vulnérables. En 2020, selon la Banque mondiale, le total des envois de fonds vers les pays en développement s'élevait à 590 milliards de dollars. Sur ce total, 62 milliards sont allés vers le Moyen-Orient et l'Afrique du Nord, 45 milliards vers l'Afrique subsaharienne. Les deux plus gros receveurs ont été le Nigeria et l'Égypte, pour environ 20 milliards de dollars chacun. Ces sommes représentent entre 4,5 % et 5,5 % des PNB de ces deux pays, soit un apport considérable, bien supérieur aux montants de l'aide au développement. **Les envois des migrants sont devenus indispensables aux populations confrontées à la pauvreté**. Des régions entières du Sénégal et du Mali vivent de l'argent de la migration, qui représente jusqu'aux deux tiers des budgets familiaux. En périodes difficiles dues à des sécheresses ou d'autres calamités, les solidarités au sein des filières migratoires jouent pleinement. Les officines de transfert de fonds, comme Western Union, font aujourd'hui partie du paysage urbain mais sont accusées de prélever des commissions excessives.

Outre l'envoi de liquidités, les migrants participent de diverses façons à l'économie locale en soutenant financièrement des associations ou des entreprises locales. Une part importante de l'argent de la migration est cependant destinée à l'immobilier, la construction d'une maison au pays natal témoignant de la réussite du parcours migratoire, plus qu'à des investissements productifs. Le rôle des remises dans le développement doit donc être nuancé, d'autant que l'envoi d'argent crée des situations de dépendance qui peuvent être défavorables aux initiatives locales. L'effet démonstration alimente par ailleurs le désir de migration chez les jeunes, davantage portés à suivre l'exemple de leurs aînés qu'à chercher sur place les conditions d'une hypothétique vie meilleure.

2. Diasporas et politique

Les diasporas vivent en résonance avec les pays d'origine, surtout si les migrants sont des exilés politiques. Bien des oppositions aux régimes en place ont été fomentées à l'étranger.

Dans le monde connecté d'aujourd'hui, les diasporas disposent des moyens de se faire entendre. Les activités politiques s'arrêtent de moins en moins aux frontières. C'est ainsi que l'initiative du coup d'État manqué en Turquie, en juillet 2016, a été attribuée par le gouvernement d'Ankara à l'opposant Fethullah Gülen, exilé aux États-Unis [→ CH. 3]. Même si les diasporas n'interviennent pas directement dans la vie politique de leur pays d'origine, elles participent aux débats intellectuels et aux manifestations culturelles participant du *soft power*.

III. Conflits, démographie et crises migratoires

L'Afrique et le Moyen-Orient se trouvent au cœur d'une actualité dramatique qui pousse des millions de gens à fuir la guerre en Syrie, en Afghanistan ou en Somalie, la dictature en Érythrée, ou à chercher dans la migration des conditions de vie meilleures, comme c'est le cas de nombreux pays d'Afrique subsaharienne. Entre migrants politiques et migrants économiques, voire migrants climatiques, la différence n'est pas toujours facile à établir entre déplacements forcés ou librement assumés, mais elle a de lourdes conséquences sur le statut des migrants dans les pays récepteurs. Quelles qu'en soient les causes, **les migrations vers l'Europe ont pris, au cours des années récentes, une ampleur sans précédent**. Elles ne doivent pas occulter pour autant le fait que l'Afrique et le Moyen-Orient constituent l'ensemble qui compte le plus de réfugiés dans le monde.

A. RÉFUGIÉS ET DÉPLACÉS

Depuis les années 1960, la plupart des guerres dans le monde se sont déroulées en Afrique et au Moyen-Orient (la guerre du Vietnam s'achève en 1975), produisant leur lot de réfugiés et de déplacés internes. Pour le Haut-Commissariat des Nations unies pour les réfugiés (UNHCR), l'année 2020 a atteint le chiffre record de 82 millions de personnes ayant fui leur foyer sous la contrainte, dont 20,7 millions de réfugiés, 5,7 millions de Palestiniens et 48 millions de déplacés internes. Les deux tiers des réfugiés et des déplacés internes se localisent en Afrique et au Moyen-Orient.

Quatre pays de la région Afrique-Moyen-Orient fournissent à eux seuls près de la moitié du total mondial des réfugiés : la Syrie (6,7 millions), l'Afghanistan (2,6 millions), le Soudan du Sud (2,2 millions) et la Somalie (1 million).

Les principaux pays hôtes se trouvent, eux aussi, dans cette même région : la Turquie (3,7 millions), le Liban (au moins 1 million) et l'Ouganda (1,4 million).

La géographie des victimes de déplacements forcés dont la plupart vivent dans des camps est **en perpétuel mouvement**, au gré des guerres. Au Kivu, où plus d'un million de Hutus rwandais avaient trouvé refuge en 1994, il n'y a plus trace des camps détruits lors d'une offensive du Front patriotique rwandais (armée tutsie) en 1996. À l'inverse, la guerre civile au Soudan du Sud, qui a éclaté peu après son indépendance en 2011, a provoqué la fuite de populations civiles et la multiplication des camps de réfugiés en Ouganda. Depuis 2020, la guerre entre le pouvoir d'Addis-Abeba, dominé par les Amhara, et les Tigréens, au nord de l'Éthiopie, engendre de nouveaux flux massifs de réfugiés et déplacés internes. Dans certains cas, les camps se sont pérennisés faute de règlement militaire ou politique, comme aux alentours de Tindouf dans le Sud algérien, où les Sahraouis sont en attente, depuis plus de quarante ans, d'un improbable État. Depuis 2011, la guerre en Syrie est le principal pourvoyeur mondial de réfugiés.

Les guerres civiles traversent tout l'espace Afrique-Moyen-Orient, engendrant le plus grand déploiement de camps de réfugiés au monde. Le fait que cette partie du monde actuellement la plus affectée par les guerres et les déplacements de population qui en découlent est, pour une large part, la conséquence des difficultés de construction d'États aux contours imposés par les puissances coloniales sans l'assentiment des populations rassemblées malgré elles dans une même enveloppe territoriale.

B. LES CONSÉQUENCES DE LA GUERRE EN SYRIE

Dans un Moyen-Orient agité de crises politiques depuis quarante ans, la Syrie a longtemps été considérée comme une base de stabilité. La minorité alaouite, représentée par la famille el-Assad, assurait un équilibre de pouvoir entre les différentes factions politiques, économiques et religieuses. Sans entrer dans le détail d'un conflit d'une grande complexité où interfèrent des acteurs internes et externes (Russie, Iran, Turquie, sans oublier les nationalistes kurdes et l'État islamique), on en retiendra ici la conséquence géopolitique majeure : un exode massif de populations civiles, hommes, femmes, enfants, le plus important depuis la Seconde Guerre mondiale – le plus médiatisé aussi. Les flux de réfugiés syriens, grossis des apports afghans, posent des défis auxquels l'Europe n'était pas préparée à répondre. Celle-ci agit en ordre dispersé par des politiques d'ouverture (Allemagne) ou de fermeture (Hongrie, Autriche, etc.) et se révèle de plus en plus désunie face à une pression migratoire qu'elle cherche à contenir en s'appuyant sur la Turquie et le Liban, le pays qui héberge le plus de réfugiés proportionnellement à sa population (plus d'1 million de réfugiés pour 6 millions d'habitants). La guerre en Syrie a donné une nouvelle impulsion aux flux désormais structurels de migrants de toute nature, originaires du Moyen-Orient ou d'Afrique, qui aspirent à l'Europe et sont devenus un enjeu politique majeur sur fond d'amalgame entre migrants musulmans et djihadistes. **Les questions sécuritaires sont aujourd'hui indissociables du phénomène migratoire.** Elles investissent le champ politique et nourrissent les mouvements d'extrême droite dans toute l'Europe.

C. EXPLOSION DÉMOGRAPHIQUE ET PERSPECTIVES MIGRATOIRES

En admettant une résolution durable des guerres au Moyen-Orient tarissant les flux de réfugiés – internes (Turquie, Liban, Jordanie, Iran) et externes (Europe) – et susceptible de provoquer des migrations de retour à la faveur de la reconstruction post-conflit, il n'en subsisterait pas moins une pression migratoire structurelle vers les pays du Nord, principalement l'Europe. **Ces flux sont et seront encore de plus en plus générés par l'explosion démographique** annonciatrice de bouleversements dont on imagine mal l'ampleur au sud du Sahara.

1. Des candidats migrants en nombre croissant

Les drames humains ne permettent plus de minimiser la réalité d'une pression migratoire toujours très forte. Entre 2014 et 2020, 20 000 personnes ont péri en tentant de traverser la Méditerranée, selon l'Office international des migrations (OIM). Chaque année, plusieurs centaines de milliers de personnes tentent leur chance, après avoir atteint un pic de plus d'un million en 2015. Les tentatives de franchissement des grillages et barbelés des enclaves espagnoles de Melilla et Ceuta défrayent périodiquement la chronique. Les conditions de rétention en Libye des candidats à la migration émeuvent l'opinion européenne. L'actualité des guerres joue naturellement un rôle crucial sur la pression migratoire, mais pas uniquement : un grand nombre des migrants franchissant la Méditerranée proviennent de régions d'Afrique subsaharienne qui ne sont pas en état de guerre.

Les pays d'accueil de première ligne, l'Italie (Lampedusa, Sicile) et surtout la Grèce, dont de nombreuses îles ne sont qu'à quelques dizaines de kilomètres des côtes turques, ont du mal à gérer l'afflux massif des migrants, d'autant plus qu'ils relèvent de deux catégories. Les uns, provenant de théâtres de guerre ou de pays où l'oppression politique menace leur vie, relèvent en principe du droit d'asile. Les autres sont des migrants économiques, qui ne bénéficient pas de la protection juridique et peuvent être renvoyés dans leur pays d'origine. En réalité, ils alimentent des flux clandestins, l'Europe étant impuissante à les endiguer.
On doit s'attendre, dans les années et les décennies à venir, à ce que les migrations originaires du Moyen-Orient et d'Afrique deviennent une question centrale pour l'avenir de l'Europe, qu'elles pourraient contribuer à fragiliser, voire à éclater. L'instrumentalisation politique qui en est faite par les partis d'extrême droite ne doit pas masquer **une réalité démographique qui poussera inexorablement des millions d'Africains hors d'Afrique**. Tout est affaire de nombre et de proximité géographique. Même si l'Afrique émerge sur le plan économique, elle fournira longtemps encore d'importants contingents de candidats migrants. Des enquêtes en milieu scolaire réalisées dans plusieurs pays africains indiquent qu'un pourcentage significatif d'élèves voit son avenir hors d'Afrique.
Dans un livre alarmiste, Serge Michailof[2] (2015) pose la question suivante : « L'Afrique en crise va-t-elle se retrouver dans nos banlieues ? » Cri d'alarme contre l'inconscience des dirigeants africains qui ne prennent pas la mesure de la tragédie démographique qui se prépare et qui ne laissera pas indemne l'Europe à portée de canot pneumatique. Les quelque 20 millions d'étrangers non communautaires, majoritairement originaires d'Afrique et du Moyen-Orient, ne représentent certes qu'**un faible pourcentage d'une population européenne de plus de 500 millions de personnes**, mais ce qui compte, c'est moins le nombre que la perception et la perspective. Les débats sur les flux et les stocks de migrants, sur les capacités d'accueil, sur l'acceptabilité de l'islam dont la majorité des migrants sont porteurs, ont en tout cas investi la politique européenne. Ils sont au cœur d'une interrogation sur l'identité de l'Europe, sur l'avenir de l'Union européenne qui n'a jamais été autant menacée depuis sa création, le Brexit pouvant n'être qu'un signe avant-coureur.

2. Contradictions européennes et impuissance de l'espace Schengen

La crise migratoire durablement installée depuis le début de la décennie 2010 a révélé les faiblesses de l'Europe, incapable de la juguler et empêtrée dans des contradictions qui l'empêchent d'avoir une position sinon commune, du moins claire, face à l'immigration extra-européenne. Celle-ci représente en effet une source de main-d'œuvre que la France a été l'une des premières à valoriser en recrutant massivement des Maghrébins pour soutenir sa croissance industrielle après la Seconde Guerre mondiale. Plus tardivement, l'Allemagne s'est tournée vers les travailleurs turcs. Elle vient d'accueillir à bras ouverts un million de réfugiés, principalement syriens, non pas pour des raisons humanitaires, mais pour **compenser son déclin démographique et renforcer à l'avenir son influence au Moyen-Orient**.
Nonobstant les divergences d'intérêts des puissances qui la composent, l'Europe s'est dotée d'instruments de contrôle de ses frontières communes avec la mise en place, en 1995, de l'**espace Schengen**, qui regroupe la grande majorité des États européens. Mais si la libre circulation des personnes au sein de cet espace a été un succès, le contrôle des frontières extérieures s'est en revanche révélé défaillant. Le **mécanisme Frontex** (frontières exté-

2. Serge Michailof, *Africanistan. L'Afrique en crise va-t-elle se retrouver dans nos banlieues ?*, Fayard, 2015. Voir aussi Stephen Smith, *La Ruée vers l'Europe. La jeune Afrique en route pour le Vieux Continent*, Grasset, 2018.

rieures), instauré en 2005, est tout sauf efficace. La gravité des attentats islamistes de 2015, le constat que l'Europe est devenue une «passoire» ont conduit les institutions européennes à substituer à Frontex une Agence européenne de garde-frontières et de garde-côtes, entrée en vigueur en octobre 2016 et dotée de moyens renforcés. Les attentats djihadistes de l'automne 2016 (notamment à Berlin en décembre 2016, réplique de l'attentat de Nice en juillet) montrent que cette nouvelle agence a devant elle un énorme défi sécuritaire qui peut redorer le blason de l'Europe ou la déstabiliser durablement, ouvrant des perspectives chaotiques à **l'histoire inéluctablement interdépendante des relations Europe-Afrique-Moyen-Orient**. La rétention par la Turquie de migrants syriens potentiels rend très complexes les relations de l'Europe avec un pays qui se veut l'héritier de l'Empire ottoman. La Russie de Poutine instrumentalise, quant à elle, la question migratoire, en soutenant le président de la Biélorussie : l'envoi de quelques milliers d'Irakiens et de Syriens à l'automne 2021 pour forcer la frontière avec la Pologne vise à fissurer l'Union européenne.

3. Passeurs et clandestins

Une promesse d'Europe, sans garantie, coûte plusieurs milliers d'euros. Le business migratoire est devenu l'un des plus lucratifs qui soit. Rafiots pourris exhumés des ports de Libye, canots pneumatiques de grande capacité..., tout est bon pour affronter la Méditerranée pour une terre de salut, une Terre promise, en priant Dieu que le voyage ne soit pas le dernier. Les migrants qui partirent pour le Nouveau Monde et peuplèrent l'Amérique ne connurent jamais de telles conditions, proches de celles qui prévalaient lors de la traite négrière. Les passeurs et leurs clients savent qu'ils contreviennent aux lois des pays d'accueil ; ils savent aussi que ces derniers ne feront pas grand-chose contre eux (les condamnations de passeurs et les reconduites à la frontière représentent un risque minime et assumé) et qu'il suffit de jouer des discordances entre les législations nationales européennes pour passer au travers des mailles du filet. Les réseaux criminels de passeurs se donnent de surcroît une aura morale en faisant croire qu'ils sont les Robin des Bois modernes en lutte contre des États oppresseurs et en jouant sur la fibre émotionnelle facilement affectée par les photos bouleversantes d'un petit enfant mort sur la grève. Il s'agit en réalité de rien d'autre que de mafias tirant profit de la misère du monde, et qui ont un bel avenir devant elles car les sources migratoires au sud de la Méditerranée ne sont pas près de se tarir. Il est **illusoire de penser que l'Europe pourrait dresser des barrières hermétiques** pour endiguer et contrôler les flux migratoires. Seuls le développement, le codéveloppement et la coopération, accompagnés d'indispensables politiques de population, pourront apporter des réponses durables à l'un des défis géopolitiques majeurs du XXIe siècle.

3 LE CHOC DES RELIGIONS : DES MONOTHÉISMES À L'ISLAMISME

Le fait religieux est une composante de plus en plus importante de la géopolitique de l'Afrique et du Moyen-Orient. Les trois monothéismes, judaïsme, christianisme et islam, issus de la même région, entretiennent des rapports conflictuels. L'islam constitue le point commun de l'ensemble dénommé MENA (*Middle-East-North Africa*). Son réveil, après une longue domination occidentale marquée par le démantèlement de l'Empire ottoman, inspire les thèses du « choc des civilisations[1] » qui font de l'affrontement entre l'Occident chrétien et le monde musulman une pierre angulaire de l'histoire. La réalité est plus complexe. De la Mauritanie à l'Afghanistan, le Grand Moyen-Orient, divisé entre puissances rivales, est déchiré par d'incessants conflits aux causes multiples, parmi lesquelles figurent les oppositions religieuses séculaires entre sunnites et chiites, et les tensions entre Israël et les pays arabes. Depuis le début des années 2010, le djihadisme étend ses tentacules en Afrique subsaharienne, déstabilisant les espaces de contact entre les sociétés musulmanes et les sociétés christianisées qui dominent la partie méridionale du continent. Un vaste arc de crise s'étend désormais de l'Atlantique aux contreforts de l'Himalaya en englobant le Sahel. Cet espace de forte turbulence constitue un risque majeur pour la paix mondiale.

Notions principales

Djihadisme : idéologie politico-religieuse, développée sur le terreau de la guerre en Afghanistan, le djihadisme prône la violence pour instaurer un régime islamiste. Le mot est dérivé de « djihad », dont l'un des multiples sens évoque le devoir de faire la guerre au nom de l'islam.

Évangélisme : ce courant religieux, issu de la mouvance protestante, rompt avec les églises instituées en prônant un engagement individuel – le « réveil » – fondé sur des réinterprétations de la Bible. Le pentecôtisme en est une des manifestations les plus dynamiques. Le recours à l'émotion collective et aux transes rencontre un grand succès au sein de sociétés africaines en désarroi.

Islamisme : depuis la seconde moitié du XXe siècle, désigne les orientations idéologiques et politiques de l'islam pour les distinguer de la foi religieuse. La distinction entre islam et islamisme fait débat en Europe et aux États-Unis suite aux nombreux attentats perpétrés depuis vingt ans contre l'Occident, au nom de l'islam.

CHRONOLOGIE

70 : Destruction du temple de Jérusalem
622 : Hégire, début du calendrier musulman
1948 : Création de l'État d'Israël
2001 : Destruction des bouddahs de Bamiyan
2002 : Naissance du mouvement Boko Haram
2006 : Fondation de l'État islamique (Daech)
2006 : Formation du mouvement Shebab en Somalie
2014 : Proclamation du Califat à Bagdad
2020 : Sainte-Sophie redevient une mosquée

1. Samuel Huntington, *Le Choc des civilisations*, Odile Jacob, 2000.

I. L'effervescence du monde musulman

A. LA DIVERSITÉ DE L'ISLAM AU MOYEN-ORIENT ET EN AFRIQUE

Il est très réducteur de parler de l'islam au singulier, même si, du point de vue théologique, l'unité de la religion est fondée sur un livre unique, de révélation divine, le Coran. À cela s'ajoutent des rites qui font l'unanimité de la communauté des croyants : les cinq piliers que sont la profession de foi, les cinq prières quotidiennes, l'aumône ou *zakat*, le jeûne du ramadan et le pèlerinage à La Mecque. Les hadiths, recueil des paroles et des actes du prophète Mahomet, complètent le Coran et fondent la *sunna* (tradition). Ces textes prêtent à des interprétations divergentes. Cependant, **ce qui oppose les grands courants de l'islam est moins de nature doctrinale que politique**. La rupture initiale renvoie à la question de la dévolution de l'autorité après la mort de Mahomet. Pour les sunnites, le successeur du Prophète doit être le « meilleur » de la communauté, alors que, pour les chiites, la légitimité de la succession désigne le fils adoptif et gendre du Prophète, Ali, et sa descendance.
L'irréductibilité de ces positions n'a pas été érodée, au contraire, par quatorze siècles de pratiques différentes. La communauté des croyants, l'***Umma***, prônant la solidarité entre tous les musulmans, a toujours été une utopie dans un monde historiquement trop divers pour être politiquement rassemblé.

1. Sunnisme et chiisme

a) Le sunnisme

Le sunnisme regroupe la grande majorité des musulmans (plus de 350 millions dans la région MENA sur plus d'un milliard dans le monde) fidèles à la tradition (*sunna*). Jusqu'à son abolition par Atatürk en 1924, les sunnites ont reconnu l'autorité du Calife (considéré comme successeur de Mahomet). Depuis lors, ce sont les *oulémas*, formés dans les universités islamiques, dont la célèbre université Al-Azhar du Caire, qui définissent les orientations religieuses par leurs *fatwas*. La proclamation à Bagdad du Califat par l'État islamique en 2014 a tenté de renouer avec le passé, l'ambition politique éclipsant les attendus religieux. La défaite militaire de Daech et l'élimination du calife autoproclamé Abou Bakr al-Baghdadi, en 2019, a mis un terme à cette tentative éphémère.
La communauté sunnite se répartit en quatre rites correspondant à des entités géographiques :
– Le **malékisme** couvre l'ensemble de l'Afrique, du Maghreb à l'Afrique noire.
– Le **hanafisme** est présent en Asie, de la Turquie à la Chine.
– Le **hanbalisme**, originaire d'Arabie saoudite, a inspiré le **wahhabisme**, courant réformé rigoriste introduit au XVIIIe siècle par Muḥammad ben 'Abd al-Wahhāb avec l'aide de la famille Saoud.
– Le **chaféisme** est répandu dans l'océan Indien et le monde indonésien.
L'Afrique, en majorité de rite malékite, subit la pression du wahhabisme, soutenu par la puissance financière de l'**Arabie saoudite, dont les pétrodollars alimentent les courants intégristes, si ce n'est djihadistes**.

b) Le chiisme : une nébuleuse complexe

Le **chiisme** compte environ 200 millions de fidèles. **Majoritaires en Iran et en Irak, ils constituent ailleurs des minorités** qui ont souvent maille à partir avec la majorité sunnite. Les chiites se considèrent comme les héritiers légitimes de Mahomet, de la lignée d'Ali, dépositaires d'une tradition remontant aux origines de l'islam, entretenue par les **imams**. Ils se différencient en fonction de leur interprétation de la généalogie :

– Les *duodécimains*, de loin les plus nombreux, en particulier en Iran, reconnaissent douze imams historiques. Ils sont aussi présents en Turquie (Alévis) et en Afghanistan (Hazaras).
– Les *ismaéliens* se sont séparés des duodécimains dès le VIIIe siècle à la suite de désaccords sur la désignation des imams successeurs de Mahomet (ils n'en reconnaissent que sept). Après avoir joué un certain rôle politique en Égypte à l'époque des Fatimides et en Perse, ils se sont dispersés et constituent aujourd'hui des communautés commerçantes actives, en particulier au Pakistan et en Inde, à Bombay. Le 49e imam de la branche ismaélienne des nizârites, Karim Aga Khan IV, dispose d'une fortune considérable qui lui sert à soutenir la **fondation Aga Khan**, le prix Aga Khan d'architecture (dont Jean Nouvelle a été lauréat pour l'Institut du monde arabe à Paris) et l'Aga Khan Development Network, qui mène des actions de développement dans les pays les plus pauvres.
– Les *zaydites* représentent une communauté importante au nord du Yémen. Ils ne reconnaissent que cinq imams dans la succession d'Ali. Une fraction d'entre eux a créé le mouvement **houthi**, du nom de son dirigeant, issu d'un Forum des jeunes croyants fondé en 1992. En lutte ouverte contre le pouvoir de Sanaa – réactualisant la guerre entre Yémen du Nord et Yémen du Sud –, ils doivent affronter depuis 2015 une coalition sunnite soutenue par l'Arabie saoudite. Assiégés dans leur bastion montagneux, les Houthis ont connu, en 2017, la pire famine de leur histoire récente, mais continuent leur combat grâce à l'aide militaire de l'Iran.

c) Le madhisme

L'interruption, au IXe siècle, de la filiation des imams a donné naissance à la croyance d'un imam « caché » qui reviendra à la fin des temps sous le nom de Mahdi. Au cours des deux dernières décennies du XIXe siècle, une révolte contre les prétentions anglo-égyptiennes à s'emparer du Soudan s'est servie de cette croyance pour mobiliser les insurgés sous la direction de Muhammad ibn Abd Allah Al-Madhi. Le régime madhiste contrôla le Soudan après ses victoires militaires (1881-1885) jusqu'en 1899. **Les guerres madhistes furent parmi les plus dures de l'histoire coloniale britannique**, marquées notamment par la mort du gouverneur Charles Gordon, dit « Gordon Pacha », lors de la bataille de Khartoum en 1885. La mobilisation religieuse contre les « mécréants », réinterprétant le passé et valorisant la lutte contre l'Occident, est un ressort toujours d'actualité, comme en témoigne l'idéologie proclamée par Daech.

d) Des variantes du chiisme

Bien qu'ils disent s'y rattacher, quelques groupes en marge du chiisme sont considérés comme hétérodoxes, voire comme de faux musulmans.
– Les *alaouites* de Syrie, bien que très minoritaires, détiennent le pouvoir sous la férule de la famille Assad.
– Les *kharijites* du Mzab (Sud algérien), de Djerba (Tunisie) et du djebel Nefoussa (Libye) sont peu nombreux mais très actifs dans le commerce en Afrique du Nord. Les principales cités du Mzab (Ghardaïa, Berriane, Beni Isghun) ont été à plusieurs reprises, depuis la fin du XXe siècle, le théâtre de violences entre Arabes et Mozabites, ces derniers étant accusés de déviance religieuse ; ils sont surtout jalousés pour leur réussite commerciale qui les fait traiter par leurs adversaires de « juifs d'Algérie ». Le kharijisme est aussi la religion dominante du sultanat d'Oman.
– Les *druzes*, répartis entre le Liban, la Syrie et le nord d'Israël, issus d'une scission de l'ismaélisme, ont développé une religion syncrétique considérée comme hérétique et qui rejette certaines obligations de l'islam comme le jeûne du Ramadan. Bien que peu nombreux, ils sont partie prenante de la politique particulièrement complexe du carrefour multiconfessionnel libano-syrien [→ CH. 25].

2. Des islams superposés à une trame d'identités multiples

Les variantes de l'islam reflètent la diversité culturelle et historique des populations converties. L'expansion de la nouvelle religion après la mort du Prophète, en 632, a été foudroyante. En un siècle, l'islam couvre le Moyen-Orient et l'Afrique du Nord, parvient jusqu'en France, où la conquête arabe est stoppée à Poitiers en 732, et jusqu'en Chine. C'est un événement majeur dans l'histoire de l'humanité. Comme une refondation du monde, l'islam élabore son propre calendrier, la fuite de Mahomet de La Mecque et son installation à Médine en 622 marquant l'an un de l'**hégire** (l'exil).

L'expansion de l'islam, portée par les capacités militaires des Arabes, ne représente pas une conquête *stricto sensu*. L'islam s'est moulé sur les antiques structures politiques de l'Orient méditerranéen et du monde perse. La civilisation arabo-musulmane s'est nourrie des strates antérieures de l'histoire. La fin de l'empire des Sassanides, vaincus par les Arabes en 651, n'a pas effacé l'identité persane, confortée par l'adhésion au chiisme et non au sunnisme arabe, annonçant **une des fractures géopolitiques majeures du Moyen-Orient**.

L'expansion de l'islam dans des environnements souvent marqués par l'aridité a probablement joué en faveur de l'adoption de rituels valorisant l'eau, si précieuse tant pour les peuples nomades que pour les agriculteurs dépendant de l'irrigation, et pour des citadins dont la quotidienneté est inséparable des usages de l'eau. Mais, partout, **les héritages préislamiques ont perduré**, reflet de l'extraordinaire diversité du peuplement du Moyen-Orient et du Maghreb. Derrière la matrice commune de l'islam, les identités des cultures se sont perpétuées jusqu'à nos jours. C'est ainsi qu'au Maghreb la **population berbère** a été islamisée tout en gardant ses spécificités culturelles, y compris dans ses pratiques de la religion. En Algérie, les revendications identitaires berbères ont fait l'objet de répressions d'un gouvernement essentiellement arabe, jusqu'aux concessions récentes en faveur d'une reconnaissance des spécificités culturelles et linguistiques berbères.

Les résurgences du passé participent de l'actualité politique de « l'Orient compliqué ». Elles rendent compte des échecs répétés des tentatives d'unification du monde musulman ou de ses sous-ensembles. L'islam, s'il permet d'identifier un Grand Moyen-Orient, n'a jamais porté une dynamique fédératrice. Les nationalismes et les communautarismes, dont on observe partout la résurgence, balayent les velléités d'unité du monde musulman, contribuent aux déchirements du Moyen-Orient qui n'a cessé d'être le théâtre de guerres depuis un demi-siècle. Guerre du Liban, guerre Iran-Irak, guerres d'Afghanistan, guerres du Golfe, guerre d'Irak et de Syrie réveillant le nationalisme kurde.

La religion n'est pas un facteur déclenchant mais aggravant des guerres. En Irak, l'intervention américaine a profondément perturbé les équilibres entre chiites et sunnites, privilégiant les premiers au détriment des seconds, qui ont trouvé dans l'État islamique la possibilité de jouer à nouveau un rôle politique. En Afghanistan, les mouvements nationalistes pachtounes ont été soutenus par la CIA à l'époque de l'occupation soviétique, avant que les « étudiants en théologie » (talibans) ne se retournent contre les États-Unis quand ceux-ci, dans leur traque de Ben Laden, ont voulu à leur tour avoir la main sur ce pays rebelle à toute ingérence étrangère. En Syrie, la guerre civile n'est pas une guerre de religion, mais les appartenances religieuses ne sont pas étrangères au conflit, les minorités chrétiennes en payant le prix fort. En Afrique sahélienne, les groupes salafistes ou djihadistes ont instrumentalisé une situation politique qui ne doit initialement rien à la religion pour imposer l'interprétation intégriste absurde de la charia dénoncée dans le film *Timbuktu*[2].

2. *Timbuktu*, film d'Abderrahmane Sissako, 2014.

Le salafisme participe de la nébuleuse islamiste, il prône le retour aux pratiques censées être celles de l'époque de Mahomet et de ses premiers disciples révérés comme de pieux ancêtres (*salaf*). Il comprend plusieurs orientations, les unes tournées vers la prière (quiétisme), les autres vers l'action violente (djihadisme).

3. L'islam entre tradition, démocratie et puissance : l'ambiguïté de la Turquie

La trajectoire contemporaine de la Turquie résume toutes les contradictions du monde musulman tiraillé entre nationalisme hérité de l'histoire, désir d'occidentalisation et valorisation de l'islam. Après la défaite de l'Empire ottoman, le traité de Sèvres de 1920 avait mis fin à six siècles de domination de la « Sublime Porte ». Il ouvrait la voie au **kémalisme** héritier du **mouvement nationaliste Jeunes-Turcs** qui, depuis 1889, aspirait à une modernisation inspirée des principes de la Révolution française et du positivisme d'Auguste Comte. Ce que les auteurs turcs contemporains appellent « ingénierie ethnique » ou « ingénierie démographique » caractérise la politique extrêmement brutale d'homogénéisation ethno-nationale au détriment des minorités, pas uniquement mais principalement chrétiennes, Grecs en Anatolie occidentale, Arméniens et Assyro-Chaldéens à l'est.

La part des musulmans en 1914 représentait entre 70 et 80 % de la population totale du territoire de la Turquie actuelle. La Première Guerre mondiale exacerba la brutalité d'une politique d'éradication des minorités planifiée par le parti des Jeunes-Turcs. Environ 1 200 000 **Arméniens** (près de 80 % de la population arménienne vivant alors dans l'actuelle Turquie) périrent au cours du premier génocide du XXe siècle. Moins connus, les massacres des **Assyro-Chaldéens** auraient fait autour de 500 000 victimes. Au terme de la guerre gréco-turque de 1919-1922 (la « Grande Catastrophe »), un million et demi de Grecs durent quitter l'Anatolie et la Thrace (500 000 musulmans de Macédoine et d'Épire effectuant le chemin inverse). Parmi les minorités non chrétiennes, les **Alévis**, branche hétérodoxe du chiisme, déjà persécutés sous l'Empire ottoman, s'ajoutent à la longue liste des victimes de la purification ethno-religieuse.

En 1923, Mustafa Kemal, futur « Atatürk », proclama la république de Turquie, déplaçant sa capitale d'Istanbul à Ankara en signe de rupture avec le passé ottoman. Il entreprit de dépoussiérer la société musulmane en interdisant notamment le port du voile pour les femmes et celui du fez pour les hommes.

Entre 1960 et 1997, l'armée, considérée comme garante de l'héritage du kémalisme, notamment de la laïcité, n'hésita pas à intervenir à plusieurs reprises dans la vie politique en recourant à des coups d'État. Elle n'a cependant pas pu endiguer la **montée de l'islamisme** à partir des années 1980, sous l'influence en particulier du **mouvement islamo-conservateur Hizmet**, dont l'imam Fethullah Gülen [→ CH. 17] fut l'inspirateur. Ayant rompu avec Recep Tayyip Erdoğan, Premier ministre de 2003 à 2014 puis président de la République depuis lors, Fethullah Gülen s'est réfugié aux États-Unis. Il a été accusé d'être l'instigateur du coup d'État militaire manqué de juillet 2016. Prenant prétexte de cette tentative de renversement de son pouvoir et du Parti de la justice et du développement (AKP), Erdoğan a fait procéder à une purge de grande ampleur dans l'armée et la fonction publique et restreint drastiquement la liberté de la presse.

Initialement porteur d'un courant « islamiste modéré » (mais n'est-ce pas là un oxymore ?), le président turc a évolué vers un islamisme identitaire et des pratiques de plus en plus éloignées de la démocratie occidentale. Avec une société fracturée entre une population laïque, occidentalisée, aspirant à intégrer l'Europe, et une population conservatrice, nostalgique de la grandeur musulmane passée, **la Turquie d'Erdoğan penche vers un « néo-ottomanisme »** autoritaire, nationaliste et islamiste. La décision, prise en 2020, de redonner une fonction de mosquée à l'ancienne basilique de Sainte-Sophie, que la révolution kémaliste avait érigée en musée en 1934, est le symbole fort d'une allégeance à l'islam d'un pouvoir qui se veut de plus en plus ostensiblement héritier des sultans [→ CH. 21].

4. Islam, judaïsme et conflit israélo-palestinien

Le **conflit israélo-palestinien, épicentre des tensions géopolitiques du Moyen-Orient** [→ CH. 24], s'enracine dans la religion, même s'il ne se réduit pas à un antagonisme entre juifs et musulmans. Les mouvements sionistes, apparus dans les années 1880 en Europe, animés, entre autres, par Théodor Herzl, visaient à concrétiser le vœu millénaire d'un retour en *Erezt Israel* (terre d'Israël). La création d'un « foyer national juif », suite à la déclaration Balfour de 1917, donna un coup de fouet à l'*aliyah* (montée) vers Israël de juifs ashkénazes, principalement originaires d'Europe centrale et orientale, où ils étaient victimes de pogroms antisémites. Le mouvement migratoire ainsi enclenché aboutira en 1948 à la création de l'État d'Israël, au détriment des populations arabes de Palestine. L'exode des Palestiniens, toujours vécu comme la « catastrophe » (*Nakba*), inaugure la période de tensions et de guerres entre Israël et les pays arabes, jalonnée par les victoires éclatantes de *Tsahal*, l'armée israélienne (guerre des Six Jours en 1967, guerre du Kippour en 1973). Depuis lors, toutes les initiatives diplomatiques pour résoudre la question palestinienne (accords d'Oslo de 1993 en particulier) sont restées lettre morte et n'ont pu empêcher ni les colonisations israéliennes illégales, ni les soulèvements palestiniens (*Intifada*). La construction depuis 2002 par Israël

ZOOM ▶ Jérusalem, ville symbole au carrefour du religieux et du politique

Jérusalem, lieu saint pour les trois monothéismes nés au Moyen-Orient, est le symbole paradoxal de l'effusion et de la division religieuses. Juifs et musulmans s'y disputent la partie haute de la vieille ville, « mont du Temple » pour les premiers, « esplanade des Mosquées » pour les seconds. Le mont du Temple, lieu le plus sacré pour les juifs, se situe à l'emplacement du temple détruit par les Romains en 70, dont ne reste, en contrebas de l'esplanade, que le mur des Lamentations. Pour les musulmans, le dôme du Rocher, d'où Mahomet se serait envolé vers les cieux, et la mosquée El Aqsa, construite après la prise de Jérusalem par les Arabes au VIIe siècle, en font le troisième Lieu saint de l'islam après La Mecque et Médine. Ce petit espace (14 hectares) est situé dans la partie orientale palestinienne de Jérusalem conquise et annexée par Israël en 1967. À la suite d'une série d'accords, le site est géré par la Jordanie, gardienne de l'esplanade, mais la police israélienne en contrôle les accès. Double symbole religieux et national, l'esplanade cristallise la montée des extrémismes, juifs ultra-orthodoxes d'un côté, islamistes de l'autre.

Les Lieux saints chrétiens, situés dans la vieille ville à quelque distance de l'esplanade, jouissent depuis longtemps de statuts particuliers destinés à les protéger et à coordonner leur fréquentation par les différentes obédiences du christianisme, selon un *statu quo* hérité d'accords oraux remontant à l'époque ottomane. Cinq puissances européennes (la France, la Belgique, l'Italie, l'Espagne et la Grèce) sont garantes de ce *statu quo*. L'église du Saint-Sépulcre, édifiée, selon la tradition, à l'emplacement présumé du tombeau du Christ, proche du Golgotha (lieu de la crucifixion), est le site le plus fréquenté.

Le statut des Lieux saints s'imbrique avec la question de Jérusalem capitale. Dès 1949, l'État hébreu a fait de Jérusalem-Ouest sa capitale, en dépit de l'opposition de l'ONU qui souhaitait donner à Jérusalem comme à Bethléem un statut international. Les grandes puissances se sont rangées derrière les Nations unies et ont implanté leur ambassade à Tel Aviv. En 1980, la *Knesset* (Parlement) déclarait Jérusalem capitale « éternelle et indivisible » d'Israël. Dans la perspective, sans cesse repoussée, d'un État palestinien, l'OLP (Organisation de libération de la Palestine) s'est prononcée en 1988 pour que Jérusalem soit sa capitale. Dans l'attente d'un hypothétique transfert à Jérusalem, le gouvernement de l'autorité palestinienne s'est installé à **Ramallah**. Le statut de Jérusalem reste, avec la reconnaissance d'un État palestinien à part entière, un des grands enjeux du conflit né de la division de l'ancienne Palestine. Le président américain Donald Trump a remis en cause le large consensus diplomatique autour de l'objectif de reconnaissance de deux États en décidant du transfert à Jérusalem de l'ambassade des États-Unis (effectif depuis 2018). Profitant de ce changement d'attitude de Washington, Israël, bafouant une nouvelle fois les résolutions de l'ONU, a décidé de renouer avec la politique de colonisation dans les territoires occupés, au risque d'accroître les tensions avec les Palestiniens.

d'un mur de séparation avec la Cisjordanie, pour des raisons sécuritaires, rend de plus en plus improbable une réconciliation entre les deux peuples qui sont en rivalité pour le partage d'un même territoire que l'implantation des colonies juives en Cisjordanie transforme en peau de léopard.

B. L'EXPANSION DE L'ISLAM AU SUD DU SAHARA

À la différence de la fulgurante conquête arabe, la pénétration de l'islam en Afrique noire a été lente et progressive, et davantage le fait de commerçants que de militaires. Seule exception, l'empire Almoravide qui, au XIe siècle, étendit sa domination de l'Andalousie au fleuve Sénégal à partir de l'Adrar mauritanien.

1. Des commerçants propagateurs de l'islam

a) La voie saharienne

L'islam a suivi les voies du commerce. Dès l'époque de l'Afrique romaine, relayée ensuite par l'Afrique arabe, les échanges ont mis en contact l'Afrique méditerranéenne et le sud du Sahara. Les commerçants arabes ont activement participé à la traite des esclaves (qui épargnait les musulmans) tout en étant les propagateurs de la nouvelle religion. **Le dromadaire a véhiculé le Coran.** L'islam a pénétré le Sahel à partir des cités caravanières dès le VIIIe siècle. Il cohabita longtemps avec l'animisme, ce dont témoignent les fouilles archéologiques dans les anciennes villes de l'empire du Ghana, villes duales où le quartier musulman était séparé, comme c'est encore le cas aujourd'hui dans les villes de la zone soudanaise et guinéenne : au Togo, le *zongo* désigne le quartier des commerçants musulmans, situé à l'écart des quartiers où vivent animistes et chrétiens. Certaines ethnies converties à l'islam, tels les Dioulas, se spécialisèrent dans le commerce à longue distance. Ils ont conservé cette vocation de commerçants en Afrique de l'Ouest, où le terme *dioula* désigne indifféremment commerçant et musulman.

L'islam a ainsi progressé au cours des siècles à partir de noyaux urbains et de réseaux marchands, et à la faveur de l'expansion des empires ouest-africains qui se sont succédé entre les fleuves Sénégal et Niger (Ghana, Mali, Songhaï). Les espaces saharo-sahéliens ont connu un âge d'or au Moyen Âge, commerce et religion s'épaulant mutuellement. Chinguetti en Mauritanie et Tombouctou au Mali devinrent des centres culturels majeurs de l'islam africain. Les **manuscrits de Tombouctou**, patrimoine de l'humanité, en témoignent.

b) La voie de l'océan Indien

Les commerçants arabes qui fréquentaient les côtes orientales de l'Afrique, de la mer Rouge au canal de Mozambique et aux Comores ont précocement diffusé l'islam. Dans la Corne de l'Afrique, les populations pastorales (Somalis, Afar) des régions arides ont toutes embrassé la nouvelle religion qui s'implanta jusqu'à la région de Harar. Elle resta longtemps circonscrite à la périphérie des hautes terres d'Éthiopie et échoua, dans la première moitié du XVIe siècle, à en faire la conquête. Aujourd'hui, les régions arides de l'est de l'Éthiopie (Ogaden, pays Afar) sont très majoritairement musulmanes ; l'insécurité qui y règne n'est pas le fait de la religion mais des tensions politiques qui travaillent les régions de peuplement somali.

En Afrique orientale, les commerçants arabes ont introduit l'islam sur les côtes et participé à la formation de la langue et de la civilisation swahilies, résultat d'un métissage arabo-bantou. L'islam, devenu religion majoritaire sur la côte et les îles (Zanzibar), n'a connu que peu de succès vers l'intérieur, car il fut associé à la traite des esclaves et aux expéditions guerrières qui ravagèrent l'est du continent jusqu'à la conquête coloniale.

Les commerçants indo-pakistanais qui s'installèrent au Kenya, en Ouganda, en Tanzanie, en Afrique du Sud sous l'Empire britannique constituent des communautés qui se partagent entre islam et hindouisme. Ils sont perçus comme « Indiens » plus qu'en fonction de leur religion, et c'est à ce titre qu'ils furent persécutés et chassés d'Ouganda par le président Amin Dada dans les années 1970.

c) Les musulmans en Afrique équatoriale

L'islam est longtemps resté circonscrit à l'Afrique sèche, associé à des sociétés de pasteurs. Le milieu équatorial, infesté par la mouche tsé-tsé, qui transmet la trypanosomiase (maladie du sommeil), a longtemps interdit la pénétration du gros bétail et des chevaux, et par suite celle des pasteurs-guerriers des zones sahélo-soudaniennes. Les seuls musulmans sont par conséquent des commerçants installés au rythme de l'urbanisation, d'origine libano-syrienne pour les uns, ouest-africaine pour les autres. De petites mosquées ont suivi leur implantation. Après les indépendances, l'islam est devenu une force politique. Les pays du Maghreb, principalement la Libye de Kadhafi, ont financé la construction des mosquées. L'Arabie saoudite a fortement contribué à la diffusion du wahhabisme, usant de ses capacités financières pour soutenir les mouvements islamiques. Au Gabon, la conversion en 1973 du président Albert-Bernard Bongo, devenu alors Omar Bongo, et le choix de l'islam pour son fils aîné Ali Bongo relèvent du politique (rapprochement avec les pays de l'OPEP) et non du religieux.

2. Le djihad d'Ousman dan Fodio

Au début du XIXe siècle, les Peuls imposent leur domination dans les zones sahélo-soudaniennes d'Afrique de l'Ouest dont ils achèvent l'islamisation : empire du Macina dans la région de Mopti, avec pour nouvelle capitale Hamdallaye ; djihad conduit par Ousman dan Fodio qui crée le sultanat de Sokoto (nord du Nigeria) et impose son autorité en pays Haoussa. Un de ses lieutenants, Adamaoua, prolongera les conquêtes jusqu'au centre du Cameroun, dans les régions montagneuses qui, depuis, portent son nom. Seul le Bornou, autour du lac Tchad, échappera à l'entreprise conquérante. Les violences politiques contemporaines affectant le nord-est du Nigeria, principalement Boko Haram, s'inscrivent en continuité avec ce **contexte historique où s'intriquent aspirations religieuses et stratégies politiques**. L'extension des espaces de combat entre pasteurs peuls musulmans et paysans sédentaires animistes ou christianisés jusqu'en République centrafricaine est un des facteurs des conflits régionaux.

3. La colonisation et l'islamisation

Une des conséquences indirectes de la colonisation a été de favoriser l'islamisation. En Afrique de l'Ouest, jusqu'au XIXe siècle, les communautés musulmanes étaient essentiellement urbaines et commerçantes ; le monde paysan restait pour une large part animiste. **La conquête coloniale a provoqué des conversions massives à l'islam**, comme marque de protestation contre la domination des Blancs, identifiés aux chrétiens. Ce fut le cas notamment au Sénégal. En Afrique subsaharienne, au moment de la colonisation, les seules sociétés organisées sur un modèle de type étatique étaient les sociétés musulmanes : elles bénéficièrent du statut d'*indirect rule* mis en place initialement au Nigeria septentrional par Lord Lugard. Les groupes animistes du Sud, comme les Ibos, formant des sociétés sans État, furent au contraire soumis au gouvernement direct. Il s'agit là d'une **fracture géopolitique** dont les conséquences pèsent toujours sur la vie politique du Nigeria et des autres États, dont la population se partage entre territoires musulmans et chrétiens.

C. L'ISLAM NOIR

Une question souvent débattue est celle de l'éventuelle spécificité d'un « islam noir[3] ». L'Afrique dans son ensemble se rattache au rite malékite, fondé au VIIIe siècle par un imam de Médine. Dominant en Afrique du Nord, le malékisme, dont la mosquée de Kairouan, en Tunisie, a été un des hauts lieux, s'est diffusé au sud du Sahara en prenant une coloration particulière. On lui reconnaît une tradition de tolérance et une inclination pour le soufisme, sa spiritualité et son mysticisme, qui a favorisé l'éclosion des confréries. L'islamisation d'une partie de l'Afrique s'est ainsi accompagnée d'une « **africanisation de l'islam** ».

1. Un islam confrérique

L'islam africain accorde une grande importance aux confréries qui encadrent la pratique de la religion et édictent des règles de vie. La plus ancienne, la **Khadrya**, fondée au XIIe siècle au Moyen-Orient, s'est répandue du Maghreb au Sahara. Au XIXe siècle, les bouleversements provoqués par la conquête coloniale firent naître de nouvelles confréries qui eurent à se positionner par rapport à l'intrusion européenne. La diffusion de la **Tijaniyya**, née à la fin du XVIIIe siècle en Algérie, profita de la formation de l'empire Toucouleur d'El Hadj Omar dans les régions du Haut-Sénégal et du Haut-Niger, où celui-ci établit sa capitale à Ségou en 1861. Après la conquête française, le tidjanisme continua à se répandre ; c'est aujourd'hui la **confrérie la plus importante en Afrique subsaharienne**.

Dans la seconde moitié du XIXe siècle, Cheikh Ahmadou Bamba, né à Mbacké au Sénégal, fonda la **confrérie mouride** qui s'implanta durablement en pays Wolof. Il eut maille à partir avec l'autorité coloniale, avant que celle-ci comprenne l'intérêt d'en faire un allié plutôt qu'un adversaire. Des marabouts exerçant une fonction de *cadi* (juges) coopérèrent avec l'administration française. Le mouridisme devint un agent actif de l'expansion de la culture de l'arachide, à l'origine de l'enrichissement des « marabouts de l'arachide » qui surent mobiliser à leur service et au nom de la foi les paysans fraîchement convertis. Ahmadou Bamba fut enterré près de son lieu natal dans la cité nouvelle de Touba, devenue bientôt un lieu de pèlerinage. La **mosquée de Touba**, inaugurée en 1963 après trente ans de travaux, une des plus grandes d'Afrique, exprime dans sa magnificence la **réussite des mourides qui allièrent la foi et l'économie**. Leur ville sainte, forte aujourd'hui d'un demi-million d'habitants, attire, lors du Grand Magal (pèlerinage annuel), des foules immenses venues du monde entier, les mourides ayant émigré en grand nombre tant en Europe qu'en Amérique du Nord et maintenant en Asie. Le soutien des mourides constitue un atout essentiel lors des compétitions électorales sénégalaises [→ CH. 13].

2. Les marabouts

Les marabouts occupent une grande place dans l'islam africain, contribuant à son originalité. Il s'agit d'hommes pieux que distinguent leur connaissance du Coran et leur sagesse, et dont les plus renommés accèdent à la sainteté. Mais l'interprétation de la religion par certains d'entre eux, entre chamanisme et ésotérisme, les éloigne de l'orthodoxie religieuse. Jouant des croyances populaires et des superstitions, beaucoup de marabouts se proclament médiums, voyants, guérisseurs. Les chefs d'État africains s'entourent de marabouts tandis que nombre de charlatans font profession de devin, y compris aujourd'hui hors d'Afrique. Les tombeaux de marabouts constituent des lieux vénérés par les croyances populaires. Les islamistes y voient la manifestation d'une déviance de la vraie religion, c'est pourquoi ils

3. Vincent Monteil, *L'Islam noir. Une religion à la conquête de l'Afrique*, Seuil, 1980. Voir aussi Marc-Antoine Pérouse de Montclos, *L'Islam d'Afrique. Au-delà du djihad*, Vendémiaire, 2021.

ont détruit des mausolées à Tombouctou, la « Cité des 333 saints », quand ils l'occupèrent en 2012.

D. LE CHRISTIANISME FACE À L'ISLAM

Des croisades au siège de Vienne par les Ottomans en 1683, la rivalité entre puissances musulmanes et chrétiennes a dominé les relations entre l'Europe et l'Orient. Plus proche de nous, la fin de l'Empire ottoman a été marquée par le massacre des Arméniens entre 1896 et 1916, que les Turcs refusent toujours de qualifier de « génocide », et par l'exode des Grecs, contraints de quitter les territoires d'Anatolie occidentale où ils étaient installés depuis deux millénaires. Ce passé a laissé des traces dans les mémoires, tout comme les conséquences de l'effondrement de l'Empire ottoman.

Pour certains mouvements islamistes nostalgiques de la grandeur passée de l'islam, la guerre contre l'Occident chrétien est considérée comme une légitime revanche de l'histoire sur cette période de déclin face à la domination occidentale. Mais la position des deux grandes religions et les rapports qu'elles entretiennent entre elles présentent deux situations géographiquement très contrastées.

1. Le Moyen-Orient : un christianisme ancien mais résiduel

Le christianisme, né au Moyen-Orient, y était bien implanté dès le IIIe siècle. Les églises d'Alexandrie, d'Antioche, de Jérusalem rivalisaient avec celles de Rome et de Constantinople. Mais au IVe et au Ve siècle, des querelles christologiques divisent le monde chrétien. À la suite du concile de Chalcédoine (451), affirmant l'union en une seule personne des deux natures du Christ, divine et humaine, la majorité des églises orientales, considérant que la nature divine du Christ a absorbé sa nature humaine, se séparent de Rome en se proclamant « orthodoxes ». Certaines d'entre elles, appelées « uniates », rejoindront le giron romain entre le XVIe et le XVIIIe siècle, l'Église maronite étant quant à elle constamment restée fidèle à Rome.

Il en résulte que **les chrétiens orientaux sont éparpillés entre douze Églises** ayant chacune un patriarche à leur tête. Ils ne représentent que de petits effectifs [→ CH. 18], difficiles à évaluer car beaucoup d'entre eux ont émigré au cours des dernières années. L'Église la plus nombreuse est de loin l'Église orthodoxe copte d'Égypte (6 à 7 millions). Vient ensuite l'Église maronite du Liban (500 000). Les autres Églises ne comptent qu'un petit nombre de fidèles répartis entre l'Égypte, le Liban, la Syrie, l'Irak, la Jordanie, la Palestine et la Turquie.

Les chrétiens d'Orient sont aujourd'hui menacés par les mouvements islamistes. **En Égypte, les Coptes**, implantés depuis les débuts du christianisme dans la région d'Alexandrie et en Haute-Égypte, sont la cible périodique d'attentats. Les violences conjuguent motifs religieux et griefs à l'encontre d'une communauté dont les élites détiennent de meilleures positions économiques que la majorité des Arabes. Au Liban, où persiste une véritable diversité religieuse [→ CH. 25], la répartition confessionnelle du pouvoir est remise en question par les évolutions démographiques défavorables aux chrétiens.

La situation est beaucoup plus grave en Irak. Les minorités chrétiennes, mais aussi les **yézidis**, qui se rattachent aux croyances zoroastriennes de la Perse antique, y ont été victimes de nombreuses exactions sous le régime de l'État islamique. En Syrie, les minorités chrétiennes ont bénéficié de la bienveillance et de la protection du clan Assad au pouvoir, mais n'ont pas été épargnées par la guerre civile. Partout, les violences ont poussé de nombreux chrétiens sur le chemin de l'exil, avec peu d'espoir de retour. La diversité de religions qui caractérisa, pendant près de deux millénaires, le Moyen-Orient est ainsi gravement menacée par l'**épuration religieuse engendrée par les guerres civiles** [→ CH. 13]. Les chrétiens d'Orient pourraient subir le même sort que les communautés juives séfarades du Maghreb, qui ont massivement émigré en Israël, en France et aux États-Unis après les indépendances.

2. Afrique subsaharienne : un christianisme conquérant

Mise à part l'Éthiopie et son Église chrétienne remontant au IVe siècle, l'Afrique noire n'a connu que des cultes animistes jusqu'aux premiers contacts avec l'Europe. Le royaume de Congo avait été partiellement christianisé à partir de la fin du XVe siècle, le fils du roi Afonso Ier ayant même été élevé à la dignité d'évêque d'Utique (ville de Tunisie) en 1518, ce qui fit de lui le premier évêque noir de l'histoire. Mais cette première évangélisation sombra avec le royaume, désorganisé par les conflits qu'engendra la traite esclavagiste.

La christianisation reprit avec la colonisation. Les Églises ont activement contribué à la « civilisation » des peuples colonisés, l'action des missionnaires complétant celle des militaires, des fonctionnaires et des commerçants. Catholiques ou protestantes, les Églises ont connu un rapide succès et, après les indépendances, une **africanisation progressive du clergé**, désormais presque totale. À l'échelle du continent, le nombre de chrétiens est sensiblement le même que celui de musulmans (40 % de la population pour chaque groupe), les animistes comptant pour 20 %. Il est vrai que **les pratiques animistes coexistent souvent avec les cultes chrétiens** dans diverses adaptations syncrétiques, cela valant aussi pour l'islam. La ferveur religieuse remplit les églises et les temples, ce qui fait de l'Afrique noire, du fait de la croissance démographique, **un des bastions les plus dynamiques du monde chrétien**. Les catholiques africains se prennent à rêver d'un pape noir.

La progression du christianisme, de même que celle de l'islam, s'est faite au détriment de l'animisme. Les deux monothéismes sont pratiquement imperméables l'un à l'autre, de sorte que leur géographie est globalement figée et ne se modifie à la marge que sous l'effet des migrations. Dans les espaces de contact, leur cohabitation peut en revanche devenir conflictuelle, mais d'autres facteurs d'ordre économique (accès à la terre, à l'eau, rivalités commerciales) sont les véritables déterminants de conflits que la religion ne fait qu'exacerber.

Depuis quelques décennies, les églises chrétiennes instituées sont confrontées à la concurrence des **mouvements évangéliques et pentecôtistes**. Leur succès est en partie dû aux difficultés de la vie quotidienne qu'ils permettent de mieux affronter en faisant appel à la fois au mysticisme et aux valeurs du communautarisme et de l'entraide. Il est dû aussi à l'habileté de leurs propagandistes, rompus aux nouvelles technologies de communication, ce dont témoigne le succès des télé-évangélistes. La multiplication des églises, ou sectes, selon le point de vue adopté, est caractéristique de sociétés en mutation en recherche de valeurs et de sociabilité. Elle s'inscrit par ailleurs dans un mouvement mondial de contestation des églises traditionnelles, amorcé en Amérique latine voici quelques décennies, et dont le succès ne se dément pas.

3. L'Église orthodoxe d'Éthiopie, au carrefour disputé entre l'Afrique et l'Asie

Les hautes terres volcaniques surplombant la Corne de l'Afrique, partagées entre l'Éthiopie et l'Érythrée, abritent une des plus anciennes églises chrétiennes. À la suite de la conversion du roi Ezana, le royaume d'Aksoum embrassa au milieu du IVe siècle cette religion propagée depuis la Basse-Égypte *via* la vallée du Nil. L'Église éthiopienne ne reconnut pas le concile de Chalcédoine. Elle fait partie des « églises orthodoxes orientales », comme celles d'Alexandrie, de Damas, ou d'Etchmiadzin (proche d'Erivan, la capitale de l'Arménie), qui se différencient des églises orthodoxes de rite byzantin.

Encerclé par des puissances musulmanes à partir du VIIe siècle, le royaume chrétien resta longtemps très isolé, entretenant en Europe le mythe du « prêtre Jean ». Il développa des rites liturgiques particuliers. Au XIIe siècle, la fondation de la « Nouvelle Jérusalem » par le roi Lalibela fut une réponse à la prise de Jérusalem par Aladin en 1187. **L'histoire du nord-est de l'Afrique est ainsi mêlée à celle du Proche-Orient.** La légende des amours du roi Salomon et de la reine de Sabba est encore plus ancienne. Sans cesse réinterprétée et réactualisée, elle nourrit l'identité éthiopienne. La révolution militaro-marxiste de 1974, qui mit un terme au pouvoir du dernier *négus*, Haïlé Sélassié, n'hésita pas à se revendiquer l'héritière de 3 000 ans d'histoire.

Pour les populations des hautes terres, Amhara et Tigréens notamment, l'Église orthodoxe, dite « tewahedo », est un puissant marqueur identitaire. En 1951, elle est devenue « autocéphale », ce qui signifie que le patriarche d'Addis-Abeba ne dépend plus de celui d'Alexandrie. Cette indépendance n'est pas étrangère à la démographie : avec aujourd'hui près de 50 millions de fidèles, soit environ 40 % de la population éthiopienne, l'Église tewahedo est de loin la plus importante des Églises orthodoxes. Sa richesse patrimoniale exceptionnelle, celle de ses monastères et de ses églises dont celles, troglodytes, de Lalibala, contribue à construire l'image d'un **pays pétri d'histoire, fier d'être le plus ancien État africain**.

Celui-ci, cependant, doit faire face à plusieurs menaces. Si le bastion chrétien a survécu à des siècles de pression périphérique de l'islam jusqu'aux conquêtes de Ménélik II à la fin du XIXe siècle, le pouvoir d'Addis-Abeba reste contesté par les populations du pays Afar et de l'Ogaden, peuplé de Somalis, et par une partie des Oromos musulmans. Sur un autre front, l'Église orthodoxe est affaiblie par l'activisme des pentecôtistes, qui bénéficient d'importants soutiens financiers venus principalement des États-Unis.

II. L'arc de crise et l'islamisme

L'ensemble du Moyen-Orient et une partie de plus en plus étendue de l'Afrique subissent les conséquences de l'expansion de mouvements islamistes et djihadistes responsables des attentats terroristes qui frappent non seulement la région, mais aussi les pays occidentaux, et depuis peu les États post-soviétiques.

A. LES FONDEMENTS DE L'ISLAMISME

1. L'islamisme, un anti-occidentalisme

L'islamisme n'est pas une théologie à proprement parler, mais une idéologie couplée à un ensemble de pratiques inspirées par les valeurs traditionnelles de l'islam. Le désir de retour aux sources traduit un ressentiment à l'égard d'un Occident longtemps dominateur, perçu comme une menace d'acculturation. L'anti-occidentalisme s'inscrit dans la continuité de l'anticolonialisme et de l'anti-impérialisme. Au Proche-Orient, ce ressentiment est exacerbé par l'antisionisme et le conflit israélo-palestinien, Israël étant assimilé à un État occidental et colonial.

Les mouvements islamistes connaissent d'autant plus de succès que les conditions socio-économiques se sont dégradées dans certains pays où l'accès des jeunes à l'emploi devient difficile, du fait notamment de la démographie. C'est le cas en Égypte, dans la bande de Gaza et dans les pays du Sahel. La corruption et le clientélisme poussent une fraction de la classe moyenne marginalisée à la révolte : **les « printemps arabes » ont représenté un cocktail de rancœurs et d'espoirs**. Ils prennent le relais des mouvements révolutionnaires tiers-mondistes influencés par le marxisme qui ont fait long feu. L'internationalisme n'est plus

L'arc de crise et les mouvements islamistes en Afrique

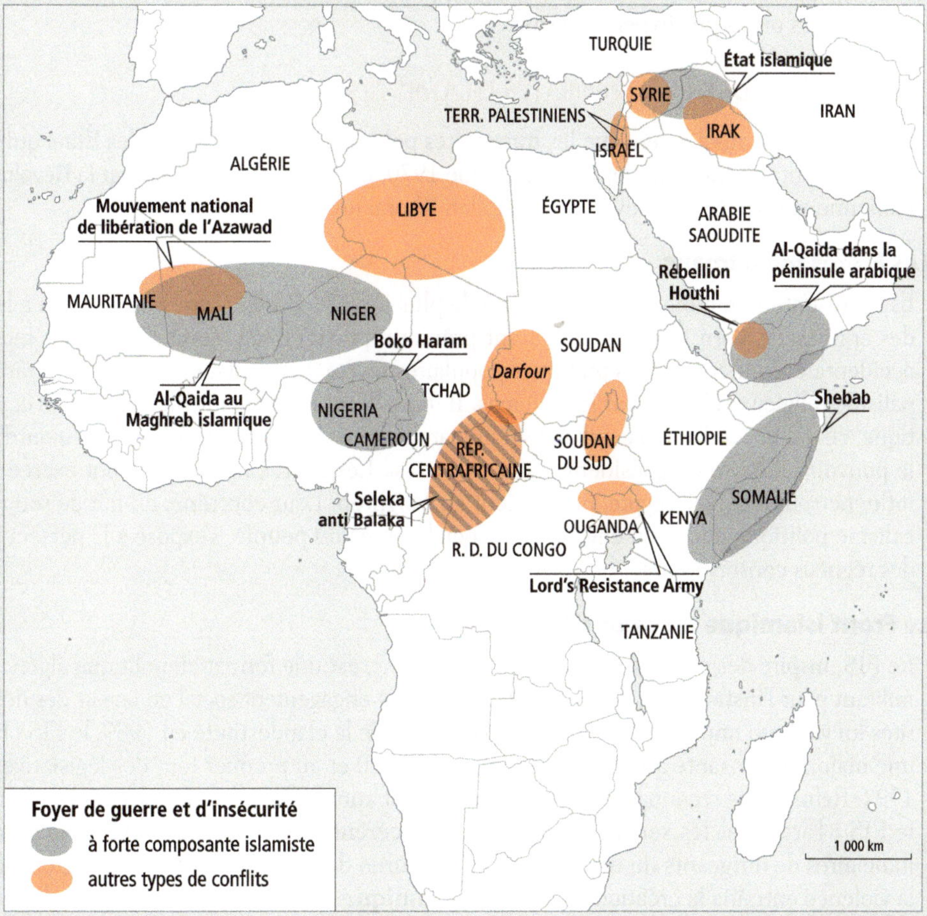

Source : Nathan, 2021.

porteur. Le drapeau vert de l'islam se substitue au drapeau rouge d'une révolution qui n'est plus en prise avec l'évolution des sociétés.

2. Islamisme et modernité

La revendication d'une pureté originelle de l'islam – au demeurant davantage fantasmée qu'historiquement fondée – ne signifie pas un retour à l'archaïsme, bien au contraire. Les mouvements islamistes, souvent issus de milieux urbains et éduqués, maîtrisent toutes les techniques de communication modernes, notamment Internet et les réseaux sociaux, principal vecteur de leur endoctrinement. L'islamisme a une dimension générationnelle. Il prend le relais de l'idéologie nationaliste qui soutint les luttes pour l'indépendance, et du tiers-mondisme qui en prolongea l'engagement en dénonçant le néocolonialisme économique. L'économiste égyptien Samir Amin fut une figure marquante de la pensée tiers-mondiste[4] des années 1960-1980. La contestation contemporaine portée par l'islamisme se situe quant

4. Samir Amin, *Le Développement inégal. Essai sur les formations sociales du capitalisme périphérique*, Éd. de Minuit, 1973.

à elle davantage dans le champ culturel et éthique ; elle condamne la dépravation des mœurs, appelle au rigorisme religieux et à l'application à la lettre de la *charia*, sans renoncer à utiliser les outils de l'hypermodernité.

B. LA DIVERSITÉ DES MOUVEMENTS ISLAMISTES

L'islamisme est aussi divers que les trajectoires politiques des groupes ou des États qui s'en revendiquent ouvertement depuis la décennie 1970, marquée en particulier par la Révolution iranienne et l'arrivée au pouvoir de l'ayatollah Khomeiny en 1979.

1. Les Frères musulmans

Ils représentent le mouvement historique le plus important de l'islamisme. Apparu à la fin des années 1920 en Égypte, ce courant prôna un puritanisme moral rejetant les mœurs occidentales tout comme les pratiques populaires (culte des saints, soufisme) et le traditionalisme religieux véhiculé par les sulémas. Il mit très tôt l'accent sur l'action sociale et politique, ce qui le conduisit à combattre la monarchie, puis le régime nassérien et, aujourd'hui, le pouvoir militaire du président Al-Sissi [→ CH. 23]. Les Frères musulmans ont exercé une influence au-delà de l'Égypte, notamment au Maghreb. Leur confrérie, du fait de son radicalisme politique et de son engagement social auprès du peuple, s'expose à la persécution des régimes conservateurs.

2. Le Front islamique du salut (FIS)

Le FIS, inspiré des principes des Frères musulmans, est une formation politique algérienne militant pour l'instauration d'un État islamique. Son engagement social en faveur des déshérités lui valut un important soutien populaire. Sorti de la clandestinité en 1989, le FIS obtint une majorité écrasante aux élections locales de 1990 et au premier tour des législatives de 1992. Refusant de reconnaître sa défaite, le FLN fit annuler le processus électoral et dissolut le FIS ; l'armée et les services secrets commencèrent à se livrer à des exécutions extra-judiciaires de dirigeants du mouvement qui retourna dans la clandestinité. L'engrenage de la violence entraîna la création du **Groupe islamique armé (GIA)**, avec l'appui de volontaires précédemment formés dans les maquis d'Afghanistan. C'est dans ce contexte de guerre civile, d'attentats et de répression par l'armée algérienne que furent assassinés les moines de Tibhirine en 1996.

Les « années noires » ont duré une décennie, faisant plusieurs dizaines de milliers de victimes, jusqu'à la défaite militaire du GIA consumée en 2002. Cependant, un groupe dissident, le Groupe salafiste pour la prédication et le combat (GSPC), refusa l'amnistie proposée par le président Bouteflika et **fit allégeance à Al-Qaida en 2006, sous l'appellation Al-Qaida au Maghreb islamique (AQMI)**. Afin d'échapper à l'armée algérienne, AQMI a établi ses bases dans les confins septentrionaux du Mali et du Niger ainsi qu'en Libye, contribuant à la déstabilisation de ces régions.

3. Al-Qaida et le terrorisme mondialisé

Ce groupe terroriste et qui se revendique comme tel a été fondé en 1987 en Afghanistan pour lutter contre l'occupation soviétique. Ben Laden, issu d'une riche famille d'Arabie, en est devenu le chef. Son idéologie repose sur un rejet de l'Occident, sa stratégie sur l'organisation d'attentats visant l'ensemble des pays occidentaux et de leurs alliés. **Les attentats du 11 septembre 2001 aux États-Unis**, au retentissement mondial, **marquent un tournant dans l'histoire du monde**, l'entrée, d'une violence inouïe, dans le XXIe siècle. Les attentats se multiplient, de Madrid à Londres, de Ryad à Bali, de Marrakech à Bagdad. Al-Qaida fonctionne comme une multinationale du terrorisme, le fanatisme religieux poussant des hommes et des femmes à se sacrifier dans des attentats suicides contre la promesse du paradis, portant la perversion du religieux à ses extrémités. L'élimination de Ben Laden par les Américains en 2011 a affaibli le mouvement, mais telle une hydre il se reconstitue localement sous des formes plus ou moins autonomes, divers groupes djihadistes se servant d'Al-Qaida comme d'un label. **La régionalisation d'Al-Qaida a ouvert plusieurs fronts** contre lesquels les États-Unis mènent une action sans relâche, appuyée par des systèmes d'information performants et l'utilisation redoutable des drones.

Dans la péninsule Arabique, AQPA (Al-Qaida dans la péninsule Arabique) est fortement implanté au Yémen. Au Sahel, AQMI a installé ses bases en complicité avec les mouvements indépendantistes touareg. D'autres « franchises » d'Al-Qaida apparaissent et disparaissent au gré des circonstances et des capacités de leaders locaux. Les réseaux sont à la fois mondialisés et décentralisés, Internet leur donnant une force redoutable. La guerre des réseaux prend le pas sur les affrontements à caractère religieux qui ne sont plus qu'un prétexte, au sein des États, à la lutte pour le pouvoir, et, à l'international, au défi lancé à l'Occident. Les mouvements islamistes sont pris dans des dynamiques politiques qui évoluent très rapidement. **C'est ainsi qu'Al-Qaida a été dépassé par un nouveau venu, l'État islamique ou Daech.**

C. DE NOUVEAUX ACTEURS : ENJEUX POLITIQUES ET ALIBI RELIGIEUX

1. L'État islamique, Daech

En 2006, des groupes islamistes issus d'Al-Qaida en Irak proclament l'État islamique d'Irak, qui deviendra en 2013 **l'État islamique en Irak et au Levant (EIIL), aussi désigné par l'acronyme arabe Daech**. En 2014, celui-ci, rompant avec Al-Qaida, annonça le rétablissement du califat. De nombreux groupes islamistes lui firent allégeance, au Sinaï, en Libye, en Afghanistan et jusqu'au Nigeria (Boko Haram). Profitant de l'effondrement de l'armée irakienne après le retrait des troupes américaines, et de la guerre civile en Syrie, Daech établit rapidement son contrôle sur les terres utiles des vallées du Tigre et de l'Euphrate et sur les gisements de pétrole de la région de Mossoul qui lui ont assuré de confortables ressources financières. En 2015, la coalition internationale emmenée par les États-Unis a entrepris la reconquête des territoires contrôlés par Daech. La bataille de Mossoul, en 2017, s'est soldée par un recul significatif de l'État islamique, mais ce n'est qu'en 2019 que les dernières poches de résistance ont rendu les armes. Bien que privé de son territoire et de ses ressources, Daech continue à faire peser la menace d'actions terroristes dans une région qui est loin d'être stabilisée. La question de l'islam s'est effacée devant les intérêts rivaux des puissances régionales (l'Iran, l'Arabie saoudite et la Turquie), les aspirations des Kurdes et la rivalité entre la Russie et les États-Unis. Ces guerres ont provoqué l'exode de populations le plus important depuis la Seconde Guerre mondiale : **quelque 5 millions de civils ont fui des villes dévastées par les bombardements**. Daech est responsable du saccage d'un patrimoine inestimable de l'humanité, comme à Palmyre en Syrie, suivant en cela l'exemple funeste de Bamyan en Afghanistan, où d'autres groupes islamistes firent exploser les statues géantes de Bouddha. L'idéologie totalitaire de l'islamisme prétend gommer les traces de l'histoire antérieure à Mahomet. La religion n'a plus rien à voir avec des pratiques destructrices ou prédatrices, d'autant que le pillage des sites pré-islamiques alimente un commerce très lucratif peu regardant quant à la pureté de la foi.

2. Religion, économie et politique au Sahel

Les espaces saharo-sahéliens traversent une crise profonde. Le tracé des frontières sahariennes [→ CH. 1] a porté atteinte au fonctionnement des sociétés nomades. Tandis qu'en Mauritanie, les *beidanes* (Maures blancs) contrôlent le pouvoir politique [→ CH. 17], les Touaregs du Mali et du Niger ont été marginalisés par des États dominés par les Noirs. Les Touaregs ont répondu à cette situation en créant des mouvements indépendantistes, en développant le commerce illicite (contrebande de cigarettes puis de drogues) et en se rapprochant des mouvements islamistes de la nébuleuse Al-Qaida. Les contrecoups de l'effondrement de la Libye en 2011 ont rajouté à l'instabilité des espaces saharo-sahéliens en multipliant les acteurs. Les allégeances déclarées à tel ou tel groupe se déclarant islamiste ou djihadiste relèvent souvent davantage de la communication et de la propagande que d'une adhésion sincère aux valeurs proclamées. Les mises en scène macabres au nom d'Allah sont une arme de guerre, au même titre que les prises d'otages et les attentats suicides. Les rivalités pour le contrôle des territoires et des routes du commerce s'imbriquent avec les impératifs religieux d'application de la *charia*, diversement interprétés. Les rébellions indépendantistes, conduites principalement par le Mouvement national de libération de l'Azawad (MNLA), n'ont pas le même agenda qu'AQMI ou d'autres groupes djihadistes qui en sont issus, comme le Mouvement pour l'unicité et le jihad en Afrique de l'Ouest (MUJAO), ou Al-Mourabitoune [→ CH. 8].

ZOOM ▶ Boko Haram

Boko Haram, de son nom initial « Compagnons du Prophète pour la propagation de l'islam et la guerre sainte », a été fondé par Mohammed Yusuf au début des années 2000 au nord-est du Nigeria. La signification de Boko Haram, « l'éducation occidentale est un péché », résume bien ses objectifs de rupture avec la société contemporaine héritière de la colonisation. Dissidente de l'islam sunnite, la secte a basculé dans la violence avec pour cible des musulmans jugés impies, des représentants de l'État, des chrétiens. Elle fait régner la terreur en recourant à des attentats meurtriers, à des enlèvements et jusqu'à l'utilisation d'enfants comme bombe humaine. Les exactions commises par les forces de l'ordre ajoutent au climat de violence et d'insécurité. La traque de l'armée nigériane puis l'exécution par la police de Mohammed Yusuf en 2009 ont radicalisé le mouvement dirigé depuis lors par Abubakar Shekau.

L'emprise de Boko Haram s'est étendue de son berceau du Bornou aux États nigérians de Yobe et d'Adamaoua. La secte a trouvé un terrain favorable dans ces régions, les plus pauvres du pays. Le sentiment d'abandon, la corruption qui gangrène la classe politico-affairiste alimentent des frustrations favorisant le radicalisme religieux. L'armée, elle-même démoralisée par un encadrement corrompu, offre peu de résistance aux combattants fanatisés de Boko Haram. La proclamation, en août 2014, d'un califat à Gwoza, au sud-est de Maiduguri, affiche les ambitions politiques de Shekau.

L'enlèvement, en avril 2013, des collégiennes de Chibok, pour la plupart chrétiennes, converties à l'islam et mariées de force, a eu un retentissement mondial. Michelle Obama elle-même se fit la porte-parole – sans succès – de l'exigence de leur libération : « *Bring Back Our Girls* ». Depuis 2014, les opérations de Boko Haram débordent sur les pays voisins, Cameroun, Niger, Tchad. Dans l'extrême-nord du Cameroun, des Européens, des Chinois, des Camerounais ont été enlevés et pris en otage. Les incursions de Boko Haram au-delà des frontières nigérianes, dans la vallée de la Komadougou Yobé, frontalière du Niger, l'extrême-nord du Cameroun et le Tchad, déstabilisent la région. L'organisation terroriste bénéficie de complicités parmi les populations mêlées des régions frontalières du lac Tchad et trouve dans le dédale de chenaux et de marécages du lac des conditions favorables pour s'y dissimuler. Un dispositif régional de lutte contre Boko Haram s'est révélé peu efficace, les rivalités entre le Nigeria et les États francophones entravant son fonctionnement. L'armée nigériane, pas plus que les troupes camerounaises d'élite du Bataillon d'intervention rapide (BIR), ou que les militaires tchadiens n'a pu venir à bout de cette organisation, responsable d'au moins 20 000 morts, et toujours active en 2021.

La terreur répandue par Boko Haram a provoqué des déplacements considérables de population. Fin 2020, le Haut-Commissariat des Nations unies pour les réfugiés (UNHCR) les estime à 300 000 réfugiés, auxquels s'ajoutent 2,9 millions de déplacés internes au Nigeria, et près de 800 000 dans les pays francophones riverains du lac Tchad (le Cameroun, le Niger et le Tchad).

4 DÉSERTS ET HYDROPOLITIQUE

Les déserts couvrent un espace considérable dans l'ensemble Afrique-Moyen-Orient. Ils sont un élément géographique structurant d'un Grand Moyen-Orient étendu de la Mauritanie à l'Afghanistan. Cette diagonale désertique prend en écharpe les territoires de l'islam, ce qui lui confère une dimension culturelle et politique. En contrepoint du désert qui n'admet que peu d'espèces vivantes, animales ou végétales, aux aptitudes spécifiques leur permettant de survivre à une aridité extrême, l'eau, source de vie, concentre les implantations humaines. Le désert appelle la mobilité, les lieux d'eau fixent les hommes : complémentarité millénaire et nécessaire entre les grands espaces parcourus et les oasis et vallées qui furent, de Sumer à l'Égypte, le berceau fécond des premières civilisations. Aujourd'hui comme hier, la complémentarité entre le sec et l'humide, la mobilité et l'ancrage, régit la vie quotidienne dans les pays qui s'étendent du Maghreb jusqu'aux confins de l'Asie centrale. Elle tisse la toile de fond d'une géopolitique dont la complexité tient au palimpseste d'une histoire sans cesse confrontée à une nature particulièrement exigeante et devenue le théâtre d'enjeux planétaires.

Notions principales

Désert : espace vide où la nature minérale restreint considérablement les possibilités d'installation des hommes. L'absence de vie y est toute relative, certaines espèces animales et végétales ayant pu s'adapter à l'aridité. Les points d'eau, en particulier les oasis, constituent autant de lieux d'implantation humaine pérenne et de relais pour la vie de relation. Les déserts sont à la fois des barrières et des espaces d'échanges, double fondement de leur rôle géopolitique.
Désertification : le terme a des sens multiples. La « désertification » des campagnes françaises, par exemple, n'a aucun rapport avec les avancées du désert saharien sur ses marges méridionales, qui correspondent à un processus d'aridification, de dégradation des sols, d'origine naturelle ou anthropique, provoquant une avancée du désert au détriment des espaces sahéliens.
Hydropolitique : l'objet de l'hydropolitique (ou géopolitique de l'eau) réside dans l'analyse des enjeux et des conflits liés aux usages de l'eau (usages domestiques, irrigation, pêche, hydroélectricité, navigation), et du rôle de ces usages dans les relations diplomatiques concernant en particulier les fleuves et les nappes phréatiques partagés entre plusieurs puissances.

CHRONOLOGIE

1920 : Le traité de Sèvres reconfigure les États et les déserts du Moyen-Orient.
Années 1930 : Découverte du pétrole en Arabie saoudite
1956 : Découverte du pétrole au Sahara algérien
1969 : Découverte du pétrole en Libye
1975 : Début du projet GAP en Turquie
1991 : Opération « Tempête du désert »
2009 : Lancement du projet Desertec
2011 : Début de la construction du barrage de la Renaissance en Éthiopie
2021 : La mise en eau du barrage atteint le niveau permettant une première phase de production d'électricité.

I. La diagonale désertique

A. LE PLUS VASTE ENSEMBLE DE DÉSERTS DU MONDE

1. Question de définition…

De quoi parle-t-on quand on évoque le désert ? Approches scientifiques, populaires, médiatiques et marketing ne convergent pas forcément. Du point de vue scientifique, le désert se définit par la rareté des pluies : l'isohyète 100 mm est quasi unanimement considérée comme la limite du désert. Certains chercheurs parlent de « vrai désert » pour le distinguer d'espaces de transition où un peu plus de pluie ouvre des opportunités pastorales. Gardons-nous de définitions rigides. Outre le total des précipitations, comptent aussi leur répartition dans l'année et la distance aux points d'eau. Le caractère aléatoire des pluies et, par suite, des pâturages – illustré par la « manne » de la Bible – fait de la **variabilité une donnée structurelle, source d'insécurité, à laquelle les hommes du désert répondent par la mobilité** et la recherche de ressources extérieures, rente foncière dans les oasis, commerce et guerre parfois. Les marges du désert se transforment en espaces de tensions pour le contrôle des territoires dès lors qu'ils sont convoités par des acteurs concurrents, nomades et sédentaires. Ces catégories sont certes de plus en plus brouillées par l'urbanisation très rapide des déserts, mais elles sous-tendent revendications identitaires et représentations, jouant à ce titre un rôle géopolitique. L'absence de ressources en eau sur de vastes étendues et leur concentration ponctuelle ou linéaire réduisent considérablement les possibilités d'implantation humaine : les déserts comptent parmi les espaces les moins densément peuplés de l'œkoumène, de sorte que le « vide » est un paramètre essentiel de l'analyse géopolitique. La relation désert/population induit une certaine confusion quand on parle de « désertification ». D'un côté, il s'agit de la progression du désert au détriment de ses marges ; de l'autre, d'un processus de dépeuplement qui s'applique à des espaces non désertiques mais en déshérence économique.

2. Le désert : un milieu très contraignant

Aridité et vacuité caractérisent le désert. L'ensemble Afrique-Moyen-Orient ajoute un autre trait commun : les très fortes températures diurnes, dépassant parfois 50 °C, du moins en période estivale, et une amplitude thermique considérable. Au Sahara, les températures nocturnes peuvent descendre au-dessous de zéro, à la différence de l'Arabie où l'amplitude est faible. Ces conditions thermiques extrêmes entraînent des adaptations : protections vestimentaires, organisation du temps et des déplacements, qui s'effectuent souvent la nuit. Les hommes du désert ont appris à s'orienter grâce aux étoiles à la faveur d'un ciel d'une exceptionnelle clarté. La nuit offre sa protection aux mouvements de groupes dissidents, rendus insaisissables parce qu'invisibles. Le désert, du fait qu'il est d'un accès difficile, a toujours été **favorable à la dissidence et au refuge**, des premiers anachorètes en Égypte (IIIe siècle) à l'ermitage de Charles de Foucault (1911-1916), et aujourd'hui aux mouvements djihadistes.

Le désert est un monde minéral. La géologie s'y lit à ciel ouvert. Aux sédiments empilés sur le socle profond, largement recouverts de matériaux détritiques, pierreux ou sableux, correspondent des formes horizontales : les *regs*, étendues pierreuses, les *hamadas*, formes tabulaires. Les *sebkha* et les *chott*, dépressions salées, partiellement ou épisodiquement inondées, sont particulièrement propices à la formation de mirages. Quant aux *ergs*, étendues sableuses, ils constituent des ensembles dunaires, sans cesse remaniés par les vents. Des reliefs abrupts interrompent l'horizontalité dominante : corniches armées de roches dures, massifs volcaniques du Sahara central (Hoggar, Tassili, Tibesti) ; chaînes bordières de la péninsule Arabique, Hedjaz et hauts plateaux yéménites à l'ouest, Dhofar au sud, Hajjar à l'est ; hautes terres d'Anatolie orientale surplombant les plaines de Syrie et d'Irak ; montagnes d'Iran dominant les déserts de ses régions orientales. Par contraste avec les plaines et les plateaux, où la vue s'étend sur des horizons infinis, les reliefs souvent déchiquetés par l'érosion sont d'un accès difficile, multipliant les lieux dérobés au regard. Comme les maquis, ils offrent maintes possibilités de dissimulation, de caches pour les hommes, les marchandises, les armes. Dans les « septentrions » du Mali et du Niger, **la lutte contre les mouvements djihadistes ou indépendantistes est rendue particulièrement difficile par ces conditions géographiques**, notamment dans l'Adrar des Ifoghas ou l'Aïr.

Le désert est périodiquement parcouru par des vents violents issus des cellules anticycloniques qui se déplacent selon les saisons. Au Sahara, ces vents prennent le nom d'*harmattan*. Ils soufflent un air chaud et sec d'orientation nord-est-sud-ouest. Les tempêtes de sable déplacent les dunes, modifiant la microtopographie, obscurcissent l'atmosphère, réduisent la visibilité, s'insinuent partout jusqu'à endommager les engins mécaniques, les instruments électroniques. Le *ghibli* (sirocco), autre vent saharien, traverse périodiquement la Méditerranée. Le *chammal*, vent du nord soufflant avec violence sur l'Irak et la péninsule Arabique, peut entraver les transports par les poussières et le sable qu'il soulève. Tous ces vents influent sur les opérations militaires, terrestres et aériennes.

3. Les différents déserts

De la Mauritanie à l'Afghanistan, les déserts couvrent une part considérable mais variable de la superficie des États : plus de 90 % en Mauritanie, en Algérie, en Libye, en Égypte, en Arabie et aux Émirats ; plus de 50 % au Mali, au Niger, au Tchad, en Irak, au Koweït, au Qatar, en Iran, en Afghanistan. Partout, la répartition de la population, très contrastée, oppose les immensités désertiques aux espaces où se concentrent les installations humaines. Les densités moyennes sont de ce fait peu significatives : les 100 millions d'Égyptiens n'occupent que 4 % du territoire national. En Israël, les fortes densités de population du centre et du nord du pays contrastent avec celles du désert du Néguev. Au Qatar, la densité moyenne est de 185 habitants/km^2, mais 80 % de la population vit dans la capitale et une grande partie du pays présente des densités inférieures à 10 habitants/km^2.

Parmi les déserts, le **Sahara**, ainsi dénommé par les Arabes pour sa couleur fauve, est le plus grand du monde. Entre l'Atlantique à l'ouest et la mer Rouge à l'est (4 800 km), la chaîne de l'Atlas et la Méditerranée au nord, enfin le Sahel au sud (de 1 300 à 1 900 km), le *blad es Sah'ra*, opposé au *Tell* des populations sédentaires, couvre environ 8,5 millions de km^2. Sa délimitation méridionale est la plus incertaine : le Sahel (mot d'origine arabe désignant le rivage) constitue en effet un espace de transition aux limites fluctuantes. Depuis quelques années, les médias rendant compte de la crise politique de ces espaces de marge ont eu tendance à inclure le sud du Sahara dans une vision élargie du Sahel. Cette entorse géographique est significative d'une situation qui ne peut s'analyser dans un cadre spatial figé, car les dynamiques géopolitiques sahélo-sahariennes ne se laissent pas enfermer dans une représentation zonale fondée sur les seuls critères bioclimatiques. Dans la **Corne de l'Afrique**, Djibouti, la région Afar d'Éthiopie et la Somalie méridionale participent de ces espaces de transition marqués par une aridité plus ou moins contraignante selon les saisons et les années. Considérant l'interposition d'un ensemble désertique immense et compact entre le monde méditerranéen et l'Afrique noire, on peut se demander si cette configuration majeure du continent a fait obstacle aux échanges, et contribué à l'isolement et aux retards de développement de l'Afrique dite « subsaharienne ».

À l'est de la mer Rouge, fracture tectonique entre l'Afrique et l'Asie consécutive à la dérive des continents, la péninsule Arabique est un prolongement du Sahara. Elle en présente les mêmes caractéristiques d'hyperaridité, en particulier dans le **désert du Rub al-Khali** (littéralement, le « Quart Vide »). Plus grand que la France (650 000 km²), ce désert est inhabité. Au nord de l'Arabie saoudite, le **désert du Nefoud** se prolonge en Irak, en Syrie et en Jordanie. Entre ces deux grands déserts de sable, le **Nejd** (plateau), bénéficiant de la présence de *wadis* (oueds, cours d'eau intermittents) et de nombreuses oasis, a été le berceau des Saoud ; il héberge la capitale Ryad.

Dans la partie orientale de l'Iran, le **grand désert salé Dasht-e Kavir** et le **désert de Lout** constituent un vaste espace vide, difficile à franchir, entre le cœur du pays, formé par l'ensemble de hautes terres étirées de la mer Caspienne au golfe Persique (Elbourz, Zagros, Kuhrud) et les confins de l'Afghanistan, rejetant circulation et échanges au nord, par la route de Machhad, et au sud *via* le Baloutchistan. Les grands déserts ont joué et continuent à jouer un rôle important dans l'orientation des courants de circulation et la structuration des formations territoriales.

Au sud de l'équateur, le seul vrai désert est celui du **Namib**, qui a donné son nom à la Namibie. Il s'agit d'un désert littoral, dû aux remontées d'eaux froides du courant de Benguela qui bloquent les précipitations. L'extrême aridité côtière s'estompe avec l'éloignement de l'Atlantique : le « désert » du **Kalahari** n'en est pas un *stricto sensu*, mais une région aride rappelant le Sahel. La Namibie a su tirer profit de son désert et des paysages féeriques qu'il offre car, depuis le 11 septembre 2001, elle est le seul pays offrant (encore) une **sécurité touristique qui a disparu de tous les autres déserts d'Afrique et du Moyen-Orient** – mais qui est compromise par le regain du risque sanitaire en Afrique australe du fait de la nouvelle offensive, à l'automne 2021, de Covid-19.

B. DES OASIS À LA VILLE

1. L'eau et l'ancrage géographique

En contrepoint de la minéralité du désert, l'oasis est le seul point d'ancrage, de fixité dans un océan de vacuité. Elle rend le désert viable en permettant une **mobilité appuyée sur ces nœuds du territoire**. Le contrôle des étendues désertiques n'est possible qu'avec celui des oasis. Le système de circulation tout entier s'appuie sur le maillage des lieux qui, grâce à l'eau, autorisent l'habitat permanent. Comme une île dans un océan, une oasis sert d'escale, de relais, de repos pour les voyageurs et les animaux de bât, de lieu de réparation automobile aujourd'hui. La géographie des oasis est tout sauf homogène, à l'image de l'origine de l'eau. Celle-ci peut être puisée dans des nappes phréatiques ou dans l'inféroflux (circulation souterraine) des oueds de piémont, provenir de résurgences artésiennes ou être extraite d'aquifères profonds. L'hydrologie souterraine des déserts, très complexe, pose la **question cruciale pour l'avenir des risques d'épuisement des eaux fossiles**.

Certaines oasis sont isolées, comme celle de Bilma au nord du Niger, que l'on atteint après la traversée éprouvante du Ténéré ou du Kaoua. D'autres se disposent en grappe, principalement dans les piémonts des massifs montagneux restituant les pluies orographiques comme dans le Nejd en Arabie saoudite. En Syrie, la **Ghouta**, alimentée par les eaux du Barada descendu de l'Anti-Liban, a pendant longtemps contribué à la richesse agricole de la région de Damas, richesse aujourd'hui compromise par l'extension de l'urbanisation.

2. L'agriculture oasienne : eau et pouvoir

Le palmier dattier symbolise l'oasis : les dattes ont été de tout temps, avec le sel, le produit d'échange à grande distance du désert par excellence. Sous les palmiers se déploie un large éventail de cultures maraîchères à destination de la consommation locale. L'agriculture oasienne se caractérise par sa dépendance envers l'eau dont le contrôle, plus important que celui du sol, a présidé à l'élaboration des hiérarchies sociales et des systèmes de pouvoir. Dans le passé, les aménagements destinés à la collecte et à la répartition de l'eau d'irrigation et leur entretien ont nécessité le recours à une abondante main-d'œuvre : forage des puits, creusement des canaux (séguias) et des galeries souterraines de collecte et d'amenée de l'eau, *qanats* iraniens ou *aflaj* de la péninsule Arabique, *foggaras* ou *khettaras* du Maghreb. Ces travaux étaient le plus souvent effectués par des esclaves. Au Sahara, il s'agissait de populations noires, les Haratins, provenant des razzias effectuées par les tribus nomades. La colonisation a mis fin à l'esclavage, amorçant une **dégradation des systèmes traditionnels d'irrigation**. L'accession des descendants d'esclaves à de nouveaux droits a partout modifié le fonctionnement socioéconomique des oasis, même si nombre de Haratins sont restés jusqu'à nos jours dans un état de dépendance vis-à-vis de leurs patrons, en particulier en Mauritanie, où la question de l'esclavage resurgit régulièrement. Parallèlement, le progrès technique – forages dans les nappes profondes et généralisation des motopompes individuelles – a accéléré les mutations des systèmes de production. Enfin, l'urbanisation provoque de rapides changements en inscrivant les oasis dans une économie de marché largement ouverte, mondialisée.

3. Croissance démographique et urbanisation

L'image d'Épinal des oasis ne se perpétue que dans les dépliants touristiques. L'urbanisation a bousculé l'ordre ancien : **80 % de la population des déserts** d'Afrique du Nord et du Moyen-Orient **est désormais urbanisée**. Les oasis ne sont plus ces îlots de fraîcheur agreste de l'imagerie occidentale, participant de l'orientalisme, mais des villes. En Libye, Sebha, capitale du Fezzan, compte environ 100 000 habitants, tout comme Tamanrasset dans le Sud algérien. Au Moyen-Orient, les ressources pétrolières ont bouleversé les relations des sociétés à leur environnement, héritées d'une histoire millénaire. La vague de l'urbanisation submerge tout. **L'eau agricole s'efface devant l'eau urbaine.**

En parallèle à l'urbanisation, on assiste à une croissance démographique remarquable des déserts ; la population du Sahara s'élèverait à 5 millions d'habitants, trois fois plus qu'en 1960. Cette croissance inattendue est exclusivement portée par celle des villes, créées par l'activité extractive ou dynamisées par des activités nouvelles.

Plusieurs facteurs expliquent le **regain d'attractivité des villes-oasis** :

– l'insertion de la plupart des déserts d'Afrique du Nord et du Moyen-Orient dans l'économie mondiale des hydrocarbures ;
– la diversification des services répondant aux besoins de la circulation et des échanges ;
– le gonflement des administrations dans le cadre des politiques publiques de développement ;
– la proximité du réservoir de main-d'œuvre subsaharienne ;
– la valorisation des déserts par des activités commerciales illicites (trafics de drogue, d'armes, d'êtres humains) ;
– le tourisme.

Du fait de leurs transformations récentes, les oasis présentent des visages contrastés. Les traces du passé se lisent dans le patrimoine agricole (palmeraies et jardins) et architectural des maisons traditionnelles des *ksars* (villages) et des vieux *souks* (marchés). L'urbanisation contemporaine étale les constructions « parpaing-béton » des quartiers populaires, au détriment

des espaces agricoles. Les résidences secondaires des classes aisées, qui aiment à se ressourcer au désert sans se couper de la modernité, côtoient les survivances d'un monde révolu.
Les villes-oasis remplissent aujourd'hui de multiples fonctions, les plus importantes relevant des activités de services. Le temps était autrefois régulé par le déplacement des caravanes chamelières. Le dromadaire, « vaisseau du désert », est de moins en moins utilisé pour le transport ; il garde sa place dans l'imaginaire ou devient accessoire touristique. Les caravansérails et les *fondouks*, qui accueillaient caravanes, marchands et pèlerins, se sont mis à l'unisson de sociétés où l'automobile, le téléphone portable et Internet règnent désormais en maîtres. Derrière le chèche des Bédouins, le *tagelmust* des Touaregs, le *keffieh* ou la *ghutra* des Arabes orientaux, le smartphone n'est pas loin. L'orientation grâce aux étoiles a laissé la place au GPS. **La révolution technologique a bouleversé les rapports des hommes au désert** et, par-delà, les conditions spatiotemporelles de la géopolitique. Les déserts sont désormais intégrés dans le cyberespace.

C. LE DÉSERT ET LA GUERRE

Les déserts entretiennent un lien particulier avec la guerre. Au Sahara, avant la « pacification coloniale », la guerre était, avec l'élevage et le commerce, un des trois piliers de l'économie des Touaregs ou des Maures. Périodiquement, des expéditions guerrières pillaient les greniers des paysans sédentaires, volaient le bétail, capturaient parfois hommes et femmes qui soit alimentaient la traite esclavagiste transsaharienne, soit constituaient une main-d'œuvre servile pour l'entretien des troupeaux ou le travail dans les oasis. Il s'agissait toujours d'expéditions de très courte durée, des raids ou *rezzous*. Les bandes armées regagnaient rapidement leur base avec leur butin. L'utilisation de chevaux, tel le bagzan des Touaregs, aidait à la rapidité des opérations et à l'effet de surprise.
Les guerres contemporaines se sont adaptées aux mutations technologiques. Les colonnes d'automobiles se sont substituées aux dromadaires et aux chevaux, permettant de parcourir rapidement de grandes distances dans les plaines du désert. Les pickups Toyota, armés de mitrailleuses et connus sous le nom de « *technicals* », ont remplacé les bagzans. En 1986-1987, une phase décisive du conflit tchado-libyen a été qualifiée de « guerre des Toyota ». **Les *technicals* ont joué un rôle militaire majeur dans les guerres civiles de Somalie** après l'éviction de Mohamed Siad Barre en 1991. Plus récemment, en 2008, les rebelles tchadiens venus du Soudan ont fondu sur N'Djamena en quelques jours avant d'échouer aux portes du palais présidentiel. L'une des raisons de leur échec a été l'observation aérienne effectuée par l'armée française. **Les grands espaces du désert sont en effet découverts**, la visibilité rend les colonnes armées particulièrement vulnérables, comme l'ont montré tous les conflits du Moyen-Orient, de la guerre dite « des Six Jours » au Sinaï (1967) à l'opération « Tempête du désert » en Irak (1991). La surveillance aérienne est aujourd'hui renforcée par l'utilisation des satellites et, plus proches du sol, des drones, qui jouent un rôle croissant dans la conduite de la guerre. L'avantage de la rapidité des déplacements se trouve ainsi contrebalancé par la difficulté croissante de les dissimuler, même la nuit rendue transparente par l'utilisation de caméras à infrarouge. Mais il existe toujours des zones de refuge pour de petits groupes mobiles qui se rendent insaisissables à la faveur de la topographie, d'où la difficulté des opérations militaires françaises dans la zone saharo-sahélienne (« Serval » puis « Barkhane ») pour débusquer des combattants djihadistes très mobiles [→ CH. 8]. Les guerres du désert demandent une connaissance fine des lieux, une aptitude aux mouvements et une résistance à la dureté du milieu. La guerre, enfin, a pris un nouveau tournant depuis que les villes en sont devenues l'enjeu et le théâtre principal (Tripoli, Bagdad, Syrte, Alep, Kaboul…).

■ **Des déserts en mutation**

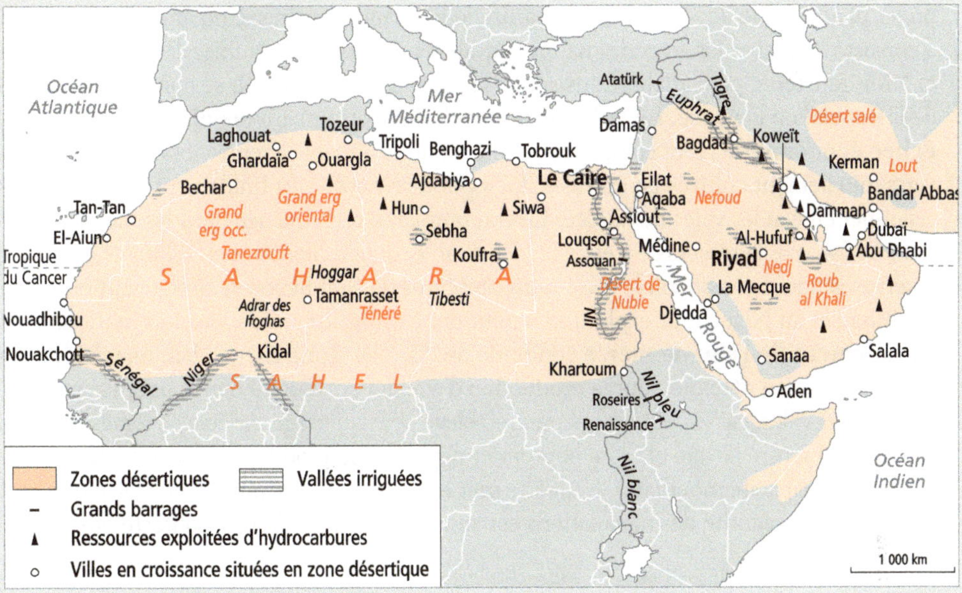

II. Eau convoitée et géopolitique des fleuves

L'accès à l'eau et sa sécurisation sont une préoccupation constante dans l'ensemble de la diagonale désertique, qu'il s'agisse de la gestion des puits, du partage de l'eau dans les oasis, des aménagements des fleuves internationaux. À toutes ces échelles, la rareté, actuelle ou anticipée, est une source de conflits potentiels. Même si les « guerres de l'eau » restent à l'état d'hypothèse, la compétition pour une ressource vitale place les déserts dans une configuration où la géopolitique s'articule étroitement avec l'hydropolitique.

A. UNE RESSOURCE LIMITÉE

1. De grandes inégalités géographiques

Les ressources renouvelables en eau de l'ensemble Afrique du Nord-Moyen-Orient ont une double origine, interne et externe. Les ressources internes comptent pour environ 70 % du total disponible. Elles proviennent pour les 4/5es des cinq États qui comptent le plus faible pourcentage de désert sur leur territoire et disposent d'eaux de surface relativement abondantes : la Turquie, le Liban, l'Irak, l'Iran et l'Afghanistan. La disponibilité par habitant se situe au-dessus du « **seuil de pénurie** », fixé à 1 000 m^3 par an, mais ne protège pas partout du « **stress hydrique** », dont la barre a été établie à 1 700 m^3. Tous les autres pays se trouvent dans des situations de pénurie, qui atteignent des niveaux extrêmes dans la péninsule Arabique : 80 m^3 en Arabie saoudite et encore moins dans les Émirats et au Qatar. Les ressources externes proviennent des grands fleuves. Le Nil apporte au Soudan et à l'Égypte les eaux de l'Éthiopie (Nil Bleu) et de l'Afrique équatoriale (Nil Blanc). Le Tigre et l'Euphrate déversent les eaux d'Anatolie orientale en Syrie et en Irak. Il en résulte des **situations de dépendance des pays en aval par rapport aux pays en amont** qui ont conduit, au XXe siècle, à des négociations pour établir un partage des eaux entre pays riverains. Les eaux fossiles des aquifères profonds sont aussi mises à contribution. En Libye, le projet pharaonique de « grande rivière artificielle », étalé sur vingt-cinq ans à partir de 1983, a consisté à pomper les eaux des nappes aquifères du bassin de Nubie, dans le sud du pays, et à les transférer, par canalisations souterraines, vers le littoral, où se concentre l'essentiel de la population libyenne. **Le volet agricole (irrigation par pivots circulaires) a été un échec économique** ; tout comme en Arabie saoudite, le sable a repris possession des cercles verts initialement cultivés en céréales. La « grande rivière » sert finalement surtout à approvisionner en eau les villes de la côte. Le vrai problème du pompage dans les nappes fossiles tient au fait que la ressource n'est pas inépuisable, quand bien même, selon les experts, les réserves seraient considérables. Certains aquifères du Sud libyen se prolongent en Égypte, au Tchad et au Niger, leur exploitation peut donc avoir des incidences internationales. Le **dessalement de l'eau de mer**, à condition de disposer d'une énergie bon marché, pourrait être une solution pérenne pour la production d'eau douce, tout au moins pour l'approvisionnement des villes, car le coût est encore trop élevé pour un usage agricole généralisé. L'Arabie saoudite a montré la voie et reste le premier pays pour la production d'eau de dessalement (50 % de la capacité mondiale). L'Algérie met en œuvre un programme de treize usines. La question de la sécurité des installations est aujourd'hui posée dans le contexte des menaces islamistes.

2. Croissance démographique et crise de l'eau

La population de l'Afrique du Nord et du Moyen-Orient, évaluée à 610 millions d'habitants en 2020, pourrait dépasser 900 millions en 2050, selon les projections de l'ONU. Le disponible moyen en eau conventionnelle s'abaisserait bien en dessous du seuil de pénurie, créant des situations de plus en plus tendues. **Des choix devront être faits entre l'eau agricole, actuellement la plus consommée, et l'eau urbaine.** Des pays comme l'Arabie saoudite et le Qatar ont opté pour une externalisation de la production agricole en investissant dans l'achat de terres en Afrique plutôt que dans une irrigation trop onéreuse. La question des écarts de consommation entre les territoires et entre riches et pauvres se posera avec une acuité croissante. La consommation d'un Israélien, par exemple, est 3 à 4 fois supérieure à celle d'un Gazaoui. Dans les monarchies pétrolières, la consommation ostentatoire d'une eau jadis utilisée avec parcimonie ne peut en aucun cas être un modèle durable.

Pour éviter que le fossé entre offre et demande nr s'approfondisse, plusieurs mesures peuvent être mises en œuvre, en particulier les économies d'eau et le recyclage. Ce dernier n'est important qu'en Israël. **Quant aux économies d'eau, elles supposeraient des mesures d'envergure contre le gaspillage.** L'irrigation par gravité et canaux à ciel ouvert entraîne des pertes d'évaporation considérables. L'aspersion et le goutte-à-goutte ne touchent que quelques îlots de modernité en dehors d'Israël. En ville, la vétusté des canalisations est responsable de pertes énormes qui s'élèvent jusqu'à un tiers, voire 50 %. Les destructions provoquées par les bombardements urbains des guerres en Irak et en Syrie ajoutent au désastre humain une grave désorganisation des réseaux d'eau, dont la réhabilitation nécessitera des investissements très lourds.

B. LES FLEUVES, ENJEU CENTRAL DE L'HYDROPOLITIQUE

L'Égypte, « don du Nil », d'une part, et la Mésopotamie, vivifiée par le Tigre et l'Euphrate, d'autre part, doivent tout aux fleuves qui les ont créées mais proviennent de contrées, parfois lointaines, soulevant la question des rapports amont/aval pour le partage de l'eau. Celle-ci se pose depuis que les fleuves ont fait l'objet de grands aménagements, depuis la construction de barrages destinés à la régulation des crues, à l'irrigation et à la production d'électricité. Les prélèvements, vitaux pour l'agriculture, sont la cause principale de tensions que des accords internationaux entre pays riverains tentent d'apaiser.

1. Le Nil : le jeu des puissances rebat les cartes

Afin d'irriguer de nouvelles terres pour la culture du coton et de produire de l'électricité, les Britanniques ont construit un premier barrage à Assouan, inauguré en 1902. Durant la période du « condominium anglo-égyptien » sur le Soudan (1899-1956), le barrage de Sennar a été édifié sur le Nil Bleu en 1925, sans concertation avec l'Éthiopie. Un premier accord de partage des eaux entre l'Égypte et le Soudan a été conclu en 1929, sous l'égide de la Grande-Bretagne. En 1959, un nouvel accord a réévalué les allocations annuelles des deux parties en rapport avec les perspectives du futur haut barrage d'Assouan (55,5 km^3 pour l'Égypte, 18,5 km^3 pour le Soudan). **L'évolution des rapports de force mondiaux** marqués par l'effacement des Britanniques et des Français après l'échec de leur opération sur le canal de Suez en 1956 **a renforcé la position de l'URSS**, qui a activement participé à la construction du barrage, achevé en 1970.

La perte d'influence régionale de l'Égypte et l'affaiblissement du Soudan, confronté à la guerre d'indépendance du Soudan du Sud, ont conduit quatre pays du bassin en amont du Nil (l'Éthiopie, le Rwanda, l'Ouganda et la Tanzanie), auxquels le Kenya s'est joint ultérieurement, à conclure en 2010, à Entebbe, en Ouganda, un **accord de coopération contestant la domination égypto-soudanaise héritée de l'histoire**. Depuis lors, l'Éthiopie a mis en chantier le barrage de la Renaissance sur le Nil Bleu : avec une puissance installée de plus de 5 000 MW, ce sera le plus important d'Afrique. La Chine, fortement implantée en Éthiopie depuis quelques années, joue le premier rôle dans le financement et la construction de l'ouvrage au côté d'entreprises européennes, notamment italiennes. L'Égypte, inquiète pour son avenir hydraulique, expérimente le « *downstream complex* ». Dans ce contexte tendu, un accord de principe a été conclu à Khartoum en mars 2015 entre l'Égypte, le Soudan et l'Éthiopie, accord peu précis mais qui entérine la **montée en puissance de l'Éthiopie**, laquelle utilise le « barrage du millénaire » pour exalter le patriotisme, tout comme Nasser l'avait fait avec Assouan. En dépit des menaces de l'Égypte qui ne manque pas une occasion de rappeler qu'elle dispose d'avions Rafale, le lac continue de se remplir. En 2021, il a atteint un niveau qui permet d'envisager la mise en production d'une première unité de production d'électricité. Le contrôle des eaux du Nil contribue ainsi à rebattre les cartes pour le leadership en Afrique du Nord-Est.

Pour aller plus loin

Barrage éthiopien sur le Nil : la discorde entre le Soudan, l'Égypte et l'Éthiopie perdure
liennathan.fr/b36j3c

2. Le Tigre et l'Euphrate sous la pression de la Turquie

La Mésopotamie (dont le nom signifie littéralement « entre les fleuves »), aujourd'hui confondue en gros avec le sud de l'Irak, est le cœur du Croissant fertile étiré entre la Méditerranée orientale et le fond du golfe Persique. Comme en Égypte, cet espace doit tout aux eaux des deux fleuves descendus d'Anatolie orientale, région politiquement névralgique car peuplée de Kurdes dont les aspirations nationales n'ont pas été prises en compte lors du démantèlement de l'Empire ottoman. Dans le cadre frontalier issu des recompositions territoriales consécutives à ce démantèlement, **la Turquie contrôle 88 % du débit de l'Euphrate et 40 % de celui du Tigre**. La Syrie occupe une position intermédiaire entre la Turquie et l'Irak. En 1973, la construction du barrage de Tabqa, créant la retenue du lac Assad sur l'Euphrate, a créé une vive tension avec l'Irak. Mais ce sont surtout les projets turcs qui remettent en cause les équilibres régionaux en matière de partage des eaux.

Le projet d'Anatolie du Sud-Est, ou GAP (*Güneydoğu Anadolu Projesi*), est fondé sur un transfert massif des eaux provenant de régions montagneuses bien arrosées vers les espaces arides. Pour la Turquie, qui ne possède pas de pétrole, l'hydroélectricité est un enjeu majeur de son indépendance énergétique. Les perspectives de croissance de l'agriculture grâce à l'irrigation constituent en outre un atout maître pour le développement des régions orientales attardées, avec l'espoir d'intégrer les populations kurdes en élevant leur niveau de vie. La géopolitique de l'eau présente en l'occurrence de multiples facettes. Le GAP, projet intégré gigantesque concernant 75 000 km² et prévoyant 22 barrages, a démarré en 1975 avec le barrage de Keban. Contrairement aux attentes d'Ankara, il a provoqué une radicalisation des revendications kurdes, concrétisée par la création, en 1978, du PKK (Parti des travailleurs du Kurdistan). À l'échelle régionale, **la mise en œuvre du GAP a des conséquences sévères sur les pays en aval**. En 1990, le remplissage du barrage Atatürk sur l'Euphrate, pièce centrale du projet, a provoqué une baisse des débits de l'ordre de 30 % à l'entrée en Syrie. Les pays en aval reprochent aussi au projet de rejeter des eaux polluées par l'agriculture irriguée intensive en amont [→ CH. 21].

La situation est donc particulièrement tendue. Des négociations en cours ainsi que l'hypothèse d'un statut international du Tigre et de l'Euphrate s'enlisent car l'hydropolitique interfère avec le problème kurde, apparemment insoluble, et parce que **l'économie du Croissant fertile a été complètement désorganisée par Daech**, dont l'occupation territoriale s'est moulée sur le « pays utile » calqué sur le tracé des fleuves.

3. Le Jourdain et les « guerres de l'eau »

Le Jourdain, sans commune mesure avec le Tigre et l'Euphrate, est néanmoins vital pour Israël qui, lors de sa création, se trouvait dans une forte dépendance des États arabes pour l'accès à l'eau. En 1964, le creusement du « grand conduit national » a permis le transfert d'eaux du lac de Tibériade vers le Néguev, inaugurant la mise en valeur agricole de ces espaces désertiques. En 1967, la déroute complète de la coalition arabe lors de la guerre dite « des Six Jours » s'est soldée par l'occupation des territoires palestiniens et du plateau syrien du Golan : Israël contrôle depuis lors l'ensemble des ressources hydrauliques régionales.

Rien n'est réglé pour autant. **La surexploitation des eaux du Jourdain menace la mer Morte**, qui ne cesse de se rétracter. Au-delà de ce que certains considèrent comme un drame écologique, bien que l'hypothèse de la disparition de la mer Morte ait peu de conséquences sur la vie des hommes, c'est l'ensemble des questions liées à l'accès à l'eau – et à son inégalité de plus en plus insupportable – qui est en jeu. Le Jourdain fonctionne comme un symbole, du baptême du Christ aux dénominations régionales : Jordanie, Transjordanie, Cisjordanie. Et comme une crispation portant en germe les « guerres de l'eau ».

III. Les déserts dans la géopolitique mondiale

De l'Atlantique aux bastions avancés de l'Himalaya, la grande diagonale désertique vit au rythme de changements radicaux qui résultent de la combinaison de trois facteurs : la découverte des réserves pétrolières les plus importantes au monde, les recompositions territoriales après la Première Guerre mondiale, la révolution des transports et des communications. Ces facteurs, d'origine exogène, interfèrent avec un substrat endogène, engendrant des situations d'une grande complexité.

A. DES ESPACES-TEMPS BOULEVERSÉS

1. Les caravanes et la nostalgie du désert

Le désert a longtemps vécu au rythme lent du nomadisme pastoral et des caravanes chamelières au long cours, associant étroitement vie humaine et vie animale. Le pastoralisme, régi par les variations saisonnières des ressources en eau et en pâturage, n'est important que sur les franges du désert, espaces saharo-sahéliens ou piedmonts du Hedjaz dans la péninsule Arabique. **Ces zones de contact ont toujours été structurellement des espaces de tension et de friction.**

La traversée du désert a été de tout temps une épreuve. Le contexte diffère entre l'immense Sahara et les déserts du Moyen-Orient. Ces derniers, discontinus, peuvent être contournés, ce qui n'est pas le cas de la masse saharienne qui, de l'Atlantique à la mer Rouge, sépare l'Afrique du Nord de l'Afrique subsaharienne. Le Sahara constitue-t-il pour autant une barrière ? Pendant un millénaire, du ve siècle avant J.-C. au ve siècle de notre ère, les Garamantes et leurs chariots attelés de chevaux circulaient entre la Méditerranée et le Sud saharien. **De l'or, de l'ivoire et des esclaves provenant d'Afrique noire arrivaient jusqu'à Rome.** Dès le VIIIe siècle, des commerçants arabes commencèrent à diffuser l'islam dans les villes qui servaient de relais aux caravanes. Les géographes arabes du Moyen Âge ont laissé de nombreux témoignages de la prospérité des empires situés dans les espaces saharo-sahéliens (Ghana, Mali) et de leurs relations commerciales et religieuses avec l'Arabie. La diagonale désertique s'inscrit de longue date dans un vaste ensemble de circulation et de réseaux d'échanges plus ou moins actifs selon les époques, mais qui n'ont jamais cessé de fonctionner. Il n'en demeure pas moins qu'au temps des caravanes, le volume des biens transportés restait très faible, les déserts étant avant tout des espaces à traverser.

2. Le désert et la traite des esclaves

Les échanges en provenance d'Afrique noire ont été dominés, jusqu'à l'extrême fin du XIXe siècle, par la traite des esclaves. Les tribus nomades – Maures, Touaregs et Arabes, notamment – organisaient la traite transsaharienne en direction soit du Maghreb, soit du Moyen-Orient *via* la mer Rouge. Le désert suffisait à lui seul à dissuader les esclaves de tenter de s'enfuir. Pendant des siècles, les caravanes de captifs ont rythmé la vie du désert. Le souvenir de la traite est resté vivace parmi les populations noires qui en furent les victimes : **cette mémoire participe des tensions géopolitiques** dans les espaces de contact entre les milieux saharo-sahéliens et soudaniens (de l'arabe «*soudan*», qui signifie «noir»). La traite des Noirs vers le Moyen-Orient a très peu modifié le peuplement, à la différence du Sahara et du Maghreb méridional, car elle était surtout masculine et destinée à la fonction d'eunuque.

3. Le désert motorisé

La motorisation a donné une nouvelle dimension à l'espace-temps du désert. Routes et autoroutes traversent les déserts du Moyen-Orient, reliant les grandes villes entre elles, comme entre Dammam, sur le golfe Persique, et Djedda, sur la mer Rouge, en passant par Riyad et La Mecque. La traversée du Sahara est moins aisée ; une route asphaltée relie désormais le Maroc au Sénégal *via* la Mauritanie, mais la traversée du Sahara central attend toujours une transsaharienne accessible à tous types de véhicules. Les 4×4 s'affranchissent toutefois des routes « en dur », rebattant les cartes de la mobilité. **Les contraintes de déplacement sont de moins en moins environnementales, de plus en plus géopolitiques**, du fait de l'insécurité devenue endémique tant au Sahara (l'annulation de l'édition 2008 du Paris-Dakar, pour des raisons de sécurité en Mauritanie, en a été un signe annonciateur) qu'au Moyen-Orient (Irak, Syrie, Yémen). La substitution des véhicules motorisés aux dromadaires a modifié les conditions techniques d'une insécurité qui demeure une composante structurelle du désert.

B. LES DÉSERTS ET L'ISLAM

1. Les monothéismes et le désert

Il n'est pas anodin que les trois grands monothéismes soient nés dans la proximité du désert. Moïse a traversé des contrées désertiques avant d'atteindre le pays « où coulent le lait et le miel ». Le Christ s'est retiré dans le désert avant d'affronter la Passion. Mahomet s'est appuyé sur les tribus du désert pour vaincre ses adversaires. Le désert semble propice au mysticisme, à la quête d'absolu, quand bien même ce que l'on nomme les « religions du Livre » ont d'abord prospéré en milieu urbain. L'islam a été formalisé dans les villes, certaines devenues des lieux saints et des enjeux politiques : La Mecque, Médine, Jérusalem, Kerbala, etc. Le désert et les villes bordières ont toujours entretenu d'étroites relations. Judaïsme et christianisme, bien que depuis longtemps minoritaires dans un monde dominé par l'islam, participent eux aussi d'une géopolitique régionale fortement marquée par les appartenances religieuses, le poids politique d'Israël étant sans commune mesure avec son poids démographique.

2. L'eau et la pratique de l'islam

Les rituels quotidiens de l'islam confèrent à l'eau purificatrice une place essentielle. Le baptême des chrétiens – réitérant celui du Christ dans les eaux du Jourdain – participe d'un même rite de purification. **Il n'est pas de pratique de l'islam sans les ablutions.** L'eau, source de vie, et le désert se trouvent ainsi intimement liés par la religion dans toute l'aire géographique couvrant l'Afrique septentrionale et le Moyen-Orient. La diagonale désertique en constitue la colonne vertébrale. Du Maroc au Pakistan, l'adhésion à une même foi globale se lit dans l'importance accordée à l'eau, dans la sphère privée comme dans l'espace public des mosquées, ou encore dans les représentations du paradis. Ce fonds commun n'empêche pas les divisions de l'islam, principalement entre sunnites et chiites, d'être partie prenante de l'instabilité politique et des conflits régionaux [→ CH. 3].

C. LES DÉSERTS SOURCES D'ÉNERGIE

1. Le temps du pétrole

Longtemps considérés comme des marges inhospitalières de l'œkoumène, sans intérêt économique (« des terres légères où le coq gaulois trouverait de quoi gratter », raillait en 1890 lord Salisbury, Premier ministre de la reine Victoria), les déserts ont été soudainement valorisés par la découverte des hydrocarbures. Le partage des décombres de l'Empire ottoman suite aux accords secrets Sykes-Picots de 1916 a placé le Moyen-Orient sous la coupe des intérêts pétroliers des puissances occidentales, principalement anglo-saxonnes. Plus tard, après la Seconde Guerre mondiale, l'émergence de nouveaux pays producteurs de pétrole (Algérie, Libye) a renforcé le poids du Grand Moyen-Orient dans la géopolitique mondiale des hydrocarbures. Les déserts sont désormais intégrés à **un complexe économique, politique et culturel où interfèrent les enjeux de l'islam, de l'énergie et du terrorisme mondial**.

2. L'avenir du solaire

Bénéficiant de 3 500 à 4 000 heures d'ensoleillement annuel, les déserts représentent une source inépuisable d'énergie. Capter cette énergie permettrait, en théorie, de répondre aux besoins de la planète entière. Un projet ambitieux, porté depuis 2009 par la fondation **Desertec** (regroupant des pays d'Europe, d'Afrique du Nord et du Moyen-Orient), a envisagé la construction de centrales solaires thermodynamiques et photovoltaïques, et d'un réseau de distribution de l'électricité à l'intérieur du vaste ensemble EU-MENA (Union européenne, Moyen-Orient et Afrique du Nord). Le coût exorbitant d'un projet jugé utopique, notamment parce qu'il supposerait la mobilisation d'importantes ressources en eau, a ramené les ambitions initiales à quelques initiatives locales plus réalistes. La mise en service, en février 2016, de la centrale thermo-solaire Noor I, près de Ouarzazate dans le sud du Maroc, d'une puissance de 160 MW, marque une inflexion des politiques énergétiques en faveur du solaire au moment où les combustibles fossiles, responsables d'émissions de gaz à effet de serre, sont considérés comme une des causes majeures du réchauffement climatique. L'extension du projet s'est cependant révélée décevante car trop onéreuse, sans pour autant remettre en cause l'intérêt de l'énergie solaire. Il ne fait guère de doute que, à terme, **les progrès techniques attendus feront du solaire l'un des grands enjeux géopolitiques de l'après-pétrole**. L'avenir des déserts repose sur la valorisation de l'eau et du soleil.

5 DES RENTES COMME ANCRAGES DANS LA MONDIALISATION

L'intégration de l'Afrique et du Moyen-Orient dans la mondialisation s'est réalisée par des systèmes rentiers – formes d'économie fondées sur l'exportation de matières premières brutes et logiques d'organisation politique du contrôle et de la distribution des flux financiers qui en résultent. Leur richesse en hydrocarbures a fait des États de la péninsule Arabique des archétypes rentiers. L'économie de l'Afrique s'est aussi largement construite sur l'exportation de ressources naturelles, notamment agricoles et minières, vers les pays développés. L'histoire économique depuis le XXe siècle est caractérisée par une augmentation progressive des flux et par une diversification des sources de rentes*. Elle se traduit, en externe, par des relations de pouvoir asymétriques au bénéfice d'acteurs dominants issus des pays occidentaux puis émergents, qui n'excluent pas une part d'autonomie des acteurs régionaux ; en interne, par des tensions multiformes devant les inégalités ou les blocages de la répartition. Rente et développement riment peu. Cependant, diversification économique et tentatives de régulation permettent parfois de dépasser le modèle rentier, et de concilier rentes et développement. La transition énergétique liée au changement climatique aura des conséquences majeures sur les systèmes rentiers, selon des contours encore indécis.

Notions principales

Malédiction des ressources naturelles : cette notion désigne un paradoxe de l'abondance : les pays pauvres, aux institutions faibles, qui exploitent des ressources naturelles importantes, seraient voués à subir de nombreuses difficultés (macro-économiques, en termes de gouvernance et de conflits). Comme les approches qui mettent en relation pénurie environnementale et conflits, cette lecture déterministe des relations entre ressources naturelles et sociétés est à questionner.

Régulation des ressources naturelles : ensemble des règles et des pratiques (nationales ou internationales, publiques ou privées, obligatoires ou volontaires, étatiques ou coutumières) ayant pour objet d'organiser l'accès et les modalités d'exploitation ou de préservation des ressources naturelles, ainsi que la répartition des revenus qui y sont associés.

Rente : la majorité des économies des pays de l'Afrique et du Moyen-Orient sont fondées sur la captation et la redistribution par les États de rentes tirées de l'exportation de matières premières brutes, agricoles ou minérales (minerais, hydrocarbures). Cette structure économique a des implications géopolitiques et territoriales majeures.

DÉFINITIONS

Rente : « La rente est l'obtention d'un revenu sans contribution à la production » (Hugon, 2009).

État rentier : « Lorsqu'une rente, payée par des acteurs extérieurs, revient directement à l'État, alors que seuls quelques-uns sont impliqués dans sa production, la majorité étant concernée par sa distribution » (Beblawi, Luciani, 1987).

CHRONOLOGIE

1492 : Les Européens « découvrent » l'Amérique. Mise en place progressive du commerce triangulaire qui culmine au XVIIIe siècle
1931 : Début de l'exploitation pétrolière en Irak
1960 : Création de l'OPEP
1973 et 1979 : Chocs pétroliers
2003 : Initiative pour la transparence dans les industries extractives (ITIE)
Juillet 2008 : Flambée des prix des matières premières
Juillet 2010 : Loi Dodd-Frank de régulation financière (États-Unis)
2014 : Baisse des cours des matières premières. Forte irrégularité des prix
2020 : Crise liée à la pandémie de Covid-19. Le prix du pétrole devient négatif sur un marché à terme durant quelques jours (avril 2020).
2022 : Flambée des cours des matières premières liée à la reprise post-Covid-19 puis à la guerre en Ukraine.

Pour aller plus loin
MOOC Ressources naturelles et développement des territoires en Afrique
liennathan.fr/in686n

Pour aller plus loin
Film *Katanga Business* de Thierry Michel (2009)
liennathan.fr/f8t49u

I. Naissance et diversification des systèmes rentiers

A. RENTES ET CYCLES ÉCONOMIQUES MONDIAUX

1. Une extraversion de longue durée

Les rentes contemporaines ont une longue histoire. Durant l'Antiquité et le Moyen Âge, l'Afrique subsaharienne est intégrée au monde méditerranéen et à l'Europe par le commerce de l'or ; vers la péninsule Arabique s'ajoute la traite des esclaves. Le pèlerinage à La Mecque du roi de l'empire du Mali Kankou Moussa, en 1324, restera dans les mémoires par la taille et la magnificence de sa suite, mais aussi parce que les quantités d'or dépensées ont provoqué une chute du cours de l'or pendant une décennie au Caire et dans les principales villes traversées. À l'époque moderne, alors que la découverte des Amériques réduit la valeur relative des minerais africains, et parce que la dispersion de la population sur de vastes espaces rend difficile la taxation du travail paysan, la traite des esclaves vers le Nouveau Monde ou le Maghreb, la vallée du Nil ou la péninsule Arabique deviennent la principale source de revenus de nombreuses constructions politiques dans le golfe de Guinée et au Sahel. **La traite esclavagiste préfigure ainsi des économies rentières** qui soutiennent des gouvernants africains au détriment de leur population, en laissant les plus grands profits à des acteurs extérieurs.

2. Les cycles rentiers du XXe siècle

Le XXe siècle voit la mise en place des systèmes rentiers contemporains. Le Moyen-Orient détient aujourd'hui les deux tiers des réserves mondiales de pétrole, un tiers de la production, près de la moitié des exportations et un tiers des réserves de gaz. L'Afrique a 30 % des réserves de minerais (97 % du chrome, 54 % du manganèse, 40 % de l'or, 23 % de l'uranium), environ 10 % des réserves et de la production pétrolières. L'exploitation moderne des ressources agricoles et minérales (hydrocarbures, minerais) répond aux cycles de haut niveau des prix des matières premières. Les investissements en capital et en technologie d'entreprises extractives étrangères fourniront rapidement l'essentiel des exportations et des revenus des territoires concernés.

À la fin du XIXe siècle, des investissements anglo-saxons importants permettent l'exploitation des mines de l'Afrique du Sud, alors sous contrôle britannique. **Dans les années 1920**, on assiste à l'intensification de l'exploration puis au **début de la production pétrolière au Moyen-Orient**, dans le cadre d'une rivalité entre la première puissance mondiale d'alors, le Royaume-Uni (dominant en Irak), les États-Unis, puissance émergente (Arabie saoudite) et accessoirement la France. Les investissements miniers d'Afrique australe s'étendent vers la *Copperbelt* (Katanga au Congo belge et Rhodésie du Nord britannique, actuelle Zambie). En parallèle, dans le reste de l'Afrique, les logiques de mise en valeur agricole coloniale mettent l'accent sur la spécialisation des différentes régions dans des cultures d'exportation pour lesquelles elles présentent des avantages comparatifs : vignes et agrumes (Maghreb), palmier à huile (Nigeria), café et cacao (Côte d'Ivoire), hévéa (Firestone au Liberia) dans les zones subéquatoriales, thé sur les hautes terres, arachide et coton dans les zones soudaniennes moins humides. L'enjeu est de financer l'administration coloniale en dégageant des ressources d'exportation.

Après la Seconde Guerre mondiale, la demande des Trente Glorieuses occidentales (1945-1975) et les enjeux stratégiques de la guerre froide soutiennent les prix des matières premières. L'exploitation pétrolière se développe au Moyen-Orient (Arabie saoudite, Irak, Iran), qui devient rapidement le premier bassin mondial. Elle augmente en Afrique après les indépendances, vers 1960, fournissant la première source de revenus aux gouvernements nationaux : en Algérie et en Libye, au Nigeria et en Angola, au Gabon et au Congo-Brazzaville. D'autres États nouvellement indépendants d'Afrique fondent leur développement sur les rentes minérales (fer en Mauritanie et au Liberia, bauxite en Guinée, uranium au Niger et au Gabon, manganèse au Gabon, phosphates au Togo). Ils consolident généralement les spécialisations agricoles et forestières coloniales et amorcent parfois des politiques de diversification au sein de **systèmes qui demeurent foncièrement extravertis**.

Les périodes de ralentissement économique – années 1930 à la suite de la crise de 1929, décennies 1980 et 1990 – voient la raréfaction des investissements et l'arrêt des exploitations les moins rentables, surtout dans le secteur minier, aux coûts d'exploitation élevés. La baisse des prix payés aux producteurs agricoles conduit au repli sur le vivrier, lequel permet en même temps de répondre à l'essor progressif de marchés intérieurs urbains. Ce sont des périodes de difficultés socio-économiques et de vulnérabilité politique accrue, sauf pour les États dont les ressources sont considérables au regard d'une population réduite (péninsule Arabique, Gabon).

3. La dernière séquence (2000-2022)

Depuis 2000, les cycles de l'économie mondiale semblent plus courts ; les prix qui les reflètent sont marqués par une variabilité accrue. Du début des années 2000 à 2014 se dessine un nouveau paroxysme rentier : le **super-cycle chinois** entraîne la croissance mondiale et la demande en matières premières. Avant la crise des *subprimes*, en juillet 2008, le prix du pétrole flambe à près de 150 dollars le baril, suivi par celui des autres produits. Après quelques mois de baisse, les prix remontent, jusqu'en juillet 2014, inaugurant un cycle bas dont l'acmé correspond au début de la crise de la Covid-19, début 2020.

■ **Part des ressources minérales dans les exportations**

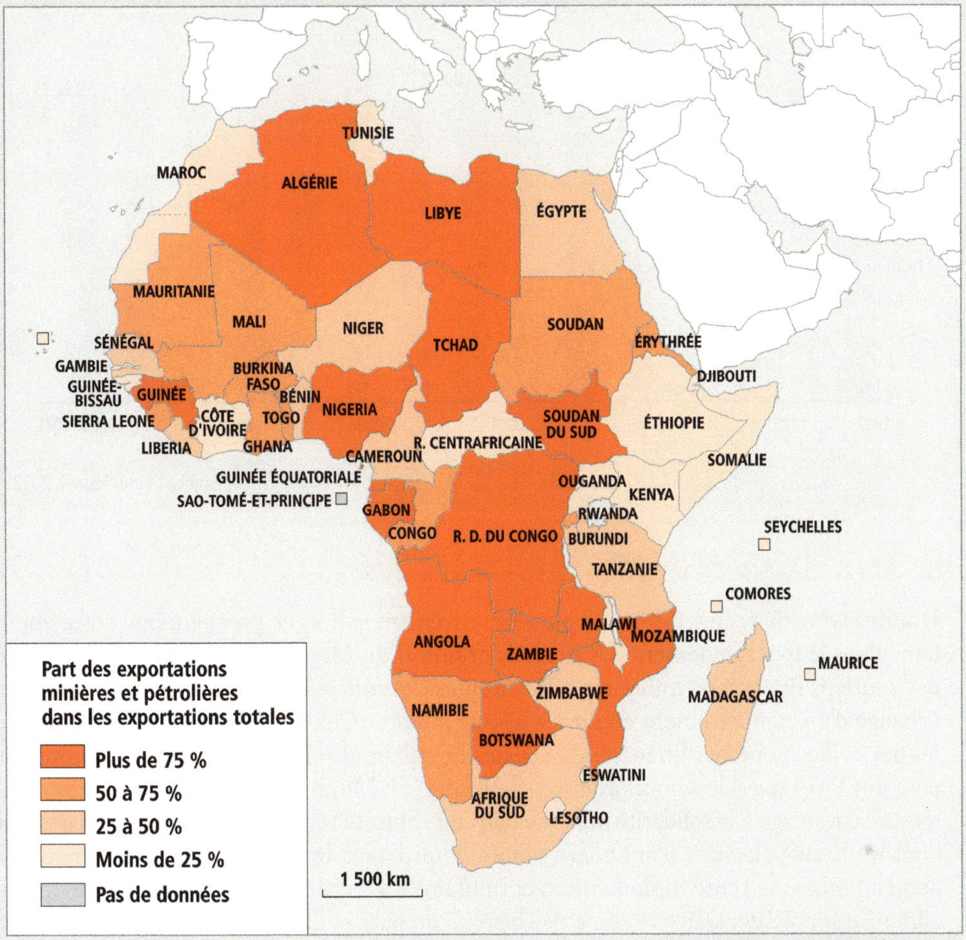

Source : Africa Energy Outlook, 2019.

Au Maghreb et au Moyen-Orient, ces variations de prix affectent moins la production que les crises politiques qui déstabilisent certains États producteurs (Libye, Irak). Le centre de gravité régional glisse ainsi du Croissant fertile (Le Caire-Damas-Bagdad), frappé par les guerres et l'instabilité politique, à un ensemble Djeddah-Ryad-Dubaï-Doha, où l'économie rentière se porte d'autant mieux qu'elle a permis des dynamiques de diversification. En Afrique, en revanche, ces fluctuations de prix s'accompagnent de booms extractifs et d'une ruée sur les terres [→ CH. 14] : des investissements venus des puissances occidentales mais aussi des pays émergents favorisent l'augmentation de la production dans les anciens bassins et l'ouverture de nouveaux sites. Ils sont encouragés par les nouveaux codes miniers et pétroliers très libéraux adoptés sous l'égide de la Banque mondiale dans le contexte des plans d'ajustement structurel, durant les années 1990. Durant l'année 2021, la reprise de l'économie mondiale voit une remontée vigoureuse du prix des matières premières, qui s'accentue après l'invasion russe en Ukraine en février 2022.

■ **Index des prix des matières premières (janvier 1992-novembre 2021, base 100)**

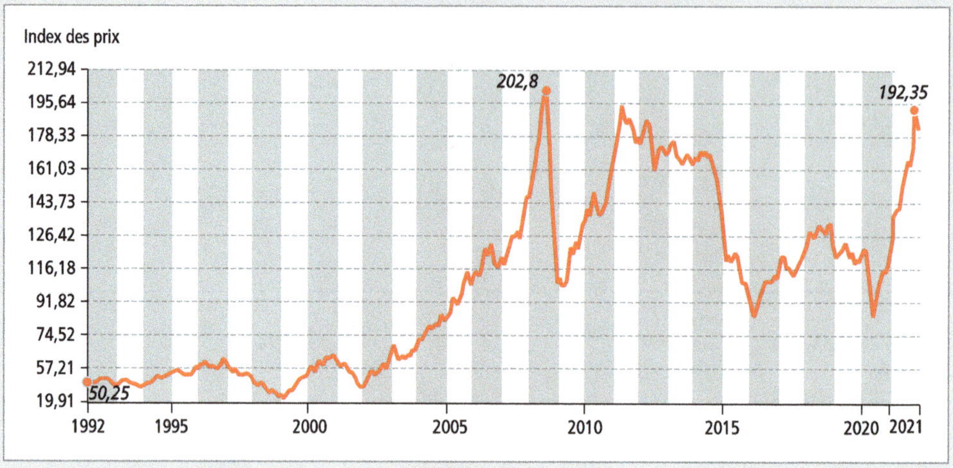

Source : IndexMundi, 2022.

B. DES RENTES GÉOPOLITIQUES AUX RENTES VERTES

D'autres types de rentes, de nature plus exclusivement politique, prennent une place importante dans le fonctionnement des États d'Afrique et du Moyen-Orient : elles consistent en des soutiens financiers, militaires ou politiques, fournis par des puissances mondiales en échange d'un comportement conforme à leurs intérêts. Ces rentes varient cependant selon les pays : des montants financiers modestes en valeur absolue peuvent être déterminants pour des PMA (pays les moins avancés) d'Afrique ; au Moyen-Orient, la valeur des rentes se mesure davantage à la solidarité militaire dans un contexte régional tendu qu'à des paiements dont les États pétroliers n'ont guère besoin. Pour Israël, le soutien américain fonctionne aussi comme une rente diplomatique et militaire – accordée quasi indépendamment des administrations successives – issue de l'histoire du pays et du poids des lobbys juifs dans la politique états-unienne. L'Égypte bénéficie de même d'une rente géostratégique pérenne de la part des États-Unis.

1. Les rentes de la guerre froide

Durant la guerre froide, l'aide au développement est généreusement accordée aux pays africains en échange de leur solidarité avec un des camps (occidental pour la Côte d'Ivoire, le Zaïre, le Kenya ; communiste pour la Guinée, le Congo-Brazzaville, l'Éthiopie, Madagascar), quelles que soient par ailleurs leurs performances à s'inscrire dans les modèles en question. Le Zaïre de Mobutu bénéficie d'un soutien inconditionnel des États-Unis, malgré les violations répétées des droits de l'homme et une conception très patrimonialisée du développement. L'Irak laïc mais socialisant de Saddam Hussein est soutenu par les États-Unis et la France contre l'Iran de la révolution islamique durant les années 1980. Les États-Unis sont très tolérants avec l'Afrique du Sud de l'apartheid, allié précieux en temps de guerre froide. Les structures de l'économie de rente font parfois bon ménage avec les rentes de l'idéologie : le gouvernement du Mouvement populaire de libération de l'Angola (MPLA) au pouvoir à Luanda après l'indépendance, soutenu par l'URSS, fait protéger par des soldats cubains communistes les installations de la Gulf (ancêtre de Chevron Texaco) qui produit le pétrole du pays, contre la rébellion de l'Unita soutenue par les États-Unis et l'Afrique du Sud.

2. Démocratie et terrorisme, de nouvelles rentes

La perte de la rente géopolitique de la guerre froide et les pressions occidentales en faveur d'une démocratisation rapide – durant la crise économique sévère des années 1980-1990 – vont de pair avec des crises politiques profondes, comme au Liberia et en Sierra Leone, au Zaïre (devenu République démocratique du Congo en 1997) ou en République centrafricaine. Petit à petit, la démocratie devient aussi une rente pour les pays africains. Du moins à travers une conception de celle-ci centrée sur des compétitions électorales régulières aux apparences d'équité minimales, qui suffisent à maintenir l'aide occidentale.

La période 2000-2020 voit un renouveau des rentes géopolitiques. D'une part, l'émergence chinoise en Afrique tire parti des angles morts de la présence occidentale : les pays parias de la « communauté internationale » (Soudan sous embargo états-unien, Zimbabwe au ban du Commonwealth) ouvrent grand leur porte à la Chine. Certains pays riches en ressources jouent habilement de la présence chinoise pour conserver leurs partenaires occidentaux sans céder à leurs demandes de libéralisation politique et économique (Guinée équatoriale, Angola). D'autre part, après les attentats du 11 septembre 2001 et l'essor du terrorisme islamiste, la fiabilité des États face à ces nouveaux enjeux devient un critère supplémentaire et souvent décisif de l'aide extérieure, parfois jumelé avec la fiabilité dans l'aide à la maîtrise européenne des flux migratoires. Autour de la péninsule Arabique, la multiplication des bases militaires (française, américaine et chinoise à Djibouti ; américaine au Qatar et à Oman) sont également source de rentes pour les pays hôtes.

ZOOM ▶ La rente géopolitique du Tchad

Le Tchad est un pays pauvre du centre du Sahel à l'histoire politique tourmentée : il a connu une période de guerre civile généralisée (1979-1982) au sein d'une longue période d'instabilité (1965-2009). De 1990 à 2021, il est dirigé par Idriss Déby, un militaire. Son régime s'est appuyé sur des combattants issus de groupes ethniques sahélo-sahariens représentant moins de 5 % de la population (notamment le groupe Zaghawa, dont il est originaire). Malgré une démocratisation de façade qui se lit dans des scrutins régulièrement organisés et une presse d'opposition tolérée, ce régime autoritaire s'est rendu responsable de violations des droits de l'homme, d'une patrimonialisation à grande échelle des ressources publiques et de connivences avec des groupes ayant déstabilisé la RCA voisine. Pourtant, le pouvoir tchadien a su conserver le soutien de la France, l'ancienne puissance coloniale. Il apparaît en effet comme un môle de stabilité précieux dans un environnement géopolitique troublé – entre le Darfour soudanais, en feu durant les années 2000, la Libye et la RCA en chaos depuis 2011 et 2012, Boko Haram au Borno nigérian depuis 2013. Surtout, l'intervention militaire tchadienne aux côtés de l'armée française lors de l'opération Serval (2012-2013) contre les groupes djihadistes maliens qui menaçaient Bamako a été très appréciée. Dans une bande sahélo-saharienne instable, l'alliance tchadienne paraît indispensable, ce qui justifie aide au développement et soutien politique. Idriss Déby a été tué au cours de combats contre une énième rébellion en avril 2021. Sans égard pour la Constitution, un de ses fils, Mahamat Idriss Déby Itno, a été choisi pour présider le conseil militaire de transition, qui vise à perpétuer ce régime ethno-militaire. La France a immédiatement reconnu le nouveau pouvoir mais, quelques semaines plus tard, condamne fermement un coup d'État militaire au Mali au nom du respect des principes démocratiques et de l'État de droit.

Pour les États africains postcoloniaux les plus faibles, la souveraineté internationale est en soi source de rente : le système international – les Nations unies, ou le groupe d'États d'obédience occidentale qualifié de « communauté internationale » – ne tolère pas l'effondrement total de l'État et en soutient le fonctionnement minimal à travers une reconnaissance officielle, la garantie des frontières, l'aide. La Somalie est ici un cas limite.

3. La rente verte

L'accélération des négociations internationales sur le changement climatique voit émerger une rente verte. Les bénéficiaires peuvent être les États capables de se positionner dans les dispositifs mondiaux de stockage du carbone, comme les dispositifs REDD+. Or, seul un petit nombre d'États africains parviennent à ce jour à mobiliser les compétences techniques nécessaires pour en bénéficier, comme le Cameroun ou le Ghana. De manière plus générale, les chefs d'État rivalisent pour proposer des projets environnementaux novateurs en phase avec l'inclination internationale à financer l'adaptation aux effets du changement climatique – 100 milliards de dollars annuels promis à la COP21 à Paris, à rapprocher des 130 milliards annuels de l'aide publique au développement dont bénéficie l'Afrique. Cet engagement, qui n'a pu être tenu, a été réitéré à l'horizon 2023 par le pacte de Glasgow, lors de la COP26 de novembre 2021. La Grande muraille verte, corridor contre la désertification censé relier le Sénégal à Djibouti, est un bon exemple de ces projets d'adaptation au changement climatique.

4. Une rente de la Covid-19 ?

La Covid-19 a été une source de rente inattendue. Dans la majeure partie de l'Afrique subsaharienne (en dehors de l'Afrique du Sud), cette pandémie a constitué un choc surtout indirect pour les sociétés, résultant de la crise économique internationale et de la rupture des relations entre pays voisins, villes et campagnes, quartiers riches et pauvres, du fait des mesures de lutte les plus contraignantes calquées sur les politiques menées dans les pays des Nords. En 2020, l'aide vers l'Afrique subsaharienne a atteint 161,2 milliards de dollars, dont 12 milliards correspondent à des dépenses directement liées à la Covid-19. Dans de nombreux pays, des financements extérieurs exceptionnels ont été accordés au secteur de la santé, mais ils n'ont pas permis d'aider les populations les plus vulnérables. La Banque mondiale estime que la crise sanitaire fera basculer 29 millions d'Africains supplémentaires dans l'extrême pauvreté d'ici fin 2021. En outre, certains pays – dont la Chine – ont multiplié les dons en équipements médicaux et vaccins, dont l'annonce d'un don d'un milliard de doses de vaccins supplémentaires à l'Afrique lors du Forum sur la coopération sino-africaine (FOCAC) organisé à Dakar en novembre 2021.

C. LES RENTES LIÉES AUX CIRCULATIONS

L'ensemble Afrique-Moyen-Orient est structuré par d'autres types de flux rentiers associés aux circulations d'hommes ou à des flux commerciaux.

1. Du pèlerinage aux rentes migratoires

La localisation des lieux saints est source de rente : les pèlerinages de La Mecque et de Médine ont pris, avec la mondialisation (augmentation de la population et du niveau de vie dans l'aire musulmane, baisse des coûts et facilitation du transport, diffusion des modèles culturels), une ampleur inédite, désormais contrôlée par les autorités saoudiennes, qui limitent le nombre de pèlerins à 2-3 millions par an. Les retombées financières en sont considérables. Les migrations de travail sont à l'origine de transferts financiers qui forment des rentes du point de vue des territoires d'origine. Les migrations Sud-Nord ont répondu, depuis les années 1960-1970, aux besoins en main-d'œuvre des pays d'Europe, d'abord du Nord (Turcs en Allemagne, Maghrébins et Ouest-Africains en France) puis du Sud (Italie, Espagne) au début des années 2000. Les remises représentent 10 % du PIB du Maroc, 30 % de celui du Cap-Vert.

Les champs migratoires s'inscrivent aussi dans des relations continentales ou Sud-Sud. L'économie pétrolière de la péninsule Arabique draine un grand nombre de migrants originaires d'Asie (Pakistan, Népal, Inde, Philippines) mais aussi des pays voisins comme l'Égypte, le Soudan, le Yémen : les Émirats arabes unis hébergent près de 9 millions de migrants (pour 1,2 million de nationaux !), l'Arabie saoudite plus de 10 millions (sur 35 millions d'habitants). Les pays rentiers du pétrole comme le Nigeria des années 1970-1980, le Gabon ou la Libye d'avant-2011 ont aussi attiré des effectifs significatifs de migrants africains.
Entre la rente pétrolière et ces rentes migratoires, se constituent des rentes de citoyenneté : les pays à faible population et à fortes ressources en hydrocarbures – par exemple, les émirats du Golfe – garantissent à leurs citoyens, en échange de leur docilité politique, des emplois, des hauts salaires et des avantages sociaux multiples. La main-d'œuvre immigrée étant cantonnée aux tâches peu qualifiées et contrôlée en vue d'une circulation régulière évitant la revendication de droits.

2. Circulations commerciales : du haut du panier à l'économie souterraine

Rentes de situation et de circulation complètent ce panorama. Certaines sont déjà anciennes, comme le canal de Suez égyptien. Plus récemment, le transit (du pétrole en Turquie et au Cameroun, du gaz en Iran) procure des rentes. De même que le tourisme, dont le développement a été une priorité au Maroc, en Tunisie, en Égypte ou aux Seychelles. La très forte sensibilité de cette activité aux tensions géopolitiques (printemps arabes et terrorisme) ou à la crise sanitaire (Covid-19) en fait un facteur de vulnérabilité.
Si Dubaï a su s'imposer comme une place commerciale centrale entre l'Asie, l'Afrique et le Moyen-Orient, c'est autant du fait de sa position géographique que grâce au choix volontariste des souverains émiratis de développer ce type de fonction pour diversifier l'économie. Le tourisme international de luxe y joue le même rôle.
En Afrique, dans un contexte géopolitique à faible conflictualité interétatique, les différentiels monétaires et réglementaires associés aux frontières ont fait de nombre de celles-ci des espaces de dynamisme économique particulier, dans des régions de périphéries nationales peu contrôlées par les États : **les rentes frontalières sont un élément fort de structuration spatiale**. La faiblesse de contrôle a cependant des coûts : les rares industries nationales bénéficiant de protection douanière sont menacées par les importations informelles depuis les pays voisins qui importent (du sucre, des textiles) au prix du marché mondial.
Les **rentes illégales** ont pris de nouvelles dimensions au cours de la période récente. En Afrique de l'Ouest, la circulation de cocaïne sud-américaine a connu un essor considérable dans la décennie 2000, en transit vers le marché européen. Cette circulation a laissé dans son sillage des sommes d'argent importantes pour toute la logistique de l'acheminement et la corruption qui l'accompagne, accentuant la fragilité des États. Informelle ou illégale, l'économie commerciale transfrontalière a sa part dans les troubles qui affectent l'ensemble saharo-sahélien, provoquant l'effondrement de l'État malien en 2012. De même, l'Afghanistan, appauvri par des décennies de conflit, fournit 70 % de la production mondiale d'opium – ce que le retour au pouvoir des Talibans, en août 2021, ne devrait pas modifier. Mais la drogue n'est pas toujours liée au conflit. Le Maroc est le premier producteur mondial de cannabis, l'Afrique du Sud le deuxième : pauvreté rurale et tolérance étatique expliquent l'importance de cette culture.

II. Rentes et développement : une « malédiction des ressources naturelles » ?

La notion de « malédiction des ressources naturelles » (*resource curse*) désigne un ensemble de maux qui affecteraient les pays aux institutions fragiles bénéficiant de rentes primaires importantes.

A. LES SYMPTÔMES DE LA « MALÉDICTION DES RESSOURCES »

Dans les pays pétroliers, la rente représente couramment 30 % du PIB, 60 % du budget de l'État, 80 à 90 % du montant des exportations. Différentes manifestations de la « malédiction des ressources » peuvent être identifiées.

1. Une économie peu efficace, vulnérable et dépendante

Les économies les plus dépendantes des rentes d'exportation sont caractérisées par des problèmes spécifiques : croissance plus faible qu'ailleurs en moyenne, syndrome hollandais*, création de secteurs enclavés sans effets d'entraînement, et surtout **grande dépendance née de la très forte vulnérabilité à la volatilité des prix**. Du fait des effets cliquets de la dépense publique, chaque retournement des cours se traduit par un endettement pour faire face aux dépenses engagées lors du cycle favorable antérieur (recrutement de fonctionnaires, grands travaux, subvention des biens de première nécessité – eau, électricité, carburant).

Ces phénomènes s'observent avec une intensité particulière dans les pays pétroliers, du fait de l'importance incomparable de leurs rentes – entre 1973 et 2002, l'Arabie saoudite a perçu plus de 2 000 milliards de dollars de revenus pétroliers. La situation diffère cependant selon l'importance des revenus pétroliers et de la population. Dans les pays pétroliers à population importante, comme l'Algérie ou le Nigeria, les retournements de conjoncture se traduisent par un niveau élevé d'endettement et par des tensions sociales. Celles-ci sont d'autant plus fortes qu'en l'absence d'une capacité à créer de l'emploi à hauteur de la croissance démographique, les subventions sur les produits de première nécessité fournissent le ciment redistributif du fragile pacte social rentier.

Au Congo-Brazzaville, le niveau d'endettement excessif dû au contexte de volatilité des cours du pétrole est à l'origine de la crise économique qui a été un facteur déclencheur des guerres civiles en 1993-1994 et 1997-1998 [→ CH. 10].

Au cours des années 1980, les économies de rente africaines en particulier sont durement touchées par les **plans d'ajustement structurel** mis en œuvre sous l'égide de la Banque mondiale et du Fonds monétaire international (FMI). Les pays sont étranglés par leur dette à cause de la baisse des cours des matières premières et de la hausse des taux d'intérêt des emprunts de la période précédente. Les institutions de *Bretton Woods* conditionnent alors leur aide, devenue indispensable, à l'amaigrissement du secteur public : licenciement de fonctionnaires, fermeture ou privatisation d'entreprises publiques, démantèlement des mécanismes de gestion des exportations comme les caisses de stabilisation. Celles-ci étaient

DÉFINITION

Syndrome hollandais (*dutch disease*) : ensemble des problèmes rencontrés par les secteurs traditionnels de l'économie (industrie, agriculture) lors de l'arrivée d'une rente extractive à cause de l'appréciation monétaire qui pénalise les exportations et de la propension des facteurs de production (capital et travail qualifié) à se diriger vers le nouveau secteur émergent.

un dispositif clé des systèmes rentiers en permettant aux États de s'approprier la différence entre les prix mondiaux et ceux payés aux producteurs agricoles. Les plans d'ajustement structurel ne désignent donc pas seulement un ensemble de mesures techniques : ils expriment des rapports de force internationaux et la tentative des bailleurs de fonds, émanation des puissances occidentales dominantes, de briser les systèmes rentiers jugés trop étatistes au bénéfice du marché, dont leurs entreprises sont les principaux promoteurs et bénéficiaires.

2. Des régimes autoritaires aux « États faillis durables »

Un autre trait de la « malédiction des ressources » tient aux implications politiques des systèmes rentiers. Ceux-ci seraient en effet particulièrement exposés à la mise en place et à la permanence de régimes autoritaires, car les rentes, en dispensant les gouvernants d'une fiscalité intérieure, les placent hors de portée des liens d'imputabilité qui favorisent le contrôle citoyen sur l'action publique, et ainsi l'État de droit et la démocratie.

De fait, malgré les printemps arabes et quelques exceptions (Israël), les régimes politiques du Moyen-Orient sont presque tous autoritaires – ce qui n'interdit pas toujours le pluralisme électoral (Turquie, Iran). En Afrique, les rentes éclairent une palette de situations démocratiques contrastées. En l'absence de moyens institutionnels de contrôle et de contre-pouvoirs efficaces, dans des sociétés jeunes, au niveau de formation et d'information des citoyens faible, les joutes électorales ne suffisent pas à consolider la démocratie : **les ressources tirées des rentes permettent d'acheter des porteurs de voix** et, à nouveau, de s'exonérer des mécanismes de l'imputabilité. Les rentes huilent les rouages du clientélisme dans des systèmes tributaires de la « politique du ventre », d'après l'expression de Jean-François Bayart.

Les **États faillis**, selon les organisations de *Bretton Woods*, sont des États qui ne remplissent pas les fonctions attendues d'un État moderne – associant fonctions de coercition et de légitimation (fourniture de biens publics dans la santé, l'éducation, les infrastructures...). Certains États pétroliers disposant de rentes élevées ont été qualifiés par le politiste Ricardo Soares de Oliveira d'« États faillis durables » – par exemple, la Guinée équatoriale ou l'Angola du début des années 2000. En effet, la faiblesse de la redistribution les assimile à des États faillis, mais leur rente pétrolière leur assure à la fois un soutien constant du système politique et juridique international et les capacités militaires de leur résilience.

3. Des conflits de différents types selon la nature des ressources

La fréquence, l'intensité et la durée des conflits distingueraient aussi les pays disposant de rentes importantes tirées des ressources naturelles. Le contrôle de celles-ci est à la fois le mobile des guerres et le moyen de les financer et de les prolonger. L'ensemble Afrique-Moyen-Orient illustre bien la **diversité des configurations belligènes associées aux rentes**.

Les conflits internationaux ont été limités en nombre mais ont eu de grandes conséquences. Le désir de contrôler les champs pétroliers iraniens du Khouzistan est un des mobiles de la guerre de l'Irak contre l'Iran (1980-1988 : plus d'un million de morts). L'annexion du Koweït (1990), déclenchant la première guerre du Golfe, obéit à la même convoitise. Des intérêts pétroliers privés états-uniens, espérant renforcer leurs positions, ont pesé dans la décision de l'Administration de G. W. Bush d'engager la deuxième guerre du Golfe, aux origines de la dislocation de l'Irak. En Afrique, le seul véritable conflit de ce type, de basse intensité, a opposé le Nigeria au Cameroun pour la maîtrise de la presqu'île frontalière de Bakassi ; il a été réglé par un règlement de la Cour internationale de justice de La Haye en 2002, appliqué en 2008. La majorité des conflits impliquant les rentes tirées des ressources naturelles ont été civils et se sont déroulés en Afrique. **La nature des ressources influence celle des**

conflits. Les ressources concentrées – à faible valeur pondérale, nécessitant des infrastructures importantes, dont le contrôle physique et institutionnel passe par le canal de l'État – alimentent soit des tentatives de sécession, soit les luttes pour la maîtrise de la capitale, lieu de captation de la rente. Au lendemain de l'indépendance, la tentative de sécession de la province minière du Katanga, au Congo, appuyée par des intérêts belges et sud-africains désireux de conserver le contrôle des ressources, notamment cuprifères, ouvre l'histoire des guerres civiles africaines postindépendance et des interventions de l'ONU (1960-1963). Elle sera suivie par celle du Biafra nigérian (1967-1970), les élites Igbo refusant le renforcement de la mainmise sur la rente pétrolière tirée du delta du Niger par le pouvoir central issu du Nord musulman. Le mouvement biafrais est alors soutenu en sous-main par Elf (et la France), qui espère s'affirmer au détriment de Shell. Le conflit fera près de deux millions de victimes. Il inaugure aussi l'ère de l'humanitaire, avec la création de Médecins sans frontières. Durant les années 1990-2000, on assiste surtout à des conflits pour le contrôle de la capitale, dont la rente pétrolière est l'enjeu : en Angola (1992-1994 et 1998-2002), au Congo-Brazzaville (1993 et 1997-1998), au Tchad (2006 et 2008).
Les ressources « pillables » (*lootable*), à forte valeur et faible poids (diamant, or et autres minerais précieux), nourrissent d'autres conflictualités. Échappant aisément au contrôle des États, elles peuvent être cachées, volées, transportées discrètement et exportées en véhicule tout-terrain ou petit avion sans infrastructures lourdes. **Leur production finance ainsi des mouvements de rébellion** ou des seigneurs de guerre établis sur les périphéries mal contrôlées des territoires. C'est le cas des « diamants du sang » lors des guerres du Liberia et de Sierra Leone (1989-2002) et en République centrafricaine (2004-2015), ou du pillage des ressources en République démocratique du Congo (or, diamant, mais aussi coltan et cassitérite) depuis la fin des années 1990. Dans ce dernier pays, le contrôle de la production minière finance notamment des groupes armés employés dans les « guerres par procuration » menées pour le compte des pays voisins (Rwanda, Ouganda). Les élites politiques et militaires de ces pays sont en outre les principales bénéficiaires de filières commerciales étroitement connectées à l'industrie mondialisée, en particulier les grandes marques de l'électronique. De plus, la « descente » des violences djihadistes depuis le Sahara vers le Sahel à la fin de la décennie 2010 s'accompagne de la captation fréquente par les groupes armés des ressources tirées des mines d'or artisanales, du Mali au Soudan. Épicentre de ces violences depuis 2019, la zone des trois frontières (Mali-Niger-Burkina Faso) est particulièrement concernée. Cependant, cette distinction selon la nature des ressources peut être brouillée, même dans le cas du pétrole : au Nigeria, on considère que 10 % de la production est volée. En Irak, la maîtrise des champs pétroliers et celle de l'exportation du brut sont des enjeux majeurs entre le gouvernement irakien et les Kurdes, et aussi, à un moment donné, Daech. Le gouvernement régional du Kurdistan, autonome depuis 2005, a exporté pour la première fois du pétrole en 2014 sans passer par Bagdad, provoquant des tensions avec le gouvernement central. Cette crise a été occultée par la prise de contrôle par Daech de la région de Mossoul en 2014 et de puits de pétrole en 2015 représentant 10 % du potentiel national. Le poids de la contrebande de pétrole *via* la Turquie dans le financement de Daech a cependant beaucoup baissé après 2016 du fait des bombardements alliés, de difficultés techniques – la production de pétrole supposant des technologies – et du bas niveau des cours, préfigurant la chute du califat de l'État islamique en 2019. Inversement, pour les groupes armés dissidents, les installations extractives pourvoyeuses de rente peuvent constituer des cibles dont l'attaque affaiblit les États auxquels ils s'attaquent. Les prises d'otages par des groupes djihadistes liés à AQMI sur les mines d'uranium d'Areva au Niger en 2010, ou, à plus grande échelle, sur le site gazier

algérien d'In Amenas en 2013, ont marqué les esprits. En septembre 2019, le bombardement par drones, par des rebelles houthis du Yémen, de bases pétrolières de la compagnie nationale saoudienne Aramco, a affecté pendant quelques semaines la moitié de la production nationale et semé la panique sur les marchés mondiaux du pétrole. De même, des groupes djihadistes affiliés à l'État islamique ont revendiqué, en mars 2021, des attaques meurtrières au nord-est du Mozambique, dans la région de Cabo Delgado, afin notamment d'empêcher la construction d'un mégaprojet d'exploitation de gaz opéré par Total.

Les conflits liés aux économies rentières

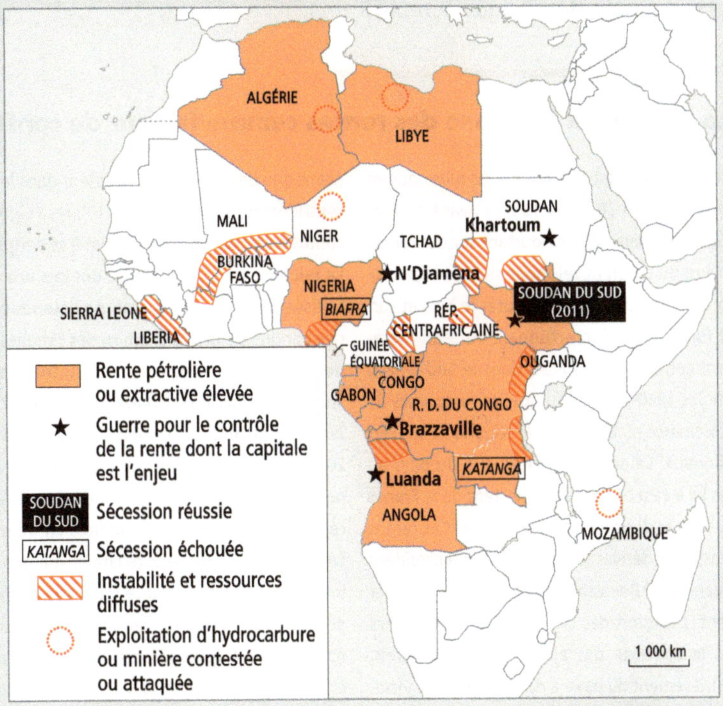

Source : Nathan, 2022.

4. Des impacts locaux

En Afrique, les impacts négatifs locaux des investissements mondialisés générateurs de rente d'exportation cristallisent des oppositions. Les dynamiques d'émergence du local qui accompagnent le recul de l'État (1980-2000) – privatisations, libéralisation, émergence d'une société civile protéiforme, décentralisations – s'accompagnent parfois de contestations des investissements et de conflits. De grandes ONG internationales (Greenpeace, Oxfam…) appuient les mobilisations africaines. La dévastation par l'exploitation pétrolière de l'environnement du delta du Niger au Nigeria (pollutions massives des eaux par les déchets de forage et les fuites diverses, pollution de l'air par le torchage des gaz de production) a nourri les revendications du mouvement Ogoni, au milieu des années 1990. Sa répression et la pendaison d'un de ses leaders, l'écrivain Ken Saro-Wiwa, en 1995, ont eu un grand retentissement et contraint l'entreprise Shell à changer sa politique environnementale et de relations avec les populations. À Madagascar, l'opposition aux confiscations foncières nécessaires à un projet de production agricole à grande échelle portée par le groupe coréen Daewoo Logistics a même causé le renversement du Président Ravalomanana en 2008-2009 [→ CH. 14]. Au Moyen-Orient, les contextes politiques internes et externes ne sont guère propices aux mobilisations citoyennes. La pollution du golfe Arabo-Persique est rarement évoquée.

B. LA « MALÉDICTION » EN DÉBAT

L'approche de la « malédiction des ressources naturelles » ne fait cependant pas l'unanimité. Elle pèche notamment par généralisation abusive en passant trop rapidement de la corrélation à la causalité pour expliquer la faible croissance économique ou les conflits. En outre, certains conflits se nourrissent davantage d'une raréfaction des rentes que de leur afflux, comme c'est le cas en République centrafricaine.

ZOOM ▶ La RCA, ou la faiblesse des rentes comme facteur de conflit

La République centrafricaine est un des pays les plus pauvres du monde (IDH de 0,232 en 2020, au 188e et avant-dernier rang mondial). Son économie repose pourtant sur des rentes variées : à la culture du coton développée durant l'époque coloniale, au nord-ouest, sont venus s'ajouter le bois et surtout le diamant (une production artisanale ou semi-mécanisée, un moment contrôlée par l'État) dans le Sud-Ouest, durant les décennies 1960-1970, ainsi que les ressources de l'élevage et du commerce du bétail vers le Nigeria et les pays forestiers méridionaux. La position stratégique du pays au cœur de l'Afrique lui a valu un soutien important de la France après l'indépendance et des flux d'aide réguliers. Ces rentes ont donné leur faste aux dérives tragi-comiques du président puis empereur Jean-Bedel Bokassa (1966-1979) sans amorcer le développement. L'érosion des rentes depuis les années 1980-1990, dans le contexte des ajustements structurels, aggravée par l'enclavement du pays, a nourri une forte instabilité politique. L'amaigrissement des rentes a conduit à l'instrumentalisation des identités ethno-régionales et donné lieu à des luttes pour conquérir la capitale Bangui (1996-2001), avant que des rébellions n'éclatent dans les périphéries septentrionales du pays (2001-2013), restreignant depuis lors le contrôle étatique à la capitale et à sa périphérie proche.
La faiblesse de l'État autorise dès lors une captation décentralisée des ressources sur toute l'étendue du territoire par des bandits de grand chemin, des rebelles centrafricains et des groupes armés des pays voisins (Armée de résistance du Seigneur d'Ouganda, troupes de Jean-Pierre Bemba de RDC, Janjawid du Soudan, combattants et bandits tchadiens). En 2013, la prise de pouvoir par une coalition hétéroclite à dominante musulmane venue du nord-est, la *Séléka*, déclenche en réaction l'insurrection des milices chrétiennes *anti-balaka*. Le pays est plongé dans le chaos, malgré les interventions internationales de la France (opération Sangaris, 2013-2016) et de l'Union africaine. Depuis 2019, la société de mercenaires russes Wagner sécurise le gouvernement centrafricain et certains lieux stratégiques, comme les zones minières, en échange d'un accès direct à des ressources aurifères et diamantifères. Le délitement de l'État centrafricain est celui d'un système rentier en déclin.

La thèse de la « malédiction » élude aussi le cas de pays qui ont réussi. Le Brésil, la Malaisie ou l'Indonésie en fournissent des exemples, tout comme le Botswana ou l'Afrique du Sud au sein de la région Afrique-Moyen-Orient. Le premier, dont l'économie est historiquement fondée sur l'exportation de diamants, a atteint un niveau de vie relativement élevé en parvenant à construire des institutions solides, en investissant dans l'éducation et en développant les services qui atténuent la dépendance par rapport aux seules exportations de diamants. Son IDH, de 0,735 en 2019, a augmenté régulièrement – sauf durant la décennie 1990 –, classant le pays au premier rang de l'Afrique subsaharienne (100e mondial). **L'Afrique du Sud est aujourd'hui considérée comme le principal pays émergent d'Afrique**, construisant une économie diversifiée à partir d'une accumulation initiale fondée sur les mines d'or et de diamants du Gauteng (région de Johannesburg) – en s'appuyant certes sur le régime très particulier de l'apartheid.

Dans un autre registre, la critique de la « malédiction » conteste les intérêts qu'une telle approche sert implicitement. En effet, se focaliser depuis l'extérieur sur les dysfonctionnements de gouvernance et les dérives des régimes rentiers, incapables de gérer leurs ressources pour améliorer les conditions de vie de leurs populations, est une manière de délégitimer les droits souverains sur leurs ressources de certains pays du Sud et donc de légitimer la poursuite de l'exploitation de ces ressources par les acteurs dominants du système mondial (venant du Nord ou de pays émergents) dans le cadre d'un système d'échange asymétrique bénéficiant aux plus puissants. La dénonciation des « biens mal acquis » en France par des présidents de pays pétroliers d'Afrique centrale (Gabon, Congo, Guinée équatoriale), portée par un ensemble d'ONG dont Transparency International, relève de cette démarche plus ambiguë qu'elle ne paraît.

III. Des systèmes dynamiques

Les logiques politico-économiques rentières de l'ensemble Afrique-Moyen-Orient ne sont pas figées. Des dynamiques affectent les arènes d'acteurs et les rapports de pouvoir. Elles conduisent parfois à des processus de diversification économique qui remettent en cause les rentes comme grille de lecture unique.

A. UN SYSTÈME D'ACTEURS QUI S'EST COMPLEXIFIÉ

1. Des différences selon la capacité à exporter les matières premières

Les arènes d'exploitation des ressources naturelles reflètent le rapport à la ressource des différents types d'acteurs. Ainsi, Claude Raffestin[1] oppose les acteurs capables, par leurs capitaux et leur maîtrise technologique, de mettre en mouvement les ressources vers l'horizon du marché mondial, que ceux-ci disposent de ressources sur leur territoire (États-Unis, Russie, Chine aujourd'hui) ou qu'ils n'en aient guère (France), à ceux n'ayant pas les capacités de cette mise en mouvement, qu'ils disposent de matières premières en abondance ou non. Ces deux dernières catégories ont été longtemps archi-dominantes parmi les États d'Afrique et du Moyen-Orient, les acteurs du Nord étant en position de force dans les négociations sur l'accès aux ressources.

Durant le cycle de croissance des décennies 1950 à 1970, les États producteurs faisant partie du tiers-monde tentent de redéfinir à leur avantage les relations avec les pays consommateurs et leurs entreprises : **c'est le temps des nationalisations** (Iran en 1952, puis Algérie, Libye, Irak dans le secteur pétrolier, Mauritanie dans le fer) puis celui de la **constitution de cartels de producteurs**, le plus important étant l'OPEP (Organisation des pays exportateurs de pétrole), créée à Bagdad en 1960. Après la flambée des cours lors du choc pétrolier de 1973-1974, les contre-chocs des années 1980-1990 et une tendance baissière des cours des matières premières fragilisent les États rentiers confrontés à la libéralisation de l'économie mondiale.

Depuis 2000, le schéma relationnel asymétrique prévaut encore, mais sous des formes renouvelées. Certaines compagnies pétrolières nationales ont développé des capacités techniques et financières leur permettant de se passer des *majors* occidentales, au moins pour l'exploitation de gisements simples, comme la Saoudienne Aramco, l'Algérienne Sonatrach ou

1. Claude Raffestin, *Pour une géographie du pouvoir*, Éditions Litec, 1980.

l'Angolaise Sonangol. D'autres restent faibles et dépendantes à cause des conflits (Irak, Libye) ou de leurs liens avec des systèmes politiques clientélistes (National Nigerian Petroleum Corporation). **Les acteurs extérieurs se sont diversifiés.** En Afrique, des firmes transnationales publiques ou privées originaires des Suds, comme Vale (Brésil) ou Mittal (Inde) dans la métallurgie, la CNPC (Chine) ou Petrobras (Brésil) dans le pétrole, opèrent désormais avec des positions fortes aux côtés des firmes occidentales traditionnelles. Le contrôle des filières et des marchés demeure largement en faveur des pays consommateurs, même si l'implantation à Abidjan, en 2017, du siège de l'Organisation internationale du cacao, basée à Londres depuis 50 ans, signale une nouvelle phase dans la tentative des pays producteurs de peser sur les échanges.

2. L'horizon géopolitique du contrat

L'État hôte des projets d'exploitation des ressources naturelles donne accès aux ressources et négocie en échange la taille de sa rente. Cependant, les contrats et les schémas de financement des projets qui organisent les relations avec les opérateurs étrangers reflètent la persistance des asymétries. La **dépendance en technologie et capitaux** justifie des contrats d'autant plus favorables aux investisseurs que les projets apparaissent risqués et nouveaux : l'État tchadien reçoit ainsi moins de 12 % de la valeur du brut exporté en 2003 quand, dans les pays du Golfe, les États perçoivent près de 90 % de la valeur du brut exporté.

Face aux risques de nationalisation des ressources, brandie en écho aux revendications tiers-mondistes qui culminèrent avec la déclaration par l'Assemblée générale de l'ONU d'un nouvel ordre économique international en 1974, les promoteurs des investissements mondialisés ont renforcé depuis 2000 les mécanismes multiples de sécurisation des investissements.

Parmi ceux-ci, figure le **dépaysement des procédures d'arbitrage en cas de litige**, dont le CIRDI (Centre international pour le règlement des différends relatifs aux investissements), créé en 1965 à Washington, dans la mouvance des institutions de *Bretton Woods*, est un lieu central. L'enchâssement des projets dans des relations politiques et d'aide entrecroisées rendrait par ailleurs le coût géopolitique d'une nationalisation trop élevé. Un bon exemple en est fourni à nouveau par le projet pétrolier tchadien, lancé en 2000. Mené par un consortium d'entreprises états-uniennes (Exxon et Chevron) et malaisienne (Petronas), le projet a été sécurisé, dans un pays considéré comme très instable, par une implication de la Banque mondiale et un prêt de la Banque européenne d'investissement (BEI) dans le financement de l'oléoduc, Banque mondiale et Union européenne étant par ailleurs les deux principaux bailleurs du pays. Le projet a aussi bénéficié à de nombreuses entreprises sous-traitantes françaises, confortant la France dans son rôle de partenaire stratégique du Tchad.

L'insertion des contrats dans un large faisceau de rentes (aide et relations géopolitiques) explique en partie pourquoi l'Afrique a été moins touchée que l'Amérique latine (Bolivie, Équateur, Venezuela) par le retour du nationalisme extractif dans la décennie 2000.

3. Pétrole : en avoir ou pas

Les États demeurent tributaires de leurs ressources : les hausses ou les baisses du prix du baril opposent les intérêts des États exportant du pétrole (réunis au sein de l'OPEP et accessoirement de l'APPA – Association des producteurs de pétrole africains rebaptisée Organisation des producteurs africains (APO) en 2017), en nombre croissant mais toujours minoritaire (un tiers environ des pays en Afrique, la moitié au Moyen-Orient), à ceux dépendant de son importation. Ces derniers ont tenté, en vain, de créer une association des pays africains non producteurs de pétrole en 2006, pour limiter leur dépendance à la forte hausse des prix qui se dessinait alors.

Un autre clivage, majeur, oppose, parmi les pays pétroliers, ceux qui ont une forte population aux autres. Les pays à très forte production (Arabie saoudite) et à population réduite (Libye, Gabon, Guinée équatoriale) ont les marges de manœuvre les plus larges. Les autres (Algérie, Nigeria) doivent maintenir coûte que coûte leurs recettes pour ne pas exposer leur système de redistribution à des pressions sociales insupportables. Ainsi, de 2014 à 2020, l'Arabie saoudite a choisi de maintenir sa production à un niveau élevé pour conserver ses parts de marché et tenter d'éliminer les producteurs états-uniens d'hydrocarbures non conventionnels aux coûts de production élevés, dans un contexte marqué par un ralentissement de la demande mondiale, quitte à maintenir les prix bas et à pénaliser ainsi des pays qui ont un besoin vital de recettes pétrolières pour financer leur modèle de développement.

B. DES TENTATIVES DE RÉGULATION

1. Deux générations de réformes

La dernière séquence de la mondialisation a été accompagnée de régulations nouvelles répondant aux critiques de la « malédiction des ressources naturelles » pour ainsi légitimer les nouveaux investissements. Il s'agit de permettre aux rentes de contribuer enfin au développement. L'Afrique a été – avec l'Amérique latine – la plus concernée par ces régulations. Au Moyen-Orient, la nature autoritaire des régimes et le haut niveau des rentes et de leur redistribution ont rendu de tels processus moins visibles.

Ces régulations visent à la fois à juguler les effets négatifs des rentes à l'échelle nationale – en introduisant davantage de transparence sur leur montant et leur gestion – et à atténuer les impacts environnementaux et sociaux des projets à l'échelle locale. Une première génération de règles et d'initiatives est adoptée à partir de la fin des années 1990 par des organisations internationales, des ONG et des gouvernements. Une seconde génération suivra au début de la décennie 2010 pour répondre aux critiques et augmenter la portée de la précédente.

Les principales mesures concernent la **révision des codes miniers et pétroliers** sous l'influence de la Banque mondiale. La transparence est un enjeu clé : mise en place des coalitions « Publiez ce que vous payez » (2002) et « Initiative pour la transparence dans les industries extractives » (ITIE, 2003). La traçabilité des minerais provenant de zones de conflits compte aussi : processus de Kimberley contre les « diamants du sang » (2000-2003), mécanismes de vigilance (*due diligence*) sur l'approvisionnement en métaux de l'OCDE. La régulation des impacts environnementaux constitue un autre enjeu majeur : adoption en 2003 des « Principes de l'Équateur » et, en 2006, des normes de performance environnementales et sociales de la Société financière internationale (SFI, groupe de la Banque mondiale), qui définissent les règles environnementales de tous les projets de la Banque et des institutions apparentées, et sont régulièrement mises à jour. En 2011, les nouveaux standards de la Banque mondiale prévoient la publication des contrats et l'obtention d'un accord libre, informé et préalable des communautés affectées par des grands projets d'investissement. Cela représente deux avancées importantes, dont la mise en œuvre au profit des acteurs locaux reste à concrétiser. Puis, surtout, la loi américaine Dodd-Frank (2010) ainsi qu'un règlement équivalent de l'Union européenne (2012), répondant au besoin de régulation financière après la crise de 2008, permettent une avancée majeure. Ils stipulent que les entreprises cotées dans les Bourses des États-Unis ou de l'UE doivent publier les sommes versées aux gouvernements des pays où elles sont implantées. Ces règles ont fixé de nouveaux standards internationaux que Donald Trump n'a pu remettre en cause malgré l'assouplissement de la loi Dodd-Frank imposé en 2019. En 2017, la France a adopté la loi sur le devoir de vigilance des sociétés mères et des entreprises donneuses d'ordre. Un collectif d'ONG françaises et africaines s'en est saisi pour attaquer en justice le projet d'exploitation par Total du projet Tilenga, sur les rives du lac Albert, en Ouganda. Si la logique rentière et extractiviste demeure puissante, la multiplication des régulations modifie la donne.

2. Des avancées...

Les nouvelles régulations permettent des améliorations. La transparence n'est plus un tabou. La budgétisation des rentes progresse. Même en contextes autoritaires, les projets d'investissement – surtout quand ils sont portés par de grands groupes occidentaux soucieux de leur image – introduisent avec eux, plus ou moins délibérément, des normes éthiques qui servent de points d'appui aux activistes internationaux et opposants locaux dans leurs revendications pour une meilleure gestion de la rente. Les relations de vigilance critique des grandes ONG vis-à-vis des projets accompagnés par la Banque mondiale créent des espaces de débat et parfois de dialogue jusque dans des contextes politiques verrouillés, comme celui du Tchad, de la Guinée Conakry ou de l'Ouganda.

3. ... et des limites

Cependant, la mise en œuvre de ces dispositifs se heurte à de solides oppositions. La rhétorique de la transparence comme celle du développement durable masquent dans bien des cas des pratiques inchangées des États et des entreprises. Les entreprises *juniors* (mines) ou indépendantes (pétrole), peu soucieuses de leur réputation internationale, contournent souvent les nouvelles règles. La concurrence des firmes de pays émergents, notamment chinoises, justifie la lenteur des évolutions des entreprises occidentales. Les grands investissements agricoles ou extractifs, quelles que soient les mesures d'accompagnement, conservent des impacts considérables sur les environnements et sur les sociétés locales : terres soustraites à leurs usages antérieurs, main-d'œuvre détournée de l'agriculture, concurrence sur les eaux en milieux arides, pollutions diverses, rivalités locales pour la captation des rentes que constituent les compensations provenant des opérateurs économiques.

ZOOM ▶ L'ITIE

L'Initiative pour la transparence dans les industries extractives a été engagée à la conférence de Lancaster House en 2003, sous l'égide du Premier ministre britannique Tony Blair, dans un contexte de dénonciation du rôle des activités extractives dans les conflits, notamment en Afrique, et sous l'influence d'organisations de la société civile britannique proches des Églises. Le secrétariat de l'Initiative est assuré par le *Department for International Development* (DFID) du Royaume-Uni.

L'Initiative visait initialement à amener les entreprises extractives à publier les sommes versées aux gouvernements des pays où elles opèrent afin de favoriser la transparence et les débats publics sur l'utilisation des rentes. Plusieurs statuts de pays sont proposés (candidats, conformes, suspendus...) selon leur respect des normes du processus, qui suppose d'abord la mise en place d'un cadre de dialogue tripartite (État / entreprises / société civile), la publication de rapports sur les rentes, la fourniture d'informations et l'animation des débats publics sur les choix d'utilisation possibles. Pour ses détracteurs, l'ITIE favorise la communication des entreprises et des gouvernements sur la gouvernance sans rien changer à la gestion clientéliste des rentes. Ses partisans insistent au contraire sur la nature dynamique du processus, qui a permis l'élargissement progressif des domaines couverts à travers de nouvelles normes adoptées successivement en 2013, 2016 puis 2019 : celles-ci étendent progressivement les champs d'application aux contrats d'exploration, à la commercialisation, à l'utilisation des revenus ; mais aussi à d'autres rentes (pêche, bois...). Le nombre de pays impliqués augmente. Ils sont 56 en 2021, dont une bonne partie des pays miniers ou pétroliers d'Afrique subsaharienne (et les notables absences du Gabon, de l'Afrique du Sud et du Botswana), mais seulement le Yémen (du reste suspendu), l'Irak et l'Afghanistan pour l'ensemble Maghreb-Moyen-Orient.

C. L'INÉGALE DIVERSIFICATION DES ÉCONOMIES RENTIÈRES

La diversification des économies de l'Afrique et du Moyen-Orient est inégale. Elle est ralentie par le besoin de maintenir des équilibres géopolitiques internes. En cas de succès, elle favorise une influence régionale significative.

1. Des transitions difficiles

La transition post-rentière est difficile dans un pays comme l'Arabie saoudite, longtemps premier producteur mondial de pétrole (11,8 millions de barils par jour en 2019). La prospérité du royaume a bénéficié à ses citoyens : il se classe au 40e rang mondial en termes d'IDH. Malgré la manne pétrolière, le pacte social fondé sur la politique de hauts salaires pour les Saoudiens et des subventions multiples est menacé par la baisse des prix du pétrole observée de 2014 à 2020. À moyen terme, la transition énergétique liée au changement climatique pourrait conduire à un déclassement de l'intérêt géostratégique de l'or noir saoudien : or, la population est encore jeune, malgré une transition démographique bien amorcée, mal formée, habituée aux facilités d'un système rentier récompensant peu l'émulation. La diversification économique supposerait que l'État renonce à sa position centrale dans le système de redistribution de la rente. Or, celle-ci est essentielle au maintien des équilibres sociopolitiques internes entre régions et tribus.

En 2017, une ambitieuse politique d'aménagement du territoire (Vision 2030) est élaborée, visant à investir la rente pétrolière pour diversifier l'économie et préparer l'après-pétrole, à travers des investissements gigantesques dans les infrastructures, les énergies renouvelables, le tourisme et le numérique. La ville nouvelle technologique de Neom, en construction sur les rives de la mer Rouge, est présentée comme l'équivalent régional de la Silicon Valley. Le gigantisme des investissements, à l'image des capitaux disponibles, ne suffira pas à résoudre la question des équilibres sociopolitiques internes, ni celle de la viabilité d'un modèle énergivore dans ses origines (la rente vient du pétrole) comme dans ses tentatives de diversification (tertiaire de luxe, dessalement de l'eau de mer…).

Les **petits émirats pétroliers africains** n'ont pas non plus réussi à sortir de l'économie de rente. Le Gabon (2,3 millions d'habitants en 2021) ou la Guinée équatoriale (1,4 million) ont certes fondé leur prospérité et une certaine influence sur la ressource pétrolière – symbolisée par la création, au rythme de leurs booms pétroliers respectifs, de médias panafricains comme la radio Africa n° 1 (1981) pour le premier ou la chaîne d'information Africa 24 (2009) pour le second. La diversification est énoncée au Gabon comme un enjeu clé depuis le premier contre-choc pétrolier (1985), mais elle s'est longtemps heurtée aux pesanteurs de l'économie rentière. La zone économique spéciale de Nkok, créée près de Libreville en 2011, fait cependant figure de réussite relative. Elle parvient à attirer une centaine d'entreprises de secteurs variés et réalise, en 2021, 40 % des exportations du pays.

2. Les rentes au service de l'émergence ?

a) Les succès des sultanats du Golfe

Certains pays à hauts revenus ont pourtant réussi à investir leurs rentes primaires dans la diversification tertiaire et les placements mondialisés, si bien que les flux financiers directement liés à l'exploitation des hydrocarbures y sont devenus secondaires. C'est le cas des Émirats arabes unis ou du Qatar (respectivement 10 et 3 millions d'habitants en 2021). La diversification économique y est recherchée depuis longtemps, en lien avec les enjeux géopolitiques : l'influence sert d'assurance-vie à ces petits États dans un environnement régional explosif. Commerce international, tourisme de luxe, services financiers, investissements immobiliers dans les beaux quartiers de pays du Nord mais aussi d'autres Suds à proximité culturelle (Tunisie, Maroc, Soudan, Mauritanie) en font des pôles d'influence régionaux.

b) Le géant nigérian

La taille du Nigeria constitue aussi un atout pour bâtir une émergence. Le système politico-économique nigérian reste étroitement tributaire de la redistribution de la rente de l'or noir par les différents canaux de l'État fédéral, des 36 États fédérés et des nombreux gouvernements locaux. Cependant, son marché intérieur incomparable dans l'ensemble Afrique-Moyen-Orient – 210 millions d'habitants en 2021, 400 millions attendus en 2050 – est favorable à la diversification économique. Si le Nigeria demeure rentier du pétrole, il offre aussi des perspectives variées : l'homme le plus riche d'Afrique, Aliko Dangote, a développé son empire, à l'échelle nigériane puis africaine, à partir des besoins intérieurs (cimenteries, sucreries, transport). Nollywood, l'industrie du cinéma basée à Lagos, est la troisième mondiale en volume après Bollywood et Hollywood. Si les défis demeurent immenses à l'échelle du pays (améliorer la gestion publique et l'efficacité de l'investissement de la rente tout en préservant l'unité nationale), **la rente pétrolière n'est pas un horizon immobile**.
L'invasion russe de l'Ukraine en février 2022 a amplifié la hausse du prix des matières premières que la reprise économique post-Covid-19 avait engagée. Il est difficile d'en prédire l'ampleur et la durée au moment où nous écrivons ces lignes (avril 2022). Pour des raisons qui tiennent aux sanctions internationales contre la Russie, aux effets démultipliés par la spéculation, les prix du pétrole, du gaz et de l'énergie, ainsi que ceux du blé et de l'huile, tirant ceux des céréales et des matières premières agricoles et non agricoles, connaissent une flambée comparable à celle de juillet 2008. Les pays qui exportent beaucoup d'hydrocarbures au Moyen-Orient et en Afrique devraient y trouver leur compte, même si les plus peuplés d'entre eux (le Nigeria et l'Algérie, par exemple) devront aussi gérer la dimension sociale d'une redistribution de masse en contexte de boom des prix alimentaires. Les autres, souvent parmi les plus pauvres (le Yémen, le Liban, la Syrie, l'Afghanistan au Moyen-Orient, et une forte proportion des pays africains), seront durement frappés par la hausse du coût de l'énergie et des importations alimentaires. Alors que la multiplication des coups d'État en Afrique en 2021 (Guinée, Soudan, Tchad, Mali, Burkina Faso) pouvait être interprétée comme reflétant, d'une manière indirecte, une remise en question des équilibres sociopolitiques en lien avec l'épidémie de Covid-19 (crise économique en Afrique et désintérêt des acteurs politiques mondiaux), il est à craindre que ce nouveau choc global n'ait des conséquences lourdes dans les pays les plus fragiles de l'ensemble Afrique-Moyen-Orient.

Partie II
L'Afrique noire

La terminologie géographique relève de la géopolitique : l'Afrique n'a pas échappé au toilettage onomastique postcolonial, au point que la catégorie « Afrique noire » est souvent réfutée au bénéfice de la qualification « subsaharienne » retenue par les Nations unies. Cette dernière, d'apparence plus « neutre », présente l'inconvénient de gommer une des données fondamentales de l'histoire et de la géopolitique contemporaine de l'Afrique. C'est pourquoi on conservera un qualificatif qui s'applique à 99 % de la population vivant au sud du Sahara, Afrique « noire » ou « subsaharienne » étant employés en fonction des sujets abordés.

L'Afrique noire forme un ensemble compact d'un peu plus de 24 millions de km^2, avec une **population d'environ 1,1 milliard d'habitants en 2020**. Comme pour tous les grands ensembles continentaux ou sous-continentaux, l'analyse balance, en fonction de l'échelle d'observation, entre unité et diversité : l'Afrique noire est à la fois une et plurielle.

Une si on met en exergue les caractéristiques qui la distinguent du reste du monde. L'Afrique au sud du Sahara s'identifie à ce continent noir qui a subi dans sa totalité la domination coloniale européenne après avoir été, pendant des siècles, ponctionné par la traite esclavagiste en direction de l'Afrique du Nord et du Moyen-Orient, puis, à partir du XVIe siècle, des Amériques. Elle est ensuite le continent de la plus grande pauvreté, en dépit d'une croissance économique soutenue depuis le début du XXIe siècle. Enfin, et surtout, elle est le théâtre d'une explosion démographique sans précédent qui génère de fortes contraintes économiques sociales et politiques.

Plurielle quand, déplaçant le curseur vers la moyenne et la grande échelle, on observe la diversité des milieux physiques tout comme celle des populations : l'Afrique est riche tant de sa biodiversité que de son ethnodiversité. Les religions la partagent entre l'islam, dominant dans les espaces de contact avec le monde arabe, le christianisme importé par la colonisation et l'animisme. Sur le plan économique, les revenus par habitant varient beaucoup d'un pays à l'autre, principalement en fonction des ressources naturelles exploitées. Les situations les plus critiques correspondent aux environnements fragiles, mais aussi à la décomposition des encadrements étatiques consécutive aux guerres. Dans la plupart des pays, le développement souffre de faiblesses structurelles dues en particulier au poids des économies de rente très sensibles aux variations des cours mondiaux des matières premières. Seule l'Afrique du Sud, forte d'un système productif diversifié et performant, répond aux critères de l'émergence permettant la comparaison avec les pays du Nord.

Les problèmes fondamentaux de l'Afrique noire contemporaine sont traités en **douze chapitres balayant le large spectre de l'analyse géopolitique**. **Les trois premiers ont une forte composante historique.** Il importe en effet d'évaluer le poids des héritages, notamment ceux de la période coloniale, car celle-ci a profondément marqué le proche passé du continent en le précipitant dans une modernité forcée. On n'insistera jamais assez sur l'ampleur des bouleversements introduits par cette bifurcation majeure de l'histoire : passage de l'oralité à l'écrit, apport de technologies, diffusion de modèles importés d'encadrements sociopolitiques, création de territoires d'État précisément circonscrits par des frontières linéaires. La brutalité des mutations, le télescopage de temporalités qui, en quelques décennies, ont fait passer maintes sociétés africaines de l'âge du fer à Internet ne pouvaient éviter les heurts. La violence des ruptures s'est prolongée après les indépendances : conflits armés, guerres civiles sont autant de manifestations du désarroi de populations en quête de nouvelles organisations politiques conciliables avec des territoires issus d'un découpage imposé de l'extérieur.

L'instabilité chronique d'une grande partie du continent tient aussi aux conséquences d'une croissance démographique incontrôlée : deux chapitres sont consacrés à la **question démographique et à l'urbanisation**. L'explosion démographique et urbaine de l'Afrique tropicale constitue en effet un événement unique dans l'histoire de l'humanité par son intensité et sa durée, et par suite, une donnée fondamentale des dynamiques géopolitiques à toutes les échelles, y compris à l'échelle mondiale : l'Afrique tropicale (Afrique occidentale, centrale et orientale) est, et sera pendant encore quelques décennies, le ventre de la terre.

Trois chapitres sont ensuite **dédiés à la santé et aux questions socio-anthropologiques**. La pandémie de Covid-19 a touché l'Afrique de façon très inégale selon les pays, sans que l'on puisse mesurer précisément son impact sur l'**économie.** En revanche, elle a donné un regain d'intérêt aux questions de santé, selon une approche de « santé globale », prenant en compte la persistance des endémies liées aux milieux (paludisme, onchocercose, réémergence de la trypanosomiase…) et celle du sida, que l'on a tendance à négliger. Les questions portant sur les dynamiques sociales, la culture, les identités renouvellent les réflexions concernant les mutations de la tradition à la modernité. Le choc provoqué par l'intrusion de l'Europe, la remise en cause des systèmes de valeur et d'organisation sociale ont produit des formes hybrides articulant des pratiques et des représentations enracinées dans le passé avec les apports d'une inéluctable mondialisation. Ces processus modèlent de nouvelles identités, redéfinissent les statuts et les rôles, les périmètres ethniques tout comme les rapports entre aînés et cadets, entre hommes et femmes. L'étude des changements par lesquels s'élabore l'Afrique de demain conduit à s'interroger sur la délicate question des relations entre Noirs et Blancs, lourde de passions héritées de la longue période de domination exercée par les Blancs, tant dans les espaces de contact avec l'Afrique du Nord que dans les pays de peuplement européen d'Afrique australe.

Deux chapitres explorent les **enjeux de développement**, en particulier dans les domaines de l'agriculture et de l'alimentation, de la pauvreté et des perspectives du développement durable. Les deux derniers chapitres, enfin, s'intéressent aux **recompositions territoriales** dans une Afrique qui expérimente, avec plus ou moins de réussite, de nouvelles formes d'organisation de son espace, et à son **intégration croissante dans un nouveau monde multipolaire**. Ils montrent que l'Afrique noire, portée par des perspectives économiques prometteuses, et entrée avec détermination dans la révolution des TIC, peut conforter sa place dans le monde – sous conditions de maîtriser sa démographie et de sortir de systèmes rentiers qui perpétuent des relations asymétriques avec les pays d'un Nord désormais élargi à la Chine.

6 LE POIDS DES HÉRITAGES

La connaissance du passé lointain de l'Afrique au sud du Sahara se heurte à la quasi-absence de traces écrites autochtones. Le contraste avec l'Égypte est saisissant : les sociétés négro-africaines ignoraient l'écriture, à l'exception de l'Éthiopie, et elles ont laissé très peu de monuments. On doit aux voyageurs et géographes arabes du Moyen Âge les descriptions les plus anciennes des royaumes sahélo-soudaniens, avant que les Européens prennent le relais à partir du XVIe siècle. Si les héritages anciens sont difficiles à apprécier, ceux de l'ère moderne et contemporaine sont en revanche très prégnants. Plusieurs strates marquées par la violence du contact avec les Européens composent une géo-histoire dans laquelle s'enracinent les réalités de l'Afrique contemporaine. Aux stigmates de la traite esclavagiste s'ajoutent les bouleversements introduits par la colonisation. Celle-ci a profondément remodelé les configurations territoriales, projeté les sociétés dans la modernité et mis en place un système d'exploitation des ressources qui continue à peser fortement sur l'orientation des économies africaines.

Notions principales

Colonisation : période de domination européenne entraînant une mutation des sociétés africaines, le « moment colonial » représente une bifurcation décisive de leurs trajectoires et leur entrée, souvent douloureuse, dans la modernité.
Héritages et racines : la colonisation a introduit une rupture dans l'histoire des sociétés africaines, en recherche aujourd'hui d'une valorisation de leur passé. Au-delà des héritages multiples de l'histoire des derniers siècles, la quête de racines participe de la construction des identités contemporaines.
Traite des esclaves : le commerce des esclaves noirs vers le monde méditerranéen et le Moyen-Orient remonte à une lointaine antiquité. S'y ajoute, à partir du XVIe siècle, la traite atlantique avec la déportation des Noirs vers les Amériques. Entreprise commerciale, la traite ne se confond pas avec l'esclavage. Cette institution, répandue dans la plupart des sociétés africaines, a alimenté la traite pendant des siècles. L'abolition de l'esclavage et l'interdiction de la traite sont deux choses différentes.

CHRONOLOGIE

1068 : Parution du *Livre des routes et des royaumes* d'Al-Bakri, décrivant l'empire du Ghana
1488 : Bartolomeu Dias atteint le cap de Bonne-Espérance.
1815 : Congrès de Vienne : interdiction de la traite au nord de l'Équateur
1821 : Création du Liberia par l'American Colonization Society
1828 : René Caillié à Tombouctou
1885 : Fin de la conférence de Berlin
1957 : La Gold Coast, sous le nom de Ghana, premier État d'Afrique noire accédant à l'indépendance
1960 : Indépendance des colonies françaises d'Afrique noire
1963 : Création de l'Organisation de l'Unité africaine, devenue Union africaine en 2002
2011 : Indépendance du Soudan du Sud

I. Les traces du passé précolonial

Dépourvues d'écriture et pauvres en monuments, les populations d'Afrique subsaharienne ont été considérées, au début de la conquête coloniale, comme sans histoire. Cela servit d'alibi aux Européens qui considérèrent l'Afrique noire comme une « table rase » n'offrant aucun obstacle à leurs entreprises. C'est en raison de cette conception de la *tabula rasa* que **le partage du continent entre les puissances coloniales a rarement tenu compte des réalités humaines**. Après une longue période d'ignorance ou de négation de l'histoire africaine, intellectuels et historiens, européens d'abord, puis en nombre croissant africains, ont entrepris d'exhumer le passé de l'Afrique en explorant toutes les sources du savoir historique, de l'archéologie à la tradition orale. La **réappropriation de l'histoire** participe des dynamiques géopolitiques d'élaboration des territoires et des mémoires collectives.

A. UNE AFRIQUE SANS MONUMENTS

Contrastant avec la richesse monumentale de l'Afrique du Nord, **l'Afrique au sud du Sahara compte fort peu de monuments anciens**. Rien de comparable avec les antiquités égyptiennes et romaines. Les plus anciennes civilisations, telle la civilisation Sao des régions du lac Tchad, sont connues par leur statuaire et non par leur architecture. Une des raisons de cette pauvreté tient au mode de construction dominant : d'un bout à l'autre de l'Afrique subsaharienne, l'architecture de terre a été quasiment exclusive, non seulement dans la construction des habitations, mais aussi dans celle des palais et des édifices religieux. L'Afrique noire, en ignorant la pierre, tout comme l'écriture, s'est privée de deux techniques essentielles pour inscrire la profondeur de ses civilisations dans la durée. Les constructions d'argile des anciennes capitales ouest-africaines ont disparu depuis longtemps, rendant très délicates les reconstitutions archéologiques sur des sites au demeurant difficiles à identifier. Dans la zone sahélo-soudanienne, les monuments les plus anciens sont les mosquées, comme celle de Djenné, au Mali, qui remonte au XVIIe siècle. Mais, pour résister à l'usure du temps et aux intempéries, elles doivent être régulièrement restaurées, regarnies d'argile après chaque saison des pluies, tout comme le palais des sultans à Agadez, au Niger.

1. L'Éthiopie ou 3 000 ans d'histoire

L'Éthiopie fait exception à la règle, du moins sa partie centrale, celle qui correspond aux hautes terres où bat le cœur de la civilisation amharo-tigréenne imprégnée d'influences venues du Nil et de l'Orient. Le monument le plus ancien, le temple de Yeha, situé au Tigré, est daté des VIIe-VIIIe siècles avant J.-C. D'inspiration sud-arabique, il témoigne de l'ancienneté des relations de part et d'autre de la mer Rouge. Plusieurs siècles plus tard (du Ier au VIe siècle de notre ère), le royaume d'Axoum, dont les stèles monumentales et les obélisques disent la puissance, fut l'interface commerciale au carrefour du haut Nil, de la péninsule Arabique et du pays des Noirs. En 1937, l'Italie mussolinienne, au lendemain de sa conquête de l'Éthiopie, transféra à Rome un de ces obélisques, qui fut dressé devant le ministère de l'Afrique italienne. Au lendemain de la Seconde Guerre mondiale, l'Italie s'est engagée à le restituer. Il a finalement été réinstallé à son emplacement initial en 2008, symbole de la restitution d'un vol manifeste à la faveur d'une guerre coloniale.

L'Éthiopie contemporaine a construit son identité en valorisant ses origines lointaines : le **mythe fondateur** des premiers royaumes renvoie aux **amours de Salomon et de la reine de Saba**. Elle s'ancre ainsi dans 3 000 ans d'histoire. Depuis la conversion du roi Ezana au christianisme, au milieu du IVe siècle, son histoire est inséparable de celle de l'Église orthodoxe. Les hautes terres d'Éthiopie recèlent un millénaire de trésors d'architecture religieuse [→ CH. 3]. L'Église a été le vecteur d'une écriture, le *geez*, à l'origine de l'amharique contemporain, la langue la plus importante parmi les langues officielles d'Éthiopie, celle des Amhara qui peuplent le cœur du massif montagneux éthiopien. L'Éthiopie est ainsi le seul pays d'Afrique noire à disposer d'une écriture ancienne et d'archives vénérables écrites par les moines. Les églises et monastères, couverts de fresques, constituent par ailleurs de véritables livres d'enseignement religieux et d'histoire. Riche de sa tradition écrite et d'un patrimoine monumental d'exception, support d'un tourisme culturel qui ne demande qu'à se développer, l'Éthiopie occupe une place à part en Afrique subsaharienne. Son développement matériel et culturel précoce est cependant resté confiné dans les hautes terres et ne s'est pas diffusé vers ses périphéries : basses terres malsaines infestées par la malaria et la maladie du sommeil, vastes espaces marécageux au sud, désertiques à l'est, encerclement par l'islam, autant de facteurs expliquant ce long isolement civilisationnel.

2. Zimbabwe, de l'énigme au géosymbole

Autre exception, les ruines de Zimbabwe, le patrimoine archéologique précolonial le plus imposant d'Afrique australe. Le site de « Great Zimbabwe » draine un très grand nombre de visiteurs. On ne sait pas avec certitude ce qu'était la destination de ces vastes enceintes de pierre, parfaitement appareillées, édifiées en pays Shona. Il est à peu près certain en revanche qu'elles étaient la manifestation d'un pouvoir politique fortement organisé, celui du royaume de Monomotapa, avec lequel les Portugais entrèrent en contact au XVIe siècle. Zimbabwe n'est pas seulement un rare vestige du passé, c'est devenu un géosymbole : lors de l'indépendance de l'ancienne Rhodésie du Sud, c'est son nom qui a été choisi pour désigner le nouvel État, porté par le prestige symbolique si rare attaché à un monument qui sut défier le temps.

B. LA RÉAPPROPRIATION DU PASSÉ

Avec les indépendances, les élites politiques et intellectuelles ont entrepris d'exalter les valeurs du passé précolonial, dans le but de renforcer, voire dans certains cas de faire naître un sentiment national, ou encore de redonner fierté et dignité aux Africains au sortir de la période de domination européenne. Cette **réappropriation du passé**, qui constitue **un des fondements de l'État-nation**, n'est pas sans risque car elle peut aussi bien conduire à des revendications ethnorégionalistes menaçant à terme l'intégrité territoriale des États.

1. La recherche de racines

La colonisation de l'Afrique s'est accompagnée d'une négation d'une histoire africaine autonome. Pour la plupart des Européens, les peuples sans écriture n'avaient pas d'histoire et les débuts de la scolarisation, réplique des programmes européens, enseignaient l'histoire de l'Europe, dont cet emblématique « nos ancêtres les Gaulois » des livres scolaires en usage dans les colonies françaises. Les autorités coloniales, tantôt par ignorance, tantôt par application délibérée d'une politique d'acculturation, considéraient très souvent avec dédain des coutumes jugées primitives et n'imaginaient pas que les peuples colonisés pussent avoir une place dans l'histoire des civilisations. La colonisation ne fut cependant pas monolithique. Des intellectuels européens firent preuve d'un véritable intérêt ethnographique et historique ; des institutions comme l'**IFAN**[1] à Dakar œuvrèrent à la valorisation des cultures

1. Institut français d'Afrique noire, fondé en 1938 par Théodore Monod, devenu Institut fondamental d'Afrique noire avec les indépendances.

négro-africaines et du passé de l'Afrique. **À partir des années 1950**, les universités fraîchement créées participèrent à l'émergence d'une intelligentsia africaine, jusqu'alors formée en Europe. Acquis à l'indépendance dont ils furent les porte-parole, les intellectuels ont entrepris ce travail d'**exhumation des racines africaines** en réaction à l'humiliation du colonisé. La « négritude* », dont Léopold Sédar Senghor fut le chantre le plus talentueux, participa, bien avant les indépendances, à la restauration de la dignité des Noirs et à la valorisation de leurs cultures.

Parmi ces intellectuels, le **Sénégalais Cheikh Anta Diop** est un des plus représentatifs de ceux qui se consacrèrent à donner leurs lettres de noblesse aux cultures africaines, notamment en cherchant à établir une filiation entre l'Égypte pharaonique et les sociétés ouest-africaines contemporaines. Le débat pour savoir si Ramsès II était noir est très significatif de cet état d'esprit et révèle une véritable obsession dans la recherche de racines qui valoriseraient le présent en le rattachant à une grandeur passée. Ce débat est loin d'être clos. Bien qu'il ait perdu de la charge passionnelle liée au contexte de la décolonisation, il se poursuit sous

Empires et royaumes ouest-africains à la veille de la colonisation

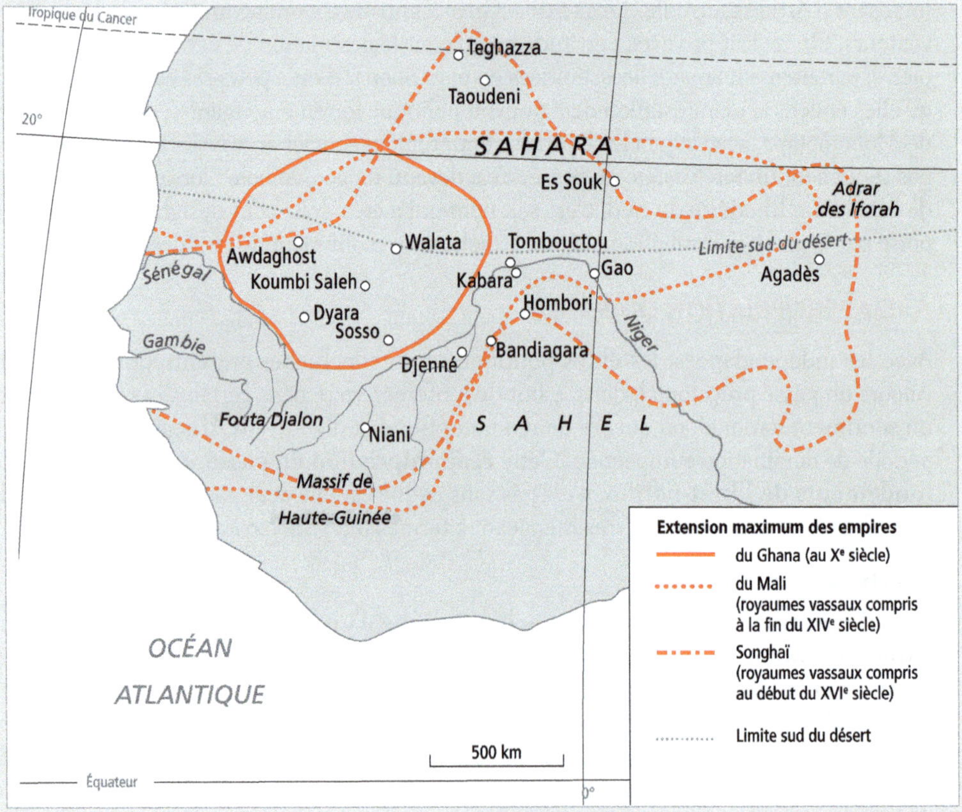

Source : Ki-Zerbo, *Histoire de l'Afrique noire*, Hatier, 1978.

DÉFINITION

Négritude : mot forgé dans les années 1930 par des intellectuels noirs, notamment Léopold Sédar Senghor – qui fut le premier président de la République du Sénégal, et plus tard membre de l'Académie française –, et l'écrivain antillais Aimé Césaire, pour faire reconnaître les valeurs des cultures noires.

d'autres formes avec les mouvements « décolonialistes » animés en Europe par des émigrés de la diaspora africaine ou par leurs descendants. Renouer avec l'histoire la plus lointaine, réelle ou mythique, pour conforter leur identité demeure un enjeu pour des populations dont les certitudes ont été fortement ébranlées lors du choc colonial.

ZOOM ▶ Cheikh Anta Diop

En 1954, Cheikh Anta Diop publia *Nations nègres et culture*, avec pour sous-titre *De l'antiquité nègre égyptienne aux problèmes culturels de l'Afrique noire d'aujourd'hui*. Dans ce livre de combat, plusieurs fois réédité par Présence africaine, il exhorte les Africains à se libérer de l'« aliénation culturelle » du colonialisme en se chargeant d'écrire eux-mêmes leur histoire. La préface de 1954 est très explicite : « Il devient donc indispensable que les Africains se penchent sur leur propre histoire et leur civilisation et étudient celles-ci pour mieux se connaître : arriver ainsi, par la véritable connaissance de leur passé, à rendre périmées, grotesques et désormais inoffensives ces armes culturelles. » Dans un avant-propos, il préconise une vision de l'histoire conforme au panafricanisme auquel adhéraient les intellectuels africains des années 1950 : « Le problème général qui se pose donc pour l'histoire africaine est d'arriver, par des recherches fructueuses, à rattacher, non d'une façon hypothétique, mais effective, tous ces tronçons de passé à une antiquité, une origine commune qui rétablit la continuité. [...] Il faut donc montrer [...] que les Éthiopiens et les Égyptiens étaient des nègres, comme tous les autres naturels de l'Afrique. [...] L'histoire africaine ainsi raccordée à celle de l'Égypte et de l'Éthiopie, tout rentre dans l'ordre, et l'on voit que le Ghana a surgi à l'intérieur du continent au moment du déclin de l'Égypte, tout comme en Occident les Empires sont nés avec le déclin de Rome. »
Les thèses de Cheikh Anta Diop sont aujourd'hui contestées sur le plan historique, mais elles ont joué un rôle considérable dans l'émergence d'une historiographie africaine qui s'est émancipée de la tutelle coloniale. Créée en 1957, l'université de Dakar a pris le nom d'Université Cheikh Anta Diop (UCAD) en 1987.

2. Mémoires d'empires et noms d'États

L'histoire de l'Afrique de l'Ouest est un bon exemple du travail de mémoire que les historiens ont entrepris pour restituer leur profondeur temporelle aux territoires issus de la colonisation. L'identité contemporaine se nourrit de la grandeur passée, même s'il existe un hiatus entre le passé et le présent, même si la concordance spatiale entre royaumes anciens et États modernes n'est pas assurée. **L'efficacité politique de l'histoire est avant tout symbolique.** C'est ainsi que des noms d'empires ou de royaumes que le travail des historiens a fait sortir de l'oubli en les chargeant de prestige ont été récupérés par les politiques pour participer à la décolonisation symbolique. Nkrumah, qui fut une des grandes figures du combat indépendantiste, montra l'exemple en débaptisant la Gold Coast pour s'approprier le nom prestigieux du Ghana. Or, le Ghana, premier des empires ouest-africains qui brilla de ses feux entre les IXe et XIe siècles, se situait au nord des fleuves Niger et Sénégal, à plus de 1 000 km de la Gold Coast, couvrant des espaces aujourd'hui partagés entre la Mauritanie et le Mali. Cet exemple montre combien la récupération d'un nom peut prendre de libertés avec l'histoire et la géographie. Ce qui comptait au moment de l'indépendance, c'étaient la rupture symbolique et l'affirmation de la renaissance politique de l'Afrique, renouant avec la grandeur d'un passé lointain, pour gommer la parenthèse de la domination coloniale.
Suivant l'**exemple du Ghana**, et après l'échec d'une éphémère fédération du Mali comprenant Sénégal et Soudan français, ce dernier accéda à l'indépendance en conservant le nom de l'empire qui domina les régions de la boucle du Niger entre les XIIe et XIVe siècles. Dans ce cas, la relative correspondance entre les territoires de l'empire du Mali et celui de l'État contemporain justifiait pleinement la nouvelle désignation. La **mutation du Dahomey en Bénin** répond à des préoccupations explicitement politiques. Dahomey désignait le royaume

d'Abomey, au sud du pays, un royaume autrefois esclavagiste qui utilisait sa redoutable organisation militaire pour mener des razzias d'esclaves au détriment des populations du Nord. Lorsque celles-ci, avec Mathieu Kérékou, s'emparèrent du pouvoir, elles remplacèrent un nom rappelant l'ancienne division du pays, et surtout évoquant le rôle joué par les sociétés africaines dans la traite, par celui de Bénin, chargé de prestige. Peu importe que la civilisation du Bénin, une des plus brillantes d'Afrique, qui connut son apogée au XVIe siècle et dont les arts plastiques rivalisent avec les plus belles œuvres de l'humanité, se soit développée dans un espace intégré à l'actuel Nigeria. Ce qui comptait, encore une fois, c'était l'évocation de grandeur inhérente à un mot chargé d'histoire et de culture. Ces quelques exemples montrent comment le passé précolonial peut être utilisé comme une source toponymique donnant corps à des représentations géopolitiques, la signification symbolique éclipsant l'exactitude des références spatio-temporelles.

ZOOM ▶ Les ambiguïtés du mot « Congo »[2]

Les Portugais découvrirent en 1482 l'embouchure du grand fleuve d'Afrique équatoriale auquel ils donnèrent une double dénomination. D'une part, « Congo », nom des populations riveraines et de leur royaume ; d'autre part, « Zaïre », déformation du mot *nzadi* signifiant « l'eau, le fleuve » en langue kikongo. Pendant quatre siècles, « Congo » désigna pour les Européens l'Afrique équatoriale. À la fin du XIXe siècle, les rivalités coloniales conduisirent à la création d'un État indépendant du Congo (EIC), dirigé par le roi des Belges, Léopold II, et d'un Congo français, ancêtre de l'Afrique-Équatoriale française (A.-É.F.). En 1908, l'EIC devint le Congo belge, puis à l'indépendance, en 1960, la république du Congo, et, en 1964, la république démocratique du Congo (RDC). Le même mot « Congo » désignait aussi la république du Congo (Brazzaville) issue de l'A.-É.F. En 1971, le président Mobutu remplaça « Congo » par « Zaïre » afin d'effacer le souvenir du Congo belge, mais en 1997, Laurent-Désiré Kabila, s'étant emparé du pouvoir, rétablit aussitôt la RDC afin, à son tour, de gommer la période de Mobutu. L'ambiguïté est donc de retour avec l'existence des deux Congo voisins, celui de Kinshasa et celui de Brazzaville.

C. DES OUVERTURES ANCIENNES

Avant les explorations du XIXe siècle, l'Afrique au sud du Sahara était très mal connue des Européens. La découverte des Amériques déplaça leur intérêt sur l'autre rive de l'Atlantique, tandis que le système de la traite esclavagiste allait restreindre leur présence à quelques lieux d'échange sur les côtes d'un continent qui conserva longtemps son mystère. Les cartes anciennes, entre le XVIe et le XIXe siècle, montrent peu de progrès dans les connaissances géographiques : les blancs des *terrae incognitae* ne seront que tardivement résorbés, lors des explorations de la fin du XIXe siècle. L'Afrique précoloniale n'était cependant pas un monde fermé. Elle communiquait avec l'extérieur le long de deux grandes interfaces.

1. L'Afrique sahélo-saharienne au contact du monde méditerranéen

Bien que **le Sahara** ait toujours constitué un obstacle à la circulation entre le nord et le sud du continent, il **n'a jamais été une barrière étanche**. Depuis une haute antiquité, le commerce caravanier, relayé aujourd'hui par les convois de camions, relie la Méditerranée

2. Pour de plus amples développements, voir Roland Pourtier, *Congo. Un fleuve à la puissance contrariée*, CNRS Éditions, 2021.

aux rivages (*Sahel**) méridionaux du désert et au « pays des Noirs » (*bled es soudan*, selon la terminologie arabe). Mais plus encore que l'échange de produits et la traite esclavagiste saharienne, c'est la **circulation des idées** qui a établi un pont entre les deux versants du désert. L'islam, dès le VIIIe siècle, commence à être véhiculé par les commerçants arabes désormais établis au Maghreb. Au XIe siècle, l'empire berbère des Almoravides s'étend de l'Èbre, au nord de l'Espagne, jusqu'au fleuve Sénégal, et introduit l'islam dans l'ancien Ghana, qu'il conquiert. Pendant des siècles, commerce et islam entretiennent des courants continus d'échanges le long des routes transsahariennes et font la renommée des villes d'étape au contact du Sahara et du Sahel comme Gao, Djenné ou Tombouctou, laquelle aurait pu compter 100 000 habitants à l'apogée de l'Empire Songhaï au XVIe siècle.

Le monde swahili

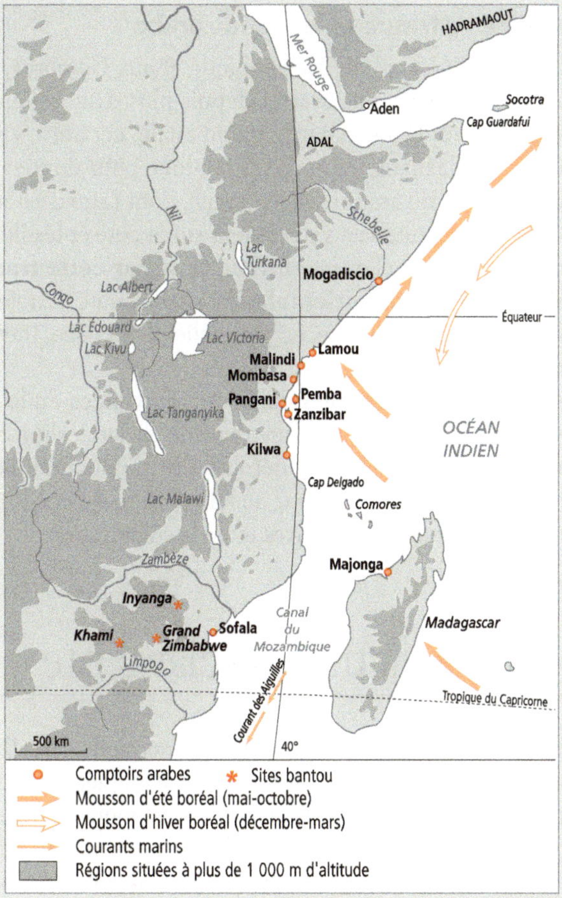

Source : Ki-Zerbo, *Histoire de l'Afrique noire*, Hatier, 1978.

DÉFINITION

Sahel : mot arabe désignant le rivage, il s'applique notamment à l'espace limitrophe du Sahara méridional. Les activités sédentaires y sont possibles mais précaires, car la pluviométrie (entre 400 et 800 mm en moyenne chaque année) est très irrégulière : le Sahel est périodiquement frappé par de graves sécheresses – et certaines années par des invasions de criquets –, provoquant des famines. Celle du début des années 1970, fortement médiatisée, a accéléré la mise en place de systèmes d'alerte et de procédures internationales d'aide alimentaire.

Cette **Afrique sahélo-saharienne**, parcourue par des commerçants arabes ou berbères depuis plus d'un millénaire, est restée **hermétiquement fermée aux Européens, jusqu'au XIXe siècle** : parti de Tanger en 1827, l'explorateur René Caillié fut le premier, sinon à entrer à Tombouctou, du moins à en revenir sain et sauf, et à en donner une description bien avant que la conquête coloniale ne perturbe profondément le fonctionnement des sociétés locales.
Affaiblis par la colonisation et l'organisation des flux économiques modernes qui privilégient les littoraux maritimes au détriment du commerce continental, les réseaux d'échanges matériels et spirituels transsahariens continuent néanmoins à animer les structures précoloniales de l'espace. Les trafics illicites (cigarettes, drogues, armes) et les réseaux clandestins d'émigration se sont glissés dans ces réseaux séculaires, tandis que l'influence religieuse et politique exercée par les pays d'Afrique du Nord, notamment *via* la Libye et le Maroc, projettent dans le présent des tendances lourdes de l'Histoire. [→ CH. 3]

2. La façade orientale de l'Afrique et le monde arabe

De la Corne de l'Afrique au canal du Mozambique et aux Comores, les **rives de la mer Rouge et de l'océan Indien** sont ouvertes depuis plus d'un millénaire aux **influences de la péninsule Arabique**. Dans sa partie méridionale, cet autre « Sahel », constitué par le littoral swahili, a marié les langues arabe et bantoue pour donner naissance à une des grandes langues véhiculaires du continent, le swahili, dont l'aire d'extension pénètre jusqu'à l'est de la RDC. Les anciens sultanats s'y égrènent sur la côte et les îles, dont celle fameuse de Zanzibar. Comme pour le Sahel ouest-africain, **c'est par cette frange de contact que l'islam s'est implanté en Afrique orientale**. Par sa proximité, l'Arabie entretient des liens très étroits avec les pays qui lui font face, en particulier la Somalie, travaillée aujourd'hui par les courants islamistes.
Les héritages précoloniaux, perceptibles dans les résurgences de la grandeur passée, les permanences de courants d'échanges, l'ancrage de l'islam, sont des composantes de l'arrière-plan géo-historique sur lequel se déroule l'histoire contemporaine. L'importance qu'on leur accorde aujourd'hui tient en partie au fait qu'ils renvoient à une époque antérieure aux périodes sombres de la traite des esclaves et de la colonisation.

II. Les séquelles de la traite esclavagiste

La question de la traite des esclaves tient une place essentielle dans l'analyse des héritages. C'est une question extrêmement sensible et souvent polémique, la morale tendant à brouiller l'objectivité scientifique. Les avancées de la recherche historique permettent de mesurer l'ampleur et les rythmes d'un phénomène étalé sur plus de deux millénaires pour la traite continentale, et quatre siècles pour la traite atlantique. L'évaluation des séquelles de ce transfert brutal d'hommes et de femmes hors d'Afrique est plus difficile à établir. Ce qui est certain, c'est que la traite pèse fortement sur les mémoires : il ne s'agit pas simplement d'un fait historique, mais d'un épisode de l'histoire humaine qui hante les consciences d'aujourd'hui en rappelant les souffrances d'hier. On n'envisagera ici que quelques conséquences actuelles de la déportation de millions d'êtres humains, héritage majeur de l'histoire des relations de l'Afrique au monde.

■ **La traite négrière**

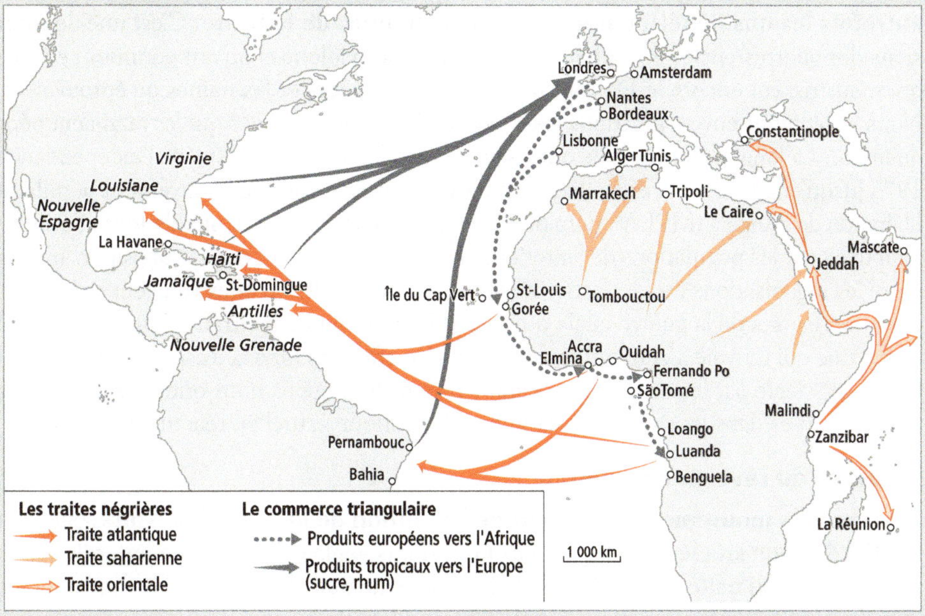

Source : Ki-Zerbo, *Histoire de l'Afrique noire*, Hatier, 1978.

A. LA MÉMOIRE DE LA TRAITE

1. Un facteur de conflits

Pour comprendre les conséquences de la traite des esclaves, il ne suffit pas de s'intéresser au nombre et à la périodicité des déportations vers l'Afrique du Nord, le Moyen-Orient ou les Amériques. Il faut aussi s'interroger sur les **modalités de la capture des esclaves. Celle-ci a toujours été réalisée par des sociétés africaines.** Pour la traite continentale, les nomades guerriers, arabes, touaregs, peuls ou maures, ont été les grands pourvoyeurs d'esclaves. Les villageois redoutaient leurs razzias qui entretenaient un climat d'insécurité. La traite atlantique s'appuya sur des groupes ethniques proches du littoral, qui se spécialisèrent dans la capture d'esclaves au cours d'expéditions guerrières dans l'arrière-pays. Les **royaumes esclavagistes du golfe de Guinée**, comme le royaume Ashanti, ou le royaume d'Abomey, disposant de forts appareils militaires, en sont l'illustration. En Angola, les populations de la région de Luanda, dont de nombreux métis, organisaient la chasse aux esclaves au détriment des populations de l'intérieur, parmi lesquelles les Ovimbundu. Les expéditions militaires n'étaient pas toujours nécessaires car de nombreuses ethnies pratiquant l'esclavage entrèrent de plain-pied dans le système commercial de la traite. En Afrique centrale, des explorateurs comme Paul Belloni du Chaillu décrivirent, dans les années 1860, ce commerce devenu illicite qui, de relais en relais, conduisait les captifs jusqu'aux entrepôts littoraux (les *barracons*) où les navires négriers venaient charger leur cargaison.

Une grande partie de l'Afrique au sud du Sahara, sur les fronts sahélien, swahili et atlantique, connut ainsi **des siècles d'une insécurité dont le souvenir reste gravé** dans les mémoires collectives avec d'autant plus de force que ces événements n'ont pris fin que tardivement, après l'abolition de la traite atlantique au milieu du XIXᵉ siècle et, pour la traite

continentale, avec l'établissement de la paix coloniale. **Les conflits post-indépendance ont, dans bien des cas, réactualisé les oppositions entre des groupes qui furent autrefois les uns bénéficiaires, les autres victimes de la traite.** C'est une des dimensions des guerres civiles au Tchad et au Soudan : les violences qu'ont connues ces pays et qui meurtrissent encore le Darfour réactualisent les peurs et les haines qu'éprouvaient les Noirs sédentaires envers les tribus guerrières arabes et apparentées qui les razziaient périodiquement. La longue guerre civile qui a sévi en Angola, des lendemains de l'indépendance en 1975 jusqu'en 2002, s'est cristallisée autour de la rivalité entre le Mouvement populaire de libération de l'Angola (MPLA), dominé par les gens de la côte, et l'Unita de Jonas Savimbi qui s'appuyait sur les populations de l'intérieur : ses racines plongent dans l'opposition ancestrale entre les organisations esclavagistes et les peuples réservoirs où elles venaient puiser.
Parmi les causes de la guerre civile qui ravage la République centrafricaine depuis 2013, il en est une qui renvoie à cette grille de lecture. En effet, les razzias d'esclaves organisées à la fin du XIXe siècle par les musulmans « arabes » dans les régions nord-orientales du pays sont restées gravées dans les mémoires, et le conflit politique actuel en réactualise les peurs.

2. Le Liberia, du rêve au cauchemar

Les **premiers mouvements en faveur de l'abolition de la traite des Noirs** sont apparus à la **fin du XVIIIe siècle** dans les milieux protestants anglais. La première interdiction de la traite remonte au traité de Vienne* en 1815. Elle se limitait alors au nord de l'équateur, avant que d'autres accords internationaux l'élargissent au reste du monde au cours de la première moitié du XIXe siècle. Aux États-Unis, des mouvements militaient pour le retour en Afrique d'esclaves affranchis, bien avant l'abolition de l'esclavage. C'est ainsi qu'en **1821** fut créé, sous l'égide de l'*American Colonization Society*, le **Liberia**, terre de liberté que ses promoteurs dotèrent d'une capitale, Monrovia, ainsi baptisée en l'honneur du président américain Monroe. D'abord localisé sur la côte, le Liberia s'agrandit d'un arrière-pays à l'heure du partage colonial. Seul État africain à n'avoir jamais été une colonie européenne, le Liberia vécut en réalité sous la coupe des « Américains », c'est-à-dire des descendants des esclaves libérés. Après plus d'un siècle et demi de domination de ces derniers, **les populations autochtones finirent par se rebeller** et, à la façon d'un mouvement de libération nationale, s'emparèrent du pouvoir, inaugurant un cycle de violences qui devait culminer avec la guerre civile qui dévasta le pays de 1989 à 2003. Ces événements montrent que les enjeux de pouvoir sont indifférents au fait que l'on soit descendant d'esclave ou non. Cette guerre qui fit tache d'huile en Sierra Leone se caractérisa par l'embrigadement massif d'enfants-soldats.

3. La question des réparations

Depuis quelques années, la **question de la « réparation »** est régulièrement posée à l'occasion de réunions internationales. La reconnaissance de la traite esclavagiste comme crime contre l'humanité fait partie de ces revendications. Les commémorations et manifestations culturelles ayant pour objet de fustiger l'esclavage et la traite se multiplient. L'île de Gorée, au large de Dakar, est érigée en symbole de la traite atlantique ; un monument commémoratif, la « Porte du non-retour », se dresse depuis 1995 face à l'océan, près du fort de Ouidah, au Bénin, qui fut un haut lieu de l'exportation du « bois d'ébène », comme on disait alors pour désigner les esclaves. Arguant du préjudice que la traite a causé à l'Afrique en la privant

DÉFINITION

Traité de Vienne : traité signé en 1815 à Vienne, en Autriche, qui, au terme de la période napoléonienne, définit un nouvel ordre mondial.

d'une partie de ses forces vives et en entravant le développement de ses capacités économiques et sociales, des voix se sont élevées pour réclamer des dédommagements. Certains hommes politiques tentent de tirer profit d'un sentiment de culpabilité qu'ils voudraient inculquer collectivement aux Européens sous prétexte qu'ils seraient les héritiers des négriers de Liverpool, Nantes ou Hambourg. En 2001, une conférence internationale tenue à Durban a révélé la violence de ces revendications. Seuls les représentants de quelques pays africains, dont le Sénégal, n'ont pas adhéré à des positions qui ne correspondent manifestement qu'à la recherche d'intérêts matériels ou à des manœuvres destinées à dédouaner les Africains de leurs propres responsabilités passées et présentes. Le fait que certains pays industriels achètent des droits à polluer incite probablement des hommes politiques africains à monnayer sans vergogne la « culpabilité » de l'Europe et des États-Unis dans les siècles passés – en oubliant curieusement que **la traite la plus importante n'a pas été la traite atlantique, mais la traite destinée au Maghreb et au Moyen-Orient**, et que, sans la participation des Africains eux-mêmes, le commerce honteux n'aurait pu prendre les proportions qu'il a eues. L'attitude qui consiste à demander des réparations pour des actions commises plusieurs siècles auparavant est surtout révélatrice des difficultés actuelles de l'Afrique à trouver sa place dans le système-monde. Ces réparations ne seraient au mieux qu'une manière d'assistance, c'est-à-dire en réalité d'aumône dont on sait d'expérience que les plus nécessiteux en tireraient peu de bénéfices, non plus que le développement.

B. L'IMPACT SPATIAL DE LA TRAITE

1. Des vides et des pleins

La traite a eu des conséquences géographiques encore perceptibles dans les paysages, en particulier dans la **répartition des hommes**. Lorsque les conditions naturelles le permettaient, des populations menacées ont cherché **refuge dans des reliefs difficilement accessibles**, notamment pour des guerriers à cheval. Ainsi en est-il de la falaise de Bandiagara, au Mali, où les Dogons ont vécu, du XVIe au XXe siècle, retranchés dans des villages perchés, dissimulés au milieu des blocs de grès de leur bastion naturel, dans des conditions obsidionales, c'est-à-dire celles d'un camp retranché. Les royaumes inter-lacustres du Rwanda et du Burundi ont bénéficié de la protection naturelle des montagnes, ce qui leur a permis d'échapper aux razzias des Arabes et des royaumes esclavagistes d'Afrique orientale qui fournissaient le grand marché aux esclaves de Zanzibar. Les **espaces ouverts** de plaines et de plateaux étaient en revanche **très exposés aux expéditions guerrières**. Ce fut une cause de migration : les Luba, dont l'habitat originel se situait entre le Lualaba (nom du cours supérieur du Congo) et le lac Tanganyika, se déplacèrent au XIXe siècle en direction de l'ouest pour s'éloigner des zones d'insécurité chronique. En République centrafricaine, les vides dans le peuplement des régions nord-orientales sont la conséquence directe des expéditions militaires du dernier des grands chefs de guerre africains, Rabah, qui, après s'être emparé du Baguirmi (au sud-est du lac Tchad), dévasta les régions voisines, avant d'être défait et tué par l'armée française en 1900, au cours de la bataille de Kousséri. La géographie de la population porte donc encore les marques de l'insécurité engendrée par la chasse aux esclaves.

2. Les Haratines

On désigne sous ce nom les **descendants d'esclaves noirs** qui travaillaient pour le compte des populations berbères ou arabes des régions sahariennes, notamment dans les oasis. La colonisation a aboli le statut d'esclave, mais les Haratines constituent toujours l'essentiel de la main-d'œuvre agricole des oasis, avec des statuts de métayer ou d'ouvrier agricole assez peu différents de ce qu'ils connaissaient du temps de l'esclavage, en particulier en Mauritanie. Dans ce pays, malgré l'interdiction de l'esclavage, proclamée en 1981, et un durcissement des lois le condamnant en 2007 puis en 2015, celui-ci n'a pas totalement disparu des pratiques sociales. Les enfants, placés par des familles pauvres auprès des propriétaires fonciers et des riches citadins, notamment dans les pays du Golfe, en font encore les frais.

C. LA TRAITE ET LES RETARDS DE L'AFRIQUE

Un des grands débats suscités par la difficulté qu'éprouve l'Afrique à se développer porte sur les séquelles de la traite. La **ponction démographique** et surtout le climat d'insécurité et les guerres ont sans aucun doute profondément perturbé les sociétés africaines et entravé leur développement. Cela vaut surtout pour la traite atlantique, plus courte mais plus brutale et plus destructrice que la traite continentale : cette dernière n'empêcha pas en effet l'épanouissement des civilisations sahéliennes. Comme dans toute séquence historique, il y eut des gagnants et des perdants, mais ceux-ci furent beaucoup plus nombreux que ceux-là. Nulle part les bénéfices que la traite pouvait procurer aux populations côtières en contact avec les Européens n'ont servi à la transformation des économies : ils étaient en totalité destinés à se procurer des marchandises européennes dans le système de troc du commerce triangulaire. D'une certaine façon, **la traite**, fondée sur le prélèvement et l'exportation d'une ressource considérée comme « naturelle » (le « bois d'ébène ») échangée contre des produits manufacturés, **annonce les économies de rente** caractéristiques de l'Afrique noire contemporaine [→ CH. 5]. La consommation de tissus, de perles, de miroirs, de tout ce qui constituait la « pacotille », accompagnée de celle, aux effets catastrophiques, de mauvais rhums des Antilles, sans compter, plus tardivement, les fusils et la poudre, annonçait le système de relations asymétriques entre l'Europe et l'Afrique, caractéristique du système colonial, et qui perdure aujourd'hui encore sous d'autres formes.

Sur un plan strictement commercial, la traite n'a rien apporté d'autre qu'une habitude de consommer des produits européens. Elle n'a pas amorcé d'accumulation de capital, les biens dont elle permettait l'accès étant essentiellement destinés, au-delà de la consommation privée, à construire prestige et pouvoir politique.

Les retards de l'Afrique ne peuvent être imputés à la seule traite des esclaves. Les populations qui ont été épargnées par le commerce honteux n'ont pas connu d'évolution fondamentalement différente. **La traite n'est qu'un facteur de retard parmi d'autres.** À trop focaliser l'attention sur elle, pour des raisons plus idéologiques que scientifiques, on risque d'occulter d'autres causes plus fondamentales de sous-développement [→ CH. 15].

III. La colonisation

A. UNE BIFURCATION HISTORIQUE MAJEURE

La **colonisation européenne** de l'Afrique aura été un phénomène **de courte durée** : après la découverte des côtes à la fin du XVe siècle, les Européens ne pénétrèrent pas l'intérieur du continent avant le XIXe siècle. Il suffisait à l'organisation de la déportation des esclaves vers les Amériques de quelques lieux d'échanges sur le littoral, de quelques forts à partir desquels s'établissaient les relations avec les Africains impliqués dans la traite : Ouidah, Luanda, Mombasa, etc. Dans le nouveau contexte de l'impérialisme européen, l'exploration puis la conquête du continent ont bouleversé la donne géopolitique en moins d'un demi-siècle : en 1900, le partage de l'Afrique est pour ainsi dire achevé.

La décolonisation intervient moins d'un siècle plus tard : 1957 pour le Ghana, 1960 pour la plupart des colonies françaises ; elle s'achève en 1990 avec l'indépendance de la Namibie. La période coloniale a donc été brève. Pour certains, la colonisation ne fut qu'une parenthèse dans l'histoire africaine, mais il est plus exact de considérer ces quelques décennies comme une **bifurcation majeure**, tant il est vrai qu'elle a remodelé l'Afrique en profondeur, qu'il s'agisse de ses configurations territoriales ou de son organisation sociopolitique.

1. Un remodelage radical de la carte politique

Un des legs majeurs de la colonisation est assurément le **découpage du continent en États**. La rupture avec le passé a été plus ou moins brutale selon qu'il existait ou non des États organisés antérieurement à la conquête. C'était le cas dans une partie de l'Afrique de l'Ouest ou dans la région des Grands Lacs : des royaumes anciens ont servi, ici où là, de pôles d'État, c'est-à-dire de base politique et spatiale pour la formation des territoires coloniaux. La Haute-Volta, actuel Burkina Faso, a été construite autour des royaumes mossi ; les républiques du Rwanda et du Burundi reproduisent dans leurs grandes lignes les tracés des anciens royaumes. À l'opposé, des États ont été créés *ex nihilo* dans des espaces qui ignoraient jusqu'à l'organisation étatique, comme dans une grande partie de l'Afrique centrale forestière. C'est le cas, par exemple, du Gabon où, en dehors de petits « royaumes » côtiers qui rassemblaient au mieux quelques milliers de personnes, sous l'autorité d'un chef, les différents groupes ethniques ne connaissaient pas d'autre autorité que celle qui s'exerçait au sein de la famille. À peu près partout, le tracé des frontières a créé des configurations inattendues réunissant dans un même territoire des populations qui vivaient séparées, s'ignoraient ou se faisaient la guerre.

La création des États sous l'effet de la volonté et des moyens militaires mis en œuvre par les Européens **ne résulte en aucune façon d'une dynamique interne**. L'immense majorité des frontières africaines se caractérise par leur hétéronomie génétique [→ CH. 1].

2. Une projection des divisions européennes

Le partage de l'Afrique s'est effectué dans un **contexte de rivalités entre puissances européennes**, principalement l'Angleterre, la France et, bien que venue tard dans l'aventure coloniale, l'Allemagne. La rivalité franco-britannique culmina à Fachoda, localité soudanaise située près de Khartoum, lorsqu'en 1898, la colonne du commandant Marchand se heurta aux troupes de Kitchener : la France dut renoncer à son ambition de construire un empire colonial du Congo au Nil car elle se heurtait à la volonté britannique de contrôler l'axe du Cap au Caire. En dépit de l'alliance avec la Grande-Bretagne depuis l'Entente cordiale de 1904, le « complexe de Fachoda » refait périodiquement surface, par exemple au Rwanda où Paris soutint dans les années 1990 le gouvernement hutu, considéré garant de la Francophonie face à l'offensive des Tutsis anglophones. Les intérêts français et allemands s'affrontèrent quant à eux à propos du Maroc : après la visite à Tanger de l'empereur Guillaume II en 1905, l'envoi d'une canonnière à Agadir en 1911 – le « coup d'Agadir » – créa une forte tension diplomatique et envenima les relations franco-germaniques durant ces années précédant la Première Guerre mondiale. Dans ce jeu dangereux de la course au territoire, les puissances moyennes tirèrent leur épingle du jeu : le Portugal, du fait de l'ancienneté de sa présence en maintes parties du littoral, la Belgique, qui hérita des ambitions personnelles de Léopold II. L'Espagne, peu active, se contenta de bribes territoriales, notamment le Rio de Oro (Sahara occidental), aujourd'hui pomme de discorde entre l'Algérie et le Maroc, et les enclaves de Melilla et Ceuta, dernières possessions européennes en terre africaine. Quant aux Pays-Bas,

évincés du Cap par l'Angleterre, leur héritage s'est perpétué dans la langue des Afrikaners, l'afrikaans, dérivée du néerlandais.
Au total, le partage de l'Afrique a abouti à un morcellement territorial et linguistique, projection directe des divisions de l'Europe. Cet héritage pèse fortement sur les relations entre l'Afrique et l'Europe. Il constitue un enjeu géopolitique d'importance où resurgit la rivalité entre anglophones et francophones, notamment au sein des organisations internationales.

3. L'entrée dans la modernité

Quelles que soient les critiques que l'on puisse faire à la colonisation, et aussi condamnables qu'aient été ses abus, on ne peut nier qu'elle a représenté, pour la plupart des Africains, l'**entrée dans la modernité**. Une entrée souvent brutale qui a projeté de nombreuses populations du néolithique à la civilisation technicienne. On oublie souvent ce télescopage qui pourtant explique bien des difficultés actuelles du continent car il faut du temps, plusieurs générations, pour amortir un choc culturel d'une telle ampleur. Passage de la tradition orale à l'écrit, de l'autosubsistance à l'économie de marché, de la proximité de la nature à l'artificialité des villes, bouleversement des encadrements politiques, du vécu du temps et de l'espace, des pratiques religieuses, etc., le choc colonial a imposé aux Africains un **puissant effort d'adaptation**, d'appropriation de valeurs nouvelles, d'élaboration de nouveaux repères. Ces dynamiques du changement, initialement impulsées de l'extérieur, ont été souvent imposées par la force avant d'être assimilées puis revendiquées au nom du droit au progrès et au développement. **La colonisation a ainsi été un accélérateur d'évolution des sociétés africaines** qu'elle propulsa vers la mondialisation contemporaine.
Ce télescopage inhérent au choc colonial a laissé des traces dont certaines sont encore perceptibles. **Les effets déstructurants du contact** entre sociétés africaines et puissances coloniales **se sont fait inégalement sentir** selon les capacités de résilience des populations. Dans les régions de fort peuplement, aux encadrements sociopolitiques et religieux efficaces, le choc a été amorti, d'autant que la pratique du gouvernement indirect, l'appui sur les chefferies locales, a constitué un écran rendant le face-à-face moins déstabilisateur. En revanche, parmi les groupes peu nombreux, notamment pour ceux qui vivaient dispersés dans la forêt, les défenses sociales firent souvent défaut et le contact s'avéra plus destructeur qu'ailleurs.

B. DE LA « MISE EN VALEUR » AU DÉVELOPPEMENT ÉCONOMIQUE ET SOCIAL

1. Domination et échange inégal

Le système colonial reposait sur la domination politique et l'exploitation économique. L'accession à l'indépendance n'a pas modifié du jour au lendemain le **caractère asymétrique des relations entre les anciennes colonies et leur métropole**. Aussi parle-t-on souvent de « **néocolonialisme** » pour désigner la perpétuation de ces relations inégalitaires. En réalité, les relations bilatérales très fortes, sinon exclusives, du système colonial se sont progressivement ouvertes et font désormais place à des relations de plus en plus multilatérales, qui ont pour effet de distendre les liens historiques issus de la colonisation. La domination coloniale se dissout dans le cadre plus large des rapports Nord/Sud et de la mondialisation. De nouveaux acteurs, principalement asiatiques, rendent plus complexes les relations de l'Afrique au monde en distendant les liens hérités d'un passé colonial de plus en plus lointain. C'est ainsi que la « Françafrique » s'efface devant la « Chinafrique » [→ CH. 17].

L'Afrique coloniale en 1940

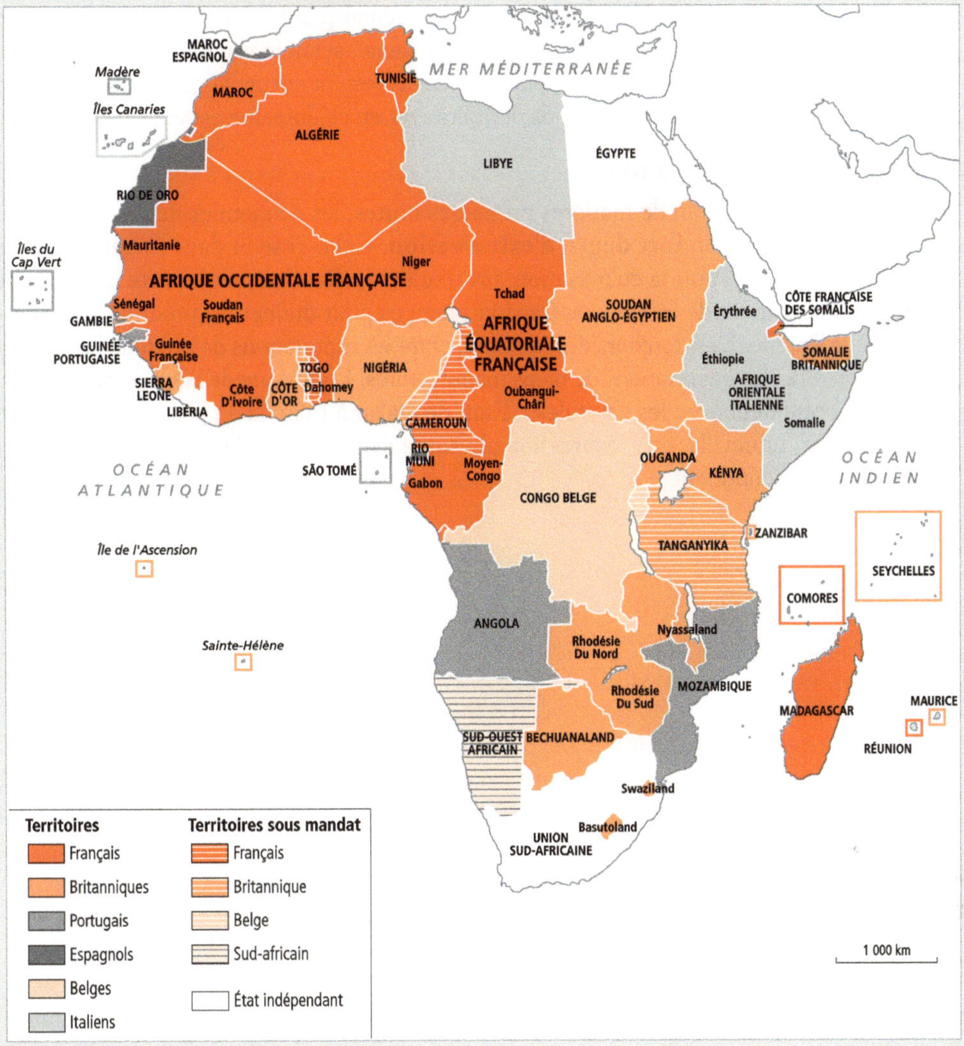

2. Du pillage à l'économie de rente

L'**exploitation économique coloniale** a longtemps pris la forme d'un **pillage des ressources naturelles**. L'exportation licite des produits s'est substituée à la traite des hommes : ivoire, huile de palme, caoutchouc dans un premier temps, puis produits agricoles, bois tropicaux et minerais. Le système colonial reposait sur le prélèvement dans les colonies de matières premières, agricoles, forestières ou minières, les métropoles déversant en échange leurs produits manufacturés dans des marchés protégés. La création de voies de communication, de plantations, de complexes miniers, constituait l'essentiel de ce qu'on a appelé la « mise en valeur ».

Quelques décennies après la **fin de l'ère coloniale, les structures économiques n'ont pas fondamentalement changé**. Les économies restent dominées par l'exportation de produits primaires : elles sont demeurées de type rentier, la panoplie des produits exportés s'étant élargie au pétrole. Les activités de transformation industrielle se diversifient cependant, mais, à l'échelle mondiale, elles demeurent encore marginales, à l'exception de l'Afrique du Sud [→ CH. 5]. Cette permanence est tout à fait remarquable. Bien que les orientations des politiques de développement économique et social, selon le vocabulaire d'aujourd'hui, promeuvent la diversification des économies, celles-ci restent encore largement dans la lignée de la mise en valeur coloniale : le poids des héritages en ce domaine est considérable.

3. Extraversion et littoralisation

Fondées sur l'exportation de matières premières brutes, les économies de l'Afrique subsaharienne présentent un **fort degré d'extraversion**. Celle-ci se lit dans l'organisation des espaces, marqués, depuis la colonisation, par une **littoralisation croissante**. Le trafic des ports, aboutissement de réseaux de transport conçus pour drainer les produits agricoles et miniers de l'intérieur, est toujours déséquilibré, entre les exportations de produits bruts du sol et du sous-sol et les importations de biens manufacturés. En Afrique de l'Ouest, de nombreux ports se confondent avec les capitales d'État, de Dakar à Luanda en passant par Conakry, Accra, Lomé, Libreville, etc., expression physique d'un système de relation perpétuant la dépendance du continent [→ CH. 10].

7 ÉTAT, TERRITOIRE, POUVOIR

L'État contemporain fondé sur la construction d'un territoire précisément circonscrit par ses frontières est certainement le legs le plus important de la colonisation. La « greffe » d'un État importé a inégalement réussi. En témoignent les multiples crises et guerres civiles dont l'Afrique au sud du Sahara a du mal à se dégager. Toutefois, contre vents et marées, les États se construisent, ce qui appelle plusieurs questions. Celle du passage des formes anciennes d'encadrement politique aux modèles étatiques. Celle de l'organisation des territoires d'État. Celle du pouvoir dans des contextes de tensions ethno-régionales fréquentes. L'analyse de ces différents points est fondamentale pour comprendre les difficultés de construction et de gestion des États, pour la plupart issus non pas des dynamiques historiques internes à l'Afrique, mais du jeu des puissances européennes.

Notions principales

Encadrement territorial : désigne l'ensemble de ce que le géographe Pierre Gourou qualifiait de « techniques d'encadrement ». Les encadrements comprennent aussi bien les infrastructures physiques des territoires (transport et communication, réseaux urbains) que les éléments immatériels (administration, éducation, culture, religion) qui structurent une société.

Greffe de l'État : la colonisation a exporté le modèle de l'État-nation, adopté lors des indépendances. Ce modèle, construit au cours des siècles par les sociétés européennes, a introduit une rupture brutale dans l'organisation politique de la plupart des sociétés africaines. L'histoire récente montre que la greffe a entraîné de nombreux rejets, remettant en question l'universalité de l'État-nation.

Territoire : dans son acception la plus courante, le territoire associe un espace mesuré par sa superficie, qualifié par ses particularités physiques, ses usages sociaux et les pouvoirs qui en régissent le fonctionnement. Les rapports entre territoire et pouvoir sont un des fondements de la géopolitique.

CHRONOLOGIE

IXe-XIe siècle : Apogée de l'empire du Ghana
1312-1337 : Règne de Kankan Moussa, âge d'or de l'empire du Mali
XVIe siècle : Apogée du Songhaï
1652 : Fondation de la ville du Cap
1804-1811 : Le djihad d'Ousman dan Fodio étend l'hégémonie peule du Macina jusqu'au nord du Nigeria et du Cameroun.
1884-1885 : Conférence de Berlin
1903 : La prise de Sokoto (nord du Nigeria) marque la fin de la conquête coloniale.
1964 : L'OUA se prononce pour l'intangibilité des frontières.
1993 : Indépendance de l'Érythrée
2011 : Indépendance du Soudan du Sud

I. États anciens, nouveaux États

Une des questions posées par les États africains contemporains est celle de leur articulation avec les formes passées d'encadrement sociopolitique. S'il est vrai que beaucoup d'entre eux sont nés de la colonisation, ils n'ont pas été créés sur une « table rase », pour reprendre la fiction qui conférait, aux yeux des Européens, leur droit à tailler des territoires sans souci de leur contenu humain. En réalité, plusieurs types d'organisation politique existaient au sein d'un continent dont la diversité est à la mesure de l'immensité.

A. ÉTAT, CHEFFERIES, SOCIÉTÉS ACÉPHALES

On distinguait en Afrique subsaharienne **trois grands types d'organisation politique :** les **royaumes** et les **empires**, disposant d'un pouvoir central structuré et dont l'autorité pouvait s'étendre sur de vastes étendues et s'exercer sur des populations nombreuses et diverses ; les **chefferies**, caractérisées par un pouvoir fort exercé dans le cadre plus restreint d'organisations de type clanique, dans lesquelles les chefs pouvaient contrôler de quelques milliers à quelques dizaines de milliers d'âmes ; les **sociétés dites « acéphales »**, ce qui signifie « sans tête », dépourvues d'autorité autre que celle des chefs de lignage ou de village dont les dépendants se chiffraient seulement par dizaines, au mieux par centaines de personnes. Les distinctions entre ces catégories ne sont pas toujours très simples à établir, notamment parce que les témoignages rapportés par les voyageurs arabes et européens sont empreints de subjectivité et se réfèrent aux modèles politiques qui leur étaient familiers. C'est ainsi que de simples chefs de villages du littoral du golfe de Guinée avec lesquels les Européens signèrent des traités ont pu être qualifiés de « rois », alors que leur « royaume » avait l'étendue d'un territoire villageois.

1. Royaumes et empires

Les progrès des connaissances historiques permettent de dresser le tableau, aussi complexe que dans les autres parties du monde, de formations politiques qui se sont succédé dans une large partie de l'Afrique subsaharienne. L'**Afrique sahélo-soudanienne** se présente comme un palimpseste d'**empires successifs**, chacun ayant connu son apogée avant de céder la place au suivant. Les plus puissants se développèrent dans les régions allant du Sénégal à la boucle du Niger. Le Ghana d'abord, entre les IIIe et XIe siècles, puis le Mali, du XIIe au XVIe siècle, et enfin le Songhaï, au XVIe siècle, ont été des États à l'organisation très efficace. Le pouvoir exercé par les royautés était fort dans les espaces les plus proches des capitales, facilement contrôlables, plus dilué dans les marches* lointaines. Dans toutes les régions qui ont connu des siècles d'encadrement étatique, **les traditions d'autorité sont demeurées vivantes**, indépendamment de la nature des régimes politiques. À la fin du XVIIIe siècle, les Peuls, après avoir adhéré à l'islam, s'imposèrent sur un vaste ensemble géographique. Un État théocratique s'implanta au Fouta-Djalon, dans l'actuelle Guinée. Dans les premières années du XIXe siècle, le djihad conduit par Ousman dan Fodio balaya les régions soudaniennes depuis le royaume du Macina, dans la boucle du Niger, jusqu'au Cameroun, créant des sultanats dont celui de Sokoto (Nigeria septentrional).

En **Afrique orientale**, dans la région des Grands Lacs, les royaumes tel celui du Buganda,

DÉFINITION

Marche : territoire situé aux confins d'un État, sur lequel celui-ci n'exerce qu'un pouvoir atténué et souvent indirect par l'intermédiaire d'un allié ou d'un vassal (le « marquisat » dans la France féodale).

qui a donné son nom à l'actuel Ouganda, firent l'admiration des voyageurs européens de la fin du XIXe siècle. L'**Afrique centrale**, au sud de la grande forêt, n'était pas en reste : les « royaumes des savanes » (selon l'expression de l'historien Jan Vansina), royaumes Luba, Lunda, royaume de Congo qui entretint des relations diplomatiques avec Lisbonne et Rome au début du XVe siècle, connurent des périodes de grandeur avant de sombrer dans l'anarchie consécutive aux désordres induits par la traite des esclaves à partir du XVIe siècle. En **Afrique australe**, les royaumes zoulous avaient atteint un haut degré d'organisation militaire, comme en témoigne le *Mfecane*, l'épopée guerrière de Shaka, parfois surnommé le « Napoléon noir », dans les années 1810-1830. Les Zoulous et les Xhosas offrirent une farouche résistance à la progression des Européens au cours des guerres dites « cafres », qui les opposèrent aux Anglais et aux Boers pendant les premières décennies du XIXe siècle. Ces exemples, loin d'être exhaustifs, rappellent que, dans de très nombreuses régions de l'Afrique, des États ont fait preuve d'une capacité d'organisation et d'exercice de l'autorité qui n'a certes pas attendu pour s'exercer les principes et les pratiques apportés par la colonisation.

ZOOM ▶ Lesotho et Eswatini (ex-Swaziland), États enclavés dans la République sud-africaine (RSA)

Parmi les particularités du découpage des territoires africains, les deux royaumes du Lesotho et du Swaziland – dont le roi, en 2018, a changé le nom pour celui d'Eswatini – retiennent l'attention du fait de leur enclavement dans la RSA, résultat de l'histoire complexe de la formation des territoires en Afrique australe. Dans la première moitié du XIXe siècle, l'insécurité consécutive à l'avancée simultanée et génératrice de conflits des Zoulous et des Boers, ces descendants des émigrants hollandais que l'occupation anglaise du Cap avait chassés vers l'intérieur des terres lors du Grand Trek, poussa le peuple sotho vers les montagnes du Drakensberg, où il trouva refuge. Tout comme les Swazi aux confins du Mozambique et les Tswana du Kalahari, les Sotho bénéficièrent du soutien des missionnaires protestants, notamment ceux de la London Missionary Society. Leur action finit par convaincre le gouvernement britannique de l'utilité d'établir des protectorats pour soustraire ces populations à l'influence des Boers. Le Basutoland (Lesotho) en 1868, puis le Bechuanaland (Botswana) et enfin le Swaziland en 1906 devinrent protectorat de la couronne britannique. Tous trois accédèrent à l'indépendance en 1966. Les conditions de leur formation en font des États d'une rare homogénéité ethnique. Le Botswana a les dimensions et les ressources lui permettant de fonctionner comme un État à part entière. En revanche, l'inclusion du Lesotho et de l'Eswatini dans le territoire sud-africain corsète l'exercice d'une indépendance plus théorique que réelle. C'est ainsi que 40 % de la population active masculine du Lesotho travaille en RSA, dont le petit État montagnard est entièrement dépendant.

2. La chefferie : l'exemple des Bamiléké

Dans l'ouest du Cameroun, deux formes de pouvoir ont coexisté. D'une part, l'**organisation en royaume des populations Bamoun**, autour de Foumban, leur capitale fortifiée, siège d'un sultanat : le sultan Njoya, qui accéda au pouvoir en 1883, fut une grande figure politique et intellectuelle avant d'être évincé par la colonisation allemande. D'autre part, une **série de chefferies caractéristiques des populations composant le groupe Bamiléké**. Ce dernier, ayant trouvé refuge, probablement au cours du XVIIe siècle, dans les hautes terres de l'arc volcanique qui s'étire entre le mont Cameroun au sud et le massif de l'Adamaoua au nord-est, n'a pas opté pour un système de pouvoir centralisé. Son organisation, cependant très structurée, s'appuie sur des chefferies correspondant à des sous-ensembles claniques. Les plus nombreuses peuvent rassembler quelques dizaines de milliers de personnes. Le système d'autorité de la société bamiléké, caractérisé notamment par la soumission des cadets aux aînés et l'obligation de réussite, s'est révélé particulièrement performant sur le plan économique. Il est un des fondements du dynamisme contemporain, tout à fait exemplaire, de cette population, jalousée pour sa réussite par les autres groupes ethniques du Cameroun. Le Pays bamiléké, partagé entre régions anglophone et francophone de l'Est camerounais, est depuis quelques années le théâtre d'un conflit qui oppose les anglophones au pouvoir de Yaoundé et menace la paix civile.

3. Les sociétés sans État

Avant la colonisation, de nombreux groupes ethniques vivaient en dehors de tout encadrement étatique, principalement dans les zones forestières, celles du golfe de Guinée comme celles du bassin congolais. Dans ces forêts, les populations vivaient en petits villages dispersés, les clairières d'habitat étant plus ou moins autonomes sur le plan des subsistances et indépendantes les unes des autres. L'**autorité des chefs de famille** pouvait être contrebalancée par les détenteurs de pouvoirs magico-religieux. Des événements graves, comme le fut l'intrusion coloniale, pouvaient, pour un temps, solidariser plusieurs groupes sous l'autorité de tel ou tel homme doté d'un charisme particulier, mais cette autorité ne se pérennisait pas. Ces sociétés acéphales, jadis qualifiées d'« anarchiques », sont passées sans transition aux formes d'encadrement étatique, ce qui n'a pas été sans soulever quelques difficultés d'adaptation aux modalités nouvelles d'exercice de l'autorité au sein des États.

B. L'ÉTAT CONTEMPORAIN

1. Un modèle importé

On a beaucoup écrit sur l'État en Afrique, sur les difficultés de la greffe des modèles européens dans des sociétés qui fonctionnaient selon des normes souvent différentes, même celles qui étaient familières des encadrements de type étatique. Une des raisons des difficultés rencontrées par les États africains réside dans la non-coïncidence entre leur territoire et les pratiques socio-spatiales des populations qui y furent rassemblées par l'arbitraire des puissances coloniales. Le problème posé est celui du fonctionnement d'institutions souvent calquées sur le modèle d'un État-nation composé de citoyens unis par un sentiment d'appartenance commune né d'une longue histoire partagée. Or, les situations concrètes de l'Afrique en sont généralement très éloignées. Alors qu'en Europe, l'État et la nation se sont formés dans un même mouvement, **l'Afrique se caractérise par l'antériorité de l'État, un État issu des dynamiques coloniales exogènes que les sociétés africaines ne contrôlaient pas**. Ces conditions de la genèse des États africains pèsent lourdement sur leur destin et sont une des raisons de la situation chaotique de certains d'entre eux et des difficultés d'exercice d'une gouvernance efficace.

2. L'africanisation de l'État

La prégnance de l'héritage colonial se lit dans l'organisation formelle des États. **De nombreuses constitutions ont été calquées sur celles des anciennes métropoles** ; elles ont parfois même été rédigées par des constitutionnalistes européens. Le mimétisme formel, bien qu'artificiel, s'accommode cependant d'une africanisation des pratiques. Derrière les discours sur la démocratie et la bonne gouvernance, la réalité de l'exercice du pouvoir fait la part belle aux réalités sociologiques, aux solidarités ethniques, aux rapports d'allégeance de type clanique. Des débats de fond sont en cours pour adapter les formes centralisées, voire jacobines, des institutions étatiques aux particularismes ethniques et régionaux. Bien entendu, les États se comportent différemment selon les spécificités du passé dans lequel s'enfoncent leurs racines et l'influence laissée par le type d'administration coloniale de laquelle ils sont issus. Dans ce domaine comme dans d'autres, parler de l'Afrique au singulier est toujours réducteur.

Pour aller plus loin
Centrafrique, écho lointain d'une crise
liennathan.fr/25g8mb

II. L'État et le territoire

A. UNE REMARQUABLE STABILITÉ DES TERRITOIRES D'ÉTAT

Depuis les indépendances, la carte politique de l'Afrique a très peu changé. Cette stabilité relativise les vives critiques émises à l'encontre du partage colonial, critiques qui, en réalité, ont surtout pour but de rendre la colonisation responsable des maux de l'Afrique contemporaine. **Très peu de frontières ont été remises en question.** Les litiges frontaliers constituent une cause secondaire des conflits qui affligent l'Afrique depuis les indépendances. La guerre qui opposa l'Érythrée et l'Éthiopie (1998-2000) fait figure d'exception [→ CH. 8]. S'il est vrai que les rejets de la greffe de l'État importé ont été nombreux, ils concernent avant tout les dysfonctionnements des institutions. Les luttes pour le pouvoir et les guerres civiles ont rarement débouché sur des remises en cause de l'héritage territorial. Quelques retouches des tracés frontaliers ont cependant eu lieu, et un certain nombre de contentieux subsistent encore. La seule rupture majeure a été l'éclatement du Soudan, soldé après plus de trente ans de guerre par l'indépendance du Soudan du Sud en 2011. D'autres remaniements territoriaux ne peuvent cependant pas être exclus.

1. Noyaux démographiques et pôles d'États

L'existence de noyaux démographiques, pour reprendre les analyses de Jean Gallais, a pu jouer un rôle de « pôle d'État[1] ». Si certains États ont été créés *ex nihilo*, sans qu'il existe de continuité entre le passé précolonial et le territoire contemporain, d'autres, au contraire, s'ancrent dans l'Histoire. C'est le cas lorsque des populations nombreuses et politiquement organisées constituaient des entités territoriales clairement identifiées par les Européens. C'est ainsi que le Burkina Faso (le nom, signifiant « pays des hommes intègres », a remplacé celui de Haute-Volta en 1984) a été construit autour du groupe mossi, dont les royaumes s'étendaient sur les plateaux autour de la capitale Ouagadougou. Après la conquête coloniale, les Français firent de ces royaumes le pivot d'une colonie distincte de celles de la Côte d'Ivoire au sud, du Soudan (Mali) à l'ouest et au nord, et du Niger à l'est. Rattachée pour partie à la Côte d'Ivoire en 1932, sous le nom de Haute Côte – ce qui aujourd'hui contribue à rendre particulièrement complexe et explosif l'imbroglio de la nationalité ivoirienne –, elle fut reconstituée en 1947. Mais le Burkina Faso ne s'identifie pas au seul groupe mossi. Il comprend bien d'autres groupes ethniques, notamment dans la région de Bobo-Dioulasso, que le tracé des frontières a intégrés dans son territoire. Il s'agit en particulier des Gourunsi et des Sénoufo au sud-ouest, des Lobi et des Birifor au sud-est, des Peuls, etc. Dans ce cas de figure très fréquent en Afrique, la **recherche d'équilibres politiques entre les diffé-**

1. Jean Gallais, « Pôles d'États et frontières en Afrique contemporaine », *Les Cahiers d'Outre-Mer*, n° 138, Presses universitaires de Bordeaux, 1982, pp. 103-122.

rentes composantes ethno-régionales est nécessaire pour contrer la tentation hégémonique du groupe dominant.
L'Éthiopie a, quant à elle, agrégé son territoire à partir des plateaux centraux du Choa, bastion des Amhara, sans rien devoir à la colonisation européenne. La brève occupation italienne entre 1936 et 1941 n'a été qu'une parenthèse, vite refermée. Cas unique en Afrique, l'Éthiopie s'est comportée comme une puissance coloniale, car son expansion territoriale a résulté des conquêtes du *négus* (roi) amharique Ménélik II, à la fin du XIXe siècle. Ses campagnes militaires rattachèrent à l'Empire éthiopien des populations méridionales, notamment les Oromo (autrefois appelés « Galla »), une des composantes ethnolinguistiques et politiques les plus importantes du pays. L'unité nationale demeure fragile, Addis-Abeba doit faire face à des tensions centrifuges émanant des peuples périphériques.

2. Aménagement et « nationalisation » du territoire

L'intégration territoriale, condition d'émergence d'une entité nationale si ce n'est encore d'un État-nation, passe par la construction des infrastructures permettant de relier entre elles toutes les parties de l'espace inscrit dans les limites héritées du partage colonial. Le tracé des frontières exerce une influence déterminante sur la conception et la mise en œuvre de l'**aménagement du territoire, dont une des missions est de contrer les forces centrifuges** susceptibles de s'exercer sur ses périphéries. Les infrastructures de transport ont été pensées en fonction de la géométrie du territoire. Dans le contexte colonial, la construction des premiers réseaux routiers et ferroviaires répondait à l'objectif de structuration de chaque colonie autour de quelques axes majeurs convergeant vers une capitale si possible portuaire pour en drainer des ressources destinées à l'exportation. L'organisation territoriale des pays du golfe de Guinée en est un héritage caricatural : chaque colonie (ou groupe de colonies dans le cas de l'Afrique-Occidentale française) a construit des axes ferroviaires et des routes partant de la côte vers l'intérieur, sans aucune liaison transversale, sans réseau ferré interconnecté. Aujourd'hui, les aménagements routiers ont partiellement remédié à l'**éclatement territorial d'« États-tranches »** issus de l'alternance des possessions britanniques, françaises, portugaises, allemandes. La route dite « côtière » facilite les liaisons est-ouest, quand du moins les conditions politiques n'y font pas obstacle. Le cas le plus étonnant est cependant celui de la Gambie anglophone qui pénètre comme un doigt à l'intérieur du Sénégal, isolant la Casamance du reste du territoire sénégalais – et favorisant une économie de contrebande. Les objectifs actuels d'intégration régionale dans le cadre de l'UEMOA (Union économique et monétaire ouest-africaine) et de la CEDEAO (Communauté économique des États de l'Afrique de l'Ouest) visent à pallier les inconvénients de ces espaces morcelés, à **repenser les réseaux de transport** routier, ferroviaire, énergétique (oléoducs et gazoducs, lignes électriques à haute tension) **pour remédier aux fractures frontalières** et développer les échanges interétatiques [→ CH. 16].

B. DES REMISES EN CAUSE DE LA CARTE POLITIQUE

1. L'éclatement du Soudan

Le gel des frontières héritées de la colonisation, nonobstant quelques ajustements des tracés, **a fortement contribué à stabiliser la carte politique de l'Afrique** au cours du dernier demi-siècle : celle-ci a moins changé que celle de l'Europe pendant la même période. En 1993, l'indépendance de l'Érythrée a pu paraître comme un premier accroc au dogme de l'intangibilité des frontières. En réalité, il ne s'agissait que de la résurgence de la frontière établie entre Ménélik II et l'Italie pour délimiter l'Éthiopie et la colonie italienne d'Érythrée au tout début du XXe siècle. Il en va différemment de la partition du **Soudan, première application en Afrique du principe du droit des peuples à disposer d'eux-mêmes**. Après quatre décennies d'une rébellion qui a commencé en 1964 et fut un des conflits les plus meurtriers du continent, un accord de paix a été conclu en janvier 2005 entre les autorités de Khartoum et le Mouvement populaire de libération du Soudan (MPLS) dirigé par John Garang, son chef charismatique disparu dans un accident d'hélicoptère en août 2005. Après un référendum favorable à plus de 99 % à l'indépendance, celle-ci a été proclamée à Juba, capitale du nouvel État, le 9 juillet 2011. La création du Soudan du Sud entérine l'opposition des populations noires et christianisées du Sud envers le pouvoir de Khartoum dominé par les Arabes qui voulaient imposer la *charia* sur l'ensemble du territoire. Le tracé de la frontière, dans une zone gorgée de pétrole, a soulevé de nombreuses difficultés ; **l'indépendance du Soudan du Sud n'a pas résolu tous les problèmes, dont l'épineuse question du partage des ressources pétrolières**. Le statut des régions frontalières (Nil Bleu, Abyei et monts Nuba) n'est toujours pas réglé en dépit des accords qui prévoyaient des consultations populaires. Mais Khartoum n'est pas près d'abandonner des périphéries méridionales riches en pétrole : la guerre, intensifiée dans les monts Nuba en 2016, n'en finit pas.

Quant au Soudan du Sud, une guerre civile a éclaté en 2013, opposant les partisans du président Salva Kiir (de l'ethnie Dinka) à ceux du vice-président Riek Machar (de l'ethnie Nuer). Deux ans à peine après l'indépendance, les anciens alliés dans leur lutte contre Khartoum se déchirent, les Nuer reprochant au groupe majoritaire dinka son attitude hégémonique et l'accaparement des fonctions lucratives. Malgré des accords répétés conclus sous l'égide de l'Union africaine, dont le dernier en février 2020 est censé avoir mis un terme à la guerre, les affrontements armés continuent sporadiquement. Les violences armées et l'insécurité générale ont provoqué des déplacements massifs des populations civiles qui payent le prix fort de rivalités politiques instrumentalisant les défiances entre les ethnies. Fin 2021, le HCR comptabilisait plus de 2,3 millions de réfugiés dans les pays alentour, sans compter un million et demi de déplacés internes[2].

La naissance du 193e État membre de l'ONU a été accueillie avec inquiétude par certains États subsahariens, comme le Tchad, qui redoutent une contagion des dynamiques séparatistes. La remise en cause du *statu quo* territorial ouvre en effet la boîte de Pandore car **il existe d'autres aspirations à l'indépendance**, par exemple au Somaliland.

2. Somalie, Somaliland

La Somalie a sombré dans la guerre civile et une anarchie chronique après le renversement de Mohamed Siad Barre en 1991. Bien que les Somalis constituent une population à forte unité culturelle et linguistique, leur organisation politique de type clanique entrave la constitution d'un État unitaire. Les luttes entre factions ont plongé le pays dans une situation d'anarchie chronique entretenue par les seigneurs de guerre. Les interventions extérieures malheureuses (États-Unis en 1993) ou sans lendemain (Éthiopie, de 2007 à 2009) ont été vaines. Depuis 2006, de nouveaux acteurs islamistes, les « tribunaux islamiques », soutenus par des groupes armés de jeunes (*shabab*), sont partie prenante d'un conflit qui déborde sur le Kenya, visé à plusieurs reprises par des attentats meurtriers. Violences armées, pillages, insécurité, famines endémiques frappent les populations les plus vulnérables. La désorganisation de l'économie formelle favorise les activités illicites ou criminelles. Des pêcheurs privés de ressources se sont convertis en pirates. Depuis quelques années, les **routes maritimes** du golfe d'Aden et

2. Voir, à ce sujet, Gérard Prunier, « Le Sud-Soudan depuis l'indépendance : chronique d'un désastre », *Hérodote*, n° 179, La Découverte, 2020, pp. 40-55.

de l'océan Indien au large de la Somalie comptent, avec le détroit de Malacca et maintenant le golfe de Guinée, parmi **les plus dangereuses du monde sous l'effet de la piraterie**.

Dans ce contexte, l'ancienne Somalie britannique, ou Somaliland, intégrée à la république de Somalie au moment de sa constitution en 1960, a pris ses distances envers Mogadiscio et proclamé unilatéralement son indépendance en 1991. Celle-ci n'a cependant pas été reconnue par la communauté internationale, alors que son territoire présente une forte unité humaine et politique (clan Issak) et que l'héritage de la colonisation britannique lui a conféré une identité distincte de celle de l'ancienne Somalie italienne. **La revendication d'indépendance n'est-elle pas tout aussi fondée et légitime que celle de l'Érythrée** et au moins autant que celle du Soudan du Sud ? Ce refus de reconnaissance constitue un des paradoxes politiques dans la région très compliquée de la Corne de l'Afrique. D'autant plus que le Somaliland est le seul territoire de l'ancienne Somalie à être correctement administré par sa capitale, Hargeysa. Il connaît un indéniable dynamisme économique, soutenu par une diaspora très active. Son port, Berbera, est devenu une des portes maritimes de l'Éthiopie.

Voisin du Somaliland, mais avec moins de ressources, le **Puntland** – le pays de Pount de l'Antiquité –, habité principalement par les populations du clan Darod, a lui aussi pris ses distances avec Mogadiscio en proclamant son autonomie en 1998, sans faire pour autant sécession avec la république fédérale de Somalie.

La remise en cause du modèle de l'État-nation, hérité de la colonisation, affecte bien d'autres régions africaines, par exemple la Casamance au Sénégal ou le Cabinda en Angola.

3. Le Sahara occidental, pomme de discorde entre Maroc et Algérie

La question du Sahara occidental, l'ancien Rio de Oro espagnol, empoisonne depuis quarante ans les relations entre le Maroc et l'Algérie, depuis qu'une République sahraouie (République arabe sahraouie démocratique, RASD fondée par le front Polisario) a été proclamée en 1976 avec le soutien d'Alger. Le Maroc revendique pour des raisons historiques sa souveraineté sur ce qu'il considère comme ses « provinces du Sud ». La Mauritanie, de son côté, a tenté de faire valoir ses droits au nom de la continuité géographique et ethnique, avant de se retirer de l'imbroglio territorial. La Cour internationale de justice de La Haye, dans un arrêt ambigu du 16 octobre 1975, tout en reconnaissant une « mouvance » chérifienne antérieure à la colonisation espagnole, s'est prononcée en faveur d'une procédure d'autodétermination des populations. Passant outre, le Maroc, lors d'une « marche verte » mobilisant 350 000 Marocains, a occupé le territoire laissé libre par le départ des militaires espagnols. À partir de 1981, il a construit un « mur » pour se mettre à l'abri des incursions du Polisario qui a trouvé refuge en Algérie.

Le Sahara occidental, *de facto* administré par le Maroc, n'a toujours pas de statut international. La population de ce territoire de 266 000 km^2 est estimée à 600 000 habitants. Quant aux Sahraouis, majoritairement réfugiés en Algérie autour de Tindouf, ils font l'objet d'une guerre des chiffres. Le Polisario avance celui de 165 000, tandis que les organisations internationales (HCR, PAM), dont dépend la vie des réfugiés, n'en comptent que 90 000.

L'admission de la RASD à l'Organisation de l'unité africaine (OUA), en 1982, provoqua le retrait du Maroc, qui n'a réintégré l'Union africaine qu'en 2016. Il est vrai qu'entre-temps, la cause sahraouie a perdu de nombreux appuis. La RASD n'est plus reconnue que par une trentaine d'États, contre plus de 80 dans les années 1980. L'ONU ne désespère pas de trouver une issue au conflit, bien que le Maroc se refuse à renoncer à sa souveraineté sur ce qu'il estime être son prolongement méridional historique. Des dispositifs de reconnaissance de l'identité sahraouie au sein du royaume marocain et l'assouplissement de la politique algérienne pourraient raisonnablement conduire à une solution acceptable pour tous. Le regain de tension en 2021 conduit cependant à penser qu'il s'agit là d'un vœu pieux, les réfugiés sahraouis risquant de rester longtemps les victimes du contentieux global algéro-marocain.

III. État et pouvoir

A. FONCTIONNEMENT DE L'ÉTAT ET « GÉOPOLITIQUE »

Étant donné les conditions historiques de leur création, les États africains doivent pour la quasi-totalité d'entre eux gérer des situations de pluri-ethnisme en veillant à garantir un minimum d'équilibre dans le partage ethno-régional du pouvoir, condition de leur unité. C'est ce qu'on appelle dans certains pays, comme la RDC ou le Gabon, la « géopolitique », art de la distribution des postes de pouvoir (et/ou de prébende) entre les représentants des groupes ethnolinguistiques et régionaux. Le maintien de la paix sociale et de l'unité nationale impose de **répartir les avantages auxquels le pouvoir donne accès** entre les représentants des différentes composantes ethno-régionales. Cette « géopolitique », faite de savants dosages pour éviter que tel ou tel groupe n'entre en dissidence s'il se sent privé d'accès aux ressources publiques, est un exercice subtil car les détenteurs du pouvoir, à tous les niveaux de la hiérarchie et en commençant par la tête (la présidence de la République), ont tendance à privilégier leur groupe familial et ethnique. Bien des tensions et des conflits tiennent à l'accaparement excessif du pouvoir par une classe politique qui ne respecte pas la règle tacite de la redistribution.

1. Décentralisation et fédéralisme ethnique

Une des solutions possibles de gestion politique d'États menacés par les dissensions ethniques et régionales réside dans le fédéralisme. Le débat est récurrent depuis les indépendances. Il a été relancé dans les années 1990 avec les ouvertures démocratiques consécutives aux grands changements mondiaux provoqués par la disparition de l'URSS et la chute du mur de Berlin. **Le Nigeria a précocement opté pour une organisation fédérale.** Constitué après la conquête britannique de trois entités distinctes, dont un grand Nord régi selon les principes du gouvernement indirect, l'*indirect rule*, il a connu des violences politiques internes directement liées à la répartition de la rente pétrolière dont la guerre du Biafra (1967-1970) a représenté le paroxysme. La recherche d'une solution aux fractures ethniques, religieuses et régionales a conduit le gouvernement fédéral à multiplier les États de la fédération, au nombre actuel de trente-six. Ce **fédéralisme par scissiparité** vise à désamorcer les revendications régionales en multipliant les centres de pouvoir et de répartition de la rente pétrolière dans le but de satisfaire les élites locales : le véritable enjeu réside dans le partage du « *national cake* » qui domine la vie politique nigériane.

L'Éthiopie, après le renversement du pouvoir marxiste très centralisateur, **s'est dotée d'une constitution fédérale en 1994**, accordant en principe aux neufs États qui la composent une très large autonomie. Dans la pratique, la concentration du pouvoir fédéral entre les mains des originaires du Tigré pendant près de trente ans, de 1991 à 2018, alors qu'ils ne représentent que 7 % de la population nationale, a réduit considérablement les marges de manœuvre des autres États et alimenté de vives tensions, particulièrement en Oromia, où les mouvements d'opposition ont été brutalement réprimés à Addis-Abeba en 2016. L'accession au pouvoir d'Abiy Ahmed, d'origine Oromo, Premier ministre depuis 2018, prix Nobel de la paix en 2019 pour avoir réconcilié l'Éthiopie et l'Érythrée, semblait une promesse de pacification nationale.

Nigeria : la multiplication des États

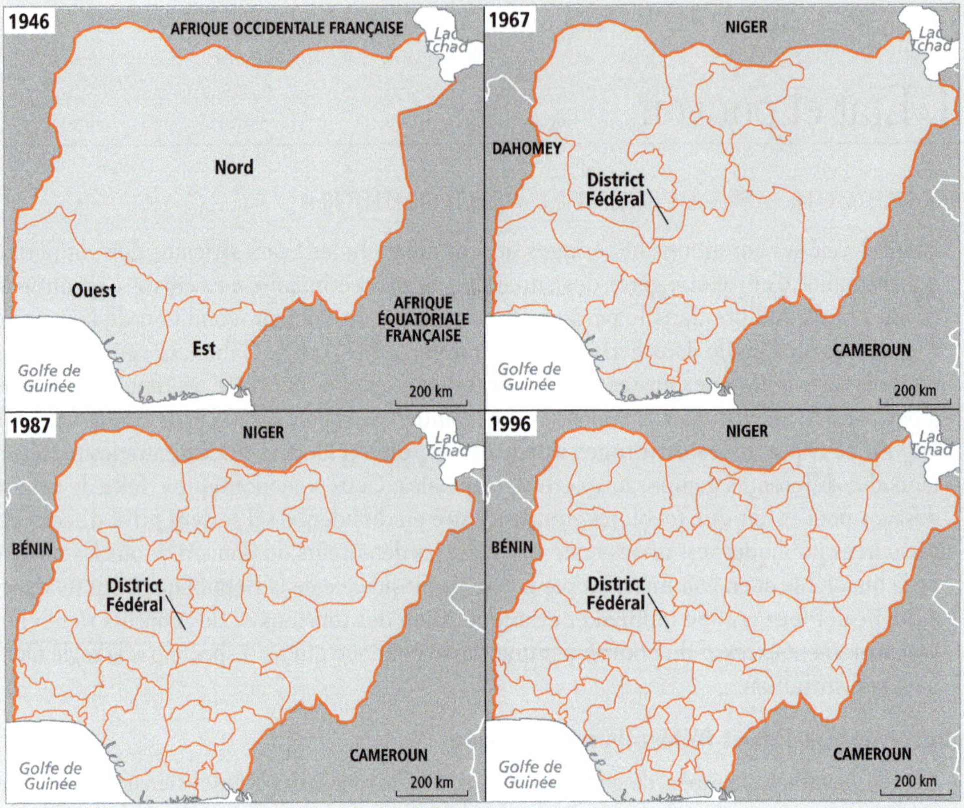

L'espoir a été de courte durée : le Tigré est entré en dissidence militaire à l'automne 2020, après avoir perdu des prérogatives ethno-régionales jugées infondées par le nouveau pouvoir central. Fin 2021, la situation militaire reste confuse, bien qu'Addis-Abeba semble avoir repris la main. Quelle qu'en soit l'issue, **le fédéralisme ethnique a montré ses limites**.

La république démocratique du Congo, quant à elle, n'a pas voulu sauter le pas du fédéralisme, par crainte de réveiller les tentations sécessionnistes du début des indépendances. La Constitution de 2006 va néanmoins dans le sens d'une large décentralisation au profit des provinces, dont le nombre a été porté de 11 à 26. Leur mise en place effective se heurte toutefois à de nombreux obstacles, le plus important portant sur la répartition des ressources financières, les provinces riches ou présumées telles renâclant devant les nécessaires péréquations en faveur des provinces démunies. Quelles que soient les formes de l'organisation territoriale et le degré de décentralisation, **la question du financement, et donc du partage de la rente, est un enjeu politique majeur**. Mais il en est d'autres : au Cameroun, l'effervescence des provinces occidentales anglophones s'ancre dans un conflit linguistique depuis que la république fédérale du Cameroun proclamée en 1961 est devenue République unie en 1972 (depuis 1984, république du Cameroun). La fin du fédéralisme a été mal vécue par les élites politiques de l'Ouest camerounais, depuis lors un des bastions de l'opposition au pouvoir de Yaoundé.

Pour aller plus loin

La guerre en Éthiopie menace de déstabiliser toute la région
liennathan.fr/3b8he8

2. La naturalisation nominale du territoire

L'ambition de créer des États-nations transcendant les « tribalismes » a conduit dans bien des cas à une « naturalisation de l'espace » – dans le droit fil de l'attribution de noms de nature aux colonies, noms de fleuves (Sénégal, Niger), de montagnes (Sierra Leone, Kenya), de produits (Côte d'Ivoire, Cameroun – du portugais *camaroes*, « crevettes »). À l'instar de la dénomination des départements français par l'Assemblée constituante, l'hydronymie s'est, par exemple, imposée dès l'indépendance dans celle des circonscriptions administratives du Gabon : à de rares exceptions près, les noms de provinces, de départements et de cantons ont été puisés dans le registre de l'hydrographie, comme pour les neuf provinces : Estuaire, Haut-Ogooué, Moyen-Ogooué, Ogooué-Maritime, Ogooué-Ivindo, Ogooué-Lolo, Ngounié, Nyanga, Woleu-Ntem. En procédant ainsi, **l'État élimine symboliquement les références ethniques de sa nomenclature territoriale**. La nature, à l'écart des passions humaines, est mise au service de la construction d'une nation de citoyens. Elle se porte garante de la neutralité de l'État, de son indifférence affichée aux affiliations ethniques. Du moins au plan symbolique du discours, car les pratiques montrent au contraire que derrière l'ombre des mots se joue le véritable théâtre des ambitions politiques, enracinées dans une pâte humaine privilégiant les liens du sang à ceux de l'espace.

B. L'EXERCICE DU POUVOIR

1. La « politique du ventre »

Dans un livre de référence, Jean-François Bayart a qualifié de « politique du ventre[3] » des pratiques qui font de la détention de postes au sein de l'administration de l'État le sésame de l'enrichissement personnel. Dans des pays où le secteur entrepreneurial est encore peu développé (sans parler de la notion de bien public), c'est le pouvoir politique qui constitue la voie royale de l'enrichissement. La lecture des paysages urbains avec leurs « maisons de ministre », ou de général, est à cet égard éloquente. La presse ne désemplit pas d'affaires, plus ou moins montées en épingle, concernant l'enrichissement illicite de tel ou tel. Périodiquement, des campagnes contre les détournements de fonds publics désignent des victimes expiatoires du système, les chefs d'État n'hésitant pas à en jouer pour contrôler les responsables politiques ou se débarrasser de rivaux potentiels. Eux-mêmes ne sont pas à l'abri de retours de manivelle quand ils ne sont plus au pouvoir. Leur enrichissement illicite alimente alors l'inépuisable chronique médiatique et judiciaire. C'est ainsi qu'à l'automne 2021, l'enquête journalistique internationale « Congo Hold-Up » a mis au grand jour les détournements de fonds publics réalisés sous la présidence de Joseph Kabila (janvier 2001-janvier 2019) au bénéfice de son clan.

2. Démocratie et démocrature

Depuis les indépendances, **la question de la démocratie n'a cessé de se poser à de jeunes États qui n'en avaient pas l'expérience**. La « greffe » d'une démocratie « importée », calquée sur les modèles des anciennes puissances coloniales, a du mal à prendre. Coups d'État à répétition, régimes autoritaires de partis uniques, Constitutions non respectées, élections faussées ont donné une piètre image de la « gouvernance ». Des potentats ont pu se maintenir au pouvoir durant des décennies (Gabon, Congo-Zaïre, Togo, Zimbabwe) ou s'y maintiennent encore (Cameroun, Guinée équatoriale, Congo, Swaziland, etc.). Toutefois, en dépit de quelques ratés, comme en Côte d'Ivoire, et de violences postélectorales, comme au Kenya, **la démocratie progresse**. Les pays où le multipartisme et l'alternance

3. Jean-François Bayart, *L'État en Afrique La politique du ventre*, Fayard, Paris, 1989, nouvelle édition 2006.

fonctionnent sont de plus en plus nombreux, qu'il s'agisse de l'Afrique anglophone (Ghana, souvent donné en exemple, Botswana), francophone (Sénégal, Bénin) ou lusophone (Mozambique). Il n'est pas anodin que le **prix Nobel de la paix 2011** ait été attribué à trois femmes, dont deux africaines, la **présidente du Liberia, Ellen Johnson Sirleaf, et sa compatriote, Leymah Gbowee, une militante pacifiste**.

Mais bien des pays ne sont encore que des démocraties de façade, les institutions mimétiques (Assemblée nationale, Sénat, Cour constitutionnelle, etc.) des faux semblants, les élections des mascarades. Ce sont des démocratures, selon le néologisme utilisé pour analyser les dérives du pouvoir, à partir du cas exemplaire de la Guinée équatoriale[4]. Le terme tend à se généraliser pour désigner des régimes dont les institutions formelles masquent des pratiques non démocratiques, sinon dictatoriales. Les élections, délégitimées par la fraude, sont toujours des moments critiques. Les commissions électorales nationales indépendantes (CENI) et les cours constitutionnelles ne sont bien souvent que des instruments au service des pouvoirs en place, qui leur permettent de manipuler les résultats électoraux.

La démocratie, cependant, ne se réduit pas à un système électoral. Comptent avant tout le **respect des droits humains**, l'**égalité des femmes** : beaucoup reste à faire, mais d'indéniables progrès ont été réalisés. Ils vont de pair avec le développement économique, social et culturel et l'émergence d'une classe moyenne consciente des exigences d'une nouvelle citoyenneté mesurée à l'aune de valeurs universelles.

3. Gouvernance et corruption

Selon les indices de perception de la corruption établis chaque année par Transparency International, l'Afrique dans son ensemble est très mal placée. En 2020, sur les 50 pays les plus mal notés, la moitié sont africains. Parmi les 50 pays les mieux notés, l'Afrique en compte seulement 3, le Botswana, en tête, occupant le 35e rang mondial. Ces indices sont évidemment sujets à caution, car il est très difficile d'évaluer la corruption, surtout la grande corruption qui se donne les moyens de se dissimuler. Ils recouvrent en outre des réalités fort diverses.

a) La corruption au jour le jour

Comme dans beaucoup de pays du Sud, la petite corruption est inhérente au secteur informel, qu'il s'agisse d'activités de production ou de service. À côté de termes génériques tels que « bakchich » ou « matabiche », parmi les plus connus, une multitude d'expressions populaires font référence à cette pratique généralisée qui consiste à graisser la patte d'un policier, d'un fonctionnaire pour éviter des ennuis ou faire avancer un dossier, voire d'un enseignant pour l'obtention d'un diplôme. Les pratiques et les montants des transactions informelles varient d'un pays à l'autre. Dans bien des États qualifiés de « faillis » (*failed states*), les retards de paiement de salaires de misère dans la fonction publique civile ou militaire rendent les prélèvements illicites inévitables. **Les «arrangements» font partie de la vie quotidienne.**

Mais ces prélèvements illicites qui font office en quelques sorte de fiscalité parallèle constituent une entrave au développement économique, en particulier les multiples «péages» routiers auxquels participent tous les «corps habillés», police, gendarmerie, armée, douane etc. Ils ralentissent la circulation, renchérissent le coût du fret, fragilisent les petites entreprises. Le territoire en lui-même devient source d'une rente au petit pied. Il est difficile de sortir de ce cercle vicieux. De rares pays y parviennent cependant comme le Rwanda, au prix d'un contrôle rigoureux de la population.

4. Max Liniger-Goumaz, *La Démocrature. Dictature camouflée. Démocratie truquée,* L'Harmattan, Paris, 1992.

b) La grande corruption

« Le poisson pourrit par la tête », a-t-on coutume de dire. La corruption des gens « du haut », des « hauts du haut » n'a rien à voir par son ampleur et ses conséquences avec des pratiques de survie liées à la pauvreté. Elle a pris des proportions considérables, principalement dans les pays à économie rentière [→ CH. 5], surtout lorsque la rente (pétrole, minerais, produits agricoles, bois) brasse des millions, sinon des milliards de dollars. La corruption est proportionnée au niveau de la rente, les États pétroliers tenant le haut du panier. Au Nigeria, le général Sani Abacha, président de la République de 1993 à 1998, aurait détourné 5 milliards de dollars pendant son mandat. Les fortunes des familles gouvernantes inamovibles du Congo, du Gabon et de Guinée équatoriale proviennent de l'or noir. Dans l'entourage de ces familles, ministres et hauts fonctionnaires s'empressent d'accumuler un pactole, de « bouffer », comme on dit en Afrique francophone.

Cette corruption n'est, à vrai dire, en rien spécifique à l'Afrique. L'Asie, en particulier, n'a rien à lui envier. Toutefois, l'Afrique se distingue par ce qu'on peut qualifier de « mauvais usage » de la corruption : l'argent détourné est consommé, souvent gaspillé de façon ostentatoire, placé à l'étranger par sécurité, et, quand il est investi sur place, c'est généralement dans l'immobilier, et non pas dans des secteurs productifs. **L'argent de la corruption est stérile** alors qu'en d'autres lieux ou d'autres temps cette accumulation initiale de capital a été un facteur positif de croissance économique. Dans les États qualifiés de « prédateurs », la classe dirigeante africaine a jusqu'à présent utilisé les ressources du territoire pour des satisfactions immédiates d'un cercle familial plus ou moins élargi, ou pour constituer une clientèle, au détriment du bien public. La génération qui monte et témoigne de ses capacités entrepreneuriales aura-t-elle les moyens et la volonté de rompre avec des comportements inadaptés aux défis du développement ?

Il est possible que les changements de comportement proviennent de l'extérieur : les actions judiciaires intentées par la justice française à l'initiative de Sherpa et Transparency International visant les « **biens mal acquis** », c'est-à-dire les biens publics détournés en faveur de hautes personnalités politiques ou de leurs proches, ont abouti, en 2021, à la condamnation définitive de Teodorin Obiang, fils de Teodoro Obiang Nguema, président de la Guinée équatoriale depuis 1979. Les procédures visant Denis Sassou Nguesso, président de la République du Congo, et la famille de feu Omar Bongo, président de la République gabonaise de 1967 à 2009, sont toujours en cours. En ce qui concerne la RDC, avant même les révélations de « Congo Hold-up[5] », le Trésor américain avait déjà intenté des actions en justice pour corruption et blanchiment d'argent. À Kinshasa et Lubumbashi, Libanais et Indiens comptent parmi les principaux opérateurs de transferts d'argent frauduleux. Profitant de la jungle des réseaux internationaux et de l'opacité des paradis fiscaux, ils ont facilité le pillage des ressources nationales au profit de Joseph Kabila, comme autrefois de Mobutu.

Pour aller plus loin
« Congo Hold-up »
liennathan.fr/uc33d2

5. « Congo Hold-up » : dénonciation par un réseau international de médias et d'ONG de l'enrichissement illicite de Joseph Kabila et de son entourage, au détriment des ressources du Congo, avec la complicité, notamment, de BGFI Bank, banque domiciliée au Gabon.

c) La gouvernance

Avec le développement durable et l'émergence, la gouvernance est un de ces mots magiques qui dispensent trop souvent de penser. Un mot fourre-tout dont on invoque de préférence la face négative, celle de la mauvaise gouvernance, *deus ex machina* des difficultés de l'Afrique. Il est vrai que le gouvernement des hommes et l'administration du territoire laissent à désirer. Plus qu'ailleurs ? Ce n'est pas sûr, à observer le théâtre du monde. Ce qui est sûr, c'est que les Africains auront à résoudre le défi d'une croissance démographique inédite [→ CH. 2], vis-à-vis de laquelle les modèles d'encadrement politique et de gestion territoriale actuels n'offrent pas de réponse convaincante. Il leur faudra inventer leurs propres modèles de gouvernance.

8 CONFLITS ET GUERRES

L'Afrique au sud du Sahara semble frappée depuis un demi-siècle par la malédiction de la guerre. Après la conquête militaire coloniale au tournant des XIXe et XXe siècles, la *pax colonica* aura été de courte durée. Dès les lendemains de la Seconde Guerre mondiale, des soulèvements éclatent contre l'ordre colonial : à Madagascar en 1947, au Kenya dans les années 1950. Mais les guerres d'indépendance les plus dures se déroulent dans l'Empire colonial portugais, qui ne cède qu'en 1975. Après les indépendances, des guerres civiles ravagent une grande partie du continent. Peu d'États y échappent totalement, ce qui conduit à s'interroger sur les raisons de ces guerres multiples, à la fois cause et conséquence de la fragilité des États et du sous-développement. Les deux dernières décennies du XXe siècle voient la guerre s'installer au quotidien, pour des périodes plus ou moins longues, avec son économie de pillage, ses atrocités, ses chefs de guerre, ses enfants-soldats, ses victimes des mines et ses cohortes de réfugiés, que ce soit au Liberia ou en Sierra Leone, dans la région des Grands Lacs ou dans la Corne de l'Afrique. L'insécurité et la guerre sévissent dans de nombreux pays où les perspectives d'une paix durable se dissolvent dans un horizon fuyant (Somalie, est de la RDC, Soudan du Sud). Les espaces saharo-sahéliens, déstabilisés par les mouvements djihadistes et les conséquences de la guerre de 2011 en Libye, sont entrés dans un cycle de fortes turbulences, d'actions de guérilla et d'attentats meurtriers caractéristiques des guerres asymétriques contre lesquelles les interventions militaires extérieures, telle l'opération Barkhane, s'avèrent impuissantes. Dans les pays les plus vulnérables, comme la République centrafricaine et le Mali, la Russie avance ses pions par l'intermédiaire du groupe Wagner*, donnant aux conflits armés une nouvelle dimension. L'Afrique redevient un enjeu des rivalités de puissance, comme au temps de la guerre froide. Observatrices du théâtre des guerres, les missions de la paix de l'ONU, les plus importantes au monde, sont à la fois l'implacable baromètre du niveau élevé d'insécurité du continent et l'illustration de leur incapacité à y porter remède.

Notions principales

Guerres civiles : conflits armés opposant deux fractions, voire davantage, de la population d'un État, sans porter atteinte à l'ordre international. Il s'agit de guerres idéologiques et/ou économiques pour le contrôle ou le partage du pouvoir. Les guerres contemporaines en Afrique noire relèvent majoritairement de cette catégorie ; elles recoupent très souvent des différends entre groupes ethniques.

Guerres d'indépendance : elles sont auréolées de valeurs positives car portées par des aspirations à la liberté et au droit des peuples à disposer d'eux-mêmes. En Afrique noire, elles se sont déroulées essentiellement dans les colonies portugaises, la Grande-Bretagne et la France ayant négocié l'accession à l'indépendance de leurs colonies.

Ressources et conflits : de nombreux conflits sont provoqués, ou entretenus, par les rivalités, endogènes ou exogènes, pour l'exploitation des ressources naturelles, principalement minières et énergétiques (pétrolières). Ils participent de la « malédiction » des ressources naturelles. À l'échelle locale, la compétition pour l'usage de la terre et de l'eau alimente des conflits récurrents.

DÉFINITION

Groupe Wagner : milice privée russe, fondée par Dmitri Outkine, connu pour ses penchants pronazis, et financée par Evgueni Prigogine, homme d'affaires proche du président Vladimir Poutine. Elle intervient sur plusieurs théâtres d'opérations extérieurs (Syrie, Crimée, Donbass, invasion de l'Ukraine en 2022, Libye, Centrafrique, Mali...).

CHRONOLOGIE

1947 : Révolte et répression à Madagascar
1950 : Début de la révolte des Mau Mau au Kenya
1960 : Sécession du Katanga (Congo-Zaïre)
1967-1970 : Guerre du Biafra
1975 : Début des guerres civiles dans les anciennes colonies portugaises
1989-2003 : Guerres au Liberia et en Sierra Leone
1994 : Génocide au Rwanda
1996 : Début des guerres du Congo
1998-2000 : Guerre érythréo-éthiopienne
2003 : Début de la guerre du Darfour
2005 : Accord de paix mettant fin à la guerre entre le Soudan et le Soudan du Sud
2011 : Fin du conflit ivoirien. Guerre en Libye
2012 : Déclenchement de la guerre au Mali
2013 : Retour de la guerre civile en RCA
2013-2020 : Guerre au Soudan du Sud
2017 : Création de la force conjointe du G5 Sahel
2020 : Guerre du Tigré (Éthiopie)
2022 : Retrait des forces françaises du Mali

I. Typologie des guerres africaines

Dans la succession de conflits armés qui ont provoqué la mort de millions d'Africains au cours du dernier demi-siècle, les facteurs explicatifs ne sont jamais simples. Toutes les guerres sont des phénomènes multidimensionnels. Il est cependant possible de distinguer quelques grandes familles de conflits en fonction de leurs finalités.

A. LES GUERRES D'INDÉPENDANCE

L'accession à l'indépendance des États d'Afrique noire a été, dans la majorité des cas, négociée – on a dit parfois « octroyée » – mais **elle n'a été obtenue qu'au terme de guerres très dures dans l'ancien Empire portugais**. Après que la Gold Coast (Ghana) a obtenu son indépendance en 1957, grâce à l'action de son leader charismatique **Kwame Nkrumah**, le mouvement s'est précipité. Empêtrée dans la guerre d'Algérie, consciente de l'échec du projet de communauté franco-africaine imaginée par le général de Gaulle, et alertée lors du référendum de 1958 par le refus de la Guinée d'y être associée, **la France accorde l'indépendance à l'ensemble de ses colonies d'Afrique noire en 1960**, à l'exception de Djibouti, qui n'y accédera qu'en 1977. Deux types de pays peuvent donc être distingués : ceux qui ont obtenu l'indépendance sans combat et ceux qui n'y sont parvenus que de haute lutte.

1. Les enseignements de la guerre d'Algérie

La guerre d'Algérie, de son déclenchement à la Toussaint 1954 jusqu'aux accords d'Évian en 1962, a profondément marqué l'évolution de l'Empire colonial français en accélérant la marche à l'indépendance des colonies d'Afrique noire. Entre la **loi Defferre de 1956**, qui leur accorde une large autonomie, et l'accession à la souveraineté internationale, quatre ans à peine se sont écoulés. Les expériences malheureuses de l'Indochine et de l'Algérie ont convaincu les autorités françaises, et tout d'abord le général de Gaulle, d'**anticiper sur l'inéluctabilité de l'indépendance** plutôt que de courir le risque d'un enlisement dans des combats d'arrière-garde. Des accords particuliers de coopération (symbolisés par l'existence d'un ministère de la Coopération, intégré au ministère des Affaires étrangères au

1er janvier 1999), le maintien dans la zone franc de la plupart des anciennes colonies d'Afrique noire [→ CH. 16] et des accords de défense perpétuent les liens privilégiés de la France avec les « pays du champ », dénoncés par les adversaires de cette politique comme l'expression d'un « néocolonialisme ».

2. La révolte Mau Mau et le nationalisme kikuyu

Au Kenya, un front de lutte contre le colonialisme a été précocement ouvert par les Kikuyu, population paysanne des régions du Rift mobilisée par Jomo Kenyatta. Le **nationalisme kikuyu** s'est forgé dans la **lutte incarnée par la révolte dite « des Mau Mau »** (« combattants de la liberté »), qui a duré de 1950 à 1959. Héros et « père de l'indépendance » proclamée en 1963, Kenyatta a été le premier président du Kenya, de 1964 à sa mort en 1978. Comme il arrive fréquemment, les vainqueurs ont accaparé le pouvoir et les richesses, notamment foncières, créant des frustrations parmi les groupes ethniques marginalisés, source de violences récurrentes en période électorale. Président depuis 2013, Uhuru Kenyatta, fils de Jomo, a été mis en examen par la Cour pénale internationale pour crime contre l'humanité commis pendant la campagne électorale de 2007. Le procès n'a finalement pas eu lieu, la Cour ayant abandonné ses charges faute de preuves suffisantes.

3. Colonies portugaises : guerres de libération et guerres civiles

Il n'y a eu de véritable guerre d'indépendance en Afrique noire que dans les colonies portugaises. Les leaders politiques historiques comme Amílcar Cabral en Guinée-Bissau, Agostinho Neto en Angola ou Samora Machel au Mozambique ont trouvé **dans le marxisme des légitimations idéologiques à leur combat**, et dans l'indépendance des colonies françaises un exemple à suivre. En 1974, la « révolution des Œillets » au Portugal accélère les évolutions qui doivent se conclure par l'indépendance en 1975. Mais des guerres civiles se greffent sur les luttes indépendantistes, avant même l'accession à l'indépendance. **Pendant un quart de siècle, l'Angola est déchiré** par les affrontements entre le Mouvement populaire de libération de l'Angola (MPLA), d'obédience marxiste, animé par les métis de la côte, le Front national de libération de l'Angola (FNLA) d'Holden Roberto, et l'Union nationale pour l'indépendance totale de l'Angola (UNITA) de Jonas Savimbi, appuyée sur les populations de l'intérieur, principalement les Ovimbundu – autrefois « réservoir » auquel les côtiers venaient puiser les esclaves destinés aux Amériques [→ CH. 6]. **Le conflit angolais s'inscrit dans le contexte de la guerre froide** : José Eduardo Dos Santos, successeur d'Agostinho Neto à la tête du MPLA et président de la République de 1979 à 2017, bénéficie de l'appui de Cuba qui expédie jusqu'à 50 000 miliaires en 1987 sur le théâtre d'opérations angolais, avant de se retirer en 1991. L'UNITA, quant à elle, est soutenue par les États-Unis, lesquels interviennent à partir de la base aérienne de Kamina au Zaïre. Au terme d'une guerre, qui n'a plus rien à voir avec les combats pour l'indépendance, le MPLA l'emporte lorsque les États-Unis cessent de soutenir l'UNITA : la mort de Savimbi, en février 2002, met un terme à ces luttes fratricides.

Le **Mozambique** sombre lui aussi dans la guerre après l'indépendance. Dès 1975, Samora Machel, à la tête du Front de libération du Mozambique (FRELIMO), d'idéologie marxiste, met en place un régime communiste. Le système productif hérité de la colonisation est rapidement désorganisé, tandis qu'une organisation antimarxiste, la Résistance nationale du Mozambique (RENAMO), soutenue par la Rhodésie (actuel Zimbabwe) et l'Afrique du Sud, mène des actions de guérilla et de sabotage. D'une extrême violence, le conflit durera jusqu'à la fin de la guerre froide.

B. GUERRES CIVILES ET SÉPARATISMES

Les guerres africaines sont rarement des guerres de puissance à puissance, mais le plus souvent des guerres civiles. Elles traduisent les difficultés internes de construction de l'unité nationale dans des États hérités, pour la quasi-totalité d'entre eux, du partage colonial du continent [→ CH. 1].

1. La sécession du Katanga

Les premiers conflits armés postindépendance sont des séparatismes. Quelques jours seulement après la proclamation de l'indépendance du **Congo belge**, le 30 juin 1960, **la riche province minière du Katanga fait sécession**, inaugurant une période d'anarchie, de rébellions, qui ne prendra fin qu'en 1965, après que les Casques bleus de l'ONU interviennent pour la première fois en Afrique et que Joseph-Désiré Mobutu s'empare du pouvoir par un coup d'État militaire. Derrière les manifestations du « tribalisme », monté en épingle par les nostalgiques de l'ordre colonial, pour qui la « congolisation » prélude mal des indépendances africaines, se trouvent les intérêts de la Belgique et surtout de la puissante **Union minière du Haut-Katanga**, qui redoute que ses intérêts ne soient menacés par l'orientation prétendument communiste du Premier ministre **Patrice Lumumba**, finalement assassiné en janvier 1961, avec l'aval des Occidentaux, et la participation de leurs réseaux locaux, états-uniens et belges.

2. La guerre du Biafra

Si les enjeux miniers ont été décisifs dans la sécession du Katanga, c'est sur fond d'exploitation pétrolière que se déroule la guerre du Biafra. **Les populations du sud-est du Nigeria**, les Ibos principalement, proclament l'**indépendance de la république du Biafra en 1967**, à la suite de violences interethniques et interconfessionnelles les ayant opposés aux populations musulmanes du nord de la fédération nigériane. Ces affrontements, qui ont une incontestable dimension ethnique et religieuse (Nord musulman, Sud chrétien), recouvrent des rivalités d'intérêt fondées sur le partage de la rente pétrolière. Les nordistes usent de leur poids politique et de l'appui de l'armée pour accaparer la part du lion des recettes de l'exploitation du pétrole, concentrée dans le delta du Niger. **La guerre du Biafra (1967-1970) est d'emblée une guerre du pétrole.** Shell apporte son soutien au pouvoir de Lagos, tandis que le groupe français Elf prend le parti du Biafra. Libreville, la capitale gabonaise, est utilisée comme base logistique pour approvisionner les Biafrais en vivres, médicaments… et en armement. Mais cela ne suffit pas à inverser les rapports de force : en 1970, le Biafra est vaincu et réintègre la République fédérale du Nigeria, qui saisit l'occasion pour augmenter le nombre d'États afin de réduire la puissance de chacun d'entre eux, en morcelant en particulier les territoires du Sud-Est pétrolier, socle de la rébellion.

3. Des tentations séparatistes toujours actuelles

Quelques mouvements indépendantistes revendiquent le « droit à disposer d'eux-mêmes », certains d'entre eux prônant la lutte armée. Dans la **province sénégalaise de Casamance,** un mouvement de résistance envers le pouvoir de Dakar s'est installé parmi les Diola. Depuis le début des années 1980, le Mouvement des forces démocratiques de Casamance entretient une insécurité préjudiciable au développement de la région, notamment du tourisme. Bien qu'affaibli et divisé, il demeure une épine dans le pied du Sénégal, portant atteinte à son image de démocratie qui se voudrait exemplaire.

Localisation des principaux conflits armés

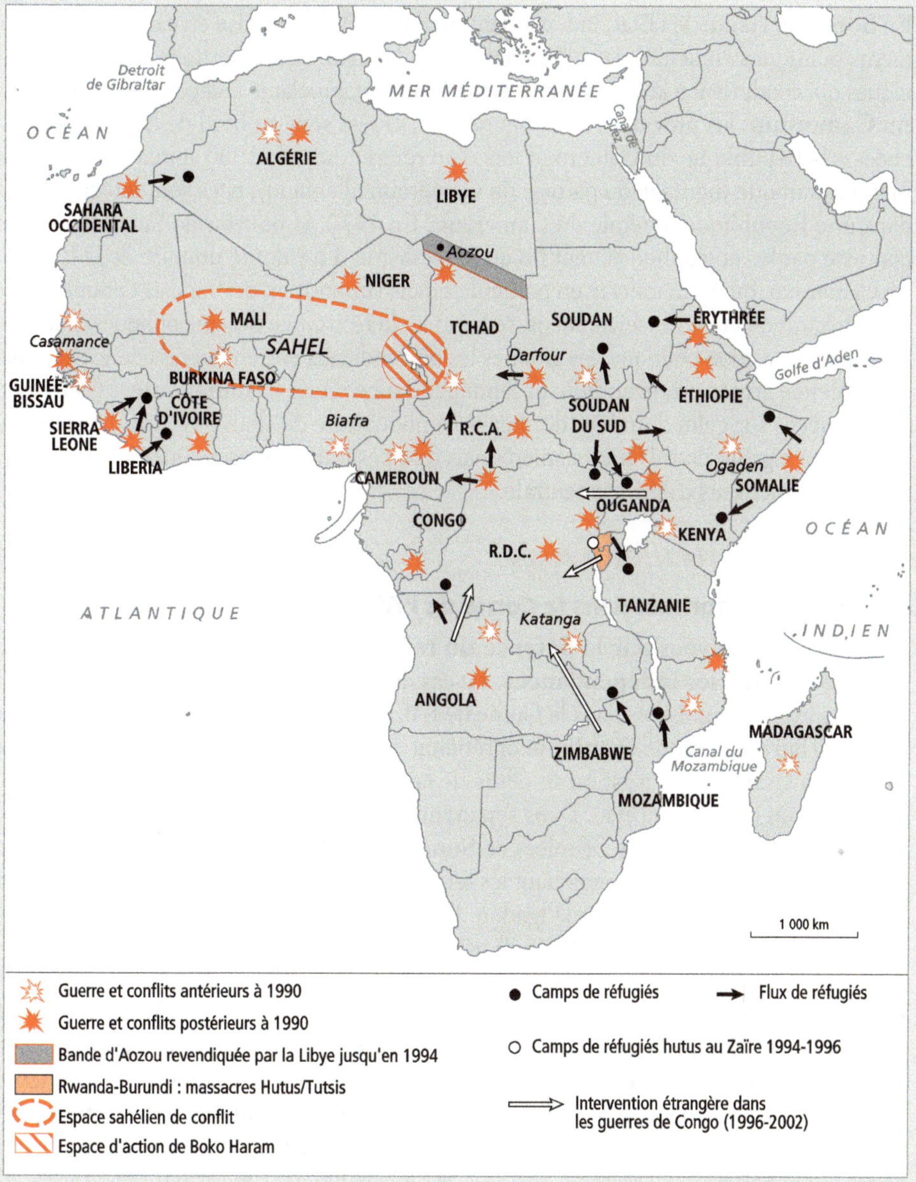

Source : Nathan, 2022.

Au **Cabinda, province rattachée administrativement à l'Angola**, dont elle est séparée par le corridor qui ouvre la RDC sur l'Atlantique, le Front de libération de l'enclave de Cabinda (FLEC) mène, depuis 1963, une guérilla sans grande perspective : l'Angola n'est pas disposé à lâcher un territoire gorgé de pétrole.

Au **Soudan**, tandis que l'accord de paix de 2005 met un terme à quatre décennies de guerre, préludant à l'indépendance du Sud-Soudan en 2011 [→ CH. 6], l'embrasement du Darfour ouvre, en 2003, un nouveau champ d'affrontement entre une périphérie méridionale et le pouvoir de Khartoum [→ CH. 11].

En **Somalie**, l'unité de l'État, indépendant depuis 1960, est remise en cause par des mouvements politiques enracinés dans l'histoire coloniale distincte des territoires italiens et britanniques qui conduisent à la sécession du Somaliland, autoproclamé indépendant en 1991 [→ CH. 7].

Au **Cameroun**, les provinces anglophones de l'Ouest sont au bord de la sécession. Rattachées à la République du Cameroun lors d'un référendum de 1960 statuant sur l'ex-Cameroun britannique (héritage du partage du Cameroun allemand), elles sont intégrées en 1961 dans une République fédérale du Cameroun. En 1972, le pouvoir de Yaoundé, s'estimant contesté par les anglophones, met fin au fédéralisme. La volonté unitaire de la République du Cameroun, qui se manifeste en particulier dans l'imposition du français comme langue de l'Administration et de l'enseignement, se heurte à la résistance des anglophones. Sans succès dans leur opposition politique, les groupes les plus radicaux entrent en dissidence et appellent à la violence armée en revendiquant l'indépendance d'une « **Ambazonie** » (nom forgé de toutes pièces sur celui d'Ambas, désignant l'embouchure du fleuve Wouri). Les attentats et l'insécurité régnant dans l'Ouest camerounais font peser une menace sérieuse sur un des pays les plus prometteurs d'Afrique centrale.

C. LES GUERRES INTERNATIONALES

1. Les conflits territoriaux dans la Corne de l'Afrique

Les guerres motivées par la défense du territoire ou un objectif d'expansion ont été rares depuis les indépendances. Le cas du Sahara occidental mis à part [→ CH. 7], elles se sont surtout manifestées dans la Corne de l'Afrique. Les enjeux territoriaux n'y datent pas d'aujourd'hui : le cœur de l'**Éthiopie** chrétienne a subi la pression séculaire des périphéries acquises à l'islam, et ce n'est qu'au cours de la « reconquête[1] » de la fin du XIXe siècle que Ménélik II en desserrera l'étau. Dans son expansion, l'Éthiopie contemporaine a englobé les vastes étendues de l'Ogaden, peuplées de **Somalis**. C'est l'origine du conflit qui l'oppose à la Somalie, lorsque celle-ci, revendiquant les territoires habités par des clans de l'ethnie somalie, entreprend, en 1977, d'envahir l'Ogaden. Elle échouera dans sa tentative expansionniste, l'Éthiopie, alors marxiste, ayant bénéficié du soutien militaire de l'URSS pour repousser l'invasion.

Autre guerre motivée par des rivalités territoriales, celle qui voit s'affronter, entre 1998 et 2000, les **alliés de la veille, l'Éthiopie et l'Érythrée**. L'Érythrée, ancienne colonie italienne incorporée en 1952 par l'ONU dans un État éthiopien fédéral, a été annexée par l'Éthiopie en 1962, déclenchant la lutte armée du Front populaire de libération de l'Érythrée (FPLE). Mengistu, à la tête de l'Éthiopie militaro-marxiste, qui succède à l'empire du négus Haïlé Sélassié Ier, assassiné en 1974, est incapable de vaincre cette résistance. Celle-ci fait alliance avec les mouvements révolutionnaires du Tigré (province septentrionale de l'Éthiopie) en lutte contre le pouvoir d'Addis-Abeba. La victoire des deux fronts alliés, tigréen et érythréen, en 1991, porte au pouvoir Meles Zenawi. Elle aura pour autre conséquence la proclamation de l'**indépendance de l'Érythrée en 1993**, avec pour président Issayas Afeworki. Cette indépendance a fait de l'Éthiopie un État enclavé en la privant d'un accès à la mer Rouge. Quelques années après leur victoire commune, les frères d'hier sont devenus ennemis. Une simple contestation frontalière, pour le contrôle de la bourgade de **Badmé**, servira de prétexte au déclenchement d'une guerre d'une rare violence. Elle a coûté la vie

1. Alain Gascon, *La Grande Éthiopie, une utopie africaine*, CNRS Éditions, 1995.

à des dizaines de milliers de militaires et englouti les maigres ressources des deux États en achat d'armes. Ce conflit, disproportionné par rapport à des enjeux territoriaux vraiment minimes, s'explique sans doute par la volonté des deux dirigeants de mobiliser leur peuple en jouant sur les ressorts du nationalisme pour étouffer des revendications intérieures. Le territoire, comme l'Europe en a connu de multiples exemples dans son histoire, jusqu'à l'invasion de l'Ukraine par la Russie de Poutine en février 2022, remplit partout une fonction éminente de représentation, de mobilisation patriotique, de manifestation de puissance pouvant provoquer la guerre.

2. Congo-Grands Lacs : la première « guerre continentale » africaine

Longtemps circonscrites à l'intérieur des États, les guerres africaines tendent à s'internationaliser. En Afrique de l'Ouest, le déclenchement de la guerre civile sierra-léonaise (1991-2002) est une conséquence de la guerre du Liberia (1989-2003). Comme pour les maladies, il s'agit d'une contagion. La guerre ignore les frontières : les débordements du conflit libérien ont affecté un **arc de crise** incluant jusqu'à la Côte d'Ivoire. La **région des Grands Lacs** s'est révélée être un terrain **particulièrement conflictogène**. La guerre de reconquête du Rwanda par les Tutsis réfugiés en Ouganda depuis 1959 débute en 1990 [→ CH. 13]. En quelques années, elle embrase le vaste espace fait de collines, de montagnes volcaniques, de lacs, que l'on commence alors à désigner sous le vocable de « Grands Lacs ». Nulle part ailleurs, les effets d'engrenage n'ont été aussi destructeurs. Les massacres des Hutus au Burundi, en 1972 et en 1988, l'assassinat, en 1993, du premier président burundais hutu et la reconquête tutsie du Rwanda à partir de 1990 préludent au génocide de 1994, perpétré par des extrémistes hutus. Celui-ci engendrera le flux de réfugiés qui, déversé au Kivu, achève de déstabiliser une région déjà affaiblie par des dissensions internes, et fait le lit de la conquête militaire de Laurent-Désiré Kabila. Partie de l'est du Congo, cette grande chevauchée au cœur de l'Afrique s'achève en mai 1997, avec l'entrée à Kinshasa de l'Alliance des forces démocratiques pour la libération du Congo (AFDL). Au cours de cette **première phase des guerres du Congo**, le Rwanda et l'Ouganda, les « parrains » de Kabila, sont les plus efficaces de ses soutiens. Le retournement d'alliance en 1998, lorsque le président congolais veut se débarrasser de leur tutelle, conduit à un **élargissement de la guerre** : le **Zimbabwe**, l'**Angola**, la **Namibie** et le **Tchad** apportent leur soutien militaire à Kabila, pour contrer les rébellions de l'est et du nord de la RDC, soutenues par la coalition du Rwanda, de l'Ouganda et, au moins formellement, du **Burundi**. La participation d'une dizaine de pays dans ces guerres du Congo – le potentiel minier du pays n'y est pas pour rien – a donné à ces guerres la dimension d'un conflit continental.

II. Les facteurs des conflits

Comme partout dans le monde, lorsque des conflits dégénèrent en guerre, ils ont des causes multiples interférant les unes avec les autres. Ce n'est que par commodité analytique que l'on peut essayer de les distinguer.

A. LA FRAGILITÉ INTERNE DES ÉTATS

La première cause des conflits tient à la fragilité d'États créés par les puissances coloniales, mais qui se trouvent souvent en porte-à-faux par rapport aux réalités sociologiques endogènes.

1. Pluriethnisme et unité nationale

Les États africains sont pluriethniques : c'est, à de rares exceptions près, **une des données fondamentales de leur équation politique**. Une question souvent posée consiste à savoir si le « tribalisme » est une fragilité congénitale de ces jeunes États. Les quelques décennies de recul dont on dispose désormais n'autorisent aucune réponse tranchée. Si le tribalisme désigne la manipulation politique des différences de coutume, de religion, de langue qui distinguent les groupes les uns des autres, il est clair que l'Afrique noire est concernée. En revanche, on peut concevoir que l'identité construite autour des valeurs propres à un groupe ethnique n'est en aucune manière contradictoire avec le sentiment d'appartenance à une entité plus vaste, celle de l'État ou de la nation. Il convient, en la matière, de **raisonner en termes d'emboîtement et non d'exclusivité**. Le fait qu'un État se compose de multiples entités qui se définissent comme ethnie ne constitue pas en soi un handicap à une cohabitation harmonieuse [→ CH. 13].

La question ethnique ou tribale ne se pose, en réalité, que lorsque des groupes s'estimant victimes de discriminations se soulèvent contre un ordre établi qui les ignore ou les méprise. Il existe en Afrique un grand nombre de minorités ignorées, ou opprimées par les pouvoirs en place : elles constituent autant d'oppositions potentielles et de risques de rébellion ou de violences. Ce problème n'est pas propre à l'Afrique, mais l'existence d'une multiplicité sans pareille de groupes ethniques rend la construction d'entités nationales particulièrement complexe au sud du Sahara.

2. Les fractures religieuses

Les religions investissent chaque jour davantage les pratiques sociales et jouent un rôle géopolitique croissant. La composante religieuse des conflits touche en particulier les **États partagés entre islam et christianisme**. Les conflits « Nord-Sud » sont caractéristiques des États de la zone soudanienne où l'islam est dominant au Nord et le christianisme au Sud. Cette opposition est sous-jacente aux guerres civiles qu'ont connues le Nigeria, le Tchad, le Soudan, la Côte d'Ivoire ou la République centrafricaine. Chaque crise renforce les extrémismes, qu'il s'agisse d'islamistes militants appliquant la charia à la lettre, comme au Soudan ou dans les États du nord du Nigeria, ou d'intégristes chrétiens issus en général de nouveaux courants protestants, comme le pentecôtisme [→ CH. 3]. S'il est tout à fait excessif de parler de guerre de religion, la dimension religieuse des conflits n'en est pas moins bien réelle.

3. Les carences du contrôle territorial

Le contrôle territorial exercé par les États est souvent déficient, peu efficace, ce qui, sans être une cause de conflit, en constitue toutefois un **facteur aggravant**. Les carences des encadrements administratifs, la médiocrité des infrastructures de communication favorisent les actions de guérilla. Si les « entrepreneurs de guerre » ont été si nombreux en Afrique tropicale depuis les indépendances, c'est pour partie la conséquence du sous-équipement des territoires. La facilité de constitution des maquis dans des régions difficilement accessibles est liée à l'absence d'infrastructures physiques permettant l'intervention de l'armée. Dans un État aussi vaste que la RDC, la décomposition des institutions publiques et leur faible emprise territoriale ont conduit à une véritable « **archipélisation** » **du territoire**. Avant même qu'éclate la guerre civile, le Zaïre ne comptait que 2 400 km de routes asphaltées pour une superficie de près de 2 350 000 km^2. La circulation sur les routes en terre tenait déjà de l'exploit. Dans ces conditions, il n'est pas difficile d'échapper au regard de l'État, surtout dans la forêt, milieu propice, s'il en est, pour l'implantation de maquis, comme l'a montré la présence durable du « maquis Kabila », qui demeura une trentaine d'années dans la région de

Fizi au Sud-Kivu avant de prendre la tête de l'Armée des forces démocratiques pour la libération du Congo-Zaïre (AFDL) en 1996. Aujourd'hui encore, les forêts du Kivu hébergent des groupes armés résiduels issus de la débâcle des camps de réfugiés hutus, entretenant l'insécurité endémique qui règne à l'est de la RDC. Au Mali comme au Soudan, une des causes des guerres civiles tient à l'abandon des régions périphériques où l'État est pratiquement absent.

Islam et christianisme

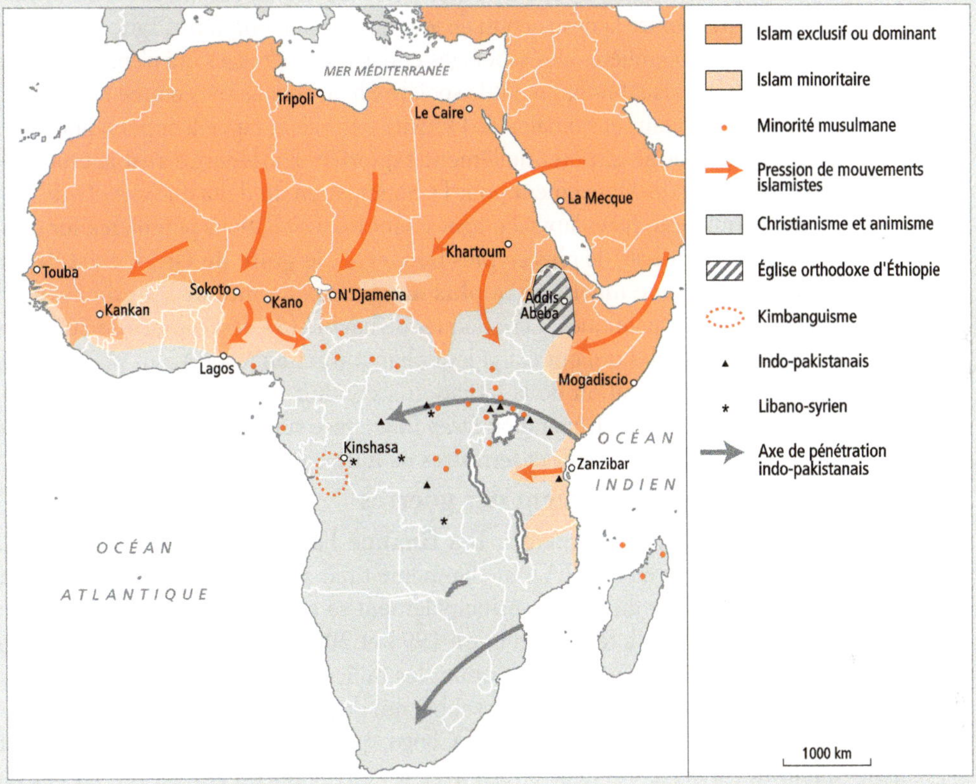

Source : Nathan, 2022.

B. DES RESSOURCES NATURELLES CONVOITÉES

Dans des conflits toujours multidimensionnels, la question des ressources naturelles n'est jamais loin. Depuis qu'elle participe aux échanges mondiaux, l'Afrique suscite bien des convoitises. Après l'or et les esclaves – le « bois d'ébène » – des siècles passés, les minerais et le pétrole sont aujourd'hui au centre d'enjeux articulant intérêts et acteurs nationaux et internationaux. L'exportation de matières premières finance l'achat d'armes, entretenant le cycle des guerres [→ CH. 5].

1. Pétrole et conflit

a) Le Nigeria : de la guerre du Biafra au drame des Ogonis

L'Afrique noire n'échappe pas à la « malédiction des matières premières », notamment **à la « malédiction du pétrole »**. La guerre du Biafra, une des plus meurtrières de la période postindépendance, est la première à être étroitement liée aux intérêts pétroliers. Le pétrole n'a cessé depuis lors d'être un facteur récurrent de conflit au Nigeria. Les États du Sud, détenteurs des puits de pétrole, s'opposent au gouvernement fédéral sur la question de l'allocation des recettes pétrolières, que l'on appelle ici leur « dérivation », en faveur des États producteurs. Les minorités ethniques du delta du Niger luttent, quant à elles, pour la sauvegarde de leur territoire menacé par l'exploitation des hydrocarbures. Ces luttes seront dramatiquement marquées par la répression des **Ogonis** : en 1995, le gouvernement fédéral fait pendre neuf de leurs dirigeants, dont le poète Ken Saro Wiwa, qui menaient un combat politique pour protester contre la destruction de leur environnement, terres agricoles et lieux de pêche, par l'industrie pétrolière. Des sabotages et des prises d'otages qui n'épargnent plus les plateformes offshore, visant notamment la société Shell, considérée comme responsable des méfaits environnementaux et humains de l'activité pétrolière, rappellent périodiquement que la situation reste tendue et potentiellement explosive. L'insécurité s'est accrue avec l'entrée en lice, en 2006, du Mouvement pour l'émancipation du delta du Niger (MEND), issu de l'importante minorité Ijaw. Aux sabotages visant les installations pétrolières sur terre, s'ajoutent les actes de piraterie, de plus en plus fréquents : **le golfe de Guinée est désormais, de très loin, l'espace maritime le plus dangereux au monde**. La criminalité s'y est substituée aux objectifs politiques. Les attaques de navires (84 dénombrées en 2020) ont recours à des vedettes rapides qui ont élargi leur champ d'action jusqu'à plus de 200 miles nautiques des côtes. L'aggravation de la situation a conduit le gouvernement nigérian à renforcer son dispositif militaire. L'opération *Deep Blue*, mise sur pied en 2021, devrait coordonner les moyens maritimes, aériens et terrestres de lutte contre le fléau de la piraterie.

b) Le pétrole et le financement des guerres

Le pétrole a été au cœur d'autres guerres. **Il a financé l'armée angolaise de Luanda** dans son long combat contre l'UNITA, qui elle-même tirait ses ressources de l'exploitation du diamant. La République du Congo, principalement sa capitale **Brazzaville, a été le théâtre de guerres civiles** à répétition entre 1993 et 2000 [→ CH. 10]. L'argent du pétrole, seule ressource du pays, a été utilisé pour armer les milices et acheter des armes lourdes, tant par le gouvernement légal de Pascal Lissouba, qui disposait de la redevance versée par les compagnies pétrolières, principalement Elf-Congo, que par son adversaire Denis Sassou-Nguesso, qui avait conservé des liens étroits avec les dirigeants du groupe Elf. Le pétrole est omniprésent dans les **guerres du Soudan** : le partage de la rente pétrolière se trouve au cœur des tensions entre Soudan et Soudan du Sud. Au Tchad, producteur (modeste) de pétrole depuis 2003, l'or noir a suscité de nouvelles convoitises politiques et réactivé des rébellions qui n'ont cessé de menacer le pouvoir de N'Djamena.

2. Enjeux miniers, « gemmocraties » et diamants de sang

Bien avant le pétrole, **une géopolitique des minerais a fortement infléchi le destin de l'Afrique**. Elle a dicté les politiques de la Grande-Bretagne en Afrique australe. Elle est **à l'origine de la sécession du Katanga**. La province minière, dont la mine de Shinkolobwe a fourni l'uranium utilisé pour la fabrication des bombes atomiques larguées sur Hiroshima et Nagasaki en 1945, conserve une importance stratégique pour les États-Unis, grâce notamment à sa production de cobalt (la RDC est le premier producteur mondial). Les entreprises chinoises ne cessent de renforcer leurs positions dans ce secteur stratégique. Le diamant, l'or et les minerais rares, comme la colombo-tantalite (coltan) ou le lithium, sont au centre d'un système d'exploitation et de commercialisation largement informel qui alimente tous les groupes armés de l'est de la RDC. Ils font l'objet d'une **intense contrebande** quand ils ne sont pas entre les mains de réseaux mafieux.

Partout où les États détenteurs de richesses naturelles sont affaiblis par des crises politiques internes, les réseaux internationaux d'affairistes ont pris pied. Ils participent à la « criminalisation de l'État », interfèrent avec le jeu politique local, prennent part au commerce clandestin des armes, notamment à la diffusion des armes légères, dont l'emblématique Kalachnikov. En **Sierra Leone**, en **Angola**, au **Congo-Zaïre**, **les « diamants de sang » ont financé les guerres**. L'occupation militaire rwandaise et ougandaise de l'est de la RDC, entre 1998 et 2003, s'est accompagnée d'un intense pillage des ressources minières, dénoncé par des missions d'enquête de l'ONU. Celles-ci ont conclu que la prolongation de la guerre au Congo n'avait eu d'autre motif que de permettre la perpétuation de ces pillages lucratifs. Dans certains pays producteurs de diamants, pouvoirs d'État et sociétés douteuses entretiennent des liens si étroits qu'on a pu parler de « gemmocratie[2] ». Des multinationales comme De Beers ont été suspectées de couvrir des trafics illicites.

C'est pour redresser cette image ternie que le protocole de Kimberley (capitale du diamant en République sud-africaine) a élaboré des règles de transparence destinées à garantir un diamant propre et qui ne finance pas les guerres civiles. Plus globalement, l'**Initiative pour la transparence des industries extractives** (ITIE), née d'une proposition de Tony Blair à Durban en 2002, vise à rendre le secteur minier plus transparent. Une plateforme d'ONG, *Publish What You Pay*, milite pour que les entreprises rendent publiques les sommes qu'elles versent aux États. Toutes ces initiatives contre la corruption commencent, ici ou là, à porter leurs fruits, mais sont loin d'avoir mis un terme à l'opacité qui règne dans le secteur minier et pétrolier.

C. L'INGÉRENCE DES GRANDES PUISSANCES

1. Le commerce des armes

La plupart des armes utilisées dans les conflits africains sont importées, de façon licite ou en contrebande. En Afrique subsaharienne, le marché porte surtout sur les armes légères et de petit calibre, dont le AK47 (Kalachnikov), partout présent. L'armée cubaine, en quittant l'Angola, en a laissé des quantités considérables. Le pillage des arsenaux après l'effondrement du pouvoir de Kadhafi a contribué pareillement à leur dissémination. Après la disparition de l'URSS, de nombreux pays d'Europe de l'Est ont écoulé leurs stocks en Afrique (Bulgarie, Ukraine…). Derrière tous les conflits, on trouve des trafiquants internationaux d'armes. Avec la mondialisation, le commerce des armes se diversifie en s'élargissant aux pays émergents (Chine, Inde, Brésil).

L'Afrique du Sud a longtemps été le seul pays subsaharien à disposer d'une véritable industrie de l'armement (plus de 20 000 emplois). Le Nigeria, depuis qu'il est confronté à Boko Haram, a décidé de renforcer son potentiel industriel, jusqu'alors limité à la fabrication de copies de AK47. Les rivalités de puissance sur le continent se manifestent ainsi dans leur capacité à produire de l'armement. Aujourd'hui, une dizaine de pays fabriquent des armes et des munitions, destinées principalement à la chasse, mais dans les guerres civiles, tous les types d'armes, y compris les armes blanches comme la machette, peuvent être utilisés, le génocide au Rwanda en a tragiquement donné la preuve.

2. Le contrôle des ressources stratégiques

Contrôler l'accès aux ressources stratégiques, minerais rares, uranium, pétrole…, a toujours été un **enjeu majeur des grandes puissances**. Avec les indépendances, les

2. François Misser, Olivier Vallée, *Les Gemmocraties.* L'économie politique du diamant en Afrique, Desclée de Brouwer, 1997.

métropoles coloniales ont perdu leurs positions de monopole, les acteurs économiques se sont diversifiés. Les « chasses gardées » cèdent du terrain devant la montée en puissance des acteurs asiatiques, principalement chinois, après s'être ouvertes aux États-Unis avec la Seconde Guerre mondiale. Les États africains ont gagné en capacité de négociation, mais leur liberté de manœuvre reste néanmoins limitée car **les secteurs vitaux de leur économie demeurent sous la dépendance des pays industrialisés**, toujours maîtres du marché. La fin de la guerre froide a par ailleurs modifié les rapports de force, rogné la rente géopolitique dont certains pays avaient su tirer profit. Si l'ouverture de l'ex-URSS a réduit l'importance stratégique de minerais comme le cobalt, dont le Zaïre était le principal fournisseur du monde libre, la forte demande de la Chine a relancé la production du Katanga, qui a fait un bond spectaculaire au cours des années 2010. L'abondance des stocks d'uranium a porté préjudice aux producteurs africains : les mines du Gabon ont fermé en 1999, le Niger a vu s'envoler le plus clair des ressources tirées des mines d'Arlit suite à leur épuisement et à la chute des cours consécutive à la crise du nucléaire depuis l'accident de Fukushima au Japon. En 2021, Orano (nouveau nom d'Areva) a arrêté la production à Arlit. Le **projet d'exploitation d'une nouvelle mine sur le site d'Imouraren**, annoncé depuis longtemps, est au centre d'un bras de fer avec le gouvernement nigérien, qui souhaite une renégociation des contrats en faisant jouer la concurrence de la Chine. Enlisé depuis des années, le projet pourrait être relancé si les orientations annoncées de la politique énergétique française en faveur du nucléaire se confirment.

La valeur stratégique des matières premières est évidemment évolutive, mais le contrôle de leur production reste un paramètre constant de la géopolitique des relations entre l'Afrique et le monde. Ces relations sont marquées par la concurrence de plus en plus vive entre les États-Unis et la Chine [→ CH. 17]. À l'automne 2021, les États-Unis ont levé les sanctions visant des officiels burundais pour des actes contrevenant aux droits de l'homme commis depuis 2005. La raison de ce revirement : **le Burundi détiendrait des réserves de terres rares** très importantes (en partie déjà exploitées à Gakara) susceptibles de réduire le quasi-monopole de la Chine, laquelle produit 85 % de ces minerais indispensables aux industries de pointe.

3. Des accords de défense à la nouvelle stratégie militaire de la France

Lors des négociations d'indépendance entre la France et ses colonies d'Afrique noire, des accords de défense, comprenant des stipulations secrètes, ont été conclus. Au nom de ces accords, la France est intervenue militairement dans plusieurs pays : au Cameroun, dès l'indépendance, pour contrer la rébellion en pays Bassa et Bamiléké ; au Gabon, en 1964, pour mettre un terme à une tentative de coup d'État et rétablir le président Léon Mba dans ses fonctions ; au Tchad, à plusieurs reprises ; en RCA, où elle a fait et défait les présidents. Elle a été accusée d'être le « gendarme » de l'Afrique, volet armé de la « Françafrique » que les sommets France-Afrique semblaient légitimer.

En 1990, lors du sommet de La Baule, le président Mitterrand a exhorté les Africains à évoluer vers plus de démocratie, signifiant en creux que la France normalisait ses relations avec ses ex-colonies. Aujourd'hui, elle intervient toujours dans son ancien pré carré, mais ses interventions se font désormais de plus en plus sous mandat des Nations unies (Côte d'Ivoire, RCA, Mali), dans le cadre d'opérations européennes (Eufor au Soudan) ou en coopération avec des forces africaines. La logistique et les opérations militaires coûtent cher. Paris a entrepris de réorganiser son dispositif de pré-positionnement militaire. Les bases de Bangui et de Bouar en RCA ont été fermées en 1998. Celle de Dakar a été considérablement réduite après des accords avec le Sénégal en 2010. Restent surtout N'Djamena, base de l'opération Épervier depuis 1986 et principal support de Barkhane, Niamey, Libreville, Abidjan et, en Afrique orientale, Djibouti.

4. Une nouvelle donne militaire

La **chute du mur de Berlin en 1989**, et l'**effondrement du bloc soviétique** deux ans plus tard ont eu d'immenses conséquences en Afrique noire. Le vide laissé par le retrait soviétique puis la croisade contre le terrorisme après le 11 septembre 2001 ont conduit les États-Unis à réévaluer leur intérêt pour l'Afrique. Le Soudan et la Somalie, réputés abriter des islamistes, ont été mis sous surveillance. Les États-Uniens ont implanté une base militaire à Djibouti, à côté de la base française, et créé en 2007 un commandement militaire pour l'Afrique, **Africom**, toujours hébergé en 2022 à Stuttgart, en dépit de l'insistance, en particulier du Nigeria, pour qu'il soit transféré sur le continent africain. Les **Britanniques** sont sortis du strict champ des activités du *Department for International Development* (DEFID), en intervenant militairement en Sierra Leone. **Israël**, en quête de supports à l'ONU, est présent dans de nombreux États africains dans les secteurs de la formation militaire et du renseignement. Nouveaux venus, **Coréens et Chinois** se sont fait une place dans la sécurité. Enfin, la **Russie** a retrouvé le chemin militaire de l'Afrique, en Libye, en RCA puis au Mali, où l'arrivée de mercenaires de la société privée Wagner fin 2021 rebat les cartes d'une géopolitique sahélienne effervescente [→ CH. 17].

III. L'embrasement du Sahel : un conflit multifactoriel

A. UN ESPACE DE CONFLIT

1. Mobilités et affrontements entre pasteurs et agriculteurs

Le *Sahel* (« rivage » en arabe), espace de transition entre le désert du Sahara et le *bled es Soudan* (« pays des Noirs »), est un espace de contact entre des populations que tout oppose. C'est, de tout temps, une zone de tensions et de conflits pour l'utilisation de la terre et de l'eau entre les pasteurs nomades, qui se déplacent sur les franges méridionales du Sahara au rythme de l'alternance annuelle entre saison sèche et saison des pluies, et les agriculteurs sédentaires. Les conflits provoqués par la « divagation » des troupeaux, le non-respect des couloirs de transhumance, font partie du quotidien. Les relations entre éleveurs et agriculteurs sont devenues plus complexes depuis que ces derniers ont ajouté l'élevage bovin à leurs activités et clos, par de nouveaux modes de culture, des parcelles autrefois ouvertes à la vaine pâture après les récoltes. **La question foncière et le contrôle de l'eau sont plus que jamais au cœur des compétitions locales pour l'accès aux ressources vitales.**

Pour aller plus loin
Attaque djihadiste à la frontière entre le Mali et le Niger
liennathan.fr/ux8w32

Au Mali, les Peuls, d'une part, les Dogons et les Bambaras, d'autre part, se sont rendus coupables, ces dernières années, de massacres réciproques. Aux exactions de la Katiba Macina, dirigée par le prédicateur peul Amadou Koufa, a répondu le massacre, perpétré par des miliciens Dogon, des Peuls du village d'Ogossagou, près de Mopti, en mars 2019, révélant la profondeur des antagonismes communautaires. Mais pour quelques tueries médiatisées, combien d'autres restent ignorées, alimentant des haines tribales ? La paix coloniale avait apaisé les tensions entre communautés. Les Dogons, autrefois repliés sur la falaise de Bandiagara pour échapper aux razzias des esclavagistes, avaient alors réoccupé les plaines du Gourma. Les crises climatiques des années 1970-1980 avaient poussé les pasteurs peuls à rechercher des pâturages dans ces espaces de reconquête agricole des Dogons, provoquant d'inévitables conflits qui éclatent aujourd'hui dans un **contexte de croissance démographique devenue explosive**.

La pression démographique combinée aux conséquences du changement climatique pousse les éleveurs sahéliens vers les milieux de savane « soudanais », voire les milieux forestiers. Cette « descente » continue depuis des décennies, notamment des éleveurs peuls, aujourd'hui très nombreux en RCA, crée localement des situations potentiellement conflictuelles.

Mouvements pastoraux au Sahel, recherche de pâturages et insécurité

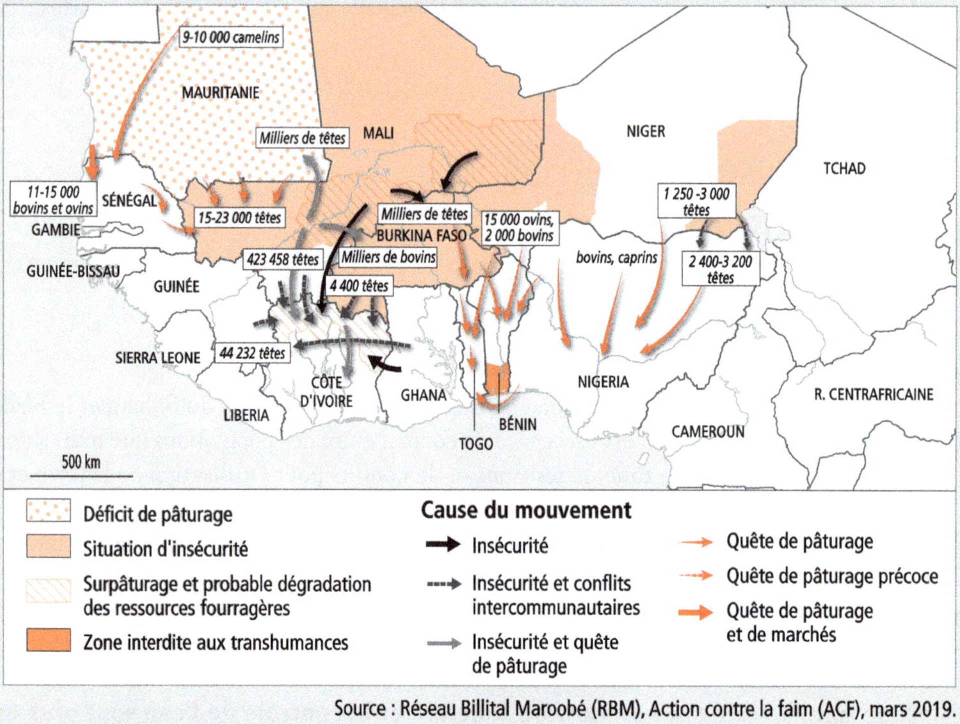

Source : Réseau Billital Maroobé (RBM), Action contre la faim (ACF), mars 2019.

2. Une mémoire réactivée

Ce contexte dégradé réactive par ailleurs des peurs séculaires héritées des violences de l'histoire. Pendant des siècles, en effet, les expéditions guerrières des peuples nomades (Touareg, Maures, Arabes) ont périodiquement pillé les greniers des sédentaires et réduit des villageois en esclavage, les uns transférés dans les oasis pour travailler la terre (les *haratins*, aujourd'hui travailleurs agricoles), les autres pour s'occuper des troupeaux (*iklans*, ou Bella, Touareg noirs d'origine servile). **La compréhension de la crise actuelle du Sahel ne peut faire l'impasse de ces résurgences d'un passé** qui n'est pas si lointain, quand bien même elles relèveraient de l'impensé. Sous la croûte légère du présent, sommeillent des réminiscences profondes, dont le réveil est d'autant plus violent qu'elles ont été longtemps contenues. Sur ces fortes tensions, se greffent les différences religieuses : pasteurs islamisés d'une part, sédentaires animistes ou christianisés de l'autre, les dissensions internes à l'islam (salafistes, adeptes du soufisme, wahhabites...) brouillant un peu plus le panorama d'affiliations religieuses qui ne sont, le plus souvent, que l'expression d'une adhésion à la tradition, mais suffisent à alimenter des postures de rejet, sinon de haine, de l'autre.

Dans le « septentrion » malien, l'opposition dominants/dominés, qui a longtemps structuré le monde touareg, très hiérarchisé, s'est à nouveau manifestée avec les rébellions des années 2010. Les anciens tributaires (principalement Imghad) ont créé, en 2014, le Groupe d'autodéfense touareg Imghad et alliés (GATIA), par opposition à l'aristocratie dominée par les Ifoghas et regroupée au sein de la Coordination des mouvements de l'Azawad (CMA). **Consciences identitaires ancrées dans les mémoires et dynamiques sociales contemporaines s'interpénètrent.**

3. Un monde en réseau ouvert à tous les trafics

Les vulnérabilités sahélo-sahariennes ont de longue date poussé les populations nomades à rechercher des ressources complémentaires pour se prémunir des risques d'un élevage aléatoire. Les échanges ont toujours animé les espaces de contact. En témoignent le chapelet de villes jalonnant le Sahel et les réseaux commerciaux transsahariens mettant en relation l'Afrique méditerranéenne et le pays des Noirs. Aux crises sahéliennes depuis les années 1960 ont répondu de nouvelles activités commerciales illicites. La contrebande – de cigarettes d'abord, puis de drogues et d'armes dans le contexte conflictuel actuel – s'est glissée dans les réseaux d'échange. Du golfe de Guinée à la Méditerranée, la cocaïne et, dans une moindre mesure, l'héroïne empruntent des voies millénaires. L'Afrique de l'Ouest est ainsi devenue un **relais essentiel dans le trafic mondialisé des drogues**. Le crash au nord du Mali, en 2009, d'un avion mystérieux en provenance probable d'Amérique du Sud (ce que l'on appellera l'affaire « Air Cocaïne ») a révélé l'ampleur des moyens mis en œuvre par les narcotrafiquants. La Guinée-Bissau a été qualifiée de « narco-État », mais dans bien d'autres pays, le haut personnel politique couvre les réseaux mafieux. Depuis quelques années, la migration vers l'Europe a ajouté une nouvelle activité lucrative. Agadez est devenue une plaque tournante des passeurs organisant la traversée du Sahara. Qu'ils soient licites ou illicites, les échanges disposent aujourd'hui de moyens de transport autrement rapides que les dromadaires des caravanes d'antan. **Sahara et Sahel forment un vaste espace réticulaire** articulé sur les nœuds urbains et animé par des acteurs, commerçants et transporteurs, dont les pratiques territoriales présentent une fluidité extrême aux marges des États.

4. L'or, nouvelle manne pour les djihadistes

Depuis le début des années 2010, une véritable ruée vers l'or, partie du Darfour, au Soudan, s'est répandue jusqu'en Mauritanie, ajoutant une activité à double tranchant dans les espaces sahéliens d'Afrique de l'Ouest. Les deux tiers environ de la production (73 tonnes au Mali, 64 au Burkina Faso, 1,5 au Niger en 2019) proviennent des mines exploitées par les multinationales (AngloGold Ashanti, Randgold). L'orpaillage artisanal pourrait atteindre, quant à lui, une cinquantaine de tonnes, mais il est difficile d'évaluer précisément une production informelle et une commercialisation pour partie en contrebande. Le secteur aurifère ajoute ainsi à la complexité des économies locales. Essentiel pour les ressources des États (90 % de la valeur des exportations au Mali, près de 80 % au Burkina Faso), il contribue aussi, dans sa part cachée, au financement des différents groupes rebelles. Ce n'est sans doute pas un hasard si l'épicentre de la production d'or correspond à la zone d'insécurité maximale des « trois frontières », où plusieurs sites miniers ont été la cible d'attentats. **L'or constitue ainsi un facteur générateur de conflits** entre industriels et exploitants informels, négociants, représentants de l'Administration, militaires, djihadistes et jeunes attirés par l'espoir de gains rapides.

B. DÉMOGRAPHIE, ÉCOLOGIE : LA TENAILLE SAHÉLIENNE

La crise politique du Sahel est doublement aggravée par l'insécurité climatique et par la démographie. Les sécheresses des années 1970 et 1980 ont provoqué une extension des zones arides et semi-arides ainsi que des famines. Ces dernières ont été très médiatisées, avant que le Sahel reverdisse, avant de connaître à nouveau des moments difficiles, rappelant que les années de vaches maigres alternent avec les années de vaches grasses, selon l'image biblique. En 2021, de mauvaises conditions climatiques et la flambée des cours mondiaux des produits alimentaires aggravent une nouvelle fois la crise globale du Sahel. Plus inquiétant, au-delà des fluctuations cycliques habituelles, les changements climatiques à venir pourraient entraîner une péjoration durable des conditions de la production agricole. L'élévation prévisible des températures et une instabilité accrue du rythme des précipitations font peser de **lourdes menaces sur l'agropastoralisme**, avec pour conséquence la recherche de nouvelles aires de pâturage, provoquant une extension des zones de conflit.

C'est toutefois la croissance démographique qui représente la principale menace sur la stabilité du Sahel. Que **la région du monde la plus pauvre soit aussi celle qui connaît la plus forte croissance démographique mondiale** pose problème, quel que soit le sens de la causalité [→ CH. 9]. Les projections de population profilent un avenir insoutenable quand, dans le même temps, les prévisions climatiques annoncent une situation dégradée obérant l'avenir d'une région aux ressources limitées, parmi les plus vulnérables du monde.

C. CRISE DES ÉTATS ET CONFLITS

De la Mauritanie au Tchad, les États sahéliens présentent une configuration semblable : ils incluent une partie saharienne, la plus étendue mais la moins peuplée, une partie soudanienne concentrant la majorité de la population, qualifiée d'« utile » par l'administration coloniale, et entre les deux, le Sahel *stricto sensu*. Dans ces États issus des territoires coloniaux circonscrits par la France (Mauritanie, Mali, Niger, Tchad), les indépendances ont bousculé des rapports de force séculaires : les « sahariens » ou « nordistes » blancs (Maures, Touareg, Arabes) ont vu leurs positions dominantes contestées par les « sudistes » noirs. La Mauritanie fait exception : les *Beidanes* (aristocratie des Maures blancs) ont conservé le pouvoir après l'indépendance, en dépit de l'opposition du mouvement contestataire des Forces de libération africaines de Mauritanie (FLAM) issues de la population noire de la vallée du fleuve Sénégal. En 1960, les « évolués », formés dans les écoles françaises, ont accédé au pouvoir. François Tombalbaye, premier président du Tchad, était instituteur. Les anciens dominés des temps précoloniaux ont eu tendance à abuser de leur pouvoir au détriment des anciens dominants. Leur comportement assorti d'exactions a eu pour conséquences soit des coups d'État militaires (Mali, Niger), soit des guerres civiles (Tchad). La mise en place d'institutions démocratiques, au moins en apparence (le Mali a été présenté comme un modèle au cours de la présidence d'Alpha Oumar Konaré), n'a pas éliminé les tensions structurelles internes à ces États. Tous se caractérisent par une **fracture centre/périphérie**. Les capitales, situées dans la partie sud de territoires concentrant la majorité de la population et des activités économiques (Bamako, Niamey, N'Djamena), se soucient peu de lointaines périphéries qui se sentent délaissées. De même qu'en République centrafricaine ou au Soudan, ce syndrome de territoires en déshérence constitue le terreau de rébellions contre un centre qui accapare les ressources de l'État, les ignore, tout en refusant leur autonomie.

Pour aller plus loin
Au Mali, une cohésion sociale minée par les conflits
liennathan.fr/a8g28c

Exploitation aurifère et conflits dans la zone saharo-sahélienne

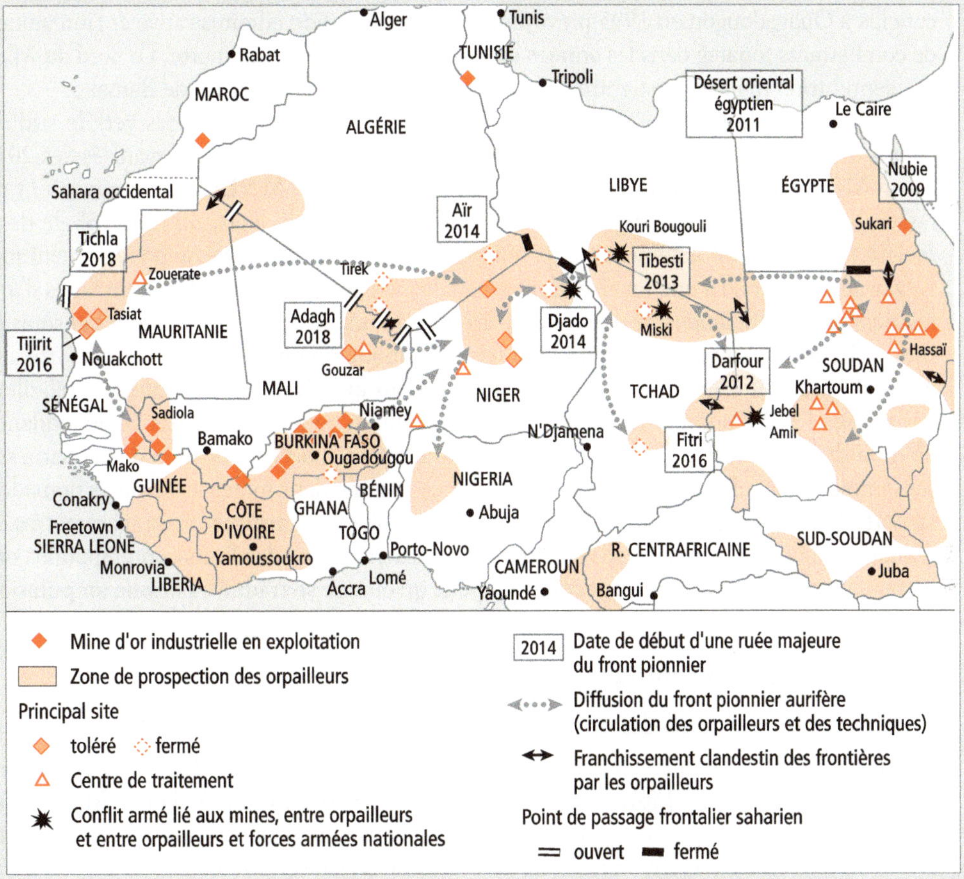

Source : « Géopolitique du Sahel et du Sahara », *Hérodote*, n° 172, 2019.

1. Les Touareg et la tentation séparatiste

La question touareg se pose depuis que le partage colonial a fait exploser les anciennes organisations sociospatiales saharo-sahéliennes provoquant l'éclatement de l'espace de vie des Touareg, désormais répartis entre plusieurs États : Mali et Niger, principalement, Algérie et Burkina Faso. Les indépendances ont eu pour conséquences d'aggraver la marginalisation d'espaces périphériques éloignés des centres de décision politique et de créer un sentiment de déclassement parmi les anciens seigneurs du désert. Des mouvements rebelles se sont manifestés dès les années 1960, dans la lignée de ceux qui jalonnèrent la période coloniale, mais ils n'ont pris une réelle importance que dans les années 1990, avec notamment la création d'un **Front de Libération de l'Azawad (FLA)**. Pour les promoteurs de ce mouvement, l'Azawad correspond aux régions administratives de Kidal, Tombouctou et Gao, peuplées non seulement de Touareg, mais aussi de Songhaï, Peuls et Arabes, censés être solidaires dans leur révolte contre l'État centralisateur malien hérité de la colonisation. Au Niger voisin, en 1989, le président Ali Seibou encourage les Touareg émigrés en Libye et en Algérie à regagner leur pays d'origine. Près de 18 000 d'entre eux se retrouvent dans le camp de réfugiés de Tchin Tabaraden, malheureusement sans que rien n'ait été organisé pour leur réinsertion. S'ensuivent émeutes et répression violente en 1991, avec pour conséquence la formation de groupes de guérilla et le rapprochement avec les groupes rebelles du Mali. Des accords conclus à Ouagadougou en 1995 prévoyant une réorganisation administrative et l'intégration de combattants touareg dans les armées nationales sont restés lettre morte. Le nord du Mali, le « septentrion malien », est entré dans une dissidence de fait à l'égard de Bamako.

L'effondrement de la Libye de Kadhafi et le reflux d'hommes et d'armes vers le sud du Sahara donnent un nouveau souffle aux mouvements indépendantistes, réorganisés dès 2011 en un **Mouvement national de libération de l'Azawad (MNLA)**. Ce mouvement ne rassemble toutefois que quelques tribus du nord-est du Mali. L'organisation tribale de la société touareg est difficilement compatible avec un modèle territorial de pouvoir politique. L'Azawad correspond à une représentation spatiale éloignée des réalités de terrain faites d'une imbrication de populations ne partageant pas toutes les mêmes objectifs politiques et souvent rivales. Le MNLA a pu rapidement conquérir Tombouctou en 2012, mais s'est heurté aux forces d'Ansar Dine, groupe rebelle du **Touareg Iyad ag Ghali** qui avait dirigé la rébellion des années 1990. Porté par l'idéologie islamiste, celui-ci ne revendique pas l'indépendance du nord du Mali selon un schéma territorial irrédentiste, mais l'application de la charia sur l'ensemble du Sahel. L'identité touareg, malmenée comme dans toutes les sociétés nomades, en porte-à-faux par rapport au découpage territorial colonial, constitue un des paramètres de l'équation politique complexe des espaces saharo-sahéliens que les États contemporains ont du mal à maîtriser et tentent d'occulter de peur qu'elle ne se traduise par une amputation de leur territoire.

2. Du Mali au Sahel : la contagion de la guerre

a) Des mouvements islamistes sans frontière

La guerre qui éclate en janvier 2012 au nord du Mali, conséquence directe de l'intervention militaire de 2011 en Libye, coordonnée par l'OTAN, et de l'élimination de Mouammar Kadhafi, donne une impulsion nouvelle aux divers mouvements djihadistes qui se répandent au Sahara-Sahel. L'intervention militaire de la France en janvier 2013, justifiée par la préoccupation de maintenir l'intégrité territoriale du Mali et de lutter contre les divers mouvements qui la menacent, doit faire face non seulement à la rébellion touareg, mais aussi à la nébuleuse des mouvements djihadistes qui se réorganisent. Ansar Dine est rejoint par deux groupes djihadistes importants :

– **Al-Qaida au Maghreb islamique (AQMI)**, créé en 2007 quand le Groupe salafiste pour la prédication et le combat, issu du GIA algérien, a recentré ses activités au sud du Sahara ;

– le **Mouvement pour l'unicité et le djihad en Afrique de l'Ouest (MUJAO)**, né d'une scission d'AQMI. En 2013, celui-ci fusionne avec les Signataires par le sang (auquel est attribuée l'attaque du complexe gazier algérien d'In Amenas) pour former al-Mourabitoune.

Au printemps 2012, le MNLA, après avoir proclamé l'indépendance de l'Azawad et conquis les villes de Kidal, Tombouctou et Gao, en est chassé par les djihadistes du MUJAO et d'AQMI. L'avancée de ces derniers vers Ségou et Mopti, ouvrant la route de Bamako, est stoppée par la **mission française Serval**. Ce succès rapide ne met pourtant pas un terme à l'entreprise de déstabilisation des djihadistes qui, au contraire, se dilue dans tout le Sahel. **La mission Barkhane succède à Serval en 2014.** Elle se trouve confrontée à une situation de plus en plus confuse car les mouvements islamiques se recomposent et se dispersent désormais dans tous les États du Sahel, et même au-delà.

L'Azawad

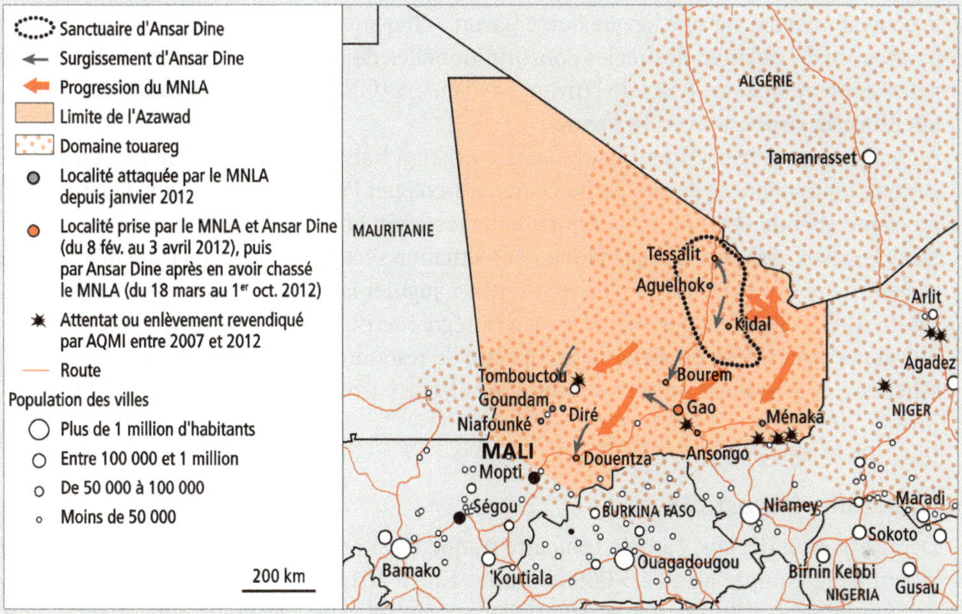

Source : *Un atlas du Sahara-Sahel*, sous la direction de Laurent Bossard, OCDE, Club du Sahel et de l'Afrique de l'Ouest, 2014.

Deux groupes rivaux se partagent désormais le devant de la scène :
– d'une part, l'**État islamique au Grand Sahara** (EIGS), issu du MUJAO et principalement constitué de Peuls. Il a fait allégeance à Daech. L'élimination de son chef, Adnan Abou Walid al-Sahraoui, par les militaires français durant l'été 2021, a affaibli l'EIGS, mais l'organisation ne manque pas de ressources en hommes pour continuer ses actions terroristes ;
– d'autre part, le **Groupe de soutien à l'islam et aux musulmans** (GSMI), formé en 2017 par le regroupement de quatre groupes (Ansar Dine, al-Mourabitoune, Katiba Macina et Katiba al-Furqan), très implanté dans le nord et le centre du Mali. La coalition, dirigée par Iyad ag Ghali et affiliée à AQMI, compte dans ses rangs un grand nombre de Touareg et de Peuls.

b) Insécurité croissante et coups d'État militaires

Les données collectées par l'ONG ACLED (*Armed Conflict Location and Event Data Project*) font état d'une augmentation constante du nombre d'attentats depuis 2020. La région des trois frontières (Mali, Niger et Burkina Faso) échappe de plus en plus au contrôle des États.

Les attentats commencent à faire tache d'huile au nord du Bénin et de la Côte d'Ivoire. La stratégie affichée des mouvements islamistes est de déstabiliser toute l'Afrique de l'Ouest, au nom d'une croisade de l'islam confondue avec un désir d'effacer les stigmates de la colonisation. Au Mali, les attaques meurtrières répétées contre les Forces armées maliennes (FAMa) ont mis au grand jour les faiblesses d'un État rongé par la corruption. C'est dans ce contexte de malaise croissant des forces armées qu'ont eu lieu les **coups d'État militaires au Mali et au Burkina Faso**.

À Bamako, en août 2020, l'armée renverse le président Ibrahim Boubacar Keïta en déclarant ouvrir une période de transition que devrait clore une consultation électorale. Moins d'un an plus tard, en mai 2021, un nouveau coup d'État militaire plus radical rend caduques les instances de la transition. Le nouvel homme fort, le **colonel Assimi Goïta**, entend asseoir le pouvoir militaire sur une longue durée (jusqu'à cinq ans), ce qui provoque la condamnation pour cause de violation des règles constitutionnelles de l'Union africaine et de la Communauté économique des États de l'Afrique de l'Ouest (CEDEAO) dont le Mali fait partie, et **accélère la rupture avec la France**.

À Ouagadougou, le président Roch Marc Christian Kaboré est renversé le 24 janvier 2022 par une junte militaire dirigée par le lieutenant-colonel Paul-Henri Sandaogo Damiba, autoproclamé chef de l'État avec pour mission de restaurer la sécurité au Burkina Faso.

Dans les deux cas, c'est la dégradation de la situation sécuritaire qui est à l'origine du renversement de pouvoirs civils qui n'ont pas réussi à juguler la menace des islamistes et, dans le cas du Mali, celle d'une possible atteinte à l'intégrité territoriale. Reste à savoir si les nouveaux dirigeants de ces deux pays auront la capacité de résoudre les problèmes structurels saharo-sahéliens, et avec quels moyens depuis que la France a annoncé son retrait du Mali.

D. L'IMPASSE MILITAIRE AU SAHEL

1. Une mission impossible

Depuis bientôt dix ans, l'armée française traque les mouvements islamistes au Sahel. Ses effectifs ont compté jusqu'à 5 000 hommes. Entre 2013 et fin 2021, elle déplore la mort de 53 militaires. Elle a certes remporté des succès, éliminé des chefs djihadistes, comme Abdelmalek Droukdel, ancien commandant d'AQMI, en novembre 2020, ou Abou Walid al-Sahraoui en août 2021. Mais comment venir à bout d'**actions de type guérilla, dispersées sur 5 millions de km^2** ? La supériorité technologique, en outre, ne suffit pas dans une **guerre asymétrique**[3].

Au fil des ans, après les succès initiaux de Serval, **l'image de l'armée française a fini par se dégrader**. Nombreux sont les Africains, principalement parmi les jeunes, qui la considèrent désormais comme une armée d'occupation après l'avoir applaudie. Les obstacles dressés en novembre 2021, au Niger et au Burkina Faso, pour entraver la progression d'un convoi militaire parti d'Abidjan à destination de Gao, sont révélateurs d'un état d'esprit anti-français qui n'a cessé de se répandre avec l'enlisement du conflit, faisant perdre le bénéfice du discours du président Macron prononcé à Ouagadougou en novembre 2017.

De nouvelles initiatives ont été mises en œuvre pour mener la lutte contre les rébellions et les mouvements djihadistes. En premier lieu, **le renforcement et la coordination des forces armées africaines**. Le G5 Sahel regroupant la Mauritanie, le Mali, le Niger, le Tchad et le Burkina Faso, créé en 2014 comme organe de coordination des actions de sécurité dans les espaces frontaliers, s'est doté en 2017 d'une force militaire, la Force conjointe du G5 Sahel,

3. Marc-Antoine Pérouse de Montclos, *Une guerre perdue. La France au Sahel*, J.-C. Lattès, 2020.

adossée à Barkhane. Elle devrait atteindre, à terme, 5 000 hommes, mais la formation et l'équipement se heurtent à un manque de combativité et à la corruption.

En deuxième lieu, à la suite d'un sommet tenu à Pau en janvier 2020, la Task Force Takuba, composée de forces spéciales d'une dizaine de pays européens, a été créée pour venir en appui à Barkhane et aux forces africaines, notamment dans la région critique du Liptako-Gourma (Mali-Niger-Burkina Faso). Mais en 2021, Paris a décidé de réduire le périmètre de Barkhane et de se retirer du Nord Mali (bases de Kidal, Tessalit, Tombouctou), provoquant une vive tension avec Bamako, qui a fini par s'adresser aux mercenaires russes de la société Wagner – déjà présents en RCA, où ils ont comblé le vide laissé par le départ des troupes françaises de l'opération Sangaris (2013-2016) – pour assurer la sécurité du Mali. Faux-nez du Kremlin, Wagner n'attendait que cette occasion pour étendre l'influence russe en Afrique : **le conflit régional du Sahel a pris une dimension de plus en plus internationale** [→ CH. 17].

2. Une révision stratégique nécessaire mais délicate

L'arrivée à l'automne 2021 des mercenaires de Wagner au Mali a précipité la rupture entre Bamako et Paris, scellée par le renvoi de l'ambassadeur de France puis par la décision, annoncée par le président Macron le 17 février 2022, d'un **retrait du Mali de l'opération Barkhane et de ses partenaires de Takuba**. La France n'entend pas pour autant quitter le Sahel, un redéploiement de ses forces devrait s'effectuer en direction du Niger. Reste à savoir comment les réorganiser afin que les mêmes causes ne produisent pas les mêmes effets. La confusion politique pourrait profiter aux mouvements djihadistes. Ceux-ci capitalisent en outre le bénéfice moral du départ précipité des États-Uniens d'Afghanistan durant l'été 2021 : l'échec de vingt années d'une guerre menée par la première puissance militaire mondiale donne un nouveau souffle à tous les combattants islamistes qui se rêvent talibans. Comparaison n'est pas raison, le Sahel n'est pas l'Afghanistan. Il n'empêche, l'issue militaire est tout aussi improbable à Bamako, Ouagadougou ou Niamey qu'elle l'était à Kaboul. Le règlement de la crise globale du Sahel ne pourra être que politique et venir des Africains eux-mêmes, et non pas d'une impossible pacification militaire conduite par des acteurs extérieurs avec des méthodes qui ont partout montré les limites de la supériorité technologique sur les « **fous de Dieu** ».

Pour aller plus loin
Mali : trancher le nœud gordien
liennathan.fr/k26e2k

Quelle qu'en soit l'issue, **les conflits locaux s'inscrivent désormais dans une stratégie mondiale**. En février 2022, l'invasion de l'Ukraine par la Russie a remis en cause des équilibres géopolitiques qui ne resteront pas sans répercussions sur le théâtre africain des conflits. La preuve en est que la résolution de l'ONU du 2 mars 2022 condamnant la guerre en Ukraine et demandant le retrait des forces russes est loin d'avoir fait l'unanimité en Afrique : huit pays n'ont pas pris part au vote et dix-sept se sont abstenus (sans compter l'Érythrée, qui a voté contre), dont naturellement ceux où Wagner est particulièrement actif (Libye, RCA, Soudan, Mali) ou ceux qui ont entretenu des liens historiques forts avec Moscou (Algérie, Congo-Brazzaville, Angola, Mozambique…). **Comme du temps de la guerre froide, l'Afrique redevient un champ de compétitions entre puissances impériales.**

IV. Les conséquences des conflits armés

A. L'AFRIQUE EN DEUIL

1. Le coût humain des guerres

Les pertes humaines dues aux conflits armés **se chiffrent par millions**. La plupart des victimes sont des civils. Il est difficile d'en donner des chiffres précis car aux causes directes s'ajoutent des causes indirectes, **maladies et famines** ajoutant leurs maux à ceux de la guerre dans un contexte de grande pauvreté et de carences criantes des structures de soin. Certaines ONG font aussi de la surenchère dans un marché de l'humanitaire très concurrentiel. C'est ainsi que les guerres dans l'est de la RDC donnent lieu à des évaluations contradictoires. L'ONG International Rescue Committee (IRC), en procédant par extrapolation à partir d'enquêtes localisées de mortalité, a annoncé en 2006 un chiffre de 4 millions de morts dus à la guerre, chiffre affecté année après année d'un coefficient d'augmentation pour atteindre 6 millions dix ans plus tard. Des travaux de démographes, notamment de l'Université Fraser de Vancouver, aboutissent à des résultats très inférieurs, divisant au moins par deux les chiffres avancés par IRC, manifestement surévalués. Il n'en demeure pas moins que **les guerres dans l'est du Congo ont été les plus meurtrières depuis la fin de la Seconde Guerre mondiale**.

La cruauté des violences exercées contre les civils suscite l'émotion de l'opinion publique occidentale lorsqu'elle découvre qu'en Sierra Leone, les miliciens du Front révolutionnaire uni (RUF) sèment la terreur en coupant mains ou bras (« manches longues », « manches courtes »). Aux horreurs de la guerre s'ajoutent les effets destructeurs, surtout sur les enfants, des mines antipersonnel dont de nombreuses régions ont été truffées, notamment en Angola. Au **Biafra**, les souffrances des populations civiles dues à la guerre ont été très médiatisées et sont à l'origine de la **création de Médecins Sans Frontières (MSF)**. L'ONG, qui compte désormais dix-neuf sections nationales, dont quinze en Europe, a joué un rôle pilote, au-delà de l'intervention médicale d'urgence, dans l'émergence de la réflexion et de l'action humanitaire. **MSF reste très présente en Afrique**, où il y a toujours des situations d'urgence.

2. La difficile réinsertion des miliciens et des enfants-soldats

Un des traits marquants des guerres africaines réside dans la place considérable qu'y tiennent les **milices** et dans le recrutement d'**enfants-soldats**, y compris des jeunes filles souvent utilisées comme esclaves sexuelles. L'image de ces enfants, affublés de défroques de hasard, une Kalachnikov en bandoulière, restera **emblématique de ces guerres qui se déroulent dans des milieux pauvres et prolifiques**, brutalement confrontés au tragique de l'histoire, comme l'illustre le roman d'Ahmadou Kourouma, *Allah n'est pas obligé*[4].

La fin des conflits soulève la question difficile de la **réinsertion des combattants démobilisés**. Beaucoup de miliciens aspirent à intégrer l'armée officielle qui confère un statut et, en principe, des moyens d'existence. Mais les capacités financières des États ne permettent pas de faire face à des demandes importantes. Consciente de l'importance de réinsérer les soldats dans la société civile, l'ONU finance des programmes de **désarmement, démobilisation, réinsertion (DDR)**. Des ONG interviennent aussi dans ce domaine, en particulier auprès des enfants-soldats qui ont vécu des traumatismes tels que le retour à la vie quotidienne est des plus difficiles. Le succès de ces différentes actions reste mitigé car les programmes de

4. Ahmadou Kourouma, *Allah n'est pas obligé*, Éditions du Seuil, 2000.

formation et les emplois proposés sont peu attractifs pour des jeunes qui ont eu l'habitude d'obtenir ce qu'ils souhaitaient par les armes. Seul le développement économique pourrait, à terme, résoudre ce problème et effacer les stigmates de la violence.

B. LES INTERVENTIONS EXTÉRIEURES

1. Une présence importante mais peu efficace de l'ONU

La prolifération des conflits n'a cessé d'élargir le champ d'intervention des forces des Nations unies en Afrique subsaharienne. Les Casques bleus sont devenus une figure permanente de l'Afrique depuis qu'ils sont apparus en 1960 dans la crise congolaise. Aujourd'hui, **les actions de maintien de la paix des Nations unies mobilisent des effectifs considérables** aux quatre points cardinaux du continent : au 30 septembre 2021, ils se chiffrent à plus de 70 000 personnes, comptant pour **86 % du total mondial**. Hors d'Afrique, seul le Liban compte plusieurs milliers de Casques bleus (plus de 17 000).

Que plus de quatre « soldats de la paix » sur cinq soient mobilisés en Afrique interroge. Les opérations de l'ONU arrivent souvent trop tard et n'ont pas toujours de mandats clairs. **Les soldats de la paix sont davantage spectateurs qu'acteurs** : ils ont quitté le Rwanda au moment du déclenchement du génocide. Ils se sont révélés impuissants à résoudre les conflits en RDC : malgré leur présence massive depuis 1999, malgré les effectifs les plus importants des missions de l'ONU (plus ou moins 20 000) et un budget annuel dépassant le milliard de dollars, ils n'ont pu rétablir une paix durable au Kivu. Pourtant, leur participation à des actions militaires a pu se révéler efficace : l'autorisation qui leur a été donnée en 2013, en vertu du chapitre 7 de la charte de l'Organisation des Nations unies, d'appuyer les Forces armées de la République démocratique du Congo (FARDC), s'est rapidement conclue par la défaite du M23, mouvement rebelle soutenu par le Rwanda. Reste à neutraliser les Forces démocratiques de libération du Rwanda (FDLR) – résidu des formations militaires et miliciennes hutues toujours présentes au Kivu – les milices d'auto-défense, et les ADF (*Allied Democratic Forces*), groupe rebelle musulman venu de l'Ouganda voisin, qui perpétue l'insécurité dans la région de Beni (Nord-Kivu) par des massacres récurrents de villageois.

Effectifs totaux des opérations de maintien de la paix de l'ONU par pays en 2021

Pays concernés	Effectifs totaux de l'ONU
Sahara occidental	482
RCA	15 498
Mali	18 010
RDC	17 688
Soudan – Abyei	3 815
Soudan du Sud	18 106
Total Afrique	**73 599**

Source : ONU, 30 septembre 2021.

2. La diplomatie africaine et le règlement des conflits

Après avoir été exclus de la gestion de leurs propres affaires pendant la colonisation, **les Africains ont commencé à récupérer l'initiative politique**. Ils affichent une **volonté d'être**

mieux représentés dans les instances internationales, en réclamant par exemple un ou deux sièges permanents au Conseil de sécurité de l'ONU. Quant aux grandes organisations continentales et régionales, elles interviennent de plus en plus dans les conflits, souvent en partenariat avec l'ONU.

a) Les forces africaines de maintien de la paix

L'**Union africaine** exprime régulièrement son ambition de **participer activement au maintien de la paix**. Elle intervient de fait dans les conflits les plus récents (Mali, RCA, Soudan du Sud). L'objectif est clairement de régler les problèmes de l'Afrique entre Africains, sans dépendre de puissances extérieures ou même de l'ONU. La CEDEAO est intervenue militairement pour la première fois, au début des années 2000, dans un conflit concernant un de ses pays membres, le Liberia. Les résultats, il est vrai, ont été peu concluants, une des difficultés étant d'harmoniser le commandement de troupes issues de pays anglophones, principalement le **Nigeria, qui estime que le leadership doit lui revenir**, et de pays francophones. Le comportement prédateur de certains militaires a par ailleurs terni leur image. Enfin, les capacités financières insuffisantes des institutions africaines limitent leurs possibilités d'action. Elles ne sont pas en mesure de faire face à la multiplication des conflits sans apports financiers ou logistiques extérieurs.

b) Les ambitions de l'Afrique du Sud

Première puissance économique continentale, **l'Afrique du Sud ne cache pas ses ambitions politiques** depuis que la fin de l'apartheid, en 1994, l'a réintégrée dans le concert des nations. L'aura dont bénéficiait Nelson Mandela a puissamment servi ce dessein. Son successeur Thabo Mbeki a fait preuve d'une intense activité diplomatique. L'Afrique du Sud a joué les premiers rôles dans la recherche d'une solution au conflit congolais : les **accords de Sun City et de Pretoria** ont été décisifs pour amorcer un dénouement à la crise. En Côte d'Ivoire, après l'échec des accords de Linas-Marcoussis de 2003, en France, le président sud-africain a tenté une médiation « entre Africains », sans grande réussite au demeurant. Son successeur, Jacob Zuma, est resté sur la même ligne, mais a été affaibli par ses démêlés avec la justice pour faits de corruption. Président depuis 2018, Cyril Ramaphosa tente de redorer l'image de l'Afrique du Sud. En s'affichant comme grande puissance continentale, celle-ci a commencé à susciter méfiances et jalousies.

C. LES RÉFUGIÉS : UNE QUESTION HUMANITAIRE ET GÉOPOLITIQUE

1. Le continent des réfugiés

L'Afrique bat des records en matière de réfugiés et personnes déplacées [→ CH. 2]. En 2020, le nombre de personnes déplacées de force (réfugiés, déplacés internes, demandeurs d'asile) s'élève, selon le HCR, à 29 millions pour un total mondial de 82 millions, soit 35 %. Chaque guerre précipite sur les routes des cohortes humaines cherchant à gagner un pays voisin. Le franchissement de la frontière leur confère le statut de réfugié : ils sont pris en charge par le Haut Commissariat des Nations unies pour les réfugiés (HCR). Les violences politiques peuvent aussi conduire des populations menacées à s'exiler dans d'autres régions sans sortir du territoire national. Ces personnes déplacées, ou IDPs (*Internally Displaced Persons*), de plus en plus nombreuses, ne bénéficient pas du statut de réfugié et de l'aide matérielle qui lui est liée. Elles méritent pourtant d'être secourues par l'action humanitaire, ce dont se sont chargées les ONG avant que le HCR commence à s'en préoccuper. Le nombre des réfugiés et déplacés varie en fonction de l'évolution des conflits, leur règlement entraînant, en principe, un retour vers le pays ou la région de départ. Mais, bon an mal an, l'Afrique compte entre le tiers et la moitié du total mondial. L'installation des réfugiés peut s'effectuer de façon diffuse lorsque le milieu d'accueil présente des affinités ethniques mais, le plus souvent, ils sont regroupés dans des camps qui peuvent dépasser les 100 000 personnes. Au nord-est du Kenya, **Dadaab est le plus grand camp du monde**. Installé en 1991, il a accueilli jusqu'à 500 000 réfugiés fuyant la Somalie. Trente ans plus tard, il compte encore quelque 200 000 personnes et constitue un foyer d'insécurité hébergeant des terroristes islamistes qui ont, à plusieurs reprises, commis des attentats au Kenya. Les autorités de Nairobi ont décidé en 2021 de le démanteler, mais la tâche risque d'être longue.

2. Les camps de réfugiés : un enjeu géopolitique

Le **regroupement dans des camps** permet l'organisation d'encadrements sociopolitiques favorisant une **culture de la revanche**. Les Tutsis rwandais réfugiés en Ouganda à la suite de la « révolution sociale » hutue de 1959 ont préparé la reconquête du pouvoir, trois décennies plus tard, après s'être aguerris militairement en participant au combat de Museveni, l'actuel président ougandais, pour s'emparer du pouvoir à Kampala. Entre 1994 et 1996, les camps de réfugiés hutus du Kivu (plus d'un million de personnes) ont servi de sanctuaire à l'armée rwandaise (les FAR, Forces armées rwandaises) défaite par l'Armée patriotique rwandaise des Tutsis (APR), et aux miliciens appelés *Interahamwe*, qui ont été les principaux exécutants du génocide. La menace qu'ils faisaient peser sur le nouveau pouvoir de Kigali a convaincu celui-ci de la nécessité de détruire les camps : l'offensive rapidement victorieuse de 1996 marque le début des guerres congolaises. Ces scénarios mettent en évidence une contradiction insoluble des organisations humanitaires qui prennent en charge, nourrissent et soignent des populations se préparant, dans certains cas, à une reprise des hostilités.

Nombre de réfugiés dans le monde en 2020

Régions	Nombre de réfugiés
Afrique subsaharienne	6 660 000
Moyen-Orient et Afrique du Nord	8 950 000
Amérique	760 000
Asie	7 060 000
Europe	2 920 000
Total	**26 350 000**

Source : UNHCR, 2020.

9 LA BOMBE DÉMOGRAPHIQUE

La démographie est une des composantes fondamentales de la géopolitique. L'Afrique tropicale, définie comme l'ensemble regroupant l'Afrique occidentale, centrale et orientale, en fournit une éclatante illustration. Elle est par excellence le lieu de l'« explosion démographique ». Jamais, dans l'histoire de l'humanité, des taux de croissance aussi forts sur une période aussi longue n'ont été enregistrés à l'échelle d'un sous-continent : depuis environ un demi-siècle, la population de l'Afrique tropicale double en une génération. Cette région du monde sera la seule à connaître une augmentation considérable de sa population au cours du XXIe siècle. Tout se passe comme si, après des siècles d'une stagnation très largement imputable à la traite des esclaves et au choc colonial, elle avait entrepris de rattraper son retard, non pas selon un plan préétabli, mais parce qu'elle est portée par un de ces mouvements profonds qui rythment l'histoire humaine sans qu'on en comprenne tous les ressorts. Si le XXIe siècle doit être le « **siècle de l'Afrique** », c'est assurément sur le plan démographique. Simultanément à ce bouleversement mondial dans la répartition des masses humaines, une véritable révolution urbaine est en marche depuis que les Africains ont commencé à quitter massivement la brousse. L'urbanisation progresse sur un rythme inégalé, engendrant des situations difficiles à gérer. La brutalité de la croissance a pour effet mécanique un extraordinaire gonflement des classes d'âge jeunes : l'Afrique est le continent de la jeunesse. Cette caractéristique de sa population a des conséquences d'une importance géopolitique capitale qui marquera le XXIe siècle.

Notions principales

Exception démographique africaine : l'Afrique tropicale est un cas unique dans la démographie mondiale du XXIe siècle. Tandis que, dans le reste du monde, la croissance de la population est faible, voire négative, sa fécondité se maintient à des niveaux très élevés. Sa population double en une génération, rebattant les cartes de la distribution mondiale de la population.

Investissement démographique : la croissance de la population représente un coût économique (éducation, formation professionnelle) qui, dans certains cas, absorbe les bénéfices de la croissance économique et représente un frein au développement.

Pays émergent : rompant avec la dichotomie pays développés/pays sous-développés, la catégorie des pays émergents désigne ceux qui sortent du sous-développement (pays à développement intermédiaire de la Banque mondiale).

Révolution contraceptive : l'usage des contraceptifs s'est généralisé au cours du XXe siècle, provoquant une diminution très rapide des taux de fécondité et le ralentissement de la croissance démographique mondiale. L'Afrique tropicale est très en retard dans cette évolution.

CHRONOLOGIE

Milieu du XVIIe siècle : La population de l'Afrique est estimée à 100 millions d'habitants, soit 20 % de la population mondiale.

1950 : La part de l'Afrique dans la population mondiale n'est plus que de 7 %.

1994 : Génocide rwandais

2009 : La population de l'Afrique franchit la barre du milliard d'habitants.

2020 : La part de l'Afrique dans la population mondiale atteint 17 %.

I. Une croissance démographique exceptionnelle et incontrôlée

A. L'EXPLOSION DÉMOGRAPHIQUE

Phénomène majeur de l'Afrique au sud du Sahara, l'explosion démographique se traduit par un **doublement de la population sur une période de 25 à 30 ans**. Les effectifs sont passés d'une centaine de millions d'habitants à 700 millions entre le début et la fin du XXe siècle. En 2019, la population (Soudan inclus) est estimée à 1,1 milliard, contre 200 millions pour l'Afrique septentrionale. Les projections moyennes pour 2050 s'établissent respectivement à 2,2 milliards et 290 millions d'habitants.

1. Des données souvent incertaines

Ces chiffres du *World Population Data Sheet*, publié annuellement par le Population Reference Bureau, ne sont que des approximations : la désorganisation administrative de certains pays, l'importance des « zones grises » vivant en marge de tout contrôle d'État posent la **question de la fiabilité des recensements de population**. Que signifie le chiffre de 87 millions attribué à la RDC pour 2019, alors que le dernier recensement remonte à 1984 et qu'on ignore ce qui se passe réellement dans des zones très étendues que l'insécurité ou le manque d'infrastructures de communication rendent difficilement accessibles ? Il n'est pas rare, par ailleurs, que **les chiffres soient délibérément faussés pour des raisons politiques**. Le **Nigeria** en offre un exemple fameux. Lors du premier recensement post-indépendance, en 1963, les résultats furent souvent gonflés par des responsables politiques locaux qui en escomptaient l'attribution de davantage de postes à vocation politico-administrative et de subsides, en raison des quotas fondés sur l'importance des groupes ethno-régionaux. Pendant près de trois décennies, les évaluations de la population, établies à partir de ces données erronées en les affectant d'un coefficient de croissance annuelle, eurent pour effet d'amplifier le gonflement initial. Ce n'est qu'en 1991 qu'un recensement réalisé sur des bases scientifiques révéla l'ampleur de l'écart entre les résultats obtenus – qui furent immédiatement mis en doute – et les publications officielles. Le Nigeria perdait 35 millions d'habitants, passant de 120 à 85 millions… avant de repartir à la hausse. En 2019, il compterait 200 millions d'habitants.

Au Gabon, on ne joue pas sur les grands nombres, mais le recensement a longtemps été un enjeu géopolitique. Estimant que les résultats des recensements étaient trop bas, portaient atteinte à l'image régionale du Gabon et le privaient de certaines aides, les deux premiers présidents, Léon Mba et Omar Bongo, ont régulièrement proclamé des résultats augmentant d'un bon tiers l'effectif de la population. Pour la première fois, les résultats du recensement de 1993 n'ont pas été modifiés par le pouvoir, l'opposition ayant fait en sorte qu'il n'y ait pas falsification des chiffres : le droit à la vérité, la liberté de publier sont alors apparus comme une des conquêtes de la démocratie. De fait, le Gabon rétrograda de 1,4 million à 1 million d'habitants. Le recensement de 2003 a vu à nouveau le politique biaiser les données scientifiques, plus modestement qu'auparavant il est vrai. Pour les démographes, la population probable se situait entre 1,2 et 1,3 million d'habitants, dont au minimum 15 % d'étrangers, mais le gouvernement a proclamé, en 2005, des résultats fixant la population à 1,4 million. Lors du dernier recensement, en 2013, la population a été évaluée à 1,8 million d'habitants dont 20 % d'étrangers, chiffres acceptables.

2. Des projections encore moins sûres

La prospective en matière démographique est aussi aléatoire que dans le champ de l'économie. Elle s'appuie sur des projections de tendances dont rien n'indique qu'elles ne s'inverseront pas dans les années à venir. La véritable révolution démographique que la Tunisie a vécue, en un laps de temps très court, en se rapprochant du comportement démographique de l'Europe, devrait faire réfléchir les prévisionnistes. On prétendait, jusque dans la seconde moitié du XXe siècle, que la baisse de la fécondité était inconcevable en pays musulman, étant donné le statut supposé des femmes. Or, l'indice synthétique de fécondité (ISF*) est tombé à 2 en Tunisie, ce qui assure tout juste le renouvellement des générations. L'Afrique tropicale, dernier bastion mondial des fécondités élevées, serait-elle incapable d'une évolution comparable ? Les extrapolations en matière de population sont de toute façon hasardeuses, en Afrique sans doute plus qu'ailleurs, ne serait-ce qu'à cause des **effets à long terme du sida**, qui restent **une grande inconnue** et sur lesquels les avis divergent. Ce qui est sûr, c'est que le sida exerce des effets de ralentisseur de la croissance démographique. Ce qui l'est moins, c'est l'ampleur de ce ralentissement dans ses inégalités géographiques.

Indicateurs démographiques

	Population mi-2019 (millions)	Projection en 2050 (millions)	ISF	Mortalité infantile (pour 1 000)	PNB en p.p.a par hab. (en dollars US)
Afrique	1 308	2 489	4,1	45	5 500
septentrionale (Soudan inclus)	242	372	3,2	22	11 000
occidentale	391	796	5,1	55	4 330
orientale	434	851	4,3	40	2 400
centrale	174	383	5,4	62	4 640
australe	67	87	2,5	28	12 900
Monde	7 714	9 748	2,4	28	18 300
Europe	747	712	1,6	4	36 670

Source : *Population et Sociétés*, n° 569, septembre 2019.

B. DES FACTEURS D'EXPLICATION COMPLEXES

1. Une transition démographique inachevée

L'Afrique noire est **entrée tardivement mais brutalement dans la transition démographique**, avec un décalage considérable entre la première phase, la baisse de la mortalité, déjà très avancée, et la deuxième phase, la baisse de la fécondité, à peine amorcée. C'est cette distorsion qui explique l'exceptionnelle vigueur de la croissance.

DÉFINITION

ISF (indice synthétique de fécondité) : nombre d'enfants moyen par femme au cours de sa vie féconde.

a) La baisse incomplète de la mortalité

Le **recul de la mortalité**, relativement récent, ne s'est fait sentir qu'**au lendemain de la Seconde Guerre mondiale**, lorsque les métropoles coloniales mirent en place des politiques sanitaires efficaces. Les débuts de la colonisation avaient en revanche été catastrophiques. Le **contact colonial** s'est en effet traduit par un choc démographique provoquant une véritable **hémorragie de la population**. En Afrique équatoriale, les groupes littoraux furent les premiers à être victimes d'un « ethnocide de contact » qui n'est pas sans rappeler les situations vécues quelques siècles plus tôt dans le Nouveau Monde. De nombreux témoignages attestent de la réalité de ces pertes humaines dues aux maladies introduites par les Européens, à l'abus des mauvais alcools de traite, à la fragilisation sanitaire consécutive aux conditions du travail, au portage forcé, à la démoralisation de peuples n'ayant plus la maîtrise de leur destin. Certaines parties de l'Afrique centrale auraient pu perdre jusqu'à un tiers sinon plus de leur population durant les premières décennies de la colonisation, avant que l'administration se préoccupe de protéger un capital humain menacé de disparaître. À cela s'ajoute ce fait troublant que de nombreux groupes ethniques de cette partie de l'Afrique ont longtemps présenté une fécondité anormalement basse, associée à des taux élevés de stérilité pour partie dus aux maladies sexuellement transmissibles non soignées. La situation ne s'est progressivement normalisée qu'après l'indépendance, avec les progrès médicaux, l'urbanisation et, sans doute, les conséquences psychosomatiques de la dignité retrouvée. Les travaux du **Centre international de recherches médicales de Franceville (CIRMF)** au Gabon, un des centres de recherche les plus performants d'Afrique noire, financé par Elf Gabon (aujourd'hui Total Gabon) et la coopération française, ont contribué à résoudre le volet médical de cette hypofécondité qui relève désormais du passé.

Les conditions de la mortalité ont changé du tout au tout avec les **progrès de la médecine tropicale**, les **campagnes de vaccination**, l'**amélioration globale de la santé publique**, même si beaucoup reste à faire. Le **taux de mortalité** a chuté de 40-45 ‰ à moins de 10 ‰. Il reste cependant **le plus élevé des cinq continents**, la moyenne mondiale étant de 8 ‰. Cette différence est d'abord due à une **mortalité infantile et juvénile plus forte qu'ailleurs, bien qu'en diminution constante**. Les fièvres endémiques, le paludisme en premier lieu, et les maladies hydriques provoquées par une mauvaise hygiène, viennent en tête des causes de mortalité des petits enfants. À cela s'ajoutent les conséquences des guerres, qui provoquent un regain de mortalité en portant préjudice aux systèmes de santé, et celles du sida. Il en résulte que **l'espérance de vie à la naissance est encore inférieure à 60 ans**, et qu'elle a même diminué dans les pays les plus gravement touchés par le sida, comme le Botswana ou le Swaziland (Eswatini).

b) Une fécondité exceptionnellement élevée

L'évolution de la fécondité n'a pas suivi la courbe descendante de la mortalité. **L'indice synthétique de fécondité est de loin le plus élevé de la planète** : il dépasse 5 enfants par femme, sauf en Afrique septentrionale et australe (pour une moyenne mondiale de 2,4). Le Niger détient le record absolu avec un ISF qui, bien qu'ayant amorcé une légère baisse, est encore de 6,8 enfants par femme en 2019. On observe certes des différences selon les pays, mais on peut affirmer sans hésiter que l'Afrique tropicale[1] est le continent de la maternité.

Les attitudes natalistes sont toujours fortement ancrées parmi des populations encore majoritairement rurales et très attachées à la tradition. Elles ont gardé un comportement

1. L'Afrique tropicale comprend l'ensemble des pays d'Afrique occidentale, centrale et orientale de la nomenclature des Nations unies.

d'ancien régime démographique, dans lequel le grand nombre de naissances était compensé par une mortalité élevée des enfants en bas âge. L'âge de la première naissance est souvent précoce et les coutumes qui permettaient autrefois d'espacer les naissances tombent en désuétude. L'Afrique tropicale représente le dernier des grands sous-ensembles mondiaux dans lequel la deuxième phase de la transition est à peine amorcée.

En observant les mouvements séculaires de l'histoire de la population mondiale, on est enclin à penser que **l'Afrique est en train de combler le retard de quelques siècles de stagnation démographique** : elle devrait retrouver en 2025 le même pourcentage de la population mondiale que celui présumé avoir été le sien au début du XVIIe siècle, soit 17 %. Ces projections sont certes aléatoires, des changements soudains pouvant survenir, comme on a pu l'observer dans d'autres parties du monde. Dans l'immédiat, cependant, le grand écart entre la fécondité et la mortalité constitue une donnée structurelle fondamentale, et certainement une des causes essentielles des crises du continent. Comment, en effet, les économies africaines peuvent-elles faire face à une **croissance démographique de 2,5 à 3 % par an**[2] ?

Les taux de croissance à l'échelle continentale

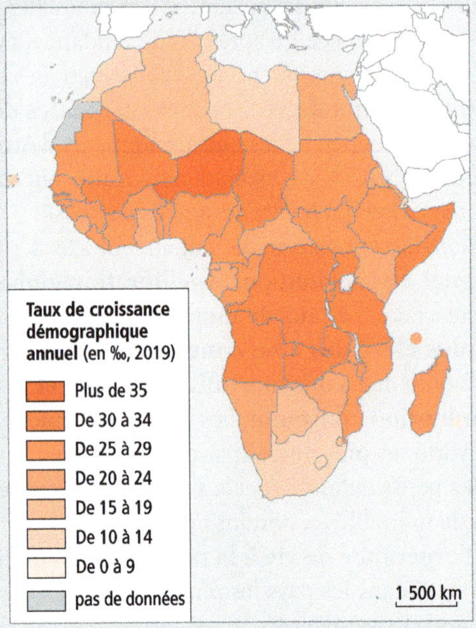

Source : Nations unies, *Division de la population*, 2019.

2. Pour aller plus loin, voir les ouvrages suivants :
Benoît Ferry (dir.), *L'Afrique face à ses défis démographiques. Un avenir incertain*, AFD-CEPED, Karthala, Paris, 2007.
Henri Leridon, « Afrique subsaharienne : une transition démographique explosive », *Futuribles*, n° 407, juillet-août 2015.
John F. May, Jean-Pierre Guengant, *Démographie et émergence économique de l'Afrique subsaharienne*, Bruxelles, Académie royale de Belgique, 2020.

2. Les obstacles à la contraception

Réduire la fécondité est devenu une urgence pour l'Afrique tropicale, sous peine de courir le risque d'un chaos généralisé. La dimension démographique des conflits ne saurait être occultée. Sans changement radical des comportements et des politiques de population, on peut craindre une extension des violences liées à la compétition foncière, à l'accès aux ressources, à l'incapacité des sociétés à faire face à la brutalité de la croissance démographique qui obère l'insertion socio-économique de la jeunesse. Or, la régulation des naissances rencontre de nombreuses résistances. **Rares sont les États à avoir pris la mesure de l'enjeu démographique.** Dans des sociétés encore largement dominées par les hommes, nombreuses sont les femmes qui n'ont ni les moyens ni l'éducation qui leur permettraient de maîtriser le processus reproductif. De nombreuses enquêtes ont montré qu'elles privilégient, tout comme les hommes, un idéal de famille de 6 à 8 enfants. Les campagnes en faveur de l'utilisation du préservatif, quand elles existent, visent beaucoup plus la protection contre le sida que la régulation des naissances. **La contraception se heurte à des obstacles culturels mais aussi économiques.** Les familles pauvres ne peuvent en supporter le coût ; les contraceptifs ne sont pas partout accessibles par suite des lacunes de la distribution. Les avortements, plus fréquents qu'on ne le pense, ne sont qu'un palliatif, non sans danger, de grossesses non désirées.

Comparée au reste du monde, **l'Afrique est très en retard dans la « révolution contraceptive »** sans laquelle la transition démographique ne peut aboutir : un quart seulement des femmes subsahariennes pratiquent une méthode de contraception moderne, pour une moyenne mondiale de près des deux tiers.

II. Le continent de la jeunesse

A. LE POIDS DES JEUNES

L'Afrique compte, en 2019, 41 % de moins de 15 ans, pour seulement 3 % de plus de 60 ans. En Europe, ces deux pourcentages sont respectivement de 16 % et 17 %. Un continent jeune face à un continent vieilli : les données de base des relations géopolitiques euro-africaines sont là[3].

Les pyramides des âges, plus élargies à la base que partout ailleurs dans le monde, donnent une image qui parle d'elle-même de l'exception africaine.

L'importance des classes d'âge jeunes aura pour effet mécanique le report à une date éloignée du moment où la croissance démographique pourrait cesser : même si le taux de fécondité baisse de façon significative, le nombre de femmes en âge de procréer restera longtemps si élevé que l'augmentation de la population n'est pas prête de s'arrêter. Il faut compter avec l'« inertie démographique », sauf à imaginer des catastrophes qui agiraient comme régulateur de la population.

La jeunesse pèse d'un poids considérable sur les économies africaines. L'investissement dans le **secteur éducatif** est si lourd qu'il ne permet l'accès à une formation de qualité qu'à une minorité : l'école devient un lieu d'inégalité et de frustration. Quel avenir pour les déscolarisés aigris par leur échec ? Avec un taux de croissance démographique de 2,5

3. Voir, à ce sujet, Stephen Smith, *La Ruée vers l'Europe. La jeune Afrique en route pour le Vieux Continent*, Grasset, 2018.

à 3 % par an, les États d'Afrique tropicale ont peu de marge de manœuvre. Quels que soient les régimes politiques, ils manquent de moyens pour faire face à l'immensité des besoins. Il n'existe pas d'autre solution à terme qu'une réduction drastique de la croissance démographique, donc de la fécondité. Les élites africaines commencent à en prendre conscience, avec beaucoup de retard sur le reste du monde. La transition démographique devrait s'accélérer, mais l'insertion des jeunes restera longtemps encore une question cruciale.

■ **Population**

	% de moins de 15 ans	% de plus de 60 ans
Monde	26	8
Europe	16	17
Afrique	41	3
Tunisie	24	8
Niger	50	4
Ouganda	47	2

Source : Population Reference Bureau, 2019.

B. L'INSERTION DES JEUNES : UN DÉFI INÉDIT

Il n'est pas exagéré de dire que la situation de l'Afrique subsaharienne est totalement inédite. L'histoire humaine ne donne pas d'exemples, autres qu'étroitement localisés, de sociétés confrontées à de tels rythmes de croissance démographique dans la longue durée.

1. Quel emploi pour quel futur ?

Les jeunes Africains s'interrogent, non sans raison, sur leur avenir. **Le modèle d'ascenseur social de la génération précédente ne fonctionne plus.** L'école et l'université ont cessé d'être les sésames qui ouvrirent, aux premiers temps de l'indépendance, les portes rêvées de la fonction publique. Pire, sous l'injonction du FMI, l'État a « dégraissé » depuis les années 1980 : la mise en place des programmes d'ajustement structurel, ces fameux PAS dont il faudra bien mesurer un jour la responsabilité dans l'aggravation des crises africaines, a eu des conséquences très négatives pour les jeunes citadins dont les perspectives d'emploi ont fondu comme peau de chagrin. La **prolifération de l'informel**, signe manifeste de l'échec des politiques économiques, n'est qu'un pis-aller. Loin d'être la panacée dont les institutions internationales commencent à vanter les mérites, l'informel ne résout pas tous les problèmes et permet rarement de sortir de la précarité. Les jeunes le savent qui s'interrogent sur leur futur pour conclure, de plus en plus fréquemment, que l'espoir le plus sûr d'en construire un passe par l'**émigration**.

Les conséquences géopolitiques de la croissance démographique se font désormais sentir à l'échelle mondiale, et surtout dans les flux migratoires en direction de l'Europe. Traverser la Méditerranée ou tenter de pénétrer dans les enclaves espagnoles de Mellila et Ceuta, portes d'un paradis européen fantasmé, est devenu l'horizon d'un nombre croissant de jeunes. Ces événements, souvent dramatiques et largement médiatisés, ne sont que le signe avant-coureur d'un phénomène qui prend chaque année davantage d'ampleur. Selon un sondage de 2021, plus de la moitié des jeunes Tunisiens expriment le désir d'émigrer, principalement en Europe.

Pyramides des âges

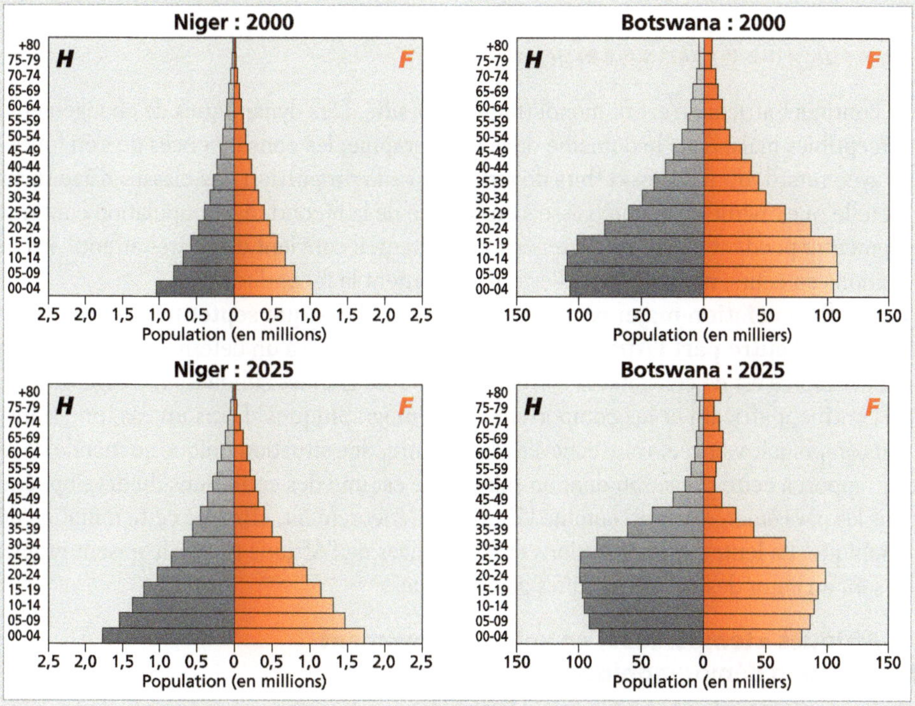

Source : U.S. Census Bureau, International Data Base.

2. Un facteur d'instabilité

a) Marginalisation et délinquance

La jeunesse est porteuse d'instabilité. L'assertion a valeur universelle, mais, dans le cas de l'Afrique, elle prend un relief particulier, principalement en milieu urbain. La **croissance démesurée des villes** engendre sous-emploi, délinquance et violence. Les laissés-pour-compte de l'urbanisation sont de plus en plus nombreux dans les grandes métropoles : orphelins, enfants abandonnés par des parents trop pauvres. Le **phénomène des enfants des rues** et de la prostitution précoce s'est banalisé, avec pour conséquence une augmentation de la **délinquance** comme moyen de survie.

b) La tentation de la violence : de la bande aux milices

La propension des jeunes à vivre en groupe les prédispose à s'engager au service de meneurs qui leur font miroiter des moyens d'existence, ouvrant ainsi la voie à toutes sortes de manipulations. Les guerres civiles ne cessent d'en faire la démonstration. Les **enfants soldats**, aujourd'hui enfants djihadistes, sont le témoignage cruel de l'incapacité des sociétés à proposer à une fraction de leur jeunesse en déshérence autre chose que la violence et la milice. Cela devrait convaincre les responsables politiques d'intervenir en amont en menant une action déterminée pour réduire la natalité. Sans cela, un règlement durable des crises reste peu probable. En d'autres termes, **il n'y a pas d'autre choix qu'entre le préservatif aujourd'hui et la kalachnikov demain**.

III. Des évolutions contrastées

A. LES AFRIQUES DÉMOGRAPHIQUES

Le continent africain n'est ni monolithique ni ossifié. Des dynamiques de changement sont perceptibles mais, dans le domaine de la démographie, les conséquences ne s'en font sentir qu'avec retard, du fait des « effets de structure » : la proportion des classes d'âge fécondes est telle que, même avec une baisse significative de la fécondité, la population continuera à augmenter pendant plusieurs décennies. Cela étant, il convient d'être très attentif aux modifications en cours, notamment celles qui concernent la fécondité.

Une différenciation majeure oppose d'une part l'Afrique septentrionale et l'Afrique australe, d'autre part l'Afrique tropicale. Sans sacrifier à un déterminisme naturaliste ou culturel, force est de constater la corrélation entre les grandes subdivisions biogéographiques du continent africain et les comportements démographiques. Dans un cas, une transition démographique avancée, voire achevée, dans l'autre, une situation unique au monde de retard par rapport à cette transition dont on sait qu'elle est une des conditions du développement : tous les pays émergents ont, comme l'Europe antérieurement, effectué cette mutation démographique. La lenteur des évolutions et les blocages de l'Afrique tropicale posent problème ; ils sont au cœur des problématiques géopolitiques.

1. Les Afriques « tempérées », en voie d'achèvement de la transition démographique

Les **pays du Maghreb** sont entrés dans une phase d'accélération si rapide de la transition démographique qu'on pourrait parler de « révolution ». Dans des pays dont on doutait des capacités d'évolution des pratiques de natalité, dont le carcan de l'islam était souvent présenté comme responsable, **le changement a été radical**. La fécondité s'est effondrée au cours des dernières décennies : l'ISF n'est plus que de 2,2 en Tunisie – record absolu pour l'Afrique continentale –, 2,4 au Maroc, 3 en Algérie, cette dernière enregistrant cependant une légère reprise de la fécondité. La différence avec l'Afrique tropicale et ses 5,5 enfants par femme est considérable, mais on est en droit de penser que cette dernière prendra à son tour le train d'un changement qui pourrait être plus rapide que ce qu'annoncent les prévisions démographiques.

L'Afrique australe a suivi la même voie que le Maghreb : l'ISF moyen n'y est plus que de 2,7. Ce qui la distingue de l'Afrique du Nord n'est plus la natalité, mais la mortalité : celle-ci reste relativement élevée (10 ‰ contre 6 ‰), du fait principalement de l'incidence du sida. Ces deux sous-ensembles se caractérisent par les taux d'urbanisation les plus élevés du continent : en 2015, Algérie 71 %, Maroc 60 %, Afrique du Sud 65 %, contre 45 % en moyenne pour l'Afrique tropicale. La corrélation ne fait aucun doute entre urbanisation et fécondité. Elle se vérifie en Égypte avec l'ISF le plus élevé (3,5) et le taux d'urbanisation le plus bas (43 %) de l'Afrique septentrionale.

2. L'Afrique tropicale, bastion des plus fortes natalités mondiales

Combien de temps encore l'Afrique tropicale détiendra-t-elle le record mondial de la fécondité ? C'est une des questions géopolitiques cruciales à l'échelle planétaire, une de celles pour lesquelles les réponses sont des plus incertaines. L'avenir n'est pas écrit, mais une chose est sûre : **il est impossible que les tendances actuelles se perpétuent**. Il faut par conséquent être très attentif aux évolutions en cours qui portent en germe la nécessaire révolution démographique.

Ces évolutions sont lentes, rares sont les leaders politiques convaincus de l'urgence d'une mise en œuvre de politiques de population. La majorité d'entre eux ne se départissent pas de la **double représentation d'un continent « sous-peuplé »** et du **nombre comme facteur de puissance**. Des initiatives pour ralentir une croissance démographique inconsidérée voient cependant le jour. L'Éthiopie (le pays se souvient des famines des années 1970 et 1980 et s'inquiète de la perspective d'une population de 165 millions d'habitants en 2050) a récemment déployé plus de 35 000 agents de santé supplémentaires – *Health Extension Workers* – dont une des tâches est de promouvoir la contraception. Au Niger, le projet « École des maris » vise à responsabiliser les hommes, à les familiariser avec la planification familiale, à leur expliquer les dangers des mariages précoces.

Le **travail de sensibilisation, d'éducation, notamment des filles**, est une œuvre de longue haleine. Or, le temps presse, tous les démographes en sont convaincus. Un changement de paradigme s'impose pour que l'Afrique tropicale rejoigne les autres parties de ce qui constituait il y a peu le tiers-monde et qui, toutes, ont adhéré, avec plus ou moins de force, à la « **révolution du préservatif** ». Un ralentissement aussi rapide de la croissance démographique est en effet une condition nécessaire pour que l'Afrique capte à son tour, après l'Asie de l'Est et du Sud-Est, ce dividende démographique dont ont bénéficié dans le monde tous les pays émergents.

3. La diminution de la fécondité urbaine

La baisse de la fécondité passe par l'urbanisation. Les villes ont partout été dans le monde des ralentisseurs démographiques. L'Afrique suit le mouvement général avec simplement un décalage temporel. **En Afrique tropicale, la baisse de la fécondité urbaine a tardé à se manifester**, mais elle est désormais en cours. Les conditions de la vie citadine, le coût du logement, de la scolarisation, etc., incitent les familles à limiter le nombre d'enfants. Le mouvement a commencé parmi la population bénéficiant d'un niveau de formation élevé, universitaire et secondaire, avant de s'élargir à de plus larges couches de la population. Toutes les enquêtes menées ces dernières années en milieu urbain confirment la nette diminution de la fécondité : au cours des vingt dernières années, l'ISF a été ramené, en moyenne, de 6 à 4. Dans les villes du Kenya, le changement est spectaculaire, le nombre d'enfants par femme a été divisé par 2, passant de 7 à 3,5. **L'évolution devrait s'accélérer** dans les années à venir au fur et à mesure qu'augmentent les effectifs de la classe moyenne ; on peut penser raisonnablement qu'elle fera tache d'huile dans les campagnes, comme on commence à l'observer dans un nombre croissant de pays.

B. SANTÉ, DÉMOGRAPHIE ET DÉVELOPPEMENT

1. D'incontestables progrès sanitaires, accélérateurs de la croissance démographique

Contrairement aux représentations misérabilistes encore souvent véhiculées par les médias, la situation sanitaire de l'Afrique s'améliore. Les avancées vont de pair avec la croissance économique soutenue depuis le début du XXIe siècle. L'espérance de vie pour les deux sexes est passée de 44 ans en 1970 à 60 ans en 2019 (pour une moyenne mondiale de 73 ans). Cela est pour partie redevable à la **forte baisse de la mortalité infantile et juvénile**, même si celles-ci demeurent les plus fortes au monde. Dans les années 1960, la mortalité infantile des différents pays africains se situait entre 100 et 200 ‰, voire plus, la moyenne pour l'Afrique noire étant d'environ 200. Elle est aujourd'hui partout inférieure à 100, pour une moyenne continentale d'environ 50. Comme pour la fécondité, l'Afrique tropicale se distingue de l'Afrique septentrionale et australe par des taux de mortalité beaucoup plus élevés.

L'évolution de ces deux indicateurs illustre la réalité des progrès accomplis depuis les indépendances. La courbe de la mortalité devrait continuer à baisser – ce qui contribuera mécaniquement à l'augmentation de la population. L'amélioration des systèmes de santé, en ville principalement, un meilleur accès aux soins de base et à des médicaments génériques abordables, les campagnes de vaccination, l'aide multiforme d'ONG internationales, tout concourt à la baisse de la mortalité. Celle-ci reste cependant freinée par des **maladies endémiques inféodées au milieu tropical**, un animal vecteur servant à la transmission, le plus souvent un insecte : moustique dans le cas du paludisme, mouche tsé-tsé pour la transmission de la trypanosomiase (maladie du sommeil) ou simulie pour celle de l'onchocercose, une maladie qui rend aveugle. Le vecteur de la bilharziose (ou schistosomiase) est quant à lui un mollusque. La lutte contre ces grandes endémies relevant de systèmes pathogènes connaît des succès inégaux, corrélés à l'aménagement du territoire et à l'assainissement des milieux, à la coopération internationale (cas de l'onchocercose en Afrique de l'Ouest), à l'efficacité des encadrements sanitaires et donc au niveau global de développement. **Les progrès peuvent être remis en cause par un relâchement des systèmes d'alerte et de contrôle**, comme on a pu le constater avec la recrudescence de la maladie du sommeil qui avait été pratiquement éliminée dès avant les indépendances et est réapparue dans les zones en guerre (RDC, Soudan, République centrafricaine). Pour les mêmes raisons, le paludisme, première cause de mortalité en particulier des jeunes enfants, reste endémique dans les zones de forte insécurité désertées par les personnels de santé.

L'apparition du sida, qui frappe principalement l'Afrique australe, a eu pour effet de ralentir la baisse de la mortalité, voire d'inverser les courbes et d'abaisser l'espérance de vie à la naissance [→ CH. 11].

Il est toutefois beaucoup plus facile d'agir sur la mortalité (rares sont les personne qui refusent les soins) que sur la natalité car celle-ci renvoie à des pratiques et des systèmes de valeur ancestraux profondément ancrés dans les cultures. Les initiatives extérieures en faveur d'une baisse de la fécondité exposent par ailleurs à l'accusation d'ingérence, parfois même d'une forme sournoise d'un néocolonialisme qui chercherait à limiter l'augmentation du nombre d'Africains.

2. Une corrélation disputée entre croissance économique et dynamiques démographiques

La question est une de celles qui **suscitent le plus de débats**, une des plus biaisées aussi par l'idéologie qui, par exemple, dévalorise très souvent Malthus au lieu d'analyser les réalités le plus objectivement possible. Le malthusianisme est accusé de vouloir réduire la croissance démographique des pauvres pour préserver les privilèges des riches, pour ne pas avoir à partager les richesses limitées de la terre avec un nombre croissant de bouches à nourrir. Chaque famine suscite des polémiques sur les responsabilités : trop d'hommes pour une terre trop chiche, ou inégalités dans la répartition des ressources. Devant l'ampleur de l'explosion démographique du XXe siècle, l'humanité a pris la mesure des limites physiques de son habitat et de la nécessité de contrôler et limiter l'augmentation de ses effectifs. L'**équation pays prolifique / pays pauvre** appelle nécessairement une **réflexion sur les politiques de population**. La Chine, à partir des années 1970, a pris des dispositions drastiques de limitation des naissances qui ont ouvert la voie à la croissance exceptionnelle de son économie. Le modèle chinois n'est certainement pas réplicable, sans compter qu'il ne pouvait être durable, comme le montre l'abandon de la politique de l'enfant unique. Néanmoins, l'Afrique au sud du Sahara ne peut se dispenser d'une révision radicale de sa démographie si elle entend sortir du sous-développement qui caractérise encore la grande majorité des pays qui la composent.

Les économies nationales peu performantes **ne peuvent supporter le coût disproportionné de l'investissement démographique**. C'est dans une large mesure leur incapacité à créer des conditions de vie acceptables qui pousse les jeunes à émigrer, posant un des problèmes les plus complexes des relations Nord-Sud contemporaines [→ CH. 2].

ZOOM ▶ De Malthus à Marx et à Ester Boserup

On doit à Thomas Malthus (1766-1834) la première théorie générale de la population. Frappé par la misère d'une partie de la population anglaise, ce prêtre anglican mit sa formation d'économiste au service d'une réflexion sur les rapports entre démographie et économie. Son *Essay on the Principle of Population*, paru en 1798, connut un succès considérable. On en a surtout retenu l'équation selon laquelle la croissance des moyens de subsistance suivait une courbe arithmétique, alors que celle de la population suivait une courbe géométrique. Il en résultait une distorsion telle que les surplus de population ne pouvaient être épongés que par la guerre, les famines, les épidémies. Pour prévenir une telle situation, il fallait agir sur la croissance démographique en réduisant la fécondité par les moyens alors accessibles, mariage tardif et abstinence. Pour cela, Malthus, qui condamnait les méthodes contraceptives pour des raisons religieuses, comptait sur la responsabilité des individus.

L'œuvre de Malthus a connu, au cours du XXe siècle, des interprétations idéologiques qui l'ont réduite à des propositions anti-pauvres pour préserver les privilèges de la bourgeoisie par un contrôle de la reproduction des classes populaires. À l'inverse, Karl Marx et Friedrich Engels proposèrent, dans la seconde moitié du XIXe siècle, une alternative en mettant en exergue la force du prolétariat dont les luttes permettraient de se libérer de l'exploitation du capital. Les idéologies binaires du XXe siècle firent du « malthusianisme » une attitude réactionnaire, bientôt condamnée par les tiers-mondistes qui y voyaient un moyen pour l'Occident de ralentir son déclin démographique relatif. Le renversement radical des politiques démographiques de la Chine communiste et la démonétisation du marxisme dans les milieux intellectuels occidentaux ont contribué à dédiaboliser le malthusianisme.

La relation entre démographie et économie a fait l'objet d'études d'Alfred Sauvy qui sont toujours une référence, notamment le concept d'« optimum de population ». Quant à l'économiste danoise Ester Boserup, elle a réévalué la relation entre l'homme et les moyens de production dans son ouvrage classique *The Conditions of Agricultural Growth* (1965), en donnant la primauté à l'activité humaine, créatrice de richesse. Elle a reconnu par la suite que sa théorie ne valait que si la croissance démographique n'était pas trop rapide, comme c'est le cas actuellement en Afrique subsaharienne.

3. La transition démographique, condition de l'émergence

La plupart des pays d'Afrique subsaharienne se donnent comme objectif l'émergence, à un horizon variable, 2025 ou 2030 le plus souvent. L'émergence est le nouveau maître-mot, éclipsant le développement durable. Les responsables politiques africains se mobilisent pour entrer à leur tour dans le club des pays émergents. Or, si l'on considère la trajectoire des pays qui méritent cette qualification, tous, sans exception, ont achevé leur transition démographique ou sont en voie de l'achever. C'est à cette condition que le **dividende démographique** a pu soutenir leur croissance économique. Face à cette réalité indiscutable, les États d'Afrique noire font preuve de beaucoup de timidité, voire de résistance vis-à-vis du contrôle des naissances. Ils se privent par là de la fenêtre d'opportunité qui pourrait s'ouvrir à leur avantage en les plaçant dans une position comparable à celle qui a propulsé la croissance asiatique. À défaut d'un changement radical de politique, le bonus démographique court le risque de se transformer en malus.

10 URBANISATION ACCÉLÉRÉE ET RISQUES SOCIOPOLITIQUES

Avec l'explosion démographique, l'urbanisation accélérée est le trait le plus saillant de l'Afrique contemporaine, principalement au sud du Sahara, où la majorité des villes datent de la période coloniale. Quatre Africains sur dix sont désormais des citadins. À l'échelle du monde, l'Afrique est en phase de rattrapage. Entrée tardivement dans le mouvement mondial de transfert des populations du rural à l'urbain, elle connaît aujourd'hui des taux de croissance urbaine inégalés. À la fois pôles de développement et enjeux de pouvoir, les villes cristallisent les dynamiques de changement. Toutefois, la création d'emplois dans le secteur moderne de l'économie ne suit pas le rythme de la croissance démographique. L'urbanisation ne s'est pas accompagnée comme dans le reste du monde d'une industrialisation qui demeure embryonnaire. Le sous-emploi des jeunes rend les grandes villes explosives : la « bombe urbaine » fait peur, comme font peur les immenses bidonvilles et l'insécurité. Depuis la fin du XXe siècle, plusieurs capitales ont été le théâtre de guerres, ou d'émeutes violentes. Enfin, au cours des dernières années, de nombreuses villes ont été la cible d'attentats terroristes perpétrés par les mouvements islamistes.

Notions principales

Informel : désigne l'ensemble des activités économiques non fiscalisées qu'on oppose au secteur dit « moderne ». Le secteur informel, très diversifié, comprend des activités commerciales (micro-commerce), artisanales, de transport et de services divers (restauration de rue, réparation, etc.). Aux « petits métiers » s'ajoutent des activités structurées mais qui, échappant aux réglementations et ne payant pas d'impôts, sont aussi considérées comme « informelles ».

Quartier résidentiel fermé (*Gated community*) : ensemble résidentiel clos, sécurisé, gardé par un personnel privé, généralement armé, destiné à une population aisée qui se regroupe par affinité de classe et cherche à se protéger contre les agressions et les vols perpétrés par des habitants des quartiers pauvres. Type d'habitat originaire des États-Unis et caractéristique des villes d'Afrique du Sud où il se superpose à la ségrégation raciale.

Taux d'urbanisation, ou taux de population urbaine : pourcentage de la population d'un pays (ou d'un continent, d'une région ou autre entité territoriale) résidant en ville. Ne pas confondre avec le taux de croissance urbaine qui mesure l'augmentation de la population des villes pendant une période donnée, généralement une année.

CHRONOLOGIE

1652 : Fondation de la ville du Cap
1857 : Fondation de Dakar
1902 : Fondation de Nairobi
1923 : Transfert de la capitale du Congo belge à Kinshasa
1983 : Décision de transférer la capitale de la Côte d'Ivoire à Yamoussoukro
1991 : Abuja devient capitale du Nigeria
1997 : Deuxième guerre de Brazzaville
1998 : Attentats contre les ambassades américaines de Nairobi et Dar es Salam
2008 : Émeutes urbaines de la faim
2013 : Attentat djihadiste à Westgate, Nairobi

I. La révolution urbaine

La rapidité avec laquelle s'effectue l'urbanisation de l'Afrique au sud du Sahara, et les mutations économiques, sociales, politiques et culturelles qu'elle provoque, justifie qu'elle puisse être qualifiée de « révolution ». À l'instar de l'explosion démographique, le phénomène est unique au monde par son ampleur et sa généralité.
Ce bouleversement qui touche tous les pays à des degrés divers ne se laisse pas mesurer avec précision, tant les critères statistiques diffèrent d'un pays à l'autre. Les villes sont définies soit par leur taille – mais celle-ci varie de 2 000 à 10 000 habitants agglomérés –, soit par leur fonction administrative – ce qui conduit à considérer comme villes de petites agglomérations de moins de 1 000 habitants comme au Gabon –, soit par une combinaison de plusieurs critères. L'observation de la morphologie urbaine, facilitée par les images fournies par les satellites, complète les données de recensements plus ou moins réguliers et fiables.

A. UNE URBANISATION À MARCHE FORCÉE

Les modalités de l'urbanisation opposent l'Afrique du Nord et l'Afrique subsaharienne. Le Maghreb fait partie des vieilles civilisations urbaines et se rattache, par la genèse des villes comme par leur morphologie, au Moyen-Orient. Au sud du Sahara au contraire, à quelques exceptions près, principalement les villes du Sahel, l'urbanisation est un phénomène récent : c'est ce sous-ensemble qui est le théâtre le plus spectaculaire de la révolution urbaine.

1. Des taux de croissance sans précédent

Longtemps considérée comme rurale, l'Afrique noire s'urbanise à grands pas. Entre 1950 et 2020, alors que sa population quadruplait, celle des villes était multipliée par 10. Cette rapidité exceptionnelle est le signe le plus manifeste d'une mutation accélérée des sociétés négro-africaines et de leur entrée dans la mondialisation. Les rythmes de croissance urbaine, sans précédent, n'ont leur égal dans aucun autre continent. **Le taux de population urbaine est passé de 14 % en 1950 à 41 % en 2020** et pourrait atteindre 56 % en 2050. La population urbaine africaine, estimée à 4 % de la population urbaine mondiale en 1950, dépasse désormais 12 %, avec une prévision de plus de 20 % en 2050.
De grands écarts existent entre des pays peu urbanisés comme le Rwanda (19 %) et le Burundi (14 %) et le record du Gabon (plus de 90 %), mais partout les dynamiques d'urbanisation impressionnent, notamment en ce qui concerne les grandes villes. Alors que l'Afrique ne comptait aucune agglomération millionnaire en 1940, elle en compte désormais une cinquantaine, auxquelles s'ajoutent 150 villes de plus de 300 000 habitants. Le mouvement d'exode rural s'est ralenti ces dernières années en raison, notamment, de la dégradation des conditions de vie dans les mégapoles. L'urbanisation, devenue plus diffuse, s'effectue au bénéfice des petites villes.

ZOOM ▶ Africapolis

L'ouvrage *Dynamiques de l'urbanisation africaine 2020, Africapolis, une nouvelle géographie urbaine*, sous la direction de François Moriconi-Ebrard, Philipp Heinrigs et Marie Trémolières, est publié aux éditions OCDE dans la série Cahiers de l'Afrique de l'Ouest et disponible sur OECD iLibrary, la bibliothèque en ligne de l'OCDE, qui regroupe tous les livres, périodiques et bases de données statistiques de l'Organisation.

Selon son résumé, le rythme de l'urbanisation en Afrique, ces 60 dernières années, est sans précédent. En 2015, le Kenya compte plus de citadins que l'ensemble du continent en 1950. La population urbaine africaine, en 2015, s'élève à 567 millions de personnes, contre 27 millions en 1950. L'Afrique continuera à afficher la croissance urbaine la plus rapide au monde. Il est estimé que la population africaine va doubler entre aujourd'hui et 2050 et que les deux tiers seront absorbés par les villes. Cela signifie que, dans les 30 prochaines années, les villes africaines accueilleront 950 millions de nouveaux urbains. Cette transition urbaine modifie la géographie sociale, économique et politique du continent. La gestion de l'urbain est un enjeu de développement clé et les agendas politiques doivent se recentrer sur les potentialités et les défis qu'offrent les villes et l'urbanisation. Pour cela, il faut mieux comprendre les réalités et les diversités des transformations à l'œuvre. *Dynamiques de l'urbanisation africaine 2020* montre la diversité des contextes et leviers urbains et leurs effets sur les schémas et formes d'urbanisation.

Taux d'urbanisation et villes millionnaires en 2020

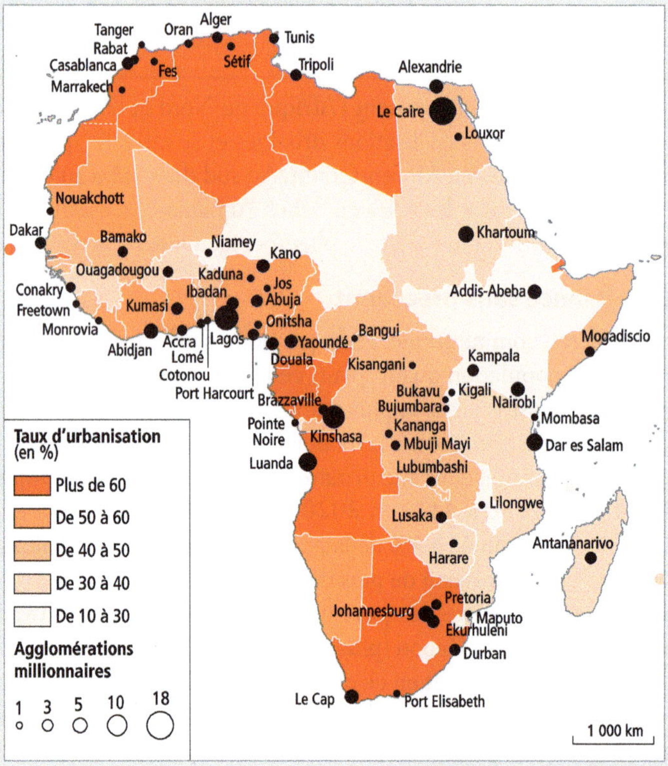

Source : *Banque mondiale*, 2020.

Pour aller plus loin

Dynamiques de l'urbanisation africaine 2020

liennathan.fr/2r5rn4

2. En dépit de l'urbanisation, la population rurale continue d'augmenter

Contrairement à ce qui s'est passé partout dans le monde, **l'urbanisation ne s'accompagne pas d'une diminution de la population rurale**. Celle-ci devrait continuer à augmenter parallèlement à la croissance urbaine. L'Afrique sera confrontée pendant longtemps encore à des défis jamais expérimentés ailleurs ; entre 1950 et 2015, le nombre d'Africains résidant en ville a augmenté de 420 millions, celui des ruraux de 490 millions.

Pourcentage par continent de la population urbaine mondiale

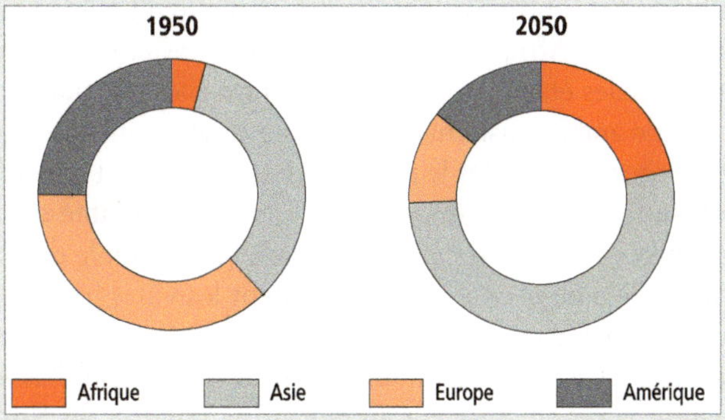

Source : *World Urbanization Prospects*, 2022.

Croissance des populations rurales et urbaines africaines

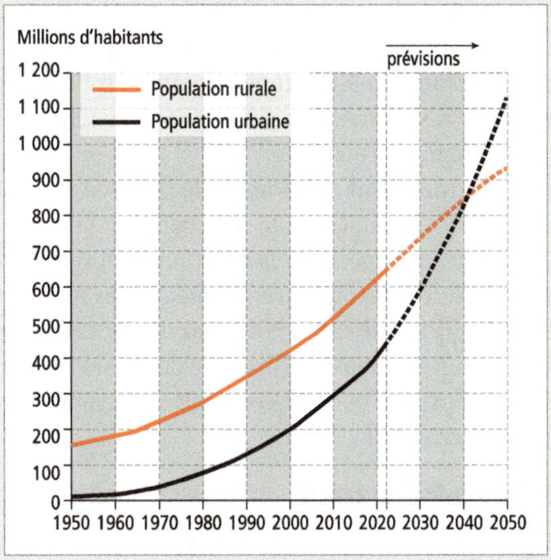

Source : *World Urbanization Prospects*, 2022.

3. Une urbanisation sans industrialisation

Autre particularité en comparaison de ce qui s'est passé en Europe et en Amérique au XIXe siècle, en Asie au XXe siècle, **l'urbanisation s'effectue sans industrialisation**, à quelques exceptions près, dont principalement celle de l'Afrique du Sud. Le processus de croissance urbaine est donc très différent, par son rythme et son articulation à l'économie, de celui qu'ont connu l'Europe et les pays émergents durant leur phase d'accumulation urbaine. La situation africaine est véritablement inédite. Selon certaines estimations, l'Afrique devrait créer des emplois pour 360 millions de ruraux et 870 millions d'urbains d'ici 2050. Si ces prévisions à long terme sont sujettes à caution, il n'en demeure pas moins que **la création d'emplois dans les villes constitue un défi majeur pour les décennies à venir**.

B. LES VILLES ET L'ÉTAT

1. Des villes « filles de l'État »

Le lien entre ville et État (entre *Stadt* et *Staat*, comme le dit si bien la langue allemande) n'est plus à démontrer. En Afrique subsaharienne, il n'y avait de villes que là où existaient des formations territoriales étatiques. La plupart d'entre elles se situaient dans les espaces de contact avec le monde arabo-musulman : villes caravanières du Sahel, comptoirs de l'océan Indien, sultanats. Le réseau de villes le plus important quadrillait le nord de l'actuel Nigeria. Les **villes haoussa** (dont la plus importante, Kano, est créditée aujourd'hui de plus de 4 millions d'habitants) y forment, depuis des siècles, un ensemble de cités ayant longtemps fonctionné sur le modèle de la cité-État. S'y ajoutent les villes fondées lors de l'expansion de l'empire peul d'Ousman dan Fodio au début du XIXe siècle, notamment Sokoto, siège d'un puissant sultanat. Ces villes de tradition marchande sont aussi des bastions de l'islam.

Un second réseau urbain s'organise autour des **villes yoruba du Sud-Ouest nigérian**. Les villes anciennes, ancrées dans la civilisation du Bénin (Oyo, Bénin City, Abeokuta), étaient composées de quartiers disposés autour du centre du pouvoir, le palais de l'*oba* (roi). Elles ont été supplantées par Ibadan (population estimée à 3 millions et demi d'habitants en 2020), fondée vers 1829 autour d'un camp militaire et qui devint la première ville millionnaire d'Afrique noire au milieu du XXe siècle. Toutes ces villes formaient de gros marchés et rayonnaient sur leur environnement rural, de nombreux citadins étant propriétaires de terres agricoles selon un modèle familier à l'Europe. Comme en Pays haoussa, les villes yoruba constituaient de véritables réseaux et la manifestation exceptionnelle pour l'Afrique noire d'une organisation politique très structurée.

La **création en 1887 d'Addis-Abeba**, la « nouvelle fleur », à l'origine simple camp militaire (*kätäma*), relève d'une même dynamique. On pourrait citer bien d'autres exemples de villes précoloniales dont les origines renvoient à la fonction politique, militaire, religieuse, donc aux diverses manifestations du pouvoir. Il n'en demeure pas moins que, **dans leur grande majorité, les villes d'Afrique subsaharienne sont des créations coloniales**, initialement lieux d'exercice du nouveau pouvoir, d'expression de ses instruments de coercition. La fonction première de ces « postes », militaires ou civils, a donc été le **contrôle politique par le moyen du contrôle territorial**.

2. L'encadrement politico-administratif

Relais des prérogatives régaliennes de la puissance coloniale, les villes ont ensuite été les points d'ancrage des encadrements scolaires et sanitaires. Ces traits initiaux marquent encore profondément les paysages urbains des petites villes : bureaux de l'administration, camp des forces de l'ordre, centre de santé ou hôpital, collège ou lycée, lieux de culte, à quoi s'ajoutent les commerces, la majorité des habitants conservant des activités agricoles.

L'**économie de ces centres urbains** dépend largement des **salaires versés aux agents du secteur public** : les intrants monétaires proviennent principalement, sinon exclusivement, de l'État. Le système urbain est donc extrêmement dépendant de ses capacités redistributives. **La moindre crise de l'État se répercute directement sur le quotidien des** populations** avec d'autant plus de force qu'elle touche d'abord les jeunes, mal insérés dans l'économie urbaine. Maintes rébellions s'expliquent par les carences de l'État, lorsqu'il n'est plus en mesure de rétribuer ses fonctionnaires. C'est pourquoi elles naissent généralement dans les périphéries marginalisées parce que éloignées de la capitale, comme en République centrafricaine, au Nigeria, en Ouganda, etc.

C. URBANISATION ET RECOMPOSITIONS TERRITORIALES

1. La littoralisation

La colonisation européenne, arrivée par la mer, a privilégié les littoraux, de la même façon qu'en Amérique quelques siècles plus tôt. La majorité des capitales sont de ce fait des villes-ports. La création, après les indépendances, de nouvelles capitales entendait rompre avec le modèle colonial, à l'instar de Brasilia, mais ni Abuja ni Yamoussoukro n'ont modifié **un dispositif urbain qui est à la fois l'expression de l'extraversion des économies africaines et de leur insertion dans une mondialisation largement dépendante des voies maritimes**.

Les régions littorales du golfe de Guinée, du Cameroun au Sénégal, illustrent cette littoralisation. Un chapelet de villes, dont de nombreuses capitales, constitue un réseau de mieux en mieux relié par les infrastructures routières ou de distribution d'énergie. Les activités économiques se diversifient dans les pôles industrialo-portuaires. **Les ports jouent aussi un rôle croissant dans la géopolitique des drogues**. Les trafiquants internationaux ont fait des villes portuaires – Lagos, Cotonou, Abidjan, Accra, Bissau, etc. – des relais actifs sur les routes multiples de la cocaïne et de l'héroïne. Arrivées par bateau d'Amérique du Sud d'une part, d'Asie du Sud-Est et des relais moyen-orientaux d'autre part, les drogues transitent par les réseaux ramifiés du commerce transsaharien vers les rivages de la Méditerranée, d'où elles gagnent l'Europe. Eu égard à l'importance des volumes transitant par la Guinée-Bissau, cette dernière a pu être qualifiée de « narco-État ».

En Afrique de l'Ouest, un des effets de la colonisation a été d'inverser les valeurs territoriales. Les cités sahéliennes, au cœur d'un commerce caravanier dont les routes rayonnaient de la Méditerranée aux forêts tropicales productrices de noix de kola, ont perdu leur prééminence au profit des villes littorales devenues les principaux centres d'activité et de pouvoir. Le renouveau du Sahara leur redonne cependant du lustre, en stimulant les échanges, licites ou illicites [→ CH. 4]

2. Les nouvelles capitales

La création des nouvelles capitales destinées symboliquement à « recentrer » le territoire, vise aussi à soustraire les activités de la haute administration de l'environnement parfois chaotique de villes « macrocéphales » comme Lagos, plus grande ville d'Afrique noire, qui pourrait dépasser les 15 millions d'habitants. Dans le cas du Nigeria, la structure fédérale de l'État justifiait la création d'un territoire fédéral spécifique pour héberger la nouvelle capitale. Son emplacement a été choisi pour sa position au centre peu peuplé du pays, comme un gage de neutralité à l'écart des régions de fort peuplement du Nord, du Sud-Est et du Sud-Ouest qui pèsent sur la vie politique nigériane. Décidé dès 1975, le transfert est devenu effectif en 1991. La population d'Abuja est estimée, en 2020, à environ 3 millions d'habitants.

Le choix de Yamoussoukro est d'une autre nature : il s'agit du village natal du président Houphouët-Boigny, qui voulait en faire une vitrine de la Côte d'Ivoire en la parant de constructions symboliques et de prestige, en particulier la basilique, copie (en plus grand) de Saint-Pierre de Rome. Le cadre monumental et futuriste a longtemps été peu attractif, mais cette ville nouvelle a fini par attirer la population et compte désormais quelque 300 000 habitants. Il en va de même de Dodoma, la nouvelle capitale de la Tanzanie, créée après la réunion du Tanganyika et de Zanzibar afin de rompre symboliquement avec Dar es Salam, et qui s'est progressivement urbanisée (de l'ordre de 300 000 habitants). **Les lieux de pouvoir, lieux de distribution de la rente, finissent toujours par attirer les populations**.

II. Les défis économiques et géopolitiques urbains

A. DES CITADINS EN QUÊTE D'EMPLOI

1. Des trajectoires inédites

La question cruciale des villes africaines réside dans le décalage entre la courbe de croissance de leur population et celle de la création d'emplois. À la différence de l'Europe des XIXe et XXe siècles, **l'accumulation démographique urbaine n'a pas engendré un prolétariat** car l'offre de travail industriel est restée marginale, les salariés des entreprises modernes faisant en outre souvent figure de privilégiés par leurs salaires et la protection sociale, notamment dans le secteur pétrolier. **L'Afrique du Sud fait exception** ; elle a construit son développement industriel sur l'exploitation de la main-d'œuvre noire dans les mines, et le syndicalisme ouvrier y représente une véritable force politique. Ce cas mis à part, auquel on peut ajouter quelques enclaves minières comme en Zambie, au Liberia ou en RDC, les emplois dans le secteur industriel ne représentent qu'une infime proportion de la population active urbaine, très majoritairement cantonnée dans le secteur informel.

2. L'emploi et les jeunes citadins

D'enquêtes réalisées au cours de la dernière décennie, il ressort que le pourcentage des 15-25 ans sans emploi stable est considérable. Beaucoup de jeunes citadins ne vivent que de la solidarité familiale – laquelle a ses limites – et de petits boulots occasionnels. Il n'est pas rare que l'exiguïté du marché du travail encourage les jeunes à prolonger leurs études, si la famille peut les « supporter ». Mais **l'école a cessé d'être le sésame qui ouvrait les portes de la fonction publique** au lendemain des indépendances. Loin de jouer le rôle d'ascenseur social, elle nourrit au contraire de profondes frustrations et un potentiel de violence prêt à exploser. Les jeunes mal insérés dans l'économie urbaine représentent un réservoir potentiel de forces déstabilisatrices. Privés d'une insertion sociale régulière, rejetés dans la marginalité, certains s'organisent en bandes, vivant de rapine et de racket, souvent rivales les unes des autres et jalouses de leur « territoire », comme les *area boys* de Lagos ou les *kuluna* de Kinshasa. **La bombe démographique est d'abord une bombe urbaine**, car c'est en ville que se concentrent toutes les conditions de déflagration, comme l'histoire récente en donne maints exemples.

Depuis le début des années 2010, on assiste à **une mobilisation de la jeunesse qui revendique sa place dans le champ politique**. Le mouvement « Y en a marre » au Sénégal a montré la voie et contribué à la défaite électorale d'Abdoulaye Wade, en 2012. Au Burkina Faso, l'association « Le Balai citoyen » s'est investie dans les mouvements populaires qui firent tomber le président Blaise Compaoré en 2014. En RDC, les mouvements citoyens « Filimbi » (« coup de sifflet », en swahili) et « Lucha » (« lutte pour le changement ») se sont engagés pour le départ de Joseph Kabila au terme de son mandat fin 2016. Au Soudan, les jeunes ont été le fer de lance de la « révolution » de 2019 qui renversa Omar el-Béchir, et des protestations contre le putsch militaire d'octobre 2021. Partout, on assiste à un bouillonnement de protestations contre l'ordre établi, porté par de jeunes citadins aspirant au changement – et à prendre la place de leurs aînés. À la différence des années postindépendances, les idéologies (marxistes notamment) comptent peu. En revanche, **ces mouvements se réclament de figures héroïques du nationalisme noir**, Lumumba, Sankara, Amilcar Cabral, Mandela, dont l'aura outrepasse les frontières nationales.

3. L'informel et ses limites

Pour beaucoup d'analystes, l'informel représente une forme d'économie répondant aux spécificités urbaines, la réponse populaire à une demande d'emploi non satisfaite par une offre insuffisante d'emplois dans le secteur moderne. L'immense littérature consacrée au secteur informel de l'économie n'épuise pas la question, sa définition elle-même ne faisant pas l'unanimité. L'informel, c'est tout ce pan de l'économie non quantifiée, échappant au radar de la fiscalité, effaçant les frontières entre licite et illicite en laissant une large part à la « débrouille », et sans lequel les économies urbaines seraient frappées d'embolie. **L'anthropologie économique s'est beaucoup intéressée à ces pratiques qui, si elles assurent la survie du grand nombre, ne sont pas pour autant une panacée.** Elles ne garantissent ni une stabilité d'activité, ni des perspectives d'avenir à même de détourner les jeunes des sirènes de mouvements politiques ou religieux qui prolifèrent en proportion des crises économiques.

ZOOM ▶ Violence urbaine à Kinshasa : les *kuluna*

En 2005-2006, un mot nouveau émerge à Kinshasa, *kuluna*, souvent traduit faute de mieux par « bandit ». Il désigne la violence urbaine de jeunes regroupés en bandes ou gangs, et ces bandes elles-mêmes. La croissance extrêmement rapide de la capitale congolaise (400 000 habitants à l'indépendance, plus de 10 millions aujourd'hui) a laissé pour compte un nombre croissant de jeunes désocialisés, enfants des rues, enfants perdus dans le monde de grande pauvreté des bidonvilles. Le basculement dans la violence en réponse à la misère et à l'exclusion sociale est classique. Les jeunes se regroupent en « écuries » constituant autant de territoires où ils puiseront leurs moyens d'existence. Le *kuluna* est ainsi considéré comme un emploi, un « boulot » caractéristique d'une économie de la « débrouille », forme marginale de l'économie informelle qui recourt au vol comme moyen de survie. Les collusions fréquentes entre *kuluna*, policiers et politiciens rendent illusoire une solution policière et judiciaire à une forme de délinquance urbaine qui participe de l'économie populaire en rendant particulièrement floues les frontières entre licite et illicite. La proximité de Brazzaville offre aux *kuluna* à la fois des solutions de repli et d'autres terrains pour exercer leur activité : ils sont considérés comme les principaux agents d'insécurité par les Brazzavillois.

4. L'agriculture urbaine

Un aspect souvent ignoré ou minoré de la **résilience des populations urbaines, y compris en situation de crise ou de guerre**, réside dans l'importance de l'agriculture urbaine et périurbaine. Elle est inversement proportionnelle à la population agglomérée : dans les petites villes, c'est l'activité principale des citadins. Dans les grandes villes, en dehors des quartiers administratifs et d'affaires, l'habitat très étalé laisse de la place pour des cultures vivrières et céréales (maïs, mil), manioc, légumes divers, bananiers, arbres fruitiers (papayers, manguiers, etc.). En bordure des fleuves (Niger à Bamako, Congo à Brazzaville) ou en périphérie urbaine, le maraîchage contribue pour une part non négligeable à l'approvisionnement vivrier urbain. À Kinshasa, pendant les années chaotiques du tournant du millénaire, les espaces publics, bas-côtés des rues, jardins d'ornement, et tout espace non bâti, se sont couverts de plants de maïs et de manioc. L'élevage urbain peut aussi être important, quelques volailles dans une cour, des cochons et des chèvres se nourrissant des détritus urbains, ou des moutons, comme à Nouakchott, dans un grand nombre de maisons. La place de la production vivrière urbaine dans l'alimentation des citadins – que l'Europe cherche à redécouvrir – est tout sauf négligeable, même si elle n'est qu'un complément à une alimentation dépendant des productions des campagnes et des importations.

B. URBANISATION ET DÉPENDANCE ALIMENTAIRE

Les agricultures africaines ne couvrent qu'une partie des besoins des citadins, dont la satisfaction dépend pour une part variable des importations : **la croissance urbaine s'accompagne d'une dépendance alimentaire** d'autant plus forte que les économies extractives ont exercé une influence négative sur l'agriculture. Les situations, différentes d'un pays à l'autre, présentent de multiples implications géopolitiques.

1. Les changements d'habitudes de consommation

L'urbanisation, porte d'entrée de la mondialisation, induit de nouveaux modes de consommation. Dans le cadre de l'empire colonial français, par exemple, l'importation à Dakar des brisures de riz en provenance du Vietnam (sous-produit du riz exporté en métropole) a modifié les pratiques alimentaires : considéré comme plat national, le *tiep bou dien* (riz au poisson) ne se prépare plus depuis lors qu'avec du riz brisé. En 2021, il a été inscrit au patrimoine culturel immatériel de l'humanité par l'Unesco.
La présence dans de nombreuses villes portuaires de minoteries broyant le blé importé traduit ces changements qui ont pour conséquence de concurrencer les productions locales. Il est souvent moins onéreux de consommer du pain que des produits locaux : dans les villes d'Afrique centrale, le sandwich éclipse le « bâton de manioc ». Interface entre local et mondial, les villes sont le vecteur de profonds changements comportementaux.

2. Un commerce inégal et faussé

La libéralisation des échanges pénalise l'Afrique. Les exportations européennes et américaines de produits alimentaires bénéficient de subventions à la production qui faussent les conditions de l'échange. Sous prétexte de déficits agricoles chroniques ponctués de crises aiguës, **l'Europe déverse ses surplus en Afrique**, y expédie les bas morceaux de boucherie et les volailles et dindes de basse gamme. On les retrouve cuits à la braise dans l'alimentation de rue des quartiers populaires. À l'époque du commerce triangulaire, le mauvais rhum participait déjà à l'échange inégal. Au début des années 2000, l'importation de poulets en provenance des pays occidentaux a porté un grave préjudice à l'élevage avicole africain, par exemple au Sénégal. S'il est difficile de lutter contre les puissantes multinationales de l'agroalimentaire telles que Nestlé, des mesures protectionnistes seraient justifiées pour soutenir les productions nationales. C'est la lutte du pot de terre contre le pot de fer : les États africains ont peu de moyens pour contrer les lobbies des producteurs de blé et de maïs américains, d'autant que l'« arme alimentaire » **s'inscrit dans le cadre plus large des dépendances globales économiques et militaires**. La guerre en Ukraine, déclenchée par la Russie en février 2022, fait peser de lourdes menaces sur l'approvisionnement de l'Afrique en céréales, principalement en Égypte et au Maghreb, très dépendants des importations de blé russe et ukrainien. La pénurie à venir et l'envolée des cours des céréales annoncent des émeutes urbaines qui pourraient être plus graves que celles de 2008.

Les villes sont concernées au premier chef car elles sont les principaux réceptacles des importations alimentaires et les lieux par excellence de modification des habitudes alimentaires qui touchent beaucoup moins les campagnes. Pour des raisons tenant à la paix sociale urbaine, les États africains subventionnent les produits de première nécessité. Mais leurs ressources budgétaires ne suffisent pas toujours à faire face à de brutales flambées des cours des produits agricoles, notamment les céréales, provoquant des hausses de prix et, en cascade, des émeutes contre la vie chère qui embrasent périodiquement les grandes villes.

3. L'aide alimentaire accaparée par les villes

La question de l'aide alimentaire est récurrente en Afrique. La dramatisation médiatique des famines à partir de la guerre du Biafra, avant le Sahel et l'Éthiopie, a fait de l'humanitaire un acteur géopolitique de premier plan. Les famines frappent les régions rurales, mais, dans la mesure où l'aide transite par les villes, celles-ci se trouvent au centre du dispositif de distribution et en sont les principales bénéficiaires. En Éthiopie, lors de la famine de 1985, **une part notable de l'aide alimentaire internationale est restée bloquée dans les villes** et n'a pu atteindre les campagnes les plus touchées du Wollo et du Tigré : difficultés d'accès, détournement par les fonctionnaires, rétention volontaire pour des raisons politiques (affamer la rébellion). Dans toutes les régions touchées par les famines (Sahel, Corne de l'Afrique), les populations se rapprochent des villes pour bénéficier de l'aide alimentaire, surtout lorsque le manque de nourriture se combine avec l'insécurité (Somalie). L'aide alimentaire joue ainsi comme un aimant accélérant l'exode rural.
Quand l'aide d'urgence, liée à des situations de crise agropastorale ou de conflit, se pérennise, elle se transforme en **rente au bénéfice des réseaux politico-administratifs et commerçants**, avec le soutien au moins tacite des donateurs. Elle entretient une clientèle de dépendants. Le *charity business* contribue à l'approvisionnement alimentaire des villes, dans un contexte de compétition entre agences d'aide. Les sacs de céréales du Middle West estampillés US Aid se négocient sur les marchés. Les bénéficiaires du Programme alimentaire mondial de l'ONU (PAM), très actif en Afrique subsaharienne, et de l'action multiforme des ONG engagées dans l'humanitaire, sont bien plus les citadins que les ruraux – sans compter le cas particulier des camps de réfugiés qui dépendent totalement de l'aide internationale. La situation de dépendance, entretenue par des intérêts cachés, n'encourage pas les investissements dans l'agriculture. La croissance exponentielle des besoins alimentaires des villes devrait pourtant inciter les producteurs et les pouvoirs publics à faire en sorte que la priorité déclarée en faveur de l'agriculture ne soit pas un vain mot.

III. Urbanisation et violence

A. L'INSÉCURITÉ URBAINE

La violence urbaine se nourrit du terreau de la pauvreté et des contrastes saisissants entre la masse des démunis et une minorité au luxe insolent. **Ségrégation sociale et fragmentation de l'espace** marquent fortement les paysages urbains.

1. Violence politique et espace urbain

Les grandes villes, principalement les capitales, représentent des enjeux majeurs de contrôle territorial et politique. Elles sont le lieu des coups d'État (Nouakchott, Bamako, Ouagadougou, Bangui), des répressions militaires brutales contre les mouvements d'opposition (Conakry, Kinshasa), des révoltes contre les pouvoirs en place (Khartoum). Les villes sont au cœur de tous les événements qui rythment la vie politique. À partir de 2010, **les contestations populaires se multiplient dans les villes d'Afrique du Nord**, associant revendications démocratiques et protestations contre la vie chère. Le 17 décembre 2010, l'immolation d'un marchand ambulant, Mohamed Bouazizi, dans la petite ville tunisienne de Sidi Bouzid, déclenche les « printemps arabes ». Les foules investissent les rues. Manifestations et répressions révèlent une géographie stratégique de l'usage de l'espace urbain, avec ses lieux d'évitement ou de convergence. Aux endroits lourds de menace, quadrilatères barricadés des institutions de pouvoir, casernes des différentes forces de l'ordre, lieux d'enfermement (prisons, stades à l'occasion) répondent les espaces de contestation du pouvoir, comme la place Tahrir au Caire [→ CH. 22], et les quartiers de repli et de refuge pour les populations contestataires, à l'instar d'une jungle. Moins médiatisés, des mouvements de même nature ont transformé l'espace urbain en champ de bataille politique dans maintes villes d'Afrique subsaharienne (Mogadiscio, Douala, Lomé, Brazzaville).

2. Psychose sécuritaire et habitat assiégé : l'exemple de l'Afrique du Sud

Parmi les classes aisées, une véritable psychose sécuritaire s'est développée, d'autant plus forte que les clivages sociaux se superposent à la ségrégation raciale, comme en Afrique du Sud. Plus de vingt ans après l'abolition des lois de l'apartheid, les stigmates de la politique raciale sont toujours là. Les Blancs ne s'aventurent pas dans les *townships*, ces lotissements pour Noirs, Indiens ou métis, qu'ils considèrent comme des espaces dangereux. Ils ne circulent en voiture que portières verrouillées. Il est vrai que, dans les métropoles sud-africaines, les agressions sont quotidiennes. Les classes aisées sont les plus menacées, moins dans leur personne que dans leurs biens. Elles ont réagi en se repliant sur des espaces sécurisés. Une géographie exprimant les peurs et leurs réponses sécuritaires s'est mise en place, avec ses frontières étanches entre des quartiers totalement étrangers les uns aux autres.

L'insécurité la plus forte règne cependant dans les *townships* qui détiennent des records de criminalité. Depuis quelques années, la violence s'exerce contre les immigrés, nouveaux boucs émissaires. En 2008, une vague de violences xénophobes a fait des dizaines de victimes. En 2015, Durban et Johannesbourg ont connu de nouvelles flambées de xénophobie visant les émigrés mozambicains, zimbabwéens, congolais. Depuis lors, les violences contre les étrangers, africains mais aussi asiatiques, ont baissé d'intensité mais n'ont pas cessé.

Les préoccupations sécuritaires s'expriment avec force dans l'habitat urbain. Dans la plupart des agglomérations, **les quartiers riches se reconnaissent à l'arsenal défensif de chaque maison**. Des murs élevés, armés de tessons de bouteille et de barbelés, protègent les villas, tout en les dissimulant au regard des curieux. Les systèmes d'alarme et d'intervention rapide font la fortune des officines de sécurité. En Afrique du Sud, les quartiers résidentiels s'organisent de plus en plus sous la forme de complexes fermés appelés *townhouses* ou *clusters*, rappelant le modèle des *gated communities* américaines. La réponse à l'insécurité entretenue par le fossé entre classes sociales transforme ces quartiers en camps retranchés tout autant qu'en ghettos dorés. Ces replis n'apportent aucune solution aux tensions sociales et sont impuissants à désamorcer durablement la bombe urbaine.

3. Les émeutes de la faim, révélatrices de la montée de la classe moyenne

L'année 2008 a été marquée par des « émeutes urbaines contre la faim ». Elles ont touché une dizaine de pays d'Afrique subsaharienne dont l'Afrique du Sud, le Burkina Faso, le Cameroun, la Côte d'Ivoire et le Sénégal. Les émeutes les plus violentes ont eu lieu au Cameroun, où l'on

a dénombré plusieurs dizaines de victimes lors d'affrontements avec les forces de l'ordre. Des phénomènes similaires de protestations contre la vie chère se sont déroulés simultanément en Égypte et dans plusieurs pays d'Amérique (Mexique, Haïti) et d'Asie (Bangladesh, Pakistan).
La hausse brutale des prix mondiaux de produits alimentaires (blé, riz, lait) en 2007 et début 2008 a été le **facteur déclenchant d'émeutes qui ont cristallisé des frustrations antérieures de la classe moyenne urbaine en voie d'émergence**. Les ruraux ont été peu touchés car ils sont peu concernés par les produits alimentaires d'importation. Les émeutes, largement relayées par les médias sous le signe de la faim, s'articulent avec d'autres motifs de protestation. Par exemple, au Cameroun, des manifestations de l'opposition contre le projet du président Biya de modifier la Constitution pour pouvoir se représenter aux élections présidentielles : les émeutes se sont emparées des villes de l'Ouest (de Douala à Bamenda), réitérant la configuration des « villes mortes » de 1991.
Les prix des denrées alimentaires sont rapidement retombés dès l'été 2008, mais le malaise a longtemps persisté. Paradoxalement, les émeutes populaires ont été le révélateur d'un **changement sociologique en profondeur des sociétés urbaines africaines**, caractérisé par la place croissante de cette fameuse « classe moyenne », difficile à définir quantitativement : la Banque africaine de développement l'évalue à 300 millions de personnes, la Banque mondiale à 35 millions… La BAD situe la classe moyenne dans une fourchette de 2 à 20 dollars de revenu par personne et par jour, la sous-catégorie inférieure dite « flottante » (de 2 à 4 dollars par jour) en représentant la grande majorité.
Cette catégorie de population qui participe de ce que les Chinois appellent *xiaokang*, ou « petite prospérité », articule économie urbaine par le bas, avec son foisonnement d'activités informelles, et un secteur moderne ouvert sur l'économie-monde. Ce faisant, elle est très sensible aux fluctuations monétaires affectant des budgets de consommation serrés. La crise qu'elle subit devrait être l'occasion de remettre en cause la vision à court terme du « biais urbain », qui, depuis des décennies, a permis aux consommateurs citadins de bénéficier de subventions sur les produits importés, au détriment des producteurs locaux.
Plus de dix ans après ces émeutes de la faim, la situation reste tendue. L'exode vers les villes, accéléré par l'insécurité, continue. Dans le même temps, la production alimentaire mondiale se dégrade, sous l'effet d'accidents climatiques récurrents et, depuis 2020, des conséquences de la pandémie de Covid-19. Les conditions de nouvelles explosions de violence urbaine sont par conséquent réunies.

B. LES GUERRES URBAINES

1. Les villes dans la guerre

Les villes sont souvent l'enjeu et le théâtre de la guerre, qu'il s'agisse de Beyrouth [→ CH. 24], Homs, Alep, Mossoul ou Bagdad au Moyen-Orient. L'Afrique subsaharienne n'a pas été épargnée, même si les dommages humains et matériels sont dans l'ensemble moins spectaculaires. Mogadiscio, ravagée par les combats entre factions rivales, ne s'est pas remise des destructions qu'ils ont provoquées. La guerre civile au Liberia s'est achevée avec la bataille pour le contrôle de Monrovia, qui a laissé des traces. Les armes légères sont bien adaptées aux combats de rue, et le pistolet-mitrailleur est le meilleur compagnon des jeunes entraînés dans le tourbillon de conflits, qu'ils pourraient prendre pour un grand jeu s'ils n'en subissaient la cruauté. Dans son étude sur la ville et la violence à Kampala, Bernard Calas décrit avec justesse l'« efficacité paysagiste » – c'est-à-dire destructrice – de la « kalach[1] ».

1. Bernard Calas, *Kampala. La ville et la violence*, Karthala, 1998.

L'histoire se répète, faisant des villes les **cibles privilégiées des entrepreneurs de guerre** qui peuvent compter sur l'embrigadement de jeunes en quête de futur, prêts à toute aventure. Après Brazzaville en 1994 et 1997, après Abidjan en 2004 et en 2011, Bangui a été le théâtre d'affrontements entre milices *séléka* et *anti-balaka* en 2013-2014 et n'a toujours pas retrouvé la paix. Qu'il s'agisse de guerres civiles ou de ces «guerres asymétriques» impliquant les puissances du Nord (Libye), le contrôle des villes constitue toujours l'objectif central des belligérants.

2. Les villes et le terrorisme international

Les villes africaines n'échappent pas aux violences mondiales orchestrées par le fondamentalisme islamique. Le 7 août 1998, deux attentats à la voiture piégée visant les ambassades américaines à Nairobi et à Dar es Salam sont attribués au mouvement alors à peine connu Al-Qaida et à son initiateur Oussama Ben Laden. L'attentat de Nairobi fit plus de 200 victimes dont 12 Américains, celui de Dar es Salam 11 victimes. De façon tout à fait inattendue, l'Afrique faisait son entrée sur la scène du terrorisme international. Les attentats contre les ambassades américaines anticipaient sur le 11 septembre 2001 à New York.

Après une période d'accalmie, les attentats islamistes visant les villes et les centres touristiques ont repris sur plusieurs fronts. À l'est, **le Kenya se trouve en première ligne face au mouvement al-Chabab** (jeunes combattants) de Somalie, constitué en 2004 et affilié à Al-Qaida. En 2013, l'attaque du centre commercial Westgate à Nairobi faisant 67 victimes a rappelé le danger que représentent les chebab. En 2015, ceux-ci ont encore tué 148 personnes dans l'attaque de l'université de Garissa, petite ville du nord-est du Kenya. En 2019, un nouvel attentat à Nairobi a fait une vingtaine de victimes. Les chebab recourent aux attentats suicides pour semer la terreur parmi les populations civiles et ainsi peser sur la politique kenyane en Somalie. Plus récemment, ils ont ouvert un nouveau front au nord-est du Mozambique : en mars 2021, l'attaque de la station balnéaire de Palma a fait plusieurs dizaines de victimes, avec pour effet collatéral la décision du groupe pétrolier Total de suspendre le projet d'exploitation du gaz des énormes gisements mozambicains.

À l'ouest, **les villes du Sahel**, au cœur de la guerre régionale [→ CH. 8], **sont devenues elles aussi la cible d'attentats perpétrés par les différentes organisations islamistes**, qu'il s'agisse des marchés, comme à N'Djamena, où des attentats suicides ont été commandités en 2015 par Boko Haram, ou d'hôtels internationaux. Le 20 novembre 2015, le *Radisson Blu* de Bamako a subi une attaque du groupe Al-Mourabitoune, soldée par une vingtaine de morts. En janvier 2016, même scénario à Ouagadougou : des terroristes d'AQMI (Al-Qaida au Maghreb islamique) ouvrent une fusillade visant la terrasse du *Cappuccino* qui fera trente morts et prennent des otages à l'hôtel *Splendid*. Deux mois plus tard, AQMI revendique une nouvelle fusillade à la kalachnikov faisant une vingtaine de victimes à Grand-Bassam, station balnéaire de Côte d'Ivoire. Ces différents attentats ne sont pas sans rappeler ceux de Paris du 13 novembre 2015 ; ils inscrivent l'Afrique dans le terrorisme islamiste international qui, en visant les villes et les centres touristiques, met en œuvre la stratégie de la terreur en recherchant le plus de retentissement médiatique possible tout en sapant le secteur très vulnérable de l'économie du tourisme.

Brazzaville, territoire ethnicisé et milices

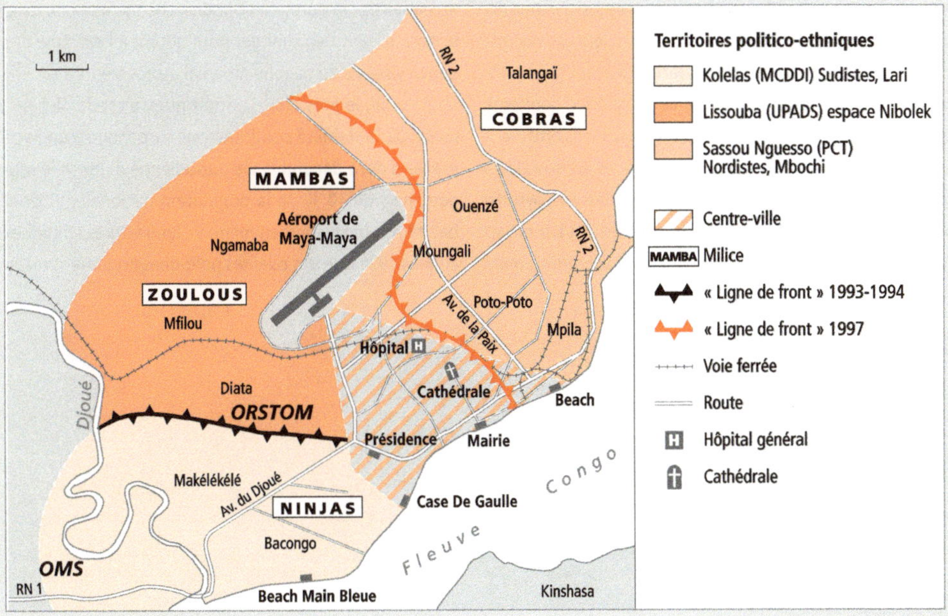

ZOOM ▶ Brazzaville dans la guerre

Le cas de Brazzaville illustre parfaitement les caractéristiques des guerres urbaines africaines, guerres de milices mobilisant, au service d'ambitions politiciennes, des jeunes n'ayant pas trouvé la façon de s'insérer dans une société en crise. La capitale congolaise vit, depuis les années 1970, essentiellement de la rente pétrolière et de sa redistribution par de multiples canaux sociaux. À la fin des années 1980, la conjugaison des difficultés financières consécutives au surendettement que provoqua le contre-choc pétrolier de 1985, et des injonctions du FMI interdisant de recruter dans la fonction publique, multiplia le nombre de chômeurs. Les jeunes furent sévèrement touchés ; déscolarisés et diplômés sans emploi étaient prêts à suivre le premier leader politique qui leur proposerait une activité donnant accès à un statut social. Dans un contexte économique très déprimé, la milice offrait une perspective d'avenir. Les jeunes de Bacongo, un quartier à forte homogénéité ethnique, composé pour l'essentiel de Laris (nom donné aux Kongos de Brazzaville), furent les premiers à s'organiser pour défendre leur chef, Bernard Kolélas, et leur territoire lorsque la situation politique devint confuse au début des années 1990. Ils donnèrent à leur milice le nom de Ninja, ce qui souligne l'impact d'une télévision mondialisée et les capacités locales de récupération de la fiction. Pascal Lissouba, après avoir remporté les élections présidentielles de 1992, s'empressa de susciter la formation de milices partisanes, les Zoulous et les Cocoyes. Ces jeunes miliciens furent les principaux acteurs de la première guerre de Brazzaville (1993-1994). Opposant les partisans de Lissouba à ceux de Kolélas, elle se déroula dans les quartiers sud et ouest et se solda, au terme d'un chassé-croisé de populations, par une ethnicisation accrue de l'espace urbain. De son côté, l'ancien président Sassou-Nguesso pouvait compter sur les Cobras, qui contrôlaient les quartiers nord. Ceux-ci n'entrèrent en lice qu'à l'occasion de la deuxième guerre de Brazzaville (mai-octobre 1997), dont l'enjeu était le pouvoir présidentiel. Au lieu des urnes, les armes désignèrent le vainqueur : Sassou-Nguesso.

Les hommes politiques se sont donc affrontés à deux reprises par miliciens interposés. Ces derniers avaient aussi leur propre stratégie guidée par la recherche de gains matériels : les combats s'accompagnèrent en effet de pillages systématiques, surtout en 1997, après le départ précipité des Européens dès le début du conflit. Les miliciens, qu'il s'agisse de jeunes citadins marginalisés ou de villageois fraîchement recrutés et désireux de participer à la curée, ont profité de la guerre pour piller les maisons abandonnées.

Vingt-cinq ans après ces guerres urbaines, qui provoquèrent de nombreuses destructions et firent une dizaine de milliers de morts, les stigmates des combats ont presque partout disparu. Les années de bonne conjoncture pétrolière ont favorisé une vigoureuse reprise de l'urbanisation portant la population de la capitale congolaise à plus de 2 millions d'habitants. Toutefois, les constructions de prestige (route en corniche le long du fleuve Congo, ville nouvelle de Kintélé) ne peuvent masquer la fragilité d'une économie inféodée au yoyo des cours du pétrole : la chute du prix du baril, en 2014, a ouvert un cycle défavorable, réitérant les risques d'un endettement excessif, qui fut la cause profonde des guerres des années 1990. Depuis 2021, la flambée des cours du pétrole et du gaz, accélérée par la guerre en Ukraine, change une nouvelle fois la donne, sans rien changer pour autant à l'extrême dépendance vis-à-vis du marché mondial. Après trente-sept années de pouvoir, le président Sassou-Nguesso est de plus en plus contesté, la stabilité politique reste suspendue à une activité précaire dont dépend la vie quotidienne d'une ville regroupant plus de 40 % de la population nationale, et dont les habitants ont toujours en mémoire les fractures ethniques des années 1990 que des rivalités politiques pourraient réactiver.

11 LA SANTÉ : SPÉCIFICITÉS ET ENJEUX

La santé est définie par l'OMS en 1946 comme « un état de complet bien-être physique, mental et social [qui] ne consiste pas seulement en une absence de maladie ou d'infirmité ». Vingt ans plus tard, la Charte universelle des droits de l'homme la reconnaît en tant que droit de l'homme universel. Un état de santé est le résultat d'un système multifactoriel relevant de l'individuel et du collectif – associant conditions environnementales, politiques, économiques, sociales, culturelles – dans lequel vivent les sociétés, plaçant les hommes dans des systèmes plus ou moins protecteurs pour leur santé. Les pays qui formaient le tiers-monde en 1950 partageaient les mêmes ordres de grandeur des valeurs des indicateurs sanitaires. Or, le groupe tiers-monde a éclaté. Les espoirs des années qui ont précédé et accompagné les indépendances africaines ont été remis en cause. Au XXIe siècle, plus que nulle part ailleurs, les États subsahariens doivent toujours lutter contre des maladies infectieuses. Les prévalences sont significatives d'une somme de défaillances relatives aux conditions de vie, à la maîtrise de l'environnement, à la scolarisation, à la pauvreté, aux politiques de santé, aux systèmes de soins, défaillances aggravées dans les contextes de conflits et d'insécurité. Des évolutions sont favorables mais la lutte contre les fléaux sanitaires montre un état de dépendance. L'Afrique subsaharienne a été la première bénéficiaire de la galaxie de la gouvernance mondiale de la santé, dépendance qui a changé de dimension avec les pandémies de VIH/sida puis de SARS-CoV-2. La santé en Afrique subsaharienne est plus que jamais un enjeu géopolitique aux dimensions internationales.

Notions principales

Endémie : du grec *endêmos*, « qui reste dans son pays » ; persistance d'une maladie dans une région.

Maladie émergente : « maladie dont l'incidence réelle augmente de manière significative dans une population donnée, d'une région donnée et pendant une période donnée » (OMS, 2003). Beaucoup de maladies infectieuses émergentes sont des zoonoses dont l'agent infectieux a franchi la barrière d'espèces pour atteindre l'homme.

Maladie infectieuse : « ensemble des troubles des fonctions vitales qui trahissent un conflit entre l'organisme et un microbe agresseur » (Ed. Sergent, *Dictionnaire des termes de médecine*, Maloine, 2000), c'est-à-dire bactéries, virus, parasites et champignons.

Pandémie : du grec *pandêmia*, « le peuple tout entier » ; propagation d'une maladie infectieuse à presque tous les habitants d'une région plus ou moins étendue, parfois à l'humanité tout entière.

Zoonose : du grec *zôon*, « animal », et *nosos*, « maladie » ; maladie qui frappe surtout les animaux. On tend à réserver ce terme aux affections naturellement transmissibles des animaux vertébrés à l'homme.

CHRONOLOGIE

1946 : Création de l'OMS
1976 : Première épidémie d'Ebola au Nord-Zaïre (RDC)
1980 : L'OMS certifie l'éradication de la variole.
1981 : Pandémie de VIH/sida
1998 : Premier partenariat mondial « *Roll Back Malaria* »
2001 : Procès de Pretoria sur les médicaments génériques
2020 : Pandémie de SARS-CoV-2 ou Covid-19
2021 : Variant omicron identifié en Afrique du Sud

I. L'évolution spécifique de l'Afrique subsaharienne

En l'absence d'état civil fiable, des États organisent des enquêtes sur des échantillons représentatifs de centres de santé, questionnant les niveaux de formation, les équipements, les besoins. Les chercheurs développent aussi, depuis les années 1980, des suivis de populations, les « observatoires de populations et de santé », qui permettent de lire des évolutions et des variations à échelle relativement fine, remédiant quelque peu aux carences étatiques. Par diverses méthodes de calcul, les organismes internationaux tentent de suppléer aux défaillances des appareils statistiques ; les chiffres produits sont à prendre comme des ordres de grandeur.

A. DES AMÉLIORATIONS INÉGALES

Entre 1990 et 2015, l'allongement de l'espérance de vie a touché toutes les régions du monde. Le risque de mortalité des moins de 5 ans est passé de 91 à 43 décès pour 1 000 naissances. Mais ces chiffres globaux cachent des évolutions contrastées dans le temps et dans l'espace. L'Afrique subsaharienne connaît des évolutions positives. En 1990, les niveaux de départ étaient les plus élevés du monde : la mortalité des moins de 5 ans est passée de 182 décès pour 1 000 naissances en 1990 à 84 en 2015. Cette Afrique demeure néanmoins la région la plus à risque pour les enfants. En cause, des infections pulmonaires, des diarrhées, le paludisme, affections contractées par des enfants fragilisés par les conditions de vie, la sous-nutrition et l'état de santé des mères.
À l'échelle de l'ensemble régional subsaharien, la mortalité reste la plus élevée en Afrique de l'Ouest et en Afrique centrale. À l'échelle des États, la Somalie, la Centrafrique, le Nigeria, la République démocratique du Congo (RDC) et l'Éthiopie détiennent les taux les plus élevés. Mais les échelles nationales masquent une somme de disparités d'états de santé qui ne cessent de s'accroître : interrégionales, ville-campagne, inter- et intra-urbaines, intrarurales. Femmes et enfants des territoires ruraux, aux ressources monétaires les plus faibles, paient encore le plus lourd tribut sanitaire.

B. UN SYNDROME SUBSAHARIEN DE VULNÉRABILITÉS

1. Les conditions de la santé

« Les conditions et ressources préalables sont en matière de santé : la paix, un abri, de la nourriture et un revenu » (OMS, 1986). Ces éléments signifient vivre à l'abri de l'insécurité, accéder aux ressources permettant des conditions de vie décentes, mais aussi acquérir un savoir et avoir droit à un traitement équitable. Sans ces préalables, la situation de précarité accroît la vulnérabilité de l'individu face aux risques de la vie. Comment assurer ces conditions et ressources de base en Afrique subsaharienne « frappée depuis un demi-siècle par la malédiction de la guerre » ? [→ CH. 8] Plus que nulle part ailleurs, une association de manques et d'instabilités a exposé des populations à des risques pour leur santé. Or, ce cortège de fardeaux sanitaires affecte toute l'économie d'un pays, dont il obère la croissance en diminuant la productivité et les revenus, tandis que le sous-développement en fait son terreau.

2. Des besoins de santé de plus en plus divers

En Afrique subsaharienne, ce sont les fléaux d'origine infectieuse – dont une partie peut être maîtrisée par des traitements efficaces, peu onéreux, et des vaccins – qui maintiennent les taux de mortalité des enfants à un niveau élevé, unique dans le monde. La part des affections non transmissibles progresse néanmoins et on doit poser l'hypothèse que leur connaissance est minorée faute de diagnostic et de notification. Ces affections sont symptomatiques des dynamiques sociétales en cours. La croissance des villes y contribue grandement. La ville, lieu d'innovation et d'émancipation, accélère le changement étiologique global. Faire face demande d'autres moyens que lutter contre les infections : ressources humaines plus spécialisées, équipements ciblés, actes médicaux et médicaments coûteux, posant la question majeure des accessibilités, géographique, financière, socioculturelle. Que de tabous ont encore à surmonter les femmes qui souffrent des cancers féminins !

3. Une sous-alimentation persistante

L'Organisation des Nations unies pour l'alimentation et l'agriculture (FAO) rapporte qu'après des années de baisse, la sous-alimentation progresse à nouveau depuis le milieu de la décennie 2010. La plus forte augmentation a été enregistrée en Afrique, où la prévalence de la sous-alimentation, estimée à 21 % de la population dans un rapport de l'ONU de juillet 2021 (contre 17,6 % en 2014), est plus du double de celle de toute autre région. **L'insécurité, les violences, les déplacements de populations dans les espaces touchés par les conflits sont les principaux facteurs de crise** : en République centrafricaine, 50 % de la population seraient en insécurité alimentaire. S'y ajoutent la croissance démographique et des années aux conditions climatiques défavorables, alors que les récoltes et les fourrages dépendent toujours fortement des pluies, aggravant la compétition pour l'accès à l'eau et aux ressources. Ces facteurs interagissent, déclenchent les crises ou les exacerbent. En outre, depuis 2020, la pandémie de Covid-19 a perturbé la couverture des services nutritionnels essentiels et est un facteur de hausse des prix des denrées alimentaires. En Afrique de l'Ouest, les territoires soudano-sahéliens en zones de conflit étaient, en 2020-2021, les plus exposés ; le nord-est du Nigeria et les zones frontalières du Burkina Faso, du Mali et du Niger sont des foyers d'insécurité alimentaire aiguë.

Pour aller plus loin

La crise alimentaire et nutritionnelle de 2020
liennathan.fr/d397zj

C. LES MALADIES LIÉES À L'EAU, PHOTOGRAPHIE DU DÉNUEMENT

1. Le péril fécal

L'accès à l'eau potable et à un système d'assainissement est un moyen et une mesure du développement. Il améliore l'état de santé en prévenant les maladies liées au péril fécal (contamination de l'environnement par les déjections humaines) : les maladies diarrhéiques bactériennes ou virales, les parasitoses dues à des vers vivant dans l'intestin (les helminthiases), entraînant une anémie, ou dans le système circulatoire (les bilharzioses, 90 % des cas en Afrique), faisant intervenir des mollusques d'eau douce.

Population n'ayant pas accès à l'eau selon la région du monde

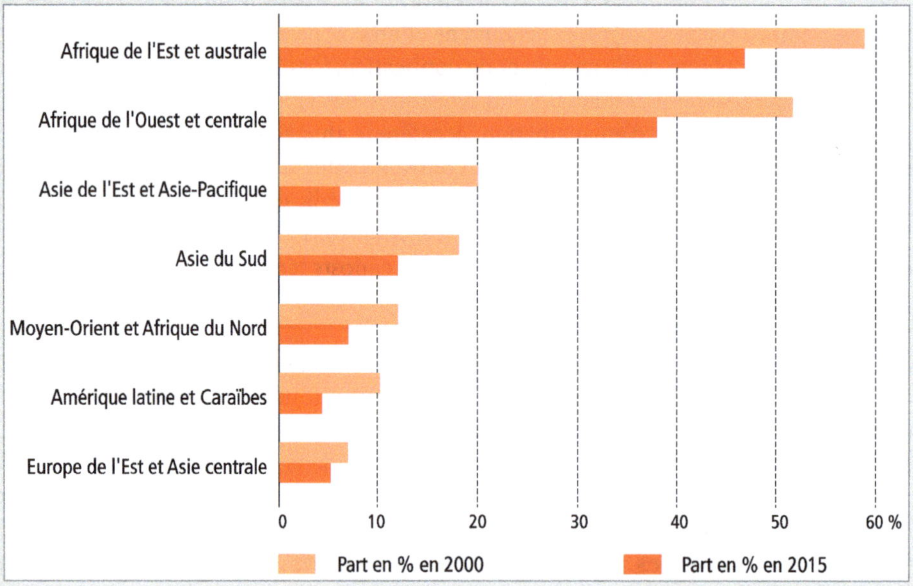

Source : OMS et UNICEF, rapport 2017.

2. Des équipements qui ne suivent pas

Pour les femmes et les jeunes filles, les heures consacrées à la corvée d'eau, au détriment de la présence à l'école, sont un frein au développement.

En 2015, selon l'OMS et l'UNICEF, 11 % de la population mondiale n'ont pas accès à l'eau potable, contre 19 % en 2000. L'Afrique subsaharienne compte pour 40 % de ce total (plus de 300 millions de personnes). La situation de l'assainissement est encore plus dramatique, avec plus de 600 millions d'Africains sans accès à des installations sanitaires adéquates. Le péril fécal est le quotidien de millions de personnes résidant dans les quartiers précaires et en zone rurale sans aménagements. Officiellement, les 54 États africains affichent une amélioration de l'accès à l'eau potable entre 2000 et 2015 [→ GRAPHIQUE] mais, pour dix d'entre eux, aux environnements climatiques bien différents, la moitié de la population n'y a pas encore accès. La RDC, où l'eau pluviale n'est pas une rareté, déclare un accès de 42 %. La croissance démographique va de pair avec celle des besoins en équipements, mais les investissements ne suivent pas en zone urbaine comme en zone rurale. De surcroît, **le changement climatique se traduit par des diminutions régionales de la ressource. Ce contexte engendre des tensions sociales entre les usagers**, les agriculteurs et les éleveurs, comme on l'observe, par exemple, dans le delta intérieur du Niger entre Bambara (cultivateurs) et Peuls (éleveurs), autochtones et migrants, populations des quartiers équipés ou pas.

II. Les maladies transmissibles encore au premier plan

Ces maladies ont été les grandes tueuses de l'humanité pendant des millénaires.

A. LES VIEILLES ENDÉMIES : RECUL, CONTRÔLE ET RÉSISTANCE

Le dernier cas de variole a été signalé en 1977 en Somalie. La vaccination généralisée a abouti à son éradication, certifiée par l'OMS en 1980. C'est, à ce jour, la seule maladie déclarée éradiquée à l'échelle mondiale. De vieilles endémies résistent.
Au XIXe siècle, des écrits – rapports administratifs et médicaux, témoignages, lettres, articles de presse – décrivent des fléaux endémiques caractérisés par un système infectieux à trois membres : le vecteur (moustique, mouche, mollusque), l'agent infectieux (parasites, virus) et l'hôte humain. Ils forment le groupe des maladies à transmission vectorielle. Leur géographie est inféodée aux exigences bioécologiques des vecteurs.
Certains fléaux sont sous contrôle, d'autres se manifestent encore par des bouffées épidémiques. **Les années 1990 voient la recrudescence de grands fléaux historiques** (trypanosomose[1] humaine africaine, fièvre jaune), alors qu'une régression de plusieurs années laissait espérer leur contrôle. Le sous-développement, les crises politiques, l'insécurité et les comportements humains favorisent leur enracinement.

1. La fièvre jaune, des flambées épidémiques malgré un vaccin

La maladie est due au virus amaril, qui tire son nom de l'ictère* qu'il provoque. Ce virus est transmis par des moustiques infectés du genre *Aedes aegypti*. Les épidémies ont marqué l'histoire de la période coloniale. La fièvre jaune reste une maladie d'actualité alors qu'existe un vaccin peu coûteux, bien toléré et conférant une immunité d'au moins dix ans. Grâce à de grandes campagnes de vaccination et de désinsectisation, l'endémie a disparu des grandes villes. Mais le relâchement vaccinal, l'urbanisation mal contrôlée, la résistance des moustiques aux insecticides, la faible implication des populations et les contextes de crises politiques compromettant les campagnes de vaccination ont favorisé la réémergence d'épidémies en Afrique centrale dans les années 1990 et en Afrique de l'Ouest, notamment en Côte d'Ivoire, au cours des deux premières décennies du XXIe siècle.

2. L'onchocercose, un programme de lutte exemplaire, un contrôle à confirmer

L'infection est due à un vers parasite, la filaire (ver filiforme), transmis par une petite mouche, la simulie, dont les larves se développent dans les rapides des cours d'eau, les déversoirs des barrages, le réseau d'irrigation gravitaire. La distribution des biotopes des simulies conditionne la géographie de l'onchocercose ; 30 des 36 pays d'endémie onchocerquienne sont

DÉFINITION

Ictère : du grec *ikteros*, « jaunisse » ; coloration jaune de la peau et des muqueuses, le plus souvent causée par une affection hépatique.

1. Terme plus usité aujourd'hui que « trypanosomiase » (comme « schistosomose » plutôt que « schistosomiase »).

en Afrique subsaharienne. Dans les savanes d'Afrique de l'Ouest, l'infection a toujours été un problème de santé publique. Les complications oculaires lui ont valu le nom de « cécité des rivières », l'affection contribuant au délaissement des vallées. Les graves conséquences socio-économiques de la parasitose ont conduit au **lancement, en 1974, d'un programme international de lutte anti-vectorielle parrainé par les Nations unies (OMS, PNUD, FAO, Banque mondiale), visant à éliminer l'onchocercose du bassin des Volta (Burkina Faso, Ghana)** par épandage aérien d'insecticides sur les gîtes de reproduction des simulies. En 1986, l'opération est étendue aux pays voisins. À partir de 1987, à côté de la lutte anti-vectorielle, le programme inclut une nouvelle stratégie de lutte : la chimiothérapie de masse des populations sur la base d'une prise annuelle d'une dose d'ivermectine*, fournie gratuitement. En 1988, la transmission de l'onchocercose est considérée comme stoppée au Burkina Faso. Mais **au cours de la décennie 2010, la surveillance de sites sentinelles montre une résurgence de la maladie** : recolonisation des cours d'eau par des simulies en provenance de la Côte d'Ivoire, relâchement de la surveillance, mobilité d'hommes porteurs du parasite depuis des territoires moins efficacement contrôlés, comme en Côte d'Ivoire du fait de la succession des crises sociopolitiques. L'élimination de l'onchocercose pose de nouveaux défis.

3. La trypanosomose humaine africaine ou maladie du sommeil

Cette maladie parasitaire séculaire à transmission vectorielle est provoquée par la piqûre d'une mouche du genre glossine (mouche tsé-tsé), infectée par des protozoaires flagellés. L'infection est rurale, en foyers, en lien avec les biotopes des glossines, les rives meubles de cours d'eau. Elle conduit à une atteinte du système nerveux central toujours mortelle en l'absence de traitement. La maladie se rencontre uniquement en Afrique, du 14e degré de latitude nord au 20e degré de latitude sud. La première grande épidémie connue survient entre 1896 et 1906 en Afrique centrale ; elle fait plus de 500 000 victimes, selon une estimation. Pendant la Première Guerre mondiale, l'administration coloniale crée les premiers programmes de lutte. Grâce aux règles établies par le médecin militaire Eugène Jamot (1879-1937) – mise en place d'équipes médicales mobiles, diagnostic biologique précoce et systématique de village en village, traitement et suivi de millions d'individus –, la quasi-élimination de la maladie est obtenue au début des années 1960. Mais son effacement entraîne un relâchement de la surveillance et **la maladie émerge de nouveau dans les anciens foyers dès 1970. Les troubles politiques annihilent les rares initiatives de lutte**. Dans les années 1990, l'augmentation de l'incidence est telle qu'en 1994, l'OMS lance une alarme afin de mobiliser la communauté internationale. En 2000, ONG, gouvernements, secteur privé se mobilisent. La courbe des nouveaux cas déclarés s'infléchit et les efforts de lutte permettent d'atteindre, en 2018, leur plus bas niveau (leur nombre entre 2000 et 2018 a baissé de 95 %). Cette faible incidence appelle maintenant à un changement de stratégie (les dépistages « à la Jamot ») pour espérer l'arrêt de la transmission en 2030. Or, la faiblesse des systèmes de santé et l'insécurité limitent les possibilités d'évaluation de la situation et excluent des régions entières de toute action (au cours des dix dernières années, plus de 70 % des cas notifiés ont été observés en RDC)[2].

DÉFINITION

Ivermectine : médicament mis au point dans les années 1970 pour traiter des maladies parasitaires dues à des vers.

2. René Migliani et Jeanne-Marie Amat-Roze, « Situation sanitaire de la République démocratique du Congo en 2020 », in *Une autre Afrique médiane*, *Hérodote*, n° 179, 2020, p. 146-164.

B. DE GRANDS FLÉAUX TOUJOURS AU PREMIER PLAN DE LA CHARGE MORBIDE

1. Le paludisme, première affection parasitaire

La maladie, connue aussi sous le nom de malaria (de l'italien *mal'aria*, « mauvais air »), est due à des parasites hématozoaires* du genre *Plasmodium* transmis par un moustique femelle du genre *Anopheles*. La forme la plus grave, responsable des formes mortelles, est due au parasite *Plasmodium falciparum*, présent dans les seules régions tropicales du globe ; il est dominant en Afrique tropicale.

L'OMS estime qu'en 2019 la maladie a fait plus de 500 000 morts, dont 96 % en Afrique tropicale.

Une grande espérance marque les années 1950 : le contrôle de l'endémie, voire son éradication. Elle s'appuie sur deux piliers : l'épandage d'insecticide (le DDT[3]), qui offrait une arme contre le moustique, et la diffusion de la quinine de synthèse (chloroquine), médicament efficace et bon marché. Mais après une période de contrôle, des anophèles résistant au DDT sont signalés en 1978 en Afrique orientale. En 1996, l'OMS estime que la maladie cause entre 1,5 et 2,7 millions de décès, surtout chez les enfants de moins de 5 ans non ou mal protégés par l'insuffisant développement d'une protection immunitaire. Cette prévalence produit un choc. En 1998, l'OMS lance l'initiative « Faire reculer le paludisme » (« *Roll Back Malaria* »), la plus grande plateforme mondiale d'action coordonnée contre le paludisme, en partenariat avec l'UNICEF, le PNUD et la Banque mondiale. Résultat : l'incidence diminue. Mais les résistances aux insecticides, aux traitements et les crises humanitaires fragilisent la situation.

L'espoir d'un vaccin fait l'actualité depuis des décennies. À partir de 2018, un vaccin novateur destiné aux enfants est déployé dans plusieurs pays (Ghana, Kenya, Malawi) et obtient des résultats favorables. Fin 2021, l'OMS recommande sa généralisation chez les enfants.

2. La persistance de « vieilles » maladies

La tuberculose fait encore chaque année plus de 1,2 million de morts dans le monde, plus que le sida et le paludisme réunis. Un quart des 10 millions de cas annuels diagnostiqués concerne l'Afrique. Le Nigeria, l'Afrique du Sud et la RDC sont les pays les plus touchés. **En 2020, la pandémie de Covid-19 a fait chuter le dépistage et des ressources allouées à la tuberculose ont été affectées à la lutte contre le coronavirus.**

En 1978, la rougeole rejoint les maladies cibles du programme élargi de vaccination destiné aux enfants. L'application du programme se traduit alors par une baisse du nombre de cas. Mais après une décennie de recul de la vaccination, la décennie suivante voit l'incidence remonter. Depuis les années 2000, la couverture vaccinale augmente, mais sans atteindre les 95 % nécessaires pour éliminer la maladie. En 2019, la plus forte épidémie de rougeole dans le monde est observée en RDC.

DÉFINITION

Hématozoaires : du grec *haïma*, « sang », et *zôarion*, « petit animal » ; parasites animaux vivant dans le sang (*Dictionnaire des termes de médecine*).

3. Dichloro-diphényl-trichloro-éthane : produit chimique synthétisé en 1874 par un chimiste autrichien, mais dont les propriétés insecticides et acaricides n'ont été découvertes qu'en 1939.

C. LE CHOC DE MALADIES INFECTIEUSES ÉMERGENTES

L'éradication de la variole et le recul de nombreuses maladies infectieuses, consécutif aux programmes de vaccination et à l'amélioration des conditions de vie, ont laissé espérer leur contrôle pour la fin du XXe siècle. Mais, surprise, dans le dernier tiers du siècle, l'apparition de maladies infectieuses inconnues remet en cause le postulat. Certaines sont à l'origine des zoonoses passées de l'animal à l'homme accidentellement ou dues à des modifications de l'environnement et à des comportements humains. D'autres prennent l'ampleur d'un fléau, alimentant des peurs, ou deviennent pandémiques en des temps record.

1. La maladie à virus Ebola (MVE), un observatoire des relations nature-société

Le nombre de victimes n'est en rien comparable aux bilans humains du VIH/sida et de la Covid-19, mais cette maladie, révélatrice des relations nature-société contemporaines, fait régulièrement l'actualité. L'homme se contamine par le contact avec les liquides biologiques d'animaux des forêts (chauves-souris, singes, antilopes des bois) porteurs du virus. À partir d'un cas humain, la transmission est interhumaine, soit par contact direct avec les liquides biologiques des malades ou des défunts, soit par contact indirect avec des supports contaminés (vêtements, instruments), soit par voie maternelle (accouchement, allaitement). Retenons toutefois que l'incubation est non contagieuse et que le virus tuant son hôte humain dans un délai d'une semaine, il est possible, en théorie, de circonscrire rapidement le foyer épidémique.

La première épidémie survient en 1976 au Nord-Zaïre, près de la rivière Ebola, dans la province de l'Équateur (actuelle province de Mongala). La létalité* atteint 88 %. Depuis, des épidémies se sont succédé en Afrique centrale – la RDC est le pays le plus touché – et en Afrique de l'Ouest. Les foyers épidémiques originels sont liés à la déforestation. **L'isolement et l'insécurité locale qui y règne, comme à l'est de la RDC, compliquent les opérations de lutte** ; depuis deux décennies, les groupes armés y ont instauré un climat de terreur pour se livrer à l'exploitation sauvage des ressources. Des vaccins pourraient désormais limiter les épidémies, si du moins l'insécurité n'entrave pas cette initiative.

2. La pandémie VIH/sida

L'infection est due au virus de l'immunodéficience humaine (VIH), dont il existe deux types : VIH-1 et VIH-2. Le VIH-1 est responsable de la pandémie.

Le virus se réplique dans les lymphocytes, qu'il détruit en quelques années, conduisant à des infections opportunistes, notamment la tuberculose, qui signent le stade de la maladie sida (syndrome d'immunodéficience acquise), à l'issue naturellement mortelle. Depuis 1996, les traitements antirétroviraux contrôlent cette évolution et, pour les personnes qui y ont accès, l'infection est entrée dans le registre des affections chroniques. Le VIH se transmet par des rapports sexuels non protégés, le sang contaminé et de la mère à l'enfant (accouchement, allaitement en l'absence de traitement de la mère).

À la charnière des années 1970-1980, l'infection à VIH-1 franchit le seuil épidémique. Le VIH-1 est issu de la transmission à l'homme du virus de l'immunodéficience simienne (VIS) porté par des chimpanzés et des gorilles vivant dans les

DÉFINITION

Létalité : du latin *letalis*, « mortel » ; capacité d'une maladie à entraîner la mort de la personne malade. Le taux de létalité (nombre de personnes qui, ayant contracté une maladie, meurent de cette maladie pour 1 000 personnes) mesure la virulence d'une maladie (Ined).

forêts du bassin du fleuve Congo. En Afrique centrale, le sida s'est développé à bas bruit pendant plusieurs décennies. L'épidémie ne prend pas la morphologie d'une vague déferlante [→ CARTE]. En première décennie, l'Afrique australe paraît épargnée, mais en deuxième décennie, elle affiche les niveaux de contamination dans la population des jeunes adultes les plus élevés du monde – de 1994 à 1998, le taux d'infection dépasse 43 % dans des populations de femmes enceintes, qui étaient alors condamnées à mort.

Le nombre global de victimes est estimé à plus de 30 millions entre 1981 et 2021, soit 0,7 % de la population mondiale[4]. **L'OMS estime, fin 2019, que 38 millions de personnes vivent avec le VIH, dont 26 millions en Afrique subsaharienne.** Quarante ans après l'épidémisation, cette région reste la plus affectée. En 2008, le Programme commun des Nations unies sur le VIH/sida (ONUSIDA) estimait que 950 000 personnes y sont mortes du sida, nombre ramené à 470 000 en 2018. Des comportements préventifs, dont ceux appliqués à la transmission mère-enfant, et l'accès aux traitements, soutenus par l'aide internationale, expliquent cette diminution. Mais l'accès aux traitements pourrait être perturbé par la pandémie liée au coronavirus.

Le sida, la vulnérabilité des femmes africaines

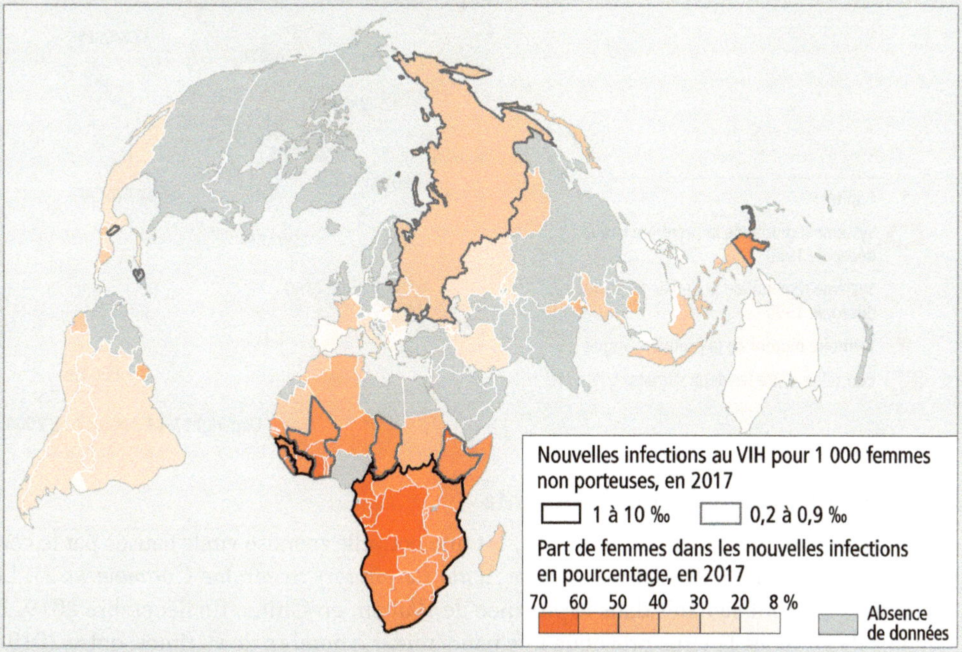

Note : le sida est la première cause de décès des femmes en âge de procréer. L'Afrique subsaharienne se distingue par la part des femmes infectées. Au début de l'épidémie, les hommes étaient plus nombreux que les femmes. En quelques années, la proportion s'est inversée. Facteurs biologiques, normes sociales et culturelles, dépendance économique associés placent les femmes dans un état d'iniquité vis-à-vis de l'exposition au risque de transmission.

Source : OMS, Nations unies, base de données en ligne de l'Unesco, http://data.uis.unesco.org, 2019.

4. Statista/Our World in Data, John Hopkins University, *New York Times*.

Les systèmes régionaux de l'infection à VIH/sida en Afrique fin 2000

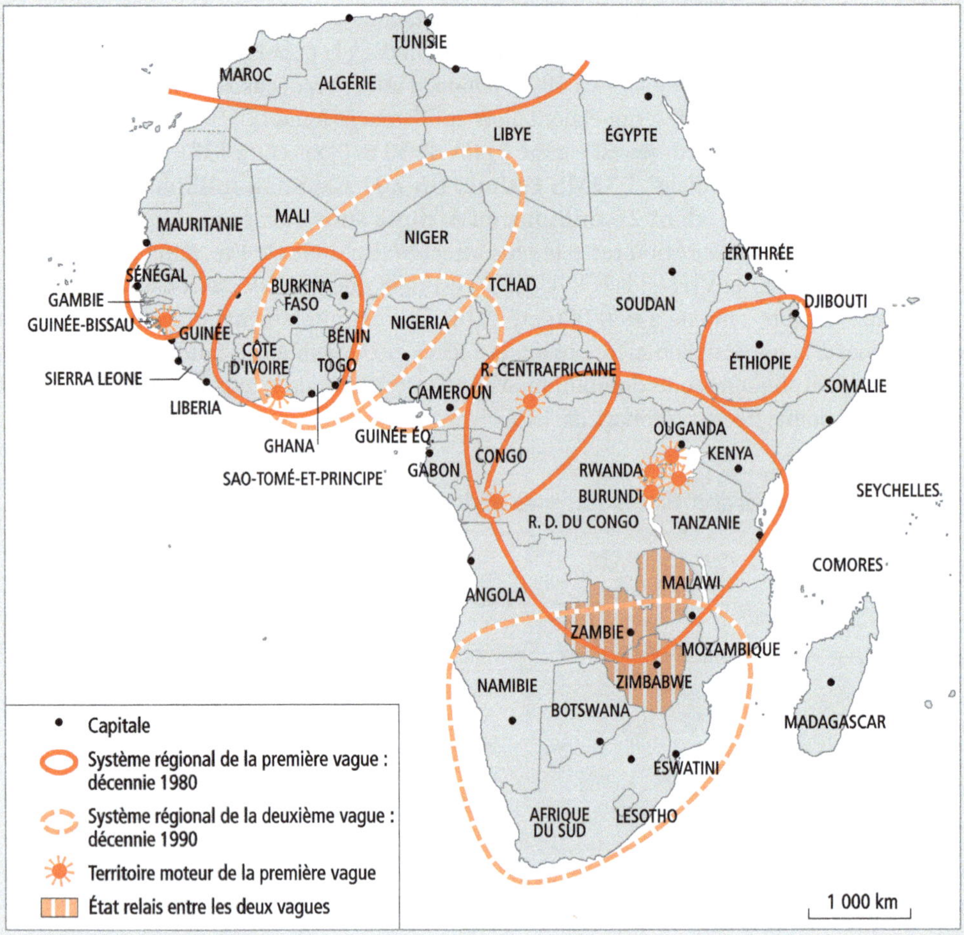

Copyright J.-M. Amat-Roze, 2000.

3. La Covid-19, une pandémie fulgurante

La Covid-19 (*Coronavirus Disease-2019*) est une nouvelle zoonose virale causée par le coronavirus dénommé SARS-CoV-2 (*Severe Acute Respiratory Syndrome Coronavirus-2*). Les premiers cas sont signalés dans la province de Wuhan, en Chine, fin décembre 2019. En moins de six mois, le virus provoque une pandémie. Le nombre de victimes, entre 2019 et 2021, est estimé à 5,1 millions, soit 0,06 % de la population mondiale. Pour rappel, la grippe espagnole (1918-1919) aurait emporté 45 millions de personnes, soit 2,5 % de la population mondiale. **En août 2021, la région Afrique de l'OMS porte 3,6 % des cas et 4,2 % des décès**, avec un taux de létalité supérieur à celui du reste du monde (2,5 % contre 2,1 %), marqueur de l'insuffisance des capacités de surveillance et de prise en charge des malades aux formes sévères. La région se distingue par le nombre de tests pour 1 000 habitants et de tests post-mortem le plus faible du monde[5]. Néanmoins, la sous-mortalité observée (mortalité

5. Jeanne-Marie Amat-Roze, « VIH, sida, SRAS-CoV-2, Covid-19 : émergences, circonstances, conséquences », in *Covid-19. Géopolitique d'une pandémie*, *Hérodote*, n° 183, 2021, p. 59-83.

standardisée : 4 fois moins élevée qu'en Europe et en Amérique du Nord, 2 fois moins qu'en Asie) s'expliquerait, entre autres, par la jeunesse de la population [→ CH. 9].

L'Afrique du Sud se distingue de façon paradoxale : c'est à la fois le pays africain le plus touché et celui où la population est la plus vaccinée (25 % en décembre 2021). Elle est aussi le seul pays du continent qui soit en capacité de réaliser des séquençages génomiques. Ses chercheurs ont ainsi été les premiers au monde à identifier le variant omicron à l'automne 2021. **L'Afrique du Sud s'est mobilisée en faveur de la suppression des protections de la propriété intellectuelle des groupes pharmaceutiques** pour remédier aux inégalités d'accès aux vaccins. Son combat concernant la Covid-19 rappelle celui qu'elle a mené pour l'accès aux traitements du sida vingt ans auparavant.

4. Le VIH/sida et la Covid-19, des déstabilisateurs systémiques

Ces maladies jouent sur l'effectif des populations, l'espérance de vie et la pyramide des âges. Elles sont des déstabilisateurs socio-économiques. Le sida affecte les individus dans « la force de l'âge ». Sida et Covid-19 pèsent sur la croissance, la sécurité alimentaire (moins de bras et de ressources), les services de l'État (dont l'éducation et le système de soins, bases du développement), les entreprises, les familles (coût financier de la maladie et des funérailles, enfants orphelins). Par des effets différenciés sur les conditions de vie, elles renforcent les inégalités entre les sexes aux dépens de la femme et les travailleurs du secteur informel sont les plus exposés. Enfin, la Covid-19 a des effets négatifs sur le sida, au premier rang desquels moins de dépistages, allongeant les délais du diagnostic et donc de mise sous traitement.

III. L'Afrique et la gouvernance mondiale de la santé

A. L'ÉPOQUE COLONIALE

À l'époque coloniale, l'engagement sanitaire des Européens se calque sur la configuration géographique des empires. Devant la gravité et l'étendue des grandes endémies tropicales, des systèmes de lutte sont mis en place. Dans l'Empire français, un des pionniers et des plus connus est créé en 1917 en Oubangui-Chari par le médecin-colonel Eugène Jamot pour lutter contre la trypanosomiase humaine. Le système fut étendu aux territoires à risque de l'Afrique-Équatoriale française (A-ÉF) et de l'Afrique-Occidentale française (A-OF).

Après la Seconde Guerre mondiale, les opérations de lutte sont élargies aux autres grandes endémies et planifiées à l'échelle des fédérations d'A-OF et d'A-ÉF. Avec l'accession de ces territoires à l'indépendance, la structure fédérale disparaît au profit de services nationaux des grandes endémies mais, **comme les moustiques, mouches et virus sont sans frontières, de nouvelles structures fédérales, calquées sur les héritages territoriaux, sont créées** : l'Organisation de coordination et de coopération pour la lutte contre les grandes endémies (OCCGE) en 1960 pour l'Afrique de l'Ouest et l'Organisation de coordination pour la lutte contre les endémies en Afrique centrale (OCEAC), en 1963.

B. L'ÉMERGENCE DES ORGANISMES INTERNATIONAUX

1. Le leadership de l'OMS

L'OMS, fondée en 1946, a progressivement imposé son leadership sanitaire. Au cours de la décennie 1970, son action s'applique en priorité aux PED, à l'Afrique subsaharienne surtout, notamment avec le Programme élargi de vaccination (PEV). À partir des années 1980, ses engagements changent d'échelle car des problèmes menacent la santé au nord comme au sud. C'est le **grand choc de l'émergence du VIH/sida, qui se mondialise à une vitesse inédite**. Pour faire face aux mutations de la société qui ont transformé les risques sanitaires (tabagisme, surpoids, addictions, pandémies...), l'OMS crée en 2000 le GOARN (*Global Outbreak Alert and Response Network*), réseau d'alerte et d'action couvrant un large éventail d'urgences de santé publique à potentiel d'écho international.

2. L'association des acteurs onusiens, étatiques, intergouvernementaux au chevet de la santé

Face aux défis posés par la lutte contre les pandémies ou par l'amélioration de la santé dans le monde avec les objectifs du Millénaire pour le développement (OMD) définis en 2000, les organismes des Nations unies sont amenés à gouverner autrement. L'association des acteurs devient la règle. Pour mieux faire front à l'expansion du VIH/sida, l'OMS n'a pas eu le choix ; en 1996, elle devient partenaire privilégié du Programme commun des Nations unies sur le VIH/sida (ONUSIDA/UNAIDS), qui regroupe 11 organismes du système des Nations unies. **En janvier 2006, l'offensive mondiale contre la grippe aviaire** lancée à Pékin réunit plus d'une centaine de pays sous la houlette de l'Office international des épizooties (OIE) et de la FAO. **Cette crise est exemplaire de la nécessité des solidarités mondiales.** La crainte porte sur le risque d'endémisation de la grippe aviaire au sud du Sahara et sur la réapparition de la maladie en Europe à chaque printemps avec les oiseaux migrateurs. Mais l'Afrique est mal armée. Le *Pan African Programme for the Control of Epizootics* (PACE), financé par l'UE, est créé pour l'aider. Beaucoup de chemin a été parcouru depuis le temps où la Croix-Rouge, fondée en 1863, était le principal porte-drapeau des interventions sanitaires internationales.

3. La prolifération des organisations non gouvernementales (ONG)

Au cours de la décennie 1970, sont nées, à l'initiative de médecins, des associations privées regroupant des médecins et des membres du corps de santé bénévoles ayant pour mission de venir en aide aux populations éprouvées par la guerre ou victimes de catastrophes. À la différence d'autres (le Secours catholique, le Secours populaire français...), ces associations affichent d'emblée leur vocation mondiale en choisissant de se dénommer Médecins Sans Frontières (fondée en 1971 pour venir en aide aux victimes de la guerre du Biafra), Médecins du Monde (créée en 1980), dénominations symptomatiques d'une **prise de conscience d'un monde solidaire**. Avec d'autres associations internationales (Infirmiers Sans Frontières, Vétérinaires Sans Frontières...), elles forment aujourd'hui la galaxie des ONG, toujours plus nombreuses, toujours plus influentes, partenaires incontournables des opérations de développement, associant acteurs du Nord et communautés du Sud, œuvrant pour appliquer les stratégies d'action aux contextes locaux. Elles sont particulièrement présentes en Afrique subsaharienne, où elles tentent de compenser les insuffisances des systèmes nationaux de santé, et **sont souvent les seules à intervenir dans les zones de conflit**.

4. La puissance des fondations américaines

Les fondations philanthropiques sont une tradition américaine qui remonte au début du XXe siècle (Ford, Rockefeller...). Ces dernières années, leurs contributions volontaires ont représenté plus des trois quarts du financement de l'OMS, qui leur doit, en conséquence, son existence, mais ce qui limite sa marge de manœuvre ! **La fondation Bill & Melinda Gates, créée en 2000, est unique par l'importance de ses moyens.** Bill Gates, fondateur de Microsoft, de très loin le plus gros donateur, s'est imposé comme l'un des plus puissants acteurs en matière de santé publique mondiale. La plupart des versements volontaires sont à objet clairement désigné. Cela signifie que **les programmes de l'OMS sont majoritairement déterminés par les donateurs**. La fondation Bill & Melinda Gates se concentre sur le contrôle des maladies (programmes de vaccination, sida, paludisme...) et mobilise des fonds dans des secteurs qui n'intéressaient pas forcément les laboratoires pharmaceutiques et étaient trop chers pour les États africains, comme les « maladies tropicales négligées ». La question est de savoir qui pilote face à une telle puissance.

C. LA MULTIPLICATION DES ALLIANCES MONDIALES

Face aux échecs de l'ambitieux programme de lutte comme l'éradication du paludisme, face aux défis posés par la lutte contre des endémies, des épidémies et des pandémies, l'association des acteurs est désormais la règle. Les décennies 2000 sont ainsi celles de la concrétisation des alliances mondiales.

1. 1998 : l'initiative « *Roll Back Malaria* »

L'initiative est un plan mondial d'action contre le paludisme associant d'abord l'OMS, le PNUD, l'UNICEF, la Banque mondiale, puis élargi à la fondation Bill & Melinda Gates, à des États et à des ONG. Parmi les actions menées, on peut citer la distribution de moustiquaires imprégnées et de traitements qui a entraîné une diminution de la mortalité notifiée notamment dans plusieurs pays de l'Afrique des Grands Lacs.

2. 2000 : Gavi, l'alliance globale pour les vaccins et la vaccination

Le Programme élargi de vaccination, mis en place en 1974, était consacré à six maladies cibles, meurtrières de la petite enfance : la tuberculose, la diphtérie, le tétanos, la coqueluche, la poliomyélite et la rougeole. La couverture vaccinale atteignit son apogée au début des années 1990.

GAVI (*Global Alliance for Vaccines and Immunization* – aujourd'hui Gavi, l'Alliance du Vaccin) a été créée en 2000 à partir du constat que **l'obstacle n'était plus le coût des vaccins mais celui de la logistique et du manque de volonté politique**. L'Alliance regroupe la fondation Bill & Melinda Gates (qui est à l'origine de l'initiative et la finance très largement), l'OMS, l'UNICEF, la Banque mondiale, des organismes de recherche et de santé publique, des gouvernements des pays industrialisés et des pays en développement, des producteurs de vaccins, tant dans les pays du Nord que dans les pays émergents, et des ONG. Grâce à Gavi, les taux d'immunisation ont pu remonter.

3. 2002 : le Fonds mondial de lutte contre le sida, la tuberculose et le paludisme (GFATM)

Ce fonds a été créé sous l'impulsion de la lutte contre le sida. Le coût des trithérapies, introduites en 1996, était prohibitif pour les habitants des PED, spécialement en Afrique. Le **concept d'ingérence thérapeutique, consistant à donner au Sud l'accès à des traitements jusque-là distribués au Nord**, a fait son chemin, ainsi que celui de malades sans frontières. Le sida a été le détonateur. La conférence internationale sur le VIH/sida à Abidjan, en 1997, est une étape importante dans ce plaidoyer pour un accès universel et gratuit aux traitements, puisque la santé y est reconnue comme un droit universel. En 2001, pour la première fois, les Nations unies dédient une assemblée générale à la lutte contre une maladie, le VIH/sida, et s'engagent à créer un Fonds, approuvé par le G8. Le Fonds global est une institution innovante destinée à collecter puis allouer des ressources supplémentaires pour prévenir et traiter le VIH/sida, la tuberculose et le paludisme. Mais l'accès universel reste théorique.

La même année, le procès de Pretoria marque l'histoire de la santé en consacrant l'accès aux médicaments des plus démunis. Le 5 mars 2001, 39 firmes pharmaceutiques du Nord intentent un procès contre le gouvernement sud-africain, accusé d'avoir violé les droits de propriété intellectuelle pour avoir autorisé le recours à des médicaments génériques. Le 19 avril, devant les réactions des ONG, de la presse, de l'opinion publique sensible au fait que « les médicaments sont au Nord, les malades au Sud », **les laboratoires pharmaceutiques retirent leur plainte. Ils reculent devant la plus prestigieuse des personnalités africaines, Nelson Mandela**. Les pays du Sud sont dès lors autorisés à importer des copies de médicaments protégés et à les reproduire. L'Afrique du Sud confirme son rang de grande puissance. Restée pendant des années à l'écart de la dynamique de diffusion des traitements génériques, l'Afrique subsaharienne en est désormais la principale bénéficiaire. Avec le recul, le sida s'est ainsi avéré être un puissant déstabilisateur mondial, pour le pire, mais aussi pour le meilleur.

4. 2003 : *Drugs for Neglected Diseases initiative* (DNDi), l'action innovante

La DNDi vise à développer les connaissances et les moyens pour lutter contre vingt maladies tropicales négligées (MTN). Ces maladies infectieuses affectent des personnes qui vivent dans des territoires isolés, ruraux pour la plupart, dans le dénuement et la pauvreté, notamment en Afrique tropicale. En 2016, l'action en faveur du continent africain est renforcée par la création de l'ESPEN (*Expanded Special Project for Elimination of Neglected Tropical Diseases*) au sein de l'OMS-AFRO. Cinq types de maladies sont prioritaires : l'onchocercose, la filariose lymphatique, les schistosomoses, les géohelminthoses et le trachome. La structure, à but non lucratif, mobilise la recherche publique des pays les plus avancés, les institutions interétatiques des Nations unies et les institutions humanitaires. Elle se donne pour objectif d'arriver à un contrôle par les traitements, l'éducation et l'amélioration des conditions de vie.

5. 2020 : COVAX, le dispositif réactif à la pandémie de Covid-19

COVAX est un dispositif international destiné à permettre à tous les pays d'accéder à des vaccins sûrs et efficaces. Mis en place dès 2020, il se distingue par la réactivité des grands organismes et le nombre d'acteurs : OMS, Gavi, *Coalition for Epidemic Preparedness Innovations*, avec la collaboration de l'UNICEF, du G7, du G20, des producteurs de vaccins, des scientifiques, des États, des fondations comme la fondation Bill & Melinda Gates. Le mécanisme de financement doit permettre un accès gratuit aux vaccins à 92 pays à faible et moyen revenu. Jamais l'humanité n'avait réalisé un tel programme de déploiement de vaccins. Mais, **spatialement, les résultats ne sont pas à la hauteur des espérances**. Le directeur de l'OMS déclare en novembre 2021 que « plus de 80 % des vaccins sont allés aux pays du G20 », et que « les pays à faible revenu, pour la plupart en Afrique, n'ont reçu que 0,6 % de tous les vaccins ». La concurrence des pays riches, prêts à payer cher et gardant les doses, a empêché d'atteindre l'objectif. Autre obstacle à surmonter : 25 pays sur les 92 n'ont pas les infrastructures pour une campagne vaccinale efficace.

6. Novembre 2021 : vers un traité mondial contraignant contre les pandémies

L'idée d'un traité mondial contre les pandémies fait son chemin depuis une vingtaine d'années. L'Assemblée mondiale de l'OMS, réunie en session extraordinaire le 29 novembre 2021, devait entériner la création d'une instance destinée à préparer un traité international sur les pandémies avec pour objectif d'aboutir en 2024. **L'hyperconnexion du monde toujours plus intense, la pandémie de Covid-19 et l'opacité de la Chine n'y sont pas pour rien.** L'objectif est d'imposer les échanges d'informations et la transparence aux

États membres pour fiabiliser et objectiver les données afin de détecter un agent infectieux émergent le plus vite possible. Afin de prévenir les pandémies, le futur traité exigerait d'approfondir les partenariats entre les secteurs des santés humaine, animale et environnementale, illustration du processus d'intégration des questions de santé animale dans la santé globale. **Permettre un accès équitable aux diagnostics, aux vaccins, aux traitements à tous les pays est aussi un objectif.** Le traité, doté d'un cadre contraignant, est susceptible de transformer les relations internationales. Reste à en faire un outil efficace.

IV. De nouveaux défis à surmonter

Les décennies 2000 et 2010 peuvent être qualifiées de « décennies du renouveau », avec une augmentation sans précédent de l'aide au développement ciblée sur la santé et des résultats encourageants. L'Afrique subsaharienne en est un des principaux bénéficiaires mais, évidemment, tous les problèmes sont loin d'être réglés et l'avenir reste plein d'incertitudes.

A. LE MARCHÉ DES FAUX MÉDICAMENTS, UNE CATASTROPHE SANITAIRE

Les faux médicaments tuent. Le trafic explose. Selon l'Organe international de contrôle des stupéfiants (OICS), les médicaments contrefaits, placebos, produits périmés, produits dilués ou surdosés, voire frelatés, fabriqués à partir de substances nocives, alimenteraient 20 % du marché pharmaceutique mondial, contre seulement 1 % en 2006. L'Afrique subsaharienne représente à elle seule 42 % des importations originaires de Chine, d'Inde, du Nigeria (importateur et transitaire avec la Gambie) – favorisées par la pauvreté, la méconnaissance, l'absence ou l'insuffisance de contrôles. **Selon l'OMS, les antipaludiques de contrefaçon tueraient chaque année 120 000 enfants.** La Convention MÉDICRIME, qui criminalise la fabrication et la vente de faux médicaments, n'est pas appliquée. **L'Afrique subsaharienne est devenue une cible privilégiée avec les « pharmacies par terre » et les achats par Internet.** Devant le péril, en octobre 2009, la fondation Jacques Chirac réunit à Cotonou plusieurs chefs d'État et représentants de divers pays. « L'appel de Cotonou » a pour objectif d'encourager l'adoption d'une « convention internationale de lutte contre les faux médicaments ». Plusieurs États se mobilisent, comme le Kenya, qui s'est doté d'une loi contre la contrefaçon en 2011 et signe des partenariats avec la MEDS (*Mission for Essential Drugs and Supplies*) et la *United States Pharmacopeial Convention*, organismes qui créent les standards des produits pharmaceutiques. Depuis 2018, les nouvelles technologies viennent en appui : une application permet d'identifier les médicaments autorisés à la vente. Mais tout cela reste encore très théorique, et le péril n'a jamais été aussi élevé.

B. FAIRE FACE À LA FOIS AUX ENDÉMIES ET AUX CANCERS

L'augmentation des ressources au cours de ces dernières décennies a été dédiée à de grands programmes dits « verticaux » : luttes contre le sida, le paludisme, etc. La question de la durabilité des financements et des actions à de tels niveaux est posée, alors que les bénéficiaires subsahariens demeurent dans une situation de grande dépendance. Le problème est de fait celui de l'équilibre entre de gros financements, pour des affections à écho mondial, comme le GFATM ou COVAX, concentrés sur une cause, et d'autres besoins vitaux qui passeraient au second plan, comme l'assainissement, la scolarisation ou la santé maternelle.

Dans ce contexte, les États doivent faire face à une crise des ressources humaines. L'OMS consacre son « Rapport annuel 2006 » à **la fuite des soignants, qui saigne les pays du Sud**. Timothy Evans, sous-directeur général, s'alarme : « Les professionnels qualifiés sont de plus en plus nombreux à émigrer dans des pays plus nantis, pour un emploi mieux rémunéré. » Le problème est particulièrement aigu en Afrique. On compte plus de médecins béninois en France qu'au Bénin, et quand ils n'émigrent pas, les médecins privilégient l'exercice dans des structures privées. Les contrastes n'ont jamais été aussi grands entre l'établissement efficient, bien équipé, à but lucratif des grandes villes, et le centre de soins de santé primaire du village en bout de piste. Le premier répond aux demandes d'une population instruite, urbaine, mondialisée, vieillissante, exposée aux maladies chroniques, cardiovasculaires, aux cancers. Mais pour les États et les particuliers, **le coût de l'endiguement de ces affections est sans commune mesure avec celui de la lutte contre les maladies infectieuses** qui bénéficie, elle, de programmes internationaux et du soutien de nombreuses ONG. L'extension d'une couverture médicale universelle aidera peut-être à y faire face, mais cette mesure soulève un défi majeur : le financement des besoins de soins. Ce défi est mondial, au Nord comme au Sud, pour les habitants des villes comme des campagnes, et primordial pour réduire les inégalités socio-économiques qui se creusent entre les hommes. Mais quels sont les possibles en Afrique subsaharienne, où la pauvreté monétaire de nombreux États et de la majorité des individus est encore si présente ?

C. LES ENJEUX GÉOPOLITIQUES DE LA SANTÉ

Les défaillances chroniques des États de l'Afrique subsaharienne font de la santé – une « bonne cause » – un champ d'application de la gouvernance mondiale. L'OMS a perdu son leadership des années 1970. Agences de l'ONU, Banque mondiale, États du Nord, États émergents, ONG, fondations, industrie pharmaceutique… se pressent – ainsi que les milliards – au chevet de la santé ; et le cercle s'élargit. Les pandémies ont accéléré le processus, la sécurité internationale se sentant menacée. Notions et concepts ont accompagné la dynamique : « santé mondiale », « santé globale », « un seul monde », « agenda mondial de la santé ».

La pandémie de Covid-19 rebat beaucoup plus les cartes que celle du sida. Par un engagement direct, des États montrent leur pouvoir et leurs capacités. L'Inde, premier fabricant de vaccins au monde, dont celui contre le SARS-CoV-2, a perturbé l'échéancier de COVAX au nom de l'intérêt national : quand elle doit affronter l'épidémie du printemps 2021, elle retient les livraisons promises.

La Chine est le leader incontesté de cette recomposition[6]. La lutte contre la pandémie démontre ses forces (fabrications massives et rapides des masques et des vaccins – la moitié de la production mondiale) et son habilité (contrôle de l'OMS, dons de produits médicaux, transferts de technologie, contrats à son avantage, campagnes de communication…). Elle concurrence les Occidentaux, privilégie les expéditions vers quelques États partenaires (l'Éthiopie, hub logistique), intègre des entreprises à capitaux privés pour conquérir des marchés. La diffusion de la Covid-19 a accéléré l'internationalisation de l'industrie de la santé chinoise et engendré de nouvelles expressions de politique étrangère : la « diplomatie des masques » puis « des vaccins » consistant, *in fine*, à consolider son influence. **La Chine utilise avec brio cet excellent levier géopolitique qui vise en particulier l'Afrique** [→ CH. 17] : l'amélioration de la santé des populations ne sous-entend-elle pas œuvrer pour leur bien ?

6. Xavier Aurégan, « L'Afrique au temps du Covid-19 et de la route sanitaire de la soie : un relais géopolitique extraterritorial pour la Chine », *Hérodote*, n° 183, 2021, p. 99-116.

12 LES DYNAMIQUES SOCIALES ET CULTURELLES : TRANSITIONS ET RUPTURES

Comme partout dans le monde, les sociétés africaines sont confrontées à des dynamiques de changement. Mais plus qu'ailleurs peut-être, les mutations y ont été brutales, sous l'effet du choc colonial principalement. L'Afrique noire est passée dans un laps de temps très court de systèmes de production et de modes d'organisation sociale et politique qui lui étaient propres aux modèles importés par les Européens. La transition entre « tradition » et « modernité », selon les termes d'une représentation simple mais efficace, a provoqué des ruptures profondes. Le saut technologique, le chevauchement des valeurs ont provoqué un formidable télescopage des temporalités. Leur prise en compte est indispensable à la compréhension des spécificités de l'Afrique subsaharienne et de ses difficultés d'insertion dans la mondialisation. Le changement qu'elle a connu en deux ou trois générations est immense. Il ne se limite pas à la sphère sociale *stricto sensu* mais englobe la dimension culturelle où se confrontent des héritages plus ou moins prégnants et des aspirations à participer pleinement au monde de demain.

Notions principales

Dynamique sociale : aucune société n'est immuable, même les plus traditionalistes. La dynamique sociale embrasse l'ensemble des changements qui affectent les sociétés, dans leurs dimensions matérielles, spirituelles, relationnelles.
Système de valeurs : toute société se définit par des valeurs, dans tous les domaines de l'existence, du religieux au profane. Les systèmes de valeurs définissent l'identité culturelle d'un groupe humain, de l'échelle locale à l'échelle universelle des droits de l'homme.
Transition : au sens premier, passage d'un état à un autre ; on parle ainsi de transition démographique. Le terme, popularisé dans les années 2010, est appliqué à toute forme de changement. En sciences sociales, la transition s'est substituée à la représentation dialectique « tradition et modernité », sans pour autant en changer la signification.

I. Des mutations brutales

A. UN RACCOURCI HISTORIQUE : DU NÉOLITHIQUE À L'INFORMATIQUE

Les retards de l'Afrique noire en matière de développement s'expliquent en grande partie par l'Histoire. Non pas celle du temps présent, mais celle du temps long. La compréhension des crises contemporaines qui secouent le continent gagne à interroger le passé pour mesurer le poids des structures, des pesanteurs, face aux défis posés par un changement par ailleurs inéluctable. Nombreuses étaient les populations qui, au début du siècle dernier, vivaient encore dans le contexte technique du néolithique ou de l'âge du fer. Aujourd'hui, les villes d'une certaine importance sont toutes raccordées à Internet. Certes, on est très loin, surtout dans les campagnes, de la révolution informatique généralisée. Pourtant, les nouvelles technologies pourraient bien, dans un avenir proche, accélérer les mutations et réduire le fossé technologique qui sépare l'Afrique des pays avancés.

1. La daba et Internet

La daba, un des types de houe à manche court les plus répandus en Afrique de l'Ouest, et le cybercafé illustrent l'écart séparant deux planètes techniques. **Dans la plupart des campagnes africaines, le travail de la terre reste manuel.** La houe sous toutes ses formes perpétue le caractère rudimentaire de l'outillage des paysanneries dont les techniques de production n'évoluent que lentement. Les progrès sont pourtant manifestes lorsqu'on observe, par exemple, le succès de la culture attelée dans les pays de savanes propices à l'élevage bovin : l'araire ou la charrue se substituent à la houe pour labourer les terres. Ces changements s'effectuent progressivement, non seulement parce que l'acquisition de nouvelles techniques prend du temps, mais aussi parce qu'ils bousculent les traditions, l'ordre établi, les rapports sociaux, l'exercice local de l'autorité. **La modernité technique ne va pas sans remettre en cause l'ordre social ancien.**

Par opposition aux campagnes qui demeurent des conservatoires de la tradition, **la ville est le réceptacle de toutes les initiatives nouvelles**. La puissance de l'attraction urbaine tient d'ailleurs pour une large part à cette image de modernité, d'ouverture sur un monde dont les médias révèlent l'extravagante diversité et alimentent le désir de la jeunesse d'y prendre sa part. L'explosion en peu d'années du téléphone portable donne la mesure des capacités d'une fraction de la population à entrer de plain-pied dans une « mondialité » à laquelle elle aspire. L'Afrique n'est pas prisonnière de son passé, ses jeunes citadins expriment un désir puissant, parfois violent, de nouveauté. Mais il n'est pas facile de concilier attachement à des coutumes ancrées dans les pratiques sociales et les représentations constitutives des identités locales, et participation à une modernité qui se construit à l'échelle mondiale et souvent loin de l'Afrique.

2. Les échelles de l'échange : des espaces matrimoniaux à l'économie-monde

Tout comme les outils, les échanges juxtaposent passé et présent, et enregistrent des changements considérables. Les moyens de locomotion ont naturellement beaucoup changé, même si la marche à pied demeure importante. **L'automobile a été érigée en symbole de la modernité** ; elle est l'objet de grandes convoitises, se pose comme l'un des signes essentiels de la réussite.

Avec les nouveaux moyens de transport, les espaces de l'échange changent de signification tant sociale qu'économique. Autrefois, l'horizon des déplacements des villageois était limité. Les espaces matrimoniaux, ceux que nécessitait l'organisation de mariages fondés sur la circulation des femmes, représentaient une échelle fondamentale de la relation des populations à leur territoire. Les interdits matrimoniaux liés aux structures claniques, d'une part, et la recherche d'alliances avantageuses, d'autre part, en fixaient les limites.

Ces échanges n'ont pas disparu en milieu rural, mais **la ville bouscule les pratiques, remettant en cause l'ordre ancestral**. La modernité se traduit par l'éclatement des cadres spatiaux. Les échelles du monde connu ont été bouleversées par l'irruption de la colonisation. Du jour au lendemain, le proche et le lointain n'eurent plus la même signification, au point que les populations en ont souvent perdu leurs repères. Elles ont été littéralement désorientées avant de retrouver leurs marques et de se familiariser avec d'autres systèmes socio-spatiaux aux extensions de plus en plus larges, jusqu'à rejoindre la sphère de l'économie-monde. Cette mutation passe par la communication, au sens le plus large, tant matérielle (les voies de communication) qu'immatérielle (les langages) ; de ce double point de vue, l'Afrique subsaharienne traverse une période d'accélération de son histoire. Il est nécessaire d'en tenir compte pour mieux apprécier et relativiser les difficultés qu'elle éprouve à s'adapter à un monde qui, lui-même, évolue à grande vitesse.

B. L'ÉCOLE : UNE RUPTURE DÉCISIVE

L'école représente le passage obligé vers une modernité qui signifie rupture avec la tradition, d'autant que la plupart des sociétés africaines vivaient dans l'oralité. L'école est le haut lieu de l'acculturation. Il y a certes fort longtemps que les enfants n'apprennent plus « nos ancêtres les Gaulois » – s'ils l'ont jamais appris – car les livres scolaires sont adaptés aux différents contextes locaux, qu'ils soient rédigés dans une langue africaine ou européenne. Mais tout message transmis au cours de l'apprentissage de la lecture et de l'écriture est porteur de rupture. **L'école est d'ailleurs le canal le plus efficace de l'exode rural** : les meilleurs élèves, ceux dont les parents peuvent supporter les frais de scolarisation, poursuivent leurs études dans des établissements secondaires des villes. Rares sont ceux qui retourneront au village.

1. L'inégale scolarisation

Les niveaux de scolarisation varient beaucoup d'un pays à l'autre ; ils constituent l'un des indicateurs du développement. Les taux de scolarisation dans le primaire, le secondaire et le supérieur ne sont cependant pas très significatifs en eux-mêmes. Ce qui compte, c'est la qualité de l'enseignement et l'insertion des diplômés dans la vie active. Or, dans de nombreux pays confrontés à l'explosion démographique et à des restrictions budgétaires, l'enseignement public subit une réelle dégradation (enseignants mal formés et sous-payés, classes surchargées, absence de matériel didactique, sans compter les conséquences désastreuses de l'insécurité). Les établissements privés suppléent partiellement aux insuffisances de l'école publique : au cours des dernières décennies, ils ont poussé comme champignons après la pluie. Ils font désormais partie du décor urbain. Leur succès témoigne de l'attachement des familles à la formation des enfants, dans la conviction que la réussite sociale, l'insertion dans les circuits de la modernité passent par l'école. Maintes petites villes remplissent les fonctions de « villes scolaires », comme Daloa en Côte d'Ivoire, vivant au rythme du calendrier des collèges et lycées. L'enseignement supérieur lui-même est investi par l'initiative privée : un grand nombre d'universités ont vu le jour en RDC depuis les années 1990, en réponse aux carences de l'État. L'Afrique a beau être en retard, les ferments de transformation sont là. Ils ne porteront sans doute pas leurs fruits dans l'immédiat, mais c'est un investissement qui s'inscrit dans la durée : le développement demande de la patience.

2. Le rôle éminent des Églises

Les Églises chrétiennes ont joué un rôle pionnier dans la formation des élites. Les premières écoles créées dans le sillage de la colonisation l'ont généralement été par les missions, catholiques ou protestantes. Au Rwanda, l'Église catholique a longtemps eu une position dominante dans le système éducatif. On ne compte pas le nombre de responsables politiques de la génération de l'indépendance à être passés par les petits ou grands séminaires. Même s'ils ont pris leurs distances par rapport à la religion, ils ont subi l'influence d'une formation qui ouvrait les horizons de la modernité. **En pays d'islam**, au contraire, l'enseignement dans les médersas est resté **très traditionaliste**, souvent limité à l'apprentissage du Coran. Depuis quelques années toutefois, des écoles privées musulmanes, de plus en plus nombreuses, donnent un enseignement « moderne », notamment dans les disciplines scientifiques. Cela correspond à une prise de conscience de la compatibilité entre l'affirmation de la tradition religieuse et la reconnaissance de l'universalité de la science, fondement de tout progrès.

3. Des « évolués » aux universitaires

Le basculement dans la modernité passe nécessairement par la formation des hommes, et tout aussi nécessairement par une certaine dose d'acculturation. **À l'époque coloniale, ceux qu'on a appelés les « évolués » en Afrique francophone ont rempli une fonction d'intermédiation** entre les nouvelles manières introduites par les Européens (« manières de Blancs ») et la coutume. Ils ont été des acteurs décisifs du changement et ont préparé la relève des pouvoirs politiques avec la venue des indépendances. Le terme d'« évolué », à fort relent colonial, est passé aux oubliettes de l'histoire. **Aujourd'hui, les porte-parole de la modernité se recrutent parmi les universitaires** dont la mission, comme leur nom l'indique, relève de l'universalité des savoirs. Peu nombreux si on prend comme point de comparaison les pays du Nord, ils n'en jouent pas moins un rôle essentiel pour la formation et le renouvellement des élites, et pour la divulgation de référents culturels qui bousculent la tradition dans ce qu'elle a d'obsolète et parfois d'obscurantiste. Mais depuis la fin du XXe siècle, le système éducatif, à tous les niveaux, peine à remplir sa fonction d'insertion socio-économique. **Le nombre de diplômés chômeurs s'est accru, au point de devenir un véritable problème politique dans les villes.** Désœuvrés, à la charge des familles, nombre d'entre eux sont tentés par l'aventure migratoire ou par l'engagement dans des actions violentes, des milices urbaines, voire des réseaux terroristes.

C. LE TEMPS ET L'ESPACE

Les ruptures culturelles s'accompagnent d'une révision des pratiques spatio-temporelles. Le temps comme l'espace sont des dimensions constitutives des cultures : les altérations de celles-ci découlent partiellement de leurs mutations.

1. La fluidité héritée de l'espace-temps

Les relations que les sociétés africaines entretenaient avec le temps et avec l'espace se déclinaient sur le mode de la fluidité. Partout où l'espace n'était pas compté, ce qui était le cas le plus général dans un contexte de faible peuplement, le bornage des terres ne s'imposait pas : une certaine indifférenciation foncière accompagne les basses densités. En milieu forestier, la mobilité des hommes et des aires de culture ajoutait à la fluidité de territoires aux limites floues et fluctuantes. Symétriquement à la fluidité spatiale, **le temps n'était pas précisément séquencé**. Les moments de la journée, définis par le déplacement apparent du soleil, n'avaient pas la précision de l'horloge. L'exécution des tâches agricoles, la chasse ou les voyages ne répondaient pas à des exigences temporelles précises. La succession des saisons, en l'absence de calendrier, était appréciée empiriquement. L'âge des individus se perdait dans les arcanes de la mémoire.

2. La rigidité des encadrements spatio-temporels importés

À la fluidité, aux imprécisions spatiales, aux à-peu-près temporels, les puissances coloniales ont substitué d'autres représentations et pratiques, celles qui étaient les leurs, celles qu'avait produites leur propre histoire.

a) Le temps fragmenté

Les Africains, dit-on, ont coutume de répondre aux Européens : « Vous avez la montre, nous avons le temps ». Cette disposition ne favorise pas l'entrée dans l'organisation capitaliste du travail, qui est d'abord une gestion du temps. **La transition culturelle passe par l'apprentissage des nouveaux canons de la temporalité.** Au temps fluide des sociétés paysannes se substitue un temps découpé, fracturé, inexorablement cadencé par les aiguilles de l'horloge. L'horaire – auquel l'école initie – impose sa régularité ; le temps universel révèle l'unité du monde. Peu à peu, la régularité rythmique de la pendule, insensible au vécu, se substitue à la perception subjective de la durée qui s'écoule.

b) L'espace borné

Un des apports essentiels de la raison pratique européenne réside dans le bornage de l'espace, et ce à toutes les échelles : depuis celle des frontières d'État jusqu'à celle de la parcelle cadastrée. **La modernité territoriale s'exprime par une hypervalorisation de la ligne**, la précision du trait étant destinée à prévenir les litiges de propriété. Les sociétés d'antan n'ignoraient pas les limites, souvent calées sur quelque élément naturel, cours d'eau, accident de relief, particularité de la végétation. L'appropriation de la terre, quant à elle, n'a commencé à produire de limites qu'avec l'accroissement des densités génératrices de revendications foncières. L'accumulation démographique urbaine accélère bien entendu les processus d'arpentage : le géomètre est devenu une figure emblématique du changement social.
Dans les campagnes, le cadastrage est encore rare ; il se limite en général aux terrains portant des cultures arbustives pérennes. Ailleurs, la résorption de l'imprécision foncière est cependant amorcée, surtout lorsque les densités de population ne permettent plus de s'accommoder de limites floues. La parcellisation en cours des espaces africains accompagne, voire conditionne, la modernisation, remettant en question des pouvoirs fonciers coutumiers qui ne s'exercent plus que dans les contrées reculées encore peu touchées par la diffusion des nouvelles normes d'appropriation.

D. LE CHOC DES CULTURES

1. Mondialisation et résilience des cultures

Aussi en retard puisse-t-elle paraître au regard des classements quantitatifs des organismes internationaux, l'Afrique n'en est pas moins touchée, dans ses moindres recoins, par les manifestations de la mondialisation. Grâce aux satellites, les télévisions occidentales (CNN, BBC, TV5) atteignent toutes les villes du continent ; les nombreuses chaînes du monde arabe, parmi lesquelles Al Jazeera (Qatar), peuvent être captées dans une grande partie de l'Afrique musulmane, grâce notamment à Arabsat. **Les modèles culturels occidentaux exercent une fascination ambiguë.** Ils attirent la jeunesse urbaine mais suscitent la réprobation des forces conservatrices, notamment celles de l'islam intégriste. La question du statut et du comportement des femmes est particulièrement sensible.
Face au déferlement des images charriées par des médias qui ne proposent qu'une parodie de culture, et l'attristante uniformisation des comportements, les sociétés africaines opposent une **résistance fondée sur l'affirmation de leurs propres valeurs**. Celles-ci, mises sous le boisseau du fait de la domination coloniale et depuis lors partiellement folklorisées, se sont réfugiées dans l'ésotérisme et les pratiques religieuses, qu'il s'agisse de cultes anciens ou nouveaux, et dans diverses formes d'expression artistique. Sans pour autant saper leur capacité de résilience, les cultures africaines se sont ouvertes au monde extérieur et à une modernité qui ne nie pas la tradition, mais la transcende en inventant des métissages culturels.

2. La création artistique

a) L'art nègre

Au début du XXe siècle, les milieux artistiques européens ont découvert l'« **art nègre** ». Les peintres, les cubistes notamment, ont trouvé dans les masques des formes d'une surprenante « modernité », dont certains se sont inspirés. Venant en contrepoint du regard dévalorisant porté par les agents de la colonisation sur les indigènes, cette reconnaissance de la création artistique négro-africaine (en écho à celle du jazz, outre-Atlantique) n'a pas suffi à modifier « l'image du Noir », tantôt débonnaire, comme dans le fameux « sourire Banania », dénoncé par Léopold Sédar Senghor, tantôt inquiétante, comme dans tous les poncifs illustrant une sauvagerie primitive. **Aujourd'hui encore, les représentations ne sont pas exemptes d'ambiguïté.** Comme au siècle passé, la vitalité artistique est reconnue, principalement dans le domaine musical et dans celui de la danse, de la rumba congolaise au « couper décaler » ivoirien : en décembre 2021, la rumba congolaise a été inscrite par l'UNESCO au patrimoine culturel immatériel de l'humanité. Bien que cela n'empêche pas tout jugement ou prévention à caractère raciste, des regards croisés mettent en exergue les multiples influences culturelles réciproques entre l'Afrique et l'Occident. En témoigne l'exposition « Picasso à Dakar 1972-2022 ».

Pour aller plus loin
L'exposition « Picasso à Dakar 1972-2022 »
liennathan.fr/5g55ei

b) Du sacré aux productions marchandes

Les productions considérées aujourd'hui comme artistiques n'avaient pas de finalité esthétique en soi ; elles relevaient du **sacré**. **La fusion entre l'usage rituel d'un objet et la perfection de son exécution** efface la distinction entre le beau et le divin ; elle témoigne de l'authenticité d'une culture. Les statues, les figures de reliquaires, les masques exposés dans les musées de l'Occident ou conservés dans des collections particulières ont perdu leur signification sacrée. Ils sont devenus des objets marchands. À côté de ces pièces anciennes, précieux témoignages d'expressions culturelles révolues, **l'art africain contemporain est devenu profane**. Les œuvres produites, arts plastiques et peinture, ont un but commercial. L'art d'aéroport est un sous-produit de l'activité touristique, ce qui n'exclut pas les productions de belle facture, par exemple les œuvres en pierre des Shona au Zimbabwe, les sculptures en « pierre de Mbigou » au Gabon ou les peintures modernes comme celles de l'école de Lubumbashi en RDC.

3. Cultures négro-africaines, cultures noires

La réhabilitation des cultures africaines, inséparable des processus d'indépendance politique, s'entrecroise avec les revendications qu'expriment dans le même temps les mouvements qui militent aux **États-Unis** pour l'égalité des droits civiques et l'abolition de toute forme de ségrégation raciale. Des influences croisées traversent l'Atlantique. Le mouvement rastafari trouve en Éthiopie les fondements de son mysticisme tandis qu'avec le reggae, Bob Marley rencontre un formidable écho dans toute l'Afrique. Les Noirs américains partent à la recherche de leurs « racines » africaines. Ceux qui se désignent comme « Africains-Américains » entreprennent de nouer des liens culturels avec le continent mère tout en se faisant les propagateurs des intérêts économiques des États-Unis. Les questions concernant les peuples noirs cessent d'être afro-centrées : l'Afrique n'est qu'un des éléments d'un tout composant les mondes noirs.

ZOOM ▶ La restitution du patrimoine culturel africain

Depuis le début du XXIe siècle, le procès de la colonisation européenne a pris une nouvelle tournure dans un contexte de lois mémorielles et de courants de pensée enclins à culpabiliser le passé. Alors que la critique du néocolonialisme portait essentiellement sur les aspects économiques et politiques, la dimension culturelle de la domination coloniale se hisse sur le devant de la scène. Les déclarations du président Emmanuel Macron à Ouagadougou en 2017, s'engageant à refonder les relations culturelles avec l'Afrique et à restituer des objets du patrimoine africain conservés dans les musées français, ont accéléré le processus. Le « Rapport sur la restitution du patrimoine culturel africain. Vers une nouvelle éthique relationnelle », remis par Felwine Sarr et Bénédicte Savoy en novembre 2018, va dans ce sens. Il a provoqué une levée de boucliers de la part de ceux qui dénoncent une entorse à l'inaliénabilité des collections des musées de France, redoutant leur appauvrissement. La restitution au Bénin, en novembre 2021, de 26 objets provenant du pillage des palais royaux d'Abomey en 1892 a une valeur hautement symbolique. D'autres restitutions suivront parmi les 70 000 objets conservés au musée Jacques Chirac et les quelque 20 000 dans d'autres musées français. Une demi-douzaine de pays africains a déjà formulé des demandes de restitution : le Sénégal, la Côte d'Ivoire, le Mali, le Tchad, Madagascar et l'Éthiopie. Ces demandes ne sont prises en considération que s'il s'agit d'objets acquis de façon illicite (vol, pillage). Les restitutions constituent une réévaluation géopolitique des relations entre la France et ses anciennes colonies. À l'échelle européenne, quelques pays ont entrepris une démarche identique d'inventaire, préalable à la restitution : l'Allemagne (dont les pays concernés sont la Namibie et le Nigeria), la Belgique (RDC) et les Pays-Bas. Le Musée royal de l'Afrique centrale de Tervuren, près de Bruxelles, dédié à l'ancien Congo belge, a revu sa muséologie. Dans un esprit qui n'est pas sans rappeler la *cancel culture* initiée aux États-Unis, le parcours muséal rénové en 2018 a retiré ou masqué les objets rappelant la colonisation qui fut la raison d'être du musée voulu par Léopold II et inauguré en 1910, peu après sa mort. Certaines pièces devraient rejoindre le musée national de la RDC à Kinshasa, inauguré en novembre 2019 et aménagé selon des normes permettant la conservation des objets dans des conditions satisfaisantes.

L'Afrique subsaharienne entend affirmer ses spécificités en multipliant les manifestations à caractère culturel. Ses **nombreux festivals** sont destinés à faire entendre sa voix. Le FESPACO, festival panafricain du cinéma de Ouagadougou, a atteint une notoriété internationale. Les multiples manifestations consacrées à la promotion des arts africains participent de cet engouement pour la valorisation des cultures négro-africaines. Elles ne rencontrent certes pas un succès comparable à celui de la CAN (Coupe d'Afrique des Nations), la Coupe africaine de football : rien ne saurait rivaliser avec les jeux du stade. Mais si le ballon rond est l'objet par excellence d'une mondialisation réussie, la vitalité des manifestations culturelles témoigne d'un désir profond d'expression des spécificités africaines.

ZOOM ▶ La négritude : une revendication d'identité et de dignité

Au lendemain de la Seconde Guerre mondiale, alors que les politiques de formation d'une élite africaine commencent à porter leurs fruits, quelques intellectuels formés aux valeurs des sociétés européennes démocratiques font entendre leurs voix. Aux revendications d'indépendance politique s'ajoute l'affirmation des valeurs de la race noire trop longtemps humiliée. Ce combat pour « la dignité de l'homme noir » transcende le continent, rejoint celui des Noirs d'Amérique. Un mouvement à la fois politique et littéraire, lancé par le Sénégalais Léopold Sédar Senghor, le Nigérien Hamani Diori et le Martiniquais Aimé Césaire, élabore le concept de « négritude ». Écrivain avant d'embrasser une carrière politique et de devenir le premier président de la République du Sénégal (1960-1980), Senghor chante la beauté des femmes noires, tente le mariage entre les cultures gréco-latine et africaine : « la raison est hellène, mais l'émotion est nègre ». Cet homme exceptionnel, formé aux meilleures écoles françaises (normalien et agrégé) et dont l'élection à l'Académie française couronnera les mérites, est porteur d'une double culture. C'est dans la langue de Voltaire qu'il se fait le chantre de la négritude, ce que ses détracteurs lui ont reproché. La négritude ne fait plus recette, d'autant que le « politiquement correct » a censuré l'usage du mot « nègre », considéré comme péjoratif, lui préférant celui de « Noir ». Sa conception d'une émancipation par la culture a été notamment critiquée par l'écrivain nigérian Wole Soyinka au nom d'une opposition frontale contre les séquelles du colonialisme : « Un tigre ne proclame pas sa tigritude, il bondit sur sa proie et la dévore. » Il n'empêche, l'aventure intellectuelle de la négritude reste exemplaire d'une volonté de réhabilitation historique des Négro-Africains et de restitution d'une dignité bafouée qui s'est exprimée à une époque de grande espérance dans l'avenir d'un continent qui frémissait des signes avant-coureurs de l'indépendance.

II. Dynamiques sociales et systèmes de valeur

Les sociétés africaines, toutes confrontées à des changements imposés par l'évolution inéluctable des techniques et des encadrements sociopolitiques, doivent gérer ces mutations en tenant compte des héritages de leurs systèmes de valeur. Les forces de progrès se heurtent souvent à des résistances car elles ne s'exercent pas sur une table rase. Les dynamiques sociales en cours sont ainsi particulièrement complexes du fait qu'elles intègrent, selon des modalités variables liées à l'histoire de chaque groupe considéré, des éléments issus des traditions ancestrales, d'une part, des apports exogènes de la modernité, d'autre part. Ces sociétés en transition construisent leur identité en réinterprétant leur culture, en « bricolant » leurs pratiques pour les adapter aux exigences du progrès économique et social.

A. LES FORMES DE L'AUTORITÉ

Depuis la colonisation, l'Afrique est le théâtre de modifications, plus ou moins profondes, dans les rapports d'autorité, depuis l'échelle domestique jusqu'à celle de vastes groupements, comme dans les modalités d'exercice du pouvoir politique. Les notions de droits universels, d'égalité de l'homme et de la femme, de démocratie et de bonne gouvernance font aujourd'hui partie du discours officiel, mais, dans bien des cas, on ne les évoque que pour éviter de les appliquer. La compréhension des ressorts de l'autorité et du pouvoir nécessite un détour par l'anthropologie.

1. Sexe et pouvoir

L'exercice de l'autorité, partout très codifié, confère un **rôle éminent aux hommes**. Dans les sociétés patrilinéaires, l'autorité paternelle ne souffre pas de discussion. Dans les sociétés matrilinéaires (que l'on ne doit pas confondre avec les situations de matriarcat, semble-t-il absentes en Afrique), c'est à l'oncle maternel que revient l'essentiel des attributs de l'autorité qu'il exerce sur les enfants de sa sœur. Aux différentes échelles de l'espace social, depuis le groupe domestique jusqu'aux ensembles plus larges que sont les lignages et les clans, **le pouvoir est toujours détenu par les hommes**. Dans bien des cas, la réussite sociale se mesure au nombre de femmes possédées : la **polygamie**, toujours de pratique courante et souvent officialisée, avec une limitation du nombre d'épouses officielles à quatre, fait désormais l'objet de débats passionnés. Les autorités coutumières, que l'instauration de l'État moderne n'a pas fait disparaître, sont essentiellement masculines. La répartition sexuelle des tâches matérielles, des rôles et des statuts sociaux, de plus en plus brouillée en ville, reste fondamentale en milieu rural.

2. Des pouvoirs coutumiers aux encadrements administratifs

La mise en place d'une administration répondant aux nécessités de fonctionnement de l'État **représente un des défis majeurs de la construction de systèmes modernes de gouvernement** des hommes. Dans le cas particulier de l'Éthiopie, État ancien s'il en est, il existe une tradition séculaire d'administration ; elle a servi de socle à la bureaucratie moderne. Partout ailleurs, il revint aux **pouvoirs coloniaux** d'organiser les encadrements administratifs. Lorsque c'était possible, ils s'appuyèrent sur des structures existantes. Ce fut notamment le cas dans les régions d'islam : en respectant les sultanats du nord du Nigeria, Lord Lugard mit au point la formule de l'*indirect rule*. La tradition d'autonomie administrative locale s'est maintenue ; elle favorise le fédéralisme. Au Cameroun, dans le contexte d'une république unitaire, les autorités de Yaoundé doivent cependant composer avec les puissants sultanats du Nord. Quand il n'existait pas de pouvoirs politiques structurés susceptibles de servir de relais, les puissances coloniales ont imposé leur modèle d'administration directe. Le mimétisme administratif est particulièrement frappant dans les anciennes colonies françaises, d'autant que le français est partout la langue de l'Administration. Les différents codes qui régulent la vie sociale, tout comme les constitutions, sont étroitement inspirés des textes de l'ancienne métropole.

Cependant, derrière l'apparent mimétisme formel, le jeu des acteurs révèle l'existence de structures sociologiques anciennes qui se manifestent dans la répartition des rôles. **Les autorités coutumières se sont fréquemment coulées dans le moule de l'Administration**, de sorte qu'il n'y a pas d'opposition frontale entre un héritage qui peut paraître passéiste et la nouveauté des rouages administratifs. La conformité aux textes confère une nouvelle légitimité aux détenteurs de l'autorité. Il en résulte souvent une propension à un formalisme qui n'est que l'expression déguisée d'un conservatisme entravant les dynamiques de progrès lorsque celles-ci menacent les positions acquises.

Les rivalités entre groupes sociologiques et entre générations s'inscrivent dans ce débat de fond entre tradition et modernité. Depuis les indépendances, **des conflits parfois violents opposent une classe politique proche des systèmes traditionnels de pouvoir** à deux groupes revendiquant une interprétation particulière de la modernité : les **militaires** et les **technocrates**, ces derniers se prévalant en général d'une formation universitaire et d'une expérience acquise dans les pays du Nord. L'histoire récente de l'Afrique a souvent donné l'avantage aux militaires, mais les technocrates pourraient jouer un rôle croissant dans l'avenir grâce aux retours de la diaspora.

3. Classes d'âge, aînés et cadets

L'âge joue un rôle très important dans le fonctionnement des systèmes de pouvoir. La règle la plus répandue associe autorité et séniorité. Dans de très nombreuses sociétés, hommes et femmes sont regroupés en classes d'âge ; l'appartenance à une classe d'âge crée des solidarités, imprime un rythme commun aux phases de la vie, notamment à travers les initiations, toujours en honneur en milieu rural. La stratification sociale selon les âges établit une hiérarchie imposant aux plus jeunes le respect envers les anciens, censés être détenteurs des savoirs et de la sagesse. Bien que la modernité urbaine tende à les battre en brèche, les valeurs attachées à l'âge sont encore généralement acceptées. Cela contribue à expliquer la longévité des carrières politiques, notamment celle des chefs d'État. Sur la fin de sa vie, Félix Houphouët-Boigny était appelé « le Vieux », sans connotations péjoratives, au contraire. Aujourd'hui, les jeunes protestent contre ce que l'on pourrait appeler les « **gérontocratures** », des présidents confisquant le pouvoir pendant plusieurs décennies (Omar Bongo au

Gabon, de 1967 à 2009 ; Robert Mugabe au Zimbabwe, de 1987 à 2017). Teodoro Obiang Nguema Mbasogo, président de la Guinée équatoriale depuis 1979, détient le record actuel de longévité.

Les rapports entre individus ne sont pas seulement définis en fonction de l'âge. Plus importantes encore sont les **positions généalogiques relatives** des uns par rapport aux autres au sein de la parenté : c'est ainsi qu'un neveu peut être plus âgé que l'oncle auquel il doit déférence. Les gradients d'autorité entre aînés et cadets sont fixés par la généalogie ; de celle-ci découle une **véritable hiérarchie de droits**, les aînés bénéficiant toujours d'une certaine prééminence par rapport aux cadets. Chez les Bamiléké de l'Ouest camerounais, l'héritage foncier est dévolu à l'aîné des enfants mâles – ou à celui qui est jugé le plus capable. Les cadets sont exhortés à aller tenter leur chance ailleurs, notamment en ville : c'est l'une des causes de la mobilité et du dynamisme de ce groupe ethnique.

B. VALEURS SOCIALES ET VALEURS ÉCONOMIQUES

Une des raisons expliquant l'échec de maintes politiques de développement réside dans la représentation occidentale d'un *homo economicus* qui serait interchangeable et agirait selon les principes d'une rationalité universelle. Les sociétés africaines montrent qu'il existe d'autres logiques sociales et culturelles, rappelant que l'économie n'est pas une fin en soi, mais un moyen destiné à répondre aux besoins des hommes.

1. La question de l'accumulation

L'accumulation démographique a longtemps été privilégiée à toute autre forme d'accumulation, surtout dans les sociétés qui n'utilisaient que des biens fongibles, exception faite des objets en fer, outils, armes et monnaie d'échange. Avoir une famille aussi nombreuse que possible en l'élargissant par le moyen des alliances matrimoniales représentait, et représente encore, un idéal de vie. Le **prestige social**, le **pouvoir** étaient associés à cette capacité de contrôler un grand nombre de descendants et de dépendants qui, dans des sociétés dont la production économique reposait sur l'énergie musculaire, représentaient le bien par excellence : la force de travail. L'esclavage domestique prend son sens dans ce contexte, de même que la polygamie. Aujourd'hui, cette conception accordant la primauté au nombre des individus placés sous l'autorité d'un chef régit encore certains comportements, ne serait-ce que sur le plan démographique.

La modernité bouscule cependant ces attitudes, principalement en ville. Comme une vague irrésistible, **l'attrait des biens de consommation submerge les valeurs ancestrales**. Le désir d'accéder aux marchandises importées a été le moteur essentiel des transformations sociales depuis le début du contact avec les Européens. Participer à la société de consommation est le souhait le plus universellement exprimé par les Africains. Les trois V – voiture, villa, vidéo – constituent l'horizon du désir. Atteindre cet objectif, communément confondu avec le développement, accélère les changements de mentalité.

2. La redistribution

La redistribution constitue un volet essentiel de l'exercice du pouvoir. Le prestige d'un homme se mesure à sa capacité de redistribuer une partie de ce qu'il a accumulé. Autrefois, il s'agissait de la protection des dépendants et éventuellement de consommation festive périodique. Aujourd'hui, la redistribution a pris une dimension politico-économique qui se manifeste bruyamment en période électorale lorsqu'il s'agit d'acheter des voix. Le **clientélisme moderne** se greffe sans peine sur la tradition redistributive, sans laquelle aucun individu ne peut prétendre ancrer un pouvoir durable. L'évergétisme* urbain en est une expression à finalité collective. Les réseaux de redistribution, par le truchement des femmes (les « deuxièmes bureaux » et autres maîtresses), remplissent une fonction éminente dans ce jeu de la redistribution. La corruption généralisée n'est tolérable que parce qu'elle est tempérée par cette pratique qui, tout en plongeant ses racines dans la tradition, s'articule avec les manifestations les plus ostentatoires d'adhésion au monde moderne.

3. Des pratiques sociales peu favorables à l'accumulation capitaliste

Qu'il s'agisse d'économie domestique ou d'exercice du pouvoir, la gestion des ressources, autant privées que publiques, impose un minimum de respect des principes redistributifs. Cette réponse à une demande sociale forte s'effectue au détriment de l'accumulation primitive, préalable indispensable à tout investissement. Au sein d'une famille, il est difficile de se soustraire à l'**obligation de solidarité**, de plus en plus vécue comme une forme de « parasitisme » en milieu urbain. L'émigration représente le moyen le plus efficace de s'y soustraire : dans de très nombreux pays, les commerçants sont des étrangers, leur séjour généralement temporaire leur permettant d'accumuler le pécule indispensable pour s'établir lors du retour au pays et y réaliser quelque investissement dans le commerce et le transport notamment. Beaucoup plus importants aujourd'hui, les **fonds provenant de la diaspora** en Europe ou en Amérique du Nord constituent une **source essentielle d'accumulation privée**. Par exemple, de nombreux exilés éthiopiens aux États-Unis sont rentrés depuis la chute du régime marxiste de Mengistu et ont investi des fonds accumulés pendant leur expatriation. L'apport de capital de la diaspora, accompagné d'une mentalité convertie aux principes capitalistes, constitue l'un des ferments les plus efficaces de changement.

Alors que, depuis les indépendances, le capital a été massivement dilapidé dans les formes diverses de la redistribution, stérilisé dans l'immobilier ou gaspillé dans des réalisations somptuaires, une **nouvelle classe d'entrepreneurs** est en train d'émerger. Cette classe porteuse de projets commence à atteindre la masse critique nécessaire pour imposer de nouvelles manières de faire et affaiblir les comportements hérités de la tradition qui entravent encore le développement économique [→ CH. 15].

III. Le genre : statuts et rôles des femmes

Les femmes africaines sont des actrices essentielles des mutations sociales. Peut-être parce qu'elles n'ont rien à perdre, à la différence des hommes, d'un changement de statut. Si la question du genre a pris une place croissante dans les sciences sociales, principalement dans la recherche anglo-saxonne, c'est naturellement en raison des fonctions désormais assumées par les femmes dans les sociétés du Nord et des conquêtes du féminisme. L'Afrique n'échappe pas à ce mouvement général, avec certes un grand décalage.

DÉFINITION

Évergétisme : en référence à Ptolémée III, dit « Évergète » (« le Bienfaiteur »), se dit des pratiques de riches citadins consistant en des embellissements urbains en faveur de la population.

A. DES SITUATIONS TRÈS CONTRASTÉES

L'Afrique, on ne le soulignera jamais assez, est plurielle. Les questions concernant les femmes n'échappent pas à la règle. Dans les régions reculées, des steppes sahéliennes aux fins fonds des forêts, le statut des femmes semble immuable, identique aujourd'hui à ce que les premiers voyageurs ont observé. À l'inverse, scolarisation et urbanisation bouleversent l'ordre établi. **La situation des femmes est ainsi ambivalente** : tantôt soumises à la tradition incarnée par le pouvoir des hommes, tantôt actrices d'un des changements historiques les plus radicaux, elles sont au cœur des dynamiques actuelles du continent.

1. Le poids des coutumes religieuses

Les religions animistes dont les origines se perdent dans la nuit des temps, tout comme les monothéismes d'introduction ancienne (Église orthodoxe éthiopienne, islam) ou récente (Églises catholiques et protestantes) définissent des règles de vie régissant notamment les devoirs et les comportements des femmes. **Leur statut diffère notablement selon les religions** et surtout selon les pratiques qui leur sont concrètement associées. L'islam offre des situations très variées interdisant les généralisations : le discours sur la soumission de la femme musulmane est toujours réducteur. À Zanzibar, les femmes ne sortent pas sans être voilées de noir, tandis que les nomades touareg ne portent pas le voile, au contraire réservé aux hommes.

Bien des coutumes transcendent les appartenances religieuses. Quelle que soit la religion, **le mariage coutumier est arrangé par les parents**. L'émancipation des femmes dans les milieux urbains se manifeste souvent par le refus de ces unions et le libre choix d'un époux. Le concubinage est une réponse très fréquente à la difficulté d'opter entre un mariage coutumier et un mariage en rupture avec la coutume. Dans les campagnes, la tradition est encore largement respectée ; le refus d'accepter un époux conduit bien des jeunes filles à s'enfuir vers la ville où, ne disposant pas de capital social, elles se trouvent, dans bien des cas, condamnées à la prostitution.

Les pratiques relatives au sexe transcendent, elles aussi, les religions. La plupart des populations africaines ont recours à la **circoncision**. Autrefois associée à une étape importante de l'initiation et occasion de grandes festivités, elle a lieu de plus en plus à la naissance et en milieu hospitalier. Quant à l'**excision**, bien qu'elle soit condamnée par les législations de nombreux pays, elle est encore couramment pratiquée, principalement dans les régions sahélo-soudaniennes, depuis le Sénégal jusqu'à la corne de l'Afrique. Elle semble plus répandue parmi les animistes et les musulmans que parmi les chrétiens, mais la réprobation dont les mutilations sexuelles font désormais l'objet tend à les rejeter dans la clandestinité, rendant difficile l'estimation de leur importance. C'est l'un des points révélateurs des incompatibilités entre tradition et modernité ; elles se traduisent par l'incompréhension des tenants de la coutume devant l'interdiction qui la frappe.

2. Le travail des femmes

a) La femme nourricière

Dans les sociétés rurales, **les femmes jouent un rôle éminent dans les tâches domestiques, et par extension dans l'agriculture** : la tradition leur assigne une fonction nourricière. C'est parmi les Bantous des forêts d'Afrique centrale que les différences sexuelles relatives aux activités productives sont le plus tranchées : il revient aux femmes de nourrir la maisonnée. L'homme ne participe au cycle agricole que dans sa phase initiale : c'est lui qui défriche la forêt. Toutes les autres tâches sont féminines : planter, sarcler, récolter, transporter les récoltes au village, préparer la cuisine. **Le temps des femmes est ainsi beaucoup plus dévolu au travail que celui des hommes** : entre l'essartage, la chasse, la construction de la maison, il reste passablement de temps à consacrer aux activités sociales. Dans les pays de savane, les hommes participent davantage aux travaux agricoles, notamment aux labours, mais dans tous les cas, **le travail des femmes est fondamental**. Cette habitude de l'accomplissement de tâches régulières explique que beaucoup d'entreprises modernes aient recours aux femmes, réputées plus travailleuses, plus assidues, moins revendicatrices que les hommes.

b) La femme « bête de somme »

Le spectacle de femmes portant de lourdes charges, les unes sur la tête (en savane), les autres sur le dos (en forêt), est toujours d'actualité. « La femme est la bête de somme de l'Afrique », disait l'explorateur Paul Du Chaillu au milieu du XIXe siècle : l'expression est toujours valable. **Le portage féminin**, du champ au village, du village au marché, **est l'un des signes les plus manifestes de la situation de sous-développement**. À porter des charges qui excèdent parfois les 50 kg, le corps s'use vite. Porteuse de la nourriture comme elle est porteuse des enfants, la paysanne africaine est admirable dans l'accomplissement d'un rôle ancestral mais de plus en plus en décalage avec ce que le progrès peut apporter pour soulager l'effort physique dans sa quotidienneté. Hors de la zone forestière où la trypanosomiase animale interdit l'élevage de gros bétail, les animaux de bât sont utilisés pour le portage : des myriades d'ânes sillonnent les routes d'Éthiopie, relayés dans les régions arides du Nord et de l'Est par les dromadaires, mais les pauvres n'ont pas les moyens de se procurer des animaux pour le portage : chaque jour, des milliers de femmes croulant sous les fagots d'eucalyptus descendent des montagnes vers Addis-Abeba ; d'autres passent des heures à la corvée d'eau. **La libération de la femme**, loin des fantasmes véhiculés par les images venues de l'Occident, **passe, prosaïquement, par la fin du portage**.

B. FEMMES ET DÉVELOPPEMENT

1. Des responsabilités économiques et politiques croissantes

L'école et la ville, les deux lieux par excellence de rupture socio-culturelle, contribuent au plus haut point à l'évolution de la condition féminine. Déjà très présentes dans les activités commerciales – il suffit de penser à la réussite des « Nana Benz » du Togo, fières de rouler en Mercedes –, **les femmes occupent de plus en plus d'emplois salariés dans le tertiaire et les industries de main-d'œuvre**. Elles sont aussi très impliquées dans l'informel, notamment le micro-commerce. L'**indépendance économique** que leur confère un emploi contribue fortement à les libérer des contraintes qui demeurent fortes dans les sociétés rurales.

Longtemps confinées à la sphère domestique, **les femmes africaines participent de plus en plus à la gestion de la cité** et revendiquent, à l'instar de leurs consœurs occidentales, non pas encore des quotas, mais une place dans les instances dirigeantes, ce qu'elles considèrent comme la juste reconnaissance de leurs capacités et du rôle irremplaçable qu'elles jouent dans le fonctionnement de la société. L'élection à la présidence du Liberia d'Ellen Johnson-Sirleaf (2006-2018) est, à cet égard, hautement symbolique et révélatrice des évolutions en cours. Aujourd'hui, dans la plupart des États, un nombre croissant de postes de responsabilité, jusqu'au niveau ministériel, est attribué à des femmes, que ce soit par conviction ou par opportunisme.

2. Les mouvements associatifs

La participation des femmes au développement passe souvent par les associations. Celles-ci, extrêmement nombreuses, religieuses ou laïques, touchent à toutes les questions essentielles de la vie quotidienne, santé, notamment actions contre le sida ; sécurité alimentaire ; éducation, alphabétisation ; création d'entreprises grâce au microcrédit ; actions culturelles, protection de l'environnement, etc. Dans un monde dominé par les hommes, elles revendiquent tout autant leur différence et l'héritage de la tradition que l'égalité des droits, symbole d'une modernité à laquelle elles aspirent. Les groupes de femmes, sous la houlette de leur « présidente », accomplissent une révolution silencieuse ; elles comptent parmi les acteurs les plus opiniâtres du changement.

ZOOM ▶ Les femmes dans la guerre en Érythrée

Parmi les facteurs de changement, il en est un qu'on oublie souvent de mentionner : les guerres. Celles-ci jouent pourtant un rôle important, d'autant qu'elles sont très fréquentes sur le continent africain. Les désorganisations-réorganisations sociales qu'elles provoquent, les adaptations qu'elles imposent, accélèrent une redistribution des cartes. La longue guerre d'indépendance de l'Érythrée (1961-1991) fait appel aux femmes, et d'une manière qui n'est pas du tout anecdotique : elles représentent 30 % des forces combattantes, dont l'effectif atteint jusqu'à 100 000 personnes. Qu'elles soient issues de milieux chrétiens ou musulmans, leur engagement pour de longues années dans le Front populaire de libération de l'Érythrée (FPLE) modifie profondément leurs comportements et leurs rapports aux préceptes de la tradition. Vouées pendant des années à la cause sacrée de la patrie, aux sacrifices qu'elle impose, mues par des valeurs collectives, elles éprouvent des difficultés lors du retour à la vie civile : il n'est pas simple de concilier des habitus radicalement différents car, porteuses de manières d'être en rupture avec la tradition, elles remettent en cause des valeurs ancestrales. Elles illustrent au fond, dans l'excès assurément mais de manière exemplaire, toutes les tensions et les ambiguïtés inhérentes aux mutations socioculturelles qui travaillent en profondeur le continent africain.

13 LA QUESTION DES IDENTITÉS : ETHNIES, LANGUES, RELIGIONS

La question des identités, lorsqu'il s'agit de l'Afrique noire, est souvent présentée de façon caricaturale au travers du prisme de l'ethnie. C'est ainsi que les conflits qui la déchirent sont souvent expliqués par la multiplicité de groupes ethniques, qui seraient incapables de vivre ensemble. Le « tribalisme » serait donc le *deus ex machina*, l'explication ultime des crises et de l'instabilité du continent. La réalité est beaucoup plus complexe, les appartenances à un groupe résultent de processus identitaires multidimensionnels et inscrits dans l'histoire : les identités ne sont pas des données immuables, mais des « construits ». Elles se déclinent par ailleurs à différentes échelles, selon un modèle d'emboîtement, depuis le groupe familial de la proximité la plus immédiate jusqu'à celle des grands ensembles englobants, qui peuvent être de nature politique, culturelle, linguistique, religieuse. Les affirmations identitaires participent d'une ethnodiversité, qui est une richesse de l'humanité, mais qui, lorsqu'elles sont manipulées, peuvent dégénérer en conflits violents.

Notions principales

Ethnie : notion extrêmement difficile à définir, car le concept a fait l'objet de multiples interprétations idéologiques. Elle se réfère toujours à un groupe de personnes aux fortes affinités fondées sur une langue commune et des pratiques culturelles partagées qui fondent son identité.

Identité : de même que l'ethnie, l'identité renvoie à la notion de groupe et de valeurs partagées. Ancrées dans l'histoire des rapports sociaux, des conflits et des représentations, les identités se manifestent à différentes échelles territoriales.

Langue vernaculaire/véhiculaire : la langue, fondement de l'intercompréhension, est le vecteur principal des affiliations identitaires. En Afrique, à l'extrême diversité des langues vernaculaires ou maternelles locales, se superposent les grands ensembles de langues véhiculaires ou nationales rassemblant des millions de locuteurs. L'école joue un rôle clé, par la diffusion de langues communes, dans l'élaboration des identités, principalement nationales.

I. De l'individu au groupe

A. LA PARENTÉ

La première enveloppe sociale conférant son identité à un individu se compose de la famille. Il s'agit, en Afrique, d'une famille élargie, construite sur les filiations biologiques et des codes complexes, fixant les droits et les devoirs de ses membres selon leur sexe et leur position généalogique. La notion de « frère » est plutôt élastique ; elle peut inclure des cousins, d'autant plus que les oncles maternels jouent généralement un rôle important dans la structuration des liens familiaux. L'oncle compte souvent davantage que le père biologique.

1. Lignage, clan, tribu

L'identité se définit en premier lieu par rapport à une parentèle qui correspond à un lignage, c'est-à-dire à l'ensemble des descendants d'un même ancêtre vivant ou dont le souvenir est encore précis dans les mémoires. Le lignage rassemble des personnes de trois, voire quatre générations, sous l'autorité d'un patriarche. Le devoir de solidarité est fort à l'intérieur de ce groupe : on n'abandonne pas un « frère » dans le besoin. Cette solidarité au sein de la famille élargie favorise par ailleurs le népotisme*.

Au-delà du cercle rapproché de la famille, l'individu est inscrit dans une sphère plus large à laquelle on donne souvent le nom de « clan ». **Ce groupe renvoie à un ancêtre mythique** et à un nombre de générations qui se perdent dans un passé que seule la mémoire généalogique est en mesure d'actualiser. D'où l'importance, dans les sociétés traditionnelles fondées sur l'oralité, des détenteurs de ce savoir, capables de mémoriser l'enchaînement des générations passées. **Les membres d'un clan se reconnaissent dans un totem commun**, généralement un animal. De nos jours, l'urbanisation et l'adoption de nouveaux comportements qu'elle entraîne, tout comme la perte d'audience des « vieux », distendent les liens claniques. La référence au clan demeure cependant importante pour l'attribution du nom, l'organisation des mariages et la définition des règles de l'héritage.

Comparable au clan, la tribu identifie un groupe constitué sur des bases généalogiques et territoriales. À la différence de l'anglais « *tribe* », à la signification très large et d'usage commun, le terme « tribu », tout comme celui de « race », est de moins en moins utilisé pour désigner un groupe ethnique, sans doute parce que « tribalisme » a pris une connotation négative. On continue toutefois à l'appliquer aux sociétés nomades, par exemple aux Touaregs, aux Maures ou encore aux Somalis, dont la division en tribus constitue l'ossature de la société et la trame des tensions politiques entre groupes rivaux.

2. Les règles de l'échange matrimonial

La filiation s'effectue soit par voie maternelle, soit par voie paternelle. On distingue ainsi des **clans matrilinéaires, patrilinéaires ou encore bilinéaires**. Les systèmes matrilinéaires confèrent à l'oncle maternel plus de poids qu'au père dans l'exercice de l'autorité parentale. Leur harmonisation avec les codes civils hérités de la colonisation est plus difficile que pour les systèmes patrilinéaires. Mais quel que soit leur mode de fonctionnement, lignages et clans jouent un rôle décisif pour la conclusion des mariages. Le principe fondamental est celui de l'« **exogamie clanique** », ce qui signifie qu'on ne peut se marier qu'à l'extérieur de son clan. Le mariage coutumier impose le respect de cette règle, même s'il est précédé, comme c'est de plus en plus le cas aujourd'hui en milieu urbain, par un mariage à l'état civil.

Le mariage reste considéré comme un « **échange** » **entre deux familles**, bien souvent encore organisé par les parents, pères et oncles. Le départ d'une femme pour cause de mariage s'accompagne toujours du versement à sa famille d'une « compensation matrimoniale », communément appelée « dot ». Cette pratique, très ancrée dans les sociétés paysannes soucieuses de compenser la perte d'une force de travail, n'a pas disparu avec la modernité urbaine, mais elle s'est adaptée, notamment par une monétarisation de la dot. C'est une forme d'incitation à l'épargne : les jeunes hommes doivent économiser souvent pendant plusieurs années pour réunir le montant leur permettant d'accéder au mariage coutumier.

DÉFINITION

Népotisme : (du latin *nepos*, neveu) comportement des détenteurs de pouvoir consistant à favoriser des membres de leur famille dans l'octroi de fonctions et d'avantages matériels.

Une des motivations de l'émigration réside dans cette obligation de constituer un capital pour fonder une famille. La difficulté de se plier aux contraintes des mariages coutumiers explique l'importance du concubinage et des naissances hors mariage en ville. Dans ces sociétés hybrides caractéristiques d'une Afrique en mutation, les identités se construisent en puisant leurs références dans plusieurs modèles, autochtones et importés.

B. LA CONSTRUCTION DES ETHNIES

Quelque peu occultée au lendemain des indépendances, dont une des finalités proclamées était de construire un État nouveau, composé de citoyens, **la question des ethnies est revenue avec force sur le devant de la scène**. Elle a fait l'objet de nombreuses controverses, certains auteurs ayant réagi contre l'usage abusif et simplificateur de l'ethnie comme facteur explicatif des crises africaines. Le regard européen sur l'Afrique noire passe en effet souvent par ce filtre du « tribalisme », expression péjorative appliquée à des situations où le politique est dominé par les intérêts, généralement antagoniques, de différents groupes rivaux pour le contrôle de leur territoire et l'exercice du pouvoir. L'histoire récente montre que cela n'est en rien spécifique de l'Afrique : les guerres dans l'ex-Yougoslavie, au Moyen-Orient ou dans le Caucase témoignent du rôle capital joué par les revendications identitaires.

Ce que l'on appelle « ethnie » est toujours le **résultat d'un processus historique**, que celui-ci ait une profondeur séculaire, voire millénaire, ou qu'il soit le produit d'une évolution récente. Le continent africain fournit maints exemples d'ethnogenèses (formation d'ethnies) récentes, de formation de groupes de populations identifiés par des caractères communs et prenant conscience de leur propre identité.

On peut citer comme exemple la formation du groupe « Bété », dans l'ouest de la Côte d'Ivoire. Les Bété ont été identifiés comme entité ethnique par l'administration coloniale dans son souci de classification des populations et de simplification d'un paysage humain en forme de patchwork. Les multiples sous-groupes villageois de la région de Gagnoa présentaient suffisamment de traits communs, dans leur culture matérielle, leur organisation sociale, leurs manifestations culturelles, pour légitimer leur inscription dans un seul ensemble dénommé « Bété ». **Avec le temps, les populations ont intériorisé cette identification**, jusqu'à la revendiquer et à se présenter comme une entité ethnique et régionale concurrente de l'ethnie dominante des Baoulé. Victimes de la répression politique sous le régime d'Houphouët-Boigny, les Bété ont tenu le haut du pavé sous la présidence d'un des leurs, Laurent Gbagbo. Celui-ci, oubliant son passé, s'est fait le chantre de l'ivoirité, un concept ethniciste développé principalement par les Baoulé, pour mobiliser les populations du Sud ivoirien contre les « nordistes ».

Le référent ethnique est susceptible de se modifier selon les circonstances. L'identité des groupes humains est multiforme, elle n'est pas enfermée à vie dans un cadre rigide. L'Afrique est aujourd'hui le théâtre de multiples recompositions. La signification des appartenances ethniques évolue en fonction de l'émergence d'identités nationales qui les transcendent[1].

1. La question ethnique a fait l'objet de nombreux débats parmi les anthropologues et historiens africanistes. Une abondante littérature est consacrée à ce sujet polémique. Voir, notamment : Jean-Loup Amselle et Elikia M'Bokolo (dir.), *Au cœur de l'ethnie. Ethnies, tribalisme et État en Afrique*, La Découverte, 2005, et Jean-Pierre Chrétien et Gérard Prunier (dir.), *Les ethnies ont une histoire*, Karthala, 2003.

ZOOM ▶ Ethnies et conflits politiques en Côte d'Ivoire

La Côte d'Ivoire, autrefois enviée pour sa réussite économique – le « miracle ivoirien » –, traverse une crise politique récurrente depuis la disparition d'Houphouët-Boigny, « père de l'indépendance », président de 1960 à sa mort, en 1993. Sa succession a mis au grand jour une fracture Nord-Sud qui n'a cessé de s'approfondir au fil des années. À la suite de l'élection irrégulière qui a porté Laurent Gbagbo au pouvoir en 2000, une rébellion a pris le contrôle de la moitié nord du pays en 2002. Sa progression a été stoppée par l'intervention de l'armée française et la mise en place d'une « zone de confiance » scindant *de facto* la Côte d'Ivoire. Gbagbo a finalement dû composer avec les « forces nouvelles » nordistes, en nommant leur chef, Guillaume Soro, Premier ministre. Un calme précaire, mais trompeur, n'a été maintenu que par la présence des Casques bleus de l'ONU et des militaires français de l'opération Licorne. L'élection présidentielle, sans cesse repoussée depuis 2005, a finalement eu lieu en 2010 dans un climat de forte tension, alimenté par une politique de favoritisme ethnique dont ont bénéficié les populations forestières du Sud, au détriment de celles du Nord. La victoire du nordiste Alassane Ouattara a été contestée par le président sortant, plongeant à nouveau le pays dans une crise aiguë qui a fini par être dénouée au terme d'une intervention militaire française, sous mandat de l'ONU, et de la reddition de Gbagbo en 2011. Incarcéré auprès de la Cour internationale de justice de La Haye, inculpé pour crime contre l'humanité, celui-ci a été définitivement acquitté en 2019, au terme de huit années de rétention, et a regagné la Côte d'Ivoire en 2021. Au cours des deux mandats de Ouattara (réélu en 2015), un processus de réconciliation nationale, un moment troublé par des révoltes militaires pour des motifs de ressource économique, a permis le retour à une relative paix sociale, favorisée par une reprise économique qui a redonné son lustre au pays. Un événement imprévu est venu enrayer la dynamique de concorde nationale : la mort soudaine du candidat à l'élection présidentielle de 2020, Amadou Gon Coulibaly, soutenu par Ouattara, lequel décida alors de se présenter pour un troisième mandat, provoquant une levée de boucliers des oppositions, des violences populaires, faisant resurgir le spectre de la guerre civile, à tout le moins des conflits interethniques. Boycottée par l'opposition, l'élection a donné la victoire à Ouattara, mais a laissé des traces ; les incertitudes politiques obèrent à nouveau l'avenir.

Le conflit ivoirien a de multiples causes, structurelles et conjoncturelles. La principale raison de fond réside probablement dans les conséquences d'une immigration massive de populations sahéliennes vers la zone forestière, ses plantations lucratives de cacao et de café et sa capitale, Abidjan. Le « miracle » ivoirien s'est construit sur l'emploi d'une abondante main-d'œuvre issue des régions défavorisées du Burkina Faso, du Mali et du Niger, dont l'accueil fut encouragé par Houphouët-Boigny. On compte aujourd'hui un quart d'étrangers en Côte d'Ivoire, mais 40 % de la population a probablement une origine étrangère. Les difficultés économiques de la fin du XXe siècle ont fait naître un sentiment xénophobe parmi les « autochtones » du sud du pays. La question foncière est devenue une pomme de discorde. Des intellectuels et des hommes politiques Baoulé, relayés par d'autres groupes ethniques sudistes, ont développé le concept d'ivoirité pour justifier les pogroms contre les étrangers, et disqualifier des candidats aux élections sous prétexte de « nationalité douteuse », dont le « nordiste » Alassane Ouattara. La partition religieuse entre chrétiens, majoritairement au sud, et musulmans a renforcé les dynamiques d'exclusion. Situation aggravante, des *desperados*, soldats perdus des guerres du Liberia et de Sierra Leone, ont infiltré l'ouest du pays, ajoutant un climat de violence qui favorise le repli sur le groupe ethnique considéré comme la meilleure assurance de sécurité. Les dernières crises aiguës de Côte d'Ivoire ont été réglées par l'intervention militaire de la France – ultime manifestation de cette « Françafrique » inventée par Houphouët-Boigny, qui n'oublia pas qu'il avait été ministre de la IVe République française. Aujourd'hui, la question se pose toujours de la capacité des États africains à régler eux-mêmes – ou dans un cadre régional – leurs crises internes, aux causes multiples mais intégrant dans leur complexité, dans la plupart des cas, un facteur ethnique.

C. ETHNIES ET NATIONS

Une des questions politiques fondamentales de l'Afrique contemporaine concerne la possibilité d'édification d'États-nations dans un contexte pluriethnique. La diversité ethnique – laquelle, au demeurant, représente une richesse culturelle incomparable, un patrimoine de l'humanité qui mériterait au moins autant de sollicitude que celle que l'on accorde à la biodiversité – ne constitue pas en soi un obstacle à l'unité nationale.

1. Les emboîtements identitaires

Les questions relatives aux identités appellent un raisonnement en termes d'emboîtement, le seul à même d'éviter les représentations dichotomiques et, au-delà, les crispations identitaires et les dérives de l'ostracisme. À la pensée primitive fondée sur l'exclusion, l'évolution des sociétés appelle des approches privilégiant les chevauchements, les métissages et les formes hybrides. La construction des identités fonctionne sur le modèle des poupées russes. De l'ego au vaste monde, toute une série de cadres sociétaux de référence et de territoires de repérage fournissent les bases de situations qui prennent leur sens en fonction de leur échelle. Entre le cocon familial et la citoyenneté mondiale, s'emboîtent des sphères au rayon de plus en plus large, non pas dans un dispositif d'opposition mais de complémentarité. **La sphère ethnique s'insère dans l'entité plus large des nations en construction.** Mais les configurations ethniques sont à géométrie variable et souvent en discordance par rapport aux territoires politiques [→ CH. 7]. En outre, chaque individu participe de plusieurs espaces. Les situations africaines montrent une grande fluidité dans la géographie des identités.

2. Les dérives identitaires

L'histoire de l'Afrique contemporaine a montré combien le référent ethnique pouvait être instrumentalisé au service d'ambitions partisanes. Politiciens démagogues et « seigneurs de guerre » jouent sur les sensibilités ethniques, sur les replis autour d'un groupe familier, un groupe de proximité culturelle (linguistique, religieuse, « raciale », etc.) perçu comme le garant de la sécurité en période de troubles sociaux. Ces derniers alimentent des **peurs génératrices de haine envers un autre diabolisé**. Les haines collectives se construisent sur ces représentations exacerbées de l'altérité et sur des dynamiques d'exclusion. Les situations de crise économique comme l'Afrique en connaît tant constituent un terreau favorable aux crispations identitaires et à toutes sortes de manifestations de rejet de l'autre, pouvant aller jusqu'à la guerre civile [→ CH. 8].

ZOOM ▶ Hutus et Tutsis

Les massacres de 1994 au Rwanda – point d'orgue des affrontements violents qui opposent, depuis la fin des années 1950, Hutus et Tutsis – ont été qualifiés de « génocide » du fait de leur ampleur et de l'intention proclamée d'éliminer un groupe humain, les Tutsis. Ces tueries représentent l'exacerbation des violences récurrentes qui, tantôt au Rwanda, tantôt au Burundi, se sont déchaînées soit contre les Tutsis (Rwanda, 1959, 1962), soit contre les Hutus (Burundi, 1972, 1988). Ces violences, qui ont fait, de part et d'autre, plusieurs centaines de milliers de victimes (leur comptabilité servant d'arme politique), ont érigé l'opposition Hutus/Tutsis en archétype des affrontements ethniques. La réalité est beaucoup plus complexe ; elle pose d'abord la question de la pertinence d'une différence à caractère ethnique entre les deux groupes de population qui présentent plus d'un point commun : la même langue, de nombreux traits culturels partagés. Leurs origines les distinguent cependant : éleveurs originaires des régions du haut Nil pour les Tutsis, agriculteurs bantous pour les Hutus. Comme partout en Afrique, les frictions entre pasteurs et cultivateurs sont fréquentes, mais la gestion des différences semble avoir fonctionné jadis sur un mode de complémentarité plus que de domination, même s'il est apparu aux colonisateurs, allemands d'abord, belges ensuite, que la minorité tutsie constituait une sorte de « noblesse » face aux masses paysannes. Cette vision était étayée par le fait que les Hutus représentent, en gros, et nonobstant les conséquences démographiques des massacres, 85 % de la population contre 15 % pour les Tutsis.

L'administration coloniale, moins par volonté délibérée de « diviser pour régner » que poussée par le désir de classer (classer les hommes comme on classe les autres espèces vivantes), eut tôt fait de dresser l'image type des Hutus et des Tutsis. L'ethnographie coloniale a beaucoup contribué à fixer des représentations ethniques, jusqu'à la caricature (le Tutsi pasteur, élancé et noble ; le Hutu paysan, petit et rustaud). Elle a favorisé la minorité tutsie, précocement scolarisée dans les écoles chrétiennes, pour en faire son auxiliaire. Mais, à la fin des années 1950, cette minorité « évoluée » s'étant ouverte aux idées d'indépendance, l'administration et les Églises se sont retournées vers les Hutus, au prétexte que leur nombre leur conférait la légitimité du pouvoir en démocratie. C'est ainsi que la « révolution sociale » de 1959, prenant ses références dans la Révolution française en comparant la majorité hutue au tiers état, a inauguré les massacres de Tutsis. Observant la situation de leur voisin, les Tutsis du Burundi ont confisqué, à titre préventif, le pouvoir militaire, dont ils useront par la suite pour entraver l'émergence d'une élite hutue : Rwanda et Burundi vivent en résonance permanente.

Réfugiés en Ouganda depuis 1959, de nombreux Tutsis, se voyant privés de futur, se sont mis au service de l'armée révolutionnaire de Yoweri Museveni, l'actuel président ougandais. Après la victoire de celui-ci en 1986, ces militaires aguerris ont entrepris de reconquérir le Rwanda par les armes, ce qu'ils réussiront en 1994. C'est dans ce contexte de guerre que les extrémistes hutus aux abois ont appelé à tuer les Tutsis et ceux parmi les Hutus modérés qui prônaient un partage du pouvoir entre les deux composantes de la société rwandaise. Le Tribunal pénal international pour le Rwanda (TPIR) d'Arusha, en Tanzanie, créé pour juger les responsables du génocide de 1994, a achevé ses travaux en 2015, après vingt ans de procédures. Il n'a prononcé qu'un nombre dérisoire de jugements. Devant ces lenteurs, le Rwanda a institué des tribunaux populaires, les *gacaca*. Mais il n'est pas sûr que cet exercice de la justice aboutisse à une pacification durable dans un pays désormais soumis à un pouvoir très autoritaire exercé par le président Paul Kagame, qui s'appuie sur la minorité militaire tutsie.

L'histoire contemporaine dramatique du Rwanda et du Burundi montre que les identités ethniques jouent comme composantes des rivalités politiques. Depuis 2015, le Burundi est retombé dans un cycle de violence dont on peut craindre qu'il réveille les dérives génocidaires. Les tensions entre communautés voisines devenues rivales, au point de déboucher sur des tueries, s'expliquent aussi par l'accroissement brutal des densités de population, qui fait d'une terre de plus en plus rare l'objet d'une convoitise sans cesse accrue. Les massacres entre Hutus et Tutsis ont, à l'évidence, une dimension démographique.

II. Babel africaine et langues importées

La question linguistique revêt en Afrique une importance exceptionnelle, car le nombre de langues parlées se chiffre à environ 2 000, de sorte que, dans leur immense majorité, les États africains ont recours à une langue étrangère, le plus souvent héritée de la colonisation, comme langue officielle. Outre celle-ci – langue de l'État et de son administration, et généralement celle de l'enseignement –, un certain nombre de **langues véhiculaires** africaines servent d'instrument de communication entre des groupes aux parlers maternels distincts. Cela représente une simplification notable et d'une grande utilité en comparaison de la multiplicité des langues dites « **vernaculaires** ». La question des langues a une double dimension : géopolitique, car les langues officielles prolongent les héritages et les rivalités coloniales, notamment entre anglophones et francophones ; culturelle, car la langue est le moyen primordial d'expression d'une culture.

A. LA MULTIPLICITÉ DES LANGUES AFRICAINES

1. Une classification complexe

Le panorama des langues africaines est particulièrement embrouillé, les classifications ne faisant pas toujours l'unanimité parmi les linguistes. La recherche en linguistique est d'autant plus complexe que l'absence de documents écrits la prive de sources qui, en Europe, par exemple, permettent d'étudier l'évolution des langues. Les spécialistes ne s'accordent pas sur la distinction entre langue et dialecte. En Afrique de l'Ouest, le groupe linguistique mandé est tantôt considéré dans son unicité, tantôt subdivisé en une dizaine de langues, comme le malinké, le bambara ou le dioula. Mais, plus que les débats entre linguistes, ce qui compte, ce sont **les pratiques et la fonction des langues dans le processus identitaire**. Par exemple, la définition d'une famille « Niger-Congo » allant du Sénégal à l'Afrique du Sud est de peu d'utilité pour la compréhension du monde contemporain. À l'intérieur de celle-ci, les langues bantoues constituent un groupe présentant déjà davantage d'affinités, bien qu'il ne compte pas moins de 300 langues différentes, et d'incompréhension problématique entre leurs locuteurs.

2. Langue et identité ethnique

La langue est l'un des critères essentiels d'identification d'un groupe, mais elle ne se confond pas forcément avec l'ethnie : **entre groupes ethniques et linguistiques, les chevauchements sont fréquents**. Les classifications associent souvent les deux critères, cherchant à définir des ensembles « ethnolinguistiques » correspondant à des perceptions identitaires fortes. L'échelle joue un rôle discriminant majeur. Par exemple, le groupe bantou ne correspond en aucune façon à une entité ethnique. Il existe, certes, à Libreville, un Centre international des civilisations bantoues (CICIBA) : il a été créé pour valoriser les cultures de l'Afrique centrale, orientale et australe en contrepoids de celles d'une Afrique occidentale qui a eu tendance à focaliser le regard du monde extérieur. La réalité de l'ancrage territorial et sociétal des groupes humains se situe à l'échelle des entités ethnolinguistiques, trame concrète des espaces africains.

Dans un contexte généralisé de multilinguisme, **les populations africaines parlent généralement plusieurs langues**. Partout où les groupes ethnolinguistiques ne comptent que de petits effectifs (parfois seulement quelques milliers de locuteurs), le polyglottisme s'impose. Le melting-pot urbain favorise aussi l'usage de plusieurs langues, au moins pour les besoins d'une communication élémentaire, par exemple sur les marchés.

B. LANGUES VÉHICULAIRES, LANGUES NATIONALES

Dans quelques cas très rares d'unité linguistique à l'intérieur d'un État, la langue officielle est la langue maternelle de la quasi-totalité de la population : le somali en Somalie, le kinyarwanda et le kirundi au Rwanda et au Burundi, le malgache à Madagascar, le sotho au Lesotho et le tswana au Botswana. Partout ailleurs, règne le multilinguisme, tempéré par l'usage de langues véhiculaires.

1. Des langues véhiculaires à large rayonnement

La nécessité, pour les commerçants, de pouvoir échanger – des produits, des signes monétaires, mais aussi des paroles – est à l'origine de l'élaboration et de l'extension de **langues remplissant une fonction de *lingua franca****.

La plus originale d'entre elles est le **swahili**, langue forgée sur les rives de l'océan Indien au contact des commerçants arabes et des populations africaines. Aux premiers, elle a emprunté une part importante de son vocabulaire ; aux secondes, les structures des langues bantoues. Le swahili est la langue maternelle des populations de Zanzibar et des régions littorales de part et d'autre de cette île carrefour. Il est aussi la langue véhiculaire d'un vaste espace allant de l'océan Indien à la moitié orientale de la RDC, espace parcouru, jusqu'à la fin du XIXe siècle, par les marchands arabes en quête d'esclaves. Le swahili compte aujourd'hui une centaine de millions de locuteurs. Il est en outre langue officielle, avec l'anglais, du Kenya et de la Tanzanie.

DÉFINITION

***Lingua franca* :** langue simplifiée, autrefois pratiquée par les commerçants européens, notamment dans les ports méditerranéens.

Le **lingala**, initialement langue des commerçants du fleuve Congo et de l'Oubangui, a connu une expansion plus récente, favorisée, en RDC, par le fait qu'il était la langue maternelle du président Mobutu. Celui-ci l'utilisait dans ses discours ; les militaires et les fonctionnaires, dont beaucoup étaient recrutés dans des régions lingalaphones, en répandirent l'usage à l'occasion d'affectations tournantes. Sur la rive droite du fleuve, le lingala est l'une des principales langues de communication du Congo-Brazzaville.

En Afrique de l'Ouest, quelques langues portées par le commerce connaissent aussi une extension transfrontalière. Ainsi en est-il des **langues mandées** dans les régions du haut Niger. Rattachés à ce groupe linguistique, les Dioulas sont d'actifs commerçants en même temps que les propagateurs de l'islam en Côte d'Ivoire. Incarnant les « nordistes », ils ont été exposés, pendant les années de guerre civile, à la vindicte des Ivoiriens du Sud, obsédés par l'ivoirité.

2. Langue et unité nationale

Depuis les indépendances, de nombreux pays se sont posé la **question d'une « langue nationale »** qui leur permettrait de se démarquer d'un des legs coloniaux les plus prégnants [→ CH. 6]. Mais à l'exception des cas de monolinguisme précédemment cités, le choix d'une langue nationale unique n'est pas réaliste : cela provoquerait inévitablement des réactions de refus de la part des autres groupes linguistiques. Quelques États ont choisi de reconnaître l'existence de plusieurs langues nationales en plus de la ou des langues officielles destinées aux relations internationales. En RDC, à côté du français, langue officielle, quatre langues fédératives ont été érigées en langues « nationales » : le kikongo, le lingala, le tshiluba et le swahili. En République sud-africaine, dix langues officielles sont inscrites dans la Constitution, les plus importantes étant le zoulou, le xhosa et l'afrikaans (langue dérivée du néerlandais), au côté de l'anglais. En Éthiopie, la Constitution fédérale de 1994 s'est accompagnée de la reconnaissance d'un grand nombre de langues : l'amharique, l'oromo, le tigrinya, le guragé, l'afar, le somali, etc. Différentes formules ont été essayées quant au statut à accorder aux langues, principalement vis-à-vis de l'enseignement. La question est très complexe car **aucun pays africain ne peut se dispenser de la pratique d'une langue internationale**, indispensable à ses relations extérieures. Toutes les tentatives visant à nationaliser l'enseignement au-delà du cycle primaire ont eu des résultats très négatifs, comme à Madagascar, qui a dû se résoudre à revenir à l'enseignement en français après avoir mesuré le préjudice causé par le repli étroit sur la langue nationale : toute une génération a pâti de handicaps, en particulier à l'entrée à l'université.

3. La question somalie

La crise politique dans laquelle la Somalie est engluée depuis le début des années 1990 souligne qu'il n'y a **aucune corrélation entre unité linguistique et formation d'un État-nation**. Le fait de parler une même langue n'est une condition ni nécessaire ni suffisante de la viabilité d'un État. Le paradoxe somalien réside dans l'incapacité d'une population homogène sur les plans linguistique, culturel, religieux de construire un ensemble politique unitaire. Ses atouts théoriques sont restés virtuels. La République de Somalie a échoué dans ses tentatives de rassembler sous une seule bannière l'ensemble des Somalis répartis entre cinq entités territoriales, ce que symbolise l'étoile à cinq branches du drapeau : la conquête sans lendemain de l'Ogaden éthiopien a été l'une des rares tentatives d'envergure de remodeler la carte politique de l'Afrique [→ CH. 7]. Mais plus encore, la Somalie n'a pu résister aux forces de division interne. La guerre civile la déchire, opposant clans et chefs de guerre. Au nord, l'ancien **Somaliland** britannique s'est séparé de Mogadiscio en proclamant unilatéralement son indépendance. D'autres clans font valoir des revendications comparables en faveur de la création d'un **Puntland** indépendant. L'unité de la langue somalie n'a donc été d'aucun secours pour enrayer les forces de division.

Langues véhiculaires en Afrique centrale et orientale

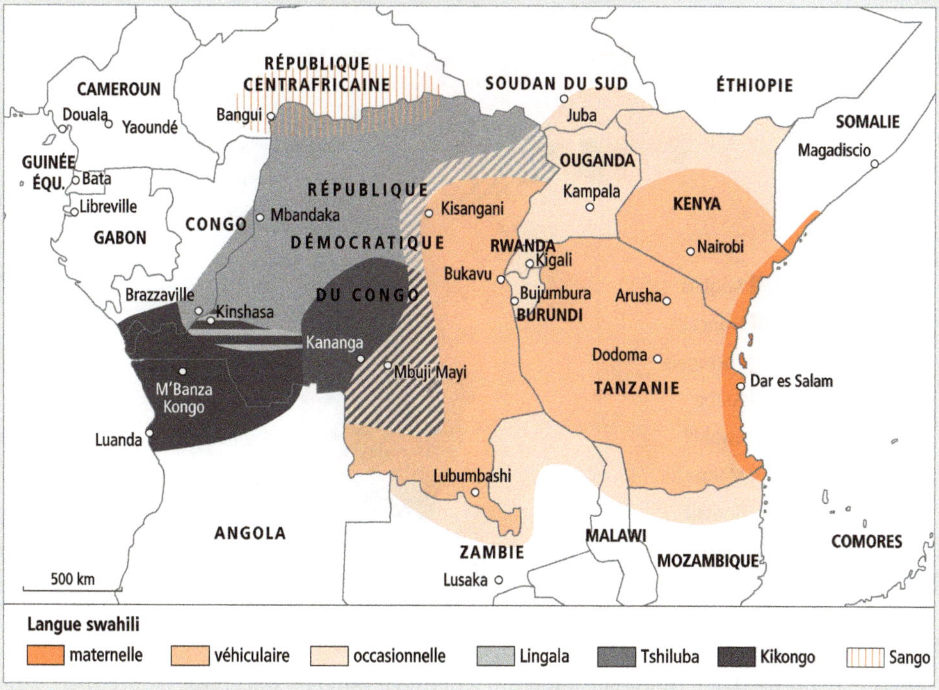

C. LES LANGUES OFFICIELLES : HÉRITAGE ET ENJEU GÉOPOLITIQUE

1. Les grandes aires linguistiques

L'un des héritages majeurs de la colonisation est d'avoir superposé, à la multitude des langues maternelles, moins d'une demi-douzaine de langues européennes : l'anglais, le français, le portugais, l'espagnol, l'afrikaans. Dans leur très grande majorité, les populations vivant au sud du Sahara se rattachent à l'Afrique anglophone, francophone ou lusophone. Ce qui ne signifie pas qu'elles pratiquent toutes une de ces langues, loin de là : seule la fraction scolarisée a accès à la langue officielle, langue de l'État, de l'administration, de la ville. La pratique d'une langue européenne dépend, dans une large mesure, de la configuration linguistique des États : là où règne une grande diversité de parlers, la langue véhiculaire est généralement celle qui a été héritée de la colonisation. Dans les pays ayant subi l'influence ancienne de l'islam, une fraction de la population est arabophone (par exemple, au Tchad). Les situations les plus habituelles sont celles de biglossie, sinon de multiglossie : un nombre considérable d'Africains parlent plusieurs langues. L'association entre langues vernaculaires africaines et langues véhiculaires européennes confère à celles-ci une fonction géopolitique très importante, comme le montre la rivalité entre anglophones et francophones, rivalité qui s'exprime dans les organisations internationales africaines, au sein de la Communauté économique des États d'Afrique de l'Ouest (CEDEAO), notamment [→ CH. 16].

■ **Les langues officielles**

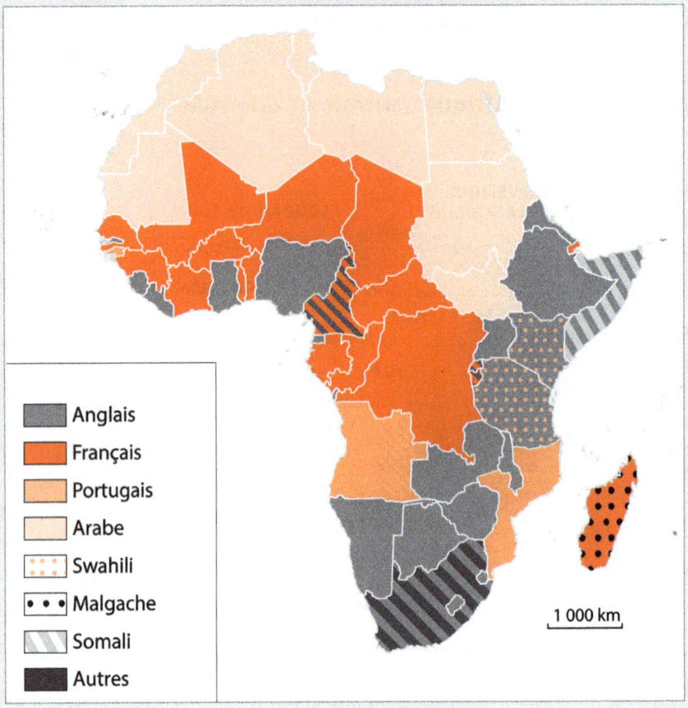

2. La francophonie

Dans le contexte d'une mondialisation qui a donné à l'anglais son statut de première langue internationale, **l'Afrique subsaharienne représente un enjeu d'importance pour l'avenir du français** et, par-delà la dimension linguistique, de la francophonie (terme inventé en 1880 par le géographe Onésime Reclus). Les multiples manifestations francophones organisées dans le domaine politique, culturel ou sportif témoignent de la réalité des réseaux francophones qui agissent pour le maintien des positions sur la scène internationale, non plus seulement de la France, mais de la langue française, qui serait pratiquée par environ 300 millions de personnes dans le monde. Prenant la relève de l'Agence de coopération culturelle et technique (ACCT), créée en 1970, l'**Organisation internationale de la Francophonie (OIF)** a vu le jour la même année à Niamey. Tous les deux ans, depuis 1986, se réunit une conférence des chefs d'État et de gouvernement des pays ayant le français en partage. Plusieurs de ces sommets de la francophonie se sont tenus en Afrique : Ouagadougou (2004), Kinshasa (2012), Dakar (2014), Antananarivo (2016). En 2018, le sommet s'est déroulé à Erevan (Arménie), avant un retour prévu en 2022 en Afrique, en Tunisie, retardé pour cause de pandémie de Covid-19. La francophonie est le plus visible et le plus ouvertement revendiqué des héritages qui, à travers la langue et la culture, participent aux dynamiques politiques mondialisées. L'OIF compte 61 pays membres (dont 30 africains), auxquels s'ajoutent 27 pays observateurs. La fonction de secrétaire général de l'OIF a été créée en 1997, au VIIe sommet de la francophonie, qui s'est tenu à Hanoï. Elle a d'abord été assumée par l'Égyptien Boutros Boutros-Ghali puis, de 2002 à 2015, par Abdou Diouf, ancien président du Sénégal : c'est dire la place que tient l'Afrique dans la francophonie, place appelée à se renforcer étant donné l'accroissement rapide du nombre de francophones dans le contexte d'explosion démographique. C'est cependant la Canadienne Michaëlle Jean qui a succédé à Abdou Diouf en 2015, au grand dam des Africains. La présidence est toutefois revenue à l'Afrique en 2019 avec **l'élection de la Rwandaise Louise Mushikiwabo**, portée par la France en raison de la politique du président Macron visant à une réconciliation avec le Rwanda.

III. La dimension religieuse

L'adhésion à une religion participe à la construction des identités collectives. La dimension religieuse, constitutive des sociétés, a toujours été très forte en Afrique, continent jadis voué aux multiples formes de l'animisme, sur lequel se sont surimposés deux grands monothéismes, l'islam et le christianisme. Entre ces trois familles de religion, qui n'excluent pas des syncrétismes, la cohabitation est plus ou moins pacifique ou tendue selon les lieux et la conjoncture politique. Au cours des dernières décennies, en réponse à la crise multiforme qui affecte le continent, le religieux a connu un formidable foisonnement avec la multiplication d'églises nouvelles venant concurrencer les églises établies. **La dimension religieuse est désormais au cœur des constructions identitaires**, tout autant que des dynamiques géopolitiques.

A. UN ANIMISME TOUJOURS VIVANT

L'animisme recouvre un ensemble de conceptions et de **pratiques donnant sens aux relations entre l'homme et la nature**. Celle-ci, dans son immense diversité, est animée de forces, tantôt bénéfiques, méritant donc reconnaissance, tantôt maléfiques, qu'il convient alors de conjurer. L'animisme, souvent confondu avec le paganisme, a reculé sur deux fronts : d'une part, celui de l'islam, à partir du VIIIe siècle sur les côtes de l'océan Indien et sur la frange sud du Sahara, et d'autre part, celui du christianisme dans la foulée de la colonisation, donc depuis un temps beaucoup plus court, mais avec une redoutable efficacité. **Les grandes religions n'ont cependant pas fait disparaître l'animisme**, ni en tant que religion constituée avec ses croyances, ses préceptes, ses rites, ni en tant que survivance d'attitudes et de pratiques sous-jacentes à l'adhésion à l'un ou l'autre des monothéismes.

1. Des religions de terroir au vaudou

L'animisme n'a pas vocation à l'universel. Ses expressions sont encore plus diversifiées, atomisées que celles des groupes ethniques. **Les religions animistes s'ancrent dans le terreau des sociétés paysannes.** Chaque microsociété a ses génies, ses lieux sacrés, ses interdits. L'animisme dicte un code de conduite, il a ses temps forts, sous forme d'initiation, ses manifestations cultuelles avec ses officiants, ses devins et ses guérisseurs. Il participe des procédures d'intégration de l'individu au groupe. Il imprègne la vie quotidienne, marie le visible à l'invisible, accepte le magique et l'inexplicable, a recours au sacrifice propitiatoire. Il est parfois associé à des sociétés secrètes, sociétés d'hommes ou sociétés de femmes. Le goût prononcé pour les sociétés secrètes, qui dépasse la stricte pratique religieuse, explique l'engouement pour la franc-maçonnerie, qui en est comme l'expression modernisée des classes dirigeantes.

Parmi les religions animistes, le vaudou occupe une position à part. Il associe religion et pratiques sociales, construction intellectuelle, cérémonies rituelles à symbolique ésotérique, et fonctions séculières. Il a été exporté en Amérique, dans le sillage des négriers : on le retrouve tant aux Antilles qu'**au Brésil sous la forme du candomblé**. Porto Novo, au Bénin, en est un haut lieu, avec ses multiples temples et les signes qui inscrivent la vieille ville dans le maillage d'un espace sacré balisé par des interdits.

2. Des espaces sacrés

L'animisme, en reconnaissant dans la nature un jeu de forces et d'influences qui s'exercent sur l'homme, construit une **géographie sacrée**, avec ses lieux interdits, ses lieux d'offrande, ses lieux d'initiation et de sacrifice. La croissance démographique et l'extension des espaces voués à l'économie et à l'habitat menacent cette géographie, qui n'est pas toujours respectée par la modernité. Il en reste cependant des traces, comme le bois sacré de Bé, en plein centre de Lomé. En Afrique australe, les *Bushmen* tentent de sauvegarder les valeurs d'un genre de vie ancestral couplé à une vision animiste du monde valorisant des relations avec la nature, que rejoignent aujourd'hui certains courants écologistes.

ZOOM ▶ *Kongo* : un film entre monde visible et invisible

Le film *Kongo*, réalisé par Hadrien La Vapeur et Corto Vaclav en 2019, entraîne le spectateur dans le quotidien de Brazzaville, où le monde invisible et le monde visible ne cessent de se brouiller. L'apôtre Médard, qui guérit les malades en recourant à des pratiques totalement étrangères à la médecine occidentale, est accusé de magie noire. Il lui faut alors retrouver le grand maître qui communique avec la sirène protectrice du fleuve Congo. Or, celle-ci est menacée par une entreprise chinoise qui exploite les graviers dans le lit du fleuve, au risque de détourner son cours. Il est donc urgent de la sauver en la mettant dans une bouteille afin de la réintroduire dans le fleuve. Le réel, le rationnel se trouvent ainsi questionnés, tandis qu'en arrière-plan se profilent les enjeux d'un développement porté par des acteurs mondiaux et confronté à des pratiques culturelles locales qui paraissent incompréhensibles, d'un autre âge, mais toujours actuelles.

B. UN FOISONNEMENT NOUVEAU DU RELIGIEUX

L'Afrique est le théâtre de dynamiques religieuses d'une exceptionnelle vitalité. Nouvelles Églises et sectes attirent des foules de fidèles qui remplissent les lieux de culte et les animent d'une ferveur collective dont l'Europe a perdu jusqu'au souvenir. Le profond désarroi de populations confrontées à la pauvreté, aux violences du quotidien et aux incertitudes des lendemains suffirait à expliquer la prolifération d'initiatives qui répondent à ce regain d'attentes religieuses, aussi bien au sein de l'islam que du christianisme.

1. Églises et mosquées : une compétition pour le contrôle des âmes et des corps

L'Afrique est traversée d'est en ouest par une **ligne géopolitique majeure, celle qui sépare les territoires d'expansion des deux monothéismes** [→ CH. 3]. L'un et l'autre sont animés par divers mouvements de recomposition religieuse. Les prédicateurs sont devenus une figure du quotidien ; les églises, temples, mosquées ne désemplissent pas les jours d'exercice du culte. Le prosélytisme a su tirer parti des nouveaux médias, radio et télévision. Comme aux États-Unis, les télévangélistes font fureur, mais les musulmans ne sont pas en reste. Une surenchère dans les promesses de salut, sur terre comme au paradis, anime les porte-parole des nouveaux courants religieux, hommes de foi, affairistes ou charlatans.

La **compétition entre islam et christianisme** est particulièrement vive dans les zones de contact et les pays partagés entre les deux religions. La question de la charia, la loi islamique, a joué un rôle central dans la guerre civile au Soudan, le Sud chrétien refusant de l'appliquer. De la même façon, au Nigeria, elle entretient des divergences politiques récurrentes entre

les États musulmans du Nord et les États chrétiens du Sud. Mais la cohabitation est le plus souvent pacifique. En construisant, à la fin des années 1980, la **basilique Notre-Dame-de-la-Paix de Yamoussoukro** – réplique, en plus grand, de Saint-Pierre de Rome –, le président Félix Houphouët-Boigny a pris soin de faire édifier aussi une mosquée.
Toutefois, la radicalisation de mouvements islamiques plus ou moins issus de la nébuleuse Al-Qaida constitue, depuis quelques années, un nouveau facteur de déstabilisation des États, en particulier dans les espaces saharo-sahéliens [→ CH. 4].

2. Une invention religieuse sans cesse renouvelée

Dès l'époque coloniale, des messianismes, issus du christianisme, sont venus brouiller l'image des Églises instituées, catholiques, protestantes, orthodoxes. S'appuyant sur l'Évangile, ils ne pouvaient que rejeter le système colonial, inégalitaire et raciste, de sorte que les prédicateurs se retrouvèrent en prison, ce qui n'empêcha pas la naissance de nouvelles Églises. Parmi elles, le **kimbanguisme**, issu de la prédication de Simon Kimbangu au Congo belge, a fini par obtenir la reconnaissance de Rome. Recrutant essentiellement parmi les populations kongos, en RDC comme en République du Congo, le kimbanguisme s'est doté d'une Ville sainte, Nkamba, située dans le Kongo central.

ZOOM ▶ Le foisonnement du religieux en RDC

Le religieux a toujours tenu une place importante en RDC. Après la première christianisation avortée du royaume de Congo au début du XVIe siècle, la colonisation s'est accompagnée d'une diffusion, dans l'ensemble du pays, du catholicisme et du protestantisme. En 1921, Simon Kimbangu crée une nouvelle Église, en réaction à la domination coloniale, avant de passer les 30 dernières années de sa vie dans les prisons du Congo belge, ce qui n'empêchera pas son enseignement de faire des adeptes. Le kimbanguisme compte aujourd'hui plusieurs millions de fidèles et a été reconnu comme une Église chrétienne. La cathédrale construite à Nkamba, la « nouvelle Jérusalem » érigée autour du tombeau de Simon Kimbangu, peut accueillir 37 000 pèlerins.

Depuis quelques décennies, dans un contexte de crise économique, sociale et morale, des Églises dites « de réveil », dérivées du protestantisme – évangélisme, pentecôtisme – ou du catholicisme, prolifèrent. Elles connaissent un grand succès, notamment en milieu urbain, certaines étant devenues de véritables entreprises recourant aux moyens de communication les plus performants. Dans la foulée, une multitude de sectes se sont répandues dans l'ensemble du pays. Symptôme de populations en désarroi, à la recherche de nouveaux repères sociaux et spirituels, les sectes répondent à des aspirations radicales de salvation qui ne sont plus satisfaites par le clergé des Églises instituées. Les fidèles constituent une cible pour des prédicateurs peu scrupuleux qui font commerce de leur crédulité.

3. Les Églises dans le champ politique

Les relations entre les Églises et le politique ne datent pas d'hier : les missionnaires ont été, aux côtés des militaires et des fonctionnaires, des agents essentiels de la colonisation. Aujourd'hui, le clergé catholique comme les officiants des Églises protestantes sont presque entièrement africanisés. **Les évêques jouent un rôle modérateur** important dans la vie politique de l'Afrique chrétienne ; **ils ont souvent présidé les conférences nationales** dans les années 1990 et leurs déclarations influencent la vie politique. En Afrique du Sud, Mgr Desmond Tutu (1931-2021) a été un acteur important de la transition de l'apartheid à la « nation arc-en-ciel ». L'engagement des nouvelles Églises et des ONG d'obédience religieuse n'est pas dénué d'intentions politiques. Le prosélytisme de la mouvance protestante, notamment des pentecôtistes, soutenu par des institutions comme la Société internationale de linguistique, tend à se confondre avec les intérêts anglo-saxons.

Côté islam, la religion est aussi le véhicule d'intérêts politiques. Au Sénégal, les enjeux électoraux n'étaient pas étrangers aux liens étroits que l'ex-président Abdoulaye Wade entretenait avec la **confrérie mouride**. Tous les présidents sénégalais, depuis Léopold Sédar Senghor (pourtant chrétien), recherchent l'onction du calife mouride, considérée comme un gage de gouvernance réussie. Dans un autre registre, l'Arabie met ses immenses ressources financières au service de la foi : la construction de mosquées et de medersas (écoles coraniques) sert à la diffusion du wahhabisme, cette forme rigoriste de l'islam, dont les tendances intégristes tranchent avec la tempérance de la plupart des confréries adeptes du soufisme entre lesquelles se répartit l'islam noir.

C. ÉGLISES ET DÉVELOPPEMENT

La figure du missionnaire à la barbe blanche voué à la propagation de la foi et à la traduction de la Bible dans les langues africaines a cédé la place à celle du religieux expert en développement. Les établissements chrétiens jouent un rôle éminent dans les domaines de l'éducation et de la santé, et de plus en plus dans des secteurs d'activité économique comme le développement rural. L'une des forces des missions réside dans le fait qu'elles sont adossées à des organisations internationales : les ordres missionnaires ayant leur siège en Europe ou aux États-Unis leur apportent un soutien logistique et financier indispensable. Une multitude d'ONG confessionnelles se sont greffées sur les Églises pour participer à l'économie de l'aide, où elles sont souvent en compétition les unes avec les autres pour prendre leur part du « business humanitaire ». Les organisations musulmanes ne sont pas en reste dans ce marché en expansion du développement. Elles ont compris qu'il ne suffisait pas d'apprendre le Coran dans les medersas, mais qu'il était politiquement rentable de renforcer l'action sociale (santé, soutien aux pauvres) et d'investir dans la formation des jeunes. C'est une des forces du mouvement des Frères musulmans. **La compétition entre religions s'est ainsi élargie du domaine purement religieux au vaste champ du développement.**

ZOOM ▶ La confrérie mouride

La confrérie mouride est née au Sénégal à la fin du XIXe siècle, dans un contexte d'affirmation identitaire face à la colonisation. Son fondateur, Ahmadou Bamba, était un Wolof, et le mouridisme est resté largement circonscrit à ce groupe ethnolinguistique. La confrérie s'appuie sur une hiérarchie de marabouts qui encadrent et guident la population des fidèles au sein de réseaux sociaux très structurés. Les marabouts ont joué un rôle moteur dans l'expansion de l'économie arachidière. Les « marabouts de l'arachide » ont réalisé, grâce aux prélèvements sur les paysans convertis, une accumulation de capital qui est à l'origine de leur puissance financière actuelle. L'argent de l'arachide a aussi servi à financer la construction, étalée sur une trentaine d'années, de la mosquée de Touba, Ville sainte des mourides érigée autour du tombeau d'Ahmadou Bamba : édifiée en marbre, c'est la plus grande des mosquées d'Afrique noire et l'un des monuments religieux majeurs de l'Afrique contemporaine avec la basilique de Yamoussoukro. Ville de pèlerinage, Touba est aujourd'hui la deuxième agglomération du Sénégal, dépassant officiellement le million d'habitants. Son pèlerinage annuel, le grand Magal, attire jusqu'à 4 millions de pèlerins. Les mourides, grâce à leurs réseaux de solidarité, ont organisé des filières de migration très performantes. Particulièrement actifs dans le commerce, on les retrouve aussi bien sur les marchés français qu'à New York, et désormais dans les métropoles chinoises.

14 DES ÉQUILIBRES AGRICOLES FRAGILES : ALIMENTATION, TERRES ET CONFLITS

Les enjeux de développement auxquels l'agriculture subsaharienne est soumise ont une forte dimension géopolitique. Ce secteur représente une part importante des PIB africains et occupe 52 % de la population active en 2020. La sécurité alimentaire, affectée par de nombreuses crises, demeure la plus précaire du monde. L'agriculture doit répondre à la demande alimentaire interne liée à la croissance démographique et à l'urbanisation, tout en fournissant les emplois nécessaires à la préservation des équilibres sociopolitiques, et ce sans consommer son capital environnemental et en s'adaptant au changement climatique. Alors que la croissance de l'agriculture africaine, qui repose jusqu'à présent sur l'extension des surfaces et non sur celle des rendements, devient problématique à cause de la densification du peuplement, l'Afrique est présentée comme l'une des dernières frontières de l'investissement agricole international dans un contexte global de course aux terres pour l'alimentation et l'énergie. Il en résulte des pratiques spéculatives, internes et externes, anticipant la « faim de terre » à venir et aggravant les tensions foncières. En outre, dans un contexte marqué par la faiblesse des institutions nationales et régionales, le choix des modèles de développement agricole est le théâtre d'une rivalité d'influences entre de nombreux acteurs extérieurs (organisations internationales, anciens partenaires occidentaux, pays émergents, ONG, fondations). Les rivalités idéologiques masquent souvent des intérêts concurrents.

Notions principales

Accaparements fonciers : transactions foncières à grande échelle observées depuis le début des années 2000 en contexte néolibéral, qui amènent une diversité d'acteurs extérieurs à acquérir des superficies de terres importantes sous forme de baux emphytéotiques pour des projets agro-industriels aux finalités variées. Cette notion revêt une connotation critique et pointe les impacts négatifs (sociaux, alimentaires, environnementaux) de ces contrats pour les pays concernés.

Révolution verte : désigne, selon son modèle initial réalisé en Inde depuis les années 1960, un processus de modernisation de l'agriculture sous l'effet de transformations techniques (diffusion, à partir des acquis de la recherche, de semences améliorées et d'intrants ; amélioration de l'irrigation) et de mesures politiques (soutien des prix, subvention aux intrants, crédit, vulgarisation). L'enjeu de la Révolution verte était d'éviter une révolution « rouge » (communiste) en augmentant la production agricole, tout en ouvrant des marchés pour l'industrie (machines, intrants...).

Sécurité alimentaire : concept qui repose sur quatre dimensions : la disponibilité en aliments (issus des productions locales ou du commerce), l'accès (qui dépend notamment des ressources économiques disponibles), l'utilisation (qui est liée aux habitudes culturelles, aux pratiques) et la stabilité (des prix, de la disponibilité en lien avec les accidents agricoles ou l'accès physique aux marchés...).

CHRONOLOGIE

1968 : Aide alimentaire durant le conflit biafrais
1984 : Famines au Sahel et en Éthiopie
1994 : Génocide rwandais
1998-1999 : Loi foncière et liquidation de la Caisse de stabilisation et de soutien des prix des productions agricoles (Caistab) en Côte d'Ivoire
2003 : Conférence de l'OMC de Cancún. « Guerre du coton »
2008 : « Émeutes de la faim »
2009 : Destitution du président malgache Marc Ravalomanana après l'affaire Daewoo
2020-2021 : Les conséquences de la Covid-19 aggravent la précarité alimentaire. Entre 25 et 42 millions de personnes supplémentaires sont sous-alimentées à cause de cette crise.
2022 : Flambée des prix des céréales, de l'huile et de l'énergie. Retour du spectre des « émeutes de la faim ».

I. De l'arme verte à la souveraineté alimentaire

A. DES BILANS ALIMENTAIRES FRAGILES

La vulnérabilité alimentaire africaine est un facteur de dépendance important. Dans un continent encore rural à 56,5 % en 2020, l'agriculture occupe une part très importante de la population active, même si elle ne fournit, en 2020, que 17,5 % du PIB en moyenne. Les systèmes de production demeurent caractérisés par des exploitations familiales de petite taille à faible productivité. Le peu d'usage de l'irrigation – 6 % des terres cultivables sont irriguées, contre 40 % en Asie – accroît la vulnérabilité envers une pluviométrie de plus en plus irrégulière du fait du changement climatique. Cela vaut d'autant plus que la hausse des températures devrait être en Afrique supérieure à la moyenne mondiale, d'après le rapport GIEC 2014, entraînant notamment une multiplication des événements extrêmes (sécheresses, inondations, tornades) à forte incidence sur l'agriculture.

Globalement, les systèmes agricoles africains ont pourtant réussi à suivre la croissance de la demande alimentaire : la production de céréales par habitant est restée stable entre 1960 et 2014. Cette tendance générale masque des inégalités régionales fortes et des fragilités qui dépassent la seule disponibilité en céréales. Les populations rurales du Sahel sont frappées par des famines très dures dans les années 1980, liées aux sécheresses et aggravées dans certains États (Tchad, Éthiopie) par des conflits civils. Quelques pays côtiers, comme le Sénégal, dépendent des importations pour les deux tiers de leur consommation en riz. En 2008, puis en 2010-2011, ce sont principalement les populations urbaines qui sont touchées par la flambée des prix des produits agricoles (riz, farine de blé, mais aussi huile, lait) : les « émeutes de la faim » dans les capitales de nombreux pays (Mozambique, Madagascar, Cameroun, Côte d'Ivoire, Burkina Faso, Sénégal…) signalent les risques d'une dépendance alimentaire croissante en contexte de pauvreté.

La faim demeure un défi africain majeur. D'après la FAO, en 2019, 73 millions de personnes font face à des crises alimentaires et nécessitent une aide d'urgence (dont la moitié à cause de conflits, un tiers du fait de causes climatiques, 14 % du fait de chocs économiques). La situation s'est dégradée depuis 2014. En 2020, la part de personnes sous-alimentées atteint 24 % de la population, ce qui représente 264 millions de personnes en Afrique subsaharienne, en augmentation de 4,7 % depuis 2015. Les trois quarts de cette augmentation s'observent entre 2019 et 2020 et sont dus à la crise de la Covid-19 (25 à 42 millions de personnes supplémentaires). En Afrique comme au Moyen-Orient, la hausse des prix des céréales et de l'énergie consécutive à la guerre russo-ukrainienne déclenchée en 2022 menace la sécurité alimentaire des populations urbaines pauvres, et ainsi les équilibres sociopolitiques.

L'importance de la population active agricole dans la population

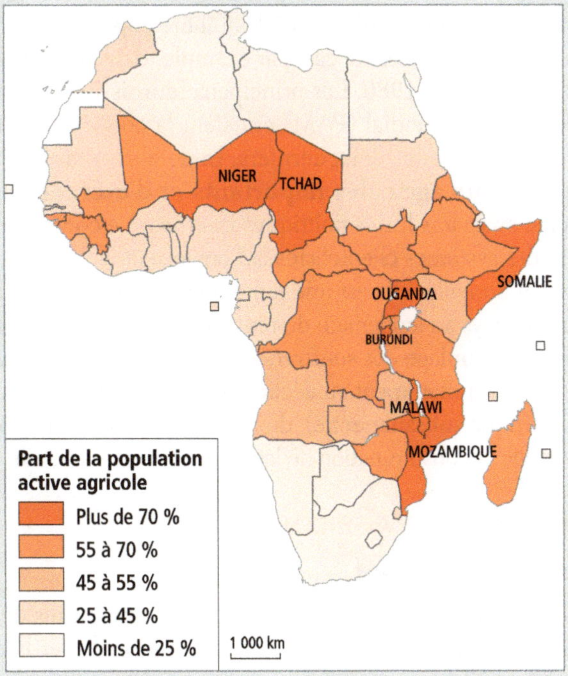

Source : Banque mondiale, 2019.

Pour aller plus loin
Carte mondiale dynamique de l'insécurité alimentaire du Programme alimentaire mondial HungerMap
liennathan.fr/xk88c4

Pour aller plus loin
Rapport de la FAO sur l'état de la sécurité alimentaire et de la nutrition dans le monde, 2021
liennathan.fr/tj9k34

B. L'ARME VERTE

L'aide alimentaire a, plus que toute autre forme d'aide, une forte teneur géopolitique. La guerre du Biafra (1967-1970) inaugure un débat toujours actuel sur la légitimité de l'« ingérence humanitaire » – dont l'aide alimentaire est un pilier – en contexte de conflit. Acheminer de l'aide au réduit biafrais assiégé, était-ce avant tout sauver des vies humaines ou servir de masque au soutien officieux de la France à la sécession du pays Igbo ? Au milieu des années 2000, le gouvernement nigérien nie un risque de famine clamé par des organisations non gouvernementales (ONG). Contesté en interne et en externe (notamment pour tenter de se maintenir au pouvoir au-delà du délai constitutionnel), le régime de Mamadou Tandja considère la gestion de la sécurité alimentaire nationale comme un enjeu clé de sa légitimité. D'une manière générale, une aide alimentaire internationale est fournie dans les principales zones de conflit du continent et dans leurs périphéries, où vivent des populations de réfugiés et de déplacés (Darfour, RCA, est de la RDC, Soudan et Soudan du Sud, Somalie, nord du Nigeria, zone des trois frontières – Mali, Niger, Burkina Faso). L'aide alimentaire est aussi devenue récurrente dans certaines régions où l'équilibre populations/production alimentaire est structurellement précaire. C'est le cas, par exemple, dans toute la frange nord du Sahel depuis les famines des années 1980. Les principaux fournisseurs de l'aide alimentaire sont le Programme alimentaire mondial (PAM) onusien, la coopération américaine (USAID) et l'Union européenne. Pour ces deux derniers, l'aide alimentaire est à la fois un **moyen d'écouler des excédents agricoles importants et d'exercer de l'influence**. L'aide alimentaire participe aussi aux luttes politiques internes. Le contrôle de sa distribution est un enjeu important des systèmes clientélistes qui organisent le politique aussi bien au niveau national que local. En Somalie, elle est une rente que se disputent les factions protagonistes depuis l'éclatement du pays au lendemain du renversement de Mohamed Siad Barre en 1991. Enfin, l'aide alimentaire soulage des souffrances, mais elle contribue aussi à l'évolution des habitudes alimentaires, et notamment au déclin progressif du mil et du sorgho au bénéfice du blé (peu cultivé en Afrique subsaharienne), du maïs ou encore du riz, dont la culture requiert de l'eau. La diffusion de la consommation de lait en poudre aggrave, elle aussi, la dépendance.

C. LES ENJEUX DU COMMERCE AGRICOLE

1. Libre-échange et développement

L'importance des importations alimentaires illustre les ambiguïtés de la dépendance. Les importations comblent l'écart entre les productions nationales et la demande, mais elles sont aussi parfois contraires aux intérêts nationaux. Les importations de riz au Sénégal ont longtemps concurrencé le riz national, produit dans la vallée du fleuve Sénégal à partir d'un financement massif par l'aide internationale au développement. De même, la poudre de lait importée en Afrique de l'Ouest s'oppose à la valorisation du lait des élevages locaux. Pour le riz comme pour le lait, la défense des intérêts des puissants commerçants importateurs – ainsi que la recherche du calme social – l'emporte souvent sur celle des promoteurs des productions nationales lorsqu'il s'agit d'obtenir des arbitrages politiques sur la taxation des importations. Les organisations de producteurs parviennent parfois à obtenir temporairement gain de cause, comme la Fédération des paysans du Fouta-Djalon (Guinée) pour la culture de la pomme de terre ou les organisations sénégalaises de producteurs d'oignons dans la vallée du fleuve Sénégal face aux importations en provenance d'Europe.

Le commerce du sucre soulève des enjeux différents. Les pays ayant tenté de développer une industrie nationale (par exemple, le Sénégal, la Côte d'Ivoire, le Tchad) en protégeant leur production par des barrières douanières sont exposés à des flux de sucre frauduleux en provenance de pays voisins n'ayant pas développé d'industrie sucrière (par exemple, la Mauritanie et la Gambie pour le Sénégal).

La **négociation des accords de partenariat économique (APE)** entre l'Union européenne et les pays de la Communauté économique des États de l'Afrique de l'Ouest (CEDEAO), entamée au milieu des années 2000, a longtemps achoppé sur la revendication des pays africains en faveur de la reconnaissance de leur **droit à la souveraineté alimentaire***, ce qui impliquait pour eux la possibilité de protéger certaines de leurs filières agricoles face aux importations. Des acteurs nouveaux comme les organisations fédératives de producteurs, qui s'affirment depuis les années 2000, à l'instar du Réseau des organisations paysannes et des producteurs agricoles de l'Afrique de l'Ouest (ROPPA), ont appuyé cet argumentaire. Les négociations ont pu avancer ensuite sur un mode bilatéral, avant d'aboutir à un accord régional signé en décembre 2014. Celui-ci prévoit des clauses d'exemption au régime de libre-échange concernant en particulier les filières agricoles et alimentaires.

ZOOM ▶ Les producteurs de coton africains à l'OMC

Après une chute spectaculaire des cours du coton observée en 2001, quatre pays africains producteurs de coton (le Bénin, le Burkina Faso, le Mali et le Tchad) portent devant l'Organisation mondiale du commerce (OMC) un plaidoyer contre les subventions versées par de grands pays à leurs producteurs – principalement les États-Unis, accessoirement l'Union européenne (pour l'Espagne et la Grèce). Ils protestent contre la concurrence déloyale ainsi créée et l'effet dépréciatif de cette politique sur les prix mondiaux. 40 % des subventions cotonnières mondiales bénéficient alors à 25 000 fermiers américains peu compétitifs, alors que 2 millions de producteurs africains, parmi les plus compétitifs du monde et faisant vivre 10 à 15 millions de personnes, sont très lourdement affectés par les conséquences d'une telle politique. Leur action bénéficie de l'appui d'ONG (comme Enda Tiers-Monde), du Centre international pour le commerce et le développement durable (ICTSD), ainsi que d'organisations professionnelles (l'Association des producteurs de coton africains – AProCa – et l'Association cotonnière africaine – ACA –, représentant les entreprises cotonnières). Elle aura un certain retentissement du fait de l'audace dont témoignent les quatre États parmi les plus pauvres du monde en osant contester les pratiques de la première puissance et du premier partenaire économique de l'Afrique : l'Union européenne. Elle souligne les effets pervers de la mondialisation néolibérale en cours. Elle n'aura cependant pas d'effet immédiat sur la politique états-unienne. Puis la remontée des cours du coton tirée par la demande chinoise, le désintérêt des pays en question pour le coton (alors que l'or et le pétrole fournissent des rentes très supérieures à trois des pays concernés) rendent cette revendication caduque.

2. Bataille des normes et commerce « grand régional »

Les normes sont aussi au cœur de relations de pouvoir liées aux échanges commerciaux. Durant les années 2000, l'exportation de bétail de la Corne de l'Afrique vers l'Arabie saoudite – commerce qui porte sur des millions de têtes chaque année et est vital pour l'économie de cette région – est profondément reconfigurée à la suite des dynamiques politiques régionales (émancipation progressive du Somaliland, tensions entre l'Éthiopie et son voisin soudanais) et des crises sanitaires, en l'occurrence un épisode de fièvre de la vallée du Rift déclenchant un embargo en Arabie saoudite. Celui-ci est progressivement levé après 2006 en échange de la mise en place d'un système de quarantaines suivant les normes internationales, permettant de regrouper et de contrôler l'exportation de bétail. Les différents territoires de la Corne (Éthiopie, Djibouti, Somaliland, Puntland, Somalie) se livrent alors une « guerre des quarantaines » pour essayer d'organiser sur leur sol ces lieux de regroupement du bétail et de capter à leur profit les recettes liées à ce flux d'exportation.

DÉFINITION

Souveraineté alimentaire : droit international qui permet aux États de définir et de mettre en œuvre les systèmes agricoles et alimentaires les plus appropriés à leur situation (en termes culturels, sociaux, économiques) – en opposition, donc, aux principes libre-échangistes de l'OMC. Cette notion a été proposée pour la première fois par le mouvement paysan altermondialiste Via Campesina au sommet de la FAO sur l'alimentation de 1996.

3. Solidarités par le bas et conflits

Le commerce régional informel des produits agricoles est très intense dans une bonne partie de l'Afrique. Les velléités de contrôle par les États sont lâches, en dehors des prélèvements occultes opérés par leurs nombreux agents sur les principaux marchés transfrontaliers. Le dynamisme de ces échanges semble sans lien avec le lent processus de construction institutionnelle des intégrations régionales.

Cependant, les échanges informels sont parfois considérés comme une ressource des conflits et ainsi un enjeu de contrôle étatique. Lorsque la secte islamiste Boko Haram [→ CH. 3] étend son emprise au point de contrôler directement un vaste territoire au nord-est du Nigeria, de 2014 à 2016, les gouvernements des pays riverains du lac Tchad (Cameroun, Niger, Nigeria, Tchad) interdisent le commerce des produits agricoles. Or, celui-ci, qui porte sur l'exportation de bétail, de poissons et de divers produits agricoles (haricots et poivrons, notamment) depuis le lac Tchad vers le Bornou puis le sud du Nigeria, est absolument vital pour le fonctionnement économique de toute l'aire régionale. **« Couper les vivres » de Boko Haram accroît ainsi la crise de l'économie régionale.** De même, l'interruption de la circulation de produits agricoles entre le Tchad et la République centrafricaine (RCA) – arachide, oignons, bétail du Tchad –, vendus en RCA, et de là parfois plus au sud vers le Congo, le Gabon et jusqu'en Angola, a des conséquences économiques négatives dans les zones productrices. L'accumulation de bétail dans certaines régions du Tchad, faute de débouchés à l'exportation du fait de la fermeture du marché du Nigeria et de l'Afrique centrale, se traduit par une intensification des conflits entre éleveurs et agriculteurs.

II. Terre et guerre

A. DES TENSIONS INTERNES CROISSANTES

1. L'imbroglio juridique africain

Une des raisons de la montée des tensions foncières en Afrique tient à **l'imbroglio juridique** entourant le statut des terres, qui **devient explosif quand la pression foncière augmente**. Les régimes fonciers africains se caractérisent en effet par une pluralité de normes, coutumières et modernes. Avant la colonisation, les régimes fonciers se caractérisent par l'existence de droits communautaires – les terres étant gérées par les aînés des familles élargies composées des descendants de ceux qui les avaient défrichées les premiers. Les unités de production disposent de droits d'usage mais non de propriété, la terre est inaliénable. Les densités démographiques modérées autorisent des jachères longues pour la reconstitution de la fertilité et parfois la reconnaissance par les régimes fonciers de la multifonctionnalité de l'espace : au cours de l'année, une même portion de sol peut avoir différents ayants droit (par exemple, des agriculteurs, des éleveurs, des pêcheurs), comme dans le delta intérieur du Niger (Mali).

Durant la colonisation, les principes de la propriété privée liés au droit moderne occidental sont introduits dans les villes et certaines zones rurales à peuplement européen, en particulier au Kenya et en Afrique australe. Ailleurs, les terres sont considérées comme faisant partie du domaine public, mais elles sont laissées à leur mode de gestion coutumière antérieur. **Aux indépendances, les États reproduisent de fait cette dualité légale** ; les espaces immatriculés s'étendent progressivement, mais très lentement.

Le lac Tchad ou l'impact des conflits sur les échanges régionaux

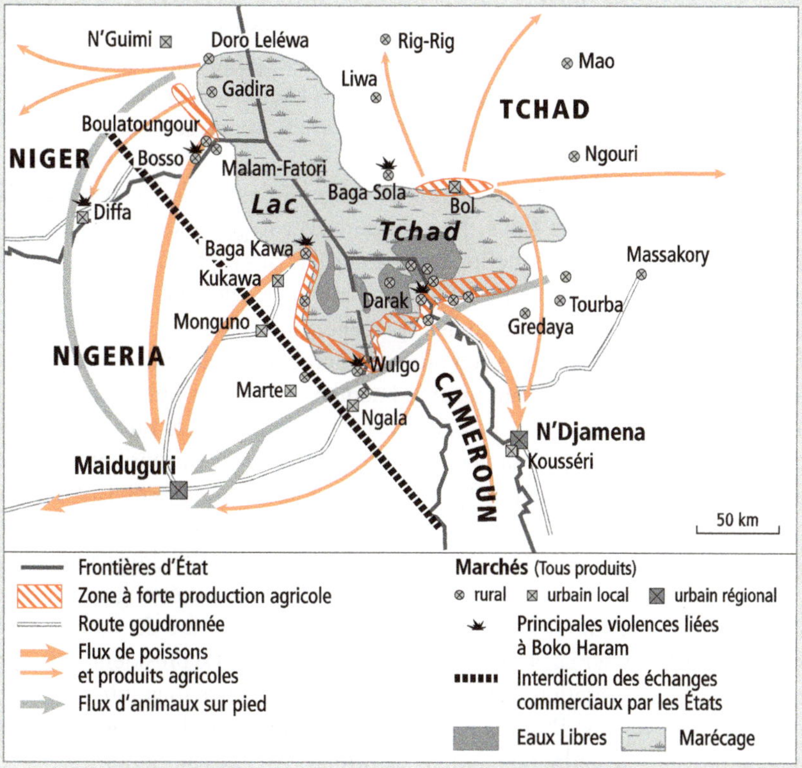

Source : d'après G. Magrin, « Un grand pôle d'échanges du Sahel central »,
in G. Magrin, J. Lemoalle, R. Pourtier (dir.), *Atlas du lac Tchad*, Passages, 2015.

Avec la croissance démographique, le mode de diffusion du peuplement fondé sur le défrichement et la création de nouveaux hameaux par de jeunes adultes sur les franges des terroirs ne fonctionne plus. La durée des jachères diminue. « La terre est finie », selon l'expression burkinabée. Les tensions foncières sont particulièrement intenses dans certaines zones très convoitées comme les fronts d'urbanisation autour des grandes villes ainsi que les terres ayant le meilleur potentiel agricole (sols fertiles et irrigables).

Des conflits en nombre croissant naissent ainsi de la pluralité des normes (coutumières, modernes ou hybrides) et du décalage entre les textes et les pratiques des acteurs. La faiblesse des États se traduit notamment par la tendance fréquente de leurs agents à servir avant tout leurs intérêts propres dans la régulation de la course à la terre. Dès lors, la complexité des situations foncières profite aux plus forts (hommes politiques, commerçants, riches citadins ; familles de chefs coutumiers, *big men**), au détriment du plus grand nombre.

DÉFINITION

Big men **:** terme surtout employé en Afrique anglophone de l'Ouest rurale pour désigner des « patrons », riches agriculteurs ou hommes d'affaires ayant une forte influence politique et économique à l'échelle locale.

2. Des guerres pour la terre ?

Des conflits, parfois très violents, sont associés en Afrique à la lutte pour la terre. Si la raréfaction foncière liée à la croissance de la population en est un facteur explicatif important, il ne faut pas oublier que ce sont d'autres facteurs qui expliquent l'explosion de la violence, comme l'instrumentalisation politique des tensions latentes, la circulation transfrontalière d'hommes armés et la diffusion d'armes à feu modernes. Aucun seuil de pression foncière ne détermine en lui-même des conflits.

Cette relation entre conflits et « faim de terre » n'est nulle part aussi visible que dans la région des Grands Lacs. Elle culmine avec le génocide rwandais de 1994 (plus d'un million de victimes) : la réduction de la superficie des exploitations à des niveaux quasi intenables – la taille moyenne d'une exploitation atteint 1,2 hectare en 1990, pour faire vivre 5,2 personnes – et la tentation d'agrandir sa parcelle ont sans doute compté, avec une histoire de relations interethniques de plus en plus conflictuelle après l'indépendance – dans l'ensemble des facteurs qui ont conduit un grand nombre de paysans hutus à obéir aux consignes de tuer leurs voisins tutsis [→ CH. 2 ET 13]. Au Kivu voisin, en RDC, la pression foncière liée au solde naturel et aux migrations rurales depuis le Rwanda et le Burundi proches est aussi un des facteurs de la déstabilisation de la région depuis la fin des années 1990, qui s'enchâsse dans un conflit régional aux ramifications multiples.

Ici comme ailleurs, les tensions foncières se cristallisent autour des droits afférents à l'autochtonie, qui seraient menacés par des migrants allochtones et parfois étrangers. C'est notamment le cas dans l'ouest et le sud-ouest de la Côte d'Ivoire, région phare du « miracle ivoirien » et théâtre d'un front pionnier cacaoyer depuis les années 1970. Le président Félix Houphouët-Boigny a favorisé l'implantation d'une nombreuse main-d'œuvre migrante originaire du Nord ivoirien et des pays voisins (Burkina Faso, Mali), reconnaissant des droits d'usage à ceux qui cultivent la terre dans le cadre de relations de tutorat* avec les autochtones.

En 1998, dans un contexte de crise économique, l'adoption d'une loi foncière sous l'égide de la Banque mondiale – soucieuse de sécuriser les droits par la « modernisation », entendue comme un processus de mise aux normes synonyme de propriété privée, cadastrage et usage exclusif de l'espace – accroît les tensions rurales. La sécurisation se fonde sur la reconnaissance des droits des premiers occupants. Les autochtones contestent alors les droits fonciers et le poids politique acquis localement par les allochtones (souvent majoritaires dans les villages), adhérant massivement au registre de l'ivoirité instrumentalisé depuis les campagnes jusqu'au sommet de l'État. Les luttes pour la terre sont partie prenante de la lutte pour le pouvoir à tous les niveaux.

3. Afrique australe : les réformes agraires en échec

Les réformes foncières en Afrique australe ont pour enjeu de redistribuer les terres en faveur des petits producteurs noirs. Au Zimbabwe, la redistribution autoritaire des exploitations blanches décidée en 2000 par le président Robert Mugabe ruine le pays, jadis grenier à maïs de l'Afrique australe. L'installation sans accompagnement de militants politiques sans culture agricole est un désastre, exposant depuis le pays à la précarité alimentaire. En Afrique du Sud, une réforme agraire est mise en place au milieu des années 1990 avec pour ambition de **réduire les inégalités abyssales héritées de l'apartheid** sans nuire à l'efficacité de

DÉFINITION

Tutorat : relation sociale ouest-africaine qui consiste pour un individu ou une famille à céder des droits d'usage sur la terre à un migrant, en échange de dons plus ou moins symboliques en argent ou en nature.

l'agriculture nationale. Sous le régime de l'apartheid, la majorité noire est cantonnée sur 13 % des terres du pays, la minorité blanche se voyant réserver 87 % du territoire et les meilleures terres agricoles par des lois votées entre 1913 et 1939. Au lendemain de l'apartheid (1994), un petit nombre de très grandes exploitations ultramodernes détenues par des Blancs, ayant bénéficié d'appuis publics considérables (notamment en matière d'accès à l'eau), s'oppose à un grand nombre d'agriculteurs noirs misérables, avec des écarts de revenu de 1 à 10 000. L'enjeu pour le gouvernement, appuyé par la Banque mondiale, est alors de favoriser une réforme agraire progressive, « assistée par le marché », fondée sur le volontariat. L'objectif est de redistribuer 30 % des terres en dix ans. En 2015, 3 à 4 % seulement des terres ont changé de mains, et rien n'indique que la situation ait significativement changé dans les années suivantes. Quelques entreprises sont transférées sans remettre en cause le modèle d'exploitation fondé sur la très grande propriété. Les lobbies sont suffisamment puissants pour défendre, au sein du nouveau pouvoir, le mythe de la supériorité technique de ces grandes exploitations, dont la rentabilité est pourtant fondée sur l'accès quasi gratuit aux ressources (terres et eau) et la répartition très inégale de la valeur ajoutée entre le capital et le travail (la main-d'œuvre noire). Il en résulte des tensions sociales très fortes et une **grande violence dans les campagnes sud-africaines**, se traduisant par de nombreux assassinats de fermiers blancs.

4. Élevage mobile, territorialisation et insécurité

L'élevage mobile occupe une place particulière dans la montée des tensions foncières. Très importante dans la plupart des régions semi-arides d'Afrique, cette forme d'élevage est rendue très vulnérable par la territorialisation croissante. Celle-ci est d'abord liée à la mise en place des frontières coloniales, compliquant la mobilité pastorale, puis à l'essor d'autres usages (agriculture d'exportation, conservation), sur fond de densification démographique. Les logiques anciennes de multi-usage de l'espace tendent à être remises en cause.

En Afrique de l'Est (Kenya et Tanzanie), les terres agricoles appropriées de manière privée et clôturées ainsi que les aires protégées fragmentent les pâturages des éleveurs massaïs, les contraignant souvent à la sédentarisation ou à la folklorisation en marge des zones touristiques.

Le long de la bande sahélienne, on assiste à une **descente des circuits de transhumance vers le sud** du fait des sécheresses des décennies 1970 et 1980. Les éleveurs et leurs troupeaux s'installent dans des zones soudaniennes qui sont parfois des fronts pionniers agricoles. En cas de conflit, les éleveurs sont le plus souvent en position de faiblesse : le marquage de l'espace par les agriculteurs permet à ceux-ci d'affirmer leurs droits fonciers ; les administrateurs comprennent mieux la logique territoriale de paysans sédentaires, dont ils sont culturellement plus proches.

Les processus de décentralisation, renforcés depuis la décennie 1990, aboutissent à l'élection de conseils locaux où les représentants des agriculteurs sont les plus nombreux. Les conventions locales* soutenues par les bailleurs de fonds internationaux sont souvent élaborées en l'absence des usagers mobiles du territoire (éleveurs, pêcheurs…) et prennent peu en compte leurs besoins. **La territorialisation aboutit, dans bien des cas, à une exclusion des pasteurs.** Des exceptions existent cependant : dans le Nord-Ouest centrafricain, peu peuplé,

DÉFINITION

Conventions locales : accords négociés entre plusieurs parties prenantes autour de l'accès et de l'usage de ressources naturelles. Ils doivent être conformes à la loi nationale. Ils ont été encouragés dans le contexte des décentralisations.

l'État définit des communes d'élevage dans les années 1970, dans lesquelles les éleveurs bénéficient de droits étendus. Au Tchad, dans les années 1990, la nomination, dans le sud du pays, de nombreux administrateurs originaires du Nord (après le changement de régime de 1979 où des originaires du Nord remplacent ceux du Sud aux commandes de l'État) amène les éleveurs à bénéficier de règlements très favorables dans les conflits qui les opposent aux agriculteurs, au point d'occasionner de sérieuses tensions.
Par ailleurs, des formes plus larges d'insécurité apparaissent à la fois comme des causes et des conséquences des crises qui affectent les sociétés pastorales. Au Nord-Cameroun et en RCA, depuis la fin des années 2000, la multiplication des enlèvements d'enfants d'éleveurs par des *zaraguinas* (bandits, voleurs de bétail) en échange de rançons a ruiné maints éleveurs. Dans le nord-ouest et le centre du Nigeria, les vols de bétail par des bandes lourdement armées – causant parfois des centaines de victimes – se sont intensifiées depuis le milieu des années 2010. Cependant, nombre de ces bandits sont eux-mêmes originaires de groupes d'éleveurs. Il s'agirait de jeunes, pauvres, en rupture de ban avec leur société dont ils contesteraient les modes de répartition des richesses et de transmission du capital.
Enfin, même avec des niveaux de pression sur la terre relativement faibles, les conflits fonciers peuvent s'envenimer et alimenter des rivalités à plus grande échelle. La région des Trois frontières (Burkina Faso-Mali-Niger) est, depuis 2018-2019, l'épicentre de la crise sahélienne. L'extension de l'influence des groupes armés djihadistes y a été rendue possible par leur exploitation des oppositions anciennes entre divers groupes d'agriculteurs et les pasteurs majoritairement peuls, sur fond de pression démographique croissante sur les meilleures terres et d'incapacité des États à réguler les conflits locaux. La circulation des armes et la création de milices dans un contexte régional profondément dégradé ont accru le niveau de violence, favorisant des massacres à grande échelle et une cristallisation communautaire des oppositions.

B. L'ESPACE AFRICAIN : NOUVELLE FRONTIÈRE OU *LAND GRABBING* ?

1. Une ruée vers les terres

Dans le contexte des années 2000, caractérisé par la forte demande en matières premières tirée par la croissance chinoise, se diffuse un discours présentant l'Afrique comme une des dernières frontières (ou plutôt *frontier**) de la mondialisation. Ces discours sont tenus par des acteurs – institutions internationales comme la FAO, la Banque mondiale, médias destinés aux investisseurs – favorables à des investissements internationaux garants de marchés pour les entreprises des pays les plus influents au sein de ces institutions.
Le potentiel foncier occupe une place de premier plan dans ce discours : l'Afrique présente certes de faibles densités de population par rapport à l'Asie, mais surtout, une grande part de son potentiel foncier demeurerait inutilisée : d'après la FAO, les superficies considérées comme agricoles couvrent 40 % des 30 millions de km² du continent, pour 20 % de forêts et 40 % de terres incultes. Or, seuls 20 % des espaces agricoles sont occupés par des cultures, le reste étant constitué de pâturages extensifs. L'utilisation de ces terres (et d'une partie des forêts) par l'agriculture semble donc possible. Elle pose cependant des problèmes : d'une part, **la non-utilisation par des cultures permanentes ne signifie pas l'absence de**

DÉFINITION

Frontier : ce terme, que l'on traduira en français par « front pionnier » plutôt que par « frontière », a été utilisé par l'historien américain Frederick Jackson Turner pour désigner les espaces de l'ouest des États-Unis considérés comme vides d'hommes, attendant d'être mis en valeur.

droits, et il n'est pas sûr que les ayants droit (éleveurs, cueilleurs, bûcherons…) acceptent si aisément d'être exclus. D'autre part, à l'échelle fine des territoires, il est très rare que les meilleures terres – irrigables, fertiles, accessibles, proches des littoraux et des principales villes – ne soient pas déjà attribuées et exploitées.

Pour aller plus loin

Base de données des acquisitions foncières à grande échelle Land Matrix
liennathan.fr/u32s7i

Les acquisitions foncières à grande échelle – investissements pour leurs promoteurs, accaparement ou *land grabbing* pour leurs détracteurs – s'inscrivent dans ce contexte. Le phénomène s'observe depuis le début des années 2000. Il s'explique par la hausse des prix des matières premières agricoles et énergétiques, la conscience croissante de la nature limitée des ressources naturelles, la recherche de diversification des portefeuilles d'actifs avant et après la crise de 2008, les politiques de soutien aux agrocarburants. Entre 2000 et 2021, d'après la base de données Land Matrix mise en place par un réseau d'ONG et de chercheurs, 785 contrats ont été conclus en Afrique, représentant 30 millions d'hectares (0,01 % de la superficie totale du continent) – la moitié de cette surface étant concentrée dans dix pays.

Les acquisitions de terres à grande échelle en Afrique (2000-2021)

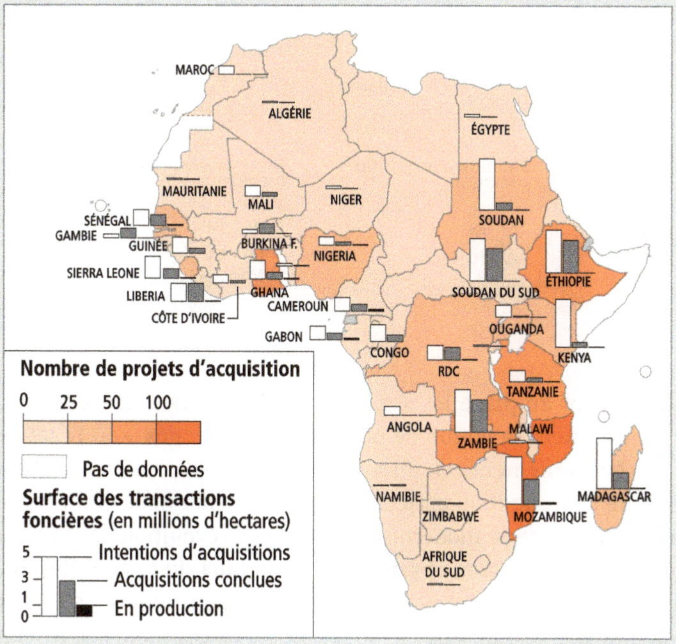

Source : Land Matrix, 2021.

L'origine de ces investissements est variée : les entreprises occidentales dominent, celles du Royaume-Uni en tête. On y trouve aussi nombre d'acteurs de pays émergents – l'Afrique du Sud, le Brésil, la Chine et l'Inde à un degré moindre, mais aussi Singapour et la Malaisie, les pays du Golfe, la Libye jusqu'en 2011.

2. Objectifs et controverses

Les acquisitions foncières à grande échelle répondent à des objectifs variés et soulèvent des controverses. Les entreprises transnationales occidentales, comme les firmes privées des pays émergents, poursuivent des objectifs économiques. Leurs projets marquent l'ancrage de l'Afrique dans la financiarisation de l'agriculture à l'échelle mondiale. Certains investisseurs de pays émergents sont des fonds souverains, qui visent à sécuriser les approvisionnements alimentaires d'États aux ressources agricoles limitées (Libye avant 2011, pays du Golfe).

Principaux acquéreurs de terre (2000-2021)

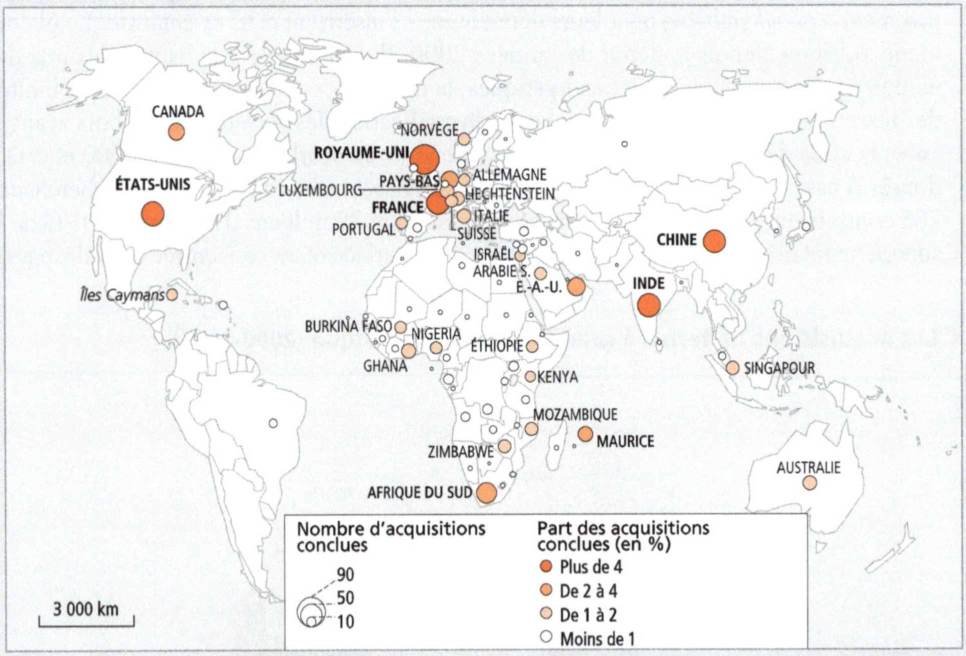

Source : Land Matrix, 2021.

Les États qui mettent en place les stratégies les plus actives d'accueil de ces investissements incarnent le mieux la notion de politiques néolibérales – où l'État se fait promoteur du marché. Les gouvernements en attendent de nouvelles rentes, la création d'emplois et l'augmentation de la production agricole, l'agriculture familiale étant jugée plus ou moins explicitement incapable de se moderniser et de suivre l'évolution des besoins.

Ces projets ont soulevé de **fortes oppositions de la part de la société civile** (ONG nationales relayées par des ONG internationales, organisations de producteurs, chercheurs) car ils concentrent des griefs nombreux : ils sont accusés de contribuer à l'insécurité alimentaire (les productions sont souvent destinées à l'exportation et/ou à la production d'agrocarburants), de concurrencer l'agriculture familiale pour les meilleures terres et pour l'eau, d'exclure les éleveurs, de brader le patrimoine foncier du pays (les contrats sont en général des baux emphytéotiques, signés dans l'opacité) sur des terres dont l'irrigation est rendue possible au moins en partie par des investissements publics, comme dans la zone Office du Niger au Mali. La taille des exploitations et leur tendance à la mécanisation sont contradictoires avec la satisfaction des besoins majeurs en termes d'emploi.

3. Impacts, incertitudes et conflits

Si ces acquisitions foncières à grande échelle ont été abondamment médiatisées, elles demeurent entourées d'une grande opacité. Leurs résultats en termes de production, d'emploi et de rentabilité ne sont pas rendus publics. Selon la base de données Land Matrix, seules 43 % des 914 transactions référencées en Afrique sur la période 2000-2021 sont en opération, ce qui représente 398 projets portant sur 839 000 hectares.

Souvent, les projets soulèvent de fortes oppositions. Dans un pays où la question foncière est d'une très grande sensibilité, comme à Madagascar, la mobilisation contre un projet de production d'agrocarburants de Daewoo Logistics (1,3 million d'hectares pour approvisionner le marché coréen en maïs et en huile de palme) aboutit en 2009 à la destitution du président Marc Ravalomanana. Dans la vallée du fleuve Sénégal, à la fin de l'ère Wade (2000-2012), un projet de production d'agrocarburants porté par une firme italienne, Senethanol, s'accompagne d'émeutes dans la localité de Fanaye. La violence résulte ici davantage de l'imbrication du projet dans d'âpres luttes de pouvoir locales que d'un rejet massif des impacts du projet par la population. Dans d'autres contextes, où les projets sont présentés aux populations par leurs promoteurs comme des ferments de développement, ils sont acceptés sans tension particulière (Zambie, Malawi).

C. LES ÉLITES AFRICAINES, DES INVESTISSEURS DISCRETS À FORT IMPACT

Si l'attention médiatique se concentre sur les projets portés par des acteurs étrangers, les investisseurs nationaux (ou régionaux) occupent une place croissante dans les dynamiques foncières. Fortes de leur capital social et politique, des élites locales (hommes politiques et hauts fonctionnaires, hommes d'affaires...) s'approprient des superficies importantes de terres rurales pour des usages variés : résidentiel de loisir, immobilier (achat de terres agricoles périurbaines pour leur mise en lotissement ultérieure) ou agricole. Les domaines peuvent alors avoir une fonction surtout récréative et de prestige, ou véritablement productive.

Ces acquisitions peuvent susciter également des contestations locales, parfois violentes ; elles sont cependant infiniment moins visibles et médiatisées que lorsqu'il est question d'investisseurs extérieurs.

III. Trajectoires agricoles africaines : anciennes et nouvelles influences

A. LES DÉBATS AGRICOLES : ENTRE IDÉOLOGIES ET INTÉRÊTS CONCURRENTS

1. La guerre du coton

L'extraversion des modèles de développement africain trouve une illustration dans les débats sur l'agriculture. La filière cotonnière en est un bon exemple. Dans les pays de l'Afrique francophone, des filières cotonnières obéissant à un modèle commun, malgré quelques variantes, se mettent en place dans les années 1950-1960. Une entreprise publique nationale, appuyée par la **Compagnie française pour le développement des fibres textiles (CFDT)**, possédée conjointement par l'État français et des industriels hexagonaux du textile, détient alors le monopole d'achat du coton aux paysans, celui de transformation et de commercialisation. En échange, elle achète l'intégralité de la récolte à un prix connu à l'avance et

fournit des intrants à crédit aux producteurs. Au début des années 2000, l'histoire cotonnière est présentée par les gouvernements ou la coopération française comme une *success-story* du développement : la production augmente ; le système permet la diffusion d'innovations techniques, comme la culture attelée, bénéficiant à l'ensemble du système de production, y compris aux cultures vivrières. Il distribue des revenus monétaires réguliers à 2 à 3 millions d'exploitants, faisant vivre 10 à 15 millions de personnes.
À la fin des années 1990, **la Banque mondiale milite pourtant pour la fin d'un système jugé inefficace** – les sociétés étant endettées du fait des baisses des cours – et injuste – les États étant accusés de capter une rente importante au détriment des paysans. Dans le contexte idéologique néolibéral d'alors, ce système est surtout très hétérodoxe car trop étatiste. La France, à travers ses instruments de coopération – ministère de la Coopération, AFD – use de son influence pour le maintenir. Elle y parviendra en partie. Certains États suivent les mots d'ordre de privatisation avec tant de mauvaise grâce que ces consignes n'aboutiront presque à rien (Tchad). Des solutions hybrides sont trouvées, des privatisations partielles des filières cotonnières engagées – qui ne font d'ailleurs pas la preuve de leur supériorité. Après 2008, le désintérêt des gouvernements africains vis-à-vis de la filière cotonnière résultant de la baisse des cours du coton et du boom extractif, ainsi que la perte d'influence française dans la sphère des politiques de développement, mettent un terme au débat. Parfois, le contexte économique favorable permet même la renationalisation des filières privatisées (Bénin) ou la recapitalisation par l'État de l'ancienne compagnie exsangue (Tchad).

2. Monsanto* ou Pierre Rabhi* ?

Les débats sur les modèles agricoles ont été relancés dans le contexte des années 2000, avec les « émeutes de la faim », les « accaparements » fonciers, la redécouverte par les institutions internationales comme la Banque mondiale de l'intérêt de l'agriculture en termes de développement. Ces débats sur les modèles d'agriculture à promouvoir, qui associent gouvernements africains, acteurs extérieurs et organisations de la société civile, reflètent des oppositions idéologiques tout autant que des luttes d'influence et d'intérêts. Pour les institutions internationales, les États qui y sont les plus influents, les grandes entreprises, il s'agit d'ouvrir des marchés ou de permettre de sécuriser des approvisionnements. L'aide agricole accompagne souvent les intérêts du donateur.
Dans un domaine voisin, celui de la pêche, les projets d'aide à la pêche piroguière artisanale menés par le Japon ou l'Union européenne en faveur de pays riches en ressources halieutiques, comme la Mauritanie ou le Sénégal, vont de pair avec des accords de pêche qui accordent des droits d'exploitation à des navires industriels japonais et européens dans les eaux des pays concernés. Ils n'empêchent pas, d'une part, les fréquents conflits de pêche, entre pêche artisanale et pêche industrielle, et d'autre part, des conflits provoqués par des incursions d'artisans pêcheurs artisanaux sénégalais dans les eaux mauritaniennes, plus poissonneuses.
Si tous les observateurs s'accordent sur le besoin d'intensifier l'agriculture et d'augmenter ses rendements, les débats portent sur deux choix principaux : faut-il persévérer pour diffuser la Révolution verte en Afrique, éventuellement avec les OGM, ou tenter d'y réaliser une révolution « doublement verte », c'est-à-dire permettant d'augmenter la production sans affecter le

DÉFINITIONS

Monsanto : firme transnationale états-unienne d'intrants agricoles (pesticides, semences dont OGM, engrais).
Pierre Rabhi (1938-2021) : essayiste et agriculteur, figure intellectuelle du mouvement en faveur de l'agroécologie et de l'agriculture biodynamique.

capital environnemental ? Monsanto ou des formes nouvelles d'agroécologie (éventuellement appuyées sur les savoirs locaux), on comprend bien que les intérêts sous-jacents ne sont pas identiques.

L'autre débat concerne le modèle social à promouvoir : **faut-il persister à appuyer l'agriculture familiale ou convient-il de favoriser l'agrobusiness** par une fiscalité avantageuse et la sécurisation foncière des investissements ?

Le courant en faveur de l'agrobusiness met en avant l'échec des politiques agricoles du passé à transformer les agricultures familiales africaines, leur incapacité à évoluer assez rapidement pour répondre aux défis de la croissance démographique et de la production alimentaire. Il est notamment soutenu par les grandes banques de développement, comme la Banque mondiale – dont la fonction principale est d'ouvrir des marchés de biens et services aux entreprises des États actionnaires –, et séduit les gouvernements africains.

L'agriculture familiale est défendue plutôt par les ONG, par certaines coopérations bilatérales ou par l'Europe. En France et au sein de l'Union européenne, le modèle de l'agriculture familiale est d'autant mieux soutenu – comme vecteur de stabilité sociale et politique – qu'il correspond à ce que fut longtemps le modèle européen, caractérisé par une majorité d'exploitations familiales modernisées de taille moyenne.

Le point central de l'argumentation renvoie à l'utilité sociopolitique de cette forme d'agriculture : elle emploie beaucoup et est le seul secteur – en l'absence d'une industrialisation massive qui ne se profile pas en Afrique – susceptible d'absorber la main-d'œuvre issue de la transition démographique. Remplacer les nombreux petits paysans par de grandes exploitations capitalistes, en l'absence de croissance d'autres secteurs, c'est libérer une masse de jeunes gens sans avenir pour toutes les aventures (migratoires, de délinquance ou de rébellion). Cependant, les politiques publiques efficaces d'appui à l'agriculture familiale restent à inventer.

3. Le retour des barrages

Les barrages constituent un autre enjeu (en partie) agricole à dimension géopolitique parce qu'il s'agit d'investissements lourds (donc dépendants de l'extérieur) et à impact symbolique considérable. La justification des barrages est presque toujours multiple : production d'énergie, sécurisation et augmentation de la production agricole par la diffusion de l'irrigation, parfois navigation. L'importance de ces différentes fonctions varie selon les sites et les époques.

Dans les années 1960-1970, les grands barrages africains sont des enjeux de la guerre froide. Assouan est l'exemple le plus célèbre ; Cahora Bassa, construit par les Portugais sur le Zambèze en pleine guerre d'indépendance, permettant à des banques occidentales de financer indirectement l'Afrique du Sud sous embargo pour cause d'apartheid, en est un autre. Ces ouvrages ont aussi des fonctions géopolitiques nationales (Inga relie les mines du Katanga, un centre politique du Congo) ou régionales : le Ghana fournit à ses voisins de l'électricité produite à Akosombo, illustrant le rêve panafricain de l'ancien président Kwame Nkrumah.

Pendant les années 1980, les barrages sont justifiés au Sahel par le défi alimentaire, à la suite des sécheresses et des famines. L'aménagement de la vallée du fleuve Sénégal fournit des enseignements géopolitiques ambivalents. Pragmatique et sans grand dessein idéologique, l'**Organisation pour la mise en valeur du fleuve Sénégal (OMVS)** est l'une des organisations de bassin qui ont réussi en Afrique. Elle a construit les barrages de Diama (1986) et de Manantali (1988) pour produire de l'hydroélectricité, mais surtout pour permettre d'étendre l'irrigation, en particulier en Mauritanie et au Sénégal. La coopération institutionnelle et technique relativement réussie autour du fleuve n'a pas permis au Sénégal d'atteindre l'autosuffisance en riz. Mais surtout, elle n'a pas empêché les affrontements sénégalo-mauritaniens de 1989, lorsqu'une rixe frontalière a dégénéré en pogroms croisés de grande ampleur contre les étrangers de l'autre pays des deux côtés de la frontière.

Les grands barrages passent de mode dans les années 1990 : leurs impacts environnementaux et sociaux sont dénoncés, de même que leur coût excessif, en plein marasme de l'ajustement structurel. La fin de la guerre froide autorise aussi à se détourner d'investissements lourds : l'aide au développement est moins stratégique.

Au cours des années 2000, les grands barrages reviennent sur le devant de la scène du développement. En 2000, la Banque mondiale soutient, avec l'Union internationale pour la conservation de la nature (UICN), un rapport de la Commission mondiale des barrages qui conclut à l'utilité des grands barrages à condition de gérer au mieux leurs impacts environnementaux et sociaux. On redécouvre l'ampleur des besoins alimentaires. Seule l'agriculture irriguée semble en mesure de répondre à la forte hausse de la demande en contexte de changement climatique. Les barrages satisfont en partie à cette attente, de même qu'au besoin croissant d'électricité et de transition énergétique.

Quelques autres raisons expliquent ce retour des grands barrages. D'une part, des ressources sont disponibles pour les financer : des dettes sont annulées, les États africains peuvent se rendetter, d'autant mieux que la conjoncture macroéconomique leur est favorable. D'autre part, l'émergence de la Chine amène une compétition entre bailleurs. **La Chine accepte de financer plusieurs ouvrages** que la Banque mondiale a refusé de soutenir en raison de leurs impacts comme les barrages de Bui au Ghana et de Méroé au Soudan. La Banque mondiale, pour ne pas être en reste, s'engage dans des grands projets de barrage sur le fleuve Niger, comme à Fomi (Guinée) ou Kandadji (Niger). Malgré les efforts déployés, la gestion des impacts – notamment des déplacements de population – demeure très problématique et est la cause de tensions sociales locales importantes. Le barrage de la Grande Renaissance éthiopienne renouvelle les relations géopolitiques régionales, en rapprochant le Soudan de l'Éthiopie grâce à l'interconnexion de leurs réseaux électriques. Pour le Soudan, l'électricité fournie par l'Éthiopie est d'autant plus importante que l'indépendance du Soudan du Sud – qui détient l'essentiel des gisements pétroliers – a rendu précaires ses équilibres énergétiques et financiers. Ce barrage, dont la construction a commencé en 2013 et la mise en eau a eu lieu en 2021, a pour finalité principale la production d'hydroélectricité. Il provoque des tensions géopolitiques régionales majeures entre l'Éthiopie et l'Égypte, car il remet en cause de manière unilatérale les accords historiques sur la répartition des eaux du Nil. Ces accords de 1929 et de 1959, très favorables à l'Égypte, n'ont jamais été reconnus par l'Éthiopie (ni par le Kenya). L'Égypte perçoit comme existentiel le risque de perdre le contrôle de l'amont du Nil, indispensable à l'agriculture irriguée qui nourrit en grande partie sa population.

B. LA COOPÉRATION SUD-SUD : NOUVEAUX ACTEURS, NOUVEAUX MODÈLES

1. Un modèle sud-africain exportable ?

L'Afrique du Sud influence de différentes manières les dynamiques agricoles subsahariennes : quelques milliers de fermiers blancs parfois incités à vendre leurs terres en Afrique du Sud du fait des politiques (pourtant inabouties) de réforme foncière ont investi dans des pays de l'aire d'influence sud-africaine (800 au Mozambique, 300 en Zambie, plusieurs dizaines en RDC) avec des succès variables. De grandes entreprises agricoles sud-africaines ont également investi, y compris en Afrique de l'Ouest. La base de données Land Matrix recense, en 2021, des investisseurs agricoles sud-africains dans onze pays d'Afrique, surtout en Afrique australe et orientale, jusqu'en République démocratique du Congo. Enfin, des agriculteurs sud-africains vendent leur expertise sous forme d'assistance technique à des entreprises d'agrobusiness en valorisant leur image d'agriculteurs modernes adaptés aux conditions africaines.

2. L'exportation de la dualité de l'agriculture brésilienne

Les présences brésiliennes dans l'agriculture africaine sont à l'image de la dualité de l'agriculture nationale, opposant grande agriculture capitaliste exportatrice et petits paysans pauvres pour lesquels l'agriculture est une activité de survie. Là où des entreprises agro-industrielles brésiliennes investissent dans de grands projets, comme au Mozambique, la coopération publique finance des projets d'appui aux petits producteurs, dont la fonction est aussi d'éviter les tensions locales liées aux grands projets. Depuis le milieu de la décennie 2010, le Brésil, en crise politique, est moins présent sur la scène africaine.

3. Le rôle de l'agriculture africaine pour la Chine

L'agriculture occupe une position singulière dans les formes de présence chinoise en Afrique. Elle pèse peu dans les investissements et le commerce. Pour autant, on y retrouve une grande diversité d'acteurs : de grandes entreprises nationales et provinciales investissant dans l'agrobusiness en Côte d'Ivoire (COFCO dans le cacao) et au Cameroun (Sinochem dans l'hévéa), de petits entrepreneurs privés, en passant par de nombreuses entreprises de services à l'agriculture (infrastructures hydrauliques). L'agriculture occupe cependant une place élevée dans les priorités de la coopération chinoise, telles qu'elles ont été énoncées lors du Forum sur la coopération sino-africaine (FOCAC) de Johannesburg en décembre 2015, puis précisées lors des FOCAC de Pékin (2018) et de Dakar (2021). Des centres de démonstration chinois de taille modeste sont mis en place dans de nombreux pays, avec pour objectif d'appuyer la modernisation des filières rizicoles à partir de la diffusion de semences et de techniques chinoises. Cet appui à l'agriculture vivrière africaine, en rupture avec une longue tradition de soutiens occidentaux focalisés sur les cultures d'exportation (comme le coton), n'est pas sans lien avec les enjeux de sécurité alimentaire chinois. Alors que la Chine est dépendante du marché mondial pour couvrir ses besoins intérieurs, notamment en riz, il s'agit d'éviter des crises alimentaires en Afrique qui auraient pour conséquence une flambée des prix internationaux. La nomination, en 2019, d'un Chinois, Qu Dongyu, à la tête de la FAO, est révélatrice de l'importance accordée à l'enjeu alimentaire autant que de la montée en puissance globale de la Chine.

4. L'agriculture et l'émergence marocaine en Afrique

Sur un registre très différent, le Maroc essaie aussi de se positionner dans ce qu'il perçoit de plus en plus comme son arrière-pays africain. En 2016, le lancement de l'initiative OCP Africa par l'Office chérifien des phosphates, première entreprise du pays et l'une des premières du continent, illustre cette ambition continentale nouvelle. Il s'agit de développer, en partenariat avec les acteurs nationaux et sous des conditions encore à préciser, des formes d'accompagnement à la modernisation de l'agriculture permettant de diffuser les engrais dont l'agriculture africaine a tant besoin pour accroître ses rendements. Autrement dit, de se faire l'agent d'une Révolution verte centrée sur la croissance des rendements (et la consommation d'engrais marocains). Cette offensive de l'OCP s'inscrit dans le contexte de l'affirmation du Maroc comme puissance africaine, concrétisée par son retour au sein de l'Union africaine début 2017 et sa demande d'adhésion à la CEDEAO.

15 LES DÉFIS DU DÉVELOPPEMENT ENTRE INITIATIVES LOCALES ET MONDIALISATION

Au début des années 2000, l'Afrique subsaharienne a renoué avec la croissance. Jusqu'au coup de frein brutal dû à la pandémie de Covid-19, elle a affiché, globalement, des taux de croissance économique annuelle de l'ordre de 5 % par an, de quoi faire envie à l'Europe. Toutefois, il ne faudrait pas passer des excès de l'afro-pessimisme qui dominait les représentations du continent noir dans les années 1980-1990, à un afro-optimisme aveugle aux réalités qui brident son développement. Les structures économiques dominées par l'exportation de produits primaires n'ont pas fondamentalement changé. L'Afrique subsaharienne reste le continent de la pauvreté : en 2019, parmi les trente-trois pays classés par le PNUD dans la catégorie « à développement humain faible », trente se situent dans cette partie du monde (avec l'Afghanistan, Haïti et le Yémen). Ce constat général masque des différences considérables entre des États qui ont pris le train du développement et d'autres qui sont restés à quai. Une approche globale biaise une réalité contrastée. C'est pourquoi il convient de distinguer l'Afrique du Sud, seul pays émergent au sud du Sahara, du reste de l'Afrique subsaharienne, que l'on qualifiera d'« Afrique tropicale ». Le ralentissement de la croissance depuis 2020, plus ou moins sévère selon les pays, et les conséquences à venir de la guerre en Ukraine pourraient remettre en cause certains acquis de deux décennies de progrès en rebattant les cartes géopolitiques.

Notions principales

Anthropocène : notion apparue dans les années 1990, et désormais popularisée, qui désigne un nouvel âge géologique, faisant suite au Quaternaire, caractérisé par l'impact de plus en plus déterminant des activités humaines sur les transformations de la planète, notamment le réchauffement climatique attribué aux émissions de gaz à effet de serre.

Développement durable : traduction approximative de « *sustainable development* », officialisé lors du sommet de la Terre de 1992 à Rio de Janeiro. Il associe à la croissance économique la dimension sociale (équité, ou développement « inclusif ») et la dimension environnementale (exploitation « durable » des ressources naturelles).

Pays émergent : la notion d'émergence économique apparaît dans les années 1980 avant de s'appliquer aux pays dont le revenu par habitant se rapproche de celui des pays développés. Les pays émergents occupent une position intermédiaire entre ces derniers et les pays dits « en voie de développement » pour éviter le qualificatif dépréciatif de « sous-développés ».

Saut technologique : diffusion rapide d'innovations permettant de sauter des étapes du progrès scientifique et technique qui ont rythmé l'histoire du développement dans les pays du Nord. L'Afrique est particulièrement concernée par ces « *leapfrogging* » (sauts de grenouille).

CHRONOLOGIE

1992 : Sommet de la Terre de Rio
2000 : Proclamation des Objectifs du Millénaire pour le développement
2001 : Naissance du NEPAD (Nouveau partenariat pour le développement de l'Afrique)
2008 : Émeutes de la faim
2011 : Intégration de l'Afrique du Sud au groupe des BRIC, devenus BRICS
2015 : Adoption de l'Agenda 2063 par l'Union africaine
2020 : Lancement du projet « 2Africa »
2021 : Entrée en vigueur de la zone de libre-échange continentale africaine (ZLECA)

I. Les mutations sociotechniques : le choc du développement

A. L'INCERTAINE MESURE DU DÉVELOPPEMENT

Tous les indicateurs convergent – produit national brut par habitant, espérance de vie, niveau d'éducation, consommation d'énergie – pour situer l'Afrique subsaharienne, plus spécifiquement l'Afrique tropicale, dans le bas de l'échelle du développement. Depuis quelques années, la Banque mondiale, dans le souci de rompre avec des notions macroéconomiques trop abstraites, évalue le sous-développement à l'aune de la pauvreté. Exercice un peu vain en réalité, car il est aussi difficile de définir la pauvreté que le sous-développement. Ce qui compte, ce sont les dynamiques économiques et sociales qui portent le continent sur la voie du changement, et leurs conséquences géopolitiques.

1. Des indicateurs peu satisfaisants

Comparer selon des critères quantitatifs des situations qualitativement irréductibles les unes aux autres relève de la quadrature du cercle. Obnubilées par le classement, les grandes organisations internationales rivalisent d'ingéniosité dans la recherche d'indicateurs. À ce jeu occidentalo-centré, l'Afrique est perdante. De nombreuses activités de ses populations ne rentrent pas dans les grilles statistiques qui valent pour les sociétés développées mais sont incapables d'évaluer le secteur dit « informel » de l'économie.

ZOOM ▶ Le poids du secteur informel

Le secteur informel regroupe une multitude d'activités n'entrant pas dans le secteur moderne de l'économie, qu'il s'agisse de productions ou de services. Ces activités ont pour caractère commun de n'être ni déclarées (au registre du commerce, par exemple) ni fiscalisées. Elles échappent par suite très largement aux données statistiques et à la comptabilité nationale, ce qui rend l'évaluation de la valeur qu'elles produisent très compliquée. Elles représentent pourtant la quasi-totalité de l'emploi en milieu rural et un secteur d'emploi essentiel pour des populations urbaines, sans lequel l'existence de la majorité des citadins serait impossible. Selon l'Organisation internationale du Travail (OIT), en 2020, l'informel représenterait 86 % de l'emploi total en Afrique (98 % de l'emploi agricole, 72 % de l'emploi non agricole). Parfois qualifié de « non structuré », il répond en ville aux besoins d'une population à faible pouvoir d'achat dans un contexte où les pouvoirs publics ne sont pas en mesure de faire respecter la légalité.

Le micro-commerce en est la forme la plus répandue et la plus visible, car il mobilise un nombre considérable de petits vendeurs, en majorité des femmes ou des enfants déscolarisés, qui parcourent les rues pour vendre des produits fractionnés à l'extrême, comme des cigarettes à l'unité, quelques morceaux de sucre ou de savon, un bouillon Maggi, des sachets d'eau ou des « sucrés ». Une bassine sur la tête tient lieu de boutique. Les gains, minimes, participent de l'économie populaire et permettent aux plus pauvres de survivre.

Demandant un peu plus d'équipement, la restauration de rue, surtout à la mi-journée, est le domaine des « mamans » installées sur les trottoirs avec fourneaux à charbon de bois et marmites. Au Burkina Faso, les « dolotières » sont réputées pour la fabrication artisanale du *dolo* (bière de mil). L'artisanat couvre une large gamme d'activités, du secteur de la construction à la réparation automobile ou au recyclage de métaux (fûts d'essence, marmites, carcasses de voiture) ou d'objets divers pour les touristes. À l'articulation du secteur moderne, le transport occupe un grand nombre de jeunes hommes (transport à bicyclette et de plus en plus à moto, tandis que les cyclos et pousse-pousse sont encore en usage à Madagascar). Dans les villes du Bénin, les milliers de *zémidjans* (taxis-motos) sont devenus indispensables au transport des personnes, tout comme les *boda boda* à Kampala, au prix d'une pollution extrême.

L'informel recouvre aussi des pratiques sociales aux marges de la légalité, de la « débrouille » à la petite délinquance et à toutes sortes de trafics, dont ceux de la drogue, dont l'usage ne cesse de se répandre. L'informel peut ainsi dériver en constitution de gangs participant à l'insécurité, devenue une plaie des grandes villes africaines [→ CH. 10].

a) Revenu national brut (RNB) et seuil de pauvreté

L'approche monétaire consiste à calculer la valeur de la production annuelle de richesse par agrégation de la valeur des différents secteurs d'activité. Exprimé en dollars américains, le RNB – tout comme le produit intérieur brut (PIB) – ne tient pas compte des différences nationales de pouvoir d'achat d'un dollar. C'est pourquoi **la mesure de la richesse est désormais calculée en parité de pouvoir d'achat (PPA)**. Mais dans les pays africains, une part très importante des activités échappe à la comptabilité nationale. Comment évaluer la valeur d'activités de service qui répondent à des besoins sociaux mais n'entrent pas dans le cadre de la fonction publique ou de l'entreprise privée ? Les économistes ont élaboré des modèles destinés à donner une valeur monétaire à la richesse produite par les activités informelles, en fonction de leur utilité sociale notamment, mais l'exercice est difficile et les résultats ne peuvent être que des ordres de grandeur. Ils permettent surtout de comparer les performances d'économies de même structure et de suivre leur évolution dans le temps. Autre limite, **le RNB calculé par habitant présente tous les défauts des moyennes** ; il masque les écarts considérables entre la fraction riche de la population et les pauvres. En outre, la définition d'un « seuil de pauvreté » ne va pas de soi. Pour la Banque mondiale, la barre d'un revenu monétaire de 1 dollar par personne et par jour définit un **seuil de pauvreté absolue** dans les pays du Sud. Le programme des Nations unies pour le développement (PNUD) retient celui de 1,25 dollar (calculé en PPA) par jour. La Banque africaine de développement (BAD) fixe, quant à elle, le seuil de la strate inférieure des classes moyennes (classe moyenne « flottante ») à 2 dollars par jour.

Pour aller plus loin

Le PIB par habitant en Afrique subsaharienne
liennathan.fr/r76w8q

b) Des indicateurs globaux

Confronté aux limites de l'approche monétaire, le PNUD a créé en 1990 un **indicateur composite, l'IDH (indice de développement humain)**, intégrant des données démographiques (espérance de vie), économiques (niveau de revenu en PPA) et sociales (niveau d'éducation). En Afrique, le calcul de l'IDH se heurte à la **difficulté de collecte des données statistiques**, en particulier dans les pays sous-administrés. Il fournit toutefois une image générale des niveaux de développement que le PNUD cherche à affiner en recourant à des indices complémentaires, comme l'IDH ajusté aux inégalités, l'indice d'inégalité de genre ou encore l'indice de pauvreté multidimensionnelle. Dans son rapport annuel 2020, « La prochaine frontière : le développement humain et l'Anthropocène », le PNUD propose de passer de l'IDH à l'IDHP (indicateur de développement humain ajusté aux pressions sur la planète). Ces « pressions » seraient mesurées par les émissions d'oxyde de carbone et la consommation de matières par habitant. À ce compte, l'Afrique subsaharienne serait gagnante puisqu'elle est la **moins émettrice de gaz à effet de serre** et la moins consommatrice de matières, du fait même de son faible niveau de développement. On atteint là les limites d'indicateurs dont la complexité finit par brouiller la compréhension du réel.

En dépit de leurs imperfections, les classements du PNUD ou de la Banque mondiale ne laissent aucun doute sur le fait que **l'Afrique subsaharienne est le dernier grand ensemble mondial de ce qu'on a longtemps qualifié de « sous-développement »**. Les valeurs pour 2019 classent le Niger au dernier rang mondial avec un IDH de 0,394, la meilleure performance en Afrique subsaharienne étant celle du Botswana, au 100e rang mondial, sans compter le cas particulier des îles de l'océan Indien, Maurice et Seychelles, respectivement au 66e et au 67e rang mondial. Quel que soit leur mode de calcul, **les indicateurs ne donnent qu'une image comptable** ne permettant pas d'appréhender des situations anthropologiques qui accordent une grande importance au lien social, à la solidarité, relativisant ainsi une pauvreté indissociable des pratiques sociétales et des valeurs dont chaque culture est porteuse.

Indicateur de développement humain (IDH) en 2019

	IDH		IDH	Rang
Monde	0,737	**Botswana**	0,735	100
OCDE	0,900	**Afrique du Sud**	0,709	114
Amérique latine	0,766	**Ghana**	0,611	138
Asie de l'Est	0,747	**Nigeria**	0,539	161
Asie du Sud	0,741	**Soudan du Sud**	0,433	185
Afrique subsaharienne	0,547	**Niger**	0,394	189

Source : PNUD, Rapport sur le développement humain 2020.

2. Les inégalités de développement

La croissance globale de l'Afrique subsaharienne depuis le début des années 2000, aussi remarquable soit-elle, ne saurait masquer les contrastes entre des États aux résultats très inégaux et, à l'intérieur des États, entre des territoires performants et d'autres qui sont à la traîne. Les mutations que connaissent les économies et les sociétés africaines ne sont pas uniformes, les archaïsmes côtoyant les avancées technologiques. **Les inégalités de développement, social et territorial, constituent un facteur potentiel de conflit** dans les espaces oubliés, relégués, orphelins de la croissance, ou « périphériques ». Les appareils statistiques souvent défaillants rendent difficile la mesure des différentiels de développement à l'intérieur des États. Ceux-ci sont pourtant une source de tensions régionales pouvant dégénérer en rébellions, comme au Soudan (Darfour) ou en République centrafricaine (provinces du Nord). La croissance économique est par ailleurs responsable, dans la plupart des cas, d'un accroissement des inégalités sociales. L'Afrique n'échappe pas à cette dynamique générale : le fossé se creuse entre une petite minorité qui accapare la richesse nationale et une masse de population pauvre, préparant le terreau des révoltes populaires et des instabilités politiques.

B. UN TÉLESCOPAGE TECHNOLOGIQUE SANS PRÉCÉDENT

L'Afrique noire expérimente un grand écart extrême entre des techniques de production archaïques ayant massivement recours à l'énergie humaine, et l'usage de plus en plus répandu du téléphone portable et d'Internet, qui nécessite la disponibilité en énergie électrique, encore trop rare.

1. La transition énergétique

a) Du bois énergie à l'électricité

La consommation énergétique par habitant, celle notamment d'électricité, classe l'Afrique tropicale en bas de tous les tableaux. S'il est vrai qu'en dehors des régions d'altitude, il n'est pas nécessaire de se chauffer, les besoins pour la cuisine croissent au rythme de l'augmentation de la population. Or, **ces besoins sont couverts pour l'essentiel par la biomasse**. Selon l'Agence internationale de l'Énergie (AIE), bois et charbon de bois comptent pour 70 % de la consommation totale d'énergie en Afrique subsaharienne, avec de gros écarts entre l'Afrique du Sud (17 % seulement) et la RDC, le Tchad ou le Burundi, où elle dépasse 90 %. Cette consommation est responsable d'une forte pression sur la ressource ligneuse. Aussi, la protection des arbres et des forêts, et de leur capacité de stockage de dioxyde de carbone milite-t-elle pour une accélération d'une transition énergétique dont les enjeux ne sont pas uniquement locaux mais mondiaux.

Le défi est immense car l'Afrique accuse un énorme retard en matière énergétique, notamment en production d'électricité. Les photos satellites de la Terre durant la nuit sont saisissantes : l'Afrique, hormis ses franges septentrionales et australes, est à peine éclairée. En 2020, **la consommation annuelle d'électricité par habitant n'est que de 500 kW/h en Afrique subsaharienne** (deux fois moins si l'on fait abstraction de l'Afrique du Sud) contre 13 000 en Amérique du Nord, 6 900 en France, en dépit d'un potentiel hydroélectrique et solaire considérable. La production est certes en croissance, grâce notamment à la mise en service de nouveaux barrages – lesquels peuvent être une source de conflit entre utilisateurs quand ils concernent des fleuves internationaux, comme le montre la mise eau du grand barrage de la Renaissance en Éthiopie [→ CH. 4].

Quant à l'énergie solaire, les grands projets se situent principalement en Afrique du Nord (Noor au Maroc, déjà opérationnel, ou Desertec, projet pharaonique qui peine à se concrétiser) ou en Afrique australe. En Afrique tropicale, les **systèmes solaires décentralisés** connaissent un réel succès. C'est la partie du monde où ils enregistrent la plus forte croissance mondiale, car ils pallient la très faible densité des réseaux de transport d'électricité. Ils n'ont certes qu'une faible puissance, mais ils donnent accès à un peu d'éclairage et permettent, ce qui est devenu essentiel, de recharger les téléphones mobiles.

b) Énergie humaine et mobilité

Dans un continent encore essentiellement agricole [→ CH. 14], la houe reste l'outil emblématique des paysanneries, même si, en pays de savane, la culture attelée représente un progrès considérable et la première marche de l'amélioration de la productivité agricole. Le portage féminin est encore très répandu, dans la plupart des pays, en particulier dans les milieux de forêt équatoriale, où la trypanosomiase animale interdit la présence d'animaux de trait et de bât (chevaux, ânes ou bœufs). La pénibilité du travail de la terre, davantage que les pénuries alimentaires, constitue un important facteur d'exode rural. **Les jeunes filles acceptent de moins en moins d'être la « bête de somme »** dans une organisation sociale du travail qui les contraint au portage et à la corvée d'eau [→ CH. 12]. Seule l'accélération du progrès dans le domaine du transport et de l'énergie sera en mesure d'améliorer la condition des femmes et la productivité agricole. C'est une des clés du développement.

La mécanisation et la motorisation, encore peu développées dans l'agriculture – sauf dans les exploitations agro-industrielles d'Afrique australe –, progresse en revanche très vite dans le domaine des transports. L'usage des motos (massivement importées de Chine et d'Inde, car plus abordables que les motos japonaises) se répand rapidement, non seulement dans les villes, mais aussi dans les espaces ruraux. Plusieurs millions de motos sont désormais importées chaque année. **La moto est devenue un auxiliaire non seulement du développement**, en améliorant notamment les relations ville-campagne, **mais aussi de ces guerres dites « asymétriques »**, comme celle du Sahel où elle a, avec les 4×4, remplacé les chevaux et les dromadaires des rezzous d'autrefois.

2. La révolution numérique

a) Un saut technologique d'une rapidité inattendue

L'Afrique est entrée de plain-pied dans l'ère du numérique, quand bien même elle accuse un retard important sur le reste du monde. Le téléphone portable s'est diffusé à une vitesse qui a surpris tous les observateurs, court-circuitant, dans maints pays, le stade du téléphone filaire qui, faute de réseaux couvrant les territoires, ne touchait qu'une fraction restreinte de citadins. En 2020, l'Afrique subsaharienne compte plus de 500 millions d'abonnés uniques, soit un taux de couverture d'environ 40 % de la population. Il s'agit là d'un « ***leapfrogging*** » de première importance, un saut technologique dont la puissance contraste avec le contexte général de retard de développement. La diffusion fulgurante du mobile dessine une Afrique à deux vitesses, de nombreux espaces ruraux enclavés restant à l'écart de la révolution des TIC, faute d'accès à l'électricité.

L'accès à Internet affiche un retard encore plus grand. Cependant, ce retard se réduit année après année, principalement dans les villes. **300 millions d'Africains sont désormais connectés à l'Internet mobile**, tandis que les cybercafés compensent l'insuffisance d'accès individuels. La connexion de l'Afrique à toutes les échelles de la communication, du local au mondial, constitue un bouleversement dont il est difficile de mesurer les conséquences. L'**entrée du mobile dans la vie quotidienne des Africains** appelle à réviser les théories et les modèles de développement, et à repenser les données de la géopolitique des territoires. Il n'est pas anodin que le Kenya ait été un des premiers à expérimenter les transferts d'argent par mobile, une pratique adoptée aujourd'hui dans de nombreux pays africains.

Selon l'Association mondiale des opérateurs de téléphonie mobile (GSMA), la *Mobile Money* compterait 548 millions de comptes en Afrique pour l'année 2020, soit 45 % du total mondial représentant 490 milliards de dollars de transit, en forte croissance corrélée à la diffusion de la pandémie de Covid-19. Cette dernière a convaincu l'Union africaine de se mobiliser pour favoriser le développement de l'économie numérique. Avant même le déclenchement de la pandémie, la Banque mondiale avait lancé, en 2019, l'Initiative pour l'économie numérique en Afrique. Les opérateurs mondiaux voient dans le continent africain un relais de croissance : les grandes manœuvres visant le marché africain du numérique sont lancées.

ZOOM ▶ Un continent de plus en plus connecté au monde

En quelques années, l'Afrique subsaharienne a été connectée au reste du monde soit par satellite, soit par câbles océaniques : SAT 3, entre le Portugal et Le Cap (2003), EASSY desservant les pays de l'océan Indien (2010) et une dizaine d'autres câbles. Dernier en date, le projet « 2Africa » – lancé en 2020 à l'initiative de Facebook en association avec des opérateurs internationaux, parmi lesquels Orange, China Mobil International, Saudi Telecom et le Sud-Africain MTN – a entrepris la pose d'un câble de 37 000 km, le plus long au monde, qui fera le tour du continent. Ce projet devrait être opérationnel en 2024 et, avec sa capacité de 180 térabits[1], améliorer considérablement l'accès à Internet des seize pays qui seront raccordés, à condition que les infrastructures terrestres suivent.

Câbles sous-marins et desserte de l'Afrique

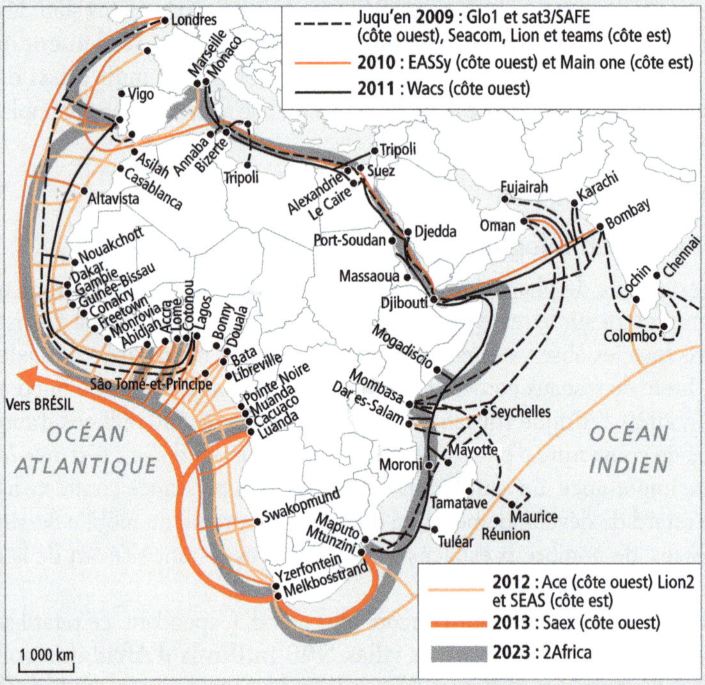

Source : manypossibilities.net, juillet 2021.

b) Un nouveau champ de compétition géopolitique

En matière de téléphonie, les opérateurs internationaux se sont montrés, dans un premier temps, peu intéressés par le continent africain. Jugeant les marchés trop étroits et peu rentables, ils ont laissé le champ libre à des groupes africains, comme la société Telecel, créée au Zaïre à la fin des années 1980. Élargie à l'international en 1993, elle a joué un rôle pionnier, avant d'éclater en plusieurs sociétés, dont l'une achetée par la holding égyptienne Orascom. Le secteur de la téléphonie a connu ces dernières années des restructurations et des achats renforçant le poids des opérateurs d'envergure mondiale, européens (Vodafone, Orange) ou asiatiques. La société Zain, fondée au Koweït, a fait une percée en Afrique en achetant en 2005 le Néerlandais Celtel, lui-même acquéreur du groupe du Soudanais Mo

1. Un térabit vaut 10^{12} bits, le bit étant une unité de mesure de la quantité d'information informatique.

Ibrahim. En 2010, c'est le groupe indien Bharti Airtel qui intervient à son tour en rachetant Zain et ses implantations dans dix-sept pays africains. Seule la société sud-africaine MTN, présente dans seize pays en Afrique et cinq au Moyen-Orient, a réussi à garder son indépendance. Mais la *success-story* d'un groupe né en 1994 en même temps que la nouvelle Afrique du Sud pourrait être menacée par les appétits des puissants groupes internationaux et les stratégies des grandes puissances mondiales.

L'Afrique est en effet devenue, en quelques années, la cible d'une compétition internationale et un des champs de la **guerre du numérique à laquelle se livrent les États-Unis et la Chine**. Le Chinois Huawei, soupçonné d'avoir installé des systèmes d'espionnage lors de la construction du siège de l'Union africaine offert par Pékin, est la cible principale des attaques américaines. Ces soupçons n'ont pas empêché le mastodonte de Shenzhen d'imposer sa technologie dans la majorité des États africains *via* une cinquantaine d'opérateurs, ni de signer en 2021 un accord de coopération avec l'Union africaine des télécommunications (UAT). Un « Forum sur le développement et la coopération d'Internet Chine-Afrique » s'est tenu à Pékin en août 2021, confirmant l'intention de la Chine de renforcer son action en faveur du numérique. Outre le géant Huawei, d'autres entreprises chinoises, parmi lesquelles Transsion et ZTE, sont sur les rangs pour l'équipement de l'Afrique. Les Européens ne sont pas en reste, mais agissent en ordre dispersé : Ericsson a conclu un accord avec l'UAT en 2020, Nokia en 2021. Face à l'agressivité chinoise dans un domaine aussi stratégique que le numérique, les États-Unis lancent une contre-offensive en retrouvant le chemin de l'Afrique après la parenthèse de la présidence de Donald Trump. La nouvelle stratégie B3W, « *Build Back Better World* », est une réponse à la « *Belt and Road Initiative* » chinoise. **Le principal enjeu africain n'est plus le pétrole mais le numérique**, pour lequel Washington peut compter sur la puissance des GAFAM. Le projet « 2Africa », lancé par Facebook, en est un signal.

3. L'impact culturel du développement

Les héritages de la période coloniale tout comme les nouveaux rapports de force internationaux ne sont pas seulement de nature financière et technique, ils sont aussi d'ordre culturel. Après avoir subi la domination coloniale et celle de ses normes, l'Afrique est aujourd'hui submergée par des flux d'information, de fiction, de divertissements véhiculés par les télévisions américaines (CNN, notamment), brésiliennes, européennes (BBC, LCI, France 24, TV5 Monde). Le satellite Arabsat transmet, quant à lui, des programmes des pays du golfe Persique, notamment ceux de la chaîne Al Jazeera, renforçant les liens de l'Afrique musulmane avec le monde arabo-musulman. Les Africains ne sont évidemment pas passifs, ils produisent leurs propres programmes, mais ceux-ci ne dépassent pas les frontières du continent. À l'échelle du brassage médiatique mondial, ils sont davantage récepteurs qu'émetteurs et, par suite, directement touchés par la diffusion médiatique de modèles culturels, si ce n'est religieux ou idéologiques, qui participent des grands enjeux géopolitiques mondiaux.

4. La question cruciale de la formation

L'importance de la formation du capital humain dans les processus de développement n'est plus à démontrer, même si les désaccords restent nombreux quant aux politiques à mettre en œuvre, en premier lieu à l'école. Il est peu de sujets qui soient aussi politiques. **La langue de l'enseignement fait débat** : langue officielle (généralement celle du colonisateur, français, anglais, portugais…) dès le primaire ou seulement en secondaire ou à l'université, ou bien langue nationale quand il y en a une (Madagascar) ou plusieurs (en RDC, le lingala, le kikongo, le swahili et le tshiluba). Le choix de la ou des langues d'enseignement n'est pas sans conséquences. À Madagascar, la malgachisation de l'enseignement primaire et secondaire en

1975 a sacrifié une génération, les élites politiques ayant pris soin, quant à elles, de protéger leurs enfants en les inscrivant dans des établissements privés ou en les envoyant étudier à l'étranger. Au Cameroun, la tension très vive dans les provinces anglophones tient pour partie à des inégalités du système éducatif favorisant les francophones. Plus loin dans le temps, les émeutes de Soweto en 1976, moment important pour l'histoire de la lutte anti-apartheid, avaient été provoquées par le refus des élèves noirs d'appliquer une décision du gouvernement imposant l'afrikaans dans l'enseignement.

Les choix éducatifs sont très complexes. Faut-il privilégier l'enseignement pour tous, garçons et filles, en donnant la priorité à l'alphabétisation ? Faut-il sélectionner les élèves ? Et si oui, sur quelle base et à quel niveau des cycles d'enseignement ? Comment favoriser la formation professionnelle ? Comment orienter les étudiants vers des filières offrant des perspectives d'emploi ? Ces questions ne sont pas propres à l'Afrique, mais **dans le contexte d'un continent où l'école n'a fait une timide apparition qu'avec la colonisation et où elle doit maintenant faire face à l'explosion démographique, les défis sont incommensurables**.

En termes quantitatifs, la scolarisation, à tous les niveaux, connaît une progression spectaculaire depuis les indépendances. Les taux de scolarisation en Afrique subsaharienne avoisinent les 80 % dans le primaire et les 50 % dans le secondaire, mais ils sont trompeurs. Classes surchargées et déperdition scolaire conduisent à un enseignement de médiocre qualité ; la scolarisation est trop souvent inadaptée au contexte socio-économique. Il en résulte qu'un grand nombre de déscolarisés et de diplômés chômeurs (issus de filières déconnectées des besoins du marché de l'emploi) viennent grossir les rangs de **désœuvrés représentant un potentiel de mobilisation politique violente** [→ CH. 12]. L'adéquation formation/emploi constitue un défi majeur pour l'Afrique de demain. À l'échelle des États, l'éducation est un enjeu central du développement. La formation des étudiants dans les universités étrangères est, quant à elle, un enjeu géopolitique mondial, ce qu'a bien compris la Chine, qui multiplie l'octroi de bourses dans la grande compétition pour drainer la matière grise, en mordant sur les positions encore dominantes de l'Occident.

Le hiatus entre formation et emploi a des répercussions mondiales. Les besoins en main-d'œuvre d'une Europe en déclin démographique poussent celle-ci à recruter là où elle est abondante. L'OCDE estime que le marché européen de l'emploi aura besoin de plusieurs millions de travailleurs étrangers dans les années à venir. Des pays sans aucune tradition coloniale, comme les pays Baltes, commencent à regarder vers l'Afrique. Le *brain drain* ne date pas d'aujourd'hui, mais le marché de l'emploi prend une nouvelle dimension. Dans l'optique d'une « immigration choisie », il pourrait priver l'Afrique de jeunes bien formés attirés par de meilleures conditions de vie au Nord, au détriment du développement de leur pays d'origine qui aura investi dans leur formation.

C. L'INSÉCURITÉ, ENTRAVE MAJEURE AU DÉVELOPPEMENT

L'insécurité ou plutôt les insécurités ne font pas bon ménage avec le développement. Insécurité des personnes, insécurité juridique, insécurité alimentaire et sanitaire comptent parmi les principaux obstacles à la croissance économique. La forte sensibilité du tourisme aux risques d'attentats, son effondrement dans les pays les plus menacés illustrent la **vulnérabilité des économies nationales aux insécurités**.

1. Insécurité des personnes

Le ministère de l'Europe et des Affaires étrangères français publie des cartes de « conseils aux voyageurs », régulièrement mises à jour : cette cartographie, par États et par grandes régions à l'intérieur des États, met en relief l'étendue croissante des territoires où règne une forte insécurité, conséquence des conflits politiques et des guerres. L'Afrique se partage en deux moitiés, l'une déconseillée, l'autre n'appelant qu'une « vigilance normale ». Depuis quelques années, la couleur rouge des espaces déconseillés tend à couvrir une part importante de la carte du continent africain. Seule l'Afrique australe est partiellement épargnée par ce coup d'arrêt général des mobilités internationales.

Insécurité des personnes : conseils aux voyageurs

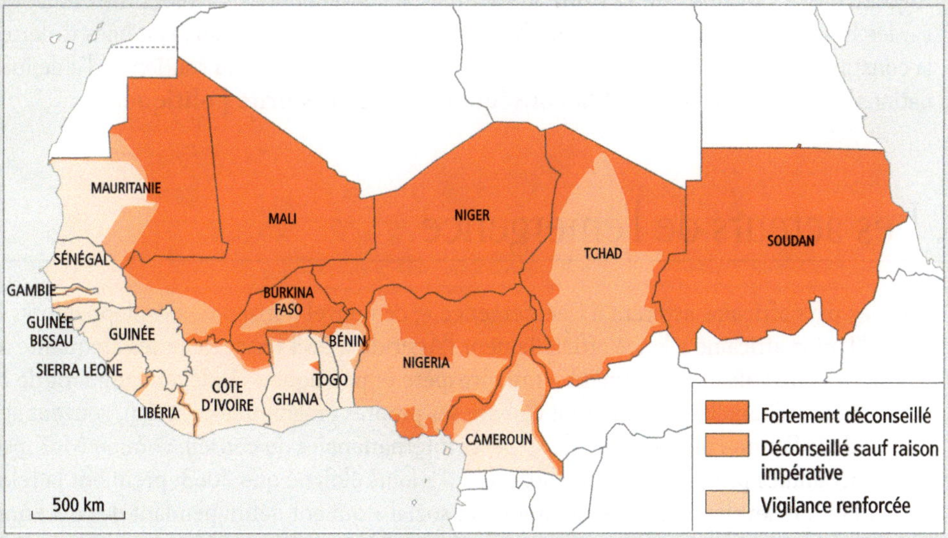

Source : ministère de l'Europe et des Affaires étrangères. Centre de crise et de soutien, 2022.

2. Insécurité juridique

Les économies africaines sont handicapées par une insécurité juridique, d'autant plus forte que les États sont faibles, ou « faillis ». La juxtaposition de pratiques coutumières et de droits importés laisse une marge d'interprétation et de négociation propice à la corruption. Afin de garantir une sécurité juridique et judiciaire pour les investisseurs et les entreprises, l'**Organisation pour l'harmonisation en Afrique du droit des affaires (OHADA)**, créée en 1993, regroupe les quinze États de la zone franc auxquels se sont joints deux États francophones, la RDC et la Guinée. Les États anglophones, dont les systèmes juridiques relèvent de la *common law* d'origine britannique, n'adhèrent pas à l'OHADA, mais différents accords, au sein notamment de la CEDEAO, qui regroupe tous les États d'Afrique occidentale, facilitent les opérations commerciales en cherchant à harmoniser les règles de transit frontalier. Les pratiques ne correspondent cependant pas toujours au droit. Dans de nombreux pays africains, des « péages » illicites au profit des « corps habillés » (police, gendarmerie, douane…) entravent la fluidité du transport et en obèrent les coûts. S'y ajoutent parfois les exactions des « coupeurs de route » sévissant dans les périphéries où la force publique ne contrôle plus le territoire. Là encore, deux Afriques se distinguent eu égard à la qualité de la gouvernance, qui est une des conditions d'un fonctionnement régulé de la société, et par suite du développement.

3. Insécurité alimentaire, guerres et famines

L'insécurité la plus grave est liée aux conflits armés. Ils sont la cause de destructions de lieux habités, de pillages, d'abandons des terres de culture par des populations fuyant les zones de combat. Des risques récurrents de crise alimentaire, voire de famine, menacent les pays du Sahel, du Mali à la Somalie, affectés, à des degrés divers, par des conflits armés et des déplacements massifs de population : rébellions et mouvements djihadistes (Mali, Burkina Faso, mais aussi Kenya, Mozambique), Boko Haram (Nigeria, Niger, Cameroun, Tchad), guerres civiles (Soudan du Sud, Somalie et, en 2020, Éthiopie) [→ CH. 8].

Aujourd'hui, les **drames de la faim** ne sont plus la conséquence de l'insécurité climatique, car les États sont mieux équipés pour faire face aux pénuries, grâce aux systèmes d'alerte, à la constitution de stocks, à l'amélioration des routes de desserte et au soutien de l'aide internationale et des ONG. **Ils sont la conséquence de l'insécurité politique.**

II. Les acteurs de l'émergence

Tous les pays africains aspirent à l'« émergence », ce nouvel horizon du développement. En 2015, l'Union africaine a lancé officiellement l'**Agenda 2063** fixant, pour les cinquante ans à venir, les objectifs d'un continent « uni, prospère et pacifique ». Indépendamment de ces déclarations solennelles, chaque État élabore ses propres programmes d'action, souvent avec l'appui de la Banque mondiale ou de sociétés internationales de conseil, comme McKinsey. Ces programmes prospectifs, dont l'horizon est moins éloigné que 2063, prennent la relève des « plans de développement économique et social » qui ont défini pendant des décennies les objectifs de développement national après les indépendances. La mise en œuvre des différents plans d'action implique de nombreux acteurs, nationaux et internationaux.

Pour aller plus loin

« L'Afrique que nous voulons », Agenda 2063
liennathan.fr/4yux72

A. ÉTATS ET ENTREPRENEURS AFRICAINS

1. L'État entrepreneur

Sous des formes diverses modulées selon les héritages coloniaux, les États ont joué, au lendemain des indépendances, un rôle moteur dans les économies. Il fallait suppléer à l'absence d'une classe d'entrepreneurs et à la faiblesse du capital privé. Des sociétés publiques ont été créées dans tous les secteurs de l'économie : projets agricoles, commercialisation, industries… Les formes d'intervention de l'État entrepreneur ont varié en fonction des régimes politiques, d'obédience libérale ou marxiste. À de rares exceptions près, **le secteur pétrolier et minier a été épargné par les nationalisations**, les États se contentant de prises de participation au capital des sociétés, des apports de la fiscalité ou de modalités diverses de redevances constituant les *royalties*.

L'exportation de matières premières agricoles, forestières, minières et pétrolières a constitué la base de l'accumulation initiale de capital par les États. Mais seule l'Afrique du Sud a eu la capacité de valoriser cette rente primaire en investissant dans des secteurs diversifiés d'activité. Dans la plupart des États, l'industrie n'a connu qu'un faible développement ou n'a connu de succès que dans certains créneaux d'**import-substitution**, comme celui des boissons ; les nombreuses brasseries implantées sur le continent sont toutefois restées dans le giron des groupes occidentaux (Guinness, Castel, Heineken).

Des raisons idéologiques ont convaincu certains États de créer une industrie de base, un temps considérée comme gage de véritable indépendance suivant le modèle soviétique. C'est ainsi que le Zaïre (nom donné au Congo-Kinshasa par Mobutu en 1971) s'était doté d'une usine sidérurgique à Maluku, en amont de la capitale, nonobstant l'absence de minerai de fer sur le territoire national. L'échec était prévisible. De multiples exemples de gabegie, des « cathédrales dans le désert », jalonnent l'histoire d'une industrialisation ratée, illustrant l'incapacité des entreprises publiques à maîtriser des technologies qui présupposent la formation des hommes et à mettre en œuvre une gestion rigoureuse. **L'État entrepreneur correspond à une phase historique aujourd'hui révolue.** Les joint-ventures, les partenariats public-privé (PPP), offrent de nouvelles opportunités à l'entrepreneuriat, tandis qu'émerge une classe d'entrepreneurs africains.

2. Une classe d'entrepreneurs en formation

Un demi-siècle après les indépendances, la scène du développement s'ouvre à de nouveaux acteurs, parmi lesquels des entrepreneurs autochtones rompus aux méthodes du management. En témoigne l'émergence de milliardaires africains qui ne doivent pas leur fortune à la captation d'argent public, mais à leur activité d'industriels ou de gestionnaires. En 2020, le magazine américain *Forbes* dénombre dix-huit milliardaires (en dollars) africains. C'est peu par rapport aux plus de 2 000 recensés dans le monde, mais c'est le signe d'une transformation amorcée, celle de l'**entrée de l'Afrique, avec ses propres acteurs, dans le capitalisme mondial**. Sans surprise, quinze d'entre eux sont originaires des principales puissances économiques africaines : Afrique du Sud (5), Égypte (5), Nigeria (3), Maroc (2). La fortune de l'homme le plus riche d'Afrique, Aliko Dangote, un Haoussa du nord Nigeria, est estimée, en 2020, à plus de 12 milliards de dollars (cimenteries, agroalimentaire, pétrochimie…).

Un cas original est celui du milliardaire soudanais Mo Ibrahim, qui a fait fortune dans les télécommunications. Depuis 2007, sa fondation décerne le prix Ibrahim à des dirigeants africains s'étant distingués par leur action en faveur du développement et de la bonne gouvernance. La fondation publie l'**indice Ibrahim de la gouvernance africaine (IIAG)**, croisant des données sociales (éducation, santé) et politiques (droits de l'homme, corruption) : regard africain en contrepoint des classements occidentaux tels que ceux de *Doing Business* (de la Banque mondiale) ou de *Transparency international* (d'origine allemande).

Parallèlement au dynamisme de l'entreprenariat africain, le marché des capitaux s'organise. Cependant, à l'exception de Johannesburg, de niveau mondial, les places boursières d'Afrique subsaharienne n'ont que des activités modestes et dispersées en dépit des efforts de coordination de l'Association des Bourses africaines. Elles restent tributaires des faibles capacités d'une épargne difficile à drainer, à la différence, par exemple, de l'Asie du Sud-Est ou de l'Amérique du Sud. Elles sont très exposées aux risques politiques : la Bourse régionale des valeurs mobilières (BRVM) d'Abidjan, regroupant les huit États de l'UEMOA (Union économique et monétaire ouest-africaine), a souffert du climat d'insécurité qui a ralenti les affaires au cours de la première décennie du XXIe siècle.

3. De nouvelles formes de coopération régionale

L'éclatement du continent africain entre une cinquantaine d'États est généralement considéré comme un handicap et un frein à son développement. Ce n'est pas si sûr quand on observe que la superficie moyenne des États africains continentaux est nettement supérieure à celle de l'Europe. Quoi qu'il en soit, depuis les indépendances, diverses formules de coopération dépassant les héritages coloniaux ont été expérimentées pour favoriser le développement. Le NEPAD (Nouveau partenariat pour le développement de l'Afrique) en est une. Mais tandis que cette initiative ne concernait qu'un petit nombre d'États (Afrique du Sud, Algérie, Nigeria, Sénégal), l'Union africaine a récemment impulsé la mise en place de l'équivalent d'un marché commun africain, la zone de libre-échange continentale africaine (ZLECA), en principe opérationnelle depuis le 1er janvier 2021. Il faudra toutefois attendre un certain nombre d'années pour juger de son effectivité [→ CH. 16].

B. LES ACTEURS INTERNATIONAUX

1. Multinationales, joint-ventures, échanges *win-win*

Les entreprises étrangères à l'Afrique occupent toujours des positions dominantes dans les secteurs des hydrocarbures et des mines, de l'agro-industrie, de la logistique portuaire et aéroportuaire, etc. Mais l'asymétrie initialement liée à l'impérialisme européen s'est considérablement complexifiée avec la multiplication des acteurs, ouvrant des marges de manœuvre de plus en plus larges aux Africains. **Les positions économiques des anciennes puissances coloniales se sont effritées**, notamment celles de la France, toujours présente, certes, avec quelques grands groupes comme Total, Orano (anciennement Areva), Eramet ou Orange, mais confrontée à une vigoureuse concurrence asiatique. La CFAO (Compagnie française de l'Afrique occidentale), fondée en 1887 et symbole du commerce colonial français en Afrique, est ainsi passée sous la coupe de Toyota en 2012. Si les grandes sociétés des puissances occidentales, associées ou concurrentes, contrôlent les secteurs stratégiques de l'énergie et des mines, les investissements dans de nouvelles entreprises s'inscrivent de plus en plus dans le cadre de joint-ventures associant des partenaires africains, publics ou privés. **L'Afrique n'est plus, depuis longtemps, une « chasse gardée » des anciennes puissances coloniales** ou un « pré carré », comme on l'a dit des anciennes colonies françaises qui furent au cœur de la Françafrique (Côte d'Ivoire, Gabon, Sénégal, Tchad). Les États-Unis ont investi de longue date dans les secteurs miniers et pétroliers, aujourd'hui dans l'économie numérique avec toute la puissance des GAFAM, confortant leur présence dans ce nouveau secteur stratégique. Les pays asiatiques occupent des positions de plus en plus fortes. L'arrivée tonitruante de la Chine au tournant du millénaire a introduit de nouvelles pratiques : les contrats chinois, du type attribution de permis miniers en échange d'infrastructures (routes, voies ferrées, hôpitaux…), représentent une forme modernisée du troc. Récusant toute forme d'ingérence vis-à-vis des régimes politiques de certains États qui conduisent les Occidentaux à imposer des « conditionnalités » (pour non-respect des principes démocratiques ou des droits de l'homme) ou à boycotter des pays « voyous », comme le Soudan pour les États-Unis, les Chinois proposent des relations qualifiées de *win-win* (gagnant-gagnant). Les nouveaux acteurs économiques bouleversent ainsi les conditions de la diplomatie économique et des rapports de l'Afrique au monde [→ CH. 17].

2. Les investissements directs étrangers (IDE)

Selon la Conférence des Nations unies sur le commerce et le développement (CNUCED), les IDE en direction de l'Afrique subsaharienne ont connu une forte croissance durant la première décennie du XXIe siècle, passant de 2 milliards de dollars en 1990 à 35 milliards en 2010. Cette forte croissance, traduisant la confiance des investisseurs dans l'avenir de l'Afrique, a cependant subi une baisse significative, conséquence du ralentissement de l'économie mondiale après la crise financière de 2008. L'Afrique subsaharienne a retrouvé le niveau de 35 milliards de dollars en 2018, avant de subir une forte baisse consécutive aux désordres économiques provoqués par la pandémie de Covid-19 : le montant des IDE n'était plus que de 30 milliards de dollars en 2020. Ces fluctuations soulignent la **forte dépendance de l'Afrique en général, de l'Afrique subsaharienne en particulier, à la conjoncture économique mondiale** dont les IDE sont un des meilleurs baromètres. Les investissements étrangers, très inégalement répartis entre les pays, vont préférentiellement vers les secteurs du pétrole, des mines et des télécommunications, au détriment des secteurs agricoles et manufacturiers. Les gagnants de cette course aux capitaux et aux technologies étrangères se trouvent parmi les pays pétroliers ou à économie avancée : l'Angola, l'Afrique du Sud et le Nigeria viennent en tête.

En dépit d'incontestables progrès, l'Afrique continue à être globalement perçue comme un espace d'insécurité et de corruption, ce qui transparaît dans les cotations des organismes chargés d'évaluer le « risque pays » pour les investisseurs. Sur une échelle allant de A (pour les pays les plus attractifs) à D, la Compagnie française d'assurance pour le commerce extérieur (COFACE) ne retient que six pays d'Afrique subsaharienne en A : le Botswana, l'Afrique du Sud, la Namibie, le Kenya, le Rwanda et Maurice. La plupart des notes des autres pays vont de C à D.

3. L'aide publique au développement (APD)

L'APD s'est mise en place progressivement à partir de la Seconde Guerre mondiale. Pour les puissances coloniales, il s'agissait d'accélérer le développement économique et social des colonies, de combattre la pauvreté afin d'éviter que les pays pour partie encore colonisés, et qui constitueront la nébuleuse qu'on appellera « tiers-monde » à partir de 1952, ne basculent dans le bloc communiste.

Pour ce qui concerne la France, le général de Gaulle crée, en 1941, la Caisse centrale de la France libre avec un rôle essentiellement monétaire. Devenue **Caisse centrale de coopération économique** (CCCE) en 1958, elle participe ensuite à l'équipement des États africains nouvellement indépendants. Son adaptation aux évolutions du monde et aux relations Nord-Sud s'est accompagnée de changements de dénomination : Caisse française de développement en 1989, puis **Agence française de développement** (AFD) en 2009. L'AFD, sous la tutelle du ministère de l'Économie et des Finances, est l'opérateur de l'APD, l'organe de financement public de projets de développement et de l'octroi des aides, sous forme de prêts et de dons. Bien que son périmètre d'intervention se soit élargi au-delà du champ géographique hérité de la colonisation, l'Afrique subsaharienne se taille la part du lion des dons, ou des engagements financiers de sa filiale Proparco, dédiée au secteur privé. Côté britannique, le *Department for International Development* (DFID) a rempli une fonction comparable, dévolue depuis le 2 septembre 2020 au *Foreign, Commonwealth & Development Office* (FCDO).

Parmi les puissances sans héritage colonial impliquées dans l'aide, **les États-Unis occupent une position de premier plan** avec *USAID*, très réactive dans la livraison d'aide alimentaire en faveur des pays exposés à la famine ou à la malnutrition. La fourniture de maïs et de blé est en même temps l'occasion d'écouler les stocks des fermiers du Middle West. La participation de l'Allemagne n'a cessé de se renforcer : l'Agence allemande de coopération internationale (GIZ, *Gesellschaft für Internationale Zusammenarbeit*), qui s'est substituée à la GTZ (*Gesellschaft für Technische Zusammenarbeit*) en 2011, est très active en Afrique subsaharienne.

Le **Comité d'aide au développement** (CAD), créé en 1961 au sein de l'OCDE, a pour mission de promouvoir des politiques de coopération en faveur du développement des pays pauvres. Les trente membres de ce forum (dont vingt-trois pays européens) sont les principaux donateurs d'APD. En 2020, celle-ci s'est élevée à 161 milliards de dollars, les États-Unis étant le principal donateur (35 milliards), devant la Grande-Bretagne, l'Allemagne, le Japon et la France (qui a versé 14 milliards de dollars). Le montant de l'aide apportée par l'ensemble des pays de l'Union européenne en 2020 a atteint 67 milliards de dollars, en forte hausse pour répondre aux conséquences de la pandémie de Covid-19.

Depuis 2000, l'aide s'articule avec les **Objectifs du Millénaire pour le développement (OMD)**, proclamés par l'ONU en vue de diminuer la pauvreté de moitié entre le début du millénaire et 2015. Les **Objectifs du développement durable (ODD)** ont pris la relève en 2015 dans l'intention d'éradiquer la pauvreté, de protéger la planète et de garantir la prospérité pour tous à l'horizon 2030. L'Afrique, principale bénéficiaire de l'aide multilatérale, est loin d'avoir atteint tous ses objectifs en matière d'alimentation, d'éducation, de santé, d'égalité des genres..., mais certains pays « modèles » s'en rapprochent, comme le Ghana.

L'efficacité de l'APD est mise en cause par certains économistes dont la pensée se résume ainsi : « *trade not aid* ». Il est vrai que l'aide va parfois à l'encontre des dynamiques locales de développement, sans compter que les détournements de fonds alimentent une économie parallèle dont bénéficient bureaucrates et commerçants au détriment des plus pauvres. Elle est en outre loin d'être désintéressée mais recouvre les rivalités entre puissances donatrices qui l'utilisent pour favoriser leurs propres intérêts (« aide liée », par exemple) et gagner des parts de marché. Elle participe ainsi d'une compétition mondiale incluant les nouveaux acteurs : **la Chine est devenue un grand pays « donateur »**. Étrangère au système du CAD, elle pratique une politique de cadeaux (équipements sanitaires, culturels...), facilitant ainsi sa pénétration commerciale. Un des dons les plus symptomatiques a été la construction du nouveau siège de l'Union africaine à Addis-Abeba, inauguré en 2012. L'aide participe ainsi de la compétition économique mondiale et du jeu des puissances.

4. Les ONG internationales et l'humanitaire

Pauvreté, épidémies, conflits ont fait de l'Afrique subsaharienne le terrain privilégié de l'action humanitaire, au point que les grandes ONG internationales sont devenues des acteurs et des interlocuteurs des pouvoirs politiques de première importance : depuis des décennies, elles tentent de suppléer aux carences des États.

L'**aide d'urgence** est la raison d'être initiale des ONG humanitaires. La création de **Médecins Sans Frontières** lors de la guerre du Biafra a représenté un moment important pour l'intervention de l'humanitaire en Afrique. Toutes les grandes ONG internationales se retrouvent « au chevet de l'Afrique », selon l'expression consacrée : Oxfam, Care, Save the Children, Handicap International, CCFD-Terre solidaire (Comité catholique contre la faim et pour le développement), Médecins du Monde... Leurs interventions s'ajoutent à celles des différents organismes des Nations unies : l'Agence des Nations unies pour les réfugiés (HCR), le Programme alimentaire mondial (PAM), l'UNICEF... L'humanitaire est devenu un véritable *charity-business* souvent critiqué, car les coûts d'intervention entraînent une surenchère victimaire et un investissement médiatique disproportionné pour la collecte de fonds.

Au-delà des interventions pour lesquelles les urgentistes ont acquis une incontestable maîtrise logistique, **beaucoup d'ONG s'impliquent dans le développement**, de façon très explicite dans le cas du CCFD-Terre solidaire. Elles interviennent dans de multiples secteurs socio-économiques « par le bas » (*bottom up*) – eau, santé, agriculture, statut des femmes... – en complément des actions « par le haut » (*top down*) des pouvoirs publics ou des grandes instances onusiennes, en s'appuyant sur le relais d'ONG locales. Les Églises chrétiennes et, depuis quelques années, certaines organisations musulmanes sont très impliquées dans les actions de développement. Au total, l'Afrique subsaharienne bénéficie d'une kyrielle de projets de développement, des opérations à l'échelle régionale jusqu'aux microprojets, mais ces derniers sont conduits en ordre dispersé, malgré quelques tentatives de coordination, ce qui en limite l'efficacité.

C. UNE AFRIQUE À PLUSIEURS VITESSES

Les dynamiques de changement ne s'exercent pas uniformément sur l'ensemble du continent. Des États progressent, d'autres stagnent, voire reculent. Le reclassement permanent des territoires porte la marque des guerres, qui sont la plaie de l'Afrique et la première entrave à son développement.

1. Des puissances émergentes : Nigeria, Afrique du Sud

Deux pays sortent du lot en raison de leur poids démo-économique, l'Afrique du Sud et le Nigeria. Ils se disputent le leadership de l'Afrique subsaharienne.

a) Le Nigeria

Premier pays africain par sa population (environ 200 millions d'habitants), le Nigeria exerce une forte polarisation économique en Afrique de l'Ouest. Des marchés actifs se sont développés sur ses périphéries, qui sont toutes frontalières de pays de la zone franc : le différentiel entre le naira et le franc CFA stimule les échanges transfrontaliers, l'exemple du Bénin, « État entrepôt », étant très démonstratif des modalités et de l'ampleur de ces échanges tant licites qu'illicites. Outre les produits pétroliers qui font l'objet d'une intense contrebande, le Nigeria approvisionne les marchés régionaux en produits industriels de consommation courante : ustensiles en matière plastique, cosmétiques ou médicaments (lesquels sont souvent des contrefaçons). L'industrie enregistre d'indéniables progrès, même si elle ne s'est pas autant diversifiée que les autorités nigérianes l'envisageaient dans les années 1970 : le montage d'automobiles Peugeot à Kaduna a périclité, n'ayant pu résister à la concurrence japonaise. Aussi **le Nigeria n'est-il encore qu'une grande puissance potentielle**, les atouts d'une population nombreuse et industrieuse restant insuffisamment valorisés dans une économie dominée par la rente pétrolière. Son attractivité est en outre affaiblie par l'image d'un pays violent : affrontements récurrents entre musulmans et chrétiens dans le centre et le nord du pays, insécurité chronique entretenue par les rébellions des minorités et le banditisme dans les régions productrices de pétrole et, depuis 2010, exactions de Boko Haram [→ CH. 3].

b) L'Afrique du Sud

Elle est le seul parmi les États africains à disposer d'une économie diversifiée couvrant une très large gamme de secteurs productifs, de l'agriculture à la production minière et industrielle, en passant par les services les plus divers. Ses produits de consommation courante (conserverie, quincaillerie, produits chimiques et pharmaceutiques…) sont distribués dans toute l'Afrique australe et gagnent des marchés en Afrique centrale. Ses activités productives s'appuient sur un réseau de communication unique en Afrique, sur des pôles de recherche performants (universités, laboratoires d'entreprises), sur une main-d'œuvre immigrée bon marché issue des pays voisins (Lesotho, Malawi, Mozambique) et jusqu'à la RDC. L'Afrique du Sud a brillamment réussi l'organisation de la Coupe du monde de football en 2010, montrant, à l'occasion d'un événement de portée internationale, ses capacités à mobiliser ses multiples compétences. Sa position de pays émergent et de **première puissance écono-**

mique du continent lui a valu son ticket d'entrée dans le G20, après avoir rejoint le groupe des BRIC en 2010, ajoutant le « S » de « *South Africa* » à l'acronyme devenu BRICS. Depuis la fin du pouvoir blanc et de l'apartheid, l'Afrique du Sud vit sur l'**alliance du pouvoir politique exercé par les Noirs et du pouvoir économique détenu par les Blancs**. Ce partage, sur lequel se fonde la puissance sud-africaine, n'est pas à l'abri d'une remise en question par la majorité noire déshéritée.

2. Des pays en difficulté

L'Afrique en panne se confond de plus en plus avec l'Afrique en guerre. Aucun pays ne peut être considéré à l'abri de conflagrations violentes, comme l'a expérimenté la Côte d'Ivoire, dont le « miracle » s'est transformé en désastre au cours de la première décennie du XXIe siècle. Le Liberia et la Sierra Leone l'avaient précédée, sombrant dans les horreurs de la guerre civile au cours des années 1990. Depuis la fin de la confrontation armée en 2011, la confiance est progressivement revenue ; les investisseurs sont de retour à Abidjan et la croissance est repartie en force après les années gâchées.

En Afrique centrale, dans un environnement géopolitique particulièrement complexe où la RDC, « homme malade », a été fragilisée par sa contiguïté avec la région explosive des Grands Lacs, les populations civiles continuent à payer le prix fort des violences politiques. La République centrafricaine a subi, à son tour, les affres de la guerre civile. Depuis 2015, celle-ci afflige le Soudan du Sud. Quant au Sahel, il est à craindre qu'une insécurité durable paralyse pour longtemps le développement d'une des régions les plus vulnérables du continent [→ CH. 8]. Partout où elle passe, **la guerre réduit à néant des décennies de lutte contre la pauvreté**.

III. Environnement et développement durable au tournant de l'Anthropocène

A. MILIEUX NATURELS ET POTENTIELS DE DÉVELOPPEMENT

Les conditions économiques, sociales et politiques du développement ne sont jamais hors sol. Les contraintes et les potentialités environnementales, sans être déterminantes, exercent une influence plus ou moins forte sur les sociétés et leurs capacités d'adaptation. Le poids des milieux est encore très lourd dans un continent où **la population agricole et pastorale, encore fortement majoritaire, est soumise aux lois de la nature**. Schématiquement, l'Afrique noire se partage en trois grands types de milieux : l'Afrique tropicale sèche, l'Afrique tropicale humide et l'Afrique tempérée. Chacune présente des aptitudes spécifiques qui contribuent à orienter les opérations de développement.

1. L'Afrique tropicale sèche

Elle comprend les espaces proches des tropiques, au climat alternant saison sèche et saison des pluies. En Afrique de l'Ouest, un dispositif zonal marque la transition entre le Sahel (un minimum de 400 mm de pluie autorisant des cultures sans irrigation, mais présentant des risques élevés de disette ou de famine en année de déficit pluviométrique) et la zone soudanienne (800-1 200 mm de précipitation), la plus favorable aux activités agropastorales. Dans la zone sahélienne, l'irrégularité climatique constitue une contrainte majeure des politiques de développement. **Le pastoralisme et l'agriculture sédentaire se disputent les ressources en eau et en terre, source d'affrontements séculaires** [→ CH. 8] aggravés par une démographie explosive. La maîtrise de l'eau est un défi central, d'autant qu'il y a lieu de craindre une péjoration climatique dans les prochaines décennies.

2. L'Afrique tropicale humide

Située de part et d'autre de l'équateur, elle échappe au stress hydrique, mais l'excès d'humidité peut nuire aux activités économiques : puissance d'une végétation qui concurrence les cultures, fragilité des sols rendant difficile l'établissement d'infrastructures de transport durables, réservoir de pathogènes interdisant notamment l'élevage de gros bétail et menaçant la santé humaine. Maints projets de développement ont échoué faute d'avoir évalué correctement les contraintes de milieux qui, en première observation, avaient pu paraître particulièrement fertiles au vu de l'exubérance de la végétation.

Sèche ou humide, l'Afrique tropicale a longtemps eu mauvaise réputation aux yeux des Européens. La liste est longue des missionnaires, commerçants, militaires et fonctionnaires morts prématurément des « fièvres tropicales ». C'est pourquoi **elle n'a jamais été une terre de colonisation pérenne, mais seulement d'exploitation**. Les administrations coloniales n'y ont pas envoyé leurs meilleurs éléments, qui préféraient l'Afrique du Nord ou l'Indochine. C'est une des raisons des retards dans la « mise en valeur », ancêtre colonial du développement, devenu pierre angulaire des politiques économiques après les indépendances.

3. L'Afrique tempérée

Elle comprend les milieux de type « méditerranéen » de l'extrême sud du continent (l'Afrique du Sud, principalement) et les terres d'altitude d'Afrique orientale et australe. La grande différence avec l'Afrique tropicale réside dans le fait qu'elles ont été l'**objet d'une colonisation de peuplement** car elles offrent des conditions environnementales, notamment climatiques, prisées par les Européens et à fort potentiel agricole.

Installés au Cap au milieu du XVIIe siècle, les Européens ont trouvé un environnement de type méditerranéen, comparable à celui du Maghreb. Les hivers frais et pluvieux et les étés chauds et secs se sont révélés propices, notamment, à la culture de la vigne : le vignoble implanté par les Huguenots français chassés par la révocation de l'Édit de Nantes en 1685 a fait la fortune du *Franschhoek* (« le coin des Français ») dans la région de Stellenbosch. Vers l'intérieur, sur les plateaux du *veld* qui constituent le socle de l'Afrique du Sud, règnent de vrais hivers : la neige n'est pas exceptionnelle à Johannesburg. Les fermiers européens y ont trouvé des conditions écologiques favorables à l'implantation de grandes exploitations, qui comptent parmi les plus performantes d'Afrique. Les populations noires, exclues des meilleures terres par le régime d'apartheid, n'ont malheureusement pas profité de cette réussite économique : **la question foncière**, qui n'est toujours pas résolue, **reste le talon d'Achille de la République sud-africaine**.

Les hautes terres d'Afrique orientale ont constitué un autre pôle convoité tant par des populations de pasteurs que par les colons européens. Les températures clémentes et la disparition en altitude du paludisme et de la trypanosomiase les rendent très attractives. Au Kenya, les *White Highlands* ont représenté l'archétype d'une colonisation britannique agricole, tout comme les hautes terres du Kivu pour les Belges. Après les indépendances, la plupart des domaines des Blancs ont été récupérés par les États ou ont été l'objet d'occupations sauvages. L'héritage colonial ne survit que dans quelques *estates*, notamment les plantations de thé au Kenya, et dans la nostalgie du roman de Karen Blixen, *La Ferme africaine*, demeure aujourd'hui transformée en musée.

Les milieux d'altitude d'Afrique des Grands Lacs ont quant à eux exercé, et continuent d'exercer, une forte attraction pour des peuples pasteurs, probablement originaires des régions du Haut Nil. Sous des latitudes équatoriales, l'absence de la mouche tsé-tsé et la présence de pâturages d'altitude offrent en effet des conditions exceptionnelles pour l'élevage bovin. Revers de la médaille, **le développement agropastoral s'est accompagné d'une accumulation démographique animale et humaine** qui a fini par devenir insupportable. Le génocide rwandais de 1994 en est la conséquence la plus dramatique, tandis que les conflits sans fin du Kivu se nourrissent de la compétition pour l'accès à des ressources foncières devenues rares.

B. UN PATRIMOINE NATUREL CONVOITÉ

L'Afrique a longtemps été considérée par les Européens comme un « continent de nature », promis à l'exaltation de la vie sauvage, à l'image de Tarzan ou des aventures de Tintin, archétype d'une vision coloniale du Congo. Ces représentations sont très éloignées – et de plus en plus – de la réalité : la faune est menacée par la réduction constante de ses territoires sous l'effet de l'expansion des espaces cultivés, conséquence de l'explosion démographique. Elle l'est aussi par la diffusion d'armes destructrices : **la Kalachnikov s'avère aussi funeste pour la grande faune que pour les hommes**. Elle l'est enfin par le braconnage dont sont victimes rhinocéros, pour leurs cornes réputées « aphrodisiaques », et éléphants, pour l'ivoire, tous deux à destination des marchés asiatiques. Cette activité illicite représente une cause d'insécurité endémique dans les régions mal contrôlées par les États – d'autant que les forces armées et les douaniers sont souvent complices des trafics criminels.
La biodiversité végétale, d'une richesse exceptionnelle dans les zones de forêt dense humide, est, elle aussi, menacée par les défrichements et par l'**exploitation frauduleuse d'espèces recherchées par une clientèle mondiale**, comme le bois de rose à Madagascar ou le kevazingo au Cameroun.
Le respect de la Convention sur le commerce international des espèces de faune et de flore sauvages menacées d'extinction (CITES) dépend de la capacité des pouvoirs publics, malheureusement défaillants dans les pays à faible gouvernance. Guerres, insécurité et braconnage d'un côté, réseaux internationaux de commerce mafieux et complicité des pays acheteurs de l'autre ont pour conséquence l'appauvrissement d'un patrimoine précieux pour l'humanité. Le combat pour la protection de la biodiversité rejoint le combat pour le développement.

C. DES ENJEUX CLIMATIQUES PLANÉTAIRES

De même que les conflits, la faim et la pauvreté ont fait de l'Afrique subsaharienne un terrain de prédilection pour les acteurs de l'humanitaire, les menaces environnementales mobilisent toutes les ONG de protection de la nature : WWF, Greenpeace, UICN (Union internationale pour la conservation de la nature), Les Amis de la Terre, Global Forest Watch... **L'Afrique ne peut plus être pensée indépendamment de son insertion planétaire** et des enjeux installant la nature dans une géopolitique mondiale qui ne peut s'abstraire de la nouvelle donne de l'Anthropocène. Deux types de milieux africains occupent une place privilégiée dans les représentations et les préoccupations des mouvements écologistes : les milieux arides, sur lesquels pèse la menace de désertification, et les milieux forestiers humides, qualifiés de deuxième « poumon de la planète » au côté de l'Amazonie.

1. La « désertification »

Le désert progresse, dit-on. Rien n'est moins sûr, même si, localement, on observe une avancée des dunes vives, comme en Mauritanie. Les sécheresses des années 1970 et 1980 au Sahel se sont certes traduites par une descente des isohyètes* vers le sud, signe d'une réelle aridification, mais les années 1990 ont vu le retour d'un « Sahel vert ». **Les déplacements des limites Sahara/Sahel ne sont ni linéaires ni irréversibles.** Cependant, la représentation d'un assèchement inéluctable de ces zones sensibles fait partie des idées toutes faites qui servent parfois de guide aux politiques de développement. L'exemple du lac Tchad est à cet égard exemplaire. Les sécheresses des décennies 1970-1980 ont provoqué un recul spectaculaire de la superficie en eau, de 25 000 à 5 000 km², laissant redouter la disparition du lac. Or, dans les années 2010, cette superficie était à nouveau de l'ordre de 13 000 km², équivalente à celle qui avait été relevée en 1908 lors de la première cartographie du lac : la connaissance du temps long s'avère indispensable pour éviter de mauvais choix d'aménagement[2]. Pourtant, **les États riverains du lac soutiennent des projets pharaoniques de transfert d'eaux prélevées dans le bassin de l'Oubangui**, affluent du Congo, pour être déversées dans le Chari et ainsi alimenter le lac Tchad. La RDC a vivement réagi, refusant qu'on lui « vole » son eau. Les centaines de millions de dollars en jeu attisent évidemment bien des appétits, faisant oublier les enjeux réels du développement local. Depuis 2013, la véritable menace qui compromet celui du lac Tchad, grenier vivrier du Sahel central, est moins d'ordre écologique que politique : elle a pour nom Boko Haram [→ CH. 8].

2. La forêt équatoriale et le réchauffement climatique mondial

Les pays du Nord ont tendance à considérer l'Afrique tropicale comme une variable d'ajustement du changement climatique mondial. Elle serait ainsi une pièce essentielle de la lutte contre les désordres et les atteintes au patrimoine naturel mondial dont l'humanité serait responsable depuis l'entrée dans l'Anthropocène. Les forêts du bassin du Congo (1,4 million de km²) auraient ainsi pour vocation de stocker du carbone, participant de la sorte à la réduction des émissions de gaz à effet de serre (GES). Les pays industriels, principaux responsables des émissions de GES, ont élaboré une série de mécanismes de compensation pour **inciter les pays tropicaux forestiers à préserver leurs forêts** : de la « déforestation évitée » aux procédures REDD (réduction des émissions issues de la déforestation et de la dégradation forestière), le principe est le même. Il consiste à financer la non-exploitation de la forêt, au risque de créer une nouvelle rente. Au lieu de chercher à limiter des défrichements inéluctables dans le contexte d'explosion démographique, les pays du Nord feraient mieux d'agir dans les lieux qui produisent l'essentiel des émissions. En 2020, selon la Banque mondiale, l'Afrique subsaharienne n'a compté que pour **2 % des émissions mondiales de CO_2** (contre 25 % pour la Chine et 12,5 % pour les États-Unis). Les prétentions des grandes puissances à lui demander de résoudre leurs propres problèmes participent de l'asymétrie géopolitique globale qui préside à leurs relations.

Jusqu'à présent, la préservation des forêts du bassin du Congo a été liée aux très faibles densités humaines. Or, la croissance démographique, notamment en RDC, conduit mécaniquement à une **augmentation des taux de déforestation** dans le contexte technique

DÉFINITION

Isohyète : ligne d'égale précipitation atmosphérique mesurée sur une période donnée.

2. Voir Géraud Magrin, Jacques Lemoalle, Roland Pourtier, *Atlas du lac Tchad*, Passages, 2015.

de l'agriculture sur brûlis. Le défrichement des forêts africaines pour répondre aux besoins croissants des populations n'est pas illégitime en soi. Il en a toujours été ainsi dans l'histoire du monde : l'Afrique équatoriale se trouve dans une situation comparable à celle de l'Europe médiévale quand les moines, défricheurs et assécheurs de marais, étaient les agents de développement de l'époque, ce pour quoi ils sont loués dans les livres d'histoire. La lutte contre le réchauffement climatique devrait se gagner d'abord sur les terrains qui en portent la responsabilité, plutôt que de chercher à intégrer les forêts africaines dans une géopolitique planétaire en leur assignant un rôle de régulateur climatique qui perpétue les schémas de domination Nord-Sud.

D. NATURE AFRICAINE ET TOURISME INTERNATIONAL : LA FRAGILITÉ D'UNE ÉCONOMIE DÉPENDANTE

1. Un potentiel miné par l'insécurité

L'Afrique subsaharienne compte peu dans le tourisme international (2 à 3 %). Cependant, la Coupe du monde de football de 2010 aidant, l'Afrique du Sud a connu cette année-là une entrée de touristes comparable à celle du Maroc (7 millions). Avant 2020 et la pandémie de Covid-19, cinq États dépassent le million de visiteurs : l'Afrique du Sud, le Botswana, le Kenya, le Mozambique et le Zimbabwe. Bon an mal an, l'Afrique australe et orientale dans son ensemble compte pour deux tiers des entrées internationales d'Afrique subsaharienne. Deux raisons l'expliquent. Tout d'abord, la richesse des parcs naturels, de loin les mieux dotés en faune sauvage, parmi lesquels le parc national Kruger en Afrique du Sud, qui a servi de pionnier et de modèle, et le parc national du Serengeti en Tanzanie. Le Kenya a popularisé les *safaris* (« voyages » en Swahili). Les chutes Victoria et le Kilimandjaro font également partie des images les plus médiatisées d'une Afrique qui a su valoriser ses merveilles naturelles. L'autre raison tient au niveau de développement plus élevé qu'ailleurs, principalement en Afrique du Sud, et à la qualité des hébergements touristiques, qu'il s'agisse de l'hôtellerie en ville ou des lodges dans les parcs animaliers.

En Afrique occidentale et centrale, le développement du tourisme, plus tardif, ne bénéficie pas d'un environnement aussi favorable et les infrastructures laissent encore à désirer. Le potentiel naturel et culturel ne manque pas, **la relative proximité de l'Europe constitue un atout**, notamment pour un tourisme balnéaire de « contre-saison », c'est-à-dire d'hiver – ou un tourisme de congrès, comme Dakar s'en est fait une spécialité, entre novembre et février.

Toutefois, la croissance de l'activité touristique se heurte à l'obstacle majeur de l'insécurité. Depuis 1983, **les mouvements indépendantistes de Casamance ont pris le tourisme comme cible** pour faire des attentats une caisse de résonance internationale de leur combat politique. Tout conflit ruine le secteur touristique, comme cela a été le cas en Sierra Leone, en RDC et en Côte d'Ivoire. Les attentats djihadistes au Kenya, au Mozambique et dans l'ensemble des pays du Sahara-Sahel portent un rude coup au tourisme. Dernière victime, l'Éthiopie, riche de ses paysages et d'un patrimoine culturel d'exception, qui était en passe de devenir un lieu fort du tourisme africain, s'est refermée avec le retour de la guerre en 2020.

2. Une activité multiforme pour un développement incertain

La création des parcs s'est souvent faite au détriment des populations locales, comme en Afrique du Sud avec le parc Kruger : l'extension, à partir de 1903, d'une réserve de faune a provoqué l'expulsion des populations indigènes sur un territoire de plus de 20 000 km^2. Aujourd'hui, les espaces protégés (parcs nationaux, réserves naturelles…) représentent une source d'emplois non négligeable. La conservation de la nature a fait naître de nouveaux métiers et son volet touristique fait preuve d'un réel dynamisme. Il existe aussi un « tourisme d'enclave », principalement en Afrique australe, contrôlé par des investisseurs du Nord, fonctionnant en circuit quasiment fermé en offrant les meilleures conditions de sécurité. Parallèlement à ce tourisme international haut de gamme, **les initiatives locales se multiplient**, allant de l'hébergement au village, dans des paillotes aménagées, à la randonnée à thème : découverte des gorilles en Ouganda, des lémuriens à Madagascar. Les formules d'« écotourisme » connaissent un certain succès. Bien qu'elles ne touchent encore qu'une clientèle restreinte, elles commencent à donner une nouvelle image de l'Afrique. Mais pendant longtemps encore, le tourisme au sud du Sahara restera dominé par le tourisme de vision en quête des *Big Five* des parcs sud-africains ou des paysages somptueux de Namibie. Et par le tropisme balnéaire tropical : en 2011, contrecoup des Printemps arabes, la fréquentation des Seychelles, du Cap-Vert et de Maurice avait enregistré une augmentation de 30 à 50 %. Autant de perspectives qui interrogent sur la viabilité d'un **développement très dépendant de facteurs externes**, qu'il s'agisse de sécurité politique ou environnementale. La pandémie de Covid-19 a porté, comme partout dans le monde, un rude coup à une activité qui, pour certains pays, constitue un secteur vital de leur économie, sans que l'on puisse tabler sur un calendrier de sortie de crise, qui ne résoudra pas, en tout état de cause, la question de l'insécurité.

16 LES RECOMPOSITIONS TERRITORIALES : REGROUPEMENTS INSTITUTIONNELS ET DYNAMIQUES SPATIALES

Les territoires hérités du partage colonial de l'Afrique ne répondent plus aux exigences d'une économie mondialisée. Aujourd'hui, même dans les parties les plus reculées du continent, la mondialisation exerce ses effets. Sans que les États soient remis en question, des dynamiques nouvelles, formelles ou informelles, endogènes ou exogènes, concourent à la définition de nouveaux espaces, construits sur des flux et des réseaux qui se superposent aux territoires nationaux. Des regroupements en « sous-régions » cherchent à corriger les effets négatifs d'un morcellement territorial légué par la colonisation. Régionalisation, émergence d'entités transfrontalières, refonte de l'organisation du territoire sud-africain pour effacer les traces de l'apartheid, renforcement des institutions continentales : à toutes les échelles, les recompositions territoriales sont à l'ordre du jour et dessinent la trame d'une géopolitique renouvelée.

Notions principales

Apartheid : terme afrikaans (« séparé »), l'apartheid désigne la politique de ségrégation spatiale mise en place au cours du XXe siècle en Afrique du Sud sur une base raciale pour séparer les territoires et lieux de résidence des Blancs et des non-Blancs (Noirs, Indiens, métis). Il a été officiellement aboli en 1991.

Corridor de développement : espace géographique linéaire dont les différentes composantes sont interconnectées par un faisceau de liaisons favorisant les activités économiques et, pour les pays enclavés, leur ouverture océanique.

Intégration régionale : processus par lequel un groupe d'États, proches les uns des autres, se donnent les moyens institutionnels et physiques (infrastructures de transport et communication) de renforcer leurs échanges au service du développement. À l'inverse de l'acception géographique du concept de région qui s'applique à une subdivision du territoire national, les régions ou « sous-régions » issues de cette intégration regroupent plusieurs États.

CHRONOLOGIE

1963 : Création de l'OUA (Organisation de l'unité africaine)
1977 : Entrée en vigueur de la CEDEAO (Communauté économique des États de l'Afrique de l'Ouest)
1983 : Création de la CEEAC (Communauté économique des États de l'Afrique centrale)
1991 : Abolition des lois d'apartheid en Afrique du Sud
1994 : Organisation de l'UEMOA (Union économique et monétaire ouest-africaine) et de la CEMAC (Communauté économique et monétaire de l'Afrique centrale). Relance de l'EAC (*East African Community*)
2001 : Création du NEPAD (Nouveau partenariat pour le développement de l'Afrique)
2002 : L'UA (Union africaine) se substitue à l'OUA.
2017 : Le Maroc réintègre l'UA.
2021 : Entrée en vigueur de la zone de libre-échange continentale africaine (ZLECA)

I. Les regroupements institutionnels

A. FÉDÉRATIONS, UNIONS, COMMUNAUTÉS : DES MODÈLES IMPORTÉS

1. Les logiques de regroupement

Les regroupements d'États, à l'échelle continentale ou « sous-régionale », sont considérés comme un des moyens susceptibles de conforter les positions de l'Afrique sur la scène internationale et de favoriser son développement en remédiant aux entraves attribuées à sa « balkanisation ». Ils ne datent pas en réalité d'aujourd'hui, plusieurs d'entre eux remontant à des initiatives coloniales.

a) Les fédérations coloniales : AEF, AOF, Afrique orientale britannique

Après l'achèvement de la conquête coloniale, la Grande-Bretagne et la France entreprennent de doter leur empire africain d'une organisation territoriale rationnelle pour en favoriser la gestion et l'exploitation économique. Côté français, la contiguïté de divers territoires placés sous son *dominium* en Afrique de l'Ouest d'une part, en Afrique centrale d'autre part, milite pour leur regroupement sous une même autorité pour des raisons d'économie d'administration et d'efficacité économique. C'est ainsi que les colonies d'Afrique occidentale, du Sénégal au Niger et au Bénin, sont intégrées dans une fédération d'**Afrique-Occidentale française (AOF)** dès 1902, avec Dakar pour capitale. L'organisation fédérale facilite les mouvements de personnes – par exemple, les migrations saisonnières d'ouvriers agricoles des pays voisins du Sénégal, les *navétanes*, pour les travaux de l'arachide. Elle permet aussi de mieux coordonner la construction de grandes infrastructures communes à plusieurs colonies, en particulier les chemins de fer : Dakar-Bamako et Abidjan-Ouagadougou.
Sur le même modèle, les territoires qui composent le « Congo français » (Gabon, Moyen-Congo, Oubangui-Chari et Tchad) sont réorganisés en 1910 en une fédération d'**Afrique-Équatoriale française (AEF)**, avec Brazzaville pour capitale. La faible articulation des espaces peu peuplés d'Afrique centrale ne favorisera pas, comme en AOF, la réalisation de grandes infrastructures fédérales. La « voie fédérale de transport » de l'AEF, censée relier les deux colonies enclavées du Tchad et de l'Oubangui-Chari (future Centrafrique) aux colonies ouvertes sur l'Atlantique, Gabon et Moyen-Congo, se réduit à deux éléments : le chemin de

fer « Congo-Océan » entre le port de Pointe-Noire, « poumon de l'AEF », et Brazzaville ; la voie navigable constituée par le Congo et son affluent l'Oubangui entre la capitale de l'AEF et Bangui. Au-delà, un projet de chemin de fer Bangui-Tchad ne dépassera pas le stade des études entreprises au lendemain de la Seconde Guerre mondiale.

En Afrique orientale, le Kenya, l'Ouganda et le Tanganyika, tous trois sous autorité britannique, sont associés dans une structure administrative destinée à harmoniser leur gestion, notamment celle du chemin de fer Dar es Salam-Kampala.

Ces fédérations n'ont pas résisté aux indépendances, qui ont vu les nouvelles élites politiques de chacune des colonies revendiquer l'exercice du pouvoir sur leur propre territoire, sans dépendre d'une autorité fédérale : les colonies « riches » comme la Côte d'Ivoire et le Gabon, dont l'activité économique contribuait pour une large part à alimenter les budgets fédéraux, ont rejeté avec force la tutelle qu'exerçaient jusqu'alors Dakar pour l'une, Brazzaville pour l'autre. Elles ne voulaient plus être la « vache à lait » de l'AOF et de l'AEF. Toutefois, **ces regroupements rejetés par les États indépendants se sont reconstitués** depuis lors, sous des formes nouvelles, car ils répondent à des **logiques de coopération et d'intégration** dépassant le cadre étroit des États.

b) Le rôle fédérateur des langues officielles

L'appartenance à l'un des grands ensembles linguistiques hérités, principalement anglophone et francophone [→ CH. 13], milite en faveur des regroupements régionaux, quel que soit par ailleurs le statut des langues vernaculaires. Les langues de communication internationale et l'arrière-plan culturel qu'elles véhiculent créent des affinités entre leurs locuteurs, favorisant les regroupements régionaux. **La référence à telle ou telle langue internationale remplit une fonction géopolitique très importante** périodiquement mise en exergue par la rivalité entre anglophones et francophones. Celle-ci se manifeste à l'intérieur d'un État comme le Cameroun, au bilinguisme officiel : l'Ouest anglophone constitue un bastion de l'opposition politique au pouvoir du président Paul Biya appuyé sur les francophones du sud du pays [→ CH. 8]. Les tensions au sein de la CEDEAO, et notamment de sa force armée, traduisent souvent des rivalités de pouvoir entre francophones et anglophones. Dans le contexte d'une mondialisation qui tend à doter l'anglais d'un statut de langue universelle, l'Afrique subsaharienne d'expression française représente un enjeu géopolitique de taille pour l'avenir de la francophonie.

c) L'élargissement des marchés

L'économie joue, quant à elle, un rôle décisif dans la configuration des territoires de production et d'échange. La plupart des États africains n'ont ni les dimensions, ni les ressources, ni la masse démographique qui leur permettraient de faire front à la compétition internationale. L'élargissement des marchés apparaît comme un des préalables pour y parvenir. La faiblesse des économies nationales et l'étroitesse des marchés intérieurs militent en faveur de regroupements régionaux.

2. L'intégration régionale, remède miracle ou nouvelle illusion ?

L'intégration régionale est à l'ordre du jour ; elle bénéficie des faveurs des organisations internationales, Banque mondiale en tête.

a) Les unions économiques et douanières de la zone franc : UEMOA et CEMAC

La disparition des fédérations d'AOF et d'AEF a laissé un vide d'autant plus fortement ressenti que les États qui en sont issus restent liés par un certain nombre d'institutions communautaires et surtout par une monnaie commune instaurée en 1945 et garantie par le Trésor français, le franc CFA. En Afrique de l'Ouest, une Union monétaire ouest-africaine (UMOA), organisée dès 1959, regroupe les États issus de l'AOF (sans la Guinée et la Mauritanie) et le Togo, avec siège à Ouagadougou (Burkina Faso). Ces États renforcent leur coopération commerciale dans la perspective d'une intégration économique en créant, en 1973, la CEAO (Communauté économique de l'Afrique de l'Ouest). Au lendemain de la dévaluation du franc CFA de janvier 1994, les pays membres de l'UMOA et de la CEAO décident de se réorganiser pour élargir leur champ d'action en instituant l'**UEMOA (Union économique et monétaire ouest-africaine)**. Directement héritée de l'AOF, l'UEMOA, grossie de la Guinée-Bissau en 1997, s'appuie sur une tradition ancienne d'échanges, des infrastructures de transport relativement denses et une population relativement nombreuse (130 millions en 2020).

ZOOM ▶ La zone franc et le franc CFA

La zone franc est un héritage original de la colonisation française. Le franc CFA (« franc des colonies françaises d'Afrique ») est créé en 1945, avec deux banques d'émission distinctes, conséquence de la création, en 1942, de la Caisse centrale de la France libre à Brazzaville qui s'est séparée de la Banque d'Afrique occidentale, restée inféodée au régime de Vichy. La Banque centrale des États de l'Afrique de l'Ouest (BCEAO), à Dakar, émet le franc de la Communauté financière africaine. La Banque centrale des États d'Afrique centrale (BCEAC), à Yaoundé, émet le franc de la Coopération financière en Afrique centrale. Ces deux francs distincts ont la même valeur et leur convertibilité est garantie par le Trésor français ; depuis le passage du franc à l'euro, le franc CFA est rattaché à la monnaie européenne. Pendant un demi-siècle, la zone du franc CFA a représenté un bastion de stabilité monétaire, favorisant les échanges régionaux, y compris avec les pays voisins, notamment le Nigeria à la monnaie flottante (le naira). Mais à partir des années 1980, le franc CFA s'avère surévalué, portant préjudice aux exportations. Sa parité, fixée en 1948 à 2 francs français, soit 0,02 nouveau franc, reste inchangée jusqu'à la dévaluation de janvier 1994, où elle est ramenée à 0,01 franc : cette dévaluation de 50 % est destinée à redonner de la compétitivité aux économies des pays qui se réorganisent au sein de l'UEMOA et de la CEMAC.

Le franc CFA, souvent considéré comme une survivance néocoloniale des liens privilégiés entre la France et ses anciennes colonies, et une restriction de leur souveraineté, a fait l'objet de nombreuses critiques. Il est appelé à disparaître. En décembre 2020, la France a ratifié un **accord avec l'UEMOA, au terme duquel le franc doit être remplacé par l'ECO**. Désormais, les États membres ne sont plus contraints de déposer la moitié de leurs réserves de change auprès du Trésor français. Le passage à l'ECO, en attendant l'émission de nouveaux billets, n'est cependant pas sans ambiguïté, dans la mesure où la parité avec l'euro est maintenue, perpétuant des liens particuliers avec la Banque européenne. L'ECO pourrait s'élargir au-delà du périmètre de l'UEMOA et devenir la monnaie de l'ensemble de la CEDEAO, mais les discussions avec les pays anglophones, principalement le Nigeria, restent au point mort étant donné les divergences d'intérêt entre l'UEMOA et le poids lourd d'Afrique de l'Ouest.

L'ECO n'est donc pour le moment qu'un outil potentiel d'union monétaire régionale. Les pays de la CEMAC ne semblent pas pressés, quant à eux, d'adhérer à la réforme monétaire. Comme pour la frontière, les étapes sont inversées par rapport aux séquences historiques du modèle européen : en Europe, la monnaie unique ne s'est imposée qu'au terme d'un long processus d'intégration économique. Ici, l'union monétaire anticiperait sur un éventuel marché commun.

En Afrique centrale, les quatre États issus de l'AEF et le Cameroun renouent leurs liens en 1964 en créant l'UDEAC (Union douanière et économique de l'Afrique centrale), dont le secrétariat se trouve à Bangui (RCA). La Guinée équatoriale rejoint l'Union en 1983. Avec pour objectif de constituer à terme un marché commun, l'UDEAC se transforme en 1994 en **Communauté économique et monétaire de l'Afrique centrale (CEMAC)**. Toutefois, les faibles densités d'une population, qui ne compte que 55 millions d'habitants en 2020, et la médiocrité des infrastructures de transport sont peu propices au développement d'un vaste marché. L'achèvement du bitumage de la liaison routière Yaoundé-Libreville et le remplacement par un pont du dernier bac sur le Ntem, fleuve frontalier, facilitent cependant les échanges entre le Cameroun et le Gabon, et renforcent l'intégration régionale. Il en va de même pour les projets d'aménagement des corridors Douala-N'Djamena et Douala-Bangui, qui bénéficient d'un financement de la Banque mondiale.

La zone franc

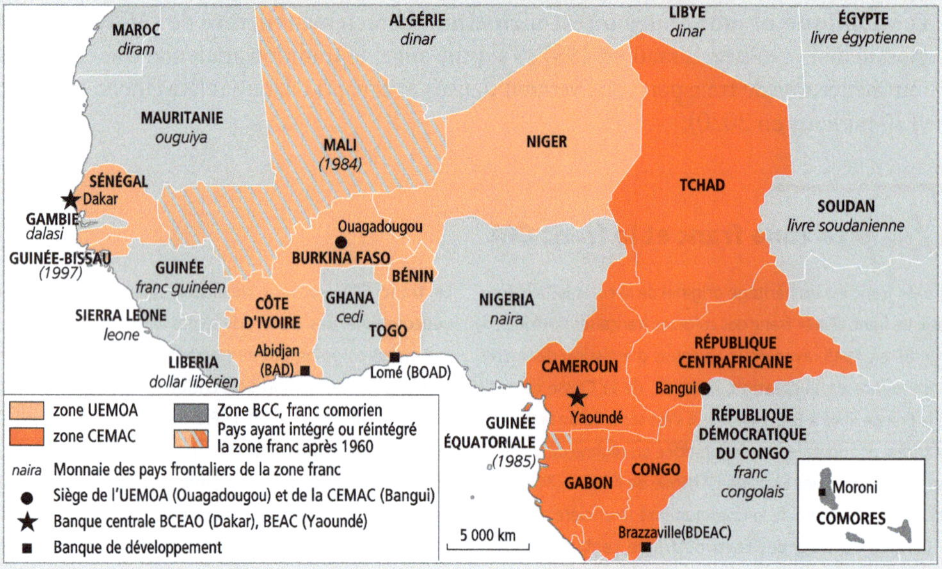

Source : Pourtier R., *Atlas de la zone franc en Afrique subsaharienne*, La Documentation française, 1995.

b) Résurgence et élargissement d'une communauté est-africaine de tradition britannique

En 1967, le Kenya, l'Ouganda et la Tanzanie, cette dernière-née de l'union entre le Tanganyika et Zanzibar, s'unissent au sein de l'EAC (*East African Community*), dont le siège se trouve à Arusha (Tanzanie). Dissoute en 1977 à la suite des conflits politiques et militaires qui opposent la Tanzanie à l'Ouganda, l'EAC est rétablie à la fin des années 1990. En 2007, l'EAC est rejointe par le Burundi et le Rwanda, deux États enclavés dont les échanges hors du continent s'effectuent *via* les ports du Kenya et de Tanzanie, et plus récemment par le Soudan du Sud. Ces six pays totalisent 190 millions d'habitants en 2020. Depuis une dizaine d'années, des négociations sont en cours pour doter la Communauté est-africaine d'une monnaie commune qui conserverait le nom de « shilling », toujours en usage au Kenya, en Ouganda et en Tanzanie. L'horizon 2024 est évoqué pour le lancement de ce shilling communautaire.

c) Les regroupements régionaux entre « géographie » et politique : CEDEAO et CEEAC

Alors que les regroupements construits sur la zone franc sont le reflet direct des structures territoriales mises en place par la colonisation française, d'autres cadres géographiques d'intégration régionale visent à transcender les héritages historiques. En Afrique de l'Ouest, la **CEDEAO (Communauté économique des États de l'Afrique de l'Ouest)**, dont le siège est à Abuja, la capitale fédérale du Nigeria, est créée en 1975. Elle associe la totalité des États

ouest-africains, à l'exception de la Mauritanie, qui s'est retirée en 2000, soit un ensemble de près de 400 millions d'habitants en 2020. Dominée par le Nigeria, qui représente à lui seul la moitié de sa population (200 millions), la CEDEAO peine à surmonter les rivalités entre anglophones et francophones. Elle s'est dotée d'une force militaire dont la première intervention, aux résultats mitigés, a eu lieu lors de la guerre civile au Liberia.
En Afrique centrale, la CEEAC (Communauté économique des États de l'Afrique centrale), concurrente de la CEMAC, est créée en 1983, avec siège à Libreville. Elle se compose des pays de la CEMAC et de la CEPGL (Communauté économique des pays des Grands Lacs, comprenant la RDC, le Rwanda et le Burundi), de São Tomé-et-Principe et, depuis 2003, de l'Angola. **Dans cette configuration élargie, la CEEAC retrouve les contours des « États-Unis d'Afrique latine »** que Barthélemy Boganda, figure politique des années d'accession à l'indépendance de la RCA, appelait de ses vœux pour qu'elle contrebalance l'influence de l'Afrique anglophone et protestante. La CEEAC, longtemps moribonde, reprend vie depuis 1998, mais elle est loin d'exercer un rôle comparable à celui de la CEDEAO en Afrique de l'Ouest. Peut-être parce que le pays potentiellement le plus important de cet ensemble régional, la RDC, n'est pas en mesure d'en assurer le leadership étant donné la gravité de la crise politique et sécuritaire qui le mine depuis les années 1990.

d) Le pôle sud-africain : de la SACU à la SADC

En Afrique australe, les configurations politiques régionales connaissent un renversement spectaculaire avec la fin de l'apartheid. Longtemps isolée sur le plan diplomatique, l'Afrique du Sud constitue, en 1969, une union douanière, la SACU (*Southern African Customs Union*), regroupant autour d'elle le Botswana, la Namibie, le Lesotho et le Swaziland, union toujours en vigueur mais à l'avenir incertain par suite de dissensions entre ses membres, les petits pays se plaignant de l'hégémonie de l'Afrique du Sud – dont la monnaie, le rand, est aussi celle du Lesotho et de l'Eswatini (ex-Swaziland) – et de chevauchements avec la SADC (*Southern African Development Community*). Cette dernière est née en 1992 de la transformation de SADCC (*Southern African Development Coordination Conference*, constituée par les « pays de la ligne de front », regroupés en 1979 dans leur lutte contre le régime d'apartheid) avec l'entrée en son sein de l'Afrique du Sud, membre à part entière depuis 1994, et désormais son leader. La SADC a son siège à Gaborone, capitale du Botswana ; elle comprend tous les États d'Afrique australe, auxquels se sont jointes la Tanzanie et la République démocratique du Congo.

B. LES INITIATIVES LES PLUS RÉCENTES

1. NEPAD et COMESA

L'Afrique n'en finit pas de créer des institutions en vue de favoriser son développement et son insertion dans la mondialisation. C'est ainsi que le COMESA (*Common Market for Eastern and Southern Africa*) voit le jour en 1994 à Lusaka (Zambie). Ses vingt pays membres forment un ensemble allant de l'Égypte au nord à la Namibie et Madagascar au sud. Les pays de la SACU – organisation rivale dominée par l'Afrique du Sud – n'en font pas partie, mais des négociations sont en cours pour une éventuelle adhésion de celle-ci à ce marché commun qui, en réalité, n'en a encore que le nom.
Autre initiative, la constitution du **NEPAD (Nouveau partenariat pour le développement de l'Afrique)**, en marge du sommet des pays les plus industrialisés tenu à Gênes en 1999. Devenu effectif en 2001, il est parrainé par l'Afrique du Sud, le Nigeria, l'Égypte, l'Algérie et le Sénégal. Il cherche à rompre avec les pratiques anciennes et à substituer à la rente géopolitique, installée à la faveur de la guerre froide, un véritable partenariat entre les

pays du Nord et l'Afrique. La « bonne gouvernance », qui suppose en particulier une action déterminée contre la corruption, serait censée attirer des investissements coordonnés, ceux notamment d'un « Plan d'action pour l'Afrique », présenté au sommet du G8 de 2001 au Canada. Vingt ans après sa création, les résultats sont plutôt maigres et se résument en déclarations d'intention en faveur de projets d'infrastructures régionales sans moyens propres de financement. Bien d'autres institutions ont vu le jour, mais le chemin est long du discours à l'acte et les initiatives en matière d'intégration régionale et de développement ont tendance à s'enliser dans les bureaucraties qu'elles produisent.

Les regroupements régionaux

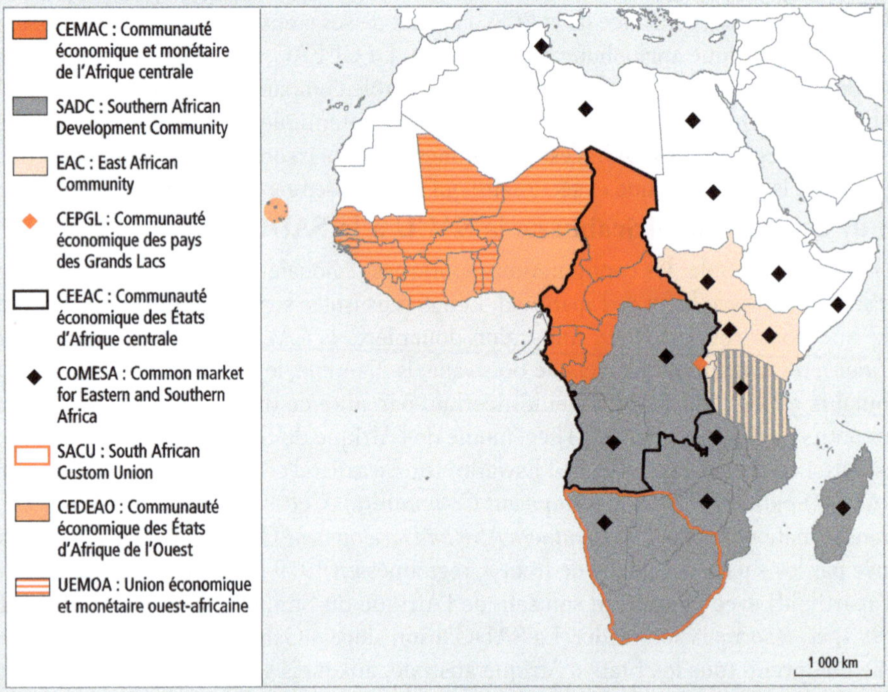

Source : Rapport mondial sur le développement humain, 2022.

2. Des institutions multiples pour une efficacité limitée

Depuis les indépendances, on assiste à une prolifération d'institutions supranationales. Mais ces regroupements sont à géométrie variable. La plupart des États adhèrent à plusieurs organisations régionales, qui vont de la simple coopération technique – par exemple, le CRPGG (Comité régional des pêches du golfe de Guinée) ou l'IOR-ARC (Association pour la coopération régionale des pays riverains de l'océan Indien) lancée par Maurice en 1995, jusqu'à la gestion complexe et politiquement sensible des bassins fluviaux comme le Nil, dont les dix pays riverains se retrouvent dans « l'Initiative du bassin du Nil », instituée en 1999. Située au centre du continent, la RDC, principal membre fondateur de la CEEAC, adhère aussi à la SADC, ce que légitime l'importance de ses échanges commerciaux avec l'Afrique du Sud, et au COMESA. Elle pourrait de surcroît rejoindre l'EAC, sa candidature ayant été favorablement retenue en décembre 2021 étant donné l'importance de ses liens commerciaux avec les ports de Mombasa et Dar es Salam, et l'exploitation partagée du pétrole du lac Albert avec l'Ouganda.

La multiplicité et l'enchevêtrement des organisations supra-étatiques ne doivent pas faire illusion. Des organigrammes de plus en plus étoffés et complexes masquent difficilement la pauvreté des ressources financières, dont la plus grande part, sinon la totalité, est consommée par le fonctionnement du siège. **Les institutions d'intégration régionale ne sont encore, dans une certaine mesure, que de simples bureaucraties.**

3. La ZLECA (zone de libre-échange continentale africaine)

Un processus de négociation est entamé en 2015 en vue de créer une zone continentale de libre-échange qui engloberait les multiples institutions d'intégration régionale en regroupant les 55 États africains. Seule l'Érythrée n'y adhère pas. Lancée le 1er janvier 2021, l'initiative vise à fluidifier les échanges intra-africains en abaissant les droits de douane, en levant les blocages douaniers et en facilitant les opérations de change entre les différentes monnaies continentales. Elle est soutenue par la CNUCED (Conférence des Nations unies sur le commerce et le développement), dont le rapport 2021 sur le développement économique en Afrique, intitulé « La contribution potentielle de la zone de libre-échange continentale africaine à une croissance inclusive », explicite les objectifs poursuivis. Le développement durable, mis en exergue depuis le sommet de la Terre de Rio en 1992, se double désormais de l'indispensable volet de l'inclusivité. La croissance des échanges commerciaux devrait en effet profiter à l'ensemble des populations, en inversant la tendance actuelle d'accroissement des inégalités entre territoires et entre riches et pauvres. Reste à voir si ce credo du libéralisme permettra de lever les obstacles qui entravent le commerce intra-africain, qu'ils soient physiques, politiques ou sécuritaires, et si la ZLECA ne sera qu'une instance institutionnelle de plus ou une étape vers un véritable marché commun bénéfique à tous les Africains.

4. Les vingt ans de l'Union africaine

L'Union africaine, héritière de l'Organisation de l'Unité africaine (OUA) créée en 1963, a fêté ses vingt ans en février 2022. Les chefs d'États et de gouvernement de l'Union africaine, composée de 55 membres, se sont réunis les 5 et 6 février à Addis-Abeba, capitale de l'Éthiopie, dans l'imposant bâtiment du siège de l'Union, offert par la Chine en 2012.

Avec pour thème « Renforcer la résilience en matière de nutrition sur le Continent africain pour accélérer le développement du capital humain, économique et social », le sommet est en réalité confronté à d'immenses défis dépassant ces objectifs nutritionnels : séquelles de la Covid-19, coups d'État dans plusieurs pays d'Afrique de l'Ouest, menaces sur la paix et la sécurité au Sahel, dans la Corne de l'Afrique, la région des grands Lacs et l'Afrique australe, expansion du terrorisme islamiste, etc. Après la RDC, c'est au tour du Sénégal et de son président Macky Sall de présider l'organisation en vue de répondre au programme chargé pour l'année à venir.

Pour aller plus loin

Huit priorités d'action pour l'Union africaine

liennathan.fr/3wu2x2

II. Transports et intégration régionale

L'Afrique subsaharienne a hérité d'un système de transport très éclaté, les infrastructures de communication ayant été pensées en fonction des frontières de chaque colonie ou groupe de colonies, sans concertation entre les puissances coloniales. Le tracé des voies ferrées est à cet égard caricatural, en particulier en Afrique de l'Ouest du fait de l'imbrication des territoires qui relevaient des autorités britanniques ou françaises. Les voies ferrées, articulées sur les ports, étaient conçues pour drainer les produits de leurs hinterlands*, en particulier les produits pondéreux (minerais principalement) pour l'exportation. Quelques-unes ont été construites dans le but de désenclaver les territoires sans ouverture maritime – par exemple, les lignes Dakar-Bamako ou Mombasa-Kampala. Après les indépendances, de nouvelles voies minéralières (Nouadhibou-Zouerate) ou destinées à consolider l'ossature du territoire national (Transcamerounais, Transgabonais) restent conformes à ce modèle pensé dans le seul cadre des États. L'interconnexion des réseaux se heurte en outre aux différences d'écartement des rails, les voies africaines, la plupart métriques, se partageant entre la voie métrique française (1 m) et la voie métrique britannique (1,067 m). Parmi les réalisations les plus récentes, l'écartement dit « normal » (1,435 m) ne concerne que quelques lignes, principalement minéralières.

L'absence de véritables réseaux interconnectés, sauf en Afrique australe, constitue un handicap pour la construction d'une intégration économique. C'est pourquoi une des priorités de l'Union africaine, inscrite dans son Agenda 2063, concerne les **infrastructures d'intégration régionale et continentale :** les projets portent sur la construction de 12 000 km de voies ferrées et la réhabilitation de 17 000 km. Certains d'entre eux ne sont pas sans rappeler de vieilles utopies, comme la Transsaharienne. Tous se heurtent au problème du financement, à la concurrence du transport routier et au risque sécuritaire, qui fait hésiter les bailleurs de fonds institutionnels comme la Banque mondiale et les investisseurs étrangers à s'engager dans le financement d'infrastructures qui ne peuvent être amorties que dans le long terme. Mais la construction ferroviaire ne se limite pas au champ économique ; elle participe des enjeux géopolitiques ciblant l'Afrique. La Chine l'a bien compris et est devenue un acteur incontournable dans le secteur des chemins de fer. Après l'ouverture d'une nouvelle ligne entre Djibouti et Addis-Abeba, remplaçant celle que les Français ont construite au début du XXe siècle, les entreprises chinoises réhabilitent la ligne Mombasa-Nairobi, financée grâce à un prêt de l'Eximbank. En Afrique de l'Ouest, le projet du groupe français Bolloré de réhabiliter la « boucle ferroviaire ouest-africaine » (Côte d'Ivoire, Burkina Faso, Niger, Bénin) n'a en revanche pas connu le succès escompté. Fin 2021, **Bolloré Logistics a en outre pris la décision de mettre un terme à son aventure africaine** en se séparant de ses activités logistiques (ports et voies ferrées), rachetées par le groupe italo-suisse MSC, pour se recentrer sur le secteur des médias. C'est un des derniers piliers de ce qui fut la Françafrique qui disparaît du continent africain.

Articulant les échelles mondiales, *via* les échanges portuaires, aux échelles nationales et locales, les transports constituent un outil indispensable aux dynamiques territoriales. De nouveaux axes de développement, de nouvelles polarités se mettent en place, redessinant la géographie d'un continent dont les crises récurrentes occultent souvent la réalité des muta-

DÉFINITION

Hinterland : ou arrière-pays, désigne les territoires desservis par un port et dont ils constituent la zone d'influence.

tions en cours. Les recompositions des espaces de l'échange refondent en permanence les fondements d'une géopolitique par essence évolutive.

■ Des réseaux ferroviaires fragmentés

A. RÉSEAUX DE TRANSPORT ET CORRIDORS DE DÉVELOPPEMENT

Les voies de communication dans un continent qui, au sud du Sahara, ne connaît avant la colonisation que la marche à pied et la pirogue, sont destinées, dans un premier temps, au contrôle territorial, l'encadrement des populations à soumettre à l'ordre colonial supposant qu'elles soient facilement accessibles par la force publique. En même temps, les infrastructures de transport terrestre sont d'emblée au service de l'exportation des ressources naturelles, fondement de l'économie coloniale. Elles sont aussi le moyen de diffusion du progrès et d'ouverture des espaces enclavés. **Les dynamiques de changement se moulent sur les axes et les réseaux de communication** qui irriguent le tissu spatial en s'arrimant aux centres urbains. Les infrastructures routières et ferroviaires constituent partout l'ossature de l'aménagement du territoire. On parle aujourd'hui de « corridors » pour désigner les grands axes de développement, pensés généralement à l'échelle non plus nationale, comme dans les premiers temps de la construction des États, mais dans leur dimension régionale. **Ces corridors**, dont les plus complets associent routes asphaltées, voies ferrées et oléoducs à des débouchés portuaires, **sont l'expression concrète des politiques de coopération et d'intégration régionale**. Ils bénéficient de la faveur du système des Nations unies, notamment la Banque mondiale, qui y voit un facteur de rationalité économique et de pacification des relations de voisinage.

1. L'Afrique australe

L'Afrique australe, singulièrement la République sud-africaine, tranche avec le reste du continent par la densité de ses réseaux de transport, qu'il s'agisse des réseaux ferroviaires – les seuls en Afrique à bénéficier d'une véritable interconnexion – ou du réseau routier – le seul à offrir des conditions de circulation et une densité d'équipement comparables à celles des pays industrialisés. Sur le plan ferroviaire, l'Afrique du Sud, avec 30 000 km de voies ferrées, compte pour 80 % du total subsaharien. La **corrélation entre densités des réseaux de communication et niveau global de développement** n'est pas fortuite : elle désigne l'Afrique du Sud comme le seul espace développé du continent. Au-delà, les réseaux projettent quelques tentacules en direction des États enclavés, Botswana, Zimbabwe, Zambie, et jusqu'au sud-est de la RDC : l'exploitation minière du Katanga n'a pu démarrer qu'avec l'arrivée du chemin de fer à Lubumbashi en 1910. Aujourd'hui, le délabrement du réseau ferroviaire congolais est tel que l'ouverture vers les ports sud-africains est indispensable pour que l'économie katangaise ne soit pas totalement asphyxiée : les échanges s'effectuent, par route ou voie ferrée, en direction de Durban et Port Elizabeth.

2. Les corridors est-africains

En Afrique orientale, l'aménagement concerté de corridors régionaux permet aux hinterlands d'accéder à un débouché maritime. Les politiques de désenclavement ne sont certes pas nouvelles : Nairobi, la capitale du Kenya, est née en 1902 comme base technique du chemin de fer, à mi-parcours entre le port de Mombasa et Kampala, alors capitale convoitée par les Britanniques du royaume de Buganda. Avant sa récente réhabilitation, la voie ferrée a été largement délaissée au profit de la route, comme dans l'ensemble de l'Afrique orientale : les trois quarts du fret y sont transportés par camion. La route, ses stations-service, ses relais de restauration rapide et son hôtellerie, tout comme le monde des camionneurs, travailleurs privilégiés mais aussi plus exposés que tous les autres au sida qu'ils ont contribué à disséminer sur les itinéraires routiers, font désormais partie de la géographie, de la sociologie et de la culture de l'Afrique, comme autrefois la voie ferrée et ses cheminots.

Sur le **corridor Mombasa-Kampala**, la route a suivi de très près le tracé de la voie ferrée. Un oléoduc suit le même parcours jusqu'à Eldoret, où le relais est pris par des camions-citernes. Ce « corridor nord » est la principale voie d'accès au Rwanda et à l'est du Congo ; il est d'une importance vitale pour toute la région des Grands Lacs. La logistique s'adapte aux techniques modernes du transport multimodal* qui a favorisé la généralisation des conteneurs pour les échanges à grande distance. La conteneurisation s'est aussi accompagnée d'une concentration des entreprises, simultanément à une privatisation du secteur des transports. Transalpina et le groupe Bolloré (jusqu'à son retrait décidé en 2021) occupent des positions

DÉFINITION

Transport multimodal : relatif à une chaîne de transport utilisant plusieurs modes : routier, fluvial, ferroviaire ou aérien.

dominantes dans la chaîne de transport régional, depuis le port de Mombasa jusqu'au Congo oriental, en passant par les ports secs qui jalonnent les itinéraires : Nairobi, Kampala, Kigali. Face au développement du transport international, l'*East African Community* a élaboré des réglementations communes. Elles sont de nature juridique, précisant les conditions du transit sous douane, ou technique, limitant la charge à l'essieu des camions afin de réduire les risques de dégradation des chaussées. Cet exemple montre comment **le transport participe à l'intégration régionale en dotant les territoires de l'armature physique nécessaire au déploiement des forces économiques**.

Pour les pays enclavés, le transit par un pays maritime est une nécessité en même temps qu'une hypothèque sur leur indépendance. Aussi, la recherche de voies alternatives est-elle d'une grande importance géopolitique. Dans l'est du Congo, les conflits avec le Rwanda ont poussé les autorités et les entreprises de transport du Kivu à se reporter sur des itinéraires de contournement. Le renforcement de l'axe routier au nord de Goma permet ainsi de rejoindre l'Ouganda et de se raccorder au « corridor nord ». Le transit est aussi possible *via* un « corridor sud » qui relie Dar es Salam au lac Tanganyika en traversant la Tanzanie, soit par des routes de qualité moyenne, soit par la vieille voie ferrée Dar es Salam-Kigoma construite à l'époque allemande. Cet axe, nettement moins performant que le « corridor nord », est toutefois d'une grande utilité politique pour le Kivu.

L'exploitation du pétrole du lac Albert a donné lieu à de longues négociations pour le choix du tracé de l'oléoduc transfrontalier qui doit, à l'horizon 2025, relier les champs de production à la façade maritime de l'océan Indien. C'est finalement **le port tanzanien de Tanga qui a été choisi comme point d'aboutissement de l'EACOP** (*East African Crude Oil Pipeline*), dont la pose sera réalisée par un consortium d'entreprises dont Total est chef de file. De longues discussions avec les ONG de protection de la nature et des droits des communautés autochtones impactées par le projet ont dû être menées, car aujourd'hui, la mise en œuvre de grands projets d'infrastructures n'est plus possible sans l'accord – autrement dit, des compensations financières – de groupes diversement organisés associant militantisme écologiste et défense des droits des populations. Au tournant du siècle, la construction de l'oléoduc Doba-Kribi (Tchad-Cameroun) a été pionnière en la matière.

Un autre corridor d'intégration régionale et de désenclavement met en relation Lusaka, la capitale zambienne, et Dar es Salam. **La construction, dans les années 1970, de la voie ferrée dite « *Tazara Railway* » (*Tanzania-Zambia Railway*) est l'une des premières grandes réalisations de la Chine en Afrique** à l'époque où le régime socialiste tanzanien de Julius Nyerere s'est rapproché du modèle chinois. L'axe ferroviaire est doublé par une route dont la construction a bénéficié de financements américains, ce qui témoigne de la souplesse du « socialisme tanzanien » et de l'habileté diplomatique de son promoteur, et par un oléoduc. Le chemin de fer est utilisé, notamment, pour l'exportation du cuivre zambien, qui ne dépend donc plus totalement de la voie sud-africaine. À l'époque de sa construction, la guerre froide et le boycott de l'Afrique du Sud lui confèrent une indéniable valeur géostratégique : le choix des infrastructures de transport est toujours un acte éminemment politique.

Le **désenclavement du Soudan du Sud** suscite de nombreux projets depuis son indépendance en 2011. Le Kenya constitue son ouverture « naturelle » vers l'océan Indien. Un corridor reliant Juba à la côte kenyane proche de Lamu a fait l'objet de nombreuses études : route, voie ferrée, et bien sûr oléoduc pour exporter le pétrole sans dépendre du Soudan. En Afrique comme partout dans le monde, les transports, notamment d'énergie, sont une des composantes les plus sensibles de la géopolitique.

3. Le retour fragilisé du Mozambique

Longtemps dépendant de l'Afrique du Sud, à laquelle il a fourni d'importants contingents de travailleurs pour les mines du Transvaal, puis ruiné par plus de 25 ans de guerre (guerre d'indépendance commencée en 1964 suivie par une guerre civile qui ne s'achèvera qu'en 1992), **le Mozambique est en cours de reconstruction**. La rénovation prioritaire des infrastructures de transport concerne trois corridors. Le corridor nord relie par voie ferrée le Malawi au port de Nacala. Au centre, le corridor de Beira, comprenant route, voie ferrée et oléoduc, est la porte d'entrée et l'exutoire océanique du Zimbabwe. Enfin, au sud, le corridor de Maputo doit son importance au fait qu'il est un débouché à la fois pour le Zimbabwe (par une voie ferrée longeant la vallée du Limpopo), pour la région du Gauteng, la plus importante région économique d'Afrique du Sud, et pour l'Eswatini. Mais la seule activité portuaire ne suffit pas pour assurer un développement que les autorités mozambicaines souhaitent diversifier par l'implantation d'activités le long des axes de transport. Cette politique bénéficie du soutien de bailleurs de fonds internationaux et d'investisseurs sud-africains intéressés par les perspectives de croissance dans les secteurs agricoles et industriels d'un pays en rapide transformation.

La position géographique du Mozambique en Afrique australe devrait être valorisée, en particulier grâce à un projet portuaire et ferroviaire d'envergure : **aménagement d'un port en eau profonde à Techobanine**, dans la province de Maputo, et d'une voie ferrée à destination du nord du Botswana. Cette dernière désenclaverait ce pays en le raccordant à l'océan Indien, une perspective intéressante pour le développement de son économie minière, et pour les économies asiatiques, notamment chinoises, assoiffées de matières premières. Ce projet va dans le sens d'un basculement de la moitié sud du continent africain en direction de l'Asie.

La découverte d'**énormes réserves de gaz (plus de 5 trillions de m^3), les plus importantes d'Afrique subsaharienne**, et leur exploitation, initialement prévue dès l'horizon 2018 mais sans cesse reportée, font par ailleurs du Mozambique un des pays les plus prometteurs sur l'échiquier énergétique mondial. Toutefois, ces perspectives ont été assombries par les attaques au nord du pays, notamment dans la ville de Palma, de groupes djihadistes se réclamant d'al-Shabab. Elles ont conduit, en 2021, le groupe Total, très impliqué dans la valorisation des gisements gaziers, à suspendre ses activités.

B. ZONES FRANCHES ET ZONES ÉCONOMIQUES SPÉCIALES

1. Les zones franches

Depuis les années 1970, un certain nombre de pays africains se sont dotés de zones franches industrielles bénéficiant d'exonérations fiscales et douanières destinées à attirer les investisseurs. **Maurice a été pionnière en la matière**, ce qui lui a permis de développer une industrie performante de la confection textile dans les années 1980. La zone franche mauricienne couvre l'ensemble de l'île. Elle a employé jusqu'à 90 000 personnes en 1990. L'essor industriel a bénéficié de plusieurs facteurs : investissements de la bourgeoisie locale, apport de capitaux d'entrepreneurs chinois de Hong Kong qui craignaient les conséquences du rattachement à la Chine en 1997, accords de Lomé facilitant l'exportation vers l'Europe, présence d'une main-d'œuvre d'origine indienne ou sino-mauricienne compétitive. Les chemises *made in Mauritius* ont longtemps été le seul produit manufacturé « africain » exporté dans le monde. Depuis la fin des années 1990, les modifications du commerce international ont fait perdre à Maurice une partie de ses avantages comparatifs, tandis que les produits chinois envahissent les marchés. L'emploi en zone franche est tombé à 55 000 personnes, dont plus de la moitié d'étrangers (Malgaches, Indiens…) acceptant des conditions salariales plus dures. **Les Mauriciens misent désormais davantage sur le tourisme haut de gamme que sur une confection bas de gamme** qui résiste difficilement à la concurrence asiatique dans le contexte de la mondialisation libérale.

Les corridors en Afrique de l'Est

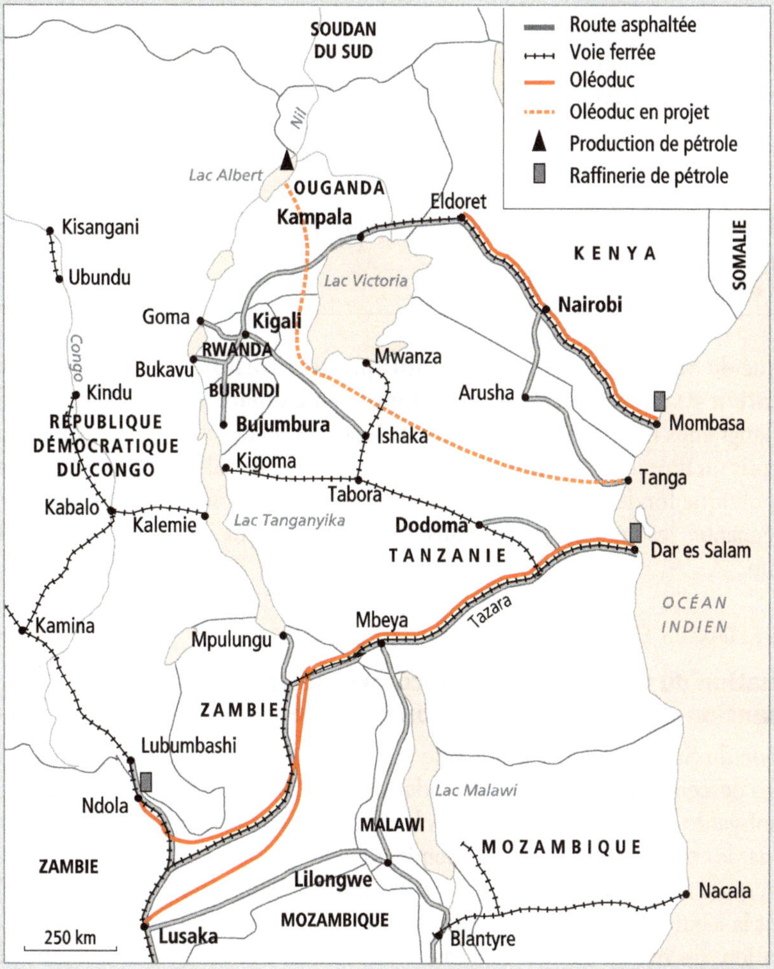

Copyright : Nathan, 2022.

Sur le continent, les zones franches (une centaine depuis 1980) ont eu moins de succès. La zone franche industrielle (ZFI) de Dakar, la plus ancienne (1974), ne compte toujours qu'un millier d'emplois. La relance en 2007 avec l'appui de Dubaï (*Jebel Ali Free Zone Authority*) n'a pas encore porté ses fruits. D'une manière générale, l'orientation des zones franches vers le marché intérieur *via* des industries d'import-substitution n'a pas été en mesure de faire face à la concurrence internationale ou aux importations en contrebande en dépit des avantages fiscaux consentis aux entreprises.

2. Les zones économiques spéciales (ZES)

Depuis 2009, le modèle chinois des ZES tend à prendre le relais des zones franches, à une autre échelle et avec des moyens financiers conséquents. Le Nigeria, la Zambie, le Gabon et l'Éthiopie, entre autres, ont lancé de grandes opérations, avec le soutien de puissants partenaires, comme le **groupe singapourien Olam** dans la ZES de Nkok, près de Libreville. Dans la banlieue d'Addis-Abeba, à Bole, usines textiles et de chaussures participent du dynamisme de l'économie éthiopienne dans un environnement sociopolitique qui n'est pas sans rappeler celui de la République populaire de Chine. Très attentive à ces nouvelles orientations, la Banque africaine de développement (BAD) observe le fonctionnement des ZES en partenariat avec l'université de Shenzhen : de nouveaux pôles de croissance se dessinent à la faveur de l'insertion croissante de l'Afrique dans une mondialisation où le poids de l'Asie ne cesse de se renforcer [→ CH. 17].

III. La recomposition post-apartheid de l'Afrique du Sud

L'Afrique du Sud a expérimenté une **politique territoriale unique au monde par son application systématique d'un « développement séparé »**, imposée par le pouvoir blanc, qui l'a longtemps mise au ban des nations. Depuis la fin de l'apartheid décidée en 1991, elle a entrepris un travail considérable de recomposition territoriale destiné à effacer les séquelles d'une politique fondée sur une ségrégation spatiale des « races ». Celle-ci reste cependant très prégnante : les héritages territoriaux pèsent lourdement sur le présent et rendent l'avenir incertain.

A. LES HÉRITAGES DE L'APARTHEID

1. La formation du territoire : une rencontre violente entre expansion afrikaner et expansion bantoue

L'Afrique du Sud a été le théâtre d'une compétition territoriale particulièrement violente entre les descendants des colons hollandais, les Boers (paysans) ou les Trekboers (éleveurs), et l'avant-garde des migrants bantous. À la différence des Britanniques, principalement intéressés par le commerce puis par l'économie minière, les Boers entretiennent avec la terre une relation quasi mystique. Ils se considèrent comme viscéralement africains, « afrikaners », et fondent la légitimité de leurs revendications sur les droits que confère l'antériorité de leur occupation, du moins dans la région du Cap – antériorité contestable puisque la région était parcourue par des chasseurs-cueilleurs khoisan, à l'origine de l'importante communauté métisse du Cap. Pendant que les Européens s'enracinent à l'extrême sud du continent, différents groupes de populations bantoues (Zoulous, Xhosas, etc.) poursuivent leur migration millénaire en direction des derniers espaces qu'ils n'ont pas encore investis. La rencontre entre les Xhosas et les colons blancs provoquera des conflits armés pour le contrôle des pâturages dans les dernières décennies du XVIIIe siècle. Lorsque les Britanniques s'emparent de la colonie du Cap en 1795, la frontière s'est stabilisée sur la Fish River.
Au cours du XIXe siècle, les conflits entre les Boers et les autorités britanniques se multiplient. Refusant de se plier à leur tutelle, et notamment à l'abolition de l'esclavage dans les colonies britanniques proclamées en 1833, les Trekboers abandonnent la colonie et partent à la conquête de l'intérieur du continent à partir de 1835. Ce qu'on appellera par la suite le Grand Trek (migration) aboutit à la création de **deux États afrikaners : l'État libre d'Orange, puis le Transvaal**. Au cours d'une conquête qui ne s'achèvera qu'à l'extrême

fin du XIXᵉ siècle, les colons s'emparent de territoires au détriment des populations noires. Quelques groupes bantous échappent aux appétits des Boers, grâce notamment à la protection de la ***London Missionary Society*, à l'origine de la création du Botswana**. Le Trek, dont un puissant monument érigé près de Pretoria glorifie l'épopée, participe de la mythologie des Afrikaners : avec la Bible et le fusil, ils ont accompli une œuvre qu'ils considèrent comme messianique et dont ils pensent qu'elle justifie leurs droits territoriaux. Mais la création d'une Afrique du Sud, dominée jusqu'à la fin du XXᵉ siècle par le pouvoir blanc, résulte d'une spoliation par la violence de terres relevant précédemment de royaumes noirs vaincus par les armes. Cette question foncière a été sous-jacente à la mise en place de la politique d'apartheid. Elle est aujourd'hui le **nœud gordien des relations entre Noirs et Blancs dans la nouvelle Afrique du Sud qui a hérité de ce lourd passif**.

2. L'apartheid, paradigme d'une représentation raciale du monde

L'apartheid – terme que l'on peut traduire par « développement séparé » – est un **système global d'organisation et de gestion de la société basé sur une représentation raciale**. La colonisation européenne a partout pratiqué une politique de ségrégation spatiale pour isoler et protéger les colons européens des autochtones africains : toutes les villes d'Afrique ont été marquées par cette volonté de créer des quartiers blancs protégés, séparés par des espaces tampons des quartiers noirs. La particularité de l'Afrique du Sud est d'avoir systématisé ces politiques, d'avoir inscrit la ségrégation raciale non seulement dans les pratiques, mais aussi dans la loi. En ce sens, l'apartheid représente une **tentative unique au monde de construire un État sur les bases d'une raciologie** qui se voulait opérationnelle, voire se prétendait scientifique. Mais derrière les fondements idéologiques d'un régime qui s'est heurté à la réprobation de la communauté internationale et que son isolement condamnait, se trouvent de puissants intérêts matériels.

a) Idéologie et pratique de la ségrégation

Avant d'être érigée en système politique, la ségrégation est une pratique. Au tournant des XIXᵉ et XXᵉ siècles, l'hygiénisme*, en vogue dans l'Angleterre victorienne, a pour effet d'imposer dans les colonies des comportements fondés sur une **représentation raciale des risques sanitaires**. La présence du choléra, notamment, souligne le manque d'hygiène des Noirs : la protection des colons passe par leur éloignement. La ville du Cap est alors un exemple de politiques urbaines fondées sur des préoccupations sanitaires qui entraînent l'éviction des Noirs des quartiers centraux et leur relégation dans des lotissements périphériques.

L'origine des *buffer zones* (zones tampons) renvoie à ces considérations pratiques.

Parallèlement aux politiques urbaines qui mettent en place une ségrégation de fait bien antérieure aux lois d'apartheid, la soif de terre des Afrikaners pousse les responsables politiques à légiférer en leur faveur pour leur permettre d'accaparer les terres en toute légalité.

Conformément à la politique britannique appliquée en Afrique australe et orientale, du Kenya à l'Afrique du Sud en passant par la Rhodésie du Sud (Zimbabwe), les indigènes sont relégués dans des « réserves ». Cela est rendu possible par la relative faiblesse du peuplement, mais les Européens se taillent évidemment la part du lion, ne laissant aux autochtones que la portion congrue des territoires.

DÉFINITION

Hygiénisme : le mouvement hygiéniste a beaucoup contribué à l'amélioration de la santé publique dans les villes d'Europe occidentale du XIXᵉ siècle. En Afrique, la peur de la contagion de maladies répandues parmi les Noirs a fait de l'hygiénisme un facteur de ségrégation raciale.

b) Législation et transgressions de l'apartheid

L'apartheid n'a jamais réussi à séparer totalement les communautés, en dépit d'une législation rigoureuse. Les lois ségrégationnistes remontent à 1948, lorsque le Parti national arrive au pouvoir. Dans l'arsenal législatif, les deux lois de 1950, le *Group Areas Act* et le *Population Registration Act*, servent de pilier au nouveau système. Chacune des catégories distinguées par la raciologie sud-africaine est en principe consignée dans des territoires spécifiques. En milieu urbain, les *townships* (lotissements) doivent accueillir les « non-Blancs ». En réalité, les pouvoirs politico-administratifs ne réussiront jamais à empêcher des rapprochements entre les franges transgressives de groupes aux relations théoriquement interdites par la loi. À Johannesburg, les dernières années du régime d'apartheid voient un intense métissage culturel accompagné d'un « grisement » des quartiers centraux où Blancs et Noirs, issus de milieux intellectuels et artistiques, transgressent les interdits, anticipant sur l'abolition des lois racistes. Trois décennies plus tard, force est cependant de constater que le *melting-pot* a largement échoué et que la ségrégation résidentielle s'est même accentuée : rares sont les Blancs à résider encore dans le vieux centre de Johannesburg, désormais investi par une population noire. **Le processus de ghettoïsation et de repli communautaire s'est renforcé depuis la fin de l'apartheid.**

B. L'ESPACE FRAGMENTÉ

La fragmentation spatiale élaborée par l'apartheid domine toujours les paysages sud-africains. En milieu urbain, on observe un début de glissement de la ségrégation raciale à la ségrégation sociale : les nouvelles classes dominantes noires rejoignent les Blancs dans les quartiers résidentiels. Dans les campagnes, la question de la redistribution de la terre est encore loin d'être résolue et les tensions sont de plus en plus vives.

1. Ville éclatée et replis sécuritaires

Les agglomérations urbaines sud-africaines se présentent comme une juxtaposition d'unités distinctes, séparées par la distance ou des obstacles physiques qui constituaient les *buffer zones* : emprises ferroviaires ou autoroutières, zones industrielles, entrepôts… Depuis la fin de l'apartheid, les Blancs ont tendance à abandonner les quartiers centraux au profit de nouveaux *suburbs*, banlieues riches comme Sandton, au nord de Johannesburg, banlieues accueillant de plus en plus d'activités de haut niveau (industries de pointe, tertiaire, recherche). La proximité de l'emploi permet de limiter les déplacements hors de ces espaces protégés qu'on ne quitte qu'en voiture. **Ces quartiers résidentiels sont aujourd'hui ouverts aux élites noires** qui disposent des moyens financiers nécessaires, mais la cohabitation reste l'exception.

Le terme de *township* recouvre des réalités très diverses. Ces lotissements destinés aux non-Blancs séparaient trois grandes catégories : les Noirs, les métis et les Indiens, auxquelles étaient assignés des quartiers distincts. Ces catégories sont restées séparées, les Indiens ne se mélangeant ni avec les Noirs ni avec les métis. La géographie des immenses *townships*, comme le plus célèbre d'entre eux, **Soweto**, situé au sud-ouest de Johannesburg (d'où son nom, *South Western Township*), à une quinzaine de kilomètres du centre-ville, est loin d'être homogène. Soweto compterait quelque 3 millions d'habitants : dans une agglomération d'une telle importance, les différences culturelles et de niveau économique sont grandes. **Le *township* se morcelle en sous-ensembles** qui forment autant d'entités plus ou moins fermées, de territoires à l'identité marquée perceptible tant dans la fréquentation des lieux de culte et des grands centres commerciaux que dans l'animation des *shebeens* (débits de boissons). Les

Blancs ne s'y rendent jamais, à de rares exceptions près (chercheurs, travailleurs sociaux, sans compter maintenant quelques touristes en quête de dépaysement).

Les *townships* ont été les symboles de la ségrégation raciale, et les hauts lieux de la résistance au pouvoir blanc : résistance passive ici, révoltes là. En 1960, à Sharpville, *township* du sud de Johannesburg, la police tire sur une foule de manifestants qui protestent contre le *pass*, passeport intérieur imposé aux Noirs pour qu'ils puissent pénétrer en zone blanche. Mais c'est **Soweto qui incarnera la lutte contre l'apartheid** et acquerra une notoriété mondiale : en 1976, de violentes manifestations contre l'imposition de l'afrikaans dans les écoles noires se soldent par plusieurs centaines de victimes, marquant un tournant dans la lutte politique contre le régime d'apartheid.

Plus que partout ailleurs en Afrique, **la violence, sous-produit des déstructurations sociales**, familiales engendrées par l'apartheid, fait partie du quotidien. Elle s'exerce principalement parmi les Noirs et les métis, dans les milieux défavorisés, mais elle prend aussi pour cible les Blancs, dont les richesses sont convoitées. Une psychose sécuritaire s'est installée durablement parmi la population blanche. Elle imprime sa marque à l'urbanisme, à l'architecture, tout comme aux comportements. La recherche d'une protection conduit à privilégier la résidence dans des ensembles clos et protégés par des gardiens armés : les *gated communities* [→ CH. 10], sur le modèle venu des États-Unis. **Les sociétés de gardiennage font fortune** et ont permis à de nombreux policiers blancs limogés après l'arrivée de l'ANC (*African National Congress*) au pouvoir de se recycler. Les habitants des ghettos dorés vivent comme dans une bulle ; ils ont leurs lieux de sociabilité, tels les *malls*, immenses centres commerciaux et lieux de sortie dominicale, leurs établissements scolaires, leurs lieux de culte, leurs stades et leurs complexes sportifs. Dépossédés du pouvoir politique depuis maintenant trois décennies, **les Blancs**, bien que forts de leurs positions économiques, se sentent menacés dans un environnement qui les place en situation d'assiégés, d'autant qu'ils **sont de plus en plus minoritaires** : moins de 5 millions pour une population sud-africaine de près de 60 millions d'habitants.

La démographie est naturellement une des composantes fondamentales de l'équation sud-africaine : au tournant du millénaire, il y avait, en données arrondies, **80 % de Noirs pour 10 % de Blancs**, le reste se partageant entre métis (ou « *colored* », 7,5 %) et Indiens (2,5 %).

2. La politique territoriale de l'apartheid : les bantoustans

Monseigneur Desmond Tutu, prix Nobel de la paix en 1984, décédé en 2021, a résumé dans un raccourci saisissant ce qui est désormais la principale pomme de discorde entre Blancs et Noirs : « Quand les Blancs sont arrivés, nous avions la terre, et ils avaient la Bible. On a fermé les yeux quelques secondes et, quand on les a rouverts, ils avaient la terre et nous avions la Bible. » La formation de l'Afrique du Sud s'est en effet accompagnée d'une **spoliation massive des terres indigènes**. Celle-ci remonte au *Land Act* de 1913, qui définit des réserves africaines, toutes en dehors des zones urbaines, dont le total ne représentait que 10 % de la superficie de l'Union sud-africaine (8,9 millions d'hectares). En 1936, le *Native Trust and Land Act* ajoute 6,2 millions d'hectares : au total, **les terres noires atteignent à peine 13 % de la superficie du pays**.

Le Parti national, qui représente avant tout les intérêts des Afrikaners, systématise la ségrégation raciale. Au pouvoir de 1948 à 1994, il impose son programme d'apartheid. Conformément au *Group Areas Act*, fondement législatif de l'organisation raciale de l'espace, il veille à séparer terres blanches et terres noires. Au total, plus de 5 millions de Noirs seront déplacés (contre quelques milliers de Blancs), repoussés dans les réserves érigées en homelands ou bantoustans. Dans les années 1970, le gouvernement sud-africain mise sur la politique de ces bantoustans, censés devenir des États « indépendants » au sein de l'Afrique du Sud. Au nombre de dix, ils sont conçus en fonction des appartenances ethniques, du moins de la perception qu'en ont les autorités blanches. Certains offrent une homogénéité spatiale, comme le **Transkei** et le **Ciskei** ; leur situation peut être comparée à celle du Lesotho, qui sert de modèle aux penseurs de l'apartheid. Ils sont dotés de capitales, comme Umtata au Transkei, qui bénéficie de tous les attributs de sa fonction, services administratifs, établissement hospitalier, université, etc. En revanche, d'autres bantoustans sont composés de fragments de territoires séparés par des terres blanches : c'est le cas caricatural du **Bophuthatswana**, avec sept entités territoriales, et surtout du **Kwazulu**, qui n'en compte pas moins de quarante.

La fragmentation urbaine de l'apartheid : l'exemple de Port Elizabeth (rebaptisé Gqeberha en 2021)

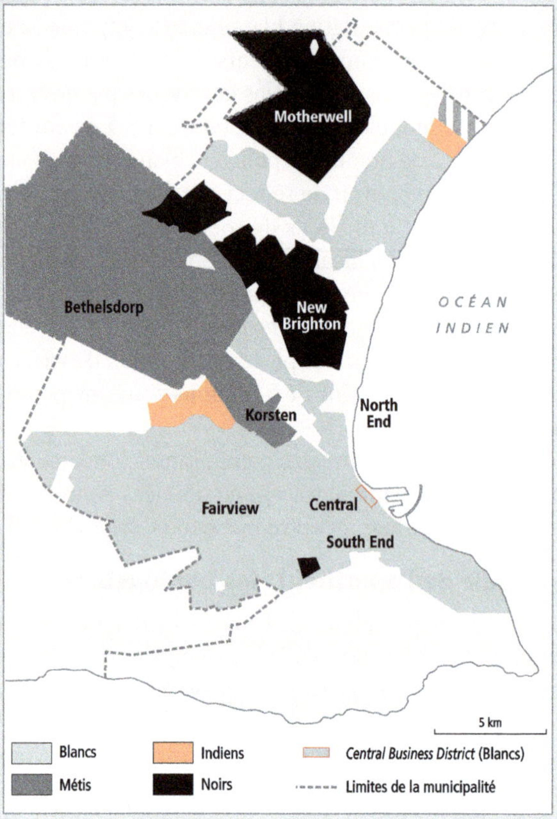

En dépit d'importants financements consentis en leur faveur, les bantoustans ne parviendront pas à être viables, ni politiquement ni économiquement. La fiction de l'indépendance accordée à quatre d'entre eux (Bophuthatswana, Ciskei, Transkei, Venda) ne modifiera pas fondamentalement leur relation vis-à-vis du pouvoir de Pretoria. Avec l'abolition des lois d'apartheid en 1991, une des tâches prioritaires de la nouvelle Afrique du Sud a consisté à **remodeler le territoire, pour faire disparaître les bantoustans** en les fondant dans de nouvelles entités politico-administratives.

C. NOIRS ET BLANCS DANS LA NOUVELLE AFRIQUE DU SUD

1. Un redécoupage territorial pour effacer la géographie de l'apartheid

Un travail énorme est réalisé en un temps record par le *Demarcation Board* pour créer, d'une part, de nouvelles provinces, au nombre de neuf, et d'autre part, de nouvelles municipalités fusionnant des territoires noirs et blancs. Le territoire hérité comprend quatre provinces : la province du Cap, qui couvre plus de la moitié du territoire de la RSA, l'État libre d'Orange, le Transvaal et le Natal, dans lesquelles sont inclus les bantoustans. La **recomposition en neuf provinces** s'appuie sur des critères socio-économiques en tenant compte des aires d'influence des zones métropolitaines. L'immense province du Cap est maintenant divisée en trois : Cap de l'Ouest (capitale : Le Cap), Cap du Nord (capitale : Kimberley, la ville du diamant) et Cap de l'Est (capitale : Bisho, ancienne capitale du Ciskei). L'État libre d'Orange (capitale : Bloemfontein), bastion des Afrikaners, est resté inchangé. Le **KwaZulu-Natal** est formé de la réunion du KwaZulu, le pays des Zoulous, et du Natal ; les fonctions de capitale se partagent entre Ulundi, ancienne capitale royale du Zoulouland, et Pietermaritzburg.

Les bantoustans

Quant au Transvaal, il comprend maintenant quatre provinces. Le Nord-Ouest a été construit par un regroupement des territoires autour des morceaux dispersés du Bophuthatswana, dont la capitale, Mmabatho, a repris son ancien de nom de Mafikeng (ou Mafeking), célèbre car c'est à l'occasion de la défense de cette ville assiégée par les Boers en 1899 que Baden-Powell, utilisant de jeunes garçons comme éclaireurs, ou *scouts*, inventa le scoutisme. La province du Nord (capitale : Pietersburg) résulte de la fusion du Venda, du Gazankulu et du Lebowa avec la partie septentrionale du Transvaal. Le **Mpumalanga**, dont le nom signifie « le pays où le soleil se lève », correspond au Transvaal oriental incluant le Kangwane. Enfin, le cœur du Transvaal est constitué de l'ancienne aire métropolitaine du PWV (Pretoria-Witwatersrand-Vereeniging) ; il a reçu le nom de **Gauteng**, qui signifie « le lieu de l'or », rappelant que la fortune de Johannesburg est liée aux mines d'or découvertes en 1886 sur le site du Witwatersrand, « la crête des eaux claires ».

2. L'épineuse question foncière

L'abolition de l'apartheid n'a pas résolu la question cruciale de l'inégalité foncière et de la **réforme agraire**. Bien que celle-ci soit inscrite dans la Constitution, elle n'est toujours que très partiellement réalisée. Deux types d'agriculture s'opposent. L'agriculture commerciale, moderne et représentant un secteur exportateur dynamique, est entre les mains d'environ 50 000 fermiers blancs (contre 116 000 en 1950), détenteurs d'environ 100 millions d'hectares. La plupart des exploitations comptent entre 1 000 et 5 000 hectares. Outre ces fermes, **quelques grandes compagnies d'agrobusiness dominent les secteurs sucriers et forestiers**. Tongaat Hulett, contrôlée par la holding britannique Anglo American, a la mainmise sur toute la filière sucrière du KwaZulu-Natal. Anglo American, qui a construit sa puissance dans l'activité minière, est aussi très présente dans le secteur bois : immenses plantations d'eucalyptus et de pins destinés au soutènement des mines et aux usines de pâte à papier. Les fermes commerciales et les plantations agro-industrielles représentent un des principaux secteurs d'emploi salarié : 2 millions de personnes y travaillent.

Le nouveau découpage territorial

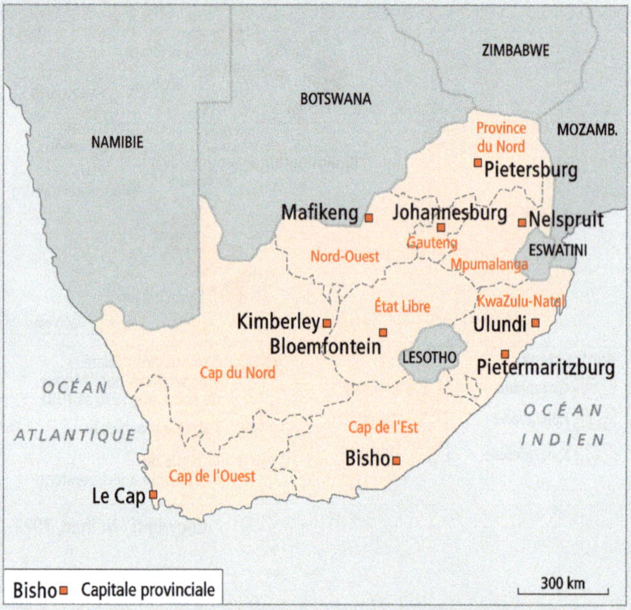

Contrastant avec ce secteur moderne détenu et géré pour l'essentiel par les Blancs (on évalue à environ 1 500 le nombre de fermiers noirs), **la petite paysannerie africaine ne dispose que de toutes petites exploitations, de l'ordre de 2 hectares en moyenne**. Dans ce contexte, la réforme agraire est apparue comme une nécessité économique et politique pour le nouveau pouvoir détenu depuis 1994 par l'ANC. L'objectif officiel visait à restituer aux Noirs au moins 30 % des terres arables du pays d'ici à 2014, mais il n'a pas été atteint. La réforme agraire piétine, l'impatience augmente. Le statut de la terre n'est d'ailleurs pas toujours clair et les chefs coutumiers qui en revendiquent la gestion ont tendance à privilégier leurs intérêts et ceux de leur clan. Les familles pauvres restent marginalisées : on compterait 30 % de paysans sans terre dans les anciens bantoustans.

Des « communautés » noires entreprennent en nombre croissant des démarches judiciaires pour récupérer leur « patrimoine », mais les procédures devant les tribunaux sont lentes. Jusqu'à présent, les récupérations se sont faites dans l'ensemble dans le respect de la loi, et les propriétaires dépossédés sont indemnisés. On compte pourtant quelques centaines d'assassinats de fermiers blancs depuis vingt ans. Ces derniers n'ignorent pas le **précédent du Zimbabwe** : en 2000, le président Mugabe, ayant décidé d'accélérer la réforme agraire, ouvre une période de violences, d'occupation de terres, d'expropriations massives au bénéfice de ses partisans. Depuis lors, la plupart des 4 500 fermiers blancs ont abandonné leurs propriétés, la production zimbabwéenne s'est effondrée, les repreneurs n'ayant pas la capacité de gérer ces exploitations modernes. **La redistribution inconsidérée des terres s'est traduite par une catastrophe économique** contraignant le Zimbabwe à faire appel à l'aide alimentaire internationale. L'Afrique du Sud saura-t-elle échapper à un tel scénario régressif ? La question ne peut être éludée car, même si le contexte n'est pas comparable, la terre est un sujet de plus en plus sensible.

3. Un avenir incertain

Abrogé en 1991 avant la substitution du pouvoir politique noir à celui des Blancs en 1994, l'apartheid est toujours prégnant dans les paysages et hante encore les esprits. Il ne suffit pas d'évoquer la belle image de la « nation arc-en-ciel » pour que disparaissent les clivages économiques, culturels, psychologiques toujours présents, jusque dans le sport. Les Blancs se retrouvent autour du rugby et des Springboks, les Noirs jouent au football et vibrent aux exploits des Bafana Bafana. Les politiques en faveur des Noirs, notamment l'*Affirmative Action*, favorisent le développement d'une classe moyenne noire, au détriment des Blancs sans qualification (surtout Afrikaners). Depuis le début des années 2000, une politique dite « de *Black Economic Empowerment* » a amorcé un transfert du pouvoir économique en faveur de la bourgeoisie noire. Des vétérans de l'ANC se reconvertissent avec succès dans les affaires. Sur le plan symbolique, des changements toponymiques substituent des héros noirs aux héros blancs. Depuis 2005, le nom officiel de la capitale sud-africaine est Tshwane, Pretoria ne désignant plus qu'un quartier de l'agglomération issue du nouveau découpage municipal. La transition onomastique continue – Port Elizabeth, par exemple, est devenu officiellement Gqeberha en 2021. Elle touche même les pays satellites : le Swaziland s'est rebaptisé **Eswatini** (« pays des Swazis ») en 2018.

Ces évolutions se sont faites sans tension majeure entre les communautés, grâce à la personnalité exceptionnelle de Nelson Mandela et au réalisme de Frederik de Klerk, qui a assuré la transition politique en commençant par faire libérer, en 1990, le plus célèbre détenu politique au monde. Élu président de la République en 1994, Mandela s'est retiré au terme de son mandat, en 1999, mais sa présence tutélaire a continué à veiller sur le destin de la nouvelle Afrique du Sud et de la « Renaissance africaine » jusqu'à son décès, en 2013. Après la présidence de Thabo Mbeki (1999-2008) et celle, très contestée, de Jacob Zuma (2009-2018), contraint à la démission pour faits graves de corruption, c'est à Cyril Ramaphosa, élu en 2018, de gérer un après-Mandela incertain, avec un risque réel de fragilisation des équilibres délicats établis entre Noirs et Blancs.

17 L'AFRIQUE FACE AU NOUVEAU MONDE MULTIPOLAIRE

Après avoir été un des grands théâtres de rivalité du monde bipolaire de la guerre froide, l'Afrique connaît, depuis le début des années 2000, un renouvellement et une **diversification de ses relations extérieures** qui reflètent les processus d'émergence ayant bénéficié à différents pays des Suds qui faisaient partie, avant 1990, du tiers-monde. L'effervescence de ces nouvelles relations peut être interprétée comme trahissant la faiblesse géopolitique d'un continent dont les États pauvres sont très dépendants de financements extérieurs. Elle signale aussi l'attractivité d'un espace parfois présenté comme une dernière frontière de la mondialisation néolibérale, où l'abondance des ressources naturelles et la poussée démographique et urbaine fourniraient des gisements de croissance à long terme. Parmi ces nouveaux partenaires, **la Chine se distingue** par l'ubiquité et la diversité de ses formes de présence, les autres pays extérieurs à l'Afrique exploitant des avantages comparatifs sectoriels ou des champs relationnels hérités (Brésil, Inde, Turquie, Russie, pays du Golfe...). L'influence de puissances continentales comme l'Afrique du Sud ou le Maroc se déploie selon des logiques analogues. Ces dynamiques ne doivent pas faire oublier que **les anciens partenaires, européens notamment, conservent en Afrique des intérêts et une influence encore très importants**, souvent prépondérants. L'émulation et les rivalités qui accompagnent cette recomposition de la scène géopolitique africaine sont ambivalentes du point de vue de leurs effets pour le développement et pour la paix : elles fournissent aux États africains des ressources nouvelles précieuses, tout en étant porteuses de risques spécifiques.

Notions principales

Chinafrique : ce néologisme journalistique inspiré de la Françafrique renvoie à l'importance, à la densité et à la diversité des liens tissés en quelques années par la Chine avec la quasi-totalité des pays africains. Très visible médiatiquement et symbolique de la nouvelle puissance chinoise globale, cette présence chinoise en Afrique ne doit pas être surestimée ni faire oublier des relations partenariales anciennes avec les pays européens ou les États-Unis également très structurantes.

Émergence : cette notion mal définie d'un point de vue scientifique s'est imposée dans les années 2000 pour désigner le processus d'affirmation politique et économique de certains pays en lien avec leur insertion dans la mondialisation. Une de ses implications a été l'intensification des relations Sud/Sud, dont l'Afrique a été l'un des grands théâtres.

CHRONOLOGIE

2000 : Accords de Cotonou entre l'UE et les pays ACP (Afrique, Caraïbes, Pacifique). AGOA (*African Growth and Opportunity Act*). Premier FOCAC (Forum sur la coopération sino-africaine) à Pékin

2008 : Premier sommet du Forum Inde-Afrique

2011 : Intervention militaire occidentale contre le maréchal Kadhafi (Libye)

2013 : Intervention militaire française au Mali

2016 : 6e TICAD (Conférence internationale de Tokyo sur le développement de l'Afrique) à Nairobi
2017 : Arrivée des premiers conseillers militaires russes à Bangui. Discours d'Emmanuel Macron à l'université de Ouagadougou. Ouverture de la première base navale chinoise hors de Chine (Djibouti)
2018 : Ouverture d'une base de drones états-unienne à Agadez (Niger)
Janvier 2020 : Intervention turque en Libye en appui au gouvernement d'union nationale
Avril 2021 : Nouvel accord de partenariat UE-pays ACP
Octobre 2021 : Sommet Afrique-France à Montpellier
Novembre 2021 : 8e FOCAC à Dakar. 3e sommet du partenariat Turquie-Afrique

I. Un *new scramble for Africa* ?

A. DE NOUVEAUX ÉQUILIBRES

L'arrivée de nouveaux partenaires sur la scène africaine depuis 2000 a semblé réactualiser le passé ancien du partage de l'Afrique, quand les puissances européennes rivales et émergentes de la fin du XIXe siècle s'entendaient à la conférence de Berlin (1884-1885) pour se partager la colonisation de l'Afrique sans se faire la guerre [→ CH. 1]. Une telle image est trompeuse. Alors que la plupart des États africains ont derrière eux soixante ans d'indépendance, les relations exclusives n'ont plus cours. **Les dynamiques de la mondialisation contemporaine ont pour effet de multiplier les partenariats extérieurs de chaque pays africain**, en ajoutant de nouveaux partenaires sans faire disparaître les anciens. Tout au plus peut-on identifier des profils relationnels différents, entre des pays encore économiquement très tournés vers l'Europe et les États-Unis (Nigeria), d'autres plus orientés vers la Chine (Angola), et d'autres encore au portefeuille de relations équilibré (Éthiopie et Madagascar, par exemple, entre États-Unis, Europe et Chine).
Le commerce extérieur de l'Afrique montre une lente érosion de la place de l'Europe, qui reste prépondérante (et accessoirement de celle des États-Unis), et de lents progrès de la Chine après une émergence spectaculaire dans la décennie 2000. L'origine des investissements directs étrangers (IDE) révèle une situation comparable entre 2014 et 2018 : l'Europe de l'Ouest fournit 39 % des projets, 30 % des emplois créés et 33 % du capital investi ; l'aire Asie-Pacifique – qui ne se réduit pas à la Chine – 19 % des projets, 33 % des emplois créés et 26 % du capital investi. Dans les investissements en stock, l'Europe occupe une place dominante dans le plus grand nombre de pays.

B. POURQUOI L'AFRIQUE ? OPPORTUNISME ET LONG TERME

Il existe plusieurs motivations communes aux ambitions africaines des acteurs extérieurs. D'une part, le continent représente, dans certains domaines, ce que les économistes Philippe Copinschi et Pierre Noël ont qualifié de « dernière lice des compétitions pétrolières[1] » dans ce secteur : un espace où la faiblesse des États et celle des champions nationaux permettraient d'accéder aux ressources naturelles dans d'excellentes conditions de contrat et de

1. Philippe Copinschi et Pierre Noël, « L'Afrique dans la géopolitique mondiale du pétrole », *Afrique contemporaine*, vol. 216, n° 4, 2005, p. 29-42.

fiscalité. Le secteur extractif (hydrocarbures, mines), l'agribusiness, la pêche et l'exploitation forestière promettent de bonnes affaires.

Les échanges extérieurs de l'Afrique

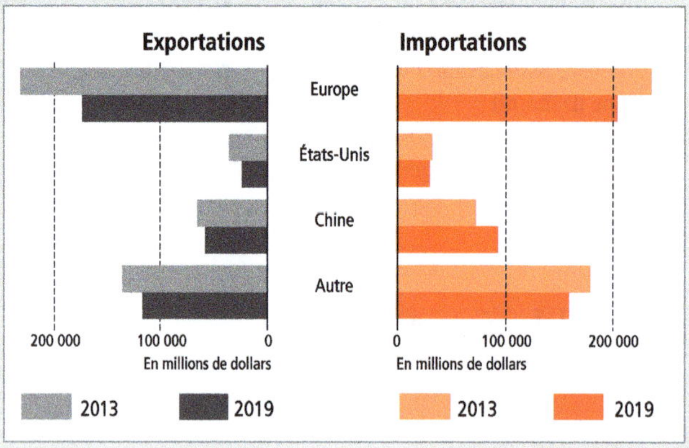

Source : Africa Trade, 2020.

Si les marchés d'aujourd'hui ne sont pas négligeables, **l'Afrique pèse aussi par son futur : le doublement annoncé de sa population totale** (1,4 milliard d'habitants en 2022, plus de 2,5 milliards en 2050) et le presque **triplement de sa population urbaine** (de 480 millions de citadins en 2020 à 1,2 milliard en 2045) constitueront, sauf catastrophe imprévisible, **l'événement démographique global majeur du XXIe siècle** [→ CH. 9 ET 10]. L'immense besoin en infrastructures, les villes à construire, la satisfaction des besoins des classes moyennes (et ceux de très nombreux pauvres) fourniront de nouveaux marchés considérables. **Le tropisme africain est aussi affaire de géopolitique globale** : l'Afrique compte un grand nombre de pays (54), donc de votes à l'ONU et dans les instances internationales. Comme il s'agit aujourd'hui de pays pauvres, dépendants, aux institutions fragiles, les acteurs extérieurs, en réalisant des investissements financiers limités, peuvent espérer des retombées diplomatiques et géopolitiques substantielles, auxquelles la corruption sert parfois d'amplificateur.

Pour les nouveaux partenaires émergents, s'ajoutent à ces motivations d'autres mobiles qui justifient leur apport spécifique aux sociétés africaines : leur absence de passé colonial et impérial est souvent mise en avant, même si cela peut être discuté si on songe à l'Empire ottoman ou à l'URSS, dont la Turquie et la Russie sont des héritiers. De même, **la condition partagée de pays en développement**, censés connaître la même expérience, les mêmes besoins et les mêmes intérêts, **est couramment avancée comme argument de compétitivité économique**. Les produits chinois, indiens, turcs ou marocains seraient particulièrement adaptés à des marchés caractérisés par des usages rustiques, des technologies simples éventuellement propices à la réparation artisanale, des pouvoirs d'achat limités, loin des produits onéreux, sophistiqués, fragiles et non réparables fournis par les pays les plus riches.

C. LE PASSÉ ET LE FUTUR DES ANCIENNES PUISSANCES AFRICAINES

1. L'Europe, entre indifférence et obsession migratoire

L'Europe reste un partenaire essentiel du continent africain. Aux enjeux économiques du futur, précédemment mentionnés, s'ajoutent les conséquences de la **proximité géogra-**

phique des réalités éco-démographiques les plus contrastées du monde. Le continent le plus âgé et le plus riche fait face au continent de loin le plus jeune et le plus pauvre. Si les perspectives démographiques ne sauraient se réduire à un jeu simple de vases communicants, l'accentuation de la pression migratoire africaine est une hantise des gouvernements européens, volontiers instrumentalisée par les droites et extrêmes droites populistes. Ce n'est pas un hasard si l'Europe – en considérant à la fois l'Union européenne à 27 et les contributions de chacun des membres en aide bilatérale – est de loin le principal bailleur de l'aide publique au développement de l'Afrique, dont elle assure en moyenne la moitié du volume total.

La **perception d'une « verticale de l'avenir Afrique-Méditerranée-Europe »**, selon le titre de l'essai de Jean-Louis Guigou et Pierre Beckouche[2], insistant sur l'existence d'un seul ensemble composé de trois morceaux au destin indissociable, progresse. La question de l'opérationnalisation d'un projet politique à cette échelle répondant aux immenses défis des transitions démographiques, économiques et environnementales qui se posent à chacun des éléments qui le composent, demeure entière.

Pour aller plus loin
Les relations UE-Afrique
liennathan.fr/si675u

2. La France, puissance africaine empêtrée de l'Europe

La France est sans nul doute la puissance la plus africaine de l'Europe. **Ses intérêts économiques en Afrique sont en déclin, mais ils demeurent significatifs et se recomposent** : la concurrence chinoise a fait perdre des parts aux entreprises françaises dans des secteurs traditionnels comme l'exploitation forestière, le BTP ou les infrastructures – la rénovation, en 2018, de la ligne de chemin de fer qui relie Djibouti à Addis-Abeba, construite par la France (1897-1917) et artère vitale de l'Éthiopie émergente, résulte ainsi d'un partenariat chinois. En décembre 2021, Vincent Bolloré, volontiers présenté comme un des avatars contemporains emblématiques de la nouvelle Françafrique, annonce la vente de ses actifs portuaires et logistiques (Bolloré Africa Logistics) au groupe italo-suisse MSC. Cependant, l'Afrique occupe toujours une place importante pour des fleurons de l'économie française comme Total (pétrole/énergie) et Orange (téléphonie mobile), ainsi que pour plusieurs grandes banques qui y ont développé leur réseau au cours des dernières années (Société Générale, BNP Paribas, Crédit agricole).

Sur le plan diplomatique, **la France a longtemps pu compter sur le vote unanime à l'ONU des pays francophones relevant de l'ancien « pré carré »** d'Afrique de l'Ouest et du Centre, comme lors de la reprise des essais nucléaires français sous la présidence de Jacques Chirac en 1995. Cependant, en 2009, la défaite de Paris face à Londres lors du vote sur le choix du pays hôte des jeux Olympiques de 2012 a été perçue comme le signe d'une baisse d'influence, quelques voix africaines ayant fait défaut.

L'Afrique occupe aussi une place singulière dans les horizons stratégiques et militaires français. La France a conduit le plus grand nombre d'opérations militaires extérieures en Afrique depuis les indépendances, dans le contexte de la guerre froide puis après, le plus souvent dans le cadre d'accords de défense. Elle entretient des bases dans plusieurs pays (Djibouti, Côte

2. Jean-Louis Guigou et Pierre Beckouche, *Afrique-Méditerranée-Europe. La verticale de l'avenir*, Nevicata, « L'âme des peuples », IPEMED, 2017.

d'Ivoire, Tchad, Gabon, Niger, Mali). **Pour l'armée française, l'Afrique représente un horizon symbolique et opérationnel central.** Les dernières interventions militaires françaises d'envergure sont révélatrices de ses hésitations contemporaines : entre 2013 et 2016, l'opération Sangaris, menée en République centrafricaine – la septième dans ce pays depuis l'indépendance –, vise à empêcher des massacres à grande échelle, voire un génocide, dans le contexte de chaos consécutif à la prise de pouvoir par une coalition de groupes rebelles soutenus par des combattants tchadiens et soudanais, la Séléka, à laquelle s'opposaient les milices dites « anti-balaka » dans une grande partie du pays [→ CH. 5]. L'armée française se désengage en 2016 au profit d'une force des Nations unies sans consolidation durable de la situation sécuritaire à l'échelle du pays. Ce qui est alors perçu comme un bourbier centrafricain devient un fardeau trop lourd. La Russie prend le relais.

Dans le même temps, la France déploie une force importante au Mali, les opérations Serval (2013-2014) puis Barkhane (depuis 2014), pour contrer les groupes djihadistes qui menaçaient Bamako. Les premiers succès militaires sont suivis par une lente dégradation de la situation et par un déplacement des violences du Nord Sahel vers le sud, dans la zone des trois frontières (Mali, Niger, Burkina Faso), où elles s'intensifient à partir de 2018. Cette dynamique souligne l'**impuissance d'une stratégie uniquement militaire dans une situation politique fortement dégradée**. L'incapacité des États de la région à fournir des services de base à leur population, notamment la justice, dans des contextes de tension foncière et intercommunautaire, dit aussi l'inefficacité de décennies de coopération et d'aide au développement portées par la France. Or, la France ne peut se retirer complètement du Mali, au risque de le voir basculer vers un régime djihadiste qui menacerait la stabilité de l'ensemble de l'Afrique de l'Ouest, région avec laquelle les liens économiques et migratoires sont majeurs. L'impasse exige d'inventer une nouvelle relation. [→ CH. 8]

Cependant, **ces relations franco-africaines sont chargées d'une densité particulière**. En France comme en Afrique, les médias et la société civile sont prompts à dénoncer la Françafrique. Le président Emmanuel Macron, sans doute moins tributaire dans sa trajectoire politique personnelle des relations franco-africaines que ses prédécesseurs, a essayé d'impulser des évolutions. Le discours de Ouagadougou (2017) engage notamment un processus de restitution d'œuvres d'art volées pendant la colonisation [→ CH. 12]. De même, le Nouveau Sommet Afrique-France de Montpellier (octobre 2021) ambitionnait de mobiliser la société civile et la jeunesse africaine, au lieu des grands-messes politiques très critiquées mettant en scène le président français au centre de nombre de ses homologues, dont des dictateurs notoires. Ici aussi, le face-à-face asymétrique entre un président (français) et des invités issus de la société civile a été très critiqué – l'absence de dirigeants africains heurtant les fiertés nationales, y compris parmi les contempteurs des dérives autocratiques des régimes politiques africains et de la Françafrique. Les débats qui ont entouré ces deux tentatives disent beaucoup de **relations complexes et passionnelles difficiles à moderniser dans le consensus**.

3. Les États-Unis et l'Afrique, un intérêt secondaire mais un rayonnement intact

L'intérêt des États-Unis pour l'Afrique est fluctuant et, depuis quelques années, secondaire. Après la guerre froide, le désastre de l'opération *Restore Hope* en Somalie (1992) convainc l'Administration états-unienne de garder ses distances en matière de résolution des conflits. Cependant, les attaques d'al-Qaida contre les ambassades de Nairobi et de Dar es Salam, en 1998, inaugurant le cycle des grands attentats, renforcent la détermination antiterroriste, ce qui amène les États-Unis à placer durablement (1997-2020) le Soudan sous sanction pour complicité de terrorisme, et à soutenir financièrement, par des ventes d'armes et de renseignement, leurs alliés kényans et éthiopiens en Somalie, puis la France au Sahel.

ZOOM ▸ Françafrique et Chinafrique

• Le néologisme « Françafrique », utilisé après-guerre dans les milieux coloniaux et politiques africains dans le contexte de la marche vers les indépendances, est attribué au premier président ivoirien, Félix Houphouët-Boigny, dans les années 1950. Il désigne à l'origine les liens étroits (historiques, politiques, migratoires, culturels, économiques) et positifs entre la France et l'Afrique, qu'il s'agit alors de perpétuer au-delà des indépendances. Il prend ensuite, dans les années 1990, sous l'influence notamment de François-Xavier Verschave et de l'association Survie[3], une connotation très négative pour désigner des réseaux d'influence occultes fondés sur des relations interpersonnelles entre milieux politiques et d'affaires africains et français, hors du contrôle des institutions publiques officielles mais contribuant à orienter leurs décisions. Les réseaux de la Françafrique sont ainsi dénoncés comme une menace pour la démocratie, en Afrique, où ils soutiendraient des despotes corrompus, ainsi qu'en France.

• Le néologisme « Chinafrique » est utilisé par des journalistes dans le contexte contemporain, par analogie avec la Françafrique, en référence à l'opacité et à la corruption qui entourent certaines relations entre acteurs chinois et hommes politiques africains. De hauts responsables de la CNPC (*China National Petroleum Corporation*) opérant en Afrique ont été convaincus de corruption dans les années 2010, évoquant les turpitudes d'Elf Aquitaine (parfois qualifiée d'« Elf africaine ») telles qu'elles ont été mises à jour dans l'affaire et le procès Elf (1994-2004). Cependant, l'influence africaine sur la vie politique chinoise n'est en rien comparable à celle qu'eurent longtemps certains chefs d'État africains dans la vie politique française.

Sur le plan économique, les années 2000 sont marquées par une politique néolibérale volontariste : l'AGOA (*African Growth and Opportunity Act*) est adopté en 2000, puis prolongé, en 2015, jusqu'en 2025. Cette loi conditionne un accès privilégié au marché états-unien au respect des règles de l'économie de marché. L'augmentation des flux d'échanges qu'il permet bénéficie de fait surtout aux économies pétrolières du continent.

Au début des années 2000, le pétrole africain présente un intérêt stratégique pour des États-Unis désireux de limiter leur dépendance au Moyen-Orient. Les États-Unis mènent alors une politique active visant à favoriser l'augmentation de la production pétrolière en Afrique, en accompagnant notamment la délimitation des frontières maritimes et la sécurisation juridique des investissements. La base militaire de Djibouti a pour fonction principale de sécuriser la navigation – et la circulation du pétrole – dans la mer Rouge. **Depuis l'essor des hydrocarbures non conventionnels aux États-Unis à partir de 2008, le pétrole africain apparaît moins stratégique.** La présidence Trump (2017-2020) acte le désintérêt stratégique états-unien pour l'Afrique, dans un contexte marqué par l'obsession de l'endiguement du nouveau rival chinois. Celle-ci passe notamment par des tentatives pour ralentir la progression de son influence dans le domaine du numérique.

Il reste que **le *soft power* américain résonne toujours fortement en Afrique**. Les tombolas aux *Green Cards* pour les États-Unis, organisées dans chaque pays, rencontrent un franc succès. Dans un sondage portant sur le meilleur modèle de développement, réalisé en 2020 par le réseau de recherche panafricain Afrobarometer dans 18 pays, les États-Unis sont placés en tête (32 %), devant la Chine (23 %), l'ancien pouvoir colonial (11 %) et l'Afrique du Sud (11 %).

3. Survie est une association loi 1901 créée en 1984 qui dénonce toutes les formes d'intervention néocoloniale française en Afrique et milite pour une refonte réelle de la politique étrangère de la France en Afrique.

II. La Chine, nouvelle puissance africaine

A. UNE NOUVELLE OFFRE GÉOPOLITIQUE

1. Une émergence politique spectaculaire

Depuis le début des années 2000, l'Afrique est une des scènes les plus visibles de l'émergence globale de la Chine. Jusque-là, elle était un acteur relativement discret des relations extérieures africaines. Pékin a soutenu les luttes pour l'indépendance dans le contexte de la guerre froide. Puis, dans les années 1990, les motivations de la coopération chinoise se résument à une « diplomatie du portefeuille » dans le cadre de la rivalité qui l'oppose à Taïwan, au poids politico-économique alors semblable au sien. La montée en puissance chinoise fait progressivement basculer tous les soutiens de Taipei : après la reconnaissance de Pékin par le Burkina Faso en 2018, seul l'Eswatini (ex-Swaziland) reconnaît encore Taïwan en 2021.

Quand l'Afrique est intégrée à la stratégie d'élan vers l'extérieur définie par Deng Xiao Ping en 1999, la Chine y apporte une nouvelle offre géopolitique. Celle-ci est rendue visible par les nombreuses visites de dignitaires chinois sur le continent puis mise en scène à travers les **Forums sur la coopération sino-africaine (FOCAC)**. Organisés tous les trois ans en Chine ou en Afrique, à l'image des sommets Afrique-France (le huitième a eu lieu à Dakar en novembre 2021), ils rassemblent, autour du président chinois, un grand nombre de chefs d'État africains et sont **l'occasion d'affirmer les ambitions et les spécificités de la coopération chinoise**. Outre l'appartenance commune à l'ancien tiers-monde, ceux-ci mettent en avant trois principes : la non-ingérence dans les affaires politiques internes des pays africains, la recherche d'accords gagnant-gagnant (*win-win*) et la promotion d'un modèle de développement à la chinoise, reposant d'abord sur les infrastructures. **Un « consensus de Pékin » (2004) serait ainsi offert en remplacement du « consensus de Washington » (1987)**, très impopulaire parmi les dirigeants africains, puisqu'il supposait l'alignement de toute l'aide occidentale sur le respect des conditionnalités néolibérales des institutions de Bretton Woods. Les *package deals**, associant aide, prêts et accès aux matières premières pour les entreprises chinoises, sont les pierres angulaires de ces dispositifs.

2. Un nouveau *soft power* chinois

La Chine déploie aussi un *soft power* important : le réseau des instituts Confucius contribue notamment à l'apprentissage du chinois, des bourses d'études en Chine sont accordées à de nombreux jeunes Africains (en 2018, 80 000 étudient en Chine, qui devient la deuxième destination internationale des étudiants africains, derrière la France). La télévision centrale de Chine (CCTV) installe son bureau régional Afrique à Nairobi (Kenya) en 2012. Au FOCAC de 2015 est lancé un programme d'accès à la télévision satellite pour 10 000 villages africains, qui permet notamment de diffuser ses programmes en français et en anglais – en concurrence avec ceux de Canal+ Afrique, toujours très populaire.

DÉFINITION

***Package deals* :** accords liant l'aide au développement chinois à des prêts accordés aux pays africains par des organismes chinois (Eximbank de Chine, *China-Africa Development Fund*) pour construire des infrastructures (dans le cadre de marchés accordés à des entreprises chinoises) et à des contrats d'accès à des ressources naturelles (hydrocarbures, mines) permettant de rembourser les prêts en question, parfois en nature.

La Covid-19 a aussi offert l'occasion d'une offensive de diplomatie sanitaire, avec des dons en équipements médicaux et en vaccins, et l'annonce d'un don d'un milliard de doses de vaccins supplémentaires à l'Afrique lors du FOCAC de Dakar en 2021.

Enfin, l'Afrique a été intégrée au projet global chinois des nouvelles routes de la soie formulé à partir de 2013. Ce sont d'abord les ports et points d'ancrage de l'Afrique de l'Est (Djibouti, Kenya, Éthiopie) et du Maghreb (Égypte) qui sont partie prenante des nouvelles routes de la soie maritimes, avant que les pays de l'Afrique du Nord et certains pays d'Afrique de l'Ouest, comme le Sénégal, n'y soient intégrés en 2017.

3. Une grande diversité d'acteurs chinois

Si la stratégie et les discours de l'État chinois sont très visibles, ils ne doivent pas occulter la **grande diversité des présences chinoises en Afrique**. Au-delà des FOCAC, des visites diplomatiques, de l'activité des ambassades et de la présence de grandes entreprises publiques des hydrocarbures et de l'énergie (CNPC, CNOOC, Sinopec, Sino-Hydro) ou des infrastructures (China Railway, China Road and Bridge Corporation), un très grand nombre d'acteurs chinois de natures très variées interviennent en Afrique : entreprises provinciales, entreprises privées de toutes tailles, jusqu'à des toutes petites entreprises opérant à la limite du secteur informel et parfois de la légalité – par exemple, dans le secteur des petites exploitations minières (Cameroun, Côte d'Ivoire, Ghana). De nombreux Chinois sont arrivés en Afrique dans le cadre des projets des grandes entreprises puis sont restés à leur compte à la fin de leur contrat dans une grande diversité d'activités (commerce, médecine chinoise, restauration, services divers, dont prostitution…). Ces réalités sont difficiles à chiffrer. Il y aurait environ 1 million de ressortissants chinois en Afrique et 10 000 entreprises en 2018. Tous ces acteurs suivent des logiques avant tout individuelles, ils ne sont pas aux ordres de l'État chinois – qui peine d'ailleurs à les recenser. **La multiplicité des formes de présence chinoise en Afrique ne doit pas être perçue comme étant de manière homogène au service du grand dessein centralisé de l'État chinois.**

Pour aller plus loin
Le blog de Thierry Pairault
liennathan.fr/2rn76r

Pour aller plus loin
The China Africa Research Initiative Blog
liennathan.fr/298nds

B. LES MOBILES DE LA CHINE EN AFRIQUE

Pour la Chine, le continent africain présente des intérêts variés qui reflètent bien les dimensions globales de sa puissance contemporaine. **La sécurisation de l'accès aux matières premières** d'un pays volontiers mercantile – préférant disposer de sources d'approvisionnement privilégiées, définies par des relations bilatérales solides, plutôt que de se reposer sur le marché international – **a été un objectif initial** largement commenté. Près des deux tiers du pétrole de l'Angola et de la République du Congo est vendu en Chine, 80 % de la bauxite de Guinée, une part importante du cuivre de la RDC et de Zambie, du fer d'Érythrée, de Sierra Leone et de Mauritanie.

Tout aussi importants sont les **marchés extérieurs que représente le continent africain pour des entreprises chinoises très diverses**. Les *package deals* organisent une forme d'aide liée (l'aide finançant nécessairement des entreprises du pays donateur) autrefois largement pratiquée par les pays occidentaux, qui la critiquent aujourd'hui. Ces marchés fournissent à la fois des débouchés à des entreprises chinoises confrontées à un marché intérieur de plus en plus concurrentiel et où la croissance ralentit depuis 2015, et des possibilités d'apprentissage à l'international sur des marchés où les normes sont beaucoup moins contraignantes que dans les pays du Nord.

Enfin, **l'Afrique est, pour la Chine, un ressort d'influence globale**. Les bonnes relations avec les dirigeants africains servent aussi bien à faire élire des dirigeants chinois à la tête d'organisations internationales, comme la FAO en 2018 (agriculture et alimentation), l'ONUDI (développement industriel) ou l'Union internationale des télécommunications, qu'à décourager une condamnation internationale vis-à-vis de sa politique au Tibet, au Xinjiang ou à Hong Kong.

L'Afrique en marge des nouvelles routes de la soie chinoises

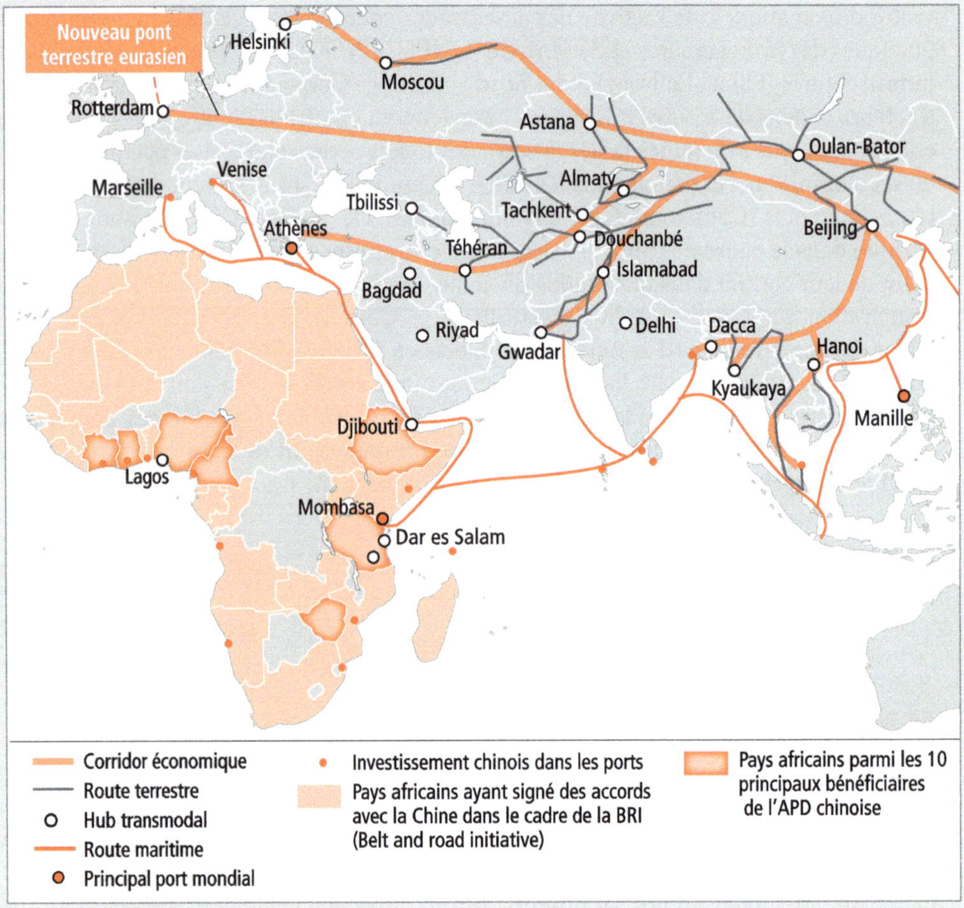

Source : AFD « Vers de nouvelles routes de la soie durables ? », *Policy paper*, n° 2, 2019, 46 p.

C. DES EFFETS AMBIVALENTS SUR LE DÉVELOPPEMENT DE L'AFRIQUE

1. Une contribution à la nouvelle dynamique continentale

La montée en puissance de la Chine en Afrique a été un des facteurs importants de la nouvelle dynamique observée sur le continent depuis 2000. D'une manière indirecte, **la demande chinoise a tiré les cours des matières premières vers le haut** et contribué à améliorer la situation macro-économique de nombreux pays africains. Par ailleurs, l'avènement d'un nouveau partenaire de premier plan a **élargi les marges de négociation des dirigeants africains** face à leurs autres partenaires, pour le meilleur et pour le moins bon – le partenariat chinois permettant à certains pays de s'enfoncer dans leur isolement vis-à-vis de l'Occident, comme le Soudan avant la révolution de 2019 ou le Zimbabwe des dernières années du règne de Robert Mugabe (2005-2017).

De manière plus générale, le partenariat chinois a contribué au contexte post-consensus de Washington des années 2000 en Afrique. Les États retrouvent des marges de manœuvre financières et se pensent à nouveau maîtres de leurs politiques de développement et aménageurs de leur territoire : **les routes, lignes ferroviaires et infrastructures** urbaines variées (palais présidentiels et assemblées nationales, mais aussi hôpitaux, stades, ports, universités, théâtres, musées) **construits par la Chine** (par des entreprises chinoises sur des prêts chinois) **changent la physionomie des grandes villes et des territoires**.

En outre, l'explosion du commerce chinois (10 millions de dollars par an en 2000, 400 millions en 2020) se traduit aussi par l'intensification de la **diffusion en Afrique de produits fabriqués en Chine**. Ces produits du quotidien très divers relevant du champ de la « mondialisation discrète » **donnent accès à une modernité consumériste** à un très grand nombre d'Africains, qu'ils soient urbains ou ruraux (appareils électriques ou électroniques, meubles, objets de décoration, jouets pour enfants…). La diffusion de motos chinoises au tiers du prix des motos japonaises qui régnaient jusqu'alors sur le monde des deux-roues **révolutionne les mobilités**. Les triporteurs motorisés indiens puis surtout chinois, qui transportent marchandises et passagers, favorisent la mobilité dans des espaces jusqu'ici très mal desservis, comme les périphéries urbaines ou les villes secondaires.

Enfin, **la question de la contribution chinoise à l'industrialisation africaine est posée**. En Éthiopie, des flux d'investissements chinois dans le secteur textile ont été observés dans la décennie 2010, amenant l'agence Bloomberg à postuler que ce pays pourrait devenir « la Chine de la Chine », c'est-à-dire un bon candidat à l'investissement industriel en réponse à la hausse du coût de la main-d'œuvre en Chine, avec son réservoir de main-d'œuvre bon marché (l'Éthiopie a 100 millions d'habitants en 2022), son État autoritaire et l'hydroélectricité bientôt abondante du barrage de la Renaissance. Cependant, la guerre qui prévaut en Éthiopie entre le gouvernement fédéral et ses alliés et les forces du TPLF (Front de libération du peuple du Tigré), depuis novembre 2020, compromet à court terme les investissements industriels. Rien ne montre par ailleurs qu'un tel modèle serait en voie d'être dupliqué dans d'autres pays.

2. Les revers de la médaille chinoise

Les présences chinoises ont leur revers. La diffusion de produits chinois concurrence de manière fatale un certain nombre de productions artisanales (textile, poterie) ou industrielles africaines. De plus, les *package deals* ont donné lieu à des contrats opaques, parfois dénoncés comme léonins. La joint-venture Sicomines conclue entre la Gécamines (compagnie nationale) et des entreprises chinoises pour l'exploitation des mines de cuivre du Katanga occupe une place de choix dans la révision des contrats miniers à nouveau engagée en RDC en 2021.

L'émergence chinoise en Afrique a un coût environnemental élevé. D'une part, parce que les secteurs d'investissement chinois sont à fort impact environnemental (mines, pétrole, exploitation forestière, barrages et hydroélectricité, BTP) et que les entreprises chinoises appliquent dans l'ensemble de manière assez lâche les normes environnementales. D'autre part, à cause de la demande des nouveaux riches chinois pour les ressources de la biodiversité africaine, les trafics à destination du monde chinois de cornes de rhinocéros, d'ivoire ou de bois précieux (bois de rose, kevazingo…) explosent. De manière plus inattendue, c'est aussi le cas des ânes du Sahel, massivement commercialisés depuis 2016 vers la Chine, où leur peau sert à la pharmacopée traditionnelle.

En outre, la baisse des prix des matières premières consécutive au début de la crise de la Covid-19 (été 2020) a révélé un risque qui pointait depuis quelques années : **l'endettement croissant de nombre de pays africains envers la Chine et leur dépendance économique envers elle**. L'Angola, qui a reçu 50 milliards de dollars de prêts chinois entre 2000 et 2017, dont la moitié garantie sur le pétrole, est particulièrement concerné. Au FOCAC de Dakar de novembre 2021, le dirigeant chinois Xi Jinping a fait preuve d'une modération dans l'annonce des nouveaux prêts qui contrastait avec la surenchère des sommets précédents, montrant la prise de conscience chinoise de ce nouveau piège de la dette.

Si l'influence chinoise flatte les sentiments tiers-mondistes et anti-impérialistes parmi les dirigeants et les opinions publiques africaines, **l'inquiétude pointe** aussi au sein de la société civile. **L'autoritarisme chinois plaît surtout aux autocrates.** La révélation du transfert massif de données vers la Chine depuis le siège de l'Union africaine, financé et construit par la Chine à Addis-Abeba, rappelle aux dirigeants africains les ambivalences du partenariat dans les technologies numériques.

Enfin, il faut rappeler le caractère profondément asymétrique de ces liens entre la Chine et l'Afrique. **Si de nombreux pays africains sont devenus fortement dépendants de leurs exportations vers la Chine et des prêts chinois, l'Afrique ne représente pour l'Empire du Milieu qu'une polarité très secondaire** mobilisant, suivant les années, entre 1 et 4 % de ses investissements extérieurs. L'approvisionnement en matières premières repose toujours sur une diversité d'origines. L'accès aux marchés asiatiques, américains et européens – tel que formalisé à travers le projet des nouvelles routes de la soie – ne passe guère par l'Afrique.

III. Nouveaux venus et revenants

A. LES ÉMERGENTS EN RETRAIT ET LES ÉMERGENTS DISCRETS

1. Inde, Brésil : un reflux ?

L'Inde et le Brésil, poids lourds (avec la Chine) du groupe des BRICS évoqué au début des années 2000 et constitué en groupe politique en 2009, sont des pays émergents très visibles en Afrique au début des années 2000. Depuis le milieu de la décennie suivante, ils sont plus discrets – leurs difficultés intérieures et la posture nationaliste de leurs dirigeants limitant leur expansion africaine.

L'Inde compte une diaspora importante en Afrique, principalement localisée en Afrique du Sud, en Afrique orientale (Kenya, Tanzanie, Ouganda) et en RDC. Celle-ci a fortement contribué à la mondialisation discrète sur le continent, fournissant notamment des *autorickshaws* (triporteurs motorisés), des motopompes et matériels agricoles, ainsi que des médicaments génériques. De grandes entreprises indiennes ont investi en Afrique jusqu'en 2014, comme Tata (montage de minicars au Sénégal), Mittal (mines de fer au Liberia, en Guinée) ou encore Airtel (téléphonie mobile).

De même, le Brésil de Lula (2003-2011) est présent et visible en Afrique, en premier lieu dans les pays lusophones où il déploie une coopération au développement dans l'agriculture parallèlement à des investissements d'entreprises privées brésiliennes au Mozambique. Petrobras investit en Angola, de manière croisée avec des investissements de la compagnie nationale Sonangol dans les gisements pétroliers pré-sal du Brésil. Les difficultés économiques puis politiques du Brésil après 2014 ont cassé cet élan.

2. Malaisie, pays du Golfe, Israël : les émergents discrets

D'autres pays, parfois présentés comme émergents, beaucoup plus petits, jouent, dans certains secteurs, un rôle significatif en Afrique.

Depuis 2000, **des opérateurs économiques des pays du golfe Persique ont investi en Afrique, principalement dans des pays avec lesquels ils partagent des proximités culturelles et religieuses** : au Soudan, en Mauritanie, au Maroc, des programmes immobiliers répliquent les modèles architecturaux et urbanistiques de Dubaï ou du Qatar. Ce dernier n'aurait sans doute pas obtenu l'organisation de la Coupe du monde de 2022 sans un certain nombre de voix africaines. La société émiratie Dubaï Port World, qui gère le port de Dakar depuis 2008, s'est engagée, fin 2020, à construire un nouveau port en eaux profondes et une zone économique spéciale à Ndayane (à 70 km au sud-est de Dakar) pour un investissement d'environ un milliard de dollars.

La Malaisie et Singapour (Olam) sont présents par ailleurs dans le secteur de l'huile de palme sur le littoral du golfe de Guinée, du Congo au Liberia.

Israël coopère avec certains pays africains en matière de communications et de sécurité, et des hommes d'affaires israéliens jouent un rôle important dans le négoce des minerais en Afrique centrale. Cependant, l'Afrique n'est pas une priorité pour Israël.

B. LE JAPON, TOYOTA ET L'AFRIQUE

La présence du Japon en Afrique est récente. Dans les années 1960, elle se limite à quelques ambassades. C'est seulement dans les années 1970 que son intérêt commercial pour le continent africain se manifeste. À l'instar des autres puissances, il porte d'abord sur l'importation de matières premières, bois, minerais et surtout pétrole. Il se fait ensuite connaître par une politique conquérante d'exportation de véhicules automobiles : **le 4x4 Toyota devient rapidement le véhicule de l'Afrique**, éclipsant notamment la 404 Peugeot. Ce quasi-monopole n'est guère contesté aujourd'hui que par le Coréen Hyundai. L'Afrique du Sud est devenue une destination privilégiée pour les exportateurs et investisseurs japonais qui ont réussi à contourner l'embargo au temps de l'apartheid.

Au cours des années 1980, le Japon ajoute l'aide au développement à la pénétration commerciale. Parallèlement, depuis 1993, les **conventions TICAD** (Conférence internationale de Tokyo sur le développement de l'Afrique) se réunissent, en principe, tous les cinq ans. En 2016, la 6e TICAD s'est tenue pour la première fois sur le continent africain, à Nairobi. La prochaine doit avoir lieu à Tunis en 2022, confirmant l'intérêt que le pays du Soleil levant porte à l'Afrique. La troisième puissance économique mondiale entend ainsi affirmer sa présence, aux côtés de la Chine, des États-Unis et de l'Europe, sur le continent africain, « continent d'avenir » et « nouvelle frontière ».

C. DEUX PUISSANCES AFRICAINES

Deux pays, souvent présentés comme émergents, sont africains : l'Afrique du Sud et le Maroc. Situés chacun à une extrémité du continent, ils le considèrent à travers des enjeux de voisinage et comme horizon de leur émergence.

1. L'Afrique du Sud, pôle fragile de l'Afrique australe

La nouvelle Afrique du Sud, auréolée du charisme de Nelson Mandela, a tôt affirmé ses ambitions africaines, après la sortie de l'apartheid en 1994. Ses grandes entreprises ont investi sur le continent, surtout en Afrique australe et en RDC, parfois ailleurs, en Afrique anglophone (Kenya, Tanzanie, Nigeria, Ghana) : compagnies minières de l'or ou du diamant (AngloGold Ashanti, De Beers), supermarchés (ShopRite, Woolworths), compagnies de sécurité privées, agrobusiness, téléphonie mobile (MTN, Vodacom) et conservation (African Parks).

L'Afrique du Sud a aussi un poids politique et diplomatique important sur le continent : membre fondateur du Nouveau partenariat pour le développement de l'Afrique (NEPAD) en 2000, dont elle abrite le secrétariat permanent sis à Midrand, près de Johannesburg, elle est très influente au sein de l'Union africaine. **Elle fait également partie du groupe des BRICS depuis 2011 et représente l'Afrique au sein du G20.** Le pays s'est engagé avec l'ONU ou l'Union africaine dans de nombreuses opérations de maintien de la paix, dans son arrière-pays (Grands Lacs) ou plus loin (Côte d'Ivoire).

Cependant, ses difficultés économiques depuis 2014 limitent son affirmation continentale. Alors qu'elle reste très dépendante du complexe minéralo-énergétique, les graves difficultés de sa compagnie nationale d'électricité Eskom fragilisent l'ensemble de son économie. La trop faible croissance ne permet pas de résorber les inégalités de richesses entre les très riches et la majorité noire pauvre, ce qui a constitué un facteur favorable à des cycles de violences xénophobes depuis 2008 dans les grandes villes. Ces troubles ont fait pâlir l'aura continentale de la nation arc-en-ciel.

2. Le Maroc, à l'interface Europe-Afrique

L'émergence continentale du Maroc est plus tardive et devient tangible dans le courant de la décennie 2010. Le pays a été longtemps marginal en Afrique, du fait de sa position géographique excentrée, de ses relations difficiles avec l'Algérie et de son exclusion de l'Organisation de l'unité africaine (OUA) en 1984 à cause du conflit du Sahara occidental.

Cependant, à partir du dynamisme d'une économie parmi les plus diversifiées du continent, **le royaume chérifien a construit son essor sur ses liens avec l'Union européenne et sa position d'interface avec l'Afrique**. Le port de Tanger (premier d'Afrique pour les conteneurs) articule des relations avec l'Europe et un cabotage de redistribution vers différents ports de la façade ouest-africaine. La plateforme industrielle Tanger Med, construite à partir de 2004, est un pôle d'investissement industriel majeur à l'échelle africaine. Le Maroc a pris conscience du potentiel de croissance associé à son voisinage africain : pendant que ses entreprises multiplient les investissements dans la banque (Attijariwafa), le secteur minier (Managem), la téléphonie, le BTP, **il réintègre en 2018 l'Union africaine** et frappe aux portes de la CEDEAO (Communauté économique des États de l'Afrique de l'Ouest), pour l'heure sans effet.

D. TURQUIE ET RUSSIE : LES (ANCIENS) EMPIRES CONTRE-ATTAQUENT

1. Turquie : du *soft* au *hard power*

L'arrivée contemporaine de la Turquie en Afrique s'inscrit dans le contexte de la nouvelle mondialisation des années 2000. Profitant du ***soft power* fourni par l'implantation des écoles Gülen** [→ ZOOM P. 302] sur le continent à partir de la fin des années 1990, **en lien avec des réseaux de petits entrepreneurs**, la diplomatie turque déploie ses services et densifie le réseau de ses ambassades. Une coopération de pays émergents se met en place. La compagnie

La Turquie en Afrique

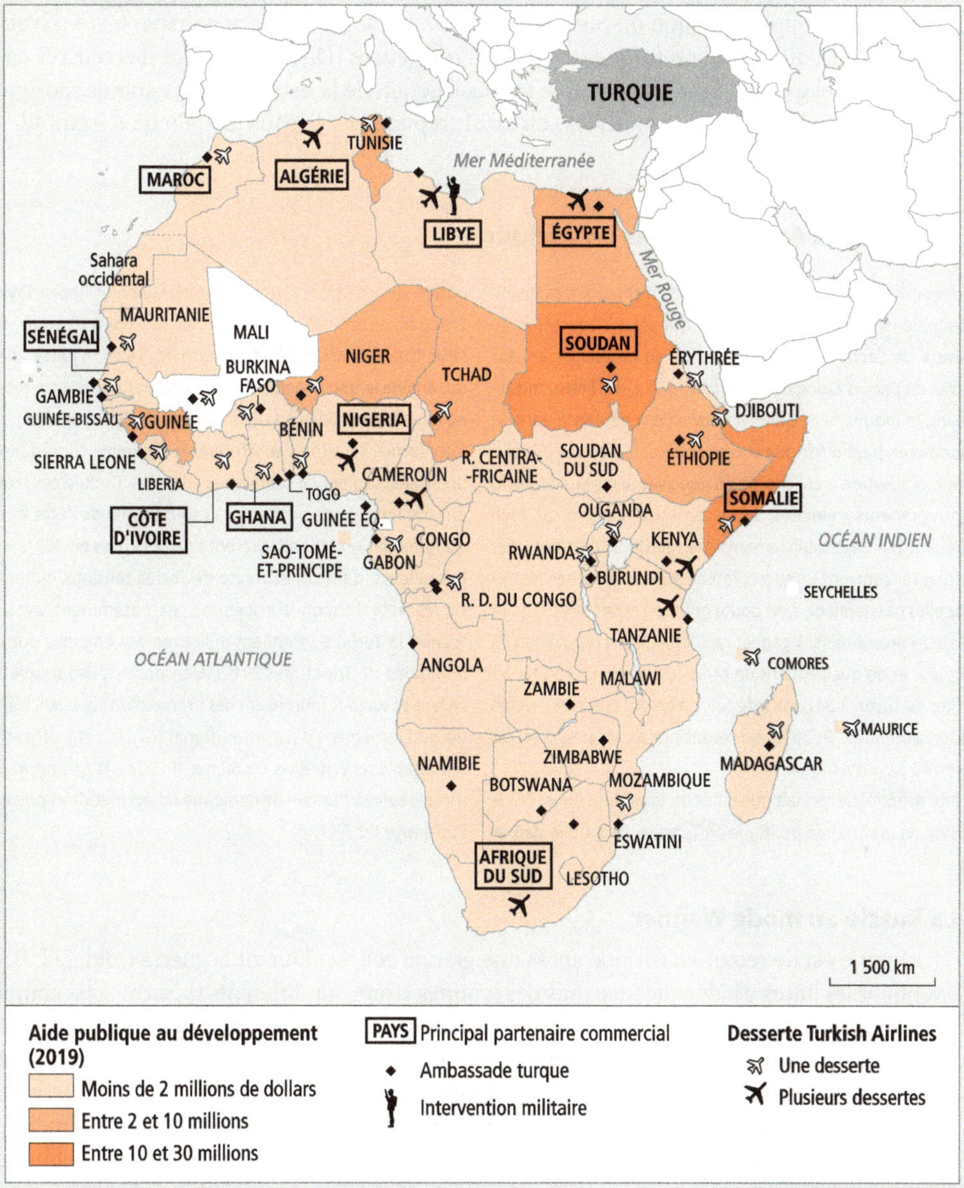

Turkish Airlines ouvre de nombreuses escales en Afrique, imposant le hub d'Istanbul comme un des premiers pour les liaisons entre l'Afrique d'un côté, l'Europe, les Balkans et le Moyen-Orient de l'autre. Une intense activité diplomatique et l'organisation de sommets Afrique-Turquie (Istanbul 2008, Malabo 2014, Istanbul 2021) accompagnent cette dynamique. Les entreprises turques (BTP, mécanique, électricité…) mettent en avant la qualité de leurs produits par rapport aux marchandises chinoises, à des prix inférieurs à ceux des concurrents européens. La présence turque en Afrique n'est cependant pas ubiquiste. L'aide et le commerce se concentrent dans les pays d'Afrique du Nord et de l'Est, autrefois sous l'influence de l'Empire ottoman (du Maroc à la Somalie), ainsi que dans les pays à l'économie la plus développée (Afrique du Sud, Nigeria et, à un degré moindre, Ghana, Côte d'Ivoire, Sénégal). L'administration turque des affaires religieuses (Diyanet) finance des œuvres caritatives et religieuses, avec par exemple la construction de la deuxième plus grande mosquée d'Afrique de l'Ouest à Accra (Ghana) en 2021, réplique de la Mosquée Bleue d'Istanbul.

ZOOM ▶ Les écoles turques en Afrique

Le mouvement de Fethullah Gülen est influencé par la philosophie néosoufie de Said Nursi, qui place l'éducation au centre de l'action confrérique. Allié, au début des années 2000, du parti d'Erdoğan, l'AKP, proche, lui, des Frères musulmans, le mouvement Gülen a notamment implanté dans de nombreux pays d'Afrique un dense réseau d'écoles privées. Leur localisation a été choisie en lien avec le réseau de petits entrepreneurs membres de la confrérie. L'enjeu est bien d'ouvrir par ces établissements des relations d'affaires. Ces écoles rencontrent un succès rapide auprès des élites locales car elles parviennent, sans doute grâce à l'esprit missionnaire de leurs promoteurs, à gagner rapidement une réputation de rigueur et de qualité, dans un cadre laïc destiné à former les élites du futur, à des prix inférieurs à ceux des écoles privées internationales. En 2015, on recense une centaine d'écoles dans 40 pays d'Afrique.

Cette dynamique connaît une inflexion importante avec l'évolution de la situation politique en Turquie. La brutale dégradation des relations entre Fethullah Gülen et Recep Tayyip Erdoğan, entre 2013 et 2016, connaît son point d'orgue avec la tentative de coup d'État militaire des 15 et 16 juillet 2016, qui amène le gouvernement turc à déclarer une guerre totale au mouvement Gülen. Il use de son poids diplomatique pour faire fermer ses écoles en Afrique, avec comme conséquence un affaiblissement de ces réseaux éducatifs. Depuis, ces écoles ont été fermées ou parfois mises sous tutelle de l'État turc – *via* la fondation Maarif[4], présente dans 31 pays en 2021.

Par ailleurs, dans un contexte de fortes tensions diplomatiques avec l'Union européenne, et notamment avec la France, la Turquie intervient militairement en Libye durant la bataille de Tripoli (fin 2019), transportant des supplétifs syriens et surtout fournissant des drones d'attaque aux forces du gouvernement d'accord national (GAN). Leur efficacité redoutable sera décisive. De même, fin 2021, la fourniture de drones turcs à l'armée éthiopienne lui permet de repousser l'offensive du TPLF.

2. La Russie en mode Wagner

La Russie est de retour en Afrique après une grande éclipse. Durant la guerre froide, l'URSS soutient les luttes d'indépendance puis des groupes armés sur différents théâtres. Elle compte des pays clients africains (Guinée, Congo-Brazzaville, Madagascar, Éthiopie, Mali), mais dispose aussi d'un dense réseau d'ambassades et mène une politique de *soft power* fondée notamment sur l'envoi de contingents d'étudiants de tous pays à l'université Patrice Lumumba de Moscou. **Après 1990, la Russie s'évanouit d'Afrique.** Tout juste voit-on quelques entreprises minières prendre pied sur le continent à la faveur du boom minier du début des années 2000, comme Rusal, qui rachète des mines de bauxite et une usine d'alumine qui ont appartenu au Français Péchiney à Fria en Guinée.

Depuis 2017, le contexte international lié à la crise du leadership états-unien et à la dégradation des relations entre Russes et Occidentaux **est favorable au retour de la Russie en Afrique. En 2022, le pays entretient une coopération militaire dans une vingtaine de pays africains (vente d'armes, sociétés privées).** Dans une République centrafricaine en situation de chaos depuis 2013, le retrait français a laissé le champ libre à de nouveaux acteurs. Un petit nombre de conseillers militaires russes officiels relayés par

4. Créée en 2016, « la Fondation Maarif de Turquie a pour objectif de mener des activités d'éducation formelle et continue à l'étranger en se basant sur les valeurs et le patrimoine commun de l'humanité » (turkiyemaarif.org).

plusieurs centaines de membres d'une société de sécurité privée, le groupe Wagner, se sont déployés pour sécuriser les autorités centrafricaines et mener des actions de contre-insurrection dans différentes provinces du pays. Le chef présumé du groupe Wagner, Evgueni Prigojine, est un oligarque proche du président Vladimir Poutine. L'entreprise serait payée de ses services par l'attribution de concessions minières (or et diamant). L'efficacité militaire de ses actions – elle repousse en 2021 une tentative de groupes militaires rebelles de s'emparer de Bangui – s'accompagne de dénonciations de violations massives des droits de l'homme. La diffusion au cours de l'été 2021, à Bangui, d'un film russe à grand spectacle tourné en RCA (*Touriste*), qui met en scène de vaillantes forces nationales épaulées par des supplétifs russes déjouant les manœuvres de politiciens corrompus sous influence d'un machiavélique conseiller français, dit le nouvel air du temps. En 2018, Wagner fut mobilisé en Libye aux côtés du maréchal Haftar contre le GAN, sans grand succès.
Au Mali, fin 2021, alors que la France est prise dans un inextricable bourbier, Wagner négocie son intervention avec la junte et des hommes en armes russes sont signalés. Là aussi, des mines d'or seraient mises en gage pour financer l'appui paramilitaire russe. La Russie n'a pas d'intérêts économiques en Afrique. Pour un joueur d'échecs formé au temps de la guerre froide comme l'est Poutine, **les théâtres africains sont un moyen de mettre en difficulté, à peu de frais, un de ses adversaires stratégiques, la France**. Au gré des rejeux de la crise ukrainienne (2014, 2022), **la Russie exploite les fragilités géopolitiques de l'Afrique pour se positionner en rival systémique d'un Occident affaibli**. Il n'est pas sûr que l'imbroglio malien y gagne une clé de résolution tangible ni, de manière générale, que les actions armées des supplétifs russes contribuent à fournir des solutions à long terme à des crises de construction des États.
À la suite de l'invasion de l'Ukraine par la Russie le 24 février 2022, l'Union africaine appelle au respect impératif de la souveraineté internationale de l'Ukraine. Le 2 mars, cependant, lors du vote de la résolution de l'Assemblée générale des Nations unies condamnant l'agression russe, 17 pays africains s'abstiennent – ce qui représente le tiers des pays africains et la moitié des abstentions mondiales. Ces réactions montrent l'importance pour l'Afrique de se positionner sur la scène mondiale. Elles reflètent aussi la **sensibilité de la mise en scène des liens géopolitiques au sein des opinions publiques africaines** – où les positions anti-occidentales sont encouragées par les crises politico-économiques et le jeu des nouveaux acteurs – autant que la situation nouvelle marquée par **la volatilité et la pluralité des influences extérieures**.

Partie III
Maghreb – Moyen-Orient

Des rivages de l'Atlantique à la vallée de l'Indus et aux confins de l'Himalaya, s'étire un immense territoire de 13 millions de km^2. Le découpage territorial a inscrit sur la carte vingt États d'étendues fort disparates, depuis les 695 km^2 de Bahreïn jusqu'aux 2,3 millions de km^2 de l'Algérie. L'extension en longitude est tout à fait impressionnante : quelque 9 000 km séparent les rivages atlantiques du Maroc de la frontière orientale de l'Afghanistan. Cet immense espace, à la fois africain et asiatique, n'a pas reçu, dans la tradition géographique française, une dénomination commune. Le Maghreb désigne les pays d'Afrique du Nord placés autrefois sous autorité française. Les appellations sont beaucoup plus approximatives pour désigner le reste du territoire : Levant, Proche-Orient, Moyen-Orient ? La notion de Moyen-Orient s'est récemment imposée ; elle correspond à une vision stratégique contemporaine et englobe les pays s'étendant de l'Égypte à l'Afghanistan et de la péninsule Arabique à l'Iran. Les auteurs américains, quant à eux, ont coutume de désigner sous le terme de *Middle East* tout le vaste ensemble territorial qui s'étend du Maroc au Pakistan inclus.

Trois grands types de paysages se juxtaposent et servent de cadre à des activités humaines fort contrastées. Les hautes montagnes, parmi les plus élevées du globe, sont partout présentes, de l'Hindou Kouch et du Pamir afghans (7 690 m) au Haut Atlas marocain (4 167 m au djebel Toubkal), en passant par l'Elbrouz iranien (5 600 m au Demavend) et les montagnes du Zagros et du Taurus en Turquie (5 156 m au mont Ararat). Les déserts occupent une étendue considérable : 7 millions de km^2, soit plus de la moitié de la région. Ils englobent la plus grande partie sinon la totalité de l'écharpe des déserts chauds de l'hémisphère nord avec le Sahara africain et ses prolongements asiatiques en Arabie et en Iran.

Les horizons steppiques constituent un autre milieu naturel : ce sont souvent des plateaux autrefois parcourus par les nomades et leurs troupeaux. Les plaines, plus fertiles parce que plus humides, sont très peu étendues : on les rencontre, discontinues et étroites, le long des littoraux ou, plus amples, dans les grandes vallées (Mésopotamie entre Tigre et Euphrate, vallée du Nil). Partout l'aridité domine, qu'elle soit permanente dans les déserts ou saisonnière ailleurs, avec l'alternance d'étés secs et d'hivers humides. La recherche et la mobilisation des eaux sont une priorité dans cet immense espace qui compte **plus de 500 millions d'habitants en 2020**, soit environ 7 % de la population mondiale, mais ne détient que 1,1 % des ressources hydriques renouvelables du globe. Bien que la fécondité ait partout baissé – moins en Afghanistan et au Yémen qu'ailleurs –, la région pourrait compter près de 800 millions d'habitants en 2050, accroissant la pression sur les ressources en eau.

Les éléments culturels et religieux confèrent au Moyen-Orient une tonalité particulière. Il a vu naître le monothéisme, a été le **berceau des trois religions du Livre** (judaïsme, christianisme, islam). La conquête arabe a diffusé l'islam, marquant les peuples sans pour autant gommer de multiples identités distinctes. L'Empire ottoman a été la dernière tentative politique d'unification d'un ensemble travaillé de forces centrifuges et qui n'a pu résister aux impérialismes britannique et français du XIXe siècle, avant de succomber dans les soubresauts de la Première Guerre mondiale. Les grandeurs passées, tant arabe que perse ou turque ottomane, nourrissent des nationalismes, source de tensions géopolitiques récurrentes.

Celles-ci sont exacerbées par les enjeux de l'exploitation pétrolière qui ont fait de la région l'**épicentre de la géopolitique mondiale des hydrocarbures**. Les États-Unis y jouent un rôle déterminant depuis la Seconde Guerre mondiale. L'« impérialisme américain » et le soutien inconditionnel apporté à l'État d'Israël ont largement contribué à l'émergence d'un terrorisme international, longtemps incarné par Ben Laden, et d'un islamisme politique dont l'État islamique (Daech) est le dernier avatar.

Les questions géopolitiques fondamentales de cet « Orient compliqué » sont regroupées en dix chapitres et illustrées par quelques focus sur des situations singulières qui en éclairent la complexité. Les trois premiers chapitres tracent le cadre général. Le premier interpelle le temps long de l'histoire, balançant entre unité de civilisation, sous le sceau de l'islam, et diversité culturelle d'un extraordinaire patchwork de populations. Le deuxième souligne le poids des hydrocarbures dans les deux tiers des économies nationales et dans la géopolitique régionale et mondiale. Le troisième, consacré aux « mers bordières », rappelle, s'il en était besoin, l'importance des échanges maritimes dans la politique historique de puissance et la mondialisation contemporaine.

Viennent ensuite six chapitres organisés autour d'études de cas. La Turquie, à la charnière entre l'Europe et l'Asie, fait figure de puissance régionale aspirant à restaurer la grandeur ottomane. Le Maghreb, dont l'histoire est intimement mêlée à celle de la France depuis bientôt deux siècles, remplit une fonction de pont entre l'Afrique et l'Europe, mais pâtit de ses divisions internes. L'Égypte, affaiblie par ses tensions entre militaires et Frères musulmans, ne parvient pas à imposer un leadership arabe. Le conflit israélo-palestinien pourrait résumer à lui seul la complexité géopolitique du Moyen-Orient, imbriquant territoire, religion et inégalités de développement. Les guerres font l'objet de deux chapitres. L'un porte sur des conflits déjà anciens, au Liban et en Afghanistan, pointant le rôle des interventions étrangères ; l'autre sur des conflits actuels en Irak et en Syrie, posant la question d'une possible « balkanisation ».

Le dernier chapitre, consacré aux dynamiques géohistoriques des pays du Golfe, met en exergue la rivalité régionale entre l'Iran et l'Arabie, et s'interroge sur l'avenir d'un espace gorgé de pétrole.

18 UNITÉ DE CIVILISATION OU DIVERSITÉ CULTURELLE ?

Si le Maghreb se caractérise par une grande homogénéité religieuse et l'importance du substrat berbère, le Moyen-Orient englobe trois domaines linguistiques (sémitique, indo-européen, altaïque) et se caractérise par sa diversité confessionnelle : présence des trois branches de l'islam (le sunnisme, le chiisme et le kharidjisme) et de nombreuses Églises chrétiennes. À la nostalgie d'une unité perdue, réelle ou mythifiée, et à une aspiration unitaire, incarnée en un premier temps, pour les Arabes, dans une communauté de langue, et de plus en plus fondée sur une appartenance partagée à la communauté des croyants (oumma), répond l'existence de minorités. Celles-ci revendiquent le respect de leur identité, voire la création d'un État, et luttent pour leur survie. La tension entre unité et diversité, la cohabitation de groupes qui diffèrent par la langue ou la religion engendrent des conflits sur fond d'instrumentalisation par des acteurs extérieurs. Plus qu'à l'émergence de sociétés multiculturelles, on assiste à l'érosion des minorités qui font souvent le choix de l'exil dans les situations de crise (Liban, Irak, Syrie, Afghanistan).

Notions principales

Aire linguistique : groupe de langues géographiquement voisines qui présentent des traits grammaticaux et lexicaux convergents.
Diglossie : dualité linguistique associant une langue écrite normalisée et des dialectes sous la forme orale.
Oumma : ensemble des musulmans ; communauté des croyants de l'islam.
Religion initiatique : religion à laquelle on accède au terme d'un processus de transmission de connaissances et de révélation de doctrines cachées (ésotérisme).
Sécularisation : baisse de l'influence de la religion sur la société, la laïcité étant un dispositif institutionnel de séparation de l'État et de la religion.
Syncrétisme : combinaison de différents cultes ou doctrines religieuses ; conciliation de différentes croyances en une nouvelle religion.

CHRONOLOGIE

IIe millénaire av. J.-C. : Abraham quitte la Mésopotamie pour le pays de Canaan.
Ier-IIIe siècle : Diffusion du christianisme au Proche-Orient et sur les côtes d'Afrique du Nord
451 : Concile de Chalcédoine
622 : Hégire
655-680 : Guerres de succession du Prophète
1054 : Schisme d'Orient
1501 : Chiisme religion d'État en Perse
1894-1922 : Persécution des Arméniens en Turquie
1980 et 2001 : Soulèvements berbères en Algérie
2005 : Reconnaissance de l'autonomie du Kurdistan irakien
2013 : Proclamation d'une zone d'administration autonome au Kurdistan syrien (Rojava)

I. Une diversité linguistique

Les langues parlées en Afrique du Nord et au Moyen-Orient appartiennent à trois grands ensembles linguistiques : sémitique, indo-européen et altaïque. L'arabe y est parlé par plus de 300 millions de personnes, le persan et le turc étant les autres langues les plus pratiquées. La forte prépondérance numérique de ces trois langues s'accompagne de l'existence de nombreuses minorités linguistiques.

A. TROIS GRANDES AIRES LINGUISTIQUES

La région recouvre la quasi-totalité de l'aire sémitique puisqu'elle englobe, outre 17 États arabophones sur 22 membres de la Ligue arabe[1], Israël – où les langues officielles sont l'hébreu et l'arabe –, sans oublier les petites minorités arabophones d'Iran et du sud-est de la Turquie. Les langues des minorités berbères et sudarabiques ainsi que certaines langues en voie de disparition qui subsistent comme langues liturgiques (l'araméen, le syriaque) sont aussi des langues sémitiques.

Le **groupe indo-iranien des langues indo-européennes** est représenté par le persan, auquel s'ajoutent le pachto en Afghanistan et le baloutche en Iran, deux langues également parlées au Pakistan, ce qui n'est pas sans incidence géopolitique [→ CH. 25]. Le kurde, parlé en Turquie, en Iran, en Irak et en Syrie, appartient à la même famille linguistique que le persan. L'arménien, parlé par de petites communautés au Liban, en Iran et en Turquie, est aussi une langue indo-européenne.

Les langues turciques, principale famille des langues altaïques, **sont représentées essentiellement par le turc** parlé en Turquie, mais aussi par des minorités linguistiques transfrontalières en Iran (l'azéri, le turkmène) et en Afghanistan (l'ouzbek). Un million de nomades en voie avancée de sédentarisation parlent le qashqai dans les montagnes du sud de l'Iran ; le khaladj est parlé par 50 000 descendants de tribus turcophones arrivées en Iran au Moyen Âge. Du fait de l'expansion musulmane, ces langues non sémitiques s'écrivent, pour la plupart, en alphabet arabe, parfois augmenté de quelques lettres pour transcrire des phonèmes inexistants en arabe. Mais en Turquie, la « révolution des signes » (*Dil Devrimi*) a remplacé l'alphabet arabe du turc ottoman par une adaptation de l'alphabet latin en 1928.

B. LE MONDE ARABE

L'essentiel du monde arabe se situe en Afrique du Nord et au Moyen-Orient. L'identité arabe est complexe, mais un fondement incontestable de l'arabité réside dans l'usage de la langue arabe. Celle-ci se caractérise par sa diglossie : la langue écrite (arabe littéral[2]) diffère des dialectes employés pour la communication verbale. L'opposition géographique entre Maghreb et Machrek se double d'une opposition linguistique. En effet, **les dialectes occidentaux parlés au Maghreb se distinguent des dialectes orientaux** parlés de l'est de la Libye à la façade orientale de la péninsule Arabique. Les dialectes orientaux se subdivisent en dialectes arabiques, syro-libano-mésopotamiens et égyptiens. La répartition des dialectes ne se calque

1. Parmi les autres membres, on trouve deux États sahéliens (la Mauritanie et le Soudan) et des États de la Corne de l'Afrique (la Somalie, Djibouti) à l'arabité discutable, sans parler des Comores.
2. L'arabe littéral, c'est-à-dire écrit, recouvre, d'une part, l'arabe classique ou littéraire, celui de la poésie préislamique et du Coran, et d'autre part, l'arabe moderne standard de la presse, des médias et des manuels scolaires. L'arabe dialectal désigne les diverses variantes orales.

pas sur les frontières nationales. Par exemple, le dialecte de l'ouest de la Libye est beaucoup plus proche de l'arabe tunisien que de celui parlé dans l'est du pays ; on ne parle pas le même dialecte dans le delta du Nil et en Haute-Égypte. Aux différences géographiques s'ajoutent des différences entre parlers citadins, parlers ruraux et parlers bédouins.
L'arabe apparaît à la fois comme un élément d'unité à l'écrit, renforcé par les progrès de l'alphabétisation, et un facteur de diversité à l'oral, qu'il ne faut toutefois pas exagérer du fait d'une intercompréhension plus ou moins aisée au sein de chaque groupe de dialectes.

C. LES MINORITÉS LINGUISTIQUES

1. Au Maghreb

Les Berbères constituent le substrat pré-arabe du Maghreb. À l'issue des guerres puniques et de la défaite de Carthage (146 av. J.-C.), le nord de l'Afrique connaît une période de romanisation puis, à partir du IIe siècle, de christianisation. L'expansion arabo-musulmane, non sans résistance des tribus berbères au pouvoir des califes, a pour conséquence, à partir du VIIIe siècle, une islamisation de tout le nord de l'Afrique, mais une arabisation incomplète. Au Moyen Âge, ce sont des dynasties berbères musulmanes qui contrôlent la région. L'essentiel de la population du Maghreb est constitué de Berbères arabisés, bien plus que de descendants des conquérants arabes. Il est donc préférable de distinguer les Berbères des berbérophones.

L'aire berbérophone

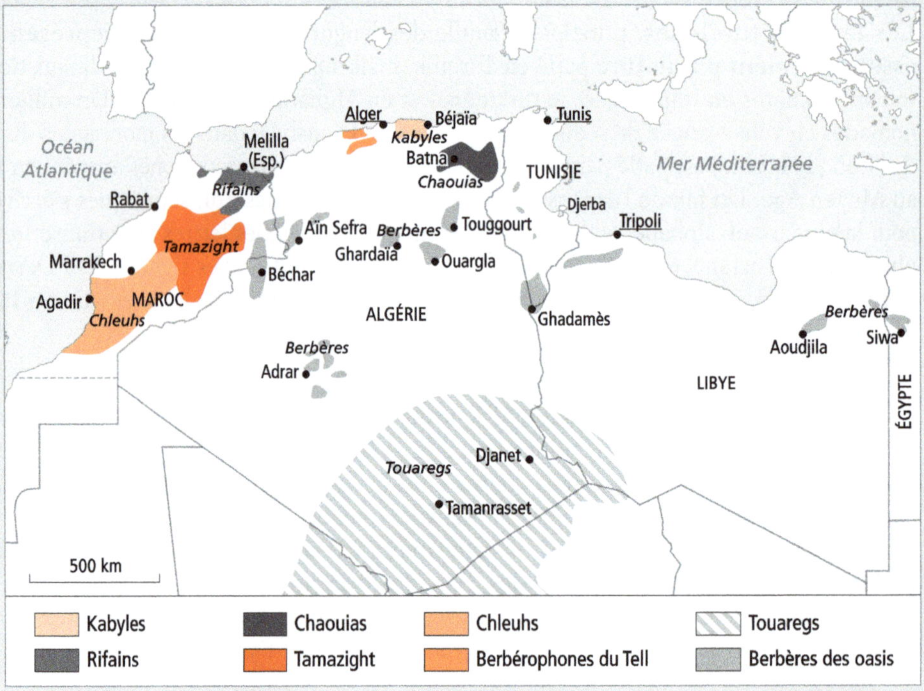

Les berbérophones forment la **principale minorité linguistique au Maghreb**. L'aire berbérophone s'étend du Maroc atlantique à l'oasis de Siwa à l'ouest de l'Égypte et de la Méditerranée au Sahel (Niger, Mali), principalement dans des régions montagneuses (Rif,

Atlas, Kabylie, djebel Nefoussa), oasiennes (Mzab, Ghadamès), insulaires (Djerba). Vaste, mais discontinue, elle est fragmentée en de nombreuses variétés dialectales, comme le kabyle en Algérie, le chleuh ou le rifain au Maroc, le nafusi de l'ouest de la Libye ou encore le touareg au Sahara et au Sahel. La majorité des berbérophones parlent aussi l'arabe. On peut estimer la proportion de berbérophones à 40 % au Maroc, 25 % en Algérie, 6 % en Libye. En Tunisie et en Égypte, ils sont peu nombreux.

La revendication berbère se présente comme celle d'un peuple, le peuple amazigh*. Elle porte avant tout sur la reconnaissance culturelle, ce qui pose la question du statut de la langue, de son enseignement, de la toponymie, mais aussi de l'état civil du point de vue de la légalisation des prénoms non arabes. **En Algérie, la loi du 6 janvier 1991** portant généralisation de l'utilisation de la langue arabe **impose l'arabisation aux berbérophones**, qui manifestent en masse pour protester. Alors que ses locuteurs constituent une minorité linguistique autochtone pré-arabe, le tamazight* est considéré comme une langue étrangère au même titre que le français. Suite au boycott des écoles en Kabylie, le gouvernement a créé un Haut-Commissariat à l'Amazighité, chargé de mettre en place un enseignement facultatif du tamazight dans les régions berbérophones. En **2002**, suite à des émeutes meurtrières en Kabylie [→ ZOOM], **le tamazight accède au statut de langue nationale**, mais non de langue officielle. Enfin, **la révision constitutionnelle de 2016 donne au tamazight le statut de langue nationale et officielle**. Dans la pratique, l'arabe garde sa prééminence et seulement 2,6 % des enfants scolarisés reçoivent un enseignement de langue berbère. Au **Maroc**, le préambule de la **Constitution de 2011** affirme l'identité nationale une et indivisible, « forgée par la convergence de ses composantes arabo-islamique, amazighe et saharo-hassanie », et l'article 5 précise que « **l'amazigh constitue une langue officielle de l'État** ». La lente mise en place de l'enseignement de langue berbère a provoqué un débat sur la graphie à choisir pour transcrire des langues de tradition orale. C'est finalement la graphie tifinagh*, plus ancrée dans la tradition berbère, qui a été préférée à la graphie latine, jusqu'alors employée au Maroc et porteuse d'une plus grande universalité, et à la graphie arabe, jugée par ses tenants plus conforme au contexte arabo-musulman.

ZOOM ▶ La question berbère en Algérie et en Libye

À l'indépendance de l'Algérie, le FLN met en place une politique d'arabisation de l'enseignement et de l'Administration. Un premier soulèvement, connu sous le nom de « Printemps berbère », a lieu en Kabylie en 1980, puis en 2001 se déclenche le Printemps noir de Kabylie. Ces émeutes, violemment réprimées par les forces de l'ordre, feront plus de 100 morts et des milliers de blessés. Depuis ces événements, le Mouvement pour l'autodétermination de la Kabylie, mouvement autonomiste kabyle, a évolué en indépendantisme. Les indépendantistes kabyles dénoncent avec virulence « le socialisme arabo-islamique, [...] cocktail d'autoritarisme soviétique et de despotisme oriental » du gouvernement algérien qui, de son côté, analyse en termes de néocolonialisme une revendication initialement instiguée par des intellectuels kabyles vivant en France.

DÉFINITIONS

Amazigh : dénomination que se donnent les Berbères de préférence à l'appellation « berbère », qui a la même étymologie que « barbare ».

Tamazight : la langue berbère.

Tifinagh : alphabet antique attesté par de nombreuses inscriptions qui, après une longue disparition, a été réactivé moyennant des adaptations.

Des tensions sont aussi observables périodiquement dans le Mzab, où la population autochtone est non seulement berbère, mais constitue un isolat ibadite. Il faut néanmoins éviter d'attribuer les émeutes du Mzab (2013-2014) à de seuls mobiles ethniques ou religieux, car l'enjeu foncier est devenu primordial dans un contexte d'afflux de populations extérieures arabes et de croissance urbaine rapide des oasis.
En Libye, Mouammar Kadhafi considère la berbérité comme une modalité de l'arabité et voit dans la volonté d'utiliser et de maintenir le berbère « une prétention réactionnaire, inspirée par le colonialisme » (G. et H.-G. Eber). Les Berbères, niés et discriminés par le régime, subissent une arabisation forcée ; la moindre manifestation de berbérité est réprimée. Dès les débuts du soulèvement contre Kadhafi, les montagnards du djebel Nefoussa (du nom de la population berbère locale), devenu djebel Gharbi (montagne occidentale) sous Kadhafi, font irruption dans le jeu politique libyen et les combats en affichant leur berbérité : drapeaux berbères, inscriptions en tifinagh, usage du nafusi dans les comités révolutionnaires et les commandements militaires locaux... Mais rapidement, le Congrès national amazigh libyen, auquel participent aussi les Touaregs, se heurte au positionnement arabe et islamiste du Conseil national de transition. Le sort des minorités est loin d'être réglé dans les soubresauts de l'après-Kadhafi.

2. Dans l'Orient arabe

Des minorités linguistiques de l'Orient arabe sont les ultimes témoins des temps anciens. Les derniers vieillards qui parlent **araméen** dans des localités éparses et reculées au Liban, en Syrie, en Irak ou en Turquie s'éteignent, mais cette langue, ancêtre de l'hébreu et de l'arabe, qui fut la langue de la prédication du Christ, subsiste comme langue liturgique dans certaines communautés chrétiennes. En Arabie du Sud, dans des régions montagneuses aux confins du Yémen et de l'Oman ou dans l'île de Socotra au large d'Aden, survivent des langues antérieures à l'arabisation. Les **langues sudarabiques**, encore utilisées en famille probablement par 300 000 personnes, semblent vouées à la disparition face à l'arabe, langue de l'école et des médias.
D'autres minorités sont issues de déplacements de population. C'est le cas de groupes originaires du Caucase qui ont trouvé refuge dans l'Empire ottoman après avoir été chassés par les Russes au XIXe siècle, comme les **Tcherkesses** de l'actuelle Jordanie (environ 1,5 % de la population). Loyaux à la dynastie hachémite, ils sont assimilés à la société jordanienne et seulement 10 à 15 % d'entre eux sont encore capables de parler leur langue. Les **Arméniens** sont un autre exemple de minorité linguistique installée à la suite de persécutions. Fuyant les exactions turques et les massacres qui commencent en 1894-1896 et culminent en 1915-1917 avant les derniers épisodes, en 1922, d'une véritable extermination, des Arméniens ont fait souche dans les pays arabes du Moyen-Orient, en particulier la Syrie et le Liban. Ainsi, à Beyrouth, dans le quartier de Bourj Hammoud, dit « la petite Arménie », l'arménien persiste à côté de l'arabe et le souvenir du génocide est transmis aux jeunes générations, qui disposent d'écoles et d'une université arméniennes. Enfin, des **Turkmènes** sont présents dans les piémonts du nord de l'Irak – où ils sont arrivés d'abord comme mercenaires dans les garnisons abbassides, puis lors de vagues d'invasions au XVe siècle – et en Syrie –, où ils sont un héritage de la période ottomane. Ils prennent une part active aux guerres civiles en Syrie et en Irak.

3. Dans l'aire des langues indo-iraniennes

L'Iran possède de nombreuses minorités, dont les plus importantes numériquement sont transfrontalières (baloutche au sud, kurde au nord) et dont certaines n'appartiennent pas à la même famille linguistique que le persan (azéri vers la mer Caspienne et arabe à proximité du golfe Persique). Les Arméniens d'Iran sont, pour la plupart, issus de mouvements de population remontant aux luttes entre la Perse et l'Empire ottoman au XVIe siècle. Intégrée économiquement et socialement, cette communauté essentiellement urbaine (Ispahan, Téhéran) a tendance à quitter l'Iran depuis la révolution islamique, où elle est une minorité religieuse tolérée. Quant à l'**Afghanistan**, sa configuration géographique et son histoire mouvementée en font une **mosaïque linguistique**.

Les Kurdes constituent la principale minorité du Moyen-Orient. Environ 30 millions de Kurdes se répartissent entre la Turquie (15 millions), l'Iran (7 millions), l'Irak (5 millions) et la Syrie (3 millions). On trouve aussi des îlots de peuplement kurde dans le Caucase et en Asie centrale, sans oublier une importante diaspora (2 millions), dont près de la moitié vit en Allemagne.

Le peuplement kurde

ZOOM ▶ Les Kurdes, une nation sans État

Les Kurdes n'ont pas de langue unifiée mais des dialectes se rattachant à la famille linguistique indo-iranienne. On distingue les dialectes du Nord (dont le kurmandji) et ceux du Sud (dont le sorani). Les Kurdes sont majoritairement sunnites, mais aussi chiites, chrétiens ou yézidis. Ils sont les descendants des Mèdes, qui constituèrent un empire aux VIIe et VIe siècles avant J.-C. Ils furent ensuite annexés par leur voisin : leurs territoires montagneux entre le plateau persan et le Haut-Euphrate constituèrent des marches des Empires perses. À l'époque des califes, les Kurdes, islamisés, mais non arabisés, formaient des principautés autonomes qui seront envahies par les hordes turco-mongoles. La plus grande partie du Kurdistan sera ensuite intégrée à l'Empire ottoman, où cette marge bénéficie d'une large autonomie. L'émergence d'un nationalisme kurde aboutit à la revendication d'un État indépendant et les Kurdes envoient une délégation à la Conférence de la Paix en 1919. Le traité de Sèvres (1920) prévoit la création d'un Kurdistan qui ne verra pas le jour et dont il n'est plus question au traité de Lausanne (1923). Les Kurdes connaissent un sort variable selon les pays et les périodes, dans un climat de tensions avec les gouvernements centraux.

Proches linguistiquement et culturellement des Persans, les Kurdes d'Iran ne se heurtent pas à la négation de leur identité culturelle, mais ont été persécutés en tant que minorité religieuse à plusieurs reprises. En Irak, des révoltes éclatent à la fin du mandat, quand les Irakiens entendent contrôler le nord du pays, puis cinq guerres de libération entrecoupées de trêves se succèdent entre 1961 et 1975 (accords d'Alger). Les Iraniens s'engagent à ne plus aider les Kurdes d'Irak ; en échange, l'Irak cède aux revendications de son voisin sur le

Chatt al-Arab. En Syrie, les Kurdes ont fait l'objet d'une arabisation forcée : déplacements de populations, installation de colons syriens à côté des villages kurdes, modification des toponymes. Dans le conflit syrien, les Kurdes ont combattu victorieusement Daech et contrôlent le nord-est du pays, devenu un territoire autonome *de facto*, le Rojava. En Turquie, où réside la moitié des Kurdes, le PKK, mouvement séparatiste d'inspiration marxiste, mène une guérilla contre le gouvernement d'Ankara depuis des décennies. Actuellement, la plupart des Kurdes ont renoncé à la création d'un grand Kurdistan qui réunirait le Kurdistan partagé entre quatre pays ; ils se battent pour leur sécurité, la reconnaissance de leur identité et le développement de leur territoire dans le cadre d'une large autonomie.

Pour aller plus loin

Écouter « Pourquoi a-t-on abandonné les Kurdes ? » sur France Culture
liennathan.fr/s25jw8

II. Une diversité religieuse

A. UN MONDE MAJORITAIREMENT MUSULMAN

1. Islam et islamisme

• **L'islam est une religion monothéiste née au VIIe siècle en Arabie.** En 611 de l'ère chrétienne, Mahomet reçoit ses premiers « messages ». Sa prédication se heurte à l'hostilité des habitants de La Mecque, qu'il quitte pour Médine avec quelques compagnons en 622. C'est l'hégire (de l'arabe *Hijra*, exil), début du calendrier musulman. Les cinq piliers de l'islam sont la profession de foi (« Il n'y a d'autre dieu qu'Allah et Mahomet est son Prophète ») et quatre obligations (les cinq prières quotidiennes tournées vers La Mecque et suivant un rituel prescrit, l'aumône, le pèlerinage à La Mecque et le jeûne pendant la période du mois de ramadan). Des règles sociales sont édictées par les *oulémas* (docteurs de la loi) ou les *ayatollahs* (dignitaires religieux chiites), qui définissent l'application de la Loi dont les sources sont le **Coran** et la **Tradition** (*sunna*) fondée sur les hadiths (recueils des faits et dits du Prophète et de ses compagnons).

Être musulman, ce n'est pas seulement adhérer à une foi et pratiquer une religion, c'est appartenir à une communauté qui fonctionne selon certains principes économiques et politiques. La religion musulmane non seulement proscrit l'usure, mais interdit le prêt à intérêt fixé à l'avance (*riba*), auquel se substitue le principe du partage des risques, des pertes et des profits. La finance islamique permet de respecter l'éthique financière de l'islam et de contourner ses interdictions par des produits et des montages financiers modernes qui prennent le relais des stratagèmes individuels du passé.

L'islam, une religion traversée de courants des plus ouverts aux plus sectaires, doit être distingué de l'islamisme, un projet politique.

• Les islamistes revendiquent des institutions « sans autre Constitution que le Coran » ainsi qu'une application stricte et exclusive du droit musulman (*charia*). **L'islamisme est une idéologie** qui souhaite la permanence de structures sociales nourries de prescriptions religieuses et la restauration d'une unité perdue remontant à l'époque des califes selon un récit qui occulte luttes intestines, guerres fratricides, résistances et rébellions, etc. Beaucoup d'islamistes rêvent de rétablir la cité musulmane originelle, qui ne correspond pas à une réalité historique mais à un modèle idéal construit par les penseurs médiévaux.

Si des mouvements islamistes veulent conquérir le pouvoir par les urnes pour procéder à des réformes se réclamant de l'islam, **les djihadistes recourent à la guerre** sous différentes formes pour mettre en place un État islamique conforme à leur idéologie. Le *djihad*, souvent traduit par « guerre sainte », n'est ni un article de la foi musulmane ni une obligation impérative. Ce terme, qui cautionne tant de violences et d'exactions, signifie « effort », et l'effort de guerre n'en est pas l'aspect primordial d'un point de vue strictement religieux. Même si les trois notions convergent, **islamisme, fondamentalisme et intégrisme** ne sont pas synonymes, d'autant moins que deux de ces termes renvoient à des conceptions de la religion qui ne se rencontrent pas seulement dans l'islam. **Si l'islamisme appartient clairement au champ du politique, le fondamentalisme renvoie à une lecture littérale et non pas symbolique des textes religieux.** Le respect des textes pris à la lettre se traduit par un **grand traditionalisme en matière de mœurs**. Il rejoint en cela l'**intégrisme, qui entend respecter l'intégralité des valeurs et normes traditionnelles de la religion**, ce qui exclut tout *aggiornamento** (par exemple, sur la question de la sécularisation).

2. L'expansion de l'islam

Mahomet, chef religieux, est aussi un chef de guerre. À sa mort, ses adeptes contrôlent une bonne partie de la péninsule Arabique. Les premiers califes étendent le territoire de l'islam à partir de La Mecque, puis les Omeyyades font de Damas leur capitale. Contenue au nord par l'Empire byzantin, l'expansion arabo-musulmane s'opère vers l'est, où elle bute sur la Chine des Tang, et vers l'ouest, où la bataille de Poitiers (732) en marque l'arrêt. Les Abbassides (750-1258), dont la capitale est Bagdad, doivent faire face à la contre-offensive chrétienne de la Reconquista, puis aux croisades.

L'expansion de l'islam

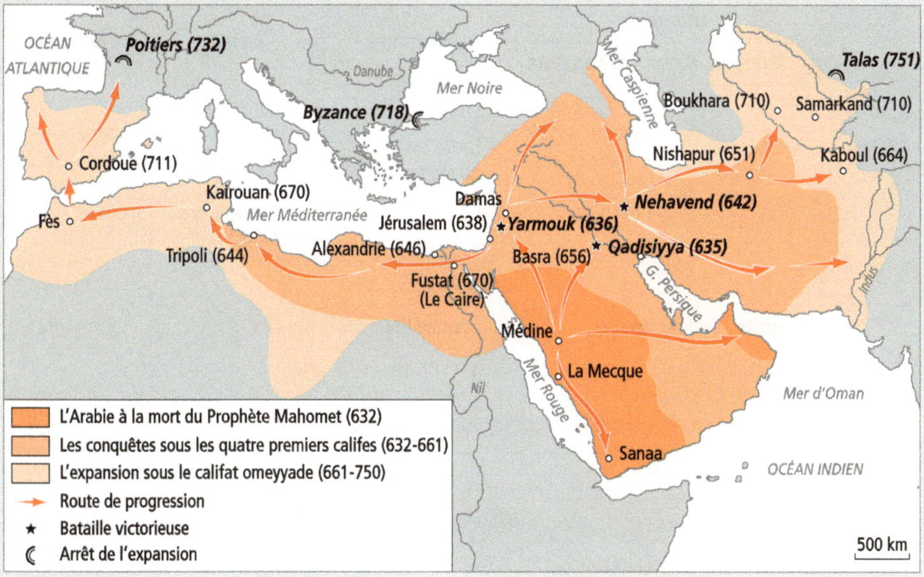

DÉFINITION

***Aggiornamento* (« mise à jour ») :** expression attribuée au pape Jean XXIII (1959) au sujet de la nécessaire adaptation de l'Église catholique aux changements du monde moderne.

3. Des dissidences religieuses à genèse politique

Les trois branches de l'islam remontent aux guerres de succession du Prophète, qui sont aussi des affrontements entre plusieurs branches de sa famille pour accéder au titre de calife (successeur). À la mort de Mahomet, son gendre et cousin, Ali, écarté du pouvoir à trois reprises, est nommé quatrième calife. Ses partisans ne reconnaissent pas la légitimité des trois premiers califes tandis que ses adversaires contestent la légitimité du nouveau calife, qu'ils accusent de l'assassinat de son prédécesseur, Uthman. Ali accepte de se soumettre à un arbitrage face à l'autre prétendant, chef des Omeyyades, la famille d'Uthman. Une partie des soutiens d'Ali, les kharidjites (ceux qui partent), refusent cet arbitrage. Après l'assassinat d'Ali et de son fils Hussein, ses partisans, les chiites (de *chi'at Ali*, le parti d'Ali), ne reconnaissent pas le califat tandis que les musulmans ralliés aux Omeyyades sont à l'origine du sunnisme.
La conception sunnite du calife, chef politique et religieux, s'oppose à la conception chiite de l'imam, guide spirituel.
Entre le VIIIe et le Xe siècle, **le sunnisme se divise en quatre écoles juridiques**, qui divergent sur les normes morales et sociales. Au XVIIIe siècle, le hanbalisme connaît une réforme qui prône le retour à une pureté originelle de l'islam : le wahhabisme, qui prévaut en Arabie saoudite et au Qatar. De même, **le salafisme veut imposer une régénération de la foi et la réislamisation de la société** en condamnant l'usage de la raison qui éloigne du message divin. On distingue un salafisme quiétiste, dont l'arme est la prédication, un salafisme politique, qui se constitue en partis, et un salafisme djihadiste, qui recourt au terrorisme.

Branches et rameaux de l'islam

Sunnisme					
	Hanbalite		*Hanafite*	*Chaféite*	*Malékite*
	Originel	**Wahhabite**			
École juridique	– Raideur dogmatique – Rigorisme	– Réforme stricte – Traditionalisme – Rejet de l'exégèse	Large place au jugement personnel	– Valorisation de la *sunna* – Consensus des croyants et pas des seuls docteurs	Importance de la coutume et des croyances locales

Chiisme			
	***Imamite* (duodécimain)**	***Ismaélien* (septimain)**	***Zaydite***
Rameau	– Impeccabilité et infaillibilité de l'imam – Recherche du sens caché (bâtin) du Coran au-delà du sens explicite (zâhir)	Interprétation allégorique du Coran	Proche du sunnisme

Kharidjisme		
Rameau	Existant	Disparu au VIIe-VIIIe siècle
	Ibadite	***Azraqite, najadite, sufrite***
	– Libre choix du chef – Puritanisme moral	

Les chiites sont minoritaires en Afrique du Nord et au Moyen-Orient, mais 90 % des Iraniens sont des chiites duodécimains. Longtemps persécuté, le chiisme a survécu plusieurs siècles dans la clandestinité avant sa proclamation comme religion officielle de l'Iran en 1501 et a prévalu dans l'imamat zaydite de Sanaa pendant plus de mille ans (900-1962). Les chiites reconnaissent la *sunna*, mais y ajoutent la tradition des douze ou des sept imams : pour les chiites, les premiers imams ont possédé le sens caché du Coran, transmis par le Prophète à Ali. Le douzième imam pour les chiites duodécimains ou le septième pour les ismaéliens, occulté, reviendra à la fin des temps.

B. LES CHRÉTIENS D'ORIENT

• **Le christianisme oriental se caractérise par sa dispersion géographique et son éclatement.** Les débats du Ve siècle sur la nature du Christ et la proclamation du dogme de l'hypostase (union dans la personne du Christ de deux natures, l'une humaine, l'autre divine) au concile de Chalcédoine (451) amènent la constitution d'Églises dissidentes (copte, nestorienne, arménienne, jacobite), puis le schisme d'Orient (1054) provoque la création de l'Église grecque orthodoxe. Au moment des croisades, une partie des fidèles se rallie à Rome. De ce fait, il existe aujourd'hui six rites, subdivisés selon le clivage orthodoxes-catholiques. Ces derniers, dits « catholiques de rite oriental », reconnaissent l'autorité pontificale tout en conservant leur propre patriarche. L'action missionnaire explique que l'on trouve aussi des catholiques romains et des protestants. Derrière les différences doctrinales ou liturgiques, se cachent des particularismes locaux, par exemple les Coptes associés à l'Égypte, les maronites au Liban ou les Assyro-Chaldéens à l'Irak et à l'Iran.

• Il est difficile de donner un effectif précis de fidèles de chaque Église orientale tant les évaluations divergent d'une source à l'autre. On pouvait estimer *grosso modo* le nombre de chrétiens d'Orient, majoritairement orthodoxes, à environ 22 millions en 2010. On peut considérer qu'au Moyen-Orient, 5,5 % de la population est chrétienne, mais ce pourcentage

Les religions en Afrique du Nord et au Moyen-Orient

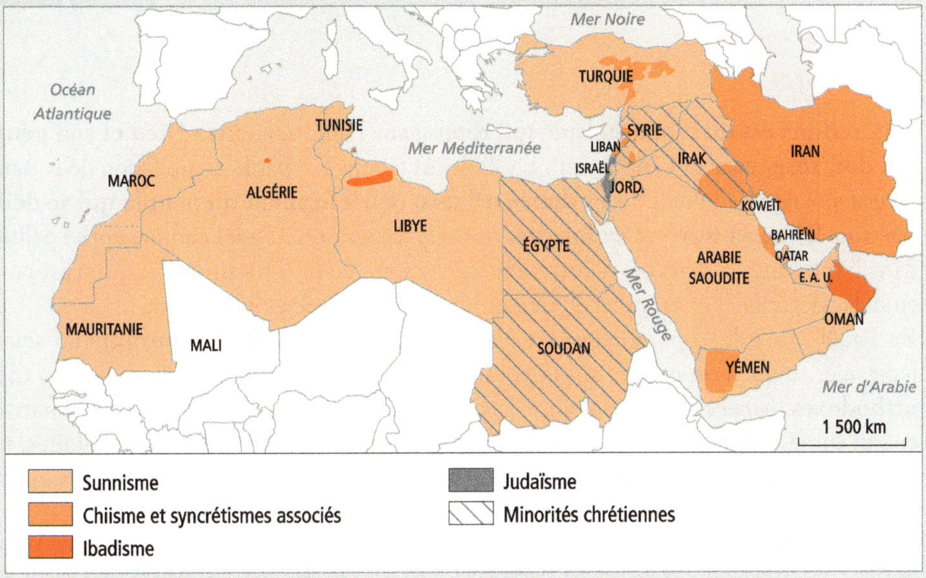

■ **La chrétienté orientale**

Rites	Églises orthodoxes	Églises catholiques
Copte	Coptes	Coptes catholiques
Byzantin	Grecs orthodoxes	Melchites (Grecs catholiques)
Assyro-chaldéen	Nestoriens (Église assyrienne de l'Orient)	Chaldéens
Arménien	Grégoriens (Église apostolique arménienne)	Arméniens catholiques
Syriaque	Jacobites	Syriaques (Syriens catholiques)
Maronite		Maronites

est supérieur dans les pays arabes moyen-orientaux puisque la part des chrétiens est très faible en Israël (2 %), en Iran (0,3 %) et en Turquie (0,1 %), alors qu'elle est comprise entre 5 et 10 % en Égypte, en Syrie et en Irak, dépassant 30 % au Liban.

Si une natalité généralement plus élevée chez les musulmans a pu contribuer à l'amenuisement des minorités chrétiennes, l'explication réside surtout dans les guerres au Liban, en Irak et en Syrie, les persécutions ou la marginalisation croissante qui ont poussé les chrétiens à prendre le chemin de l'exil vers les pays occidentaux. Ainsi, sur plus de 10 millions de Coptes, environ 3,5 millions ne vivent pas en Égypte et si l'on compte environ 4 millions de maronites dans le monde, seulement un quart réside de façon permanente au Liban. Dans le cas de l'Irak, on comptait probablement un peu plus d'un million de chrétiens dans les années 1980, autour de 650 000 en 2005, 450 000 en 2010 et 250 000 en 2015. Environ 66 % des chrétiens d'Irak auraient quitté leur pays après 2003.

Pour aller plus loin

Écouter « Chrétiens d'Orient, un archipel planétaire » sur France Culture
liennathan.fr/x565xk

C. LE JUDAÏSME

Le judaïsme est un monothéisme qui repose sur l'alliance entre Dieu et son peuple, qui doit respecter la Loi (Torah). La Bible est complétée par la compilation de commentaires rabbiniques (Talmud). **Les douze tribus d'Israël forment un peuple qui se définit par son Dieu, sa terre et sa langue.** Après la disparition d'Israël comme entité politique dans l'Antiquité, la diaspora a entretenu la mémoire de la Terre promise, qui n'est pas un au-delà allégorique, mais un territoire entre la Méditerranée et le Jourdain.

En Israël, 75 % de la population est juive. On observe **plusieurs courants** au sein du judaïsme, ce qui a un impact sur la politique intérieure et extérieure d'Israël[3]. Les **ultra-orthodoxes** (*haredim*) obéissent aux 613 commandements et prescriptions de la Torah, que ce soit sur le plan moral ou au quotidien (interdits alimentaires, codes vestimentaires, non-mixité…), et rejettent la modernité. Ils forment moins de 10 % de la population juive d'Israël,

3. Des groupes ultra-orthodoxes (*Neturei Karta*), peu nombreux mais activistes, considèrent que « vivre la Torah, c'est attendre en exil que l'arrivée du Messie rétablisse Israël ». Antisionistes, ils refusent la citoyenneté israélienne.

mais autour de 30 % de celle de Jérusalem. Les **orthodoxes** ou les **traditionalistes** adoptent une observance plus ou moins stricte des lois et pratiques, conciliée avec les exigences contemporaines. Le **judaïsme libéral** considère que la tradition juive résulte d'une évolution et l'adapte à l'époque actuelle. Enfin, la moitié des juifs israéliens ne sont pas pratiquants et leur judaïté ne passe pas par le judaïsme, mais par une appartenance culturelle au peuple juif.

Les juifs partagent avec les chrétiens le statut de *dhimmi* (protégé), que la *charia* prescrit vis-à-vis des « gens du Livre » dans le cadre d'une tolérance qui n'est pas inconditionnelle. Bien que variable, leur sort était généralement plus enviable au Moyen Âge que celui de leurs coreligionnaires de l'Occident chrétien. Le philosophe musulman Averroès et le rabbin Maïmonide, qui entendaient concilier raison et foi, sont les figures emblématiques d'une symbiose judéo-arabe qui se réalisa en Andalousie. Le **judéo-arabe**, mêlant des termes hébreux à un substrat oral arabe, était un **ensemble de parlers des communautés juives**, essentiellement citadines, **du Maroc à l'Irak**. Alexandrie, Bagdad, Istanbul étaient des foyers juifs importants.

Au **Machrek**, le conflit israélo-arabe se traduit par une dégradation irréversible de la situation des **juifs arabophones qui émigrent en masse vers Israël**. Par exemple, on dénombrait 150 000 juifs en Irak en 1948, 2 500 un demi-siècle plus tard, et il n'en reste qu'une dizaine dans la décennie 2010. En 1949, l'opération « Tapis volant » achemine vers Israël plus de 50 000 juifs yéménites. **Au Maghreb, les indépendances ont provoqué le départ des juifs d'Algérie et de Tunisie** vers la France ou Israël. Le Maroc, qui refusa d'appliquer les lois antijuives de Vichy et qui a inscrit la composante hébraïque dans la Constitution de 2011, est un cas spécifique. Entre 1948 (proclamation de l'État d'Israël) et 1956 (indépendance du Maroc), 90 % des juifs marocains ont quitté le pays, notamment pour des raisons économiques. En 2016, on dénombre 160 000 juifs au Maroc. En Iran, le régime accorde la liberté du culte aux juifs, qui ont un député au Parlement, mais tient un discours négationniste et antisioniste* virulent. La communauté juive comptait 100 000 membres en 1979 et seulement 25 000 en 2016. En Turquie, on comptait 77 000 juifs en 1948 et 46 000 trois ans plus tard. La montée de la judéophobie (attentats contre des synagogues) et le tournant islamiste de la Turquie inquiètent cette communauté de 15 000 personnes, essentiellement stambouliote.

D. DES SYNCRÉTISMES

Du chiisme se sont détachés des groupes qui se considèrent plus ou moins comme musulmans, une appartenance à l'islam récusée par l'orthodoxie musulmane, en particulier sunnite, qui méprise ces croyances minoritaires quand elle ne les persécute pas. Ces **religions initiatiques** associent un **caractère ésotérique** issu du chiisme à des dogmes ou des pratiques issus d'autres traditions religieuses et philosophiques. Elles adjoignent au Coran leurs propres textes sacrés. Les pratiquants de ces syncrétismes s'éloignent aussi de l'islam en ne fréquentant pas de mosquée (ils se réunissent dans des demeures privées pour prier) ou en consommant du vin.

- **Les mandéens ou sabéens** des marais de Basse-Mésopotamie sont souvent qualifiés de « chrétiens de saint Jean » car Jean-Baptiste est le plus grand prophète de ce syncrétisme inspiré du christianisme avec des influences zoroastriennes. Cette communauté n'est quasiment plus représentée en Irak : ses membres ont fui vers les pays voisins ou se sont réfugiés dans les pays occidentaux. C'est aussi le cas des Yézidis.

DÉFINITION

Sion : colline de Jérusalem, mais aussi dénomination biblique de la cité de David, roi d'Israël.

Les syncrétismes issus du chiisme

	Druzes	Alaouites	Alévis
Doctrine	Chiisme hétérodoxe		
	– Emprunts au christianisme, au zoroastrisme et à l'hindouisme – Croyance à la métempsychose	– Emprunts au christianisme, à la philosophie platonicienne et aux cultes phéniciens – Croyance trinitaire – Croyance à la métempsychose	– Influence du soufisme – Mysticisme – Croyance trinitaire – Séparation du temporel et du spirituel
Localisation	Liban, Syrie, Jordanie, Israël	Syrie, Liban, Turquie	Turquie

ZOOM ▶ Zoroastriens, Yézidis et bahaïsme

Le **zoroastrisme**, comme l'hindouisme et le bouddhisme, est issu du védisme (les védas, textes sacrés de l'Inde ancienne, datent du IIe millénaire avant J.-C.). Il repose sur les enseignements de Zarathoustra, qui vivait en Iran au Ier millénaire avant J.-C. Le dieu unique est père de jumeaux antagoniques – l'un bon, l'autre mauvais – et la question du Bien et du Mal est centrale dans la théologie. Le zoroastrisme, religion officielle et dominante de la Perse jusqu'à la conquête musulmane, a subsisté en Iran dans des oasis, en particulier Yazd. Dans les années 1980, il restait 30 000 zoroastriens en Iran, mais deux tiers d'entre eux ont quitté la République islamique, notamment pour les États-Unis.

Le **yézidisme** présente de fortes réminiscences zoroastriennes combinées à des apports musulmans ainsi que des éléments du judaïsme et du christianisme. Stigmatisée par les musulmans, qui qualifient ses membres d'« adorateurs du diable », victime de persécutions meurtrières et répétées, cette communauté hermétique considère que le diable (Yezd), après s'être repenti, a été pardonné par Dieu, qui en a fait le chef des anges. Les yézidis sont présents chez les Kurdes d'Iran, de Syrie et surtout du nord de l'Irak. Doublement minoritaire, puisque kurde et yézidie, cette communauté a été l'une des cibles des djihadistes (massacres du djebel Sinjar en 2014) et participe à la résistance kurde.

Le **bahaïsme** est un large syncrétisme relativiste et universaliste né en Iran au XIXe siècle, mais dont la ville sainte est Haïfa en Israël. Il intègre toutes les grandes figures spirituelles de l'histoire de l'humanité considérant que « toutes les religions du monde sont les expressions successives d'une seule et même foi ». Il encourage le progrès scientifique, car sa doctrine voit la religion et la science comme « deux systèmes complémentaires de connaissance », et prêche l'égalité absolue entre hommes et femmes, professant que « l'âme rationnelle n'a ni sexe, ni race, ni ethnie, ni classe ».

19 UNE RÉGION CRUCIALE POUR L'APPROVISIONNEMENT ÉNERGÉTIQUE DU MONDE

Considérant que le charbon, le pétrole et le gaz constituent les principaux facteurs du réchauffement climatique, la question a été abordée à Glasgow lors de la COP26, en novembre 2021. Cependant, tandis que le libellé relatif au charbon ne mentionne finalement pas son élimination progressive, mais simplement une réduction progressive, seuls quelques pays et régions ont adhéré à l'idée d'une sortie du pétrole et du gaz sans être suivis par l'ensemble, ni même la majorité des participants.

Il est évident que les hydrocarbures demeurent la source d'énergie la plus utilisée et le resteront dans les prochaines années du fait du maintien d'une forte consommation dans les pays industrialisés, en particulier dans le domaine des transports, mais plus encore de l'augmentation de la consommation des pays émergents et en développement, en particulier asiatiques. Dénominateur commun à l'Afrique du Nord et au Moyen-Orient, ils sont aussi un facteur de différenciation entre les pays de la région.

En 2015, la région MENA (Moyen-Orient et Afrique du Nord) a assuré 35,4 % de la production mondiale de pétrole et cette proportion reste inchangée. En revanche, sa part des réserves prouvées* mondiales de brut diminue puisqu'elle en détenait 51 % en 2015 et 48,9 % en 2019. En ce qui concerne le gaz, on observe une évolution récente similaire à celle du pétrole. En 2015, la région MENA assurait 21,5 % de la production mondiale de gaz naturel, dont elle détenait 47 % des réserves. En 2019, ces chiffres sont respectivement de 21,4 % et 42 %.

Sa richesse en hydrocarbures fait de cette partie du monde un enjeu international majeur et le théâtre de tensions ou de conflits combinant facteurs nationaux, régionaux et mondiaux. Elle occupe une position centrale dans l'approvisionnement énergétique mondial puisqu'en 2019, les pays de la région ont exporté 1 085 millions de tonnes de **pétrole brut** (941 en 2015), soit **48,2 % des exportations mondiales**, et 226 millions de m^3 de **gaz naturel** (195 en 2015), soit **22 % des exportations mondiales**. Cela donne à l'acheminement, par voie terrestre ou maritime, une grande importance stratégique, même si la part de la région dans l'approvisionnement du monde en pétrole a légèrement régressé puisqu'elle s'élevait à 55 % en 2015.

Pour aller plus loin

Statistical Review of World Energy 2020
liennathan.fr/49ik3s

DÉFINITION

Réserves prouvées : ensemble des quantités de pétrole dont l'existence est établie et dont les chances de récupération et de rentabilisation sont d'au moins 90 %. Elles diffèrent des réserves probables et des réserves possibles.

Notions principales

Mix énergétique : répartition des différentes sources d'énergie primaire dans la consommation énergétique finale d'une zone géographique. Ce terme est plus répandu que sa traduction officielle : « bouquet énergétique ». On relève parfois une confusion terminologique entre « mix énergétique » et « bilan énergétique », qui est le rapport entre l'énergie finale disponible et l'énergie dépensée pour la produire.
Pic pétrolier (*peak oil*) : sommet de la courbe de production d'un bassin pétrolier ou d'une zone pétrolifère avant que la production commence à décliner.

CHRONOLOGIE

1901 : Exploitation du pétrole en Iran
1944 : Fondation de l'Aramco
1960 : Fondation de l'OPEP
1967-1975 : Fermeture du canal de Suez
1973 : Premier choc pétrolier
1980 : Deuxième choc pétrolier
2008 : Troisième choc pétrolier
2014-2015 : Chute des cours du pétrole
2021-2022 : Flambée des cours du pétrole et du gaz

I. Des pays producteurs d'un poids inégal

En 1973, les hydrocarbures fournissaient près des deux tiers de l'énergie mondiale ; ils en fournissent encore 57,3 % en 2019. On ne doit pas conclure de cette proportion déclinante que la demande en hydrocarbures a baissé puisque, entre ces deux dates, elle a plus que

Évolution du mix énergétique mondial

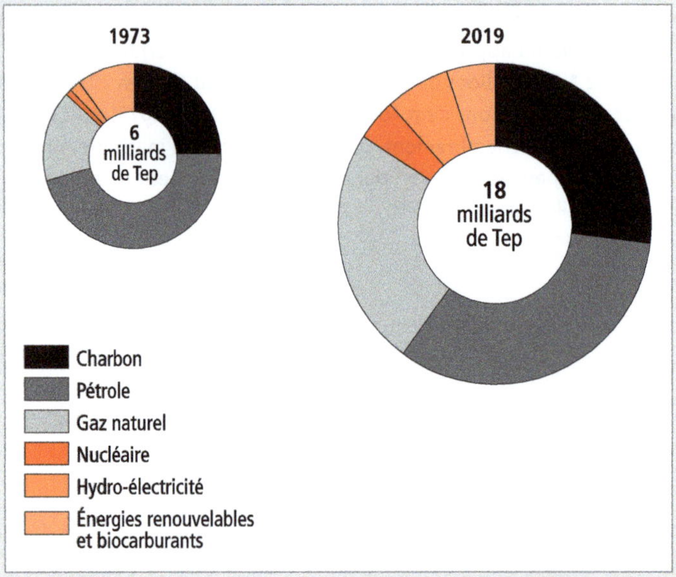

Source : BP, « *Statistical Review of World Energy* », 2020.

doublé. On notera aussi que le pétrole reste la première source d'énergie mondiale et que la consommation de gaz naturel est en hausse. Selon les analystes pétroliers, la consommation d'énergie mondiale augmenterait, dans les vingt prochaines années, au rythme de 1,2 % par an ; en 2040, le pétrole resterait la source d'énergie dominante (27 %), suivie par le gaz (26 %).

A. LES HYDROCARBURES, FACTEUR DE DIFFÉRENCIATION

1. Une hiérarchie des producteurs

Les États de la région MENA diffèrent selon le volume de la production et des réserves prouvées [→ TABLEAU] ; les pays du Golfe détiennent à eux seuls 46 % des réserves mondiales de pétrole. **La géographie du pétrole et celle du gaz ne coïncident pas.** Si tout gisement de pétrole contient du gaz (gaz de pétrole, englobé dans la catégorie « Pétrole » des statistiques), certains gisements de gaz ne renferment pas de pétrole (gaz naturel).

Les hydrocarbures en Afrique du Nord et au Moyen-Orient

	Pétrole		Gaz naturel	
	Production 2019 (millions de tonnes)	Réserves 2019 (milliards de tonnes)	Production 2019 (milliards de m³)	Réserves 2019 (milliards de m³)
Moyen-Orient				
Arabie saoudite	556,6	40,9	113,6	6 000
Bahreïn	–	–	16,9	100
Émirats arabes unis	180,2	13,0	62,5	5 900
Iran	160,8	21,4	244,2	32 000
Irak	234,2	19,6	10,8	3 500
Koweït	144,0	14,0	18,4	1 700
Oman	47,3	0,7	36,3	700
Qatar	78,5	2,6	178,1	24 700
Syrie	1,0	0,3	3,7	300
Yémen	4,2	0,4	0,6	300
Afrique du Nord				
Algérie	64,3	1,5	86,2	4 300
Égypte	33,6	0,4	64,9	2 100
Libye	57,8	6,3	9,4	1 400
Tunisie	2,3	0,1	–	–
Total monde	**4 484,5**	**244,6**	**3 929,2**	**198 800**

Source : BP, « *Statistical Review of World Energy* », 2020.

2. L'ancienneté de l'exploitation

Le pétrole suintant a été utilisé par les populations locales dès la plus haute Antiquité pour le calfatage, l'éclairage et la médecine. **Son extraction débute en Iran avant la Première Guerre mondiale.** Dans les années 1930, on découvre du pétrole en Irak et à Bahreïn, puis en Arabie saoudite, au Koweït et au Qatar. **Après la Seconde Guerre mondiale, le centre de gravité de la production pétrolière mondiale se déplace de l'Amérique vers le Golfe**, où les zones d'exploitation progressent du nord vers le sud. Les premiers barils émiriens sont produits dans les années 1960, puis Oman et le Yémen apparaissent à leur tour sur le marché pétrolier. En Afrique du Nord, alors que l'exploitation du pétrole remonte au début du xxe siècle en Égypte, le pétrole n'est découvert en Algérie qu'en 1948, en Libye en 1959 et en Tunisie dans les années 1960.

3. La qualité des gisements

Les **gisements du Golfe, accessibles et faciles à exploiter**, se répartissent surtout près des côtes, tant sur le littoral que sur la plate-forme continentale. **En Libye et en Algérie, c'est le désert qui recèle la richesse en hydrocarbures.** Depuis 2000, d'importants gisements *offshore* de gaz ont été découverts au large de la Méditerranée.

Tous les pétroles n'ont pas la même densité, ni la même teneur en soufre. Les plus prisés sont les bruts légers peu sulfureux, plus faciles à raffiner. La qualité du pétrole varie d'un gisement à l'autre mais, *grosso modo*, les bruts syriens et égyptiens sont de qualité médiocre, les pétroles du Golfe ainsi que le pétrole algérien de bonne à très bonne qualité, le pétrole libyen étant jugé d'excellente qualité.

Gisements de pétrole du Golfe et du Maghreb

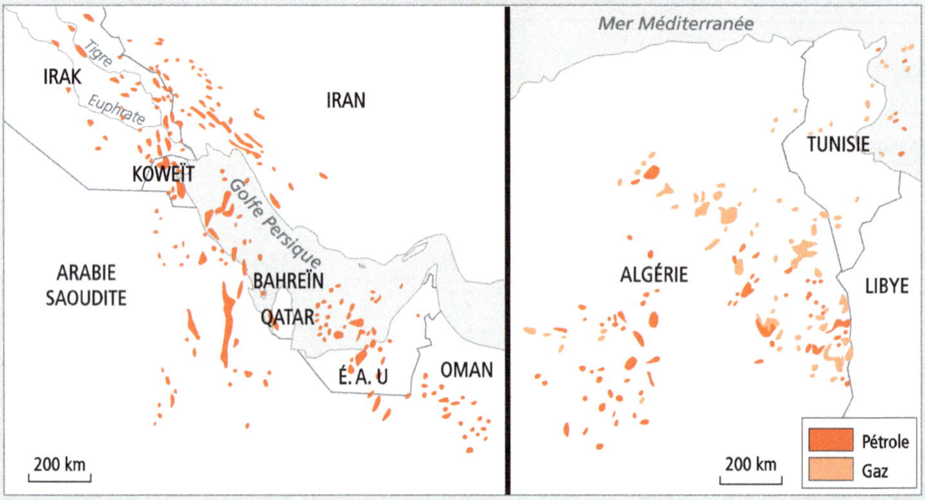

Source : B. Dumortier, P. Cadène, *Atlas des pays du Golfe*, PUPS, 2011.

Source : Sonatrach.

B. LE MOYEN-ORIENT

1. Une prépondérance indéniable pour le pétrole

En 2019, bien qu'ayant décliné au cours des quinze dernières années, la part du Moyen-Orient dans la production mondiale de pétrole est de 31 % et il est détenteur de 46 % des réserves. Le **géant saoudien** assure 12,5 % de la production mondiale grâce aux gisements de la province orientale du royaume. Longtemps premier producteur mondial, l'Arabie saoudite occupe le deuxième rang depuis 2014, avec une production très proche de celle des États-Unis, mais elle conserve la première place si l'on exclut les pétroles non conventionnels*. Toutefois, alors que les États-Unis possèdent 3,2 % des réserves, l'Arabie saoudite en possède 17 %, soit un peu moins que le Venezuela, ce qui la place au deuxième rang mondial. Parmi les **gros producteurs** se rangent l'**Iran**, l'**Irak** – où la contribution des champs septentrionaux du Kurdistan est secondaire par rapport à celle des champs méridionaux de Basse-Mésopotamie (86 % de la production nationale) –, les **Émirats arabes unis** – dont la production provient à 90 % de l'émirat d'Abu Dhabi – et le **Koweït**. Tous quatre figurent dans les dix premiers rangs mondiaux pour la production, dont ils assurent chacun plus de 3,5 %, malgré les conflits dans le Golfe qui ont désorganisé leur production (hormis pour l'Arabie saoudite et Abu Dhabi). En Iran, la baisse de la production après la révolution islamique iranienne de 1979 est enrayée dès 1981, tandis que le Koweït retrouve en 1993 son niveau de production antérieur à la chute brutale consécutive à son invasion par l'Irak en 1991. Ces quatre gros producteurs figurent aussi parmi les dix premiers détenteurs mondiaux de réserves, avec plus de 5 % chacun, en particulier l'Iran (8,7 %). Une exploitation en deçà de sa capacité de production conserve à l'Irak des réserves prouvées importantes, notoirement inférieures aux réserves probables compte tenu de l'arrêt de la prospection pendant trois décennies, mais la reprise de l'exploitation se confirme puisqu'on passe de 2,5 millions de barils par jour* en 2010 à 3,1 en 2015 et à 4,7 en 2019.

Répartition mondiale de la production et des réserves de pétrole

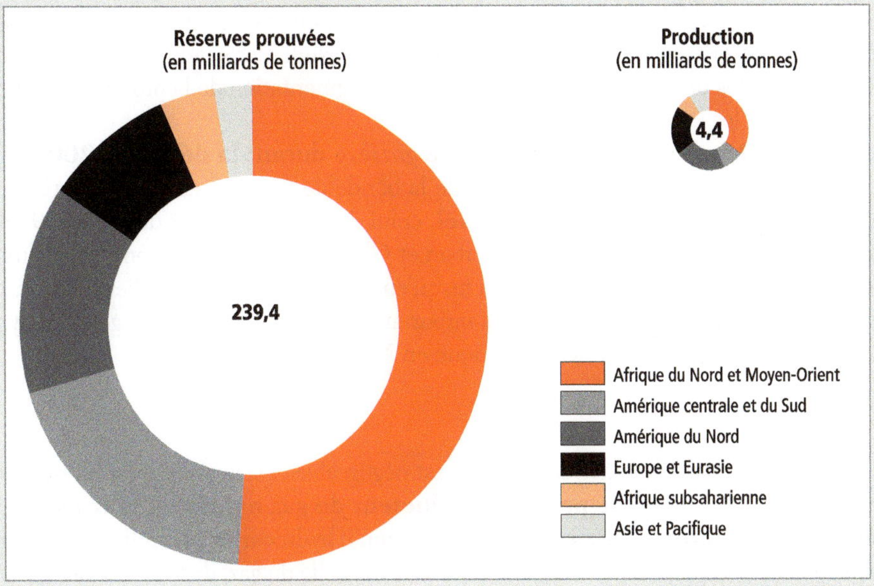

Source : BP, *« Statistical Review of World Energy »*, 2020.

DÉFINITIONS

Pétroles non conventionnels : les procédés d'extraction différencient le brut conventionnel, extrait de puits, des pétroles non conventionnels (sables bitumineux et huiles de schiste), extraits principalement par fragmentation hydraulique.

Baril par jour : le baril (42 gallons américains, soit 159 litres) s'est imposé comme l'unité la plus courante pour mesurer un volume de pétrole, qui est aussi mesuré en tonnes. La conversion d'une unité de capacité (baril) en unité de masse (tonne) supposerait de prendre en compte la densité, variable, des pétroles, mais on considère par commodité qu'une tonne équivaut à 6,84 barils. On exprime la production en barils/jour ou en tonnes/an.

Si le Qatar et Oman font figure de moyens producteurs, Bahreïn, aux gisements quasi épuisés, la Turquie, la Syrie et le Yémen sont de petits producteurs, tandis que la Jordanie et Israël sont de micro-producteurs, avec moins de 5 000 tonnes.

2. Une prépondérance moins écrasante pour le gaz

Les réserves gazières prouvées du **Moyen-Orient**, estimées à **41,7 % des réserves mondiales** fin 2019, ont enregistré une augmentation importante depuis la fin des années 1980. Parmi les cinq premiers détenteurs mondiaux de réserves de gaz naturel, la Russie est suivie par quatre pays du Golfe. L'Iran et le Qatar détiennent respectivement 16 % et 12,5 % des réserves prouvées fin 2019. Le plus grand gisement mondial de gaz, à cheval sur la frontière maritime entre les deux États, est nommé « *North Dome* » au Qatar et « *South Pars* » en Iran. L'Arabie saoudite et les Émirats arabes unis se partagent environ 8 % des réserves prouvées. Cependant, les réserves probables dans la région seraient supérieures de 20 % aux réserves prouvées actuelles, particulièrement en Irak.

Autrefois brûlé en torchères, le **gaz associé au pétrole** est aujourd'hui souvent réinjecté dans les puits pour en améliorer le taux de récupération* ou traité pour obtenir du gaz utilisable. Pour le **gaz naturel**, le Moyen-Orient assure 17,4 % de la production mondiale. Le gaz reste sous-exploité et sous-utilisé par deux gros producteurs, l'Iran et l'Arabie saoudite. En revanche, pauvre en pétrole, **le Qatar a misé sur le gaz**, qui assure 79 % de sa consommation nationale d'énergie. La production de gaz naturel qatarien a plus que triplé entre 1995 et 2005, et quadruplé entre 2005 et 2015. Aux Émirats arabes unis, le gaz, longtemps négligé, est désormais privilégié pour alimenter les installations industrielles, les centrales électriques et les usines de désalinisation, et une augmentation de la production est prévue pour accroître les exportations.

Le Proche-Orient apparaît sur la scène gazière durant la décennie 2000, après la découverte d'un petit gisement au large de la bande de Gaza, mais surtout après celle de **deux champs *offshore* au large d'Israël**, celui de Tamar, exploité depuis 2009, et celui de Léviathan, revendiqué aussi par le Liban et Chypre, et considéré comme le plus grand gisement gazier de Méditerranée – ceci jusqu'en 2015, année où les Italiens ont découvert un gisement probablement encore plus important, appelé « Zohr », au large de l'Égypte, ce qui modifie à nouveau la donne énergétique en Méditerranée orientale.

C. L'AFRIQUE DU NORD

Si la production marocaine d'hydrocarbures est négligeable et si la Tunisie est un très modeste producteur, **l'Algérie est le premier producteur de gaz naturel et le troisième pays pétrolier du continent africain**. Sa production d'hydrocarbures décline, en particulier celle de pétrole depuis 2007, mais aussi, depuis peu, celle du gaz, dans un climat d'insécurité à la frontière libyenne, marqué par l'**attaque des installations gazières d'In Amenas en 2013** par un groupe islamiste : les Signataires par le sang avaient alors pris 800 personnes en otage, provoquant l'intervention des forces spéciales algériennes. Le bilan de cette attaque fera état de 40 victimes. **Hassi Messaoud**, le plus ancien champ pétrolier du pays, reste le plus productif (40 % de la production nationale) et celui qui contient le plus de réserves, tandis que **Hassi R'Mel** produit 60 % du gaz naturel algérien. La découverte de nouveaux

DÉFINITION

Taux de récupération : on ne parvient jamais à extraire l'intégralité du contenu d'un gisement d'hydrocarbures. Ce taux varie de 5 à 50 % pour le pétrole et de 60 à 80 % pour le gaz.

gisements dans les années 1990 (Hassi Berkine, El Merk) a permis de retarder l'échéance du pic pétrolier et de revoir les réserves à la hausse. Incomplètement prospectée, l'Algérie offrirait des perspectives prometteuses pour les hydrocarbures non conventionnels.

Malgré une production fluctuante en fonction de la conjoncture économique et diplomatique, la Libye se maintient parmi les gros producteurs pendant quatre décennies. **Après 2010, la production pétrolière libyenne**, principalement localisée en Cyrénaïque, **est affectée par les troubles intérieurs**. En 2015, elle ne représente que 25 % de celle de 2010, et celle de gaz, moins durement touché, 70 %. Cette forte baisse situe alors la production libyenne derrière celle de l'Égypte, mais depuis, la production de la Libye repart à la hausse. Les gisements égyptiens, géographiquement disséminés, ne suffisent pas à pourvoir aux besoins énergétiques du pays ; la découverte de Zohr est donc une aubaine.

Pour aller plus loin

L'Égypte après la découverte du gisement de Zohr : un futur hub pour le gaz ?
liennathan.fr/b462pq

II. Les destinations variées des hydrocarbures

A. LES USAGES DU PÉTROLE ET DU GAZ

Les usages domestiques du **gaz naturel** priment sur ses usages industriels, mais il sert aussi de plus en plus à l'alimentation des centrales électriques et comme carburant. Les pays d'Afrique du Nord et du Moyen-Orient voient donc, dans l'exploitation du gaz naturel, une alternative dans un contexte de baisse du prix du pétrole. Toutefois, si le gaz peut être transporté par gazoducs sans grande transformation, pour l'acheminer à bord de méthaniers, on doit le **liquéfier à très basse température** (– 163 °C) afin d'en diminuer 600 fois le volume, ce qui implique des installations coûteuses pour la production du GNL*.

De même que le gaz, le pétrole peut être transporté par voie terrestre (oléoducs) ou par voie maritime. **Le pétrole brut doit être raffiné** afin de séparer par distillation les produits lourds (bitumes, fiouls lourds, lubrifiants), semi-lourds (fiouls domestiques, gazole, kérosène), légers (naphta, essence) et le gaz (butane, propane). Pour répondre à leurs besoins intérieurs ou augmenter la valeur de leurs exportations, **les producteurs d'Afrique du Nord et du Moyen-Orient tendent à augmenter leur capacité de raffinage** (10,7 % de la capacité mondiale), qui demeure néanmoins faible au regard de leur production. Matière première de la pétrochimie pour la fabrication de matières plastiques, le pétrole est aussi utilisé dans l'industrie des engrais, des produits pharmaceutiques, des cosmétiques… Les pays producteurs cherchent à valoriser leur brut en se dotant d'usines pétrochimiques et en développant les industries grosses consommatrices d'énergie, notamment l'aluminium (Émirats arabes unis, Qatar, Bahreïn, Arabie saoudite).

DÉFINITION

Gaz naturel liquéfié (GNL) : il doit être distingué du gaz de pétrole liquéfié (GPL) ainsi que du gaz naturel pour véhicules (GNV), utilisé comme carburant.

B. DES PRODUITS D'EXPORTATION

1. Les pays exportateurs

La politique de valorisation du brut sur place n'empêche pas le **Moyen-Orient** de **rester la principale région exportatrice de brut** (33,7 % des exportations mondiales en 2015), mais elle lui permet d'augmenter ses exportations de produits pétroliers (18,7 % des exportations mondiales en 2015 contre 0,9 % en 2005). Ses exportations pétrolières (354 millions de tonnes en 2014, environ 1/5ᵉ des exportations mondiales, brut et raffiné confondus) donnent à l'Arabie saoudite une capacité de pression géoéconomique et géopolitique. Le poids de l'Afrique du Nord est tombé à moins de 3 % en 2015 pour le brut (6 % en 2005) et moins de 2 % pour les produits pétroliers (5,4 % en 2005), conséquence de l'arrêt des exportations de la Libye qui peine, dans la décennie 2000, à simplement satisfaire ses propres besoins en énergie.

La hiérarchie des exportateurs ne coïncide pas avec celle des producteurs. La part de production destinée à l'exportation est fonction du volume de la production : les petits producteurs diminuent leur dépendance énergétique mais ne dégagent pas de surplus exportables. Elle dépend aussi de la population et du degré d'industrialisation des États qui jouent sur les besoins intérieurs, mais également de facteurs géopolitiques. Ainsi, avec ses 80 millions d'habitants et son économie qui se diversifie, l'**Iran** a consommé 89 millions de tonnes de pétrole en 2015, soit plus du double de la consommation émirienne. Mais surtout, les sanctions votées par l'ONU en 2006, et renforcées en 2011 par les États-Unis et l'Union européenne, ont frappé les secteurs du pétrole, du gaz et de la pétrochimie, tant du point de vue des investissements, de l'aide technologique et de l'expertise des compagnies occidentales que des achats de pétrole et de gaz. La levée des sanctions à partir de janvier 2014, suite aux négociations entre l'Iran et les membres du Conseil de sécurité de l'ONU sur la question du nucléaire, se traduit par une augmentation des exportations iraniennes de pétrole.

La place de l'exportation chez les grands producteurs d'hydrocarbures

	Pétrole				Gaz naturel			
	Production		Exportation		Production		Exportation	
	Rang	Part du total mondial	Rang	Part du total mondial	Rang	Part du total mondial	Rang	Part du total mondial
Arabie saoudite	2	13 %	1	18,7 %	8	2,4 %	–	–
Émirats arabes unis	8	3,7 %	3	6,6 %				
Iran	7	3,9 %	–	–	3	5,1 %	–	–
Irak	6	4 %	4	6,5 %				
Koweït	9	3,7 %	7	5,3 %				
Qatar					4	4,6 %	2	13,8 %
Algérie					9	2,3 %	6	5,3 %

Source : d'après Key World Energy Statistics, 2016, IEA.

Toujours en Iran, on observe, pour les mêmes raisons, une distorsion entre la production et les exportations de gaz naturel, distorsion encore plus marquée car ce pays pourvoit à 60 % d'une consommation nationale d'énergie primaire qui a augmenté de 50 % entre 2004 et

2014 (115 milliards de m^3 de gaz sont destinés au marché intérieur en 2015). Un contre-exemple est fourni par le **Qatar**, dont la contribution aux échanges mondiaux de gaz est plus importante que ne le laisserait penser sa production, qu'il est loin d'absorber. **Deuxième exportateur de gaz naturel** après la Russie, son rôle sur un marché gazier où la demande mondiale croît en moyenne de 2 % par an depuis la fin des années 2000 donne à cet État de 11 521 km^2 et de 2,88 millions d'habitants une influence sans commune mesure avec sa superficie et sa population autochtone de seulement 250 000 personnes.

2. L'essor des marchés asiatiques

Soumis à l'embargo pétrolier, l'Iran s'est tourné vers les **nouveaux marchés asiatiques (Inde et Chine)**, ce qui limite l'impact de la sanction et de sa levée. Du fait de l'évolution de la demande mondiale, l'orientation des flux de brut vers l'Asie concerne aussi les autres riverains du Golfe. **Le Japon et la Corée du Sud sont des clients majeurs**, mais l'Inde et la Chine importent chaque année davantage de brut moyen-oriental, chacune ayant absorbé 10 % des exportations saoudiennes et 20 % des exportations irakiennes de brut en 2015. Les Émirats arabes unis, le Qatar et Oman destinent la quasi-totalité de leurs exportations pétrolières à l'Asie, les producteurs plus anciens conservant leurs clients occidentaux, qui ne constituent plus toutefois leur principal débouché. En revanche, c'est en Europe que les producteurs d'Afrique du Nord écoulent la plus grande partie de leur pétrole, à 85 % pour l'Algérie et 90 % pour la Libye. On note la même **logique de proximité** pour le gaz naturel : 72 % du gaz qatarien est exporté vers l'Asie et 23 % vers l'Europe, destinataire de 86 % du gaz algérien, 8 % de celui-ci étant exporté vers la Tunisie et le Maroc.

La destination des exportations de pétrole du Moyen-Orient en 2020

	Asie	Europe	Amérique du Nord
Arabie saoudite	78 %	11 %	8 %
Émirats arabes unis	96 %	0,1 %	–
Iran	98 %	2 %	–
Irak	70 %	24 %	4 %
Koweït	93 %	2 %	–

Source : d'après *The Annual Statistical Bulletin*, OPEP, 2021.

III. Les implications géopolitiques

A. L'ACHEMINEMENT DES HYDROCARBURES

1. Des remaniements successifs

En Afrique du Nord, les hydrocarbures sont acheminés par conduites de l'intérieur vers les terminaux de la côte, puis par voie maritime : pétrole libyen vers l'Italie ou GNL vers la France depuis l'Algérie, qui exporte aussi des hydrocarbures en Italie *via* la Tunisie et, *via* le Maroc, en Espagne, également desservie par un gazoduc sous-marin (Medgaz).

Qu'ils approvisionnent des clients asiatiques ou occidentaux, les pétroliers en provenance du Moyen-Orient doivent franchir le **détroit d'Ormuz**, long de 63 km et large de 40 km, qui fait communiquer le golfe Persique avec le golfe d'Oman, et au-delà l'océan Indien. L'exploitation des hydrocarbures fait de ce passage, **par où transite le tiers des flux maritimes mondiaux de pétrole**, sans parler du GNL, un enjeu international majeur et un détroit hautement stratégique entre la côte iranienne et l'enclave omanaise du Musandam. Dans cette zone de transit international relevant de la Convention des Nations unies sur le droit de la mer, la circulation est réglementée avec un rail montant et un rail descendant pour éviter les collisions. À la sortie du détroit, une route maritime majeure conduit vers l'est et le détroit de Malacca, tandis que vers l'ouest, la **route du Cap** contourne l'Afrique. Elle se dirige ensuite vers l'Amérique ou remonte vers l'Europe. Celle-ci est également desservie par la **route de Suez** depuis la réouverture, en 1975, du canal, fermé en 1967 suite à la guerre dite « des Six-Jours ». Celui-ci est accessible *via* le détroit de Bab-el-Mandeb, exposé à la piraterie et à l'instabilité du Yémen, ou par l'oléoduc Petroline, qui traverse l'Arabie saoudite d'est en ouest. Les redevances du canal et ses contraintes techniques rendent la route de Suez moins avantageuse, même si le SUMED (*Suez-Mediterranean pipeline*), oléoduc qui relie Suez à Alexandrie, offre une alternative au canal.

Les routes maritimes en provenance du Moyen-Orient

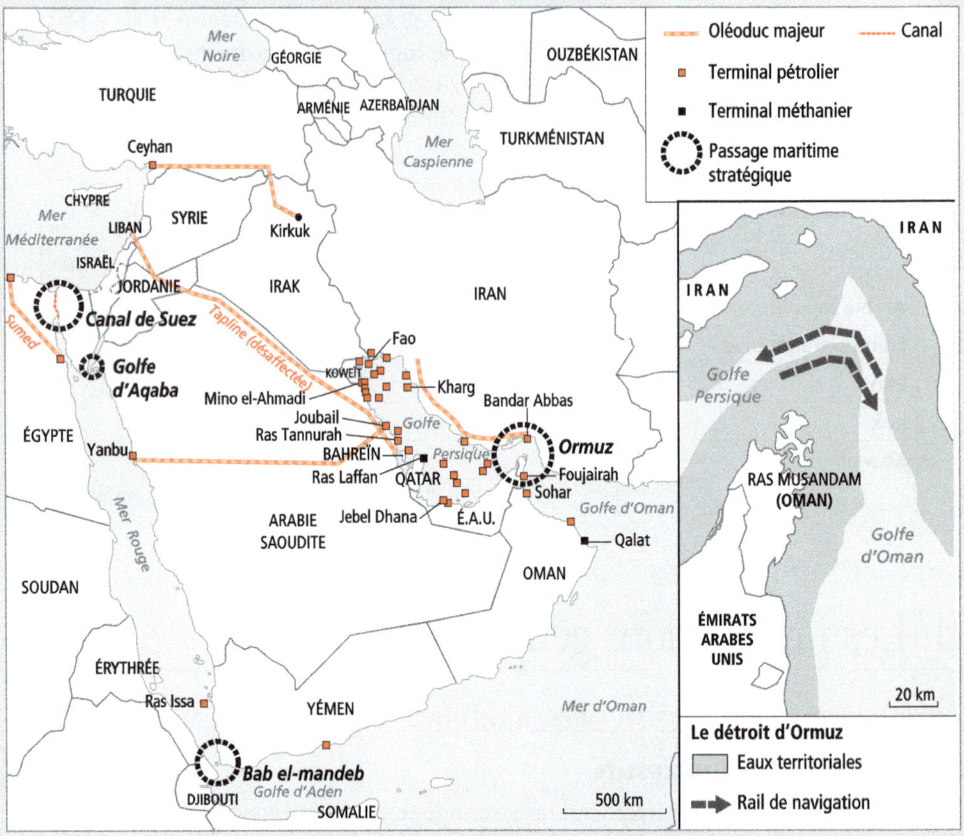

Source : BP, « *Statistical Review of World Energy* », 2016.

L'avènement des supertankers, qui rend la route du Cap moins coûteuse, et les conflits au Proche-Orient sont fatals à d'anciennes routes, tributaires de pays de transit : la Tapline de l'Arabie saoudite à la Méditerranée à travers la Jordanie, la Syrie et le terminal libanais de Saïda ; l'oléoduc de l'Irak à la Méditerranée *via* la Syrie et le port de Baniyas. Dans les années 1980, la guerre Irak-Iran réactive l'acheminement par la Méditerranée. La destruction de ses terminaux du Sud conduit l'Irak à exporter son pétrole par le nord *via* la Turquie et le terminal de Ceyhan. Cela ne règle pas la question de l'acheminement vers l'Asie. Dès lors, la mise en place d'oléoducs aboutissant à des ports situés au-delà du détroit d'Ormuz (Fujaïrah aux Émirats arabes unis, Sohar dans le sultanat d'Oman) apparaît aux pays du Conseil de coopération du Golfe comme une alternative intéressante face à la menace iranienne, au demeurant irréaliste, de fermeture du détroit d'Ormuz. Quant au gaz, le Qatar l'exporte en Asie par voie maritime sous forme de GNL et approvisionne ses voisins émirien et omanais par un gazoduc transfrontalier (Dolphin).

Infrastructures d'acheminement des hydrocarbures moyen-orientaux

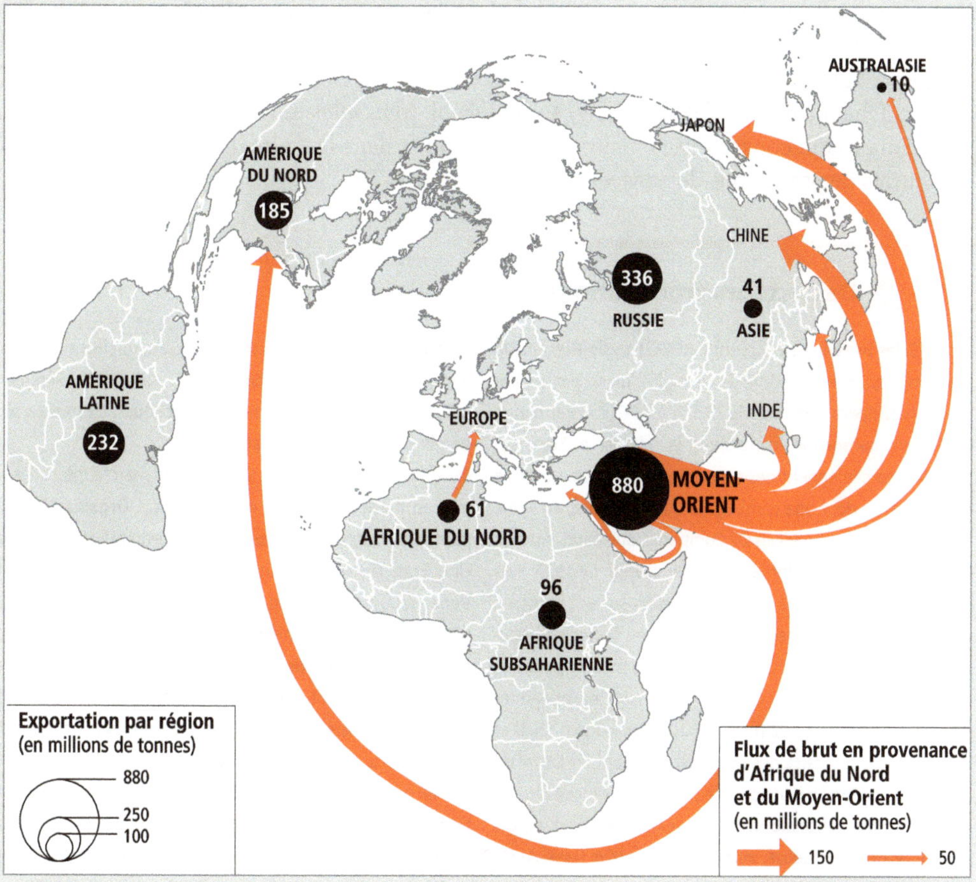

Source : Nathan, 2022.

2. Des implications géostratégiques

Le commandement de la Ve flotte des États-Unis est à Bahreïn, les Français possèdent une base interarmes à Abu Dhabi, des bâtiments indiens et chinois croisent en mer d'Oman. Les États arabes de la région non seulement se dotent d'infrastructures permettant d'éviter le détroit d'Ormuz par le nord (oléoducs) ou par le sud (ports sur le golfe d'Oman), mais acquièrent à grands frais des armes sophistiquées et cherchent des alliances face à l'Iran qui sort de son isolement.

B. L'ÉVOLUTION DES RAPPORTS DE FORCE

1. Les compagnies

Au début du XXe siècle, le Moyen-Orient devient le théâtre de rivalités entre États, mais aussi d'ententes entre compagnies. Le rapport de force reste en faveur de ces dernières dans la première moitié du siècle, mais en 1951, le gouvernement Mossadegh nationalise le pétrole, exproprie la puissante compagnie pétrolière AIOC (Anglo-Iranian Oil Company) et expulse ses cadres britanniques. Il est renversé deux ans plus tard par la CIA (opération « Ajax »). Un consortium occidental, où entrent les États-Uniens, reprend le contrôle du pétrole iranien jusqu'à la révolution islamique. En 1971, l'Algérie qui, au lendemain de son indépendance, avait négocié avec les compagnies étrangères et créé sa compagnie nationale (Sonatrach), nationalise le secteur des hydrocarbures. Le processus de nationalisation est aujourd'hui achevé dans les pays de la zone. Les compagnies nationales contrôlent toute la filière de la prospection à la distribution, comme la KOC (Kuwait Oil Company) au Koweït ou l'ADNOC (Abu Dhabi National Oil Company) à Abu Dhabi. Mais elles œuvrent avec les firmes multinationales qui conservent la maîtrise technologique dans le cadre de coexploitations ou de contrats de prestations de services.

ZOOM ▶ Des acteurs transnationaux

En 1913, les Britanniques créent l'**APOC (Anglo-Persian Oil Company)**, qui a le monopole de l'exploitation du pétrole iranien et participera à hauteur de 23,5 % à l'**IPC** (Iraq Petroleum Company), consortium contrôlant le pétrole irakien. Les États-Uniens obtiennent des concessions en Arabie saoudite en 1933 et fondent une compagnie qui deviendra, en 1944, l'**Aramco** (Arabian American Oil Company), puis Saudi Aramco en 1988, après une nationalisation par étapes. En 1928, l'accord de la Ligne rouge et celui d'Achnacarry scellent l'entente entre les grandes compagnies occidentales, dont cinq états-uniennes – ancêtres des puissantes multinationales pétrolières et gazières ExxonMobil, Chevron – et trois européennes – ancêtres de BP, Shell et Total (APOC, Royal Dutch Shell et la Compagnie française des pétroles). **Formant un cartel du pétrole, les majors** se partagent le sous-sol du Moyen-Orient, obtiennent des concessions des dirigeants locaux et, en cas de prospection fructueuse, **versent des royalties fixes.** Après la Seconde Guerre mondiale, dans un contexte de montée du nationalisme arabe et de l'anticolonialisme, elles doivent accepter le principe du 50/50 pour le partage des revenus ainsi que la réduction de la durée et de l'étendue des concessions, puis s'associer aux jeunes compagnies nationales par des montages juridico-financiers complexes. Depuis les années 1970, les « indépendants » compliquent le jeu. Il s'agit de petites compagnies important et distribuant du pétrole ou de filiales d'enseignes de grande distribution, auxquelles s'ajoutent, dans les années 1990, les compagnies russes, particulièrement actives en Iran, et les compagnies asiatiques, de plus en plus nombreuses dans les pays arabes.

Face aux compagnies qui contrôlent le marché pétrolier, se met en place un cartel d'exportateurs. **L'Organisation des pays exportateurs de pétrole (OPEP)** est créée en 1960 par cinq États (l'Arabie saoudite, l'Irak, l'Iran, le Koweït et le Venezuela) pour « coordonner et harmoniser les politiques pétrolières des États membres et déterminer les meilleurs moyens de sauvegarder leurs intérêts ». Sur treize membres de l'OPEP, huit font partie de la région MENA – le Qatar, la Libye, les Émirats arabes unis et l'Algérie ayant rejoint les fondateurs au cours des années 1960. Dans la décennie 1970, l'OPEP oriente les prix à la hausse en agissant sur la production par une politique de quotas. La riposte des pays importateurs ne tarde pas. En 1974, est créée l'**Agence internationale de l'énergie, qui contrebalance les pouvoirs de l'OPEP** et a pour objectif majeur d'assurer la sécurité énergétique de ses membres. Dans la décennie 1990, l'OPEP est affaiblie, d'une part par les divergences internes entre les membres de l'organisation qui entendent ne pas réduire leurs revenus pétroliers et n'hésitent pas à dépasser leur quota, et ceux à qui des réserves abondantes donnent une meilleure flexibilité, d'autre part par le clivage entre pro- et anti-États-uniens mettant en avant soit la régulation du marché, soit le maniement de l'arme pétrolière (*cf.* l'embargo pétrolier de 1973 contre les pays soutenant Israël), et par l'antagonisme entre l'Arabie saoudite et l'Iran. Son pouvoir est aussi amoindri par la politique de la Russie, troisième producteur mondial, soucieux de gagner des parts de marché, puis, à partir des années 2000, par l'exploitation des pétroles non conventionnels en Amérique du Nord.

2. Des prix volatiles

À partir de 1973, les cours du pétrole enregistrent des fluctuations liées au contexte économique mondial ou aux vicissitudes politiques régionales. Ils atteignent un niveau historique durant les années 2000 avant de chuter à partir de l'**été 2014** et de repartir à la hausse en 2021, suite au rebond de l'économie mondiale après le ralentissement provoqué par la Covid-19. Depuis février 2022 et le début de la guerre en Ukraine, le dérèglement du marché des hydrocarbures et les inquiétudes quant aux conséquences de la guerre accélèrent la flambée des prix de pétrole et du gaz, faisant craindre une crise majeure de l'énergie..

Les fluctuations du prix du pétrole depuis 1950

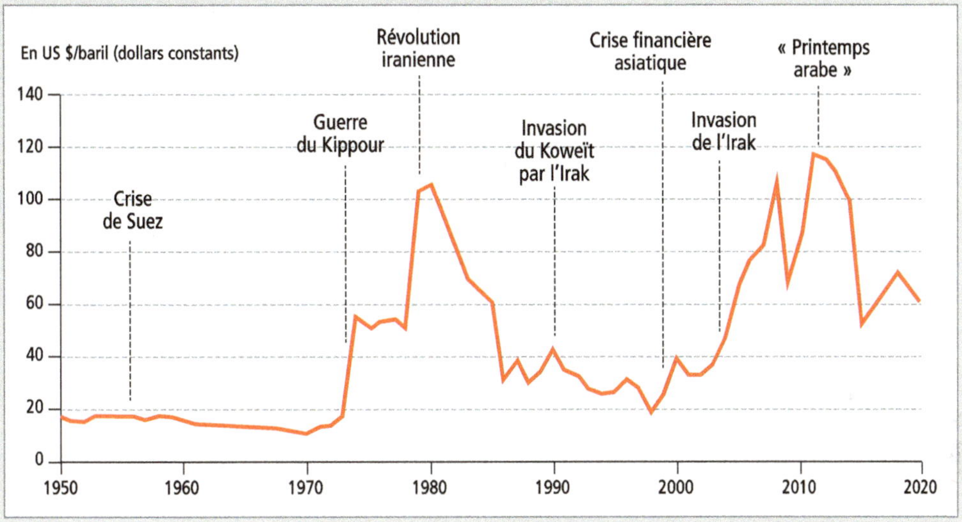

Source : BP, *« Statistical Review of World Energy »*, 2020.

Le niveau des prix dépend du volume de l'offre et de l'état de la demande. Ainsi, en raréfiant l'offre, conflits militaires (bombardements des puits, des plateformes et des terminaux) ou troubles intérieurs (désorganisation du secteur) se traduisent par une flambée des prix. Les crises économiques du fait du tassement de la demande s'accompagnent d'une baisse des prix du fait de l'engorgement du marché. Mais les cours du pétrole dépendent aussi des politiques énergétiques des pays importateurs et de l'action des exportateurs [→ ZOOM CI-CONTRE]. Ainsi, le relatif effacement du client européen tient, notamment, au choix du nucléaire dans plusieurs pays européens, à la diversification des sources d'approvisionnement en hydrocarbures, aux politiques d'économies d'énergie et au démarrage de la transition énergétique. L'effondrement des prix en 2014 illustre cette complexité. L'exploitation des gaz et huiles de schiste aux États-Unis et au Canada réduit les importations d'hydrocarbures de l'Amérique du Nord, désireuse de réduire sa dépendance énergétique. Cette situation nouvelle se traduit par une baisse des prix, le cours du baril chutant de moitié entre 2004 et 2014. Dans l'espoir d'évincer la production non conventionnelle dont l'extraction est beaucoup plus coûteuse,

l'Arabie saoudite a mis sur le marché de grosses quantités de pétrole, renforçant la baisse des prix du brut. Mais cette baisse importante se répercute sur les revenus des pays exportateurs et ralentit leur économie. Par crainte de difficultés sociales et politiques, l'Arabie saoudite, chef de file de l'OPEP, a changé de stratégie : la réduction de l'offre OPEP fait remonter les prix. Une reprise de l'augmentation de la demande, stagnante les deux années précédentes, et un léger déclin de la production des États-Unis se traduisent par une **remontée des cours du pétrole depuis 2015**. Les élections états-uniennes de 2016 ont introduit de nouvelles incertitudes quant au cours d'une ressource sensible au cours du dollar, devise de la plupart des transactions et contrats pétroliers ou gaziers, deux secteurs précocement globalisés.
Les pays de la région MENA sont confrontés, comme le reste du monde, à la pandémie de Covid-19, et l'Iran est le plus touché (7 135 719 cas de contamination et 139 387 décès depuis le début de la pandémie au 18 mars 2022). Ils doivent aussi faire face à l'effondrement des cours du pétrole, car la crise sanitaire a eu un impact sur l'économie en général et le marché pétrolier en particulier. En mars 2020, le prix du pétrole chute à 20 dollars le baril, du fait du ralentissement des économies et d'une « guerre des prix » russo-saoudienne. Les restrictions à la mobilité réduisent la demande : la consommation d'essence diminue de moitié, celle de kérosène des trois quarts. L'engorgement des stocks est aggravé par le refus de la Russie de diminuer sa production et la riposte de l'Arabie saoudite. Rompue au maniement de l'arme pétrolière, cette dernière va jusqu'à augmenter sa production pour faire céder la Russie, ses coûts de production dix fois plus faibles que ceux des Russes lui permettant de faire face à un cours de 20 dollars. Un redémarrage de l'économie et un accord entre l'OPEP et la Russie, suite à la pression des États-Unis, qui menacent de retirer leurs bases militaires, sur les Saoudiens, marquent le début d'une remontée des cours qui atteignent 80 dollars le baril en janvier 2022. À partir de février 2022, la guerre en Ukraine a un impact sur le prix des hydrocarbures. Le prix du pétrole repasse au-dessus de la barre des 100 dollars le baril. il atteint un pic à 140 dollars le 6 mars, égalant presque le record qui remonte à juillet 2008 (147,50 dollars le baril). Quant aux cours du gaz, ils ont décuplé.

20 GÉOPOLITIQUE DES MERS BORDIÈRES

À l'heure de la mondialisation, génératrice de maritimisation et de littoralisation, la conception géopolitique du *Sea Power* conserve toute son actualité. De surcroît, la présence d'hydrocarbures dans la plate-forme continentale est la source de conflits et d'âpres négociations pour la délimitation des zones économiques exclusives (ZEE) et des frontières maritimes. On ne saurait donc faire abstraction du fait qu'aucun des pays d'Afrique du Nord et du Moyen-Orient n'est enclavé, même si l'Irak et la Jordanie n'ont qu'une étroite ouverture littorale, et que plusieurs d'entre eux possèdent une double façade maritime, comme la Turquie, égéenne et pontique[1], qui se repositionne entre tropisme européen et tropisme moyen-oriental. Les mers semi-fermées qui bordent les États de la région communiquent entre elles ou avec l'océan par des passages stratégiques. Parmi eux, le détroit d'Ormuz s'inscrit dans le contexte plus général d'une mer semi-fermée dont le nom même fait débat. La volonté virulente d'imposer soit « persique », soit « arabe » à la communauté internationale est révélatrice d'antagonismes belligènes. Pourtant, des réseaux familiaux doublés de réseaux d'affaires transfrontaliers dans le Golfe méridional et, au fond du Golfe, une commune adhésion à l'islam chiite, ont tissé des liens anciens et complexes.

Notions principales

Espace terraqué : entité géographique à la fois maritime et continentale.
***Sea Power* :** doctrine développée par l'amiral américain Alfred Mahan (1840-1914), selon laquelle la puissance d'un État repose sur sa puissance maritime. Cela suppose une marine marchande et une flotte de guerre ainsi que le contrôle d'îles et de détroits stratégiques sur les routes maritimes.
Passage stratégique (*choke point*) : détroit ou canal qui constitue un passage clé pour le transport maritime. La fermeture d'un de ces verrous pourrait perturber, voire interrompre, des flux commerciaux.
***Soft power* :** capacité d'un État à défendre ses intérêts par des moyens non coercitifs, entre autres culturels et idéologiques, au contraire du *hard power*.
Question d'Orient : jeu diplomatique et militaire des puissances européennes au XIXe siècle face à un Empire ottoman en déclin, « l'homme malade de l'Europe », et à la montée des nationalismes dans ses territoires balkaniques.

CHRONOLOGIE

1869 : Inauguration du canal de Suez
1936 : Convention de Montreux sur les détroits
1956 : Nationalisation du canal de Suez
1967-1975 : Fermeture du canal de Suez
1980-1988 : Première guerre du Golfe
1990-1991 : Deuxième guerre du Golfe
2003-2011: Troisième guerre du Golfe
2017 : Base navale chinoise à Djibouti

1. Pontique : adjectif relatif à la mer Noire (de sa dénomination antique : Pont-Euxin).

I. Des passages stratégiques

Dès les origines de la discipline, une géopolitique aux racines germaniques (Friedrich Ratzel) privilégie les territoires continentaux et leurs ressources, tandis qu'une géopolitique anglo-saxonne (Alfred Mahan, Halford Mackinder) voit dans le contrôle des mers la condition de la puissance, ce qui confère aux détroits une importance stratégique particulière. C'est ce que montrent des cas aux problématiques différentes : les détroits de Gibraltar et de Bab el-Mandeb, ceux du Bosphore et des Dardanelles ainsi que le canal de Suez. Le détroit d'Ormuz [→ CH. 19], entre l'Iran et la péninsule Arabique, est une autre pièce maîtresse de cette géopolitique maritime.

Des goulets d'étranglement dans la circulation maritime

	Longueur	Largeur maximale	Profondeur
Gibraltar	60 km	14 km	250-1 000 m
Bosphore	35 km	3,5 km	30-120 m
Dardanelles	76 km	8 km	30-80 m
Bab el-Mandeb	80 km	29 km	30- 310 m
Ormuz	63 km	40 km	30-120 m
Canal de Suez	162 km	190 m	24 m

A. LE DÉTROIT DE GIBRALTAR, UNE CONFIGURATION TRANSFRONTALIÈRE COMPLIQUÉE PAR DEUX ENCLAVES

Le détroit de Gibraltar sépare l'Europe de l'Afrique et fait communiquer la Méditerranée avec l'océan Atlantique. Grâce au canal de Suez, **il met aussi en relation l'océan Indien et l'Atlantique**, *via* la mer Rouge et la Méditerranée. Franchi par 100 000 navires en 2015, c'est le **troisième détroit le plus fréquenté au monde** après ceux du Pas-de-Calais et de Malacca. Le détroit de Gibraltar, où la **liberté de circulation** est établie de longue date, bénéficie d'un « régime de transit sans entrave » en tant que « détroit servant à la navigation internationale » aux termes de la convention de Montego Bay (1982) sur le droit de la mer. Depuis 1997, un dispositif de séparation du trafic réduit les risques de collision. S'il sert pour l'acheminement de pétrole en provenance du Moyen-Orient *via* le canal de Suez ou les terminaux pétroliers de la Méditerranée orientale, l'espace terraqué formé par le détroit et ses rives est surtout **au cœur de la restructuration des flux maritimes conteneurisés**. Le port d'Algésiras, sur la rive nord (4,5 millions d'EVP* en 2015 ; 5,1 en 2020), *hub* du trafic conteneurisé mondial et zone d'avitaillement majeure, est désormais concurrencé par Tanger Med (3 millions d'EVP en 2015 ; 5,7 en 2020) sur l'autre rive. En moins de 20 ans, ce dernier est devenu le premier port de conteneurs de toute la Méditerranée.

DÉFINITION

EVP : Équivalent Vingt Pieds, unité standard de mesure du trafic conteneurisé.

Pour aller plus loin
Les 100 premiers ports du monde, Lloyd's List
liennathan.fr/4k9dy3

La configuration géopolitique de ce **détroit transfrontalier, bordé par l'Espagne et le Maroc**, est compliquée par l'existence de deux enclaves : Gibraltar (6,5 km²), enclave anglaise en Espagne depuis le Traité d'Utrecht en 1713, et Ceuta (18,5 km²), enclave espagnole au Maroc depuis 1580. Ce n'est plus la revendication espagnole sur Gibraltar, ni la revendication marocaine sur Ceuta sans grand écho auprès de la population des enclaves, mais la question des **flux illicites** qui confère une importance géopolitique au détroit de Gibraltar. Aux flux commerciaux est-ouest s'ajoutent des flux méridiens de marchandises ou de touristes, mais aussi la contrebande de cigarettes et de produits de contrefaçon ainsi qu'un prospère trafic de cannabis entre les zones de production du Rif et les zones de consommation et de redistribution de la Costa del Sol.

Des migrants marocains et plus encore des migrants sahéliens cherchent à gagner l'Europe clandestinement sur des embarcations de fortune (*pateras*) ou cachés dans les camions chargés sur des navires marchands. L'Espagne a mis en place, au début des années 2000, un système intégré de surveillance extérieure (SIVE), qualifié de blindage électronique (radars numériques, caméras thermiques...). De son côté, le Maroc a verrouillé l'accès au port de Tanger.

ZOOM ▸ Ceuta

La lutte contre l'immigration clandestine par voie maritime *via* le détroit a provoqué une redirection des flux vers Ceuta, qui partage une frontière terrestre de 8 km avec le Maroc. Les assauts menés par des centaines de clandestins contre ce territoire de l'Union européenne en 2005 ont conduit à rehausser et à renforcer la double clôture grillagée qui l'entoure. Les stratégies migratoires d'entrée dans l'Union européenne par ses territoires périphériques se sont alors tournées vers les Canaries. Mais plus de 850 clandestins africains ont forcé la frontière de Ceuta entre le 17 et le 20 février 2017. Dans la nuit du 16 au 17 mai 2021, plus de 8 000 migrants ont forcé la frontière entre le Maroc et l'Espagne, contribuant à aggraver la tension entre les deux pays. **Les problématiques de Ceuta se posent aussi à Melilla, l'autre enclave espagnole au Maroc.**

Pour aller plus loin
Comprendre la crise de Ceuta avec *Le Monde*
liennathan.fr/57w2ie

B. LE CANAL DE SUEZ, UNE VOIE DE CIRCULATION MARITIME ESSENTIELLE

Les grands empires ayant régné sur l'Égypte dans l'Antiquité avaient conscience de l'intérêt stratégique et commercial d'un accès à la mer Rouge. Vers 600 avant J.-C., le pharaon Néchao II avait fait creuser un canal reliant le Nil à la mer Rouge, remis en état un bon siècle plus tard par Darius Ier quand les Perses eurent conquis l'Égypte, puis élargi sous Ptolémée au IIIe siècle avant J.-C. et par Trajan au Ier siècle de notre ère. Le canal est définitivement abandonné en 776 sous les Abbassides. Au XVIe siècle déjà, les Vénitiens avancent l'idée d'un canal reliant la Méditerranée à la mer Rouge. Il faudra attendre le XIXe siècle pour que le projet, impulsé en 1855 par Ferdinand de Lesseps, se concrétise. Les complications administratives et financières, les difficultés techniques diplomatiques et politiques n'empêchent pas le percement de l'isthme de Suez et l'achèvement du canal en 1869.

Le canal de Suez

a) Le canal des Pharaons : une idée ancienne

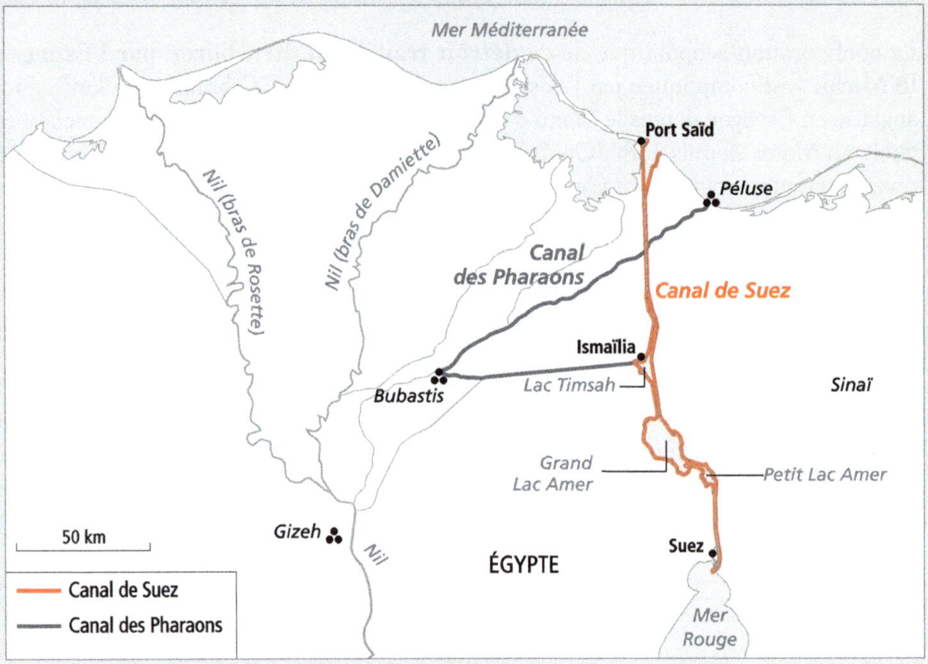

b) Le canal de la Paix : des projets nouveaux

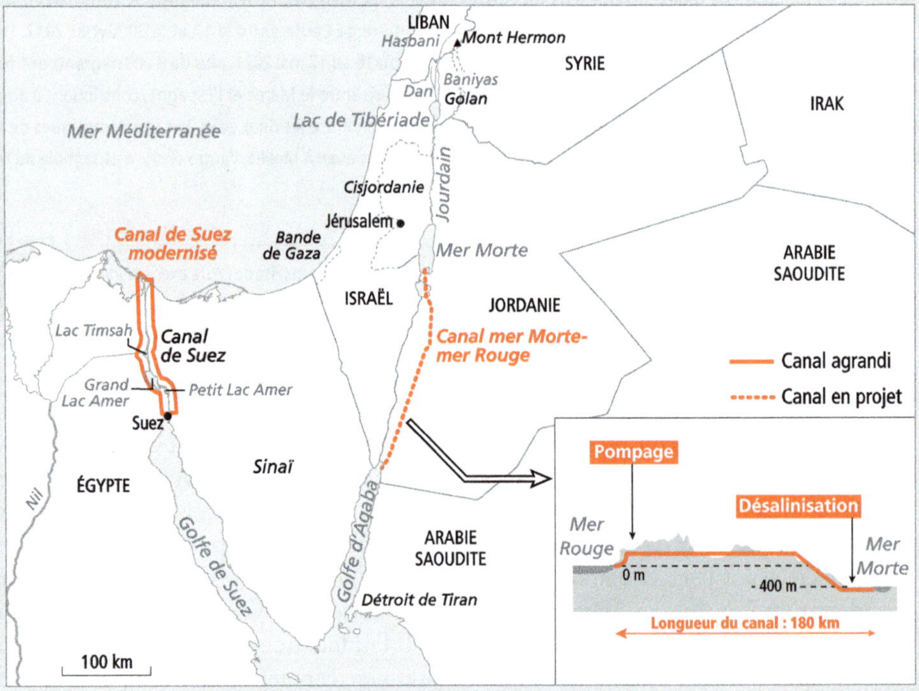

Source : Arte, 2021.

Le canal, enjeu stratégique et source de revenus par les droits de passage perçus sur les bateaux, devient un des moteurs de l'impérialisme britannique en Égypte. Le traité anglo-égyptien de 1936 fait des concessions politiques au nationalisme égyptien, mais réaffirme le contrôle du canal et de ses revenus par les Anglais. En 1956, la nationalisation du canal par Nasser provoque une opération militaire franco-britannique à laquelle se joignent les Israéliens. La pression des superpuissances américaine et russe force les deux puissances européennes à renoncer. Leur victoire militaire se transforme en camouflet diplomatique. Une décennie plus tard, en 1967, la débâcle égyptienne face à Israël entraîne la fermeture du canal jusqu'en 1975.

Le canal de Suez permet, par exemple, de raccourcir de 8 000 km (soit une à deux semaines de navigation, selon la vitesse des bateaux) le trajet Le Havre-Shanghai. Depuis 1981, son gabarit a été augmenté à plusieurs reprises pour suivre l'évolution de la taille des bateaux. À la différence de celui de Panamá, c'est un canal à niveau, donc permettant de naviguer sans écluser. En revanche, la navigation en convois et l'obligation de mouiller aux lacs Amers (car deux convois ne peuvent pas se croiser) sont des inconvénients. Le « nouveau canal » mis en service en 2015 consiste en un approfondissement et élargissement, et un creusement d'un second canal de 34 km parallèle au premier pour réduire le temps de transit en supprimant les arrêts forcés.

En 2020, 10 % du trafic maritime mondial est passé par le canal de Suez. En mars 2021, l'échouage de l'*Ever Given*, un porte-conteneurs géant de près de 400 mètres de long qui obture l'entrée du canal pendant une semaine, rappelle l'importance de la fluidité de la circulation maritime dans les passages stratégiques, cet incident de navigation provoquant une hausse des cours du pétrole.

Évolution du trafic du canal de Suez (en millions de tonnes)

	1985	1995	2005	2015	2019
Hydrocarbures	94	43	95	230	270
Conteneurs	42	89	247	536	507
Autres cargaisons	120	161	229	196	254
Trafic total	**256**	**293**	**571**	**962**	**1 031**

Source : gouvernement égyptien.

ZOOM ▶ Le canal de la Paix

En 2013, après plus de trente ans de négociations, Israéliens, Jordaniens et Palestiniens acceptent de s'allier pour la réalisation d'un **canal reliant la mer Rouge à la mer Morte.** En 2016, le ministère jordanien de l'Eau et de l'Irrigation annonce le choix de plusieurs consortiums internationaux pour construire ce canal des deux Mers ou canal de la Paix. **Son objectif n'est pas la navigation, mais la fourniture d'eau,** dont la consommation va doubler d'ici à 2035, et la lutte contre l'assèchement de la mer Morte, qui serait une catastrophe économique et écologique. Le niveau de ce lac à la salinité très élevée baisse et sa superficie se rétracte année après année. La mer Morte est alimentée par le Jourdain, qui traverse en amont le lac de Tibériade et reçoit les eaux du Yarmouk. Dans un contexte aride, le fleuve est presque tari du fait de l'utilisation par Israël des eaux douces du lac de Tibériade pour son alimentation en eau potable et des bassins d'évaporation utilisés pour exploiter le sel, du fait aussi des prélèvements de la Jordanie, du Liban et de la Syrie sur le fleuve ou son affluent, le Yarmouk. Le projet, soutenu par la Banque mondiale, consiste à pomper de l'eau dans la mer Rouge, à l'exhausser d'une centaine de mètres et à l'acheminer vers la mer Morte en utilisant la pente naturelle. La moitié des eaux sera traitée dans une usine de désalinisation et répartie entre Israël, la Jordanie et la Cisjordanie, l'autre moitié servant à réalimenter la Mer morte.

C. LA MER ROUGE ET SES DÉTROITS NÉVRALGIQUES

La mer Rouge est à la fois une interface maritime entre l'Afrique et le monde arabe, et un sas d'accès au canal de Suez. Le **détroit de Bab el-Mandeb** (« porte des Lamentations ») fait communiquer la mer Rouge et la mer d'Arabie, mer bordière de l'océan Indien aussi dénommée « mer d'Oman ». Il relie donc la mer Rouge d'une part au golfe Persique *via* le détroit d'Ormuz, d'autre part à la Méditerranée *via* le canal de Suez. Bien qu'enregistrant un transit pétrolier inférieur à celui du détroit d'Ormuz, c'est un **point névralgique pour l'approvisionnement énergétique mondial**. Encadré par des territoires pauvres et déchirés par des conflits de l'Afrique et de la péninsule Arabique, il se situe dans un environnement géopolitique instable entre la Corne de l'Afrique et le Yémen.

L'intérêt stratégique de ce détroit est déjà patent à l'époque coloniale. Les Français (Côte française des Somalis devenue Territoire français des Afars et des Issas, puis République de Djibouti après son indépendance), les Italiens (Érythrée, Somalie italienne ou Somalia) et les Anglais (Somalie britannique ou Somaliland) s'implantent sur les rivages africains aux abords du détroit. Les Anglais établissent la colonie d'Aden dans un site portuaire voisin du détroit et le protectorat d'Aden dans son arrière-pays.

Bien que les Américains possèdent une base navale autrefois occupée par les Soviétiques dans la très stratégique île yéménite de Socotra, en mer d'Arabie, et que l'île de Perim[2], au milieu du détroit, appartienne au Yémen, **c'est la République de Djibouti, sur la rive africaine, qui est actuellement un pivot du dispositif de sécurité dans la région**. La France y entretient une force permanente de 1 500 hommes, une base navale et une base aérienne permettant d'intervenir rapidement en cas de crise au Moyen-Orient, mais son rôle n'est plus aussi décisif depuis l'ouverture de la base interarmées d'Abu Dhabi dans le golfe Persique. Les Américains ont fait du camp Lemonnier, ancien camp de la Légion étrangère, une base aérienne et de drones pour des actions dans la région. Durant la décennie 2010, un nouvel acteur géo-économique et géo-stratégique émerge à Djibouti : la Chine. Non seulement les échanges commerciaux sino-djiboutiens ont décuplé entre 2000 et 2019, mais la Chine finance de gros projets d'infrastructures par le biais de prêts. En 2017, la Chine ouvre sa première et unique base navale en Afrique. C'est une extension militaire du port de Doraleh, initialement géré par Dubai Port World qui est ensuite récusé par le gouvernement djiboutien.

Outre l'instabilité des pays environnants, **la piraterie**, pratiquée depuis des siècles en mer Rouge, **reste une préoccupation pour la sécurité**. L'océan Indien occidental, plus particulièrement le golfe d'Aden et le détroit de Bab el-Mandeb, est devenu la principale zone de piraterie maritime mondiale dans les années 2000, avant le détroit de Malacca et le golfe de Guinée. Les pirates, le plus souvent somaliens, ciblent particulièrement les cargos vraquiers et les boutres pour s'emparer de leur cargaison, mais aussi les pêcheurs et les plaisanciers parce que le rançonnage des équipages s'ajoute au vol de marchandises. En 2009, on avait dénombré 217 navires attaqués dont 47 capturés et plus de 500 membres d'équipage pris en otage. L'embauche de gardes privés armés à bord des bateaux et l'action des frégates des

2. L'île de Perim partage le détroit de Bab el-Mandeb en deux chenaux : le détroit d'Alexandre (3 km de large) la sépare du Yémen ; un chenal occidental (26 km de large) la sépare de Djibouti.

forces anti-piraterie de l'Union européenne (Atalante) et de l'OTAN (*Ocean Shield*) ont fait chuter de façon drastique les actes de piraterie dans la décennie 2010, mais la menace n'est pas écartée.

ZOOM ▶ Le détroit de Tiran

La mer Rouge est un débouché maritime aussi étroit que précieux pour la Jordanie et Israël. Le doublon urbain Aqaba-Eilat de part et d'autre de la frontière jordano-israélienne ainsi que Charm el-Cheikh en Égypte, à la pointe du Sinaï et à l'entrée du golfe d'Aqaba, sont connus pour être des stations balnéaires, mais ce sont aussi d'actifs ports de commerce. Son étroitesse et les îles qui l'encombrent, dont celle à qui il doit son nom, n'empêchent pas le détroit de Tiran, qui verrouille le golfe d'Aqaba au fond de la mer Rouge, d'être une voie maritime essentielle pour Israël. Son blocage par Nasser en 1967 a été un catalyseur de la guerre des Six-Jours. Des cartes géographiques antérieures à la Seconde Guerre mondiale attribuaient Tiran et Sanafir à l'Arabie saoudite, qui possède la rive orientale de ce détroit stratégique. En 2016, la délimitation de la frontière maritime saoudo-égyptienne place ces îles inhospitalières, mais stratégiques, sous souveraineté de l'Arabie saoudite, qui reprend à son compte les obligations du traité de paix israélo-égyptien de 1979, dont la garantie de la liberté de navigation dans le détroit de Tiran sous le contrôle de la Force multinationale et observateurs au Sinaï, issue des accords de Camp David en 1978. Cette négociation, à laquelle Israël a été associé sous la houlette des Américains, est symptomatique d'une nouvelle diplomatie saoudienne.

D. LE BOSPHORE ET LES DARDANELLES, UNE IMPORTANCE GÉOPOLITIQUE ANCIENNE

À la charnière de l'Europe et de l'Asie, le détroit du Bosphore fait communiquer la mer Noire avec la mer de Marmara, qui communique à son tour avec la Méditerranée par le détroit des Dardanelles. Si les Dardanelles sinuent dans un environnement rural, Istanbul, à la suite de Byzance et de Constantinople construites sur la rive européenne de part et d'autre de la Corne d'or, appendice du détroit, s'est développée à cheval sur les deux rives du Bosphore. Elle forme une agglomération de 15 millions d'habitants, trois fois plus peuplée qu'Ankara en Anatolie centrale, capitale de la Turquie depuis 1923. Outre une navigation commerciale longitudinale arrivée à saturation dans les deux détroits, des lignes de navettes transportent les Stambouliotes dans leurs déplacements quotidiens le long ou de part et d'autre du Bosphore. Du point de vue géopolitique, « les Dardanelles et le Bosphore sont les "détroits" par excellence, et ont longtemps été désignés ainsi, avec une majuscule et sans qualificatif, du fait du rôle important qu'ils ont pu jouer dans les relations internationales de la fin du XVIIIe siècle au milieu du XXe siècle[3] ». La **Question des détroits**, plus précisément de leur ouverture ou de leur fermeture, est un des volets de la **Question d'Orient**. Au terme d'une période où les détroits furent internationalisés après la chute de l'Empire ottoman, la **convention de Montreux** (1936), toujours en vigueur, règle leur question. La Turquie retrouve sa souveraineté sur les détroits et leurs rives. Le régime de navigation garantit une complète liberté de passage et de navigation aux navires de commerce de jour comme de nuit, quels que soient leur pavillon et leur chargement, en temps de paix comme en temps de guerre, sauf si la Turquie est belligérante. Les flottes de guerre des États riverains bénéficient de facilités pour leurs navires. La guerre froide remet ces deux détroits sur le devant de la scène, car la Turquie, membre de l'OTAN depuis 1952, installe des bases militaires sur la rive européenne du Bosphore, alors que

3. « Dardanelles et Bosphore. Les détroits turcs aujourd'hui », *Cahiers de Géographie du Québec*, n° 135, 2004.

la rive septentrionale de la mer Noire appartient à l'URSS. Depuis la guerre en Syrie, des navires de guerre russes passent par les détroits turcs dans une chaîne de soutien logistique partant de Sébastopol et aboutissant à Tartous, en Syrie [→ CH. 25].

II. Les recompositions géopolitiques autour de la mer Noire

A. LES CONSÉQUENCES DE LA CHUTE DE L'URSS

Jusqu'en 1991, on dénombrait quatre États riverains de la mer Noire : d'un côté, l'URSS et ses alliés du pacte de Varsovie, la Roumanie et la Bulgarie ; de l'autre, la Turquie pro-occidentale. Après la dislocation de l'URSS, l'**Indépendance de la Géorgie et de l'Ukraine** porte à six le nombre de riverains, réduisant considérablement la façade russe sur la mer Noire. Or, l'accès aux mers chaudes est une vieille obsession géopolitique russe. Elle explique largement le soutien russe aux indépendantistes abkhazes pendant leur guerre contre la Géorgie (1992-1993) et la reconnaissance de la République d'Abkhazie[4] par le Kremlin. Elle est une des raisons de l'annexion de la Crimée en 2014. Ces évènements permettent aux Russes de disposer du port de Soukhoumi, au sud-est de la mer Noire, et de récupérer Sébastopol au nord-ouest. Cela n'a pas de quoi inquiéter la Turquie dans la mesure où la Bulgarie et la Roumanie ayant rejoint l'OTAN en 2004, la Russie est loin de disposer de la supériorité navale en mer Noire. La dislocation de l'URSS s'est aussi traduite par l'**indépendance de deux États de la Caspienne, l'Azerbaïdjan et le Kazakhstan, producteurs d'hydrocarbures** qu'ils souhaitent exporter vers l'Europe par oléoducs ou gazoducs.

B. LA TURQUIE AU CŒUR D'UNE GÉOPOLITIQUE DES TUBES

La Turquie est devenue un **couloir énergétique** permettant l'acheminement en Europe des hydrocarbures depuis la Russie, le Moyen-Orient et l'Asie centrale. Sur son territoire transite un oléoduc venant d'Irak qui permet le transport du pétrole jusqu'au port de Ceyhan, où aboutit aussi, depuis 2006, l'oléoduc **Bakou-Tbilissi-Ceyhan**, qui permet l'exportation du pétrole azerbaïdjanais. **Blue Stream** achemine du gaz russe *via* Ankara et Istanbul depuis 2003 et un gazoduc permet l'importation du gaz iranien qui assure 10 % des besoins turcs.

Deux projets de gazoducs, qui ont fait couler beaucoup d'encre, sont restés virtuels. **Nabucco**, soutenu par l'Union européenne, visait à acheminer le gaz de la Caspienne (Azerbaïdjan, Iran) vers l'Autriche *via* la Turquie sans passer par la Russie. Commencé en 2004, plusieurs fois ajourné, il semble définitivement enterré. Nabucco était en concurrence directe avec le projet **South Stream**, qui devait être mené par un consortium associant Gazprom (Russie) et l'ENI (Italie). Il évitait le territoire turc, mais Ankara autorisait son passage dans ses eaux territoriales en mer Noire en échange d'une deuxième ramification de **Blue Stream** doublant la liaison actuelle. En 2014, Gazprom a abandonné le projet. En 2016, un accord sur le gazoduc **Turk Stream**, qui acheminera du gaz en Europe et en Turquie en contournant l'Ukraine et en passant sous la mer Noire, a été signé entre Vladimir Poutine et Recep Erdoğan.

4. L'ONU considère l'Abkhazie comme une République autonome au sein de la Géorgie et seuls la Russie, le Nicaragua, le Venezuela et Nauru ont reconnu la République d'Abkhazie autoproclamée.

La Turquie

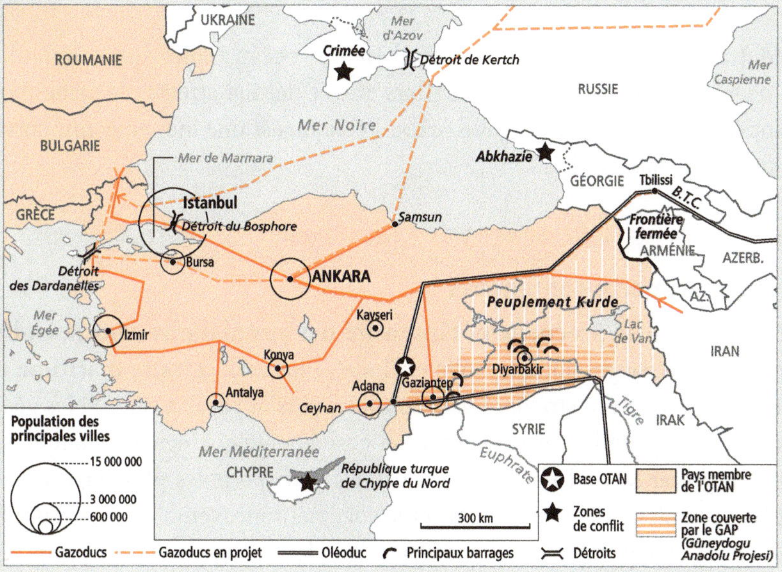

On observe, en effet, des revirements en ce qui concerne les relations de la Turquie avec la Russie, son vis-à-vis en mer Noire envers lequel elle est dans une situation de dépendance énergétique. Ces relations ont été marquées historiquement par une **alternance d'affrontements entre les impérialismes tsariste et ottoman, et d'alliances contre des ennemis communs occidentaux**. En 2015, une crise russo-turque culmine quand l'armée turque abat un avion russe en Syrie, mais elle se résout l'année suivante sur fond d'accord gazier. De même, les relations turco-iraniennes sont complexes. Elles évoluent dans un contexte nouveau où la Turquie met en avant son identité musulmane sunnite, tandis que le chiisme reste une donnée incontournable dans la République islamique d'Iran. Mais la Turquie, qui partage avec lui 500 km de frontière terrestre et le bassin du Tigre, voit aussi dans son voisin iranien un fournisseur d'énergie.

La politique étrangère turque actuelle [→ CH. 21] semble donc un moyen pragmatique d'asseoir le développement économique du pays, et une stratégie pour assurer son rang de puissance régionale en valorisant une position de carrefour entre l'Asie centrale, le Caucase et les Balkans, **porteuse d'un rôle de médiateur entre l'Orient et l'Occident**, mais aussi en proclamant une appartenance au monde musulman qui transcenderait le clivage monde arabe-monde turco-iranien au Moyen-Orient.

DÉFINITION

Mer épicontinentale : mer bordière peu profonde recouvrant la plate-forme continentale.

III. Le Golfe, ligne de fracture et interface

Le golfe Arabo-Persique est une mer bordière de l'océan Indien qui communique par le détroit d'Ormuz avec le golfe d'Oman. Alors que ce dernier atteint rapidement des profondeurs supérieures à 1 000 m, le golfe Arabo-Persique est une mer épicontinentale* dont la profondeur maximale est de 115 m.

A. L'ANCIENNETÉ DES CIRCULATIONS MARITIMES

1. Des boutres aux porte-conteneurs

L'archéologie atteste **la précocité et l'intensité des circulations dans le Golfe** ainsi que la pérennité des échanges entre le Golfe et l'Inde[5]. Plus tard, la **route maritime de la soie**, qui doublait la route terrestre par l'Asie centrale, passait par le Golfe. Si les géographes et les voyageurs ont décrit l'ambiance animée et cosmopolite qui régnait à Sour et Sohar (ports omanais) ou Julfar (actuel Ras el Khaïmah), les deux ports les plus importants du Golfe étaient Bassora, où la voie fluviale relayait la voie maritime, véritable emporium de Bagdad, et Siraf, sur la côte perse. Le rôle du Golfe dans les échanges et l'importance du détroit d'Ormuz sur la route des Indes attisèrent les convoitises occidentales dès le XVIe siècle et **les Britanniques achevèrent de consolider leur maîtrise maritime et commerciale sur cet espace stratégique au XIXe siècle**.

ZOOM ▶ Une tradition maritime

La navigation au long cours pour le commerce de produits précieux (perles, pierres précieuses, épices, parfums, textiles) supposait une grande maîtrise de la science maritime. Au-delà de la figure légendaire de **Sinbad le marin**, les habitants de la région furent des marins hors pair. Vers 851, Suleyman Sirafi achève son *Voyage du marchand Suleyman en Inde et en Chine*, où il décrit avec précision sa navigation depuis Siraf. **Le pilote de Vasco de Gama, Ahmad bin Majid**, natif de Sohar, évoque, dans son *Livre des choses qu'il faut savoir sur les principes élémentaires et les règles de la navigation* (1490), les boutres qui se rassemblent à la corne de l'Arabie pour partir vers les côtes indiennes avec la mousson d'été et reviennent à l'automne afin d'utiliser la mousson d'hiver pour cingler vers les côtes africaines. Les **boutres**, terme générique recouvrant plusieurs types de bateaux à voile latine utilisés pour la pêche ou le transport, sont désormais motorisés. Ils sillonnent toujours le Golfe pour se rendre au Pakistan ou dans la Corne de l'Afrique.

De nos jours, le Golfe, dont les côtes sont jalonnées de terminaux spécialisés [→ CH. 19], est un espace où circulent pétroliers et méthaniers, mais aussi navires porte-conteneurs. **Le port en eau profonde de Dubaï, Jebel Ali**, demeure largement en tête des ports du Moyen-Orient. En 2015 (15,5 millions d'EVP), il comptait au nombre des dix ports mondiaux dont le trafic conteneurisé excédait 10 millions d'EVP. En 2020 (13,4 millions d'EVP), il poursuit un léger déclin amorcé en 2018 et passe du neuvième au onzième rang mondial. Il **fait face à la concurrence de Port Khalifa à Abu Dhabi**, mis en service en 2012, qui enregistre une croissance rapide et régulière. Cela confirme les limites de l'intégration des deux principaux émirats constitutifs de la fédération des Émirats arabes unis [→ CH. 26]. Comme dans

5. Les pays de Melouba, de Dilmoun et de Magan, mentionnés sur une tablette mésopotamienne vers 2300 av. J.-C., correspondent respectivement aux bouches de l'Indus, à Bahreïn et à l'Oman du Nord.

l'Antiquité, le Golfe s'articule à l'océan Indien, à la mer Rouge et au-delà à la Méditerranée, non seulement par les détroits, mais aussi par des ponts terrestres à travers les déserts où les norias de camions ont remplacé les caravanes de dromadaires. Des ports d'éclatement extérieurs, comme Salalah sur la mer d'Arabie ou Djeddah sur la mer Rouge, évitent le franchissement du détroit d'Ormuz tout en étant des portes du Golfe. Historiquement au **carrefour des mondes arabe, perse et indien,** le Golfe est devenu **partie prenante dans la mondialisation**.

2. L'héritage des échanges entre les deux rives

Les deux rives du Golfe ont été à la périphérie des mêmes grands empires centrés sur l'actuel Iran. L'Empire achéménide (550-330 av. J.-C.) englobait la Mésopotamie et son débouché maritime. Les Parthes (247 av. J.-C.-224 apr. J.-C.) dominaient la côte arabe jusqu'à Qatar et les Sassanides (224-642) la contrôlaient jusqu'à la mer d'Oman. Inversement, les cheikhs de Charjah possédaient des principautés sur la côte perse jusqu'au début du XXe siècle, de même que les sultans de Mascate au Baloutchistan.

Le quartier historique de Dubaï, Bastakiya, tire son nom de Bastak, localité iranienne proche du port de Bandar Lengeh. Ses familles marchandes se sont installées à Dubaï en 1901, attirées par les conditions avantageuses proposées par l'émir de Dubaï alors que le chah d'Iran avait augmenté les taxes. L'adhésion précoce au libéralisme des Al-Makhtoum qui président aux destinées de l'émirat, l'existence d'une bourgeoisie d'armateurs, le **cosmopolitisme précoce de Dubaï** avec ses familles marchandes de souche arabe, persane ou indienne sont parmi les facteurs explicatifs de sa **politique économique ultralibérale** et de ses relations avec l'Iran.

Au-delà de l'opposition linguistique entre les deux rives, on trouve des poches persanophones sur la côte arabe et arabophones sur la côte iranienne ainsi que des dialectes empruntant aux deux langues (péninsule du Musandam en Oman, île de Qeshm en Iran). De même, la géographie religieuse est trop complexe dans le détail pour que le Golfe apparaisse comme une frontière tranchée entre sunnisme et chiisme, malgré l'opposition géopolitique entre les dynasties arabes sunnites et la République islamique d'Iran chiite.

B. TROIS GUERRES DU GOLFE

En France, on désigne sous le nom de « guerre Irak-Iran », celle qui opposa les deux pays dans les années 1980. On réserve l'expression « guerre du Golfe » à celle de 1990-1991 consécutive à l'invasion du Koweït par l'Irak et on parle d'intervention (ou d'invasion, selon les points de vue) américaine en Irak pour désigner le conflit qui débute en 2003 et que les Américains appellent « guerre d'Irak ». Très logiquement, vu du Golfe, embrasé par trois conflits destructeurs, on parle des première, deuxième et troisième guerres du Golfe.

1. La première guerre du Golfe (1980-1988)

La révolution islamique venait d'avoir lieu en Iran en 1979. Il ne fait aucun doute que la **crainte de la contagion révolutionnaire** dans son pays à population majoritairement chiite a animé le président irakien Saddam Hussein. Il est également probable qu'il a voulu renforcer le rang de l'Irak comme puissance arabe, alors que la Syrie occupait le Liban depuis 1976 et que l'Égypte était mise au ban du monde arabe depuis la signature des accords de Camp David en 1978. Mais la guerre a aussi eu pour cause un **différend frontalier ancien**. Le **Chattal-Arab** (Arvandroud pour les Iraniens) et la province frontalière iranienne du **Khouzistan** (Arabistan pour les Irakiens du fait de la présence de populations arabophones) en étaient l'enjeu. La largeur de la voie d'eau née de la confluence du Tigre et de l'Euphrate varie de 350 à 1 200 m. Son débit est fortement amoindri par les grands barrages édifiés sur l'Euphrate en amont par la Turquie (barrage Atatürk) et la Syrie (barrage de Tabqa). Ces barrages, qui posent la question du partage équitable de l'eau, provoquent des discordes entre les trois pays, mais le Chattal-Arab est aussi une source de conflit avec l'Iran, car c'est une ressource hydraulique précieuse pour l'agriculture mésopotamienne et l'unique accès à la mer de l'Irak.

La délimitation exacte de cette frontière historique entre Empire perse et Empire arabe a toujours été contestée et rendue difficile par l'instabilité du cours du fleuve et les déplacements de tribus arabes entre les deux rives. Après des traités non ratifiés et des protocoles non respectés à partir du milieu du XIXe siècle, l'Iran se résigne, en 1937, à accepter un compromis imposé par la Grande-Bretagne à qui la monarchie irakienne est inféodée : c'est la rive iranienne qui forme la frontière ; la voie d'eau appartient à l'Irak. En 1969, au lendemain du coup d'État socialiste arabe en Irak, l'Iran dénonce le compromis et réclame la moitié des eaux du fleuve. En 1975, l'accord d'Alger donne satisfaction à l'Iran en fixant la frontière à la ligne du thalweg (en échange, l'Iran renonce à soutenir les rébellions des Kurdes d'Irak).

En 1980, croyant à une victoire facile sur l'Iran affaibli par la révolution islamique et dont les cadres militaires ont été exécutés ou sont partis en exil, **l'Irak envahit le Khouzistan, cœur pétrolier de l'Iran** et riche région agricole. Il exige la reconnaissance d'un Chattal-Arab exclusivement irakien. C'est le **début d'une guerre de huit ans**, marquée par une succession d'offensives et de contre-offensives. En 1987, l'Iran lance « la guerre des pétroliers » et arraisonne des tankers koweïtiens et étasuniens au mépris du droit international. Sous la pression des États-Unis, les deux pays exsangues finissent par accepter, l'année suivante, la résolution 598 de l'ONU : cessez-le feu ; retrait de chacune des armées de part et d'autre du fleuve ; rapatriement des prisonniers de guerre. Les régimes en place sortent finalement consolidés de ce conflit **sans vainqueur, ni vaincu**. Le bilan de la guerre est très lourd pour les deux pays et son coût économique énorme. L'Irak, très endetté auprès de l'Arabie saoudite et du Koweït, ne parvient pas à honorer ses engagements.

2. La deuxième guerre du Golfe (1990-1991)

La province ottomane de Mésopotamie englobait la principauté de Koweït, devenue un protectorat britannique en 1899. En 1961, quelques jours après l'indépendance de l'émirat dont le pétrole est exploité depuis 1946, Bagdad ajoute l'insulte à l'annexion en nommant l'émir sous-préfet du district de Koweït rattaché à la province de Bassora. Dès le lendemain, l'Arabie saoudite, désireuse de maintenir un État tampon, l'Iran, rival de l'Irak, et la Grande-Bretagne, qui défend ses intérêts économiques interviennent militairement. La crise connaît un règlement diplomatique en 1963 : l'Irak reconnaît l'existence du Koweït, mais pas ses frontières. Il en résulte une succession d'échauffourées durant les années 1960-1970.

Dans la décennie 1980, une solidarité arabe face à l'Iran occulte les divergences idéologiques entre les deux États. La guerre avec l'Iran terminée, le Koweït est une proie tentante pour l'Irak. En faisant valoir sa « revendication historique », l'Irak, surarmé et surendetté, voit un moyen radical d'apurer sa dette ainsi qu'une opportunité d'élargir son débouché maritime et de s'approprier des gisements de pétrole. **Durant l'été 1990, l'Irak envahit le Koweït**, l'occupe et l'annexe. L'ONU décrète un embargo contre l'Irak et donne son aval

DÉFINITION

OPEX : Opération Extérieure, c'est-à-dire intervention des forces militaires françaises en dehors du territoire national.

à une intervention armée. Une coalition de 34 pays, dont la France (OPEX* Daguet) lance l'opération « **Bouclier du désert** » sous commandement des États-Unis pour éviter que l'Irak ne poursuive son avancée vers l'Arabie saoudite, puis l'offensive « **Tempête du désert** » (17 janvier-27 février 1991) qui libère le Koweït. Les troupes de Saddam Hussein évacuent l'émirat.

3. La troisième guerre du Golfe (2003-2011)

Même s'il s'agit d'une guerre qui s'est jouée en Irak, elle est perçue dans la région comme une guerre du Golfe. Cette perception tient à la nouvelle situation instaurée dans le Golfe par l'élimination d'une des trois puissances régionales au profit de l'Arabie saoudite et de l'Iran, et par le **renforcement d'une dimension chiite dans le Golfe** favorisant un rapprochement irano-irakien.

En 2002, quelques mois après le 11-Septembre, le président George W. Bush fustige l'**Axe du Mal** : l'Irak, l'Iran[6] et la Corée du Nord, ennemis des États-Unis et menaces pour la paix, car ils seraient en possession d'armes de destruction massive, y compris l'arme nucléaire. Les néoconservateurs* entendent dès lors mener « une guerre préventive » : l'intervention en Irak commence en 2003 (opération *Iraqi Freedom*). Malgré huit ans de présence en Irak, les États-Unis ne parviennent pas à mettre en place une transition démocratique véritable.

ZOOM ▶ Les enjeux de l'opération *Iraqi Freedom*

Au-delà du discours messianique sur la démocratie, l'opération *Iraqi Freedom* avait des mobiles pétroliers. Elle a eu lieu sous la présidence de George W. Bush, lié au lobby pétrolier texan, et la vice-présidence de Dick Cheney, à la tête d'Halliburton, la plus grosse firme parapétrolière mondiale. La conseillère à la Sécurité, Condoleezza Rice, siégeait au conseil d'administration de Chevron, deuxième compagnie pétrolière des États-Unis. Cette équipe voyait d'un mauvais œil l'arrivée d'intérêts russes et chinois en Irak, et pensait qu'un régime acquis aux États-Unis aurait fourni une alternative à l'alliance américano-saoudienne en déclin. Aux États-Unis, une partie de l'opinion et de la classe politique et militaire, y compris le général Colin Powell, qui estime avoir été dupé par la CIA au sujet des armes de destruction massive, s'interroge encore sur le bien-fondé d'une intervention qui a envoyé à la boucherie de jeunes Américains (4 500 soldats et 1 500 personnels civils morts entre 2003 et 2011), avec pour résultat de mettre l'Irak à feu et à sang. Le secrétaire d'État à la Défense de l'époque, Donald Rumsfeld, qui avait poussé à l'intervention, est mis en cause dans l'affaire des tortures perpétrées par des soldats américains contre des prisonniers irakiens à la prison d'Abou Ghraib à Bagdad, sinistre geôle où croupissaient, quand ils ne disparaissaient pas, les opposants au régime de Saddam Hussein.

Au Royaume-Uni, la commission d'enquête sur la guerre en Irak a rendu son rapport (rapport Chilcot) en 2016. Elle conclut que l'intervention était prématurée, que ses conséquences ont été sous-estimées et que la possession par l'Irak d'un stock d'armes chimiques et biologiques n'était pas avérée. La France n'était pas favorable à une intervention militaire et son ministre des Affaires étrangères, Dominique de Villepin, a prononcé en 2003 un discours qui a fait date aux Nations unies.

DÉFINITION

Néoconservateurs américains : mouvement favorable à l'interventionnisme en faveur de la démocratie pour assurer la paix et la sécurité sur le long terme, ce qui suppose que les États-Unis conservent leur puissance militaire.

6. L'ayatollah Khomeiny, quant à lui, use d'une rhétorique politique à connotation explicitement religieuse, qualifiant les États-Unis de « Grand Satan ».

C. LES RECONFIGURATIONS GÉOSTRATÉGIQUES D'UN ESPACE TRANSNATIONAL

1. L'évolution de la stratégie des États-Unis

Dès avant le retrait des forces britanniques à l'est de Suez à la fin des années 1960, les États-Unis prennent le relais. Ils adoptent la « stratégie des deux piliers », alliance simultanée avec l'Arabie saoudite et l'Iran. D'une part, le gouvernement américain a noué des liens solides avec la dynastie des Al-Saoud au travers de l'Aramco (*Arabian American Oil Company*). D'autre part, les Iraniens ont vu les États-Unis, au début du XXe siècle, comme un recours pour échapper aux impérialismes russe et britannique, et au début des années 1950, c'est grâce à une opération de la CIA que Reza Chah a pu récupérer son trône. L'Iran, parce que frontalier de l'URSS, a déjà une grande importance aux yeux des États-Unis, qui y envoient des formateurs militaires pendant la guerre froide. **L'Iran endosse ainsi le rôle de « gendarme du Golfe »**, qui ne se limite pas à assurer la sécurité de l'acheminement maritime du pétrole, mais implique aussi de soutenir les monarchies arabes.

La stratégie des deux piliers s'accompagne de la présence de bases américaines sur les deux rives du Golfe et de gros contrats d'armement. La révolution islamique change radicalement la situation avec l'avènement d'un régime à l'anti-américanisme virulent, ce qui s'exprime dans la « **crise des otages** » (4 novembre 1979-20 janvier 1981), où 56 diplomates et membres du personnel diplomatique sont retenus en otage dans l'ambassade des États-Unis à Téhéran pour protester contre l'exil politique accordé au shah d'Iran. **C'est désormais sur l'alliance saoudienne que repose la sécurité du Golfe aux yeux de Washington.** L'impopulaire occupation américaine en Irak et les attaques d'Al-Qaida en Arabie saoudite marquent un nouveau tournant en 2003. Les autorités saoudiennes sont conscientes que la présence des troupes américaines rend la population plus réceptive au discours anti-occidental d'Oussama Ben Laden et donne des arguments à l'opposition religieuse contre le gouvernement. Les 10 000 soldats et officiers stationnés en Arabie saoudite quittent le pays et sont réinstallés au **Qatar, surtout connu pour son recours au *soft power*** (création de la chaîne d'information mondialisée Al Jazeera, diplomatie du sport, *branding** appuyé sur la culture et le patrimoine). La coopération militaire se poursuit de façon plus discrète entre ces deux pays liés par des intérêts communs sans partager de valeurs communes.

Un certain désengagement des Américains, pour qui le Golfe n'est plus une priorité absolue, l'alliance de l'Iran avec la Turquie et la Russie, mais aussi son ouverture nouvelle vers les pays occidentaux ne permettent pas de préjuger des évolutions dans un **Golfe qui regarde de plus en plus vers ses clients et fournisseurs asiatiques**. En 2015, le roi Salman, âgé de 82 ans, succède à Abdallah, décédé à 90 ans. À la disparition d'Abdallah, la gérontocratie saoudienne est pondérée par le passage d'une succession adelphique, c'est-à-dire d'un frère à l'autre avant la passation du trône à la génération suivante, à une succession verticale d'une génération à l'autre. Cela passe par l'institution du prince héritier, le quinquagénaire Mohammed Ben Nayef Al Saoud, neveu du roi, et celle du vice-prince héritier, Mohammed ben Salmane Al Saoud, alors âgé de 30 ans, petit-fils du roi. Ce dernier, souvent désigné par ses initiales MBS, évince Mohammed Ben Nayef en 2017 et exerce la réalité du pouvoir. Il cherche à donner un nouveau visage à son pays par des réformes, mais son image est sérieusement écornée par l'assassinat en 2018 de Jamal Khashoggi, journaliste saoudien dissident.

DÉFINITION

Branding **:** terme de marketing désignant les actions destinées à promouvoir une image de marque.

Le jeune monarque s'affirme désireux de mener une politique extérieure indépendante de celle des États-Unis.

2. Le maintien de liens entre les deux rives

Le Golfe méridional constitue un espace transfrontalier vu les liens de l'Iran avec les Émirats arabes unis, en particulier Dubaï, et avec l'Oman, compte tenu d'une proximité géographique, mais aussi historique (occultée dans le discours national, qu'il soit arabe ou persan). Les **flux de personnes** sont actifs et dissymétriques entre les deux rives, qu'il s'agisse de familles implantées de longue date qui ont acquis la nationalité émirienne ou omanaise, d'Iraniens qui ont trouvé refuge aux Émirats arabes unis après la révolution islamique, de businessmen iraniens qui gèrent leurs affaires à partir de Dubaï ou de travailleurs qui ont émigré pour améliorer leurs revenus ou parce qu'ils appartiennent aux populations sunnites de la côte perse. Beaucoup d'Iraniens aisés font de fréquents va-et-vient (shopping, tourisme) entre les deux rives, de nombreux vols quotidiens assurant la liaison. L'ampleur des échanges commerciaux (plus de 50 % des exportations de Dubaï sont des réexportations vers l'Iran) risque de se tasser avec la levée de l'embargo. Enfin, les **mouvements de capitaux** sont importants, beaucoup d'Iraniens préférant placer leurs avoirs aux Émirats, tandis que des Iraniens enrichis sur la rive arabe financent des universités ou des cliniques privées en Iran.

21 LA TURQUIE, DU RÊVE EUROPÉEN AUX AMBITIONS NÉO-OTTOMANES

La Turquie contemporaine, née du dépècement de l'Empire ottoman à la suite de la Première Guerre mondiale et de la modernisation à l'école de l'Europe entreprise par Mustafa Kemal, a été secouée par une succession de crises. Seul pays avec la Russie à être à cheval sur deux continents, l'Europe et l'Asie, elle se caractérise par l'étroite imbrication entre sa vie politique interne et son positionnement géopolitique « entre trois mondes ».

Notions principales

État profond (*Derin Devlet*) : noyau de hauts gradés de l'armée et de technocrates entretenant un pouvoir occulte.
Kémalisme : idéologie, héritée de Mustafa Kemal, revendiquant une société moderniste, laïque et nationaliste, sous l'égide d'un État fort.
Synthèse turco-islamique : intégration de l'islam sunnite dans l'identité nationale turque, mise en avant par les militaires en 1980.
Vision nationale (*Millî Görüş*) : titre-slogan du mouvement islamiste associant l'islam sunnite et la nation turque.

CHRONOLOGIE

1453 : Mehmet II conquiert Constantinople
1908 : Révolution des Jeunes-Turcs
1915 : Génocide des Arméniens
1920 : Traité de Sèvres
1923 : Traité de Lausanne
29 octobre 1923 : Proclamation de la République, Mustafa Kemal président
1963 : Accord de partenariat Turquie-CEE
1974 : Intervention militaire à Chypre
1984 : Le PKK lance la lutte armée dans le Sud-Est.
2002 : Accession au pouvoir de l'AKP
2014 : Erdoğan élu président de la République
2016 : Coup d'État avorté, répression massive contre les gülenistes

I. Mustafa Kemal invente la Turquie moderne[1]

A. LA RECOMPOSITION TERRITORIALE À L'ISSUE DE LA PREMIÈRE GUERRE MONDIALE

Après un long recul territorial face aux Empires russe et austro-hongrois dès le XVIIIe siècle puis sous les coups des mouvements des nationalités dans les Balkans tout au long du XIXe siècle – la fameuse question d'Orient qui en a fait « l'homme malade de l'Europe » –, et face aux impérialismes français, britannique et italien en Afrique du Nord, l'Empire ottoman, allié aux « Empires centraux », Allemagne et Autriche-Hongrie pendant la Première Guerre mondiale, partage le sort de ces puissances vaincues. Le traité de Sèvres (10 août 1920), élaboré parallèlement aux traités de Versailles avec l'Allemagne et de Trianon avec l'Autriche-Hongrie, est particulièrement sévère pour lui. L'ensemble des territoires arabes sont confiés au mandat des deux puissances alliées qui ont soutenu la révolte arabe, conformément aux clauses de l'accord Sykes-Picot de 1917 : la Syrie (dont sera séparé le Liban) à la France et la Mésopotamie (y compris le vilayet de Mossoul, initialement revendiqué par la France), la Palestine et la Transjordanie à la Grande-Bretagne. Mais le territoire résiduel de l'Anatolie et de la Thrace orientale est lui-même morcelé : l'essentiel de la Thrace orientale est annexé à la Grèce, qui occupe également la région égéenne autour de Smyrne (Izmir), l'ensemble des Détroits et des rives de la Marmara est démilitarisé, une République d'Arménie est délimitée en Anatolie du Nord-Est, une République autonome du Kurdistan est également envisagée au sud-est et deux zones d'influence sont attribuées à la France en Cilicie et à l'Italie au sud-ouest de l'Anatolie. La seule région échappant à ces divers modes de contrôle est le centre-nord de l'Anatolie.

Mais c'est justement là que vient de commencer un mouvement de réaction nationale contre le gouvernement du sultan, isolé à Constantinople : **Mustafa Kemal, brillant officier promu général pour s'être illustré dans la bataille des Dardanelles**, a été nommé inspecteur de l'armée du Nord. S'étant attaché à rassembler les forces de résistance nationale, il réunit une Grande Assemblée nationale le 23 avril 1920 à Ankara. Ce choix traduit une volonté de recentrage du pouvoir sur l'Anatolie, tout en restant à proximité du pouvoir officiel du sultan à Istanbul. Président de cette Assemblée et du Conseil des ministres, **il engage une guerre d'indépendance contre l'armée grecque qui occupe la région d'Izmir**. La guerre a été difficile, alternant avancées et reculs de part et d'autre. La bataille décisive sur les rives du fleuve Sakarya est remportée, en septembre 1921, par Mustafa Kemal, qui reçoit alors le titre de *Gazi*, « victorieux », jadis donné aux premiers Ottomans en tant que conquérants de l'islam. Les forces armées grecques refluent vers Izmir et un armistice est signé à Mudanya le 11 octobre 1922.

Une nouvelle conférence de la paix s'ouvre à Lausanne. Les négociations aboutiront, le 24 juillet 1923, à la **signature du traité de Lausanne, qui efface l'humiliation du traité de Sèvres**. Plus question de République d'Arménie au nord-est, ni de Kurdistan autonome. Au nord-ouest, la frontière gréco-turque est fixée sur le cours de la Maritza (*Meriç* en turc). La Turquie recouvre sa pleine souveraineté sur le bassin de la Marmara et les Détroits, comme sur les zones d'influence italienne et française. Seuls deux territoires revendiqués par la Turquie connaîtront un destin opposé : **le vilayet de Mossoul restera partie intégrante**

1. Pour reprendre textuellement le titre de l'ouvrage que Paul Dumont lui a consacré (éditions Complexe, Bruxelles, 2006).

de l'Irak sous mandat britannique, tandis que le sandjak d'Alexandrette à population mixte arabe et turque est rattaché à la Syrie sous mandat français, mais il sera finalement cédé à la Turquie sous le nom de Hatay en juin 1939.

Le territoire résultant du traité de Lausanne a une forme compacte s'inscrivant dans un rectangle allongé d'ouest en est, entre 26° et 45° de longitude est, et entre 36° et 42° de latitude nord. **La compacité spatiale s'accompagne d'une homogénéisation de la population** : après la quasi-disparition de la population arménienne entre extermination et départ en exil, le traité de Lausanne a organisé l'échange des populations entre la Turquie et la Grèce, reposant sur le critère religieux : transfert des chrétiens orthodoxes vers la Grèce (900 000 personnes) et des musulmans vers la Turquie (400 000 personnes). Le traité reconnaît comme minorités les Arméniens, les Grecs et les juifs, à Istanbul pour l'essentiel, ainsi qu'à Izmir pour les deux derniers groupes. Mais **les musulmans représentent désormais 99 % de la population**, sans qu'y soient distinguées les individualités linguistiques ou religieuses.

Du traité de Sèvres au traité de Lausanne

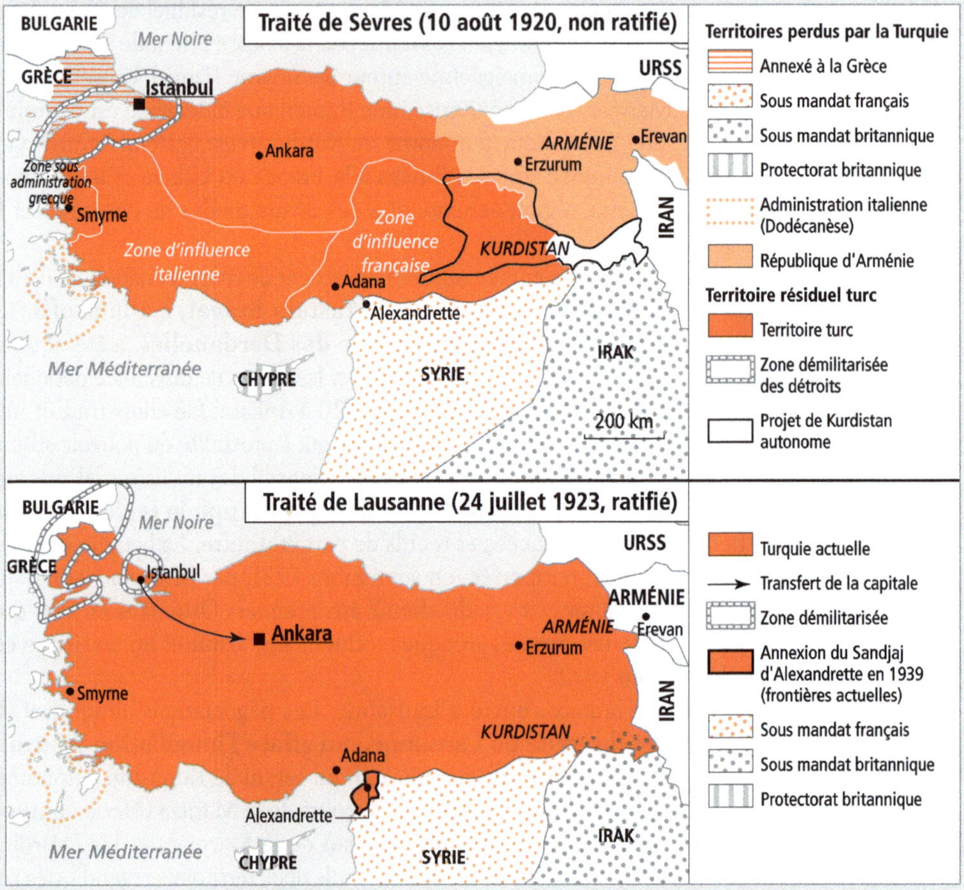

Source : M. Bazin, EA 2016 Habiter, mis à jour en 2022.

B. LA MODERNISATION AUTORITAIRE À L'ÉCOLE DE L'EUROPE

Le 29 octobre 1923, la République de Turquie est proclamée par l'Assemblée nationale, avec Ankara pour capitale. Mustafa Kemal est élu président de la République. Le changement de régime est achevé en mars 1924 par l'abolition du califat ainsi que la suppression des tribunaux religieux et des établissements d'enseignement religieux.

Mustafa Kemal va disposer pendant quinze ans d'un pouvoir absolu, concrétisé le plus souvent par un parti unique, le Parti du peuple, créé en septembre 1923 et rebaptisé par la suite Parti républicain du peuple (CHP). Le kémalisme sera détaillé en six mots-clés, les « Six Flèches » figurant sur le drapeau du parti : nationalisme, républicanisme, populisme, étatisme, laïcisme et révolutionnarisme. Elles seront intégrées à la Constitution en 1937.

Mustafa Kemal engage toute une série de réformes inspirées de divers pays d'Europe occidentale. Des réformes institutionnelles concernent l'organisation territoriale : le découpage administratif homogénéisé suit plus ou moins le modèle français en départements (*vilâyet*, plus tard renommés *il*), arrondissements (*kaza*, anciennes unités judiciaires, renommées *ilçe*) et cantons (*nahiye*, renommés *bucak*). Le domaine juridique avec l'adoption de codes civil, pénal et commercial est inspiré des codes suisse, italien et allemand.

Les départements turcs en 1939

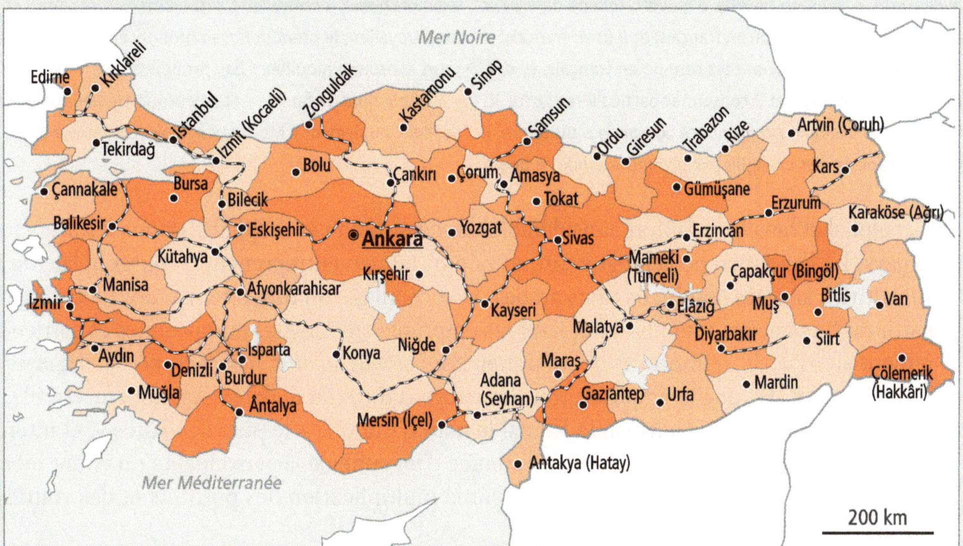

• Chef-lieu de département (nom du département lorsqu'il diffère) — Chemin de fer

Source : adapté de Faik Sabri Duran, *Büyük Atlas* (Grand atlas), Istanbul, 1939.

Une autre réforme institutionnelle, l'abolition de l'article de la Constitution déclarant l'islam religion de l'État, débouche sur de **nombreuses réformes sociétales marquées par la laïcisation** : abolition de la polygamie puis obligation du mariage civil, droit de vote accordé aux femmes en 1934, évolution du costume masculin – le fez devant laisser la place au chapeau, ou à la casquette dans les milieux populaires –, prohibition du voile dans certains espaces publics ou dans les universités. La laïcité à la turque a cependant été, dès le départ, une laïcité particulière consistant à subordonner la religion à l'État *via* le Diyanet, la direction publique des cultes.

La flèche de l'étatisme concerne particulièrement le domaine économique, et d'abord le système bancaire : la Banque centrale prend la succession de la Banque ottomane comme banque et institut d'émission de la monnaie, d'autres banques spécialisées soutenant le développement économique.
Parmi les autres réformes importantes, on compte celles portant sur la langue turque. Ainsi, dès 1928, **un alphabet latin, adapté à la phonétique du turc, est substitué à l'alphabet arabe du turc ottoman**.

ZOOM ▶ L'alphabet latin adapté à la langue turque

Contrairement à l'écriture arabe qui comporte une profusion de consonnes mais n'écrit que les trois voyelles longues *ā, ī, oū* et ne note les voyelles brèves que par des signes diacritiques facultatifs, une écriture latine parfaitement phonétique a permis de rendre compte de la richesse de la langue turque en voyelles.
L'alphabet turc introduit par Atatürk comporte ainsi :
– 8 voyelles : ***a***, ***e*** (toujours ouvert), ***i***, ***ı*** (*i* dur, comparable au *bl* du russe), ***o*** (toujours ouvert), ***ö*** (ouvert, comme dans *peur* ou *bœuf* en français), ***u*** (*ou* en français) et ***ü*** (*u* en français) ;
– 20 consonnes : 13 prononcées comme en français, ***b***, ***d***, ***f***, ***j***, ***k***, ***l***, ***m***, ***n***, ***p***, ***r***, ***t***, ***v***, ***z*** et 7 consonnes particulières : ***c*** (*dj* en français, par exemple ***cin*** prononcé comme *gin* ou *djinn*), ***ç*** (*tch* en français, par exemple ***çok*** prononcé *tchok*, « beaucoup »), ***g*** (toujours dur, par exemple ***gar***, « gare », mais aussi ***göl***, « lac », prononcé comme *gueule*, ou encore ***gişe***, décalque de *guichet*), ***ğ*** (« *g* doux », allonge les voyelles postérieures en finale ; ***dağ***, prononcé ***dâ***, « montagne », sépare deux voyelles postérieures comme un *h* muet en français : ***Erdoğan*** prononcé *airdohane*, et prononcé comme une mouillure entre deux voyelles antérieures : ***değer*** prononcé *deillair*, « valeur »), ***h*** (toujours aspiré – ou plutôt soufflé –, par exemple ***haber***, « nouvelle »), ***s*** (toujours dur, y compris entre deux voyelles : le prénom ***Hasan*** prononcé *Hassane*), ***y*** (toujours consonne mouillée : ***bay*** prononcé *bail*, « Monsieur » – avant le nom de famille – et ***bey*** prononcé *beille* – après le prénom, également « Monsieur », mais plus familier).

Cet alphabet favorisera l'effort considérable de scolarisation et d'alphabétisation à travers tout le pays. La Fondation de la langue turque va plus loin en entreprenant d'épurer la langue en substituant aux très nombreux mots arabes du vocabulaire du turc ottoman des mots forgés à partir du turc ancien, tout en multipliant les emprunts aux langues européennes et particulièrement au français, retranscrits phonétiquement : *otobüs, abajur, filozof* et même *mizanpaj*…
À l'automne 1934, une loi impose à tous les citoyens turcs de se doter d'un nom de famille, et une loi spéciale attribue à Mustafa Kemal le nom d'Atatürk, « le père des Turcs », et interdit à quiconque de se l'approprier. C'est là l'amorce d'un culte de la personnalité du vivant même d'Atatürk, qui se manifestera également par la multiplication des portraits et des statues à travers tout le pays.

C. LE PASSÉ RECOMPOSÉ

Le nationalisme exacerbé est vu comme le carburant de la cohésion du pays. La « turcification » passe par l'adoption d'un nom de famille turc mais surtout par la pratique de la langue turque. Cela concerne les musulmans albanais, bosniaques ou bulgares accueillis à la suite du traité de Lausanne, mais encore plus les Kurdes, que le pouvoir prétend considérer comme des Turcs montagnards. Trois révoltes kurdes successives, celles de Cheikh Saïd en 1925, de l'Ararat en 1930 et de Dersim en 1935, seront sévèrement réprimées : le problème kurde actuel a des racines anciennes.
La volonté de turcification est également passée par la transformation de la toponymie : les villages jadis arméniens ou grecs ont été rebaptisés, ainsi qu'une grande partie des villages kurdes, recevant des noms turcs. Le fait paradoxal est que la plupart des grandes villes

ont conservé leur nom de l'Antiquité gréco-romaine, simplement turquisé : Ankara (Ancyre), İzmir (Smyrne), Bursa (Brousse), Antalya (Attaleia), Konya (Iconion), Kayseri (Césarée), Antakya (Antioche), Trabzon (Trébizonde)… Quant à la plus grande ville du pays, elle a eu successivement trois noms : **Byzance, Constantinople et Istanbul, tous trois d'origine grecque, le dernier étant la déformation de l'expression *Eis tên pólin*, tout simplement « dans la ville ».**

Mais le regard sur le passé a pris d'autres formes complètement délirantes dans les années 1930. La Fondation turque d'histoire a d'abord déclaré la turcité des plus anciennes civilisations non seulement de l'Anatolie mais également de la Mésopotamie. C'est ainsi que l'organisme d'État responsable de l'industrie textile en Turquie a été dénommé Sümerbank – « banque de Sumer » – par référence aux premières traces de tissage dans les sites sumériens, et celui chargé de développer la sidérurgie, Etibank – « banque des Hittites » –, ceux-ci ayant inauguré l'Âge du Fer en Anatolie. Ces historiens sont allés encore plus loin en publiant la *Thèse turque de l'histoire*, plaçant les Turcs au point de départ de l'humanité tout entière !

D. UNE POLITIQUE EXTÉRIEURE PRUDENTE ET PACIFISTE

Concentré sur la transformation du pays, le régime kémaliste s'est préoccupé d'éviter les conflits en concluant des accords avec les grandes puissances comme avec ses voisins, notamment un traité de neutralité et de non-agression renouvelé plusieurs fois avec l'URSS ; une entente balkanique avec la Grèce, la Yougoslavie et la Roumanie en 1934, et le pacte de Saadâbâd en 1937 avec l'Irak, l'Iran et l'Afghanistan.

Par ailleurs **la convention de Montreux du 20 juillet 1936 a rendu à la Turquie la pleine souveraineté sur les deux rives des Détroits** et posé les bases du système encore en vigueur aujourd'hui : libre passage des navires de commerce de jour comme de nuit et passage des navires de guerre interdit en temps de conflit [→ CH. 20].

II. La Turquie se range dans le camp occidental (1938-1960)

A. İSMET İNÖNÜ FACE À LA GUERRE

À la mort d'Atatürk, le 10 novembre 1938, İsmet İnönü parvient à la présidence de la République avec l'appui de l'armée. Rendu prudent par le désastre de la Première Guerre mondiale, il parvient à maintenir la neutralité de la Turquie en concluant plusieurs traités, tant avec la France et le Royaume-Uni qu'avec l'URSS et l'Allemagne. Certains milieux panturquistes le poussent à s'engager plus nettement du côté de l'Allemagne lorsque celle-ci a attaqué l'Union soviétique, avec l'idée de pouvoir libérer les peuples frères d'Asie centrale de la tutelle soviétique. Inversement, Roosevelt et Churchill le poussent à engager la Turquie à leurs côtés. Cela se fera progressivement, jusqu'à la déclaration de guerre à l'Allemagne et au Japon dans les derniers mois du conflit mondial, le 23 février 1945. La Turquie ne prend pas part effectivement au conflit, mais cela suffira pour la faire admettre au sein des Nations unies.

B. L'OUVERTURE AU MULTIPARTISME ET À L'ALLIANCE OCCIDENTALE

Au lendemain de la guerre, İnönü, désireux d'ancrer la Turquie dans le camp occidental, se résigne à autoriser le multipartisme. Le Parti démocrate (DP), fondé en 1946 par Celâl Bayar (dernier Premier ministre d'Atatürk) et Adnan Menderes, gagne les élections législatives du 14 mai 1950, rejetant l'ex-parti unique, le CHP, dans l'opposition. Le DP doit son succès à l'appui de plusieurs groupes sociaux, les milieux d'affaires favorisés par sa politique de libéralisme économique, la paysannerie, en particulier les propriétaires fonciers, et les milieux traditionalistes qui apprécient sa tolérance plus grande vis-à-vis de l'Islam conservateur. Celâl Bayar devient président de la République et Adnan Menderes Premier ministre.

À côté de la libéralisation de l'économie, **le nouveau pouvoir se caractérise surtout par l'intégration de la Turquie dans le camp occidental face aux pays communistes**, amorcée par İnönü avec l'adhésion de la Turquie à l'Organisation européenne de coopération économique (OECE, future OCDE) dès avril 1948, et au Conseil de l'Europe en août 1949. Les États-Unis, quant à eux, ont déjà inclus la Turquie dans le périmètre du plan Marshall. Peu après la création de l'Organisation du traité de l'Atlantique Nord (OTAN), en avril 1949, la Turquie manifeste son intention d'y adhérer, tout comme sa voisine et rivale, la Grèce. En dépit de réticences de plusieurs pays, en particulier de la Grande-Bretagne, **la Turquie fait son entrée effective dans l'OTAN le 18 février 1952**. Sa participation active à la guerre de Corée a joué en faveur de son accueil au sein de l'OTAN. En effet, la Turquie a été le deuxième pays après les États-Unis à répondre à l'appel du Conseil de sécurité des Nations unies pour mettre fin à l'invasion de la Corée du Sud par l'armée nord-coréenne. Un contingent de quelque 5 000 volontaires a débarqué en octobre 1950 à Pusan et ses effectifs ont été peu à peu augmentés pour atteindre environ 15 000 soldats.

La Turquie est ainsi devenue une **pièce importante du dispositif de l'OTAN, car elle est le seul pays à avoir une frontière avec l'URSS et à être une porte d'entrée vers l'ensemble du Moyen-Orient**, position renforcée par l'installation d'une importante base aérienne américaine à İncirlik, à proximité d'Adana. Elle a également pris part à deux alliances régionales : le pacte balkanique avec la Grèce et la Yougoslavie, abandonné après les émeutes anti-grecques de 1955 à Istanbul et Izmir et l'engagement neutraliste du maréchal Tito, et le pacte de Bagdad, signé en 1955, réunissant la Turquie, l'Irak, l'Iran et le Pakistan autour de la Grande-Bretagne, rebaptisé CENTO après le retrait de l'Irak suite au renversement de la monarchie.

C. LE DÉMARRAGE DE L'ÉMIGRATION VERS L'EUROPE OCCIDENTALE

Jusqu'en 1950, la Turquie est restée un pays essentiellement rural, avec un taux de population urbaine d'environ 25 %. Or, 1950 marque son entrée dans la transition démographique : l'amélioration de l'état sanitaire, grâce aux campagnes de vaccination et à l'éradication de la malaria, abaisse le taux de mortalité alors que le taux de natalité reste élevé dans un premier temps, donnant un taux d'accroissement annuel de 2,8 % entre 1950 et 1960.

Sous l'effet de cette forte croissance démographique, des possibilités limitées d'accroissement des ressources dans les villages et d'un développement économique qui bénéficie prioritairement aux villes, un véritable exode rural se met en place, prenant le relais d'anciennes migrations saisonnières. Les flux se dirigent vers les chefs-lieux de département, les centres régionaux d'Anatolie et des côtes égéennes, et les grandes villes, notamment Istanbul, qui aspire les migrants du pays tout entier. **Parallèlement à ces migrations intérieures qui portent le taux de population urbaine à plus de 50 % en 1985, d'autres destinations importantes élargissent les migrations vers l'étranger :**

– d'abord, les pays d'Europe occidentale en plein développement industriel, en priorité l'Allemagne dépouillée de son empire colonial à l'issue de la Première Guerre mondiale et dont la recherche de main-d'œuvre s'est orientée vers le sud-est (Yougoslavie, Grèce et Turquie), mais aussi la Suisse, la France, les Pays-Bas et la Suède. Ce nouveau tropisme va amener la Turquie à adresser, dès juillet 1959, une demande d'association à la toute jeune Communauté économique européenne. **L'accord d'Ankara du 12 septembre 1963, accord d'association entre la Turquie et la CEE, accélérera les mouvements migratoires vers l'Europe occidentale** ;
– ensuite, au cours des années 1970, des pays pétroliers arabes tels que la Libye et surtout l'Arabie saoudite, ainsi que des pays plus lointains comme les États-Unis ou l'Australie.
Ces mouvements migratoires, à part les déplacements très sévèrement encadrés vers les pays pétroliers, suivent le même processus de migration en chaîne, les premiers arrivants facilitant la venue de proches, parents, voisins ou habitants de la même région, dits « *hemşehri* », d'où une concentration en fonction des origines géographiques, et la mise en place de réseaux de solidarité.
Les migrations internes vont, avec les progrès de l'industrialisation et le développement des services, structurer l'espace turc par un réseau urbain puissamment hiérarchisé avec, au sommet, la dyarchie des « deux capitales » : la jeune capitale politique Ankara et l'ancienne capitale Istanbul, restée la métropole économique et culturelle au rayonnement international.
En Europe occidentale, se constitue une diaspora de plus de 5 millions de personnes, dont une bonne moitié en Allemagne, 600 000 en France comme en Autriche, 500 000 au Royaume-Uni, 420 000 aux Pays-Bas, 180 000 en Belgique comme en Suisse. Citoyens turcs ou naturalisés maintiennent des liens forts avec leur pays d'origine : mobilisation de leur épargne pour aider la famille ou créer des entreprises en Turquie, recherche de conjoints, attention portée à la vie politique turque. Symétriquement, les mouvements politiques turcs s'intéressent à la diaspora, y compris par l'envoi d'imams et d'enseignants de langue et culture d'origine.

III. Instabilité et interventions de l'armée (1960-2002)

Le multipartisme va entraîner la formation de gouvernements de coalition souvent instables pendant que des groupes armés se manifestent en dehors du « pays légal » aux deux bords de l'échiquier politique, avant que la rébellion armée kurde ne prenne le relais à partir de 1984. L'armée gardienne de l'héritage kémaliste, mais aussi de la sécurité nationale, interviendra à quatre reprises. Durant cette période, les relations extérieures de la Turquie ont connu quelques événements géopolitiques marquants.

A. D'UN COUP D'ÉTAT À L'AUTRE, UNE TURQUIE INGOUVERNABLE

1. Une vie politique agitée et violente

Pendant quatre décennies, la Turquie a connu une vie politique agitée, alternant gouvernements civils et coups d'État militaires souvent brutaux, comme celui du 27 mai 1960, qui vit le Premier ministre Adnan Menderes condamné à mort et exécuté, la peine du Président Celâl Bayar ayant été commuée en prison à vie du fait de son grand âge. En 1961, après adoption par référendum d'une nouvelle Constitution, les élections d'octobre 1961 ramènent le CHP et İnönü au pouvoir. Mais c'est une nouvelle formation, le Parti de la justice (AP) de Süleyman Demirel, qui remporte les élections de 1965 et de 1969.

Or, **diverses tendances s'affirment en marge de l'alternance de ces deux partis de gouvernement** : à l'extrême droite, le Parti du mouvement nationaliste (MHP) du colonel Türkeş, d'idéologie panturquiste, et ses commandos armés, les « Loups gris » ; à l'extrême gauche, les jeunes militants du Parti ouvrier de Turquie (TIP), dont certains passeront à la lutte armée, guérilla urbaine ou rurale affrontant les milices d'extrême droite ; le courant islamiste, dont une fraction fonde un parti politique, le Parti de l'ordre national de Necmettin Erbakan, appuyé sur l'idéologie de la Vision nationale (*Millî Görüş*), qui met l'islam sunnite au centre de l'identité turque ; et le mouvement nationaliste kurde, encouragé par la révolte de Mustafa Barzani dans le Kurdistan irakien.

Ces affrontements incessants conduisent l'armée à intervenir une deuxième fois. Le 12 mars 1971, un mémorandum de la hiérarchie militaire entraîne la démission du gouvernement Demirel et l'instauration d'une loi martiale organisant une sévère répression, et la dissolution du Parti ouvrier turc, communiste, et du Parti de l'ordre, islamiste. Toutefois, ce dernier renaît en 1972 sous un nouvel intitulé, le Parti du salut national (MSP), toujours dirigé par Necmettin Erbakan, qui arrive en deuxième position aux élections législatives de 1973, derrière le CHP désormais dirigé par Bülent Ecevit. Ces deux partis forment une coalition qui marginalise le Parti de la justice de Demirel et va se confronter, l'année suivante, à la crise chypriote.

ZOOM ▶ Chypre, île partagée, enjeu de puissance

Chypre a accédé à l'indépendance en 1960 sous la garantie du Royaume-Uni, de la Grèce et de la Turquie. Le 15 juillet 1974, le coup d'État de Níkos Sampsón, fomenté par la dictature des colonels au pouvoir à Athènes, prétend renverser le gouvernement de Mgr Makarios, d'orientation neutraliste, voire tiers-mondiste, pour proclamer l'*Enôsis*, la réunion à la « mère patrie grecque ». Ecevit, arguant du rôle de garant donné à la Turquie, déclenche le 20 juillet l'opération Attila, débarquement naval et aérien massif de troupes : environ 40 000 soldats turcs appuyant 20 000 miliciens chypriotes turcs contre 12 000 Chypriotes grecs. Complétée par l'opération Attila II, lancée au mois d'août pour prendre le contrôle de Famagouste, **l'intervention turque aboutit à la chute du régime des colonels à Athènes et à la partition de l'île** de part et d'autre d'une « ligne verte ». Alors que, jusque-là, les deux communautés étaient l'une et l'autre dispersées en mosaïque à travers tout le territoire, des échanges forcés de population créent deux blocs homogènes, les Chypriotes turcs s'appropriant au nord 36 % du territoire pour 20 % de la population, tandis que les Chypriotes grecs ne disposent au sud que de 64 % de la superficie pour 80 % des habitants. La ligne de démarcation démilitarisée partage également en deux la capitale **Nicosie, qui restera, après la réunification de l'Allemagne, la seule ville divisée entre deux souverainetés en Europe**. On trouve ainsi face à face deux fictions géopolitiques : au nord, un territoire censé être au départ une entité confédérée dans une fédération qui n'existe pas et, au sud, une république unitaire qui ne contrôle que deux tiers de son territoire. En 1983, la partie nord sera déclarée République turque de Chypre du Nord, reconnue par un seul État, la Turquie.

2. Le troisième coup d'État, la politique de la table rase

Le succès militaire turc à Chypre n'affaiblit pas pour autant les tensions politiques internes d'un pays déchiré par les violents affrontements entre éléments ultranationalistes, gauchistes ou autonomistes kurdes, entraînant un troisième coup d'État militaire qui porte au pouvoir, le 12 septembre 1980, un Conseil national de sécurité présidé par le général Kenan Evren. Beaucoup plus radical et brutal que les précédents, ce coup d'État déclenche une répression très dure : plusieurs centaines de militants d'extrême gauche sont exécutés, morts sous la torture ou disparus, plus de 600 000 personnes sont mises en garde à vue, dont 85 000 emprisonnées. S'appuyant sur la « **synthèse turco-islamique** », **idéologie faisant de la conjonction de l'islam sunnite et de la turcité le fondement de l'identité nationale**, le nouveau pouvoir pratique la politique de la table rase : tous les partis politiques existants sont dissous et leurs dirigeants déchus de leurs droits civiques. Un projet de Constitution autoritaire est approuvé à 92 %, le vote « non » étant défini comme un acte de trahison, et les dirigeants de la junte créent de toutes pièces trois nouveaux partis : le Parti de la démocratie nationaliste représentant directement les militaires, un parti censé représenter la gauche, le Parti populiste, et un parti libéral, le Parti de la mère patrie (ANAP) de Turgut Özal, alors ministre de l'Économie.

B. OUVERTURE LIBÉRALE, OUVERTURE VERS L'EUROPE : LES ANNÉES ÖZAL (1983-1993)

Le projet de l'Anatolie du Sud-Est (GAP)

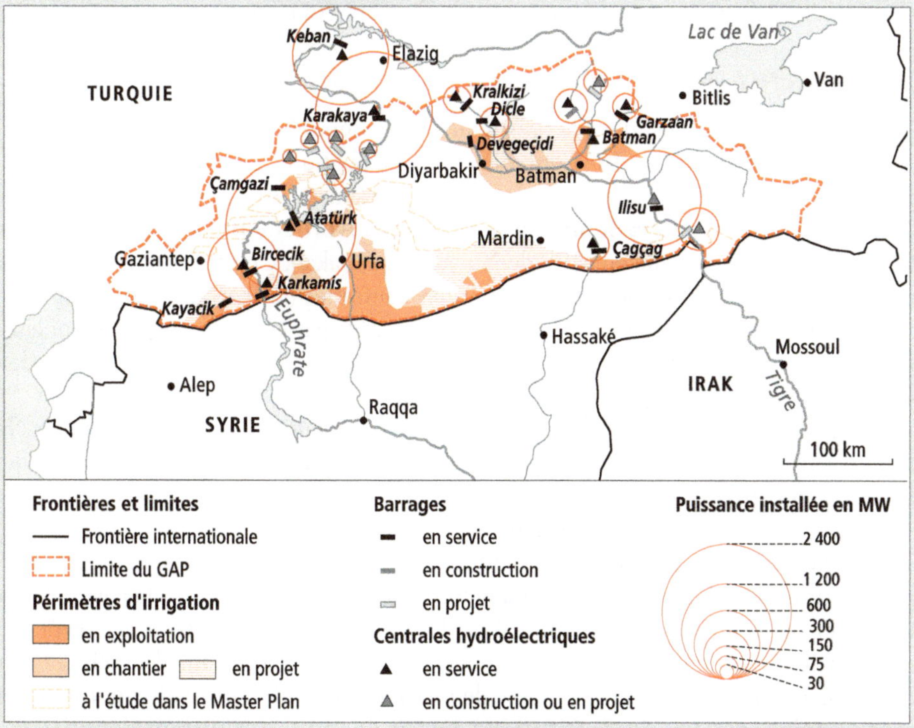

Source : M. Bazin, *GAP Regional Development Administration*, 2018.

Les élections législatives du 6 novembre 1983 se soldent par la déroute du parti des militaires et la victoire de l'ANAP, qui a pu fusionner des apports des principaux courants politiques préexistants en s'adressant aux classes moyennes. **Turgut Özal, nommé Premier ministre, disciple de la confrérie Nakşibendi mais éduqué aux États-Unis, incarne le visage d'une société à la fois religieuse et occidentalisée.** Appuyé sur un réseau d'hommes d'affaires et de technocrates libéraux, il favorise les privatisations et l'accueil des investissements étrangers. Le développement économique, à forte composante industrielle, soutient la poussée urbaine. Kurde par sa mère, Özal va, d'un côté, lever le tabou concernant l'identité même des Kurdes et se poser en défenseur des Kurdes irakiens, mais de l'autre, devoir affronter la rébellion armée lancée en 1984 par le Parti des travailleurs du Kurdistan (PKK). Il pousse la mise en œuvre du projet de l'Anatolie du Sud-Est (*Güneydoğu Anadolu Projesi*, GAP), lancé en 1977, qui vise à développer cette région à partir d'une vingtaine d'ouvrages hydrauliques, et ainsi à mieux intégrer sa population en majorité kurde [→ CH. 4].

Sur le plan extérieur, **Özal**, encouragé par l'entrée de pays méditerranéens dans la CEE – la Grèce dès le 1er janvier 1981, puis l'Espagne et le Portugal le 1er janvier 1985 –, **dépose, le 14 avril 1987, la demande officielle d'adhésion de la Turquie à la CEE**. Malgré un premier refus formulé par la Commission européenne le 18 décembre 1989, Turgut Özal, alors devenu président de la République, souhaite maintenir un lien privilégié avec la CEE en soulignant son rôle de premier partenaire économique de la Turquie, qui dirige vers elle 46,6 % de ses exportations (en 1989) et en reçoit 38,4 % de ses importations. Un ouvrage collectif présentera ainsi « la Turquie au seuil de l'Europe[2] ».

Özal cherchera également à développer les liens avec les républiques turciques de l'Asie centrale post-soviétique, le Turkménistan, l'Ouzbékistan, le Kazakhstan et le Kirghizistan ; c'est au retour d'une tournée dans ces pays qu'il meurt d'une crise cardiaque.

C. LA FRAGMENTATION POLITIQUE ET LA MONTÉE DE L'ISLAMISME

En fait, une fois Özal installé à la présidence de la République, ce sont les dirigeants des anciens partis réintégrés en 1987 qui mènent le jeu politique, à la tête de partis avatars des précédents. Le Parti de la juste voie (DYP) succède ainsi à l'AP, avec Süleyman Demirel et **Tansu Çiller, la première femme à diriger le gouvernement** ; le Parti de la prospérité (*Refah Partisi*, RP) succède au MSP de Necmettin Erbakan. Ce parti islamiste s'appuie sur un mouvement plus large de foisonnement des confréries (*tarikat*), groupes de spiritualité et de solidarité au sein de l'islam sunnite, jadis interdits par Mustafa Kemal, parmi lesquels les *Nakşibendi*, remontant au Moyen Âge, et les *Nurcu*, disciples de Saïd Nursî, dont la « communauté » du prédicateur Fethullah Gülen.

Au sein du *Refah*, un jeune militant stambouliote originaire de la région de la mer Noire, **Recep Tayyip Erdoğan, monte rapidement dans les instances du parti et conquiert la mairie métropolitaine du Grand Istanbul lors des élections municipales d'avril 1994**. Le *Refah* emporte plusieurs autres grandes villes, dont Ankara.

Après diverses péripéties liées à l'instabilité des coalitions, Erbakan parvient, en 1996, au poste de Premier ministre. Mais des manifestations anti-laïques à travers le pays conduisent le Conseil de sécurité nationale, dominé par les militaires, à lui adresser, le 28 février 1997, un ultimatum le contraignant à la démission. C'est ce que les milieux intellectuels ont qualifié de « coup d'État post-moderne », œuvre de l'**« État profond », pouvoir occulte réunissant certains secteurs des institutions autour de militaires ultranationalistes**.

La question de l'adhésion à l'Europe interfère à nouveau avec les rivalités politiques. Le nouveau refus de la candidature de la Turquie par le Conseil européen de Luxembourg de décembre 1997, alors que onze pays d'Europe de l'Est sont pris en considération, attise une réaction anti-européenne dans l'opinion, débouchant sur le succès aux élections législatives d'avril 1999 des deux partis les plus ouvertement nationalistes, le parti de gauche démocratique de Bülent Ecevit qui reste au pouvoir et le MHP (droite radicale) de Devlet Bahçeli. De plus, Ecevit bénéficie d'un succès contre la rébellion kurde : son chef Abdullah Öcalan, expulsé de Syrie en 1998, en contrepartie de l'accord garantissant un débit convenable d'eau de l'Euphrate à la Syrie, est arrêté dans l'ambassade de Grèce à Nairobi grâce à l'appui

2. Paul Dumont et François Georgeon (dir.), *La Turquie au seuil de l'Europe*, L'Harmattan, Paris, 1991.

des États-Unis. Jugé et condamné à mort, sa condamnation sera commuée en prison à vie pour se conformer aux souhaits de l'Union européenne. C'est paradoxalement ce gouvernement Ecevit qui engage un **premier train de réformes pour satisfaire peu à peu aux « critères de Copenhague »**, car le Conseil européen réuni à Helsinki en décembre 1999 décide cette fois d'affirmer la vocation de la Turquie à rejoindre l'UE, en prenant en considération ses « acquis communautaires ».

Pendant ce temps, Recep Tayyip Erdoğan vit une période mouvementée : le 12 décembre 1997, il prononce à Siirt, dans le Sud-Est, un discours devant une foule rassemblée pour protester contre l'éviction d'Erbakan et commence par citer un poème : « Les minarets seront nos baïonnettes, les coupoles nos casques, les mosquées seront nos casernes et les croyants nos soldats[3] », qui fait scandale. Il est condamné à un an de prison, avec interdiction à vie de toute activité politique. Après sa libération, il entre en dissidence contre son maître Erbakan, avant de **créer avec d'autres dissidents, en août 2001, le Parti de la justice et du développement (*Adalet ve Kalkınma Partisi*, AKP)**, dont les initiales forment le mot *ak*, « blanc », qui donne une idée de pureté et d'honnêteté.

Les élections législatives du 3 novembre 2002 tournent au triomphe inattendu de l'AKP : avec 34,3 % des voix, il emporte la majorité absolue des sièges (363 sur 550) car le système électoral institué par les militaires fixe un seuil de 10 % des suffrages pour avoir des élus. Le CHP kémaliste ayant franchi ce seuil avec 19,4 % des voix constitue à lui seul l'opposition parlementaire. Abdullah Gül devient Premier ministre. En décembre, une loi modifiant les critères d'inéligibilité permet à Erdoğan de se présenter à une élection partielle à Siirt, le 13 mars 2003. Élu triomphalement avec 84,8 % des voix, il accède à la fonction de Premier ministre.

IV. La nouvelle Turquie d'Erdoğan[4]

À l'issue de sa « résistible ascension », Recep Tayyip Erdoğan se trouve désormais maître de la Turquie. Son gouvernement présente d'abord une forte tonalité libérale-démocrate donnant à l'extérieur l'impression d'un pouvoir musulman modéré, jouant la carte de l'Europe, mais il deviendra de plus en plus autoritaire à travers plusieurs crises.

A. L'OUVERTURE VERS L'EUROPE D'UN POUVOIR CONSERVATEUR-DÉMOCRATE

L'AKP a construit son succès sur la faillite d'un système politique fragmenté en de nombreux partis menés par des leaders usés et a puisé son électorat dans de vastes segments de la population en se référant plus volontiers aux chrétiens-démocrates allemands qu'aux formations islamistes classiques du Moyen-Orient. Il reçoit entre autres le soutien appuyé de la communauté Hizmet des disciples de Fethullah Gülen, lui-même exilé aux États-Unis depuis 1999.

1. Le dossier européen et la question chypriote

Le premier dossier auquel s'attaque Erdoğan est le dossier européen. Après les premières réformes d'harmonisation engagées par Ecevit, l'Assemblée vote, au cours de l'année 2003,

3. Extrait d'un poème de Cevat Örnek, « L'armée divine », à la gloire d'Alp Arslan, le vainqueur des Byzantins à Manzikert en 1071, et faussement attribué à Ziya Gökalp, théoricien du nationalisme turc au début du XXe siècle.
4. Pour reprendre le titre du livre d'Ahmet İnsel, *La Nouvelle Turquie d'Erdoğan. Du rêve démocratique à la dérive autoritaire*, La Découverte, Paris, 2015.

d'autres paquets de réformes, y compris certaines réduisant la place des militaires dans plusieurs instances, ainsi que l'abolition totale de la peine de mort. **Le 1er décembre 2004, le Conseil européen de Bruxelles donne son aval à la Turquie pour engager les pourparlers d'adhésion à l'UE le 3 octobre 2005.** La revue *European Voice*, à Bruxelles, désigne même Erdoğan comme l'« Européen de l'année » !

Mais le pouvoir AKP va se heurter à l'évolution de la question chypriote. La perspective de l'adhésion de Chypre à l'UE et la fin du règne politique du très intransigeant Rauf Denktaş dans la partie nord turque, poussent le secrétaire général de l'ONU Kofi Annan à proposer une réunification de l'île avant son intégration dans l'UE, sous la forme d'un État confédéral. L'AKP se déclare favorable à ce plan, contre l'avis des milieux ultranationalistes turcs, de même que le nouveau chef du gouvernement chypriote turc Mehmet Ali Talat, au contraire de la plupart des partis politiques chypriotes grecs. Le référendum organisé en avril 2004 voit ainsi le plan Annan de réunification approuvé par 65 % des Chypriotes turcs, mais rejeté par 75 % des Chypriotes grecs. **La République de Chypre (grecque) est malgré tout intégrée à l'Union européenne dès mai 2004, ce qui bloque pour longtemps l'espoir de résolution de ce conflit interminable.**

Cela compromet également les perspectives d'adhésion à l'UE de la Turquie, qui refuse de reconnaître la République grecque de Chypre, ce qui amène Bruxelles à geler, en décembre 2006, plusieurs chapitres des négociations d'adhésion. La Turquie, malgré l'attitude résolument favorable de plusieurs grands pays comme l'Italie, l'Espagne et le Royaume-Uni, se heurte aux réticences d'Angela Merkel et à l'opposition marquée de Nicolas Sarkozy, qui déclare que « la Turquie est en Asie » et propose de se rabattre sur un « partenariat privilégié ». Plus largement, les opinions européennes voient dans la Turquie une économie ouverte dont les échanges se font en grande partie avec l'UE, un pays accueillant pour un tourisme en plein développement. Elles prennent acte des progrès indéniables, bien qu'encore limités, en matière de droits de l'homme, mais **s'inquiètent du poids que pèserait une Turquie musulmane dans une Europe chrétienne et s'indignent du refus des autorités de reconnaître le génocide arménien**.

Symétriquement, le projet européen dispose au départ du ralliement de la majorité des partis politiques turcs et d'un large soutien dans la société civile avec des organisations mobilisant les milieux économiques et sociaux, comme la puissante Association des industriels et hommes d'affaires turcs (TÜSİAD), l'Union des chambres professionnelles et Bourses de Turquie (TOBB) ou la Confédération des syndicats des travailleurs révolutionnaires (DİSK), rejointes par des organisations de sensibilité religieuse, l'Association des industriels et hommes d'affaires indépendants (MÜSİAD) proche de l'AKP ou la Confédération des industriels et hommes d'affaires de Turquie (TÜSKON, réunissant de nombreuses entreprises petites et moyennes du réseau Hizmet lié à la confrérie de Fethullah Gülen). Mais **les rebuffades successives essuyées par la candidature turque ont fait peu à peu décliner le « désir d'Europe »**.

2. Une économie dynamique

Le dynamisme économique, entraîné par les organisations patronales, a bénéficié du plan de stabilisation mis en œuvre en 2001-2002 par Kemal Derviş, ex-vice-président de la Banque mondiale, devenu ministre de l'Économie d'Ecevit, qui a permis un bond en avant des investissements étrangers industriels (automobile, textile) et tertiaires (banques, assurances, grande distribution), particulièrement importants dans la métropole Istanbul. L'agriculture nourrit la population turque et exporte divers produits : raisins de Smyrne, abricots secs de Malatya, noisettes de la région pontique vers l'Europe occidentale, viande vers les pays arabes du Golfe. **Une industrie diversifiée se diffuse spatialement à partir des grands centres anciennement industrialisés** (Istanbul, Izmir, Bursa, Adana) vers les « tigres anatoliens », grandes villes de province pieuses et conservatrices comme Konya, Kayseri et Gaziantep, et vers tout un tissu de villes moyennes. Le développement d'infrastructures d'accueil de qualité a appuyé la croissance rapide des flux touristiques. Pour apurer les effets de l'inflation, une réforme monétaire institue, au 1er janvier 2005, une nouvelle livre turque valant un million de livres turques préexistantes.

La Turquie se hisse ainsi dans le groupe de tête des pays classés par leur produit national brut, disputant la dix-huitième place à l'Arabie saoudite, et est désormais invitée aux réunions périodiques du G20.

3. La Turquie dans son environnement régional

Parallèlement à la démarche semée d'embûches vers l'Europe, la Turquie se soucie également de son environnement proche, pas seulement du côté de Chypre. On voit là l'influence d'Ahmet Davutoğlu, universitaire qui a publié, en 2001, un ouvrage remarqué, *La Profondeur stratégique,* dans lequel il prône un **« néo-ottomanisme » et même au-delà, plaçant la Turquie au centre d'un immense arc musulman s'étirant du Maroc à l'Indonésie**. Conseiller diplomatique auprès de Recep Tayyip Erdoğan puis ministre des Affaires étrangères à partir de 2009, il avance le slogan « Zéro problème avec les voisins » en vue de conforter en premier lieu la position régionale de la Turquie.

Mais la tâche se révèle délicate. Du côté de la Grèce, outre le désaccord fondamental sur le destin de Chypre, le contentieux porte sur les eaux et les possibles ressources sous-marines de la mer Égée, la présence d'îles grecques très proches du littoral turc limitant à la portion congrue les eaux territoriales turques. La Bulgarie a conservé sur son territoire une importante minorité turque dont Ankara cherche à protéger les droits. Précédemment, la Turquie a été à l'initiative de la création, en 1992, de la Zone de coopération économique de la mer Noire (ZCEMN) réunissant l'ensemble des pays riverains, devenue en 1999 une véritable organisation internationale, l'OCEMN, dans laquelle la Russie s'implique de plus en plus. Du côté du Caucase, les relations sont assez bonnes avec la Géorgie, même si la Turquie soutient parfois ses minorités musulmanes en Abkhazie et en Adjarie. Si des relations diplomatiques ont été établies avec l'Arménie, **les Turcs ont soutenu leurs « cousins » azerbaïdjanais dans le conflit du Haut-Karabagh**, aire de peuplement arménien en territoire azerbaïdjanais, conquis par l'Arménie en 1988-1994 et repris par l'Azerbaïdjan en 2021. Les infrastructures reliant Bakou à la Turquie – l'oléoduc Bakou-Tbilissi-Ceyhan (BTC), le gazoduc Bakou-Tbilissi-Erzurum (BTE) et la ligne ferroviaire Bakou-Tbilissi-Kars – contournent toutes l'Arménie [→CH. 20].

Au-delà de la mer Caspienne, la Turquie a développé des relations économiques et culturelles avec les quatre pays turciques indépendants depuis la chute de l'Empire soviétique, mais seule l'extrême droite ultranationaliste entretient le rêve panturquiste d'un mythique empire de Touran.

À l'est et au sud-est, les trois voisins immédiats de la Turquie partagent avec elle l'aire de peuplement kurde, qui se trouve en position périphérique et subordonnée dans chacun des quatre pays, dont tous les gouvernements ont tendance à aiguillonner les Kurdes de tel ou tel de leurs voisins tout en réprimant les leurs. C'est ainsi que l'Irak et surtout la Syrie ont accueilli les rebelles du PKK, tandis que la Turquie a développé des relations économiques et culturelles avec le Kurdistan autonome d'Irak. **Les relations de la Turquie avec la Syrie et l'Irak sont également marquées par son contrôle des eaux du Tigre et surtout de l'Euphrate** à l'amont de leur bassin-versant, obligeant à des négociations pour assurer à ces deux pays des débits suffisants lors de la mise en eau des barrages du GAP. Par ailleurs, la Turquie et l'Iran entretiennent une rivalité ancestrale sans doute attisée par l'antagonisme entre la République islamique chiite d'Iran et la République turque, dont la laïcité est remise en question par un gouvernement islamiste sunnite.

Quant au reste du Proche et Moyen-Orient arabe, il reste circonspect vis-à-vis de la Turquie, qui a longtemps été le seul pays de la région à reconnaître Israël en cohérence avec ses alliances occidentales, tout en affichant une solidarité formelle avec le peuple palestinien. Mais cette dernière va prendre le pas sur l'alliance israélienne en réaction au blocus de la bande de Gaza, en 2009-2010, et à l'assaut de Tsahal contre le navire *Mavi Marmara* en opération humanitaire.

B. UNE DÉRIVE AUTORITAIRE À TRAVERS UNE SÉRIE DE CRISES

1. L'établissement d'un pouvoir hégémonique

Si le pouvoir AKP a en quelque sorte cohabité avec l'armée, garante de la laïcité, jusqu'en 2007, il va rapidement fortifier sa position. À l'issue du mandat du président de la République laïciste Ahmet Necdet Sezer, le candidat AKP à sa succession Abdullah Gül échoue au printemps 2007 mais est finalement élu président après des élections législatives anticipées. Un paquet d'amendements constitutionnels prévoyant l'élection du président de la République au suffrage universel est approuvé par référendum.

Parallèlement, la découverte d'une cache d'armes dans la banlieue d'Istanbul met à jour l'existence d'une organisation infiltrée dans les rouages de l'État, nommée Ergenekon, accusée d'organiser des actions criminelles en vue de déstabiliser le pouvoir. Une cascade de procès va aboutir à de nombreuses condamnations et réduire à l'impuissance l'« État profond », parachevant la mutation hégémonique de l'AKP.

Conforté dans son pouvoir, Erdoğan peut s'offrir le luxe de braver deux tabous : en 2009, une équipe du MIT, le service de renseignement, engage à Oslo des pourparlers secrets avec des représentants du PKK. Une fois le secret éventé, des négociations reprendront directement avec Öcalan dans sa prison d'İmralı.

D'autre part, la « diplomatie du football » amorce, en 2008, un processus de détente avec l'Arménie, et des protocoles entre les deux pays sont signés à Zurich, sous l'égide de la Suisse, des États-Unis et de la France. Parallèlement, des intellectuels et les amis du journaliste turco-arménien Hrant Dink, assassiné en janvier 2007, signent un manifeste d'excuses collectives et se mettent à organiser des commémorations du 24 avril 1915, démarrage des massacres d'Arméniens à Istanbul. **Le pouvoir continue cependant à rejeter la qualification de génocide**, pourtant étayée de façon décisive par deux ouvrages de l'historien Taner Akçam[5].

2. L'AKP face aux Printemps arabes

L'année 2011 est marquée par la propagation de proche en proche à partir de la Tunisie d'un mouvement de révolte populaire contre le pouvoir en place dans une demi-douzaine de pays arabes. La Turquie se montre favorable à ces mouvements, participe à l'intervention militaire de l'OTAN contre le régime de Kadhafi en Libye et soutient les gouvernements mis en place avec une composante islamiste proche des Frères musulmans, celui du président Mohamed Morsi en Égypte comme celui de la coalition dirigée par le parti Ennahdha en Tunisie – qui

5. Taner Akçam, *Un acte honteux. Le génocide arménien et la question de la responsabilité turque*, Denoël, Paris, 2008, et *Ordres de tuer. Arménie 1915. Les télégrammes de Talaat Pacha et le génocide des Arméniens*, CNRS Éditions, Paris, 2020.

seront ensuite balayés par un pouvoir autoritaire. On parle même alors d'un « modèle turc », qui serait également suivi au Maroc par un parti ayant le même intitulé que l'AKP et intégré au système. Vis-à-vis de son voisin immédiat, la Syrie, **la Turquie se range résolument dans le camp des adversaires de Bachar el-Assad, en opposition avec la Russie**.

3. 2013, *annus horribilis*

Deux événements de nature très différente vont pourtant secouer l'hégémonie du pouvoir d'Erdoğan. Fin mai 2013, l'arrachage d'arbres dans le parc Gezi, à côté de la place de Taksim à Istanbul, en vue de réaliser un projet de reconstruction à l'identique d'une caserne ottomane pour y installer un centre commercial géant, suscite la protestation d'un groupe de militants pour la protection de l'environnement et l'occupation du parc par des milliers de personnes, exemple suivi à travers tout le pays. Les manifestants seront partout évacués brutalement et les allégations de complot terniront gravement l'image d'Erdoğan.

Deuxième choc en décembre, quand des perquisitions diligentées par des magistrats de la mouvance güleniste sont effectuées chez plusieurs ministres et dans l'entourage du Premier ministre dans le cadre d'enquêtes sur des affaires de corruption et de blanchiment d'argent. Cet événement scelle la **brutale rupture entre Erdoğan et les partisans de Fethullah Gülen** qui ont commencé à s'implanter dans de nombreux lieux de pouvoir, la police, la justice, les universités, etc.

Cependant, ces difficultés n'empêchent pas **l'élection au suffrage universel de Recep Tayyip Erdoğan à la présidence de la République dès le premier tour, le 10 août 2014**, avec 51,8 % des voix contre 38,4 % pour Ekmeleddin İhsanoğlu, candidat unique du CHP et du MSP, et 9,8 % pour Selahattin Demirtaş, de la formation kurde HDP. La répartition géographique des votes est très parlante : Demirtaş est arrivé en tête dans 11 départements kurdes du sud-est, İhsanoğlu dans 16 départements d'un bout à l'autre des façades égéenne et méditerranéenne (plus Eskişehir) et Erdoğan dans les 54 autres, soit pratiquement toute l'Anatolie intérieure et la façade de la mer Noire, y compris Istanbul et Ankara.

L'élection présidentielle de 2014

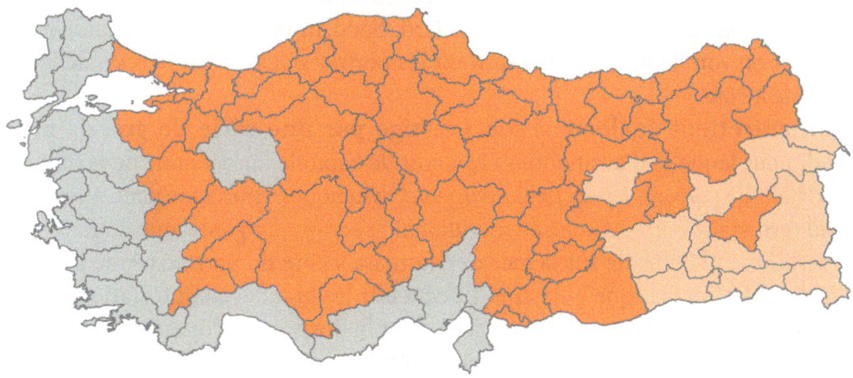

Candidat arrivé en tête

Recep Tayyip Erdoğan 51,8 % — Ekmeleddin İhsanoğlu 38,4 % — Selahattin Demirtaş 9,8 %

Source : M. Bazin, à partir des résultats officiels.

4. Le coup d'État avorté du 15 juillet 2016 et ses conséquences

L'année 2016 commence par un succès pour Erdoğan : il conclut avec l'UE un accord (en fait négocié avec Angela Merkel) pour retenir sur son territoire les réfugiés qui fuient la guerre en Syrie, ce qui lui donne un instrument de chantage pour reprendre les négociations d'adhésion avec l'UE.

Surtout, **la tentative de coup d'État d'un petit groupe d'officiers le 15 juillet, aussitôt attribuée aux gülenistes, donne un coup d'accélération à la répression** tous azimuts, tout opposant étant aussitôt taxé de « terrorisme » :

– plus de 9 000 personnes (dont la liste était prête) sont arrêtées dans les 48 heures au sein de l'armée, de la police et de la magistrature ;

– la répression s'étend très vite à l'ensemble de la fonction publique, en particulier aux enseignants : plus de 40 000 personnes sont emprisonnées, et plus de 100 000 licenciées ou destituées, privées de leur passeport et de leurs droits ;

– 15 universités sont fermées et des centaines de cours de soutien aux élèves du secondaire supprimés. Les entreprises liées à la fédération TÜSKON, elle-même dissoute, ont été fermées ou saisies ;

– de nombreux responsables politiques kurdes, dont les coprésidents du HDP et les maires des grandes villes du Sud-Est, sont arrêtés et emprisonnés, de même que les journalistes ayant révélé des faits reprochés au pouvoir et à ses proches.

L'ampleur des purges prend l'aspect d'un processus d'autodestruction, car des pans entiers des services publics et de l'économie sont mis en difficulté, tandis que le PKK et l'État islamique rivalisent pour multiplier les attentats. La répression s'étend également à la diaspora turque, les faits alarmants constatés en Allemagne n'épargnent pas la France.

C. ERDOĞAN, MAÎTRE DE LA TURQUIE À L'APPROCHE DU CENTENAIRE DE LA RÉPUBLIQUE

1. Le pouvoir absolu du reis

L'AKP a pu consolider sa prépondérance en obtenant, par sa surenchère nationaliste, le ralliement du MHP. Le référendum constitutionnel du 16 avril 2017 instaure un régime présidentiel, Erdoğan est désormais le chef par excellence, le Reis (forme turque de l'arabe Raïs qui fut utilisé pour désigner Nasser et, plus tard, Saddam Hussein). Ce statut le rapproche d'Atatürk, et on voit de plus en plus souvent les portraits des « deux Pères » de la Turquie affichés côte à côte.

Erdoğan entretient également son prestige par une série de grands projets à Istanbul, pour laquelle il avait obtenu le statut de capitale européenne de la culture pour 2010, à défaut de parvenir à y accueillir des jeux Olympiques : troisième pont sur le Bosphore et tunnel ferroviaire sous son entrée méridionale ; aéroport gigantesque au nord-ouest de l'agglomération ; plateforme sur la mer de Marmara à côté du port de pêche de Kumkapı, sorte de « polder médiatique » destiné à accueillir les grandes manifestations ; et même creusement d'un *Kanal Istanbul* destiné à doubler le Bosphore à l'ouest de l'agglomération, mais qui n'est toujours qu'un effet d'annonce mégalomaniaque.

2. Un interventionnisme multidirectionnel

La Turquie « entre trois mondes » – l'Europe occidentale et au-delà l'Occident globalement, le Moyen-Orient avec des prolongements vers l'Afrique, et le monde post-soviétique avec, en particulier, les républiques turciques – mène une politique de plus en plus active dans ces trois directions. Elle joue sur plusieurs registres : les relations bilatérales ou multilatérales entre États, les organismes économiques tels TİKA (Agence turque de coopération et de développement), des institutions culturelles comme la Direction commune de la culture et des arts turcs (TÜRKSOY) ou la fondation Yunus Emre vouée à la diffusion de la langue et de la culture turques. Ces dernières, instruments du *soft power* turc, ont longtemps été complétées par des structures comparables liées à la communauté Hizmet de Fethullah Gülen, qui se sont montrées particulièrement actives en direction de l'Afrique [→ CH. 17].

La politique extérieure turque a pour fil rouge le souci d'affirmer la puissance turque dans l'espace post-ottoman et bien au-delà, non sans de fortes variations liées à l'impulsivité de son leader et aux modifications de la conjoncture.

Ainsi, vers le Moyen-Orient, la Turquie a développé des relations assez denses avec la région autonome du Kurdistan irakien, tandis que du côté de la Syrie, elle est tiraillée entre son hostilité résolue à Bachar el-Assad et sa crainte de voir le Parti de l'union démocratique (PYD), projection du PKK, l'emporter sur les autres groupes kurdes. Elle a participé, aux côtés de la Russie et de l'Iran, au processus de paix d'Astana (au Kazakhstan) en 2017, mais a occupé la région d'Afrin au nord-ouest de la Syrie puis une bande de 40 km de large pour contrôler la frontière syro-turque en direction du nord-est.

L'autre impact du conflit syrien est la **charge considérable que font peser sur la Turquie les 3,5 millions de réfugiés**, sans doute le groupe homogène de populations réfugiées le plus nombreux de la planète en 2020.

Du côté du golfe Persique, Ankara entretient de bonnes relations avec le Qatar, mais sa rivalité avec l'Arabie saoudite a atteint un haut niveau de tension après l'assassinat et le dépeçage du journaliste Jamal Khashoggi au sein du consulat d'Arabie à Istanbul.

Plus loin vers l'ouest, **la Turquie apporte son soutien en Libye au gouvernement officiel de Tripoli** contre la dissidence du maréchal Haftar à Benghazi, appuyée par la Russie et la France. Ce soutien n'est pas sans arrière-pensées économiques, l'intérêt pour les ressources en hydrocarbures de l'espace maritime s'étendant entre la Libye et Chypre.

Dans toute l'Afrique noire, Erdoğan a effectué une quinzaine de tournées, les plus récentes ayant réuni trois objectifs : faire fermer les écoles et autres établissements d'obédience güleniste ou les transférer à des fondations proches de l'AKP, développer les échanges commerciaux et offrir des services dans le domaine sécuritaire (par exemple, la fourniture de drones d'observation). En octobre 2021, un voyage de trois jours l'a ainsi mené en Angola, au Togo et au Nigeria.

Avec l'Union européenne, les relations sont au point mort du fait du développement d'une méfiance réciproque dans de larges secteurs des opinions publiques respectives. Ankara se préoccupe de soigner sa diaspora d'Europe occidentale, qui est en majorité favorable au régime actuel, témoin la polémique soulevée au printemps 2021 par la construction de l'imposante mosquée Eyyûb Sultan à Strasbourg, de style néo-ottoman, par une branche de la confédération islamique *Millî Görüş* (CIMG) de France, qui a finalement renoncé à sa demande de subvention.

Plus loin vers l'est, on a pu parler de « Poutine-Erdoğan, l'entente brutale » (*Le Monde*, 23-25 mai 2021) à propos de la visite du président turc à Moscou. **Les deux dirigeants partagent leur aversion de l'Occident et leur soif de puissance enracinée dans une nostalgie post-impériale.** Leurs relations alternent divergences et coopération. La Turquie a ainsi conclu, en 2017, l'achat à la Russie de missiles antiaériens S-400. Inversement, les firmes de BTP turques sont fort actives en Russie et dans l'espace post-soviétique, et les Russes constituent, depuis 2017, le premier contingent de touristes reçus en Turquie, supplantant les Allemands : respectivement 7 millions et 5 millions sur un total de 51 millions en 2019, avant la chute des flux en 2020 et 2021 du fait de la pandémie de Covid-19.

La Turquie manifeste enfin un certain activisme dans le Caucase, où elle a soutenu la guerre de reconquête du Haut-Karabagh par l'Azerbaïdjan à l'automne 2020, et auprès des républiques d'Asie centrale, où elle entre en concurrence avec le programme des nouvelles routes de la soie de la Chine. Après avoir été le premier à dénoncer la répression des Ouïgours, le peuple turcique musulman du Xinjiang, Erdoğan se tait maintenant ; **les difficultés économiques du pays et la forte dépréciation de la livre turque font de la Chine une puissance incontournable en termes de commerce et d'investissements** : l'armateur China Cosco Holdings a par exemple acquis, en 2015, les deux tiers des actions du port de Kumport dans l'agglomération d'Istanbul, un autre consortium a acquis, en 2020, 51 % du pont Yavuz Sultan Selim, le troisième pont sur le Bosphore.

3. Le réveil des oppositions

Cependant, les difficultés économiques, avec un rebond de l'inflation, et la violence des attaques portées contre les opposants, quels qu'ils soient, ont entraîné un mécontentement qui s'est traduit dans les élections municipales de mars 2019. L'AKP a perdu trois municipalités métropolitaines, et non des moindres, puisqu'il s'agit d'Istanbul, Ankara et Antalya, donc la métropole économique, la capitale politique et la plateforme du tourisme international, ainsi que six mairies d'autres chefs-lieux de département, toutes au profit du CHP. Le HDP pro-kurde, qui avait vu la plupart de ses maires élus en 2014 destitués, voire emprisonnés, a reconquis 65 mairies, dont les trois municipalités métropolitaines de Diyarbakır, Mardin et Van, mais 48 ont été à nouveau remplacées par des administrations provisoires.

L'échec le plus durement ressenti a été la perte d'Istanbul, 25 ans après sa conquête par Erdoğan, qui a fait annuler le scrutin par le haut conseil électoral. Mais mal lui en a pris, car Ekrem İmamoğlu, qui n'avait devancé Binali Yıldırım, ex-président de l'Assemblée nationale, que de 13 000 voix en mars 2019, l'a emporté de 806 000 voix au scrutin du 23 juin. Sa popularité acquise grâce à sa bonne gestion de la mairie d'arrondissement de Beylikdüzü en fait un rival potentiel pour le maître de la Turquie, qui se prépare à célébrer avec faste le centenaire de la République en 2023.

22 LE MAGHREB À UN TOURNANT

Le Maghreb englobe le Maroc, l'Algérie et la Tunisie, auxquels on peut ajouter la Libye, aux confins du Machrek. Le Maghreb présente une homogénéité culturelle certaine et partage une configuration géographique similaire. D'étroites plaines littorales intensivement mises en valeur à l'époque coloniale sont dominées par une puissante chaîne de montagnes (Atlas) aux massifs bien individualisés (Rif, Kabylie, Aurès...) abritant des sociétés paysannes ancrées. Au sud, s'étendent les immensités désertiques du Sahara, monde des nomades et des hydrocarbures.

Les différences de régime politique et de doctrine économique font obstacle à l'intégration de cet ensemble géopolitique fracturé par des conflits entre voisins. Une proximité géographique et des liens hérités de l'histoire inscrivent le Maghreb, à l'articulation de l'Afrique et de l'Europe, dans une problématique de relations entre les deux rives de la Méditerranée. Les aspirations démocratiques des populations, soumises à des pouvoirs allant de l'autoritarisme à la dictature et minés par la corruption, ont provoqué des révolutions au devenir contrasté ou incité les dirigeants à des réformes. Le rôle politique des partis islamistes, mais aussi les agissements des organisations de l'islam radical à la faveur de l'implosion de la Libye s'accroissent dans la décennie 2010.

Notions principales

Frontières maritimes : la délimitation des frontières en mer entre États voisins et celle des zones de souveraineté maritime sont des enjeux géopolitiques majeurs, les espaces maritimes étant convoités tant du point de vue de la circulation que de leurs ressources. La Convention des Nations unies sur le droit de la mer, dite « convention de Montego Bay », a établi un zonage de souveraineté à partir du littoral. Dans sa **zone économique exclusive (ZEE)**, un État riverain peut exploiter toutes les ressources économiques jusqu'à 200 milles de la côte (un mille marin égale 1 852 m).

Printemps arabe : mouvement de contestation des régimes en place, né en Tunisie en décembre 2010 et qui s'est propagé en 2011 dans l'ensemble du monde arabe, aboutissant, selon les pays, à des concessions faites par le pouvoir en place, à une répression féroce ou à la chute des dirigeants.

CHRONOLOGIE

1830-1962 : Colonisation française en Algérie
1881-1956 : Protectorat français sur la Tunisie
1884-1976 : Protectorat espagnol sur le Sahara occidental
1911-1947 : Colonisation italienne en Libye
1912-1956 : Protectorat français sur le Maroc
1969 : Kadhafi renverse la monarchie en Libye.
1976 : Proclamation de la République arabe sahraouie démocratique
1992-2002 : « Décennie noire » en Algérie
1995 : Déclaration de Barcelone
2011 : Chute de Ben Ali en Tunisie. Chute de Kadhafi en Libye
2019 : Début des protestations populaires contre le régime algérien (Hirak)
2021 : Regain de tensions autour de la question sahraouie

I. Les héritages

A. DES DOMINATIONS ÉTRANGÈRES SUCCESSIVES

1. À la périphérie de grands empires

Les Phéniciens, peuple de navigateurs, de marchands et de bâtisseurs de ports de la Méditerranée orientale, ont essaimé en Méditerranée occidentale, où ils **ont fondé des comptoirs, à l'origine de villes du Maghreb**, dont Alger. Ayant franchi le détroit de Gibraltar, ils fondent aussi des comptoirs sur la côte atlantique du Maroc, ancêtres de Larache ou d'Essaouira. Leur principal comptoir est **Carthage**, fondée à la fin du IXe siècle av. J.-C. dans le golfe de Tunis, à partir duquel se développe une civilisation qui domine la Méditerranée sud-occidentale et s'affronte à Rome entre 264 et 146 av. J.-C. lors des trois guerres puniques qui se terminent par la victoire des Romains, qui détruisent Carthage. Le **Maghreb, durablement intégré à l'Empire romain**, sera rapidement christianisé, ce qui est sans doute une forme de résistance à Rome, où la nouvelle religion venue d'Orient est persécutée. Après la **conquête arabo-musulmane**, l'islamisation est acquise au VIIIe siècle, mais l'arabisation est plus tardive et plus incomplète. À partir du XVIe siècle, la région passe sous le contrôle des Turcs, à l'exception du Maroc.

Il ressort d'un rapide survol historique que **le Maghreb a été soumis à des contrôles étrangers lointains** qui ne maîtrisaient que les zones côtières et dont les relais locaux exerçaient un pouvoir incomplet marqué par l'instabilité et l'émiettement. La présence de refuges montagnards a favorisé l'émergence de dynasties locales. Les Almoravides et les Almohades qui s'affranchissent de la tutelle des califes de Bagdad construisent, entre 1070 et 1269, un royaume à cheval sur les deux rives de la Méditerranée. En Libye, Ahmed Karamanli fonde une dynastie autonome qui règne de 1711 à 1835. Les représentations collectives nées d'un discours panarabe élaboré au Moyen-Orient et du mythe d'une unité détruite par la colonisation européenne ne sont pas une réalité historique au Maghreb. Entre le Maroc, l'Algérie et la Tunisie, **le tracé très ancien des frontières ne résulte en rien de dominations étrangères**, sauf dans la partie saharienne découpée à grands traits par la France.

2. La colonisation européenne

En 1830, la France entame la conquête de l'Algérie. Le pouvoir turc, très affaibli, s'effondre rapidement ; mais la résistance nationale algérienne est beaucoup plus âpre jusqu'à la reddition de l'émir Abdelkader en 1847. Après l'achèvement de la conquête de la partie septentrionale du pays, la conquête du Sahara est achevée en 1902. La décolonisation de l'Algérie, colonie de peuplement considérée comme une province française et découpée en départements, donnera lieu, à partir de 1954, à une guerre meurtrière qui se terminera par les accords d'Évian en 1962. **La colonisation et la décolonisation de l'Algérie restent un sujet douloureux et sensible** dans les relations franco-algériennes. Le rapport de l'historien Benjamin Stora sur « les questions mémorielles portant sur la colonisation et la guerre d'Algérie », remis en 2021 au président de la République, illustre une volonté d'apaiser les mémoires.

Pour aller plus loin

Les accords d'Évian, cadre historique des relations France-Algérie

liennathan.fr/9wz8y8

Si la conquête de l'Algérie est violente, l'occupation de la Tunisie, du Maroc et de la Tripolitaine s'accomplit au terme d'un lent travail diplomatique, d'une série de pressions économiques. La France établit son protectorat sur la Tunisie en 1881, sur le Maroc en 1912. Elle domine rapidement la plus grande partie du territoire marocain, tandis que l'**Espagne** commence à s'installer dans le nord du pays (le Rif) ainsi qu'au sud (le Sahara espagnol). L'**Italie** obtient en 1912 la Tripolitaine et la Cyrénaïque, qui deviennent la Libye. **Les partages territoriaux au Maghreb sont parachevés au début du XXe siècle** quand la France fixe les frontières du Sahara : les limites politiques du Maghreb sont dès lors établies pour longtemps. L'espace maghrébin est soumis à une colonisation directe et les Européens sont nombreux à s'installer (près de 2 millions en fin de période).

B. DES DÉCOLONISATIONS

En 1951, la Libye devient indépendante, suivie par le Maroc et la Tunisie en 1956. **L'Algérie ne recouvrera son indépendance qu'en 1962**, après avoir mené une longue et meurtrière guerre de libération et obtenu que l'espace saharien soit rattaché à son espace national. Les indépendances ont provoqué un certain nombre de contestations frontalières. Elles ont pu dégénérer en conflits dont certains sont réglés, comme celui de la bande d'Aozou entre la Libye et le Tchad [→ CH. 1].

1. Des litiges frontaliers

a) La contestation du tracé de la frontière algéro-marocaine

Au lendemain de son indépendance (1956), **le Maroc revendique des territoires sahariens qui font partie de l'Algérie française** : Tindouf, Béchar et une partie du territoire saharien. L'Algérie indépendante refuse et sa position est confortée par l'OUA (Organisation de l'unité africaine), dont la charte engage tous ses membres à respecter « l'intangibilité des frontières coloniales » [→ CH. 1]. L'Algérie signe la charte, le Maroc refuse de le faire. Des incidents frontaliers en octobre 1963 dégénèrent en « **guerre des sables** ». L'avantage revient à l'armée marocaine. L'armée algérienne, humiliée, en conserve un amer souvenir et un vif ressentiment. L'OUA intervient, met fin aux combats mais ne règle pas le problème sur le fond. La « guerre des sables » annihile tous les espoirs de ceux qui espéraient voir l'indépendance algérienne déboucher sur une réelle union maghrébine.

La frontière avec le Maroc dans cette zone n'est toujours pas bornée de Figuig à Tindouf. L'accord intervenu à Ifrane en 1969 n'a été ratifié, dans un premier temps, que par la partie algérienne. La ratification marocaine n'est intervenue qu'en 1989. **En 1994**, suite à un attentat à Marrakech que les autorités marocaines attribuent aux services secrets algériens, le Maroc expulse des ressortissants algériens et instaure des visas pour les Algériens. **L'Algérie décide la fermeture de la frontière.** Cette frontière qui coupe en deux une région homogène reste relativement poreuse pendant vingt ans. Après des manifestations devant l'ambassade d'Algérie à Rabat (2013) pour dénoncer l'utilisation par le gouvernement algérien des contentieux territoriaux avec le Maroc afin de détourner le peuple algérien des problèmes politiques et économiques internes, la frontière s'est durcie et fait l'objet d'une surveillance renforcée. Cela complique, sans les faire disparaître, un trafic d'essence de l'Algérie vers le Maroc et de cannabis en sens inverse, ainsi que des flux migratoires clandestins de Sahéliens qui espèrent gagner l'Espagne *via* le Maroc.

b) Les vicissitudes de la frontière tuniso-libyenne

En 1910, une convention franco-ottomane définit « la frontière entre la Régence de Tunis et le vilayet de Tripoli ». Cette frontière terrestre établie dans une zone où les tribus nomadisaient librement dans la Djeffara, plaine côtière transfrontalière, n'a jamais été contestée dans son tracé. En revanche, une **alternance de périodes d'ouverture et de fermeture** la caractérise. Après la chute de la monarchie en Libye en 1969, la frontière se ferme. En 1987, face au mécontentement populaire dû aux pénuries et à la mauvaise qualité des biens de consommation importés, obtenus par des accords de compensation avec les pays socialistes ou l'achat de surplus dans les pays capitalistes, Kadhafi supprime les visas de sortie pour se rendre en Tunisie et ouvre la frontière. Pendant l'embargo de l'ONU sur la Libye (1992-2003), la Tunisie devient un poumon pour les Libyens et des activités informelles d'import-export enrichissent les tribus qui alimentent un marché noir florissant.

Après 2011, considérant que les auteurs des assassinats politiques de personnalités d'opposition (2013) et de l'attentat contre le musée du Bardo (2015) se sont infiltrés depuis la Libye, **la Tunisie contrôle la frontière, militarisée au sud et sécurisée au nord par une zone tampon étroitement surveillée**. La contrebande, principale ressource des populations frontalières libyennes et source d'enrichissement pour les commerçants des petites villes tunisiennes de la frontière, est aux mains des réseaux tribaux, mais le trafic d'armes fait naître de véritables cartels maffieux. La surveillance accrue de la frontière terrestre se traduit par une augmentation des échanges illicites par la voie maritime entre les deux pays.

Dans la décennie 1960, qui voit le début de l'exploitation pétrolière en Libye, un **conflit** larvé oppose les deux pays **sur la délimitation du plateau continental** dans le golfe de Gabès. En 1977, le contentieux est soumis à la Cour internationale de justice. En 1982, celle-ci rend un arrêt qui ne satisfait aucune des deux parties.

2. Un contentieux durable au Sahara occidental

a) Des acteurs multiples

En 1912, la France et l'**Espagne** ont fixé la frontière entre leurs protectorats du Maroc et du Rio de Oro. Mais depuis quarante ans, la question du Sahara ex-espagnol est dans une impasse qui entrave l'intégration régionale du Maghreb. L'affaire commence comme un conflit postcolonial entre la **Mauritanie** et le **Maroc**, se poursuit en mouvement indépendantiste mené par le **Front Polisario** (*Frente Popular de Liberación de Saguía el Hamra y Río de Oro*, fondé en 1973), puis se transforme en partie de bras de fer entre l'Algérie et le Maroc impliquant l'OUA. Dans la décennie 2010, elle devient, selon l'ONU, « un risque pour la stabilité et la sécurité de la région » du fait de l'expansion des réseaux criminels et extrémistes. Ce territoire désertique, grand comme la moitié de la France, a une densité de population très faible (0,3 habitant/km² en 1960 ; 1,5 habitant/km² en 2016), mais les **ressources minérales** de son sous-sol (phosphates) et les **ressources halieutiques** de sa ZEE ainsi que les potentialités de gisements *offshore* d'hydrocarbures en font un enjeu économique.

b) Des revendications incompatibles

En 1957, l'année suivant son indépendance, **le Maroc revendique le Sahara espagnol** en arguant que les tribus Regueibat[1], qui nomadisent dans toute la région, prêtaient allégeance au Royaume chérifien[2] avant la colonisation. L'année de son indépendance, **en 1960, la**

1. Les Regueibat forment une Confédération tribale arabophone de souche berbère originaire de la vallée du Drâa dans le Sud marocain.
2. La dynastie chérifienne, qui descend du Prophète, règne au Maroc depuis le XIIe siècle.

Mauritanie le revendique à son tour au nom d'un commun mode de vie dans le désert. Entre l'idéologie du Grand Maroc qui irait jusqu'au fleuve Sénégal et le rêve de la Mauritanie de fédérer les tribus sahariennes, **le Front Polisario revendique la création d'un État indépendant**.

En 1975, la Cour de justice de La Haye confirme que la région était historiquement dans la mouvance chérifienne (tout en précisant que cela ne prime pas sur le droit des peuples à l'autodétermination). Le Maroc organise immédiatement la **Marche verte (novembre 1975)** : 350 000 Marocains envahissent le territoire. L'Espagne signe les accords de Madrid avec le Maroc et la Mauritanie (14 novembre 1975). Mais au retrait des Espagnols quelques mois plus tard, **le Polisario proclame la République arabe sahraouie démocratique (RASD) en 1976, soutenue par l'Algérie** au nom du respect des frontières coloniales, ce qui est aussi la position des nombreux États africains qui reconnaissent le RASD. Des combats opposent alors les troupes marocaines et algériennes. En 1979, la Mauritanie renonce à ses prétentions et, **en 1981, le Maroc érige un mur de sable équipé de radars et de mines antichar** qui sépare l'est du territoire contesté, administré par le Maroc, et l'ouest, sous contrôle du Polisario. Le Maroc investit pour développer le territoire sous son Administration et y attirer des colons civils marocains (300 000) à côté de 150 000 soldats, tandis que de nombreux Sahraouis se réfugient en Algérie et vivent dans des camps autour de Tindouf (160 000 réfugiés).

Le Sahara occidental

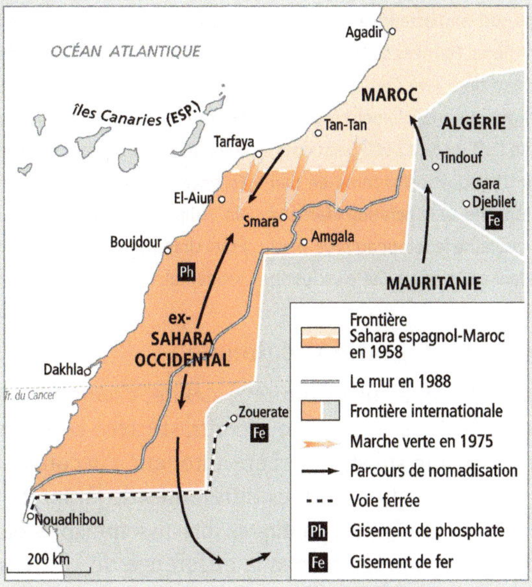

Après la création de la **Mission des Nations unies pour l'organisation d'un référendum au Sahara occidental** (Minurso) en 1991, le Maroc accepte le principe d'un référendum d'autodétermination (1992). Mais Rabat et le Polisario ne peuvent se mettre d'accord sur la composition d'une liste électorale. Les Sahraouis veulent s'en tenir au corps électoral de 1974, lorsque les Espagnols ont effectué un recensement en ajoutant ceux qui sont nés dans les camps de réfugiés de Tindouf. Les Marocains veulent l'élargir considérablement et inclure les populations sahraouies qui ont fui la colonisation espagnole et se sont réfugiées au Maroc et en Mauritanie. Le référendum n'a toujours pas eu lieu et la Minurso est impuissante à régler un conflit gelé depuis trente ans.

Le cessez-le-feu qui était plus ou moins respecté depuis 1991 est rompu en novembre 2020. Les Marocains interviennent militairement pour dégager une voie d'accès à la Mauritanie coupée par les indépendantistes sahraouis, qui déclarent alors l'état de guerre, se considérant en situation de légitime défense.

Pour aller plus loin

Sahara occidental : un conflit postcolonial qui n'a que trop duré
liennathan.fr/n97f6x

ZOOM ▶ Une relation dysfonctionnelle entre le Maroc et l'Espagne

Brahim Ghali, leader du Front Polisario, est accueilli en Espagne en avril 2021, pour une hospitalisation consécutive au Covid-19, avec de faux papiers fournis par les services de sécurité algériens. En Espagne, l'opposition se déchaîne et la ministre des Affaires étrangères, qui invoque des raisons humanitaires, est désavouée par les ministres de l'Intérieur et de la Défense. La réaction des Marocains ne se fait pas attendre. Outre le rappel de son ambassadrice à Madrid, le Maroc, qui rouvre ses frontières fermées suite à la pandémie, lève le contrôle de la frontière avec Ceuta, se livrant à une sorte de « chantage migratoire » également pratiqué par la Turquie[3]. Cela provoque l'afflux de 12 000 personnes, Marocains ou Sahéliens, dans l'enclave espagnole en mai 2021. Le Maroc exclut aussi l'Espagne de l'opération *Marhaba* (« bienvenue » en arabe), qui organise le retour au pays, pour l'été 2021, des Marocains résidant à l'étranger. Cette exclusion occasionne un gros manque à gagner pour les ports espagnols en termes de trafic passagers. En août, le roi du Maroc appelle, dans un discours, à « l'inauguration d'une étape inédite » dans les relations avec l'Espagne. Le chef du gouvernement espagnol répond favorablement à cette main tendue. Il n'en reste pas moins que trois pommes de discorde subsistent entre les deux pays : le statut de l'ancien Sahara espagnol, la frontière hispano-marocaine à Ceuta et Melilla, ainsi que la limite des eaux marocaines de l'Atlantique qui chevauchent celles des Canaries, archipel espagnol, et dans lesquelles le Maroc lance des prospections pétrolières et gazières, *via* une compagnie du Qatar, mais aussi une compagnie israélienne.

En décembre 2020, le Maroc et Israël établissent des relations diplomatiques officielles et, dans le même temps, les États-Unis affirment la souveraineté marocaine sur le Sahara occidental.

c) Une entrave à l'intégration régionale

Malgré une homogénéité religieuse sunnite malékite, excepté les îlots ibadites du Mzab, de Djerba et du djebel Nefousa [→ CH. 18], qui contraste avec la diversité confessionnelle du Machrek, malgré un commun substrat berbère antérieur à la conquête arabo-musulmane et malgré l'empreinte de colonisations latines différentes de l'impérialisme britannique qui a marqué le Moyen-Orient, des régimes politiques fort dissemblables dans les pays du Maghreb n'ont pas favorisé l'intégration régionale, à la différence de la dynamique des monarchies pétrolières du Golfe au sein du CCG (Conseil de coopération du Golfe) [→ CH. 27].

L'Algérie, qui aide le Polisario sur les plans humanitaire (accueil des réfugiés) et militaire (fourniture d'armes, passage de convois d'armement), le soutient aussi diplomatiquement. En 1984, l'OUA reconnaît la RASD, qui n'est reconnue ni par l'ONU ni par l'UE, mais pas non plus par la Ligue arabe ou l'Organisation de la Coopération islamique. Le Maroc quitte

3. Face au refus de l'Union européenne d'accéder, entre autres, à sa demande d'exemption de visa pour les Turcs, Erdoğan garde ses frontières ouvertes et déclare dans un discours : « Nous maintiendrons les mesures actuellement mises en place à la frontière jusqu'à ce que les attentes de la Turquie […] reçoivent une réponse concrète. »

alors l'OUA. En 2017, après une active et habile diplomatie africaine, le Maroc, qui se rapproche aussi des monarchies pro-occidentales de Jordanie et du Golfe, réintègre l'OUA, devenue entretemps l'Union africaine (UA). En revanche, le rétablissement des relations diplomatiques entre le Maroc et l'Algérie rompues en 1976 ne suffit pas à relancer l'Union du Maghreb arabe (UMA) compte tenu de la rivalité de puissance entre les deux États.

ZOOM ▶ L'Union du Maghreb arabe (UMA)

Confrontés à des difficultés économiques partiellement liées au coût du conflit sahraoui et encouragés par les Européens, les chefs d'État maghrébins fondent l'UMA, qui n'est pas réalisée dans le seul cadre du Maghreb central (Tunisie, Algérie, Maroc), mais élargie à la Libye et à la Mauritanie. Annoncée à l'issue d'une réunion des cinq dirigeants à Zeralda (Algérie) en 1988, l'UMA est créée à Marrakech l'année suivante. Son secrétariat général se trouve à Rabat. Elle a pour objectifs la libre circulation des personnes, des services, des marchandises et des capitaux entre ses membres, l'adoption d'une politique de développement commune, l'institution à terme d'une zone de libre-échange et d'une union douanière. Si l'homogénéité culturelle est un atout qui contraste avec la diversité européenne, le fossé idéologique entre des pays ayant opté pour le libéralisme, considérant par exemple le tourisme international comme un levier de développement (Maroc, Tunisie), et des pays ayant choisi un modèle de développement socialiste donnant la priorité à l'industrie lourde (Algérie, Libye) voue le projet à l'échec, sans parler des litiges territoriaux graves opposant ses membres. Six sommets de l'UMA ont été tenus depuis 1990. Le dernier remonte à 1994 ! Depuis, l'organisation est en sommeil et l'intégration régionale en panne.

II. La rive méridionale de la Méditerranée occidentale

La Méditerranée occidentale sépare le Maghreb arabophone et musulman, au sud, d'une Europe de culture latine et de tradition catholique (Espagne, France, Italie), au nord, différente du monde hellénisé et orthodoxe de la rive septentrionale de la Méditerranée orientale. Si elle fut un espace de rivalités et de luttes, la Méditerranée occidentale fut aussi un espace d'échanges commerciaux et de circulation culturelle. Dès lors, deux familles de représentations sont possibles, renvoyant à deux façons d'appréhender les faits de civilisation, deux façons de gérer l'altérité, deux historiographies : l'une privilégie systématiquement ce qui sépare au détriment de ce qui rapproche, l'autre fait l'inverse et met l'accent sur les rencontres, les convergences, les métissages et les acculturations au-delà des différences.

A. UNE MER AUX DESTINÉES CHANGEANTES

La Méditerranée a toujours été un enjeu dans des conflits incessants où alternent flux et reflux, ouvertures et coupures. Elle n'a connu qu'une seule période d'unité complète sous l'Empire romain (*Mare Nostrum*).

1. Méditerranée musulmane

La mer est largement dominée par les royaumes arabes du VIIIe au XIIIe siècle, ce qui n'exclut pas de nombreux affrontements entre chrétiens et musulmans, notamment lors des Croisades. Les Ottomans prennent le relais des Arabes mais la victoire de Lépante en 1571, remportée par l'armada de Philippe II, donne la suprématie à la chrétienté. Cependant, le monde islamique, maître des rivages orientaux et méridionaux, contrôle les passages obligés du commerce avec l'Europe, l'Afrique et l'Extrême-Orient. Le trafic méditerranéen reste toutefois médiocre : depuis les Grandes Découvertes, ce sont les itinéraires atlantiques qui comptent dans l'économie-monde. Mythes et réalités des Barbaresques* nourrissent l'imaginaire des pays chrétiens pendant des siècles.

2. Méditerranée européenne

La puissance européenne, qui n'a cessé de s'affirmer depuis la Renaissance, se déploie autour du bassin méditerranéen dès la fin du XVIIe siècle alors que l'Empire ottoman entre en crise, une crise qui s'accentue encore plus nettement au XIXe siècle avec le début de son dépeçage. Le partage des influences se modifie avec la colonisation et le déploiement de l'impérialisme européen. La mer est disputée entre les puissances méditerranéennes (France, Italie, Espagne) et la Grande-Bretagne, qui finit par contrôler l'axe méditerranéen de la route des Indes. **Un temps marginalisée, la Méditerranée est redevenue un des espaces maritimes les plus fréquentés du monde.**

3. La nouvelle donne au lendemain de la Seconde Guerre mondiale

Avec la guerre froide, les deux Grands supplantent les anciennes puissances tutélaires. La Méditerranée constitue le flanc sud de l'OTAN, elle est aussi la voie d'accès aux océans pour la flotte soviétique de la mer Noire. La VIe flotte états-unienne, les flottes des autres pays membres de l'Alliance atlantique ainsi que la Ve escadre soviétique croisent en permanence dans ses eaux. Chacun des deux Grands cherche à s'assurer le contrôle de bases aériennes et navales ou des facilités de mouillage sur le littoral, signe manifeste de l'intérêt géopolitique de cette mer. En ce qui concerne les États-Uniens, toute une série d'accords ont été conclus pour l'utilisation des infrastructures locales au Maroc et en Tunisie. De son côté, l'URSS, sans disposer de véritables bases permanentes, bénéficiait de facilités de mouillage dans les ports algériens et libyens. En outre, elle a construit en Libye une base importante (al-Badria) disposant d'installations de réparation navale.

Ces données stratégiques sont totalement modifiées avec l'**effondrement de l'Empire soviétique au cours de la décennie 1990**. **La suprématie états-unienne est totale** et la VIe flotte, désormais sans rivale, croise en permanence en disposant d'une puissance de feu supérieure au total de celle des États riverains. La Méditerranée apparaît dès lors essentiellement comme une zone de contact et de fracture entre deux grands ensembles géopolitiques : entre un Nord développé, celui de l'Union européenne, et un Sud périphérique, à la fois africain et moyen-oriental.

B. DES DISPARITÉS NORD-SUD

1. Des évolutions démographiques divergentes à nuancer

De prime abord, la rive nord de la Méditerranée vieillissante enregistre une évolution divergente de celle de la rive sud caractérisée par la jeunesse de sa population, dont *grosso modo* un quart a moins de 15 ans [→ TABLEAU CI-CONTRE]. Le tassement démographique des trois pays riverains européens, qui ont tout de même gagné près de 50 millions d'habitants depuis 1960, contraste avec la vitalité démographique du Maghreb, dont la population a plus que triplé entre 1960 et 2020, soit une augmentation de 70 millions de personnes. Ces constatations générales ne doivent pas faire oublier d'autres tendances qui montrent des convergences avec l'Europe plus qu'avec le Moyen-Orient. En effet, la part des moins de 15 ans, moins

DÉFINITION

Barbaresques : corsaires originaires d'Afrique du Nord (Berbérie) qui écumaient les mers et se livraient à la guerre de course en Méditerranée (XIVe-XVIIIe siècle).

élevée que dans la plupart des pays du Moyen-Orient, où elle se situe entre 30 et 40 %, est due moins à une fécondité de type ancien qu'au nombre de jeunes adultes hérité d'une génération précédente plus féconde. L'indice de descendance finale*, encore souvent supérieur à 4 enfants par femme dans certains pays arabes du Moyen-Orient, tend à s'aligner sur des comportements de type européen en milieu urbain au Maghreb. L'espérance de vie s'est beaucoup allongée. Elle reste inférieure à celle de l'autre rive, mais globalement supérieure à celle des pays arabes orientaux. Enfin, la Tunisie est plus avancée parmi ces pays dont la transition démographique est en cours d'achèvement. Mais l'influence croissante au Maghreb des partis islamo-conservateurs, plutôt natalistes et ne favorisant pas l'augmentation du taux d'activité féminine, pourrait se traduire par une remontée de la fécondité, comme en Algérie.

Données démographiques

	Superficie en km²	Population en millions (1960)	Population en millions (2020)	ISF (2015)	Espérance de vie à la naissance (2015)	Population ≤ 15 ans (%, 2015)	Population ≥ 65 ans (%, 2015)
Rive nord							
Espagne	506 000	30,4	47,3	1,3	81,5	15	18
France	550 000	46,8	67,4	2	82	19	18
Italie	301 000	50,1	59,2	1,4	82	14	22
Rive sud							
Maroc	456 500	12,3	36,9	2,5	76,5	25	6
Algérie	2 381 000	11,1	43,8	3	76,3	28	6
Tunisie	163 600	4,2	11,8	2,1	77	23	8
Libye	1 760 000	1,4	6,8	2,4	71	29	5

Source : Institut national d'études démographiques, 2022.

2. Des niveaux de richesse et de développement contrastés

La confrontation des PIB des pays riverains de la Méditerranée occidentale montre bien la différence de niveau de richesse entre les deux rives. Que la totalité des territoires nationaux soit prise en compte pour les États européens et pas seulement leurs régions méditerranéennes biaise la comparaison, mais n'en modifie pas les conclusions. Les pays du Maghreb, à la différence de leurs vis-à-vis européens, ne se classent pas parmi les pays à indice de développement humain (IDH) très élevé. En revanche, ils figurent parmi les pays à IDH élevé et devancent les pays arabes du Moyen-Orient, sauf les États pétroliers du Golfe. Malgré les progrès accomplis, les pays du Maghreb présentent encore des retards d'alphabétisation, notamment le Maroc, dont le taux reflète principalement la faible scolarisation des filles en milieu rural. La question du statut des femmes se lit dans des indices d'inégalité de genre peu satisfaisants, avec là encore des différenciations internes au Maghreb.

DÉFINITION

Indice de descendance finale (IDF) : nombre moyen d'enfants mis au monde par une génération de femmes donnée tout au long de leur vie féconde.

Données de développement

	PIB (en milliards de dollars)	PIB (en milliards de dollars)	PIB/hab. (en dollars)	IDH	Indice d'inégalité de genre (rang)	Taux d'alphabétisation (en %)
	2015	2020	2020	2020	2020	2020
Rive nord						
Espagne	1 193	1 281	27 063	0,904	16	99
France	2 418	2 630	39 030	0,901	8	99
Italie	1 821	1 888	31 714	0,892	14	99
Rive sud						
Maroc	100		3 009	0,686	111	74
Algérie	165		3 306	0,745	103	81
Tunisie	43		3 521	0,740	65	79
Libye	29		3 699	0,724	56	86

Source : Banque mondiale et PNUD, 2022.

Les données économiques récentes doivent être interprétées en tenant compte des séismes politiques en Tunisie et en Libye, qui ont eu des conséquences économiques, et surtout de la montée du terrorisme, dont l'impact économique est particulièrement fort en Libye et plus élevé en Algérie qu'en Tunisie. Compte tenu de la désorganisation du secteur pétrolier, le PIB/habitant libyen en 2015 est le quart de celui de 2010. L'impact de la pandémie qui sévit depuis fin 2019 se lit dans l'évolution récente du PIB entre 2015 et 2020 [→ TABLEAU]. Les deux producteurs de pétrole enregistrent une baisse de leur PIB (– 20 milliards de dollars pour l'Algérie). Le déclin du PIB libyen se poursuit.

La Tunisie, quant à elle, est affectée par la chute de la fréquentation touristique, déjà mise à mal par la désaffection des touristes européens. Elle accueillait 8 millions de touristes étrangers (7 % du PIB) en 2010. Le nombre de touristes a enregistré en cinq ans une baisse de 25 %, mais les revenus du tourisme ont baissé de 35 %, les clientèles russe, algérienne et libyenne ayant en partie remplacé la clientèle européenne. Ce sont les problèmes de sécurité qui expliquent cette désaffection. Si l'on considère l'ensemble du bassin méditerranéen, 98 % des morts causées par des attaques terroristes l'ont été sur la rive sud, 2 % sur la rive nord.

L'instabilité et l'insécurité se cumulent avec les différentiels démographiques et économiques à l'origine d'échanges dissymétriques. Sur le plan commercial, les pays du Maghreb échangent plus chacun de leur côté avec des partenaires européens qu'ils n'échangent entre eux.

C. UN SYSTÈME MIGRATOIRE DEVENU PLUS COMPLEXE

1. L'élargissement du champ migratoire

La colonisation européenne au Maghreb avait laissé en héritage un système migratoire simple sud-nord dans lequel ces pays d'Afrique du Nord répondaient aux besoins en main-d'œuvre d'une Europe prospère et surtout de la France des Trente Glorieuses. La Libye faisait exception, car avec le pétrole, elle était devenue un réceptacle de travailleurs venant surtout d'Asie (Chinois, Philippins). De nos jours, la migration de travail s'est diversifiée et une petite partie de l'émigration s'est dirigée vers l'Amérique du Nord, en particulier le Québec, qui favorise une immigration francophone, et les pays du Golfe, où les ressortissants du Maghreb ne représentent cependant qu'une très petite proportion des étrangers. En Europe, les Maghrébins ne se dirigent plus seulement vers l'ancienne métropole, mais aussi vers la Belgique, les Pays-Bas, l'Allemagne et l'Europe du Nord.

En 2016, plus de 4 millions de ressortissants du Maghreb vivent dans l'Union européenne, auxquels s'ajoutent les migrants clandestins qui, par définition, ne sont pas comptabilisés. Parmi ces Maghrébins en situation régulière, 1,6 million vient d'Algérie, 2,5 millions du Maroc, 600 000 de Tunisie et 70 000 de Libye. À ces migrants qui ont conservé leur nationalité, s'ajoutent les naturalisés, citoyens de leur pays d'accueil. Les migrations sont à l'origine des communautés musulmanes vivant dans l'Union européenne, dont la comptabilisation même est devenue un sujet sensible, mais que l'on peut estimer à plus de 10 millions.

Le système migratoire est devenu plus complexe. Le Maghreb, terre d'émigration, s'est transformé en une zone de transit, passage obligé pour les migrants d'Afrique subsaharienne qui tentent de gagner l'Europe clandestinement. Il s'est mué en terre d'accueil pour ceux dont le projet migratoire n'aboutit pas à son terme et surtout une aire de rétention, les pays européens déléguant aux pays de la rive sud de la Méditerranée l'application d'une politique migratoire devenue restrictive, moyennant des aides.

2. Les flux de réfugiés

Les flux de réfugiés en provenance du Moyen-Orient (Irak, Syrie, Afghanistan) ont provoqué une crise migratoire et humanitaire de grande ampleur. Les migrants empruntent trois routes vers l'Europe, à laquelle aspire un nombre croissant d'entre eux : la route orientale *via* Istanbul et les Balkans, la route centrale par le Maghreb (154 000 arrivées en 2015) et la route occidentale par Gibraltar (3 500 arrivées). La route centrale est particulièrement empruntée par des Libyens qui cherchent à débarquer en Italie. De nombreux naufrages ont fait 3 770 morts en 2015, dont 75 % en Méditerranée orientale, lors de traversées hasardeuses sur des embarcations surchargées, tragédie comparable à celle des *boat people* asiatiques des années 1980. L'Union européenne a lancé des opérations sécuritaires (lutter contre les trafiquants) et humanitaires (secourir en mer les civils, parmi lesquels 17 % de femmes et 25 % d'enfants particulièrement vulnérables) baptisées « Sophia » et « Triton ». Des ONG sont également actives dans les sauvetages de migrants. En avril 2021, une embarcation, avec à son bord 130 ressortissants d'États d'Afrique sahélienne, chavire par gros temps au large de la Libye sans être secourue par les garde-côtes libyens ou maltais, ni par des navires marchands malgré des appels de détresse. Il n'y aura aucun survivant.

D. LA CONSTRUCTION D'UN PARTENARIAT

1. L'échec du dialogue euro-arabe

Lancé au sommet européen de Copenhague en décembre 1973, peu après la guerre du Kippour et l'embargo pétrolier, le dialogue euro-arabe veut introduire une autre dimension dans les échanges entre les deux rives de la Méditerranée. La tentative n'aboutira pas : les objectifs de part et d'autre sont trop différents. Pour les Européens, il s'agit avant tout de discuter de questions économiques ; pour la partie arabe, la dimension politique l'emporte, avec notamment la dégradation de la situation au Moyen-Orient. Une commission de coordination a bien été mise en place en 1974 et un compromis a permis à l'OLP de s'y associer. En fait, les discussions piétinent et se résument à la confrontation de deux monologues. Tout est suspendu en 1979 à la demande de la Ligue arabe suite aux accords de Camp David. Après le retour de l'Égypte au sein de la Ligue arabe, une nouvelle tentative est lancée, sans plus de succès. En fait, pendant toute cette période, le grand dessein euro-arabe est mis à l'écart au profit de relations bilatérales beaucoup moins ambitieuses.

2. Le processus de Barcelone

a) La mise en place du processus

Après les changements géopolitiques de la guerre du Golfe (1990-1991) et la désagrégation du bloc soviétique, l'Union européenne cherche à établir un partenariat durable et stable non seulement avec les pays arabes, mais aussi avec l'ensemble des riverains du sud de la Méditerranée. Mais la configuration géopolitique du dialogue n'est plus la même : les États de la péninsule Arabique en sont écartés ainsi que, signe des temps, l'Irak et les États arabes « périphériques » (Mauritanie, Soudan, Somalie). **Le processus de Barcelone (1995) vise à consolider la paix et la stabilité en Méditerranée.**

Il engage l'Union et les douze pays tiers de la Méditerranée (Algérie, Autorité palestinienne, Chypre, Égypte, Israël, Jordanie, Liban, Malte, Maroc, Syrie, Tunisie, Turquie). Le projet de coopération entre les deux rives veut combiner les impératifs de sécurité de la rive nord et les besoins de prospérité de la rive sud. Il s'articule autour de trois grands axes :

– un **partenariat politique et de sécurité** : les pays signataires s'engagent à une coordination et une concertation régulières sur les questions politiques et sécuritaires d'importance ;

– un **partenariat économique et financier** – de loin le plus important – qui vise à la mise en place, à l'horizon 2010, d'une zone de libre-échange méditerranéenne où la circulation des personnes reste sévèrement encadrée mais où les échanges de biens doivent se développer sous l'effet de l'ouverture réciproque des frontières ;

– un **partenariat culturel, social et humain**, qui repose sur le dialogue entre les cultures et s'appuie sur les valeurs communes aux deux entités.

Pour l'Union européenne, ce dialogue avec les pays méditerranéens est stratégique. Il apparaît indispensable, c'est un rééquilibrage géopolitique depuis que l'Union a repoussé ses frontières vers le nord et l'est du Vieux Continent. L'approche n'est pas sans ambiguïté. L'Europe conçoit la Méditerranée comme un espace unique. Les partenaires ne partagent pourtant pas une vision commune de la Méditerranée. La vision unitaire relève d'une construction d'historiens et de géographes à partir du XIXe siècle : elle est partagée sur la rive nord, elle apparaît beaucoup moins légitime sur la rive sud, divisée en sous-ensembles très différenciés, terre de mésententes, de conflits régionaux qui s'éternisent, notamment le conflit israélo-arabe.

b) Des résultats décevants

Des trois dimensions du projet de coopération, seul **le volet économique a connu un timide début de mise en place**. Depuis 1972, la coopération économique entre les pays européens et les États des rives sud et est de la Méditerranée a reposé sur un système de préférences commerciales, aux effets limités, devenu obsolète avec les nouvelles règles de l'OMC visant à la libéralisation des échanges. Dans un premier temps, ne sont concernés que les produits industriels, la libéralisation des services et de l'agriculture étant reportée à une date ultérieure. Quant à la libre circulation des personnes, elle n'est pas envisagée.

Une aide financière européenne à la mise en place du partenariat et des accords d'association bilatéraux négociés entre l'Union et chaque pays de la rive sud constituent la colonne vertébrale du processus de Barcelone. Mais seuls quelques accords ont été signés avec la Tunisie et le Maroc, la Jordanie, Israël, l'Autorité palestinienne et l'Égypte. **Le décalage entre les ambitions initiales et les réalisations concrètes est énorme.** Les partenaires du Sud marquent peu d'empressement pour accélérer les négociations d'accords d'association pour instaurer la zone de libre-échange initialement envisagée à l'horizon 2010. La lassitude gagne le Nord, le dépit le Sud, comme en témoigne l'échec de la réunion de Barcelone en novembre 2005, dix ans après le lancement du processus.

Depuis lors, l'Europe n'a pas été capable d'intégrer les pays sud-méditerranéens à sa dynamique économique, pour faciliter leur insertion dans la mondialisation. **Elle y a investi beaucoup moins par tête d'habitant que dans les pays de l'est de l'Europe.**

3. Le projet d'Union pour la Méditerranée (UpM)

L'idée a été lancée par la France à Tanger en octobre 2007, **l'Union méditerranéenne devant prendre le relais du partenariat de Barcelone mal en point**. Initialement, l'Union devait englober les seuls pays riverains de la Méditerranée, mais devant les réticences allemandes, le projet associe finalement l'ensemble de l'Union européenne. **L'Union pour la Méditerranée (UpM) est fondée le 13 juillet 2008 à Paris par 44 États.** Elle regroupe l'Europe des 27, 12 pays du Sud riverains ou proches de la Méditerranée (Mauritanie, Maroc, Algérie, Tunisie, Libye, Égypte, Israël, les Territoires palestiniens, Jordanie, Liban, Syrie, Turquie), auxquels s'ajoutent l'Albanie, la Croatie, la Bosnie-Herzégovine, le Monténégro et Monaco !

Elle continue à couvrir les champs du processus de Barcelone et doit, en outre, mettre en œuvre des projets à grande visibilité (infrastructures, énergie solaire, université euro-méditerranéenne...), à charge de trouver, pour les financer, des fonds privés, étatiques ou provenant des organisations internationales... car les fonds européens proprement dits restent inchangés.

En réalité, **l'UpM n'a jamais fonctionné**. Après l'opération menée par Israël dans la bande de Gaza en janvier 2009, les dirigeants arabes ont refusé de siéger aux côtés des dirigeants israéliens et les activités de l'UpM ont été suspendues à la demande de l'Égypte. Aucune réunion n'a eu lieu depuis. En 2011, la chute des régimes tunisien et égyptien, l'intervention militaire en Libye, les événements (le « réveil arabe ») qui enflamment les pays de la rive sud compromettent sans doute pour longtemps toute tentative de coopération régionale entre riverains de la Méditerranée.

III. Les aspirations démocratiques du Printemps arabe

Tout commence le 17 décembre 2010, quand un jeune Tunisien de 26 ans, Mohamed Bouazizi, s'immole par le feu pour protester contre ses conditions de vie. Marchand ambulant, il subit régulièrement les brimades de la police locale, à qui il n'est pas en mesure de payer des pots-de-vin. Ce jour-là, des agents municipaux lui confisquent une nouvelle fois sa charrette de légumes, puis refusent d'entendre sa plainte et l'un d'eux le gifle publiquement. Désespéré, Mohamed Bouazizi s'immole par le feu devant le siège du gouvernorat. Il décédera deux semaines plus tard sans savoir que sa mort tragique allait secouer l'ensemble de la région arabe.

A. LES FACTEURS MULTIPLES DU DÉCLENCHEMENT DES ÉMEUTES

1. La mauvaise gouvernance

Les mauvaises pratiques de régimes autoritaires aux dérives dictatoriales prévalent alors en Tunisie et plus encore en Libye. Les élections se déroulent sous contrôle du pouvoir en place (y compris en Algérie, où les présidents sortants sont réélus avec plus de 90 % des voix) ou en l'absence d'élections en Libye, où Kadhafi considère, dans son Livre vert, que la démocratie élective est « une théorie surannée et une méthode dépassée » et instaure « des comités populaires partout ». Les services de renseignement intérieur sont infiltrés en tous lieux et la délation encouragée. Le régime recourt aux emprisonnements arbitraires et à la torture. La propagande gouvernementale est omniprésente et la presse est censurée. Les présidents, au pouvoir depuis 23 ans en Tunisie (Ben Ali) et 42 ans en Libye (Kadhafi), se conduisent en monarques absolus et font l'objet d'un culte de la personnalité. Tout comme leurs homologues moyen-orientaux du clan Assad en Syrie ou du clan de Takrit en Irak, ils instaurent un système népotique et clientéliste ; ils gouvernent entourés de leurs proches, à qui ils confient des rouages décisifs de l'État, et en se créant de nombreux obligés. En Tunisie, le couple présidentiel est à la tête d'une véritable mafia. Un **climat de corruption et d'affairisme**, dont la Tunisie n'a pas le monopole au Maghreb, entraîne le rejet des régimes en place autant par les couches populaires que par les milieux d'affaires.

2. Des inégalités flagrantes

La croissance (3 à 5 % selon les pays) dans la décennie 2000 n'a pas été partagée et s'est incontestablement accompagnée d'une aggravation des **inégalités sociales et territoriales**. Ainsi, 40 % des Égyptiens vivent sous le seuil de pauvreté (2 dollars par jour). Elle n'a pas créé d'emplois en nombre suffisant. L'arrivée des nouveaux diplômés sur le marché du travail est partout bien supérieure aux capacités d'absorption de l'économie.

En Tunisie, par exemple, on dénombre chaque année 60 000 nouveaux diplômés et seulement 25 000 créations d'emplois. Le problème posé par les diplômés chômeurs, dont le nombre s'accroît chaque année, est un véritable fléau dans tous les pays alors qu'en général, l'effort consenti pour l'éducation – souvent, il est vrai, médiocre et mal adapté aux besoins de l'économie – a été massif. Le **taux de chômage** officiel oscille autour de 10 %, mais il est de 30 % pour les jeunes de moins de 30 ans en Tunisie, de 20 % en Algérie et au Maroc. Leur intégration dans la vie politique et sociale est rendue très difficile, d'autant que la soupape de sécurité que constituait l'émigration fonctionne moins et que partout les activités informelles sont étroitement contrôlées.

B. LA DIVERSITÉ DES ACTEURS

1. Le rôle des nouveaux médias

Le développement d'Internet dans le monde arabe, depuis le début du siècle, a puissamment aidé au surgissement des révoltes et a permis leur organisation. **Internet s'est substitué aux journaux locaux censurés.** Les **réseaux sociaux** ont connu un très grand essor, libérant la parole et défiant la censure. Les tentatives de contrôle d'Internet et de la téléphonie mobile par le régime ont été contre-productives. Au lieu de perturber les manifestants et de les désorganiser, elles ont accentué leur colère et incité beaucoup d'indécis à descendre dans la rue pour s'informer. Les initiés à Internet ont été en première ligne dans la coordination et la contestation populaire. Ce sont des **utilisateurs avertis et des militants aguerris du cyberespace**.

Pour aller plus loin

Internet, le « Printemps arabe » et la dévaluation du cyberactivisme arabe
liennathan.fr/h92x5q

Ils ont diffusé des rumeurs, appelé à manifester, relayé des images de la répression en cours contre les manifestants, transmis des conseils de sécurité et donné des conseils pratiques aux activistes sur le terrain. **Les islamistes disposaient de leurs propres réseaux sur Facebook**, ce qui permettait une mobilisation rapide. Le rôle joué par tout l'arsenal médiatique forgé dans les pays du Golfe depuis le début du siècle a été déterminant. Leur rayonnement est régional, les chaînes sont captées dans tout le monde arabe. S'est mise en place une « **déterritorialisation** » **de l'information** et de l'opinion. La création de la chaîne satellitaire qatarie **Al-Jazeera en 1996**, suivie par Al-Arabiya aux Émirats et Al-Rai au Koweït, a marqué un tournant dans l'histoire de la télévision arabe.

2. Des manifestations populaires

Jeunes et adultes, hommes et femmes, libéraux et islamistes se sont rassemblés sous la même bannière. Les mouvements islamistes ont été aussi des acteurs du mouvement.
Les islamistes apparaissent comme les gagnants de cette « vague révolutionnaire ». Tout en restant parfois en retrait, ils sont apparus, assez rapidement, comme la **seule force d'opposition organisée**. Ils se sont adaptés à la nouvelle donne politique locale et internationale. Ils se présentent comme la force principale capable de mener la « transition » dans les pays arabes.

C. LA DIVERSITÉ DES CONTESTATIONS AU PRINTEMPS 2011 ET DE LEURS EFFETS

1. L'exception marocaine

« Le Maroc a souvent été présenté comme une exception. Cela est à la fois vrai et faux. C'est faux, parce que, comme les autres pays de la région, il connaît de nombreux problèmes politiques, économiques et sociaux. C'est vrai, parce qu'il bénéficie, jusqu'à présent, d'une stabilité et d'une manière de gérer les crises politiques que l'on pourrait difficilement retrouver chez ses voisins. Le Maroc est le seul pays d'Afrique du Nord à avoir réussi à entreprendre des réformes suffisamment profondes pour qu'on ne puisse plus se résoudre à le qualifier d'autoritaire[4]. » La monarchie a pris ce tournant dès la fin du règne d'Hassan II (1961-1999), mais le fonctionnement du régime repose toujours sur un système de clientélisme généralisé. Le Printemps arabe au Maroc a été placé sous le signe de l'anticipation et du réformisme. En effet, en réponse à des manifestations, le roi fait adopter par référendum, en 2011, une nouvelle Constitution qui donne plus de pouvoir au Parlement et garantit les droits civils. Aux élections législatives de 2016, le Parti de la justice et du développement (islamiste) arrive en tête, mais doit gouverner au sein d'une coalition avant de subir un revers aux législatives de 2021, passant de 27,88 % des voix et 125 sièges à 4,3 % des voix et 12 sièges. Il essuie aussi une cinglante défaite aux municipales qui se tiennent simultanément et perd le contrôle des grandes villes du pays.

2. Le cas algérien

L'Algérie est une république où le FLN (Front de libération nationale), parti nationaliste arabe et socialisant, tirant sa légitimité de la lutte pour l'indépendance, qu'il n'a d'ailleurs pas été le seul à mener, tient serrés les rênes du pouvoir jusqu'à la victoire électorale des islamistes du FIS (Front islamique du salut). L'annulation, en janvier 1992, du second tour

4. Baudouin Dupret et Jean-Noël Ferrié, « L'exception marocaine : stabilité et dialectique de la réforme », *Moyen-Orient*, n° 14, 2012.

des élections législatives dont le FIS a remporté le premier tour, puis la dissolution de ce parti, marque le début de plusieurs années de violence qui feront 150 000 morts entre 1992 et 1997. **Après dix ans d'une véritable guerre civile**, le FLN a perdu de son influence en Algérie et infléchi sa politique économique dans le sens du libéralisme.

En 2011, le régime a endigué avec succès quelques manifestations de faible ampleur. Redoutant un effet domino, il puise très largement sur les abondantes ressources pétrolières pour tenter d'apaiser les tensions sociales : augmentation substantielle des salaires, liberté relative accordée aux activités informelles... En février, l'état d'urgence, imposé depuis 1992, est levé. De toute évidence, le pays ne souhaite pas renouer avec les « événements » de la décennie 1990.

En février 2019, des manifestations se déroulent dans les grandes villes du pays et dans la capitale pour s'opposer à un cinquième mandat du président Abdelaziz Bouteflika, à la tête du pays depuis vingt ans, dans un contexte de dégradation des conditions de vie, de niveau élevé de corruption, de conservatisme en matière de statut des femmes et de faible reconnaissance du fait berbère. Ce mouvement de protestation hétérogène, le **Hirak**, aboutit à la chute de Bouteflika, lâché par l'Armée nationale populaire*. Les élections présidentielles de décembre 2019 voient la victoire, à l'issue d'un scrutin marqué par un fort taux d'abstention (60 %), d'Abdelmadjid Tebboune, ancien Premier ministre. Le Hirak réclame un changement radical de la gouvernance pour davantage de démocratie et de liberté. La pandémie met un frein aux manifestations tandis que le régime durcit la répression contre les militants du Hirak et qu'une partie de la diaspora se mobilise pour soutenir l'aspiration à des réformes profondes, y compris la dissolution du FLN, dont la légitimation au nom de la lutte anticolonialiste a moins d'écho dans la jeune génération, et la mise en place d'une IIe République succédant à celle instaurée en 1962.

3. La Libye écartelée

En Libye, un régime aussi inédit que le néologisme qui désignait le pays, la Grande *Jamahiriya* (« massocratie ») arabe libyenne populaire socialiste, sorte de dictature islamo-marxiste-léniniste sur fond de tribalisme, a succédé à une monarchie, centrée sur la Cyrénaïque et liée à la puissante confrérie religieuse sénoussi, déstabilisée par la soudaine richesse pétrolière. À la suite du soulèvement du 17 février 2011 c'est une véritable guerre civile qui oppose la frange de l'armée restée fidèle à Kadhafi et surtout les redoutables brigades armées commandées par les fils du colonel aux troupes du **Conseil national de transition (CNT)**. Les tribus jouent un rôle déterminant dans l'affrontement avec leur ralliement au CNT, qui regroupe sous sa bannière aussi bien les libéraux que les islamistes et les éléments de l'armée nationale qui ont fait défection. Les troupes rebelles contrôlent d'abord l'est du pays alors que le régime de Kadhafi, visé par une résolution des Nations unies, est basé à Tripoli. À l'appel du CNT et de la Ligue arabe, l'OTAN intervient militairement (frappes aériennes ciblées) avec le concours de deux pays arabes : le Qatar et les Émirats arabes unis. Le CNT ne se rend maître de Tripoli qu'en août, tandis que le colonel et ses derniers fidèles résistent dans le bastion de Syrte. **Kadhafi est tué en octobre 2011.**

Il n'y a pratiquement plus d'autorité centrale en Libye. Le pays est en proie au règne des milices. Quelque 200 000 hommes en armes affiliés à différentes milices régionales ou tribales y ont installé un climat d'insécurité. Ils rançonnent, enlèvent, organisent le trafic de

DÉFINITION

Armée nationale populaire : nom officiel des forces armées algériennes depuis l'indépendance en 1962.

drogue et d'armes. Des « postes frontières » intérieurs se sont multipliés. Le pouvoir central de Tripoli est en butte à des revendications politiques les plus diverses. La **Cyrénaïque** annonce la formation d'un gouvernement autonome autour de Benghazi. Les **Berbères** du djebel Nefousa, à l'ouest, revendiquent la reconnaissance de leur identité et leur indépendance. Les **Touareg** réclament une citoyenneté à part entière. Les **Toubou** menacent de former un gouvernement du Sud libyen. Les islamistes sont très présents, en opposition avec la branche libyenne des Frères musulmans présente depuis longtemps dans le pays. Le **mouvement djihadiste Ansar al-Charia** a pris ses quartiers à Benghazi en 2011 et a pour objectif la création d'un État islamiste.

La transition démocratique s'éternise et le processus de sortie de crise sous l'égide de l'ONU, dans l'optique de réunifier l'est et l'ouest du pays, se heurte aux dissensions persistantes sur le terrain. L'élection présidentielle prévue le 24 décembre 2021 est reportée dans un contexte d'incidents et de recours pour invalider des candidatures jugées irrecevables, dont celle de Saïf al-Islam Kadhafi, fils de l'ancien dictateur.

La Libye

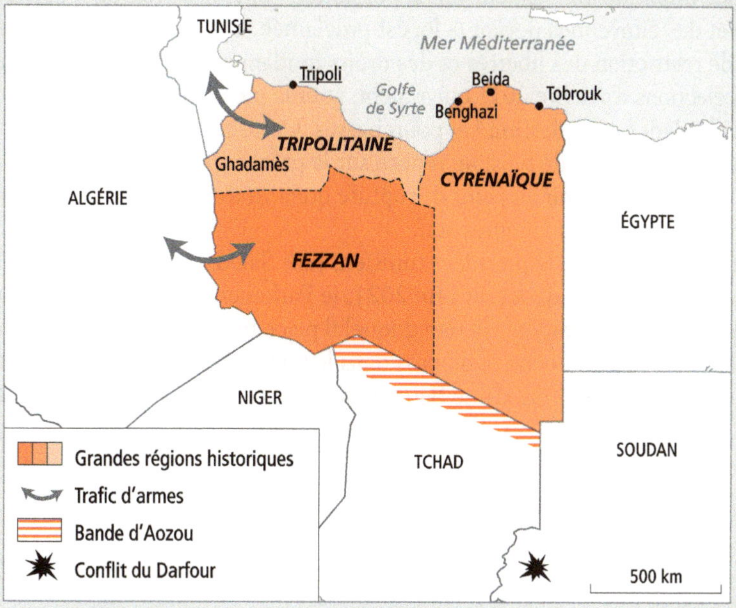

Source : X. Houdoy, *Stratégies transfrontalières et rapports de force des principaux acteurs libyens*, Noria, Stratfod, AFP, *Le Monde*.

4. Une transition démocratique à la peine en Tunisie

La **Tunisie**, berceau des révoltes, est allée le plus loin dans une politique de changement. Après son éviction par l'armée (14 janvier 2011), Ben Ali trouve refuge en Arabie saoudite, où il mourra en 2019. Deux gouvernements successifs d'union nationale sont nommés pour gérer la période de transition. L'**élection d'une Assemblée constituante** se déroule le 23 octobre 2011. Le parti islamiste **Ennahdha** est le grand vainqueur (41 % des sièges et 50 % des suffrages). Il dirige alors le pays mais se heurte à d'énormes difficultés. La situation sociale ne cesse de se dégrader et l'économie plonge dans le rouge. Sur le plan politique, les affrontements éclatent entre les forces de sécurité et les groupes djihadistes d'**Ansar al-Charia**.

L'assassinat de l'opposant de gauche Chokri Belaïd (attribué à des salafistes) en février 2013 et celui du député de l'opposition Mohamed Brahimi le 25 juillet créent un choc, paralysant les travaux de la Constituante, et ouvrent une **grave crise politique** alors que la situation économique ne cesse de se dégrader. À l'issue de plusieurs semaines de négociations menées par des acteurs de la vie civile dont l'UGTT (Union générale tunisienne du travail), la puissante centrale syndicale, la pression européenne aidant, un accord est finalement trouvé. **Le parti Ennahdha accepte de se retirer du pouvoir** moyennant la garantie de l'achèvement de la rédaction de la Constitution et la tenue de nouvelles élections. Un **gouvernement de technocrates** gestionnaires censés apaiser le climat général conduira cette période de transition. L'Assemblée constituante en place poursuit son travail.
Une nouvelle Constitution est adoptée le 26 janvier 2014, fruit d'un compromis entre les islamistes d'Ennahdha et les autres forces politiques du pays. Elle compte d'incontestables avancées démocratiques. La nouvelle Constitution reprend l'article 1er de la précédente Constitution de Bourguiba (1959), précisant que la Tunisie a pour religion l'islam, mais toute référence à la charia est abandonnée. Il est stipulé de façon expresse que la Tunisie est un « État civil » garantissant la liberté de conscience et le libre exercice des cultes. La liberté de conscience implique pour un citoyen la possibilité de ne pas avoir de religion. L'égalité des citoyens et des citoyennes devant la loi est proclamée. L'action du Parlement est limitée en matière de restriction des libertés et des droits fondamentaux. Une page est ainsi tournée, celle des élections d'octobre 2011 qui avaient, pour la première fois, porté au pouvoir des islamistes, jadis dans la clandestinité et pourchassés. Cette situation inédite, bien que marquée par des épisodes de grande tension, repose sur la préoccupation constante des acteurs tunisiens de ne jamais parvenir au point de rupture qui a vu d'autres pays du « Printemps arabe » sombrer dans le chaos ou la répression.
Pourtant, en juillet 2021, le président tunisien, Kaïs Saïed, largement élu en 2019 avec plus de 70 % des voix, suspend, durant l'été 2021, le Parlement, encore contrôlé par Ennahdha. Il remanie son gouvernement, à la tête duquel il place une femme. Les islamistes dénoncent un « coup d'État », puis l'« entrée du pays dans le tunnel de la dictature » suite à l'arrestation, au nom de la sûreté de l'État, d'une figure majeure d'Ennahdha en décembre 2021.

23 L'ÉGYPTE, PIVOT DÉSORIENTÉ DU MONDE ARABE

Avec plus de 100 millions d'habitants, l'Égypte est de loin le pays le plus peuplé du monde arabe. Très inégalement répartie sur un vaste territoire de plus d'un million de kilomètres carrés majoritairement désertique, la population égyptienne se concentre pour l'essentiel sur un espace « utile » réduit à la vallée et au delta du Nil. Si les richesses nourricières du plus long fleuve d'Afrique apportent à l'Égypte une continuité territoriale depuis la période pharaonique, la très forte pression démographique contemporaine agit défavorablement sur les ressources disponibles, faisant de la conquête de nouvelles terres désertiques par l'agriculture une stratégie constante de l'État. Au carrefour entre Maghreb et Machrek, Afrique du Nord et Afrique subsaharienne, et même entre Afrique et Asie, l'Égypte a toujours été considérée comme une puissance régionale, notamment sous Nasser, qui contribuera à son rayonnement international. Cette situation de carrefour a également favorisé l'émigration de travail des Égyptiens vers les pays pétroliers du Moyen-Orient, dont la rente constitue toujours un pilier essentiel de l'économie nationale.

Notions principales

Arabisme : le nationalisme arabe est une idéologie qui se construit intellectuellement et culturellement à partir de la seconde moitié du XIXe siècle et s'incarne dans des mouvements politiques à partir de l'entre-deux-guerres. Il accompagne l'accès à l'indépendance des pays arabes et se concrétise dans une institution, la Ligue arabe, née en 1945, dont le siège est au Caire. L'Égypte, à l'époque de Nasser, s'affirme comme le pays phare de ce courant de pensée.

Autoritarisme : renvoie à un système politique non pluraliste dans lequel le pouvoir se concentre dans les mains d'un groupe étroit et d'un leader. Ce régime se caractérise notamment par l'absence d'État de droit et d'indépendance des pouvoirs, la limitation des libertés publiques ainsi que l'omniprésence et l'arbitraire des forces de sécurité. L'Égypte a renoué avec l'autoritarisme après la parenthèse révolutionnaire ouverte en 2011.

Révolution : changement de régime politique consécutif à la révolte d'un groupe social contre les autorités en place. Les « Printemps arabes » de 2011 représentent un épisode révolutionnaire qui a touché, à des degrés divers, de nombreux pays arabes et a débouché sur la chute de plusieurs régimes (Égypte, Libye, Tunisie, Yémen). Ils ont aussi été le déclencheur de guerres civiles dans certains de ces pays ainsi qu'en Syrie. La restauration ou la consolidation de régimes autoritaires ont souvent suivi ce moment historique.

CHRONOLOGIE

1952 : Coup d'État militaire qui renverse la monarchie et proclame la République

1956 : Gamal Abdel Nasser est élu président et nationalise le canal de Suez.

1967 : Guerre des Six-Jours, occupation du Sinaï par Israël

1970 : Mort de Nasser et accession au pouvoir d'Anouar el-Sadate

1979 : Signature des accords de Camp David, qui prévoient le retrait israélien du Sinaï et la reconnaissance de l'État d'Israël par l'Égypte

1981 : Hosni Moubarak accède au pouvoir après l'assassinat d'Anouar el-Sadate par des islamistes

2011 : Démission de Moubarak suite aux manifestations de la place Tahrir

2012 : Le candidat des Frères musulmans, Mohamed Morsi, est élu président.

2013 : Destitution de Morsi par le maréchal Abdel Fattah al-Sissi, son ministre de la Défense

2014 : Al-Sissi est élu président avec 97 % des voix ; il est réélu avec le même score en 2018.

2019 : Un référendum constitutionnel permet l'allongement du mandat présidentiel de 4 à 6 ans et ouvre la voie à un troisième mandat pour Sissi en 2024.

2022 : Inauguration de la « nouvelle capitale » associée à un projet de deuxième République.

Pour aller plus loin

Perspective Monde : l'Égypte
liennathan.fr/2a8e8t

I. L'Égypte renoue avec l'autoritarisme politique

En une décennie (2011-2021), l'Égypte aura connu plus de soubresauts politiques qu'au cours des soixante premières années de son histoire républicaine : une révolution en 2011, un coup d'État en 2013, trois élections présidentielles et deux Constitutions. Si la stabilité politique semble avoir été partiellement recouvrée, du fait du retour des militaires au pouvoir et au prix d'une répression sans précédent des libertés politiques et d'expression, le pays n'en est pas moins confronté à des défis majeurs : répondre aux aspirations de la révolution du 25 janvier 2011 ; sécuriser le territoire, notamment dans le Sinaï, en proie aux groupes djihadistes ; redresser la situation économique, mise à mal par la transition politique et la pandémie de Covid-19 ; recouvrer son rôle de puissance régionale dans un contexte à la fois fragile au plan sécuritaire et concurrentiel aux plans diplomatique et économique.

Pour aller plus loin

Atlas de l'Égypte contemporaine
liennathan.fr/6xuu49

A. D'UNE RÉVOLUTION À L'AUTRE

1. Fragilité politique

En 2011, la place Tahrir, au Caire, est l'épicentre d'un phénomène révolutionnaire de grande ampleur dont les ondes de choc sont ressenties dans tout le Moyen-Orient. Si l'intensité du mouvement de contestation et son efficacité à ébranler le régime sont tout à fait inattendues, l'Égypte montre depuis plusieurs années des signes de fragilité. L'usure du pouvoir dictatorial est particulièrement ressentie au moment où Hosni Moubarak tente d'imposer son fils Gamal – incarnant parfaitement les dérives affairistes et clientélistes du régime de son père

– à sa succession, en cherchant à amender la Constitution. En conséquence, un mouvement d'opposition politique à tendance laïque et de gauche nommé *Kefaya* organise plusieurs manifestations au milieu des années 2000. Quant aux **Frères musulmans, première force d'opposition politique** du pays mais condamnés à la clandestinité depuis les années 1950, ils remportent, sous des étiquettes indépendantes, 88 sièges à l'Assemblée nationale lors des élections législatives de 2005, considérées comme les plus ouvertes du mandat de Moubarak, lequel sera contraint, sous la pression, de libéraliser le jeu politique.

2. Fragilité économique et sociale

Les signes de la fragilité égyptienne apparaissent également dans son modèle économique et social, qui comporte plusieurs fractures affectant le pays avant la révolution. Le train de réformes économiques engagées depuis l'« ouverture » (*Infitah*) du président Anouar el-Sadate en 1974 a largement ouvert le pays aux capitaux étrangers. Cette politique s'accélère sous Moubarak avec l'adoption d'un plan d'ajustement structurel en 1986, qui aura certes pour effets d'attirer les investisseurs du Golfe, de baisser la dette publique – la dette extérieure du pays a été largement effacée pour le prix de son engagement auprès de la coalition menée par les États-Unis durant la guerre du Golfe, en 1991 – et d'afficher une croissance à 7 % au milieu des années 2000, mais aussi d'augmenter la pauvreté et le niveau des inégalités. **Les classes moyennes** qui ont émergé sous Nasser, notamment grâce à l'essor des emplois publics, **sont sévèrement touchées par l'inflation**. Les poches de pauvreté augmentent partout sur le territoire, notamment en Haute-Égypte et à la périphérie des grandes villes, où les quartiers informels rassemblent près de la moitié de la population urbaine. Dans le contexte d'une augmentation mondiale des prix de denrées de base et de la crise financière internationale, ce processus de précarisation donne lieu à une série d'émeutes en 2007 et 2008, à l'issue desquelles l'État est contraint de maintenir un haut niveau de subvention des produits de première nécessité.

3. Acteurs multiples et intérêts contradictoires

Ces différents signes de fragilité – auxquels il faut ajouter les grèves de 2008 dans la ville industrielle de Mahalla al-Kubra, au centre du delta du Nil, menées par les milieux syndicalistes qui rejettent les politiques de privatisation – peuvent être considérés, *a posteriori*, comme annonciateurs du soulèvement révolutionnaire de 2011. Aussi, les intérêts des ouvriers, des libéraux et des Frères musulmans convergent avec ceux des jeunes activistes sur la place Tahrir début 2011, entraînant la démission de Moubarak. L'armée prend également appui sur la contestation en soutenant le peuple contre le régime, notamment pour tenter de reprendre le pouvoir sur la police dont Moubarak n'a cessé d'augmenter les effectifs. **Les grands gagnants de la révolution seront toutefois les Frères musulmans.** Ils remportent les premières élections libres en Égypte en 2012, sous l'étiquette du Parti de la liberté et de la justice, notamment grâce aux voix des *Saïdis* (habitants de la Haute-Égypte) et des classes populaires, assez faiblement représentés sur la place Tahrir. En une année au pouvoir, le président Mohamed Morsi multiplie cependant les erreurs tactiques en cherchant à « fririser » l'ensemble des institutions égyptiennes encore tenues par des hommes de l'ancien régime. La mobilisation contre la confrérie culmine lors de la manifestation du 30 juin 2013, au cours de laquelle plusieurs dizaines de millions d'Égyptiens occupent la plupart des grandes villes du pays. **Le maréchal Abdel Fattah al-Sissi, alors ministre de la Défense, en profite pour retirer au président Morsi sa légitimité et réprimer la confrérie dans le sang.**

B. L'ARMÉE TOUJOURS AU POUVOIR

1. Un acteur politique

Depuis le renversement de la monarchie par les Officiers libres en 1952, hormis l'intermède Morsi (2012-2013), l'armée a toujours été au pouvoir en Égypte. Nasser, Sadate et Moubarak n'ont eu de cesse de promouvoir ses intérêts. Il n'est donc pas surprenant qu'elle demeure un acteur clé de la transition politique. C'est bien elle qui pousse Moubarak à la démission, assure le pouvoir intérimaire *via* le Conseil supérieur des forces armées, jusqu'à l'élection présidentielle de 2012, et c'est encore elle qui destitue les Frères musulmans un an plus tard.

Pour aller plus loin

Le président et l'armée, un mariage d'amour et de raison
liennathan.fr/6d2yu9

Le maréchal Sissi est élu président de la République avec 97 % des voix le 28 mai 2014. Le taux d'abstention, estimé à plus de 50 %, révèle le faible enjeu de cette élection qui oppose Sissi à un seul autre candidat, le nassériste Hamdine Sabahi, disposant d'un très faible soutien politique. Abdel Fattah al-Sissi est réélu en 2018 avec le même score mais une participation encore plus faible, de l'ordre de 40 %. Il est dès lors **difficile de mesurer le soutien populaire dont bénéficie le président Sissi, objet d'un véritable culte de la personnalité** orchestré par un pouvoir qui réprime sévèrement toute voix critique. Il incarne toutefois un retour à l'ordre souhaité par de nombreux Égyptiens après les années de transition chaotiques qui ont suivi la révolution. Il a su, à plusieurs reprises, s'attirer le soutien des femmes, des jeunes et de la minorité copte, tout en promouvant une nouvelle génération de conseillers militaires. Faisant de la sécurité son principal objectif, Sissi engage une partie des quelque 500 000 hommes que compte l'armée sur plusieurs théâtres, au Sinaï, afin de lutter contre des groupes djihadistes, mais aussi à l'extérieur, en Libye et au Yémen, aux côtés d'autres forces militaires arabes. Pour ce faire, des milliards de dollars sont déversés sur l'Égypte par ses alliés du Golfe, sous forme de prêts ou de dons, et permettent notamment au pays de moderniser son armée.

ZOOM ▶ Sissi dans les pas de Nasser ?

De nombreux Égyptiens comparent le président Sissi à son illustre prédécesseur, Nasser. Il apparaît en effet comme le président qui s'en rapproche le plus, Sadate s'étant employé à discréditer Nasser au cours de son mandat en dénonçant les dégâts du socialisme et du panarabisme sur la société égyptienne, tandis que Moubarak en a réduit l'idéologie à une simple opposition politique en tolérant, dans les années 1990, des partis politiques dits « nassériens » à se présenter contre lui aux élections.

On reconnaît à Nasser et à Sissi quelques points communs. D'origine sociale plutôt modeste, père postier pour Nasser et commerçant de souk pour Sissi, ils sont tous deux des purs produits de l'Académie militaire égyptienne. Leur adoration commune de l'État moderne, que le premier contribue à faire naître en Égypte et que le second s'efforce de consolider après quelques années de vide politique, en font de grands nationalistes. C'est sur cette base que Sissi aurait même adhéré, au début de sa carrière, à l'Organisation des jeunes nassériens, ce qu'il n'a cependant pas confirmé par la suite. Officiellement attachés à la laïcité, Nasser et Sissi n'en sont pas moins deux fervents musulmans : l'un s'est rendu plusieurs fois en pèlerinage à La Mecque, l'autre, plus conservateur encore, connaîtrait le Coran par cœur. Tous les deux ont été installés au pouvoir par un coup d'État militaire, contre la monarchie de Farouk pour Nasser, et contre le président Morsi, pourtant démocratiquement élu, issu du mouvement des Frères musulmans – que Nasser avait aussi réprimé en son temps –, pour Sissi. L'un et l'autre font l'objet d'un fort engouement populaire, frisant parfois le culte de la personnalité, même si, dans le cas de Sissi, il s'agit davantage d'une manipulation du pouvoir que d'une émanation de la société.

Un élément essentiel distingue cependant Sissi de Nasser : le rapport à la révolution. Les ambitions révolutionnaires de Nasser sont précoces et à l'origine du mouvement des Officiers libres, qu'il a créé en 1949 pour renverser le pouvoir monarchique en 1952. Sissi n'a, quant à lui, jamais été un révolutionnaire. Il s'est très tôt méfié de la révolution de 2011, qu'il accuse d'être une source d'instabilité politique et une menace directe pour l'armée. Une opposition va donc se créer entre Sissi, qui s'inscrit dans une dynamique contre-révolutionnaire, s'entourant même d'hommes du régime de Moubarak, et les héritiers officiels de Nasser, qu'il s'agisse des anciens membres de *Kefaya*, le mouvement d'opposition à Moubarak qui émerge dans les années 2000, ou du Parti de la Dignité dirigé par Hamdine Sabahi, qui a directement affronté Sissi lors de l'élection présidentielle de 2014. **La proclamation d'une deuxième République, envisagée par Sissi en 2021, achèverait de marquer la rupture avec Nasser, père fondateur de la première République.**

Sissi forme malgré tout une synthèse inédite, une sorte de nassérisme contre-révolutionnaire. Pour sortir du chaos de l'après-révolution, il n'a pas hésité, à l'instar de Nasser en son temps, à apparaître comme le sauveur d'un peuple à la dérive, le « père de la Nation », tout en revendiquant le retour à l'ordre. Or, depuis Nasser, populisme et autoritarisme font partie intégrante du système politique égyptien et semblent même intériorisés par la société. Sissi en est donc bien le continuateur, mais au service d'une contre-révolution, garante, selon lui, de la sécurité nationale, mais aussi des alliances nouvelles avec l'Arabie saoudite et les pays du Golfe.

2. Un acteur économique

L'armée, qui est depuis longtemps un acteur clé dans le domaine économique, a vu son rôle renforcé depuis 2013. Premier propriétaire terrien du pays, disposant de ses propres institutions financières, elle s'est vu attribuer de nombreux contrats publics dans le BTP et les infrastructures, et est également présente dans l'industrie, l'énergie ou le tourisme. **L'Autorité nationale de la production militaire est un acteur central dans la plupart des grands projets**, tels que le dédoublement du canal de Suez ou le projet de nouvelle capitale administrative. Autant de projets qui ont bénéficié des largesses de la Chine et des partenaires arabes de l'Égypte, au premier rang desquels l'Arabie saoudite, qui a soutenu financièrement la prise de pouvoir du maréchal Sissi au détriment des Frères musulmans.

C. LA TRAQUE DES ISLAMISTES

La condamnation à mort, en 2015, du président déchu Mohamed Morsi, décédé en détention en 2019, ainsi que de centaines de ses partisans, montre la détermination du régime à traquer les islamistes. En août 2013, à la suite du coup d'État, entre 800 et 2 000 personnes, selon des bilans contradictoires, périssent lors de l'évacuation par la force des places Rabaa al-Adawiya et Nahda au Caire, tandis que 20 000 partisans des Frères musulmans sont écroués à la suite de procès expéditifs.

1. Une lutte sans merci contre les Frères musulmans

Déclarée « organisation terroriste » fin 2013, la confrérie subit la plus forte répression de son histoire. Son association caritative est également interdite et son réseau de dispensaires et d'écoles est placé sous le contrôle de l'État. Le gouvernement lui impute la plupart des attentats qui touchent principalement les forces de l'ordre depuis 2014. Toutefois, si une frange du mouvement s'est mise à prôner l'action violente en réponse à la répression, rien ne prouve que celui-ci, même privé de ses cadres emprisonnés et garants du respect de la non-violence adoptée dans les années 1970, a basculé dans le terrorisme. Mais **il est probable que les Frères musulmans aient conservé des réseaux clandestins**, notamment dans leurs bastions du Fayoum et du delta du Nil, mais aussi dans certains quartiers populaires où ils se sont ancrés socialement et politiquement en agissant, dans les marges de l'État, dans des domaines aussi variés que le nettoyage des rues, la vidange des fosses septiques, la distribution d'eau potable, etc. Les Frères musulmans se sont toutefois remobilisés, notamment depuis la Turquie, où une partie de leurs cadres a pu s'exiler après 2013. Ils ont cependant été rattrapés par la *realpolitik* car, alors qu'ils ont longtemps été soutenus par le président turc Recep Tayyip Erdoğan, ce dernier, soucieux de se rapprocher du Caire et de ses alliés du Golfe après huit années de brouille, a pris ses distances avec le mouvement en 2021 et ordonné aux médias qu'il contrôle dans le pays de cesser de critiquer le gouvernement égyptien sous peine de les interdire.

2. La lutte contre les djihadistes dans le Sinaï

Dans sa « guerre contre le terrorisme », le gouvernement égyptien ne distingue pas les Frères musulmans des groupes djihadistes qu'il combat dans le nord du Sinaï, devenu un trou noir de l'information. La situation y apparaît pourtant singulière. Les combattants, recrutés parmi les tribus locales avec un renfort de Palestiniens circulant *via* des tunnels menant à la bande de Gaza, revendiquent clairement l'action terroriste et s'inscrivent dans la mouvance djihadiste internationale. Rassemblée au sein du mouvement *Ansar Beit al-Maqdis* (« les Partisans de Jérusalem »), **l'insurrection a fait allégeance à l'État islamique en 2015**, en devenant *Wilayat Sinaï* (« la Province du Sinaï »). S'en prenant d'abord aux postes militaires, aux représentants de l'État et aux infrastructures, l'organisation a également mené des attentats meurtriers contre des civils en faisant exploser un charter russe en 2015 ou en revendiquant l'attaque d'une mosquée en 2017. La population a également payé un lourd tribut à la réponse militaire et répressive de l'État, engendrant destructions de biens et de maisons, déplacements de population et pertes civiles. Rappelons que, depuis que l'Égypte a recouvré sa souveraineté sur le Sinaï en 1982, suite à l'occupation israélienne consécutive à la guerre des Six-Jours de juin 1967, les tensions sont restées vives dans une région notamment peuplée de Bédouins sédentarisés et accusant un fort retard de développement par rapport au reste du pays.

D. UNE RÉGRESSION SANS PRÉCÉDENT DES DROITS ET DES LIBERTÉS

1. La répression politique

La sortie de crise et la mise au pas des islamistes semblent justifier toutes les formes de répression exercées depuis 2013 par le nouveau pouvoir en place. Non seulement elles remettent en cause les droits et libertés revendiqués par la population depuis la révolution de 2011, et en principe garantis par la nouvelle Constitution adoptée par référendum en janvier 2014, mais elles sont un véritable retour en arrière, évoquant les heures les plus sombres du régime du président déchu Hosni Moubarak. La population est désormais soumise à la loi sur les manifestations du 24 novembre 2013, qui interdit tout rassemblement susceptible de menacer l'ordre public, et **la situation des droits de l'homme dans le pays s'est sensiblement dégradée**. De nombreux opposants politiques ont été emprisonnés : c'est le cas de membres du « Mouvement du 6 avril », créé en 2008, qui a joué un rôle important dans les mobilisations de 2011. Censés représenter une « menace » pour la stabilité du régime, des militants des droits de l'homme, des journalistes et des chercheurs sont directement inquiétés par la Sécurité nationale égyptienne. En janvier 2016, la mort sous la torture d'un étudiant italien dans des circonstances troubles alerte l'opinion internationale et jette une lumière crue sur le problème des disparitions forcées, estimées alors à près de 800 par l'ONG Human Rights Watch. Selon plusieurs ONG, il y aurait, en 2021, 60 000 prisonniers politiques, détenus dans des conditions déplorables, la plupart dans l'attente de leur procès.

2. Le recul de la liberté de la presse

La liberté de la presse n'a cessé de se dégrader depuis l'arrivée au pouvoir du président Sissi. Selon le classement établi par Reporters Sans Frontières (RSF), l'Égypte est passée du 158e rang mondial sur 180 en 2013 au 166e en 2021. Pourtant, la révolution de 2011 a engendré la création de nouveaux médias privés (presse écrite et audiovisuel) qui se sont démarqués par une certaine liberté de ton dans la critique du pouvoir. La plupart d'entre eux reflètent désormais les vues gouvernementales, notamment dans le cadre de la loi antiterroriste de 2015, qui impose aux médias de reprendre la version officielle dans la couverture d'attentats. Les quotidiens tels que *Al Chourouk* ou *Al-Masri Al-Youm* se sont autorisé un temps quelques prises de position divergentes mais qui étaient sans comparaison avec le traitement critique dont faisait l'objet l'ex-président Morsi. La condamnation à trois ans de prison de trois journalistes de la chaîne de télévision Al Jazeera en 2015, la suppression, suite à des plaintes pour outrage à l'armée, de l'émission satirique de Bassem Youssef, suivie par des millions d'Égyptiens depuis la révolution, en 2019, ou encore l'autocensure de certains blogueurs sont apparues comme des signes clairs de ce recul qui n'a fait que se renforcer depuis, avec **la multiplication des perquisitions dans des organes de presse, des arrestations de journalistes ou le blocage de centaines de sites Internet qui constituaient un dernier espace de liberté**. Ce fut notamment le cas du journal en ligne *Mada Masr*, né en 2013, dont le site a été bloqué en 2017, les bureaux perquisitionnés en 2019 et la rédactrice en chef interpellée en 2020. Une loi-cadre sur les médias et les cybercrimes est venue parachever l'arsenal répressif en 2018, « gravant dans le marbre l'emprise de l'exécutif sur les médias », selon les mots de RSF. Toute critique, notamment sur des sujets économiques, est susceptible d'envoyer son auteur en prison.

3. Des réaménagements urbains sécuritaires et symboliques

La forte répression s'accompagne de transformations radicales des espaces urbains afin d'éviter que des manifestations populaires comme celles qu'a connues le pays en 2011 et 2013 ne se reproduisent. Après l'éviction des vendeurs de rue et la fermeture de plusieurs dizaines de cafés en 2015, le gouverneur du Caire a banni le stationnement dans les rues adjacentes à la place Tahrir, épicentre de la révolution. Les murs construits après 2011 pour contrôler l'accès au centre-ville ont été transformés en portails métalliques. **La sécurisation des espaces urbains égyptiens** ne se limite pas aux actions de réhabilitation du centre du Caire lancées au milieu des années 2010, mais **fait bien partie intégrante de la politique d'aménagement en vigueur dans le pays**. Elle se manifeste autant dans les premières expériences de villes nouvelles que dans les nouveaux projets urbains où, de façon plus affirmée encore, les largeurs de rue, les accès, les équipements sont tous pensés en termes sécuritaires. Pour mieux effacer le souvenir de la révolution et de l'éphémère « République de Tahrir », la place poursuit sa mue : un obélisque a été érigé en son centre en 2020 tandis que le *Mogamma*, bâtiment qui abritait les services du ministère de l'Intérieur, déplacé dans la nouvelle capitale, et qui symbolisait à lui seul l'arbitraire et la bureaucratie, doit être transformé en hôtel de luxe.

II. Une économie fragile mais résiliente

Les effets de la transition politique se font donc ressentir sur le territoire mais aussi sur la deuxième économie d'Afrique, avec un PIB de 363 milliards de dollars en 2020, qui a connu une phase de croissance soutenue avant la crise financière de 2008. Si l'arrivée du maréchal Sissi au pouvoir s'est accompagnée d'une stabilisation et d'une reprise de la croissance, notamment due au retour de confiance des marchés et à un programme de réformes, les défis restent de taille pour que le pays ne demeure pas prisonnier de ses rentes (remises des expatriés, tourisme, retombées du canal de Suez, exportations d'hydrocarbures) et parvienne à surmonter ses difficultés structurelles (pauvreté, chômage et sous-emploi, croissance démographique, dépendance alimentaire, déficit commercial). La politique de grands projets, toujours impulsée par le sommet de l'État comme solution à ces défis, peine à apporter des réponses durables.

A. LES ALÉAS DE LA LOGIQUE RENTIÈRE

Ne pouvant plus s'appuyer sur les **recettes du secteur touristique, qui ont baissé de 70 % entre 2010 et 2016**, l'Égypte a dû assumer sa dépendance à l'aide financière apportée par le Golfe après la révolution de 2011. Cette aide a été complétée, à partir de 2017, par un plan de soutien du FMI de quelque 12 milliards de dollars, échelonné sur plusieurs années. Celui-ci s'est longtemps fait attendre, du fait de son conditionnement à un certain nombre de réformes économiques, dont la remise en question du coûteux système de subvention des produits de base (pain, essence, gaz domestique), porteuse de risque de troubles sociaux.

1. La relance du tourisme

Le tourisme, dont l'Égypte a été pionnière, est un secteur clé de l'économie du pays et l'engagement stratégique de celui-ci dans cette voie n'a pas été remis en cause, malgré la décennie noire qu'il a traversée suite à la révolution et à un climat sécuritaire dégradé. Le redressement n'est intervenu qu'à partir de 2017, avant un nouvel effondrement lié à la pandémie de Covid-19 en 2020. Après être tombées à 3,8 milliards de dollars en 2015-2016, les recettes touristiques de l'Égypte ont retrouvé un niveau comparable à celui d'avant 2011 pour l'exercice 2018-2019, avec près de 13 milliards de dollars, mais la contribution du tourisme au PIB s'est à nouveau fortement contractée, générant une hausse du chômage. En effet, **des millions d'emplois, directs et indirects, en dépendent, au Caire, à Louxor et à Assouan, dans le sud du pays, et dans les stations balnéaires de la mer Rouge**. La venue de 15 millions de touristes internationaux en 2010, meilleure année jamais enregistrée, reste un objectif pour 2022. Pour ce faire, l'Égypte n'a pas ménagé ses efforts, notamment en inaugurant en 2021, à grand renfort de communication, le Grand Musée égyptien sur le plateau de Gizeh. Le pays se repositionne également sur la carte des évènements mondiaux en accueillant, en 2022, la COP27 à Charm el-Cheikh, dans le sud du Sinaï.

2. Une situation énergétique préoccupante

Longtemps exportatrice d'hydrocarbures, l'Égypte est devenue déficitaire à partir de 2012, du fait de la stagnation de la production et de l'augmentation de la consommation, sa croissance démographique se situant autour de 2 % par an et l'énergie demeurant largement subventionnée. Le pays a connu des pénuries de gaz naturel, qui ont conduit les autorités à procéder à des coupures d'électricité dans les grandes agglomérations alimentées par des centrales thermiques. Cependant, de nouvelles découvertes gazières et la **mise en production en 2019 du gisement de Zohr, en Méditerranée**, lui ont permis de redevenir momentanément excédentaire avant que les effets de la crise sanitaire ne viennent assombrir cette embellie. Les réserves de gaz naturel du pays le situent désormais au deuxième rang en Afrique, derrière l'Algérie, et de nouvelles perspectives exportatrices se dessinent, notamment à destination de pays de l'Union européenne, soucieux de diversifier leurs approvisionnements. L'Égypte possède pour ce faire les seuls terminaux de liquéfaction de Méditerranée orientale.

3. Des facteurs de résilience

Plusieurs facteurs ont permis au pays d'éviter un effondrement de son économie, notamment l'importance de l'économie informelle, qui représenterait 50 % de l'emploi total et joue un rôle d'indispensable amortisseur de la crise, et les revenus transférés par les Égyptiens de l'étranger, qui seraient plus de 10 millions, dont plus des deux tiers travaillent dans les pays arabes du Golfe et en Jordanie. Ces remises, qui constituent, avec les exportations, la principale ressource en devises du pays, sont restées relativement stables entre 2011 et 2015, puis sont reparties à la hausse pour se situer aux alentours de 25 milliards de dollars en 2019, faisant de l'Égypte le **cinquième pays au monde pour l'importance des remises migratoires**. Autre pilier de l'économie rentière, les revenus du canal de Suez ont été stimulés par la création d'un nouveau bras de la voie d'eau ouvert en 2015 [→ CH. 20]. Les redevances perçues pour le franchissement du canal, qui s'élevaient en moyenne à 5 milliards de dollars par an, ont augmenté à près de 6 milliards en 2019-2020. Les travaux entrepris devraient permettre le doublement du trafic d'ici à 2023, mais de nombreux facteurs pourraient contrarier ces objectifs : concurrence internationale, situation sécuritaire dans le Sinaï, augmentation du prix du pétrole pouvant influer sur le trafic maritime. Les investissements directs étrangers (IDE), fluctuant fortement d'une année à l'autre, ont, pour leur part, bénéficié d'un nouveau cadre législatif et se sont élevés à 5,5 milliards de dollars en 2020, faisant de l'Égypte la **première destination des IDE en Afrique**. Cela reste toutefois modeste au regard des besoins d'investissement du pays.

B. DES PROJETS D'INFRASTRUCTURE POUR RELANCER L'ÉCONOMIE

1. Effets d'annonce et grands projets

Les capacités d'investissement recouvrées de l'État égyptien, soutenu par les pays du Conseil de coopération du Golfe, lui permettent de multiplier les effets d'annonce dans tous les domaines. L'ensemble du territoire est concerné par une série de grands projets visant à redistribuer la population, qui se concentre actuellement sur moins de 5 % du territoire : les côtes qui devraient accueillir de nouveaux projets aquacoles et complexes touristiques, les espaces désertiques, avec la **relance du vieux projet de « Nouvelle Vallée » dans la région de Toshka en Haute-Égypte**, qui fait l'objet d'une mise en valeur agricole, des villes nouvelles et zones industrielles, sans oublier les infrastructures : projet de création de huit nouveaux aéroports, d'une centrale nucléaire et de plus de 8 000 km de routes.
Si l'avancée de ces projets est difficile à évaluer, certains ont abouti en un temps record. En août 2015 – un an seulement après le début des travaux –, une nouvelle portion du canal de Suez de 35 km est inaugurée. Les efforts se concentrent désormais dans l'aménagement d'une vaste zone franche à proximité du canal pour développer le secteur logistique et attirer de nouveaux investisseurs. La Chine, qui a inclus Suez dans son projet des « nouvelles routes maritimes de la soie », y détient d'ores et déjà une concession.

2. Une nouvelle capitale pour une nouvelle République ?

Dans la continuité de la politique des villes nouvelles lancée en Égypte dans les années 1970, le projet de « nouvelle capitale », présenté par Sissi à la communauté internationale lors de la conférence de Charm el-Cheikh en 2015, constitue l'apothéose du modèle néolibéral de développement urbain promu par Moubarak. Alors que la première phase des travaux – comprenant un palais présidentiel, un quartier des ministères et un *central business district* composé de dizaines de tours – doit être inaugurée en 2022, Sissi a prévu d'en faire la vitrine de son projet de deuxième République, qui devrait le distinguer de ses prédécesseurs. Isolée à l'est du Caire, construite sur un plateau désertique en direction de la mer Rouge et de la ville portuaire de Suez, **cette nouvelle capitale traduit l'obsession sécuritaire du pouvoir militaire et révèle ses nouveaux partenariats stratégiques**. Les entrées et sorties seront contrôlées, les voies larges vidéosurveillées. Les Émirats arabes unis et la Chine, en étroite collaboration avec l'armée égyptienne, qui en contrôle l'agence de développement, sont les principaux investisseurs de ce projet d'un montant de 45 milliards de dollars. Mais après plusieurs expériences de villes-satellites inachevées dans le désert, qui ont donc échoué à délester Le Caire d'une partie de sa population et de son trafic, cette « nouvelle capitale », qui n'a toujours pas de nom, ne remporte pas l'adhésion de la majorité des habitants, exclus *de facto* du projet par le prix du mètre carré et l'absence de transports en commun pour s'y rendre.

C. DES DIFFICULTÉS STRUCTURELLES ET DES DÉFIS NOMBREUX

Ces mégaprojets ne parviennent pas à masquer les difficultés structurelles de l'Égypte, que l'instabilité politique puis la pandémie de Covid-19 ont amplifiées et que le changement climatique pourrait également aggraver.

1. Inflation et endettement

L'Égypte a traversé une crise monétaire d'ampleur qui a contraint les autorités à dévaluer la livre égyptienne de 40 % fin 2016. Si cette dévaluation a rassuré les marchés, elle a entraîné une inflation qui a culminé à 33 % en juillet 2017 et est très durement ressentie par la population. Outre la dévaluation de la monnaie, l'État égyptien, sous la pression du prêt accordé par le FMI, a aussi **diminué le niveau de subvention d'un certain nombre de produits de première nécessité**, comme l'essence ou l'électricité, affectant les populations les plus modestes. Des manifestations ont ainsi éclaté en 2017 dans plusieurs villes du pays, telles que Assiout et Alexandrie. La situation s'est depuis en partie redressée et l'Égypte a officiellement renoué avec la croissance, mais au prix d'une hausse de son endettement et de sa dépendance aux capitaux étrangers, pour partie spéculatifs, attirés par les taux d'intérêt élevés servis par la Banque centrale égyptienne.

2. Pénuries et dépendance

L'Égypte a également dû faire face à des pénuries de produits de première nécessité issus de l'importation, tels que le sucre, l'huile, le riz ou le lait infantile. Cette situation renvoie à la fragilité du modèle économique égyptien. Dans un contexte de raréfaction des ressources et des terres cultivables, le pays dépend de plus en plus des importations, qui concernent également les intrants industriels, avec pour conséquence un déficit commercial structurel. Alors que l'agriculture égyptienne est très productive, du fait des conditions climatiques, de l'irrigation et de l'utilisation massive d'engrais chimiques, elle reste insuffisante pour répondre aux besoins et la dépendance alimentaire est, elle aussi, structurelle. **Le pays est le premier importateur de blé au monde.** La forte dépendance envers les importations de blé d'Ukraine et de Russie l'expose aux conséquences sociales que ne manqueront pas de provoquer la pénurie de céréales et la flambée des cours consécutive à la guerre déclenchée par le Kremlin en février 2022. La quête perpétuelle de nouvelles terres à mettre en valeur cherche à répondre à ces défis, mais fait face à des difficultés multiples, notamment la raréfaction des ressources hydrauliques.

3. Changement climatique, croissance démographique et migrations

Les effets du changement climatique pourraient en effet contrarier ces projets dans un pays très vulnérable, soumis à l'élévation du niveau de la mer dans le delta du Nil et à la diminution des disponibilités en eau. Selon le rapport *Groundswell*, publié par la Banque mondiale en 2021, **l'Égypte fait partie des pays à haut risque en matière de migrations climatiques internes**. Cette perspective est d'autant plus crédible que la croissance démographique, après avoir lentement diminué, est repartie à la hausse dans les années 2010. Si cette « contre-transition démographique », selon les mots du démographe Youssef Courbage, semble marquer le pas au début des années 2020, elle reste une préoccupation majeure des autorités, tandis que 800 000 jeunes arrivent chaque année sur le marché du travail et que près d'un tiers de la population vit sous le seuil de pauvreté (1,7 dollar par jour en 2020), un ratio manifestement sous-estimé selon nombre d'analystes, notamment dans les zones rurales. L'initiative nationale *Haya Karima* (« vie décente ») cherche à y répondre par le soutien à des projets de développement dans les campagnes. Mais face aux difficultés croissantes, **de nombreux jeunes Égyptiens ont choisi la voie de l'émigration clandestine**, qui s'est amplifiée dans les années qui ont suivi la révolution de 2011. Les autorités ont engagé, à partir de 2017, une lutte contre les réseaux de passeurs mais peinent à donner des perspectives à une jeunesse qui, aspirant à plus de liberté, cherche notamment à gagner l'Europe. La pression sur les ressources et le marché du travail est forte car l'Égypte, dans un environnement régional instable, est également devenue un pays d'immigration et de transit, notamment pour les quelque 300 000 réfugiés syriens, soudanais, érythréens ou yéménites enregistrés dans le pays par le HCR en 2021. Ces derniers accèdent difficilement aux services publics de base, tels que l'éducation et la santé, puisque ceux-ci, souffrant de sous-investissement chronique, se sont dégradés pour l'ensemble de la population.

III. Une nouvelle quête de centralité sur la scène régionale et internationale

L'Égypte, fer de lance d'un panarabisme mis en échec par la défaite de 1967 et affaibli par la mort de Nasser en 1970, a conservé une forme de leadership « naturel » dans le monde arabe. Celui-ci repose, outre l'importance de sa population, sur plusieurs piliers : une situation géographique au carrefour de l'Afrique et du Moyen-Orient, renforcée par le rôle du canal de Suez ; une certaine forme de **domination intellectuelle et culturelle** à travers son université islamique Al-Azhar et sa production littéraire et cinématographique ; **une armée qui est la première d'Afrique et du monde arabe** ; une tradition diplomatique bien établie qui a assis l'influence du pays, dans la région et au-delà. Cependant, sur tous ces plans, le rayonnement égyptien a faibli, malgré le retour du siège de la Ligue arabe au Caire en 1990, après plus d'une décennie d'exclusion de l'institution que lui a valu son rapprochement avec Israël et la signature des accords de Camp David en 1979. La situation politique intérieure, à partir de 2011, a accentué le processus de fragilisation de la puissance égyptienne, mais l'installation des militaires aux commandes du pays en 2014 a permis de réaffirmer le rôle stratégique du pays sur la scène régionale et internationale, notamment comme **partenaire incontournable en matière de sécurité et de lutte contre le terrorisme**. Toutefois, son aura a incontestablement pâli au regard de l'affirmation du leadership d'autres puissances régionales telles que l'Iran et la Turquie, ou de sa dépendance vis-à-vis de ses alliés du Golfe et des États-Unis. **L'Égypte demeure ainsi le pays le plus aidé par les Américains après Israël**, notamment *via* une aide militaire de 1,3 milliard de dollars par an.

A. UN STABILISATEUR DES CONFLITS RÉGIONAUX ?

Si la « guerre contre le terrorisme » menée par le président Sissi a d'abord pour fonction d'assurer à l'Égypte sa propre sécurité, et d'asseoir sa légitimité en interne, elle a aussi vocation à s'étendre à son environnement régional, face à la multiplication des sources d'instabilité aux portes du pays. Sur ce plan, depuis l'accession de Sissi au pouvoir, l'Égypte a su se rendre indispensable et a renforcé ses partenariats sécuritaires, aussi bien avec les Européens, et singulièrement la France, qu'avec la Russie, deux pays avec lesquels d'importants contrats d'armements ont été signés, ou encore avec la Chine, les deux États s'étant engagés dans « un partenariat stratégique intégral ».

1. La Libye : sécuriser la frontière et contrer l'influence turque

La déstabilisation durable de la Libye constitue une préoccupation prioritaire, notamment en raison des plus de 1 000 km de frontière que l'Égypte partage avec ce pays et de la présence ancienne de travailleurs égyptiens installés notamment à l'est, en Cyrénaïque. La protection de ces derniers comme de la frontière a conduit l'Égypte à engager ses forces aériennes pour lutter contre des groupes djihadistes et le trafic d'armes, mais également pour combattre la contrebande transfrontalière qui fait vivre les populations locales. **L'Égypte a clairement choisi son camp dans le conflit libyen, aux côtés de la Russie et des Émirats arabes unis**, en soutenant dans un premier temps le maréchal Khalifa Haftar, qui contrôle l'est du pays, et en livrant des armes au gouvernement de Tobrouk, en contradiction avec la stratégie onusienne de soutien à un gouvernement d'unité nationale. La rivalité avec la Turquie, soutien actif du camp de l'Ouest, a aussi guidé l'engagement égyptien même si, sur ce terrain également, un rapprochement est à l'œuvre, tandis que l'Égypte cherche désormais à jouer les médiateurs dans un contexte bien incertain de sortie de crise.

2. Le conflit israélo-palestinien et la question de Gaza

L'Égypte a longtemps été en première ligne du conflit israélo-arabe, en participant à quatre guerres contre Israël et en occupant militairement la bande de Gaza entre 1949 et 1967. Au nom de ses propres intérêts – récupérer le Sinaï occupé et rouvrir le canal de Suez –, elle a signé le premier accord de paix d'un pays arabe avec Israël en 1979, et a ainsi pris ses distances avec la défense de la cause palestinienne. Toutefois, **la proximité historique et géographique avec le territoire surpeuplé de Gaza**, gouverné par le Hamas palestinien à partir de 2007, et soumis depuis lors à un très sévère blocus de la part d'Israël, s'est rappelée au souvenir de l'Égypte après 2011. L'insurrection djihadiste du Sinaï a en effet trouvé des soutiens, notamment logistiques, de l'autre côté de la frontière traversée de tunnels de contrebande. Indispensables à la survie de l'économie gazaouie, ils ont également été utilisés pour le trafic d'armes et la circulation de combattants. En représailles, l'Égypte a intensifié la lutte contre ces trafics en inondant des tunnels et en transformant la zone frontalière en véritable *no man's land* au prix de la destruction de nombreuses maisons et du déplacement de populations, renforçant ainsi le blocus. Parallèlement, elle a engagé sa diplomatie à plusieurs reprises dans les discussions entre factions palestiniennes rivales ou dans la négociation des cessez-le-feu entre le Hamas et Israël, qui ont suivi les offensives successives menées par Tsahal, l'armée israélienne, contre la bande de Gaza à partir de 2008, et qui ont fait de nombreuses victimes et causé des destructions considérables. Une situation qui génère des opportunités pour l'Égypte, désormais engagée dans la reconstruction de Gaza, et une manière pour le pouvoir égyptien de trouver des débouchés pour ses entreprises et sa main-d'œuvre tout en se réaffirmant comme un acteur régional influent.

3. L'engagement au Yémen

En 2015, Sissi engage ses troupes au Yémen, aux côtés de la coalition saoudienne visant à mettre un terme à la progression de la rébellion chiite qui a conduit le président Hadi à l'exil. Outre l'alignement égyptien sur l'Arabie saoudite, cette intervention est motivée par trois éléments : premièrement, maintenir la sécurité du détroit de Bab el-Mandeb, au sud de la mer Rouge, qui contrôle l'accès au canal de Suez ; deuxièmement, tester la capacité d'intervention militaire conjointe de plusieurs puissances du monde arabe en vue de mettre au jour le projet, soutenu par Sissi lui-même, de création d'une force militaire de la Ligue arabe ; troisièmement, **effacer de la mémoire collective le précédent de l'intervention militaire égyptienne au Yémen qui lui causa de lourdes pertes humaines dans les années 1960**, lors de la guerre civile qui opposa les officiers révolutionnaires, soutenus par l'Égypte de Nasser, au pouvoir royaliste, soutenu à l'époque par l'Arabie saoudite. L'enlisement du conflit, s'il ne remet pas en question la stratégie militaire de l'Égypte, a poussé le pays à développer en parallèle des actions humanitaires, alors que le nombre d'immigrés yéménites au Caire a quadruplé depuis 2011 [→ CH. 27].

B. LE VOISINAGE SUD : LIENS HISTORIQUES ET INTÉRÊTS VITAUX

1. Le partage des eaux du Nil

Le président égyptien a signé, le 23 mars 2015, un accord de principe avec les chefs d'État éthiopien et soudanais visant à aplanir leurs différends concernant le partage des eaux du Nil. L'Égypte craignait que la construction en cours du barrage Renaissance en Éthiopie n'affaiblisse son approvisionnement en eau. Les tensions entre les trois pays avaient atteint leur paroxysme en 2013, lorsque le président Mohamed Morsi avait suggéré d'envoyer l'armée pour bloquer la construction du barrage. Ce dernier, qui pourrait être totalement opérationnel fin 2022, promet d'être la plus grande structure hydroélectrique d'Afrique, avec une puissance de plus de 5 000 mégawatts, pour un coût total estimé à 10 milliards de dollars, largement financé par l'Éthiopie. Si le conflit semble écarté, les tensions demeurent vives car si l'Éthiopie est souveraine pour décider de la construction d'un barrage, des traités internationaux anciens confèrent à l'Égypte un droit de véto sur tout projet qui entraînerait une baisse du niveau des eaux, indispensables pour la production agricole nationale. Les pays situés en amont du fleuve contestent désormais, au sein de la Commission du bassin du Nil créée en 2010, ce déséquilibre dans l'exploitation des ressources hydrauliques hérité de l'époque coloniale et reprochent de surcroît à l'Égypte la surconsommation en eau de son système d'irrigation. Depuis lors, **l'Égypte est contrainte de multiplier les initiatives diplomatiques envers les pays nilotiques, et notamment l'Éthiopie**, d'où proviennent 85 % des eaux parvenant sur son territoire [→ CH. 4].

Le Nil et ses aménagements

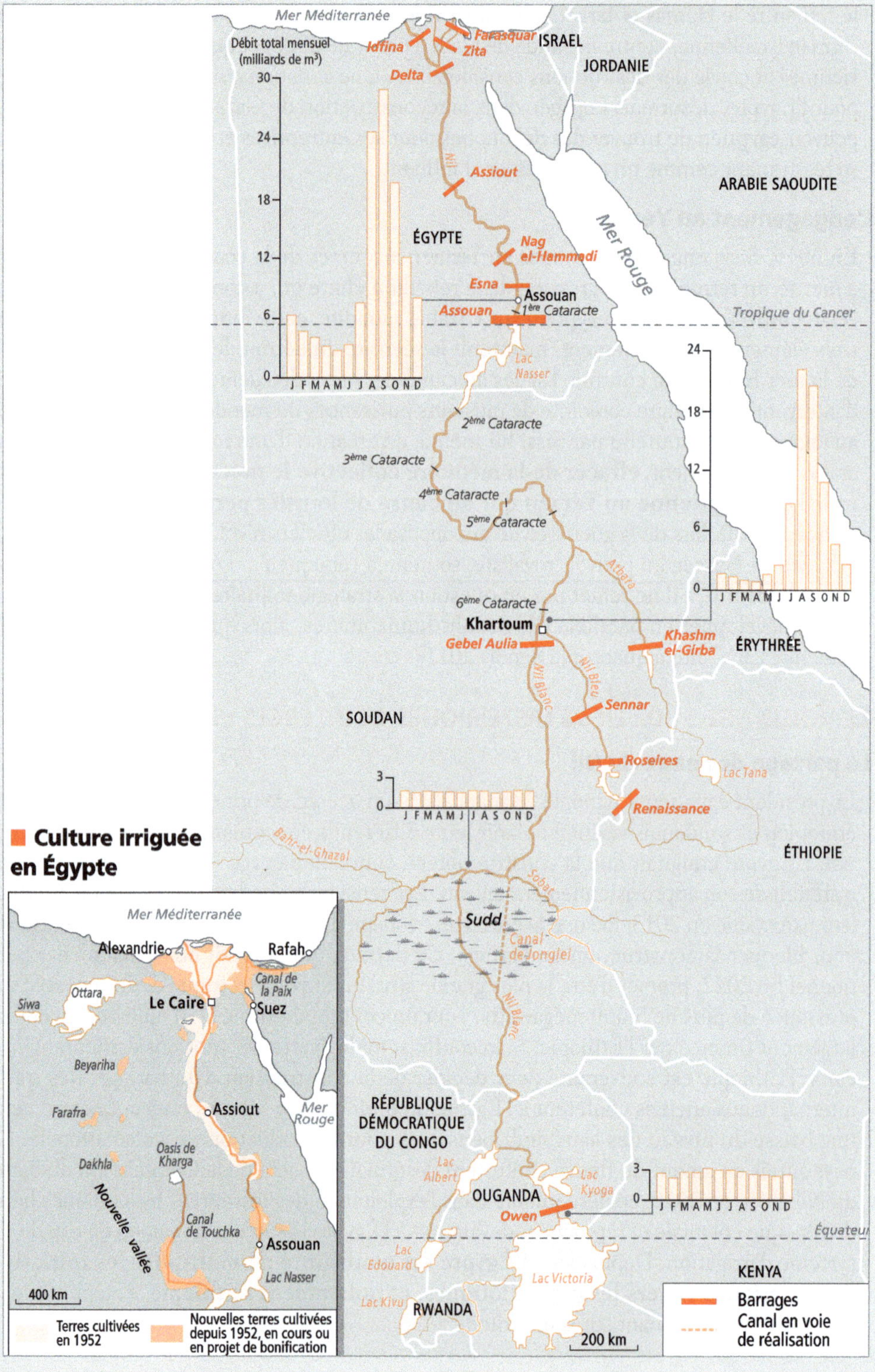

2. Le Soudan, arrière-cour de l'Égypte

Le Soudan, « pays frère », est celui où s'expriment le plus clairement l'influence et les ingérences égyptiennes. Soumis à un condominium égypto-britannique entre 1899 et son indépendance en 1956, il a signé avec l'Égypte un accord de partage des eaux du Nil en 1959. Les tensions croissantes sur le sujet, avec l'Éthiopie notamment, exigent donc de l'Égypte qu'elle maintienne des liens étroits avec lui. Or, le pays a connu à son tour sa révolution, en 2019, qui a conduit à la chute du régime d'Omar el-Bechir, un militaire aux commandes depuis 1989, et à la mise en place d'un pouvoir civil engagé dans une transition démocratique et plus enclin à négocier avec Addis-Abeba. Mais le gouvernement s'est avéré fragile et toujours placé sous l'étroite tutelle d'officiers qui ont fini par reprendre le contrôle du pays par un coup d'État à l'automne 2021, au prix d'une sanglante répression. Si l'Égypte n'a pas officiellement soutenu le putsch, alors même que son principal instigateur, le général Abdel Fattah al-Burhan, était au Caire la veille du coup d'État, elle ne s'est pas jointe à la déclaration conjointe des États-Unis, du Royaume-Uni, de l'Arabie saoudite et des Émirats arabes unis appelant au retour du gouvernement de transition, même si celle-ci semble de pure forme. **La vision sécuritaire de court terme l'emporte pour l'Égypte, où ont été formés nombre d'officiers soudanais**, et qui ne semble pas concevoir la stabilité du Soudan autrement que sous la férule d'un régime militaire.

C. DÉPENDANCE ET CONCURRENCE EXTÉRIEURES

1. Le poids croissant des pays du Golfe

L'Égypte apparaît plus inféodée que jamais aux pays du Golfe, dont l'aide lui a permis d'échapper à la faillite, contribuant à payer les importations de base, notamment de produits énergétiques, dans un contexte de baisse des réserves de change et de la croissance. Cet appui budgétaire a évolué vers une dépendance vis-à-vis des investissements. **Les capitaux saoudiens, émiriens et koweïtiens irriguent en effet la plupart des grands projets d'infrastructures.** Quant aux grands promoteurs immobiliers des Émirats arabes unis, ils transforment les paysages urbains des villes nouvelles égyptiennes depuis plusieurs années déjà. Seul le Qatar, qui a soutenu les Frères musulmans et évoqué un « coup d'État militaire » pour désigner l'arrivée au pouvoir du maréchal Sissi, s'est trouvé exclu de ce jeu. Une prise de distance qui a atteint son paroxysme avec le blocus imposé à l'émirat par ses voisins du Golfe à partir de 2017, et suivi par l'Égypte, pour le punir de son attitude jugée trop conciliante vis-à-vis de l'Iran. Toutefois, le pragmatisme l'a une nouvelle fois emporté et, devant l'échec de cet isolement forcé, l'Égypte a suivi ses partenaires et rétabli ses relations diplomatiques avec le Qatar en 2021. Autre temps fort de la géopolitique régionale, la **signature des accords d'Abraham entre Israël, les Émirats arabes unis et Bahreïn en 2020, visant une normalisation des relations avec l'État hébreu dont l'Égypte**, suivie de la Jordanie en 1994, avait été pionnière. Au-delà des intérêts économiques, ce rapprochement vise, selon une lecture confessionnelle des enjeux diplomatiques, à consolider l'« axe sunnite » pour contrer l'influence d'un « croissant chiite » imposé par l'Iran dans la région et considéré, aussi bien par Israël que par ses nouveaux amis du Golfe, comme une menace existentielle [→ CH. 27].

2. Une entente moins exclusive avec les États-Unis

Cette nouvelle dépendance s'inscrit dans la continuité des relations avec les États-Unis, qui remontent à la signature des accords de Camp David, mais qui ont connu de fortes turbulences suite à la dénonciation américaine de la répression infligée aux partisans de Mohamed Morsi en 2013. Perçue par le nouveau pouvoir égyptien comme une forme de soutien aux

Frères musulmans, la position des États-Unis s'est traduite par une suspension partielle de leur aide militaire, toutefois compensée par celle des pays du Golfe. Cette crispation des relations a donné l'occasion à l'Égypte de diversifier ses partenariats, avec la Russie et surtout avec la France, en acquérant, en 2014 et en 2015, 24 Rafale français, concurrents directs des F16 américains, et deux frégates de type Mistral. En signant un **nouveau contrat pour l'acquisition de 30 Rafale supplémentaires en 2021**, grâce à un prêt garanti par la France, l'Égypte se hisse au quatrième rang des clients du pays, dont elle est désormais un partenaire stratégique, sans pour autant remettre en cause les liens avec les États-Unis, qui demeurent « un allié incontournable ».

3. Faire face aux ambitions de l'Iran et de la Turquie

La diversification des partenariats engagés par l'Égypte avec la Russie – Vladimir Poutine a été reçu en grande pompe en 2015 pour signer plusieurs contrats dans le domaine de l'exploration pétrolière ou pour la construction d'une centrale nucléaire –, ou encore avec la Chine, a également pour but de faire face à la concurrence grandissante, certes plus politique qu'économique, de l'Iran et de la Turquie. Les relations avec cette dernière ont été gelées en 2013, lorsque le président Erdoğan a publiquement contesté la légitimité du président « putschiste » Sissi et accueilli sur son sol nombre de Frères musulmans en exil, alors que les deux pays soutenaient des camps opposés dans les conflits régionaux, notamment en Libye et en Syrie. Cependant, comme avec le Qatar, l'année 2021 aura été marquée par un apaisement, en partie contraint de la part de la Turquie, conduite à modérer son discours belliqueux et ses visées expansionnistes, notamment face à une nouvelle Administration américaine, moins favorable aux vues d'Erdoğan que celle de Donald Trump. Un pragmatisme qui conduit également la Turquie à se rapprocher des riches monarchies du Golfe, et notamment des Émirats arabes unis, dont elle a plus que jamais besoin des investissements. À partir de 1980, suite aux accords de Camp David et à la révolution iranienne, l'Égypte a été le seul pays arabe à ne plus entretenir de relations diplomatiques avec l'Iran, jusqu'à la rupture entreprise par le Maroc en 2009, et surtout par l'Arabie saoudite en 2016, suivie par Bahreïn, les Comores et le Soudan. Si plusieurs tentatives de rapprochement entre l'Égypte et l'Iran ont été entreprises, notamment sous l'éphémère présidence Morsi en 2013, **ce sont les relations de l'Iran avec les pays du Golfe qui dictent désormais la position de l'Égypte**, dont les marges de manœuvre diplomatiques se sont sensiblement réduites.

24 LE CONFLIT ISRAÉLO-PALESTINIEN

Si l'idée de la création d'un Foyer national juif trouve au Royaume-Uni un écho favorable attesté par la Déclaration Balfour de 1917, elle ne se concrétise pas après le démembrement de l'Empire ottoman et le mandat britannique sur la Palestine où affluent des immigrants juifs. Après la Seconde Guerre mondiale et le génocide perpétré par l'Allemagne nazie, l'ONU propose, en 1947, un plan de partage de la Palestine entre un État arabe et un État juif. Cette solution n'est pas adoptée et l'État d'Israël est proclamé en 1948, provoquant une première guerre israélo-arabe, qui sera suivie par d'autres guerres et des épisodes rémanents de violence et d'affrontements armés. L'Égypte et la Jordanie ont signé des paix séparées avec l'État hébreu et plusieurs pays arabes normalisent leurs relations avec Israël. Le règlement de la question palestinienne reste problématique, malgré l'entremise de la communauté internationale.

Notions principales

Diaspora : du grec *diaspora* (« dispersion »), ce terme désigne initialement les communautés juives dispersées dans le monde gréco-romain, qui essaiment au fil des siècles et des persécutions dans toute l'Europe, dans l'Empire ottoman, puis en Amérique du Nord. Il est aussi employé pour des peuples contraints de quitter leur pays vers différentes destinations suite à des événements traumatiques. On parlera ainsi de diaspora arménienne ou de diaspora irlandaise, mais aussi de diaspora palestinienne. De façon plus générale, même si aucun événement traumatique spécifique n'est à l'origine des départs, on parle de « diaspora » pour des communautés dispersées sur plusieurs continents, conservant une conscience identitaire forte, un lien avec leur pays d'origine et des liens entre elles (par exemple, la diaspora libanaise).

Sionisme : actualisant un palestino-centrisme latent dans une diaspora en butte à l'antisémitisme, l'idéologie du retour à Sion, référence biblique à une colline de Jérusalem où fut édifiée la citadelle de David, se développe à partir de 1880 dans les communautés juives d'Europe. Après la publication par Theodor Herzl, en 1896, de *Der Judenstaat*, traduit en français sous le titre *L'État juif* (la traduction littérale serait plutôt « l'État des Juifs »), on passe de l'idée d'un refuge contre les persécutions à l'idée d'un foyer national juif, avant de glisser vers une doctrine et un mouvement politique ayant pour objectif la création d'un État juif indépendant en Palestine.

CHRONOLOGIE

1897 : Premier congrès sioniste à Bâle
1917 : Déclaration Balfour
Avril 1920 : Conférence de San Remo
Août 1920 : Traité de Sèvres
1923 : Traité de Lausanne
1936-1939 : Grande révolte arabe
1937 : Plan Peel
1948 : Proclamation de l'État d'Israël
1948-1949 : Première guerre israélo-arabe
Juin 1967 : Guerre des Six-Jours
1970 : Septembre noir
1973 : Guerre du Kippour
1978 : Accords de Camp David
1987-1993 : Première Intifada
1994-1995 : Accords d'Oslo
2000-2005 : Seconde Intifada
2017 : Conférence de Paris pour la paix au Proche-Orient

I. Aux origines de l'État d'Israël

A. LA NAISSANCE ET L'ESSOR DU SIONISME

1. La naissance du nationalisme juif

À la fin du XIXe siècle, dans un contexte de persécutions et de pogroms* en Allemagne et en Europe orientale, tandis qu'en France, l'antisémitisme d'une bonne partie de l'opinion s'exprime avec virulence lors de l'affaire Dreyfus, s'amorce un mouvement de départ vers la Palestine ottomane.

Pour aller plus loin

La première *aliyah* au fil des événements, 1882-1902
liennathan.fr/gh3s82

Dès le milieu du XIXe siècle, période de l'éveil des nationalités, des rabbins et des intellectuels avaient affirmé une identité nationale juive face à une logique d'assimilation, tandis qu'Eliezer Ben Yehuda proposait une renaissance nationale fondée sur une renaissance de l'hébreu et l'installation en Palestine, selon le slogan : « Un seul peuple, une seule terre, une seule langue ». En 1881-1884, une vague de pogroms en Russie porte un coup au mouvement d'intégration des Juifs qui secouaient les pesanteurs religieuses et communautaires. Ainsi, Léon Pinsker, médecin d'Odessa auparavant favorable à l'intégration, publie *Autoemanzipation* (1882), où, à l'issue d'un constat sur la condition juive – « Le peuple juif est le peuple élu de la haine universelle » –, il exhorte ses coreligionnaires à se réveiller politiquement et à créer un foyer national juif, qu'il envisage éventuellement en Amérique.

2. L'essor du sionisme

Au terme de cette phase présioniste, la publication par Theodor Herzl de *L'État juif*, dans lequel le journaliste austro-hongrois considère la formation d'un État juif comme le seul moyen de permettre aux Juifs de vivre en sécurité, marque le début de l'essor du sionisme.

DÉFINITION

Pogrom : issu d'un mot russe signifiant « dévaster », ce terme désigne les violences contre des Juifs et le pillage de leurs biens.

L'année suivante, **Herzl organise à Bâle le premier congrès sioniste mondial** qui proclame que « l'objectif final du sionisme est de créer, pour le peuple juif, un foyer en Palestine, garanti par le droit public ». Suivant la formule de Lord Shaftesbury, puritain britannique qui, au milieu du XIXe siècle, prône le retour des Juifs en Palestine par conformité à la Bible, on doit donner « un pays sans nation à une nation sans pays ». Or, au début du XXe siècle, la Palestine compte environ 500 000 habitants, dont une minorité juive estimée à 30 000 personnes. Les territorialistes, qui envisagent un Foyer national juif hors de Palestine, ne manquent pas de soulever la question des Arabes, « surtout mahométans », en Palestine. Mais les premières *aliyoth**, comme celle des Amants de Sion qui débute dès 1880, renvoient au thème de la Terre promise. Des vagues migratoires successives alimentées par les persécutions viennent grossir le peuplement juif en Palestine ottomane.

3. La Déclaration Balfour

En novembre 1917, **Arthur Balfour, ministre britannique des Affaires étrangères**, adresse à Lord Lionel Walter Rothschild, président de la Fédération sioniste de Grande-Bretagne, une lettre dans laquelle il **déclare : « Le Gouvernement de Sa Majesté envisage favorablement l'établissement en Palestine d'un Foyer national pour le peuple juif**, et emploiera tous ses efforts pour faciliter la réalisation de cet objectif, étant clairement entendu que rien ne sera fait qui pourrait porter préjudice aux droits civils et religieux des communautés non juives en Palestine. » Dans le même temps, les Britanniques promettent l'indépendance aux Arabes, dont les Palestiniens, alors sujets de l'Empire ottoman.

B. LA PALESTINE MANDATAIRE (1923-1948)

1. Des promesses non tenues

En 1916, les accords secrets Sykes-Picot posent les bases d'un partage des provinces arabes de l'Empire ottoman entre les Britanniques et les Français avec des zones d'influence et des zones d'administration directe. Ils prévoient une zone d'administration internationale comprenant Saint-Jean-d'Acre (aujourd'hui Acre), Haïfa et Jérusalem. Au lendemain de la Seconde Guerre mondiale, en 1920, la conférence de San Remo prépare les clauses territoriales du traité de paix avec la Turquie. Il devient patent que les engagements pris tant auprès des Juifs que des Arabes ne seront pas tenus. En effet, s'il est établi que l'Empire ottoman sera amputé de ses territoires arabophones, il n'est plus question de l'indépendance de ces derniers et la Palestine sera un mandat britannique et non pas un État juif. Cela est confirmé quelques mois plus tard par le traité de Sèvres, qui n'est pas ratifié par le sultan Mehmed VI et sera remplacé en 1923 par le traité de Lausanne, ratifié par Mustafa Kemal Atatürk [→ CH. 21].

DÉFINITION

***Aliyah* (pl. *aliyoth*)** : l'*aliyah* (« montée », « élévation ») obéit originellement à des mobiles religieux, le retour sur la Terre d'Israël (Eretz Israël), mais l'immigration en Israël répond aussi à des motifs politiques ou économiques et le terme désigne plus généralement l'installation en Israël des Juifs de la diaspora.

Le découpage selon les accords Sykes-Picot

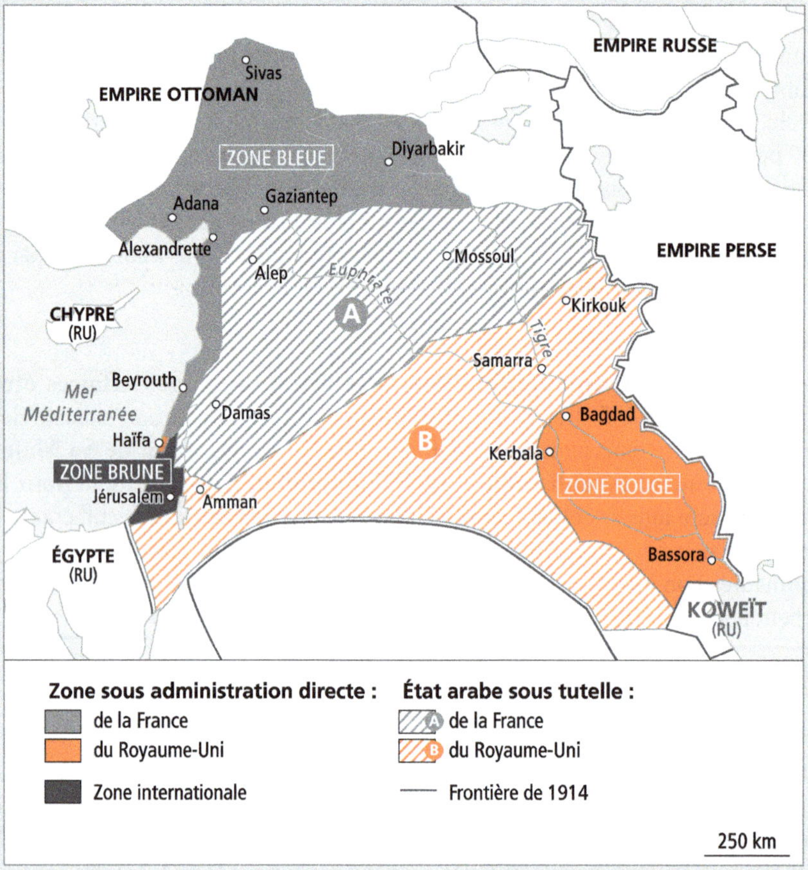

Source : *Alternatives économiques.*

2. Une immigration juive qui s'accélère

La Palestine accueille, durant la période mandataire, un flux ininterrompu d'immigrants juifs venus d'Europe, flux dont le volume augmente avec la montée du nazisme. Environ 135 000 immigrants juifs affluent en Palestine entre 1932 et 1935. Au total, la population juive en Palestine passe de 84 000 personnes au début du mandat à 608 000 à la fin de la Seconde Guerre mondiale, la population arabe palestinienne s'élevant à 1 250 000 personnes en 1945. La population juive, qui représentait 11 % de la population totale de la Palestine au recensement de 1922, atteint 17 % au recensement suivant, en 1931. En 1945, 33 % des habitants de la Palestine sont juifs.

Sur les 26 millions de dunums* que compte la Palestine mandataire, les colons juifs en ont acquis un million et demi début 1948. Les 300 colonies juives produisent alors 28 % du

DÉFINITION

Dunum : unité de mesure traditionnelle au Proche-Orient. Un dunum équivaut à 1 000 m² environ, soit 1/10e d'hectare.

produit agricole de la Palestine. Quant à l'industrie, elle a connu une véritable explosion. De l'indice 100 en 1920, elle est passée à 1 020 en 1938, pour doubler encore à la fin de la Seconde Guerre mondiale.

3. La grande révolte arabe

L'arrivée de sionistes de plus en plus nombreux, pour une partie d'entre eux avec des capitaux, et la nette différence de revenus à l'avantage des Juifs alimentent le ressentiment arabe. Politiquement, l'Agence juive, créée en 1929, représente la communauté juive auprès de la puissance mandataire, alors que les Arabes palestiniens sont divisés. Tandis que les Britanniques louvoient, les tensions se multiplient entre les deux communautés.

L'assassinat de deux Juifs par des extrémistes arabes provoque par représailles l'assassinat de deux Arabes, ce qui déclenche un engrenage de violences et une grève générale. Maîtrisant difficilement la situation sur le terrain et partant du principe que les Juifs et les Arabes ne sauraient vivre en bonne intelligence, **le plan Peel préconise, en 1937, le partage de la Palestine en deux États**, l'un juif, l'autre arabe, Jérusalem et les Lieux saints restant sous contrôle britannique. Soutenus par les États arabes, les Palestiniens refusent. Les Britanniques, confrontés à une véritable insurrection armée de la population arabe, rédigent le Livre blanc de 1939, qui soulève un tollé dans les rangs sionistes, car il répond aux préoccupations arabes : limitation de l'immigration juive, réglementation des transactions foncières entre Arabes et Juifs, promesse, il est vrai assez précautionneuse, d'une Palestine unitaire indépendante.

4. La création de l'État d'Israël

En 1947, à l'issue du mandat britannique, l'ONU doit résoudre l'équation posée par la présence de deux peuples sur un même territoire. Les Britanniques annoncent qu'ils évacueront définitivement la Palestine sans remettre le pouvoir à quiconque le 15 mai 1948. Le 29 novembre 1947, l'Assemblée générale de l'ONU adopte à la majorité requise des deux tiers la résolution 181, qui propose le plan de partage suivant :

– un **État juif sur 56,47 % de la Palestine** (hors Jérusalem) avec 498 000 habitants juifs et 325 000 habitants arabes ;

– un **État arabe sur 43,53 % de la Palestine**, avec 807 000 habitants arabes et 10 000 habitants juifs ;

– un **régime de tutelle internationale pour Jérusalem**, avec 100 000 habitants juifs et 105 000 habitants arabes.

Pour aller plus loin

Mandat et objectifs du Comité pour l'exercice des droits inaliénables du peuple palestinien

liennathan.fr/58jh2j

Les Arabes refusent ce partage ; l'Agence juive l'accepte. **Le 14 mai 1948**, la veille du départ des Britanniques, **David Ben Gourion proclame l'indépendance d'Israël**.

ZOOM ▶ L'État israélien et l'idéologie sioniste

Le particularisme politique d'Israël est d'être un État démocratique et laïc, mais dont la nation se définit par l'appartenance à un ensemble ethnoculturel à fondement religieux, la judéité. Cette spécificité est liée au rôle fondateur du mouvement sioniste dans la genèse d'Israël.

Le sionisme emprunte son idéologie à la fois aux mouvements nationalistes et socialistes européens de la fin du XIXe siècle. Il s'agit pour les juifs ashkénazes* s'installant en Palestine de créer une nation pionnière à dominante sociale et laïque. Les premières structures économiques et sociales mises en place par les immigrants juifs relèvent de cet idéal égalitaire : système coopératif des fronts pionniers agricoles, les kibboutz, ou mouvement politique ouvrier, le Mapaï, à l'origine du Parti travailliste israélien. À partir de 1947, le parti travailliste, représentant les intérêts d'une communauté juive relativement homogène, devient le mouvement politique dominant des trente premières années de la jeune démocratie israélienne.

Le fait que la citoyenneté israélienne soit dominée par la culture nationale juive pose, par ailleurs, le problème des droits civils et politiques des minorités arabes, qui ne sont pas identiques à ceux des citoyens juifs. Citoyens israéliens, représentés politiquement, ils n'en sont pas moins discriminés dans la mesure où le judaïsme, sans être religion d'État, structure la vie quotidienne et l'organisation de la société. Ils subissent également un ostracisme politique, car citoyens israéliens mais d'origine palestinienne, ils sont des opposants radicaux au sionisme. L'obsession sécuritaire, liée à la genèse conflictuelle de l'État, puis à l'hostilité permanente de voisins arabes à laquelle il est confronté, a progressivement conduit à une mutation de l'idéologie sioniste en Israël. Le sionisme a progressivement perdu sa dimension socialisante et égalitaire originelle pour n'en conserver que la seule dimension de défense de la nation juive. Les élections législatives de 1977 marquent la fin du rôle dominant du parti travailliste, contraint de gouverner soit en alternance, soit en coalition avec le Likoud, parti nationaliste libéral et conservateur ou ultra-sioniste dont l'électorat est majoritairement sépharade*. Mais à son tour, le Likoud est progressivement concurrencé par des mouvements ultranationalistes, traduisant un repli identitaire, voire communautariste, tel Israël Beitenou, parti populiste laïc ultranationaliste de la communauté russophone immigrée depuis 1991. Le risque extérieur est devenu le ciment de l'identité nationale israélienne, alors même que la société israélienne connaît un accroissement des inégalités et une hétérogénéité socio-économique et ethnique de plus en plus forte.

Outre la radicalisation sécuritaire, la mutation du sionisme s'accompagne du recul de sa dimension laïque. En 2008, soixante ans après la création de l'État d'Israël, seulement 44 % des Israéliens se considèrent comme laïcs. L'alternance politique entre le parti travailliste et le Likoud s'est aussi accompagnée de l'influence croissante de partis religieux non sionistes, voire antisionistes, tel le Goush Emounim (« Bloc de la foi », fondé en 1974). L'émiettement politique, qu'aggrave la fondation en 2005 du parti centriste Kadima d'Ariel Sharon, conduit désormais à des gouvernements de coalition où le poids politique du bloc religieux ou des partis ultranationalistes minore encore davantage l'influence du sionisme historique sur la scène politique israélienne. Président du Likoud, Benyamin Netanyahou occupe la fonction de Premier ministre de 1996 à 1999, puis de 2009 à 2021. Favorable à l'implantation de nouvelles colonies juives en territoire palestinien, il fait voter en 2018 la loi « Israël, État-nation du peuple juif », critiquée par ses opposants car elle omet de rappeler les termes de la déclaration d'indépendance relatifs à l'égalité sans distinction de religion, de race ou de sexe. Cette loi affirme aussi Jérusalem comme la capitale « complète et unifiée ». En 2021, il doit céder la place à Naftali Bennett, chef de file de Yamina, parti nationaliste de droite, mais qui gouverne à la tête d'une large coalition de huit partis.

D'après Georges Mutin

DÉFINITIONS

Ashkénaze : ce terme s'applique aux Juifs d'Europe centrale et orientale, dont beaucoup ont migré en Europe occidentale. Le judaïsme ashkénaze présente des structures communautaires, des usages alimentaires, des rituels spécifiques. Il est héritier d'une culture et d'une langue à empreinte germanique, le judéo-allemand, dit « yiddish ».

Séfarade : ce terme s'applique aux Juifs issus des communautés de la péninsule Ibérique qui, après l'expulsion des Juifs d'Espagne et du Portugal au XVe siècle, se sont répandues dans tout le bassin méditerranéen et dont la culture religieuse, et surtout profane, diffère de celle des Ashkénazes. Par extension et de façon discutable, on qualifie de « séfarade » tout Juif non ashkénaze.

II. Une succession de guerres et d'affrontements

A. LES GUERRES ISRAÉLO-ARABES

1. La première guerre israélo-arabe

Après la **proclamation de l'État d'Israël**, les armées arabes des États voisins envahissent le nouvel État. Cette **première guerre israélo-arabe se solde par la défaite des troupes arabes**, mal équipées, mal entraînées, mal commandées, face à Tsahal, l'armée israélienne issue de la Haganah, organisation paramilitaire de défense des sionistes, créée en 1920. Les **armistices de Rhodes** sont signés en 1949, **sous la houlette de l'ONU**, avec l'Égypte, le Liban, la Jordanie et la Syrie. **La victoire israélienne se traduit par des gains territoriaux** pour le nouvel État, tandis que la bande de Gaza revient à l'Égypte et que la rive droite du Jourdain, la Cisjordanie, est rattachée à la Transjordanie pour former la Jordanie.

La signature des accords d'armistice ne diminue pas les tensions entre Israël et ses voisins. **Le partage de l'eau est un sujet majeur de discorde. Pour les Arabes, c'est la *Nakba* (« catastrophe ») et l'exode de plus de 700 000 Palestiniens** qui se réfugient en Jordanie (350 000), en Égypte (200 000), en Syrie (90 000) et au Liban (70 000).

Israël décide, le 16 juin 1948, d'interdire le retour des réfugiés palestiniens et met en place une législation lui permettant de récupérer « les terres des absents », autrement dit les propriétés des réfugiés palestiniens. En décembre 1948, l'Assemblée générale de l'ONU adopte la résolution 194 sur la Palestine et « décide qu'il y a lieu de permettre aux réfugiés qui le désirent de rentrer dans leurs foyers le plus tôt possible et de vivre en paix avec leurs voisins, et que des indemnités doivent être payées à titre de compensation pour les biens de ceux qui décident de ne pas rentrer dans leurs foyers ». Depuis des décennies, les Israéliens refusent toute compensation et s'opposent à tout retour des Palestiniens dans leurs foyers.

Les descendants des « réfugiés de 48 » et ceux qui ont connu un deuxième exode massif au moment de la guerre des Six-Jours, en 1967, considèrent leur droit au retour comme imprescriptible. **Le droit au retour est**, avec la délimitation des territoires palestiniens et le statut de Jérusalem, **une pierre d'achoppement dans toute négociation en vue du règlement du conflit**.

Dans les années qui suivent la *Nakba*, dans un contexte idéologique où triomphe le panarabisme nationaliste, laïc et socialiste, qui prône une unification des pays arabes face à l'impérialisme occidental, il n'émerge pas de mouvement national palestinien autonome. **La question palestinienne est abordée dans le cadre de la Nation arabe** et la Ligue des États arabes définit les mots d'ordre auxquels adhèrent les nationalistes palestiniens. Aucune référence n'est faite à la « souveraineté » du peuple palestinien ou à un État palestinien.

2. La guerre des Six-Jours (5-10 juin 1967)

Quatre mois après la signature, en janvier 1949, de l'armistice avec l'Égypte, Israël occupe le sud du Néguev et établit un accès à la mer au fond du golfe d'Akaba, dont l'accès est contrôlé par l'Égypte, qui n'entérine pas ce fait accompli.

Sous le prétexte d'une menace sur la libre circulation dans le golfe d'Akaba, dans un contexte de vive tension avec l'Égypte, **une attaque surprise israélienne cloue au sol l'aviation égyptienne le 5 juin 1967**. Les États voisins tentent de porter secours à l'Égypte. **L'écrasante victoire israélienne est une nouvelle humiliation pour les Arabes.** En six jours, la Cisjordanie, le Sinaï et la bande de Gaza sont occupés au détriment de la Jordanie et de l'Égypte, ainsi que le Golan syrien. En raison de sa position stratégique, puisqu'il domine la

Judée et Damas, mais aussi de son rôle de château d'eau, du fait de la présence d'une des sources du Jourdain, le Golan sera annexé par Israël en 1981.

3. La guerre du Kippour (6-25 octobre 1973)

Les forces égyptiennes et syriennes tentent de laver l'affront de 1967 et de récupérer les territoires perdus. Une attaque éclair le jour de la fête juive de Kippour et pendant le ramadan permet le **franchissement du canal de Suez par l'Égypte**, qui prend pied au Sinaï. **Une longue et coûteuse contre-attaque**, du 9 au 20 octobre, **permet à Israël de reconquérir ses positions**.

B. LES AFFRONTEMENTS ISRAÉLO-PALESTINIENS

Après ses conquêtes territoriales de 1967, Israël ne donne pas suite à la résolution 242 de l'ONU (1967), qui prévoit son retrait des territoires occupés, qui passent totalement sous son contrôle sous la dénomination euphémique de « territoires administrés ». Les Palestiniens prennent acte que les gouvernements arabes sont incapables de libérer la Palestine et qu'ils doivent mener la lutte eux-mêmes. L'identité palestinienne va s'affirmer sur le plan international et l'Organisation de libération de la Palestine (OLP), son expression politique, s'imposer comme interlocuteur avant le basculement de la cause palestinienne de l'arabisme vers l'islamisme avec la victoire du Hamas.

1. La première Intifada (1987-1993)

Durant l'**Intifada (« soulèvement »), dite aussi « guerre des pierres »**, les Palestiniens affrontent directement l'armée israélienne. Les émeutes, les attentats et la répression par les forces d'occupation provoquent une prise de conscience de la question palestinienne et des conditions de vie dans les territoires, aussi bien par une partie de l'opinion israélienne que par la communauté internationale. Elle amène aussi l'OLP à une position de compromis avec Israël, refusée par le Mouvement de la résistance islamique (dont l'acronyme arabe est « Hamas », qui signifie « ferveur »), qui appelle au djihad contre les Juifs. Le Hamas est créé par la Société des Frères musulmans au lendemain du déclenchement de l'Intifada. Il se développe d'abord à Gaza, qui reste le principal de ses fiefs, avant d'étendre ses activités à la Cisjordanie.

2. La seconde Intifada (2000-2005)

La visite d'Ariel Sharon en 2000 sur l'esplanade des mosquées de la tradition musulmane, qui est aussi l'esplanade du Temple dans la tradition juive [→ ZOOM P. 56], déclenche la seconde Intifada, dite aussi *Intifada al-Aqsa*, du nom de la plus grande mosquée de Jérusalem construite au VIIe siècle sur le site des anciens temples hébraïques détruits plusieurs siècles avant l'apparition de l'islam.

La géographie de la confrontation n'est pas la même que pour le précédent soulèvement, qui opposait au cœur des villes une population civile désarmée aux forces israéliennes d'occupation. Cette fois, les affrontements, limités mais violents, éclatent aux lisières des zones palestiniennes, aux abords des colonies, ce qui explique la violence de la répression israélienne (recours à des tireurs d'élite, utilisation de blindés, d'hélicoptères pour le lancement de missiles sur des cibles précises). À la différence de la première Intifada, la seconde obéit à des mots d'ordre politiques plus radicaux : la disparition de l'État d'Israël. Le cycle infernal des attentats meurtriers du Hamas, fort d'un incontestable soutien populaire, et de leur répression aveugle est enclenché.

L'opération « Rempart », l'offensive militaire la plus importante en Cisjordanie depuis 1967, est déclenchée en mars 2001. De très nombreuses villes sont de nouveau occupées, nombre d'infrastructures civiles et militaires de l'Autorité palestinienne sont démantelées, témoignant de la volonté d'affaiblir durablement les institutions mises en place dans le cadre du processus d'Oslo.

Israël démembre l'Autorité palestinienne à Gaza, puis assassine les chefs du Hamas, mais le mouvement leur survit. **En août 2005, Israël procède au retrait unilatéral de la bande de Gaza.** Pour le Hamas, dont l'influence est prépondérante, c'est la preuve éclatante de la supériorité de la lutte armée sur le dialogue, et pour la majorité des Palestiniens, ce retrait est porté au crédit de la « résistance » du Hamas.

3. « Clôture de sécurité » *vs* « Mur de la honte »

L'idée d'une séparation quasi étanche entre l'État d'Israël, confronté à des attaques-suicides meurtrières de Palestiniens venus de Gaza ou de Cisjordanie, émerge dans les premières années de la seconde Intifada. **La construction du « Mur » entre Israël et la Cisjordanie débute en 2002.** Cette muraille de béton de 8 m de haut ou, le plus souvent, ce système de barbelés d'une cinquantaine de mètres de large, est condamnée par l'ONU en 2004. Appelé « clôture de sécurité » par les autorités israéliennes qui invoquent l'impératif de la lutte contre « l'infiltration de terroristes dans les localités israéliennes », qualifié de « Mur d'apartheid » par les Palestiniens ou de « Mur de la honte » par ses détracteurs israéliens, ce dispositif de séparation, prévu sur environ 700 km ampute la Cisjordanie d'au moins 6 % de son territoire : les sinuosités du mur, condamnant à l'enclavement 35 000 Palestiniens, englobent des colonies juives.

4. Les trois « guerres de Gaza » (2008-2009, 2014, 2012)

Après l'éviction du Fatah, principale composante de l'OLP, par le Hamas, Israël et l'Égypte instaurent le **blocus de la bande de Gaza en 2007**.

À Gaza, trois guerres se succèdent. Tandis que le Hamas met en avant l'objectif de briser le blocus, qui provoque une grave crise humanitaire dénoncée par les ONG, les Israéliens présentent leurs raids aériens et leurs offensives terrestres (opérations « Plomb durci » en 2008, « Pilier de défense » en 2012 et « Bordure protectrice » en 2014) comme autant de ripostes – jugées disproportionnées par l'opinion internationale au vu des centaines de morts et des dommages matériels considérables – aux tirs de roquette aveugles du Hamas, qui menacent la vie des civils des villages et des villes du sud du pays (Ashdod, Ashkelon et Beer-Sheva) et pèsent lourdement sur leur quotidien. Israël invoque aussi la nécessité, pour sa sécurité, de détruire les tunnels d'infiltration des combattants du Hamas.

ZOOM ▶ Géopolitique des populations

L'obsession démographique, permanente dans ce conflit, recouvre une réalité complexe.

Sur **15,2 millions de Juifs dans le monde, 45,3 % vivent en Israël**, dont la **population** est passée de 806 000 à **9 449 000** habitants de 1948 à 2021. **Le nombre de colons juifs en Cisjordanie,** Judée-Samarie dans la terminologie israélienne, **dépasse 400 000** et plus de 200 000 Juifs résident à Jérusalem-Est. Aujourd'hui, 78 % des Juifs vivant en Israël sont des *sabras*, c'est-à-dire qu'ils sont nés en Israël, mais la croissance démographique s'est nourrie de vagues migratoires diffuses ou ponctuelles. Dans ses premières années, le nouvel État accueille surtout des Juifs européens, mais aussi des Juifs orientaux, dont la situation se dégrade dans les pays arabes. Ensuite, les indépendances provoquent le départ des Juifs algériens et tunisiens, dont une partie s'installe en Israël. Après 1990, on assiste au retour spectaculaire des Juifs russes. En 2020, sur 20 000 immigrants (36 000 en 2016, 34 000 en 2019), 10 % viennent des États-Unis, 11 % de France, 15 % d'Ukraine et 38 % de Russie.

La population d'Israël n'est pas exclusivement juive. **La population juive d'Israël atteint** 6 982 000 personnes en 2021, soit **74 % de la population totale**. Les Palestiniens ayant fait le choix de rester sur place en 1948, **les Arabes israéliens**, à 84 % musulmans, les autres se répartissant à égalité entre chrétiens et druzes, **représentent 21 % de la population d'Israël.** Citoyens israéliens, ils sont censés avoir les mêmes droits que les Juifs, votent et sont scolarisés en arabe, mais la moitié d'entre eux vit en dessous du seuil de pauvreté et ils souffrent de discriminations dans l'accès à l'enseignement supérieur, à l'emploi et à la propriété foncière. Les 5 % restants dans la composition ethnique du pays correspondent essentiellement aux travailleurs étrangers, africains ou asiatiques, employés dans les services domestiques, le bâtiment ou l'agriculture.

On peut définir le **peuple palestinien** comme l'ensemble des habitants arabes de l'ancienne Palestine mandataire et leurs descendants, **estimé à 13,7 millions fin 2020**, entre la Cisjordanie (3,1 millions), la bande de Gaza (2,1 millions), Israël (1,6 million) et une diaspora principalement dans les pays arabes (6,2 millions) voisins et ceux du Golfe ou dans les pays occidentaux (0,7 million). **Près d'un Palestinien sur deux vit hors de l'ancienne Palestine mandataire,** car près de 750 000 Palestiniens ont pris le chemin de l'exil en 1948 et plus de 500 000 en 1967. **Les réfugiés palestiniens**, définis comme personnes « qui [ont] eu [leur] résidence normale en Palestine pendant deux ans au moins avant le conflit de 1948 et qui, en raison de ce conflit, [ont] perdu à la fois [leur] foyer et [leurs] moyens d'existence », **sont du ressort de l'UNWRA***. Cette spécificité « assure une meilleure visibilité politique et symbolique aux réfugiés palestiniens [...]. En revanche, [...] contrairement au régime de protection internationale du HCR, le statut juridique des réfugiés palestiniens est défini par les États d'accueil en fonction de leurs propres intérêts nationaux » (Jalal Al Husseini). En dépit du soutien à la cause palestinienne dans le discours des dirigeants arabes, les Palestiniens, dont beaucoup vivent toujours dans des camps, sont parfois considérés comme indésirables. Des milliers d'entre eux sont tués en Jordanie en 1970 lors de Septembre noir et des centaines massacrés dans les camps de Sabra et Chatila au Liban en 1982 ; de nombreux Palestiniens sont expulsés de Jordanie en 1988, du Koweït en 1991, de Libye en 1995 à l'occasion de différends entre leur pays d'accueil et l'OLP ; ils paient aussi un lourd tribut aux conflits en Irak et en Syrie.

En 2020, le nombre de Palestiniens sur l'ensemble Israël, Gaza, Cisjordanie, Jérusalem-Est égale celui des Juifs vivant en Israël, soit 6,8 millions de personnes pour chacun des deux groupes. Toujours en 2020, le taux de croissance démographique de Cisjordanie et Gaza (2,5 %) excède celui d'Israël (1,8 %), néanmoins supérieur à la moyenne mondiale (1,1 %). Un solde migratoire négatif ou très faiblement positif en Israël dans la décennie 2010 se conjugue à la natalité élevée de la population palestinienne (32,6 ‰), supérieure à celle d'Israël (21,3 ‰), pour expliquer ce renversement. Toutefois, l'écho du natalisme des dirigeants palestiniens, qui « voyaient la procréation comme un rempart face à l'immigration juive » (Youssef Courbage), semble s'estomper : la descendance finale est passée de 6,6 à 3,8 enfants par femme pour les territoires palestiniens entre 1991 et 2019 (de 2,7 à 3 pour les Israéliennes). Si les comportements démographiques des Arabes israéliens sont proches de ceux des Juifs, les colons juifs en Cisjordanie se distinguent par une natalité et une fécondité notablement supérieures à celles du reste de la population juive.

DÉFINITION

UNWRA : ce sigle anglais désigne l'Office de secours et de travaux des Nations unies, fondé en 1949 pour prendre en charge des réfugiés de Palestine au Proche-Orient. Il est distinct du HCR (Haut Commissariat aux réfugiés), autre organisme onusien.

III. Des enjeux territoriaux et fonciers pour des acteurs aux objectifs évolutifs

Pour les sionistes, Israël est la Terre promise. Ce n'est pas un au-delà allégorique, mais un espace géographique entre Méditerranée et Jourdain qui renvoie aux origines[1]. La mémoire de la terre de Canaan, d'où, dans les temps bibliques, le peuple juif est chassé à plusieurs reprises pour y revenir, est entretenue dans la diaspora et se fonde sur une légitimation religieuse[2]. L'intrication du politique et du religieux est l'un des facteurs de complexification de la question, même si une partie des sionistes reste animée d'un idéal laïc.

Par ailleurs, la vie politique israélienne est très fortement marquée par l'opposition entre deux grands partis : le parti de droite (Likoud) et le parti travailliste. Jusqu'en 1973, le parti travailliste est constamment au pouvoir. Depuis, il y a alternance entre les deux, sans oublier la place des partis religieux ou ultrareligieux sur l'échiquier politique israélien. L'évolution des rapports palestino-israéliens est toujours en corrélation avec les résultats électoraux. Côté palestinien, le passage du panarabisme au nationalisme palestinien, puis le basculement vers l'islamisme modifient les objectifs et les stratégies. Enfin, tout comme sur place, la perception de la question palestinienne et des solutions acceptables pour la résoudre n'est uniforme ni dans la diaspora juive ni parmi les réfugiés palestiniens.

L'expansion d'Israël

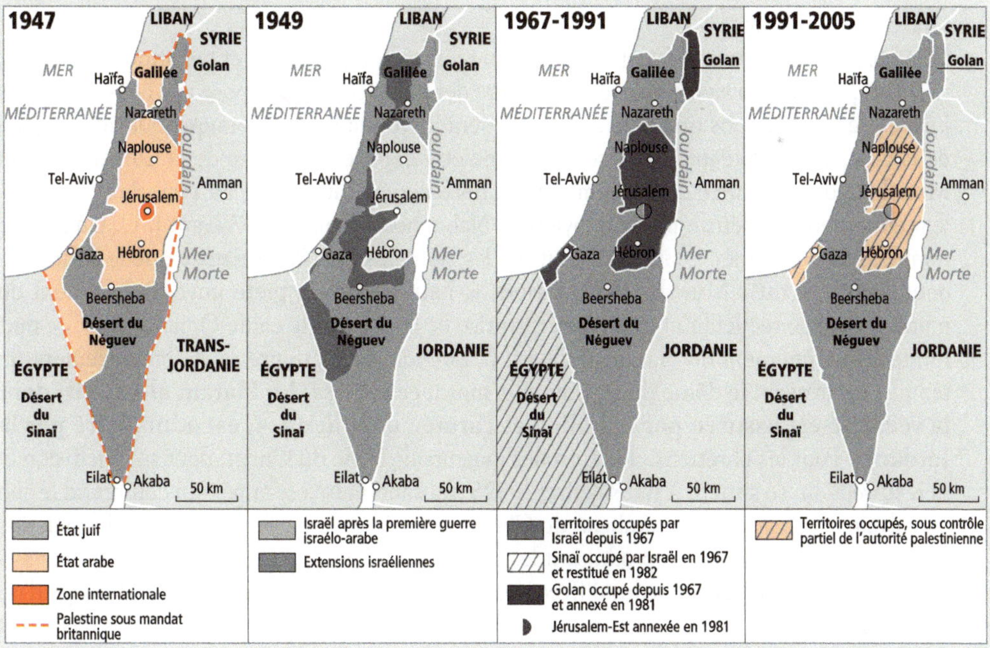

Source G. Mutin.

1. Selon la tradition biblique, il y a plus de 4 000 ans en Mésopotamie, Dieu dit à Abraham : « Quitte ton pays et va vers celui que je te montrerai. Je ferai de toi une grande nation. » Genèse (12, 1-9)

2. « J'irai vous prendre dans toutes les nations, je vous rassemblerai de tous les pays et je vous ramènerai vers votre terre. Vous habiterez le pays que j'ai donné à vos pères. » Ézéchiel (37, 1-7)

A. UNE DÉPOSSESSION AU DÉTRIMENT DES PALESTINIENS

1. Des territoires disparates

a) La bande de Gaza

Coincée entre les territoires israélien et égyptien, cette étroite bande de terrain (45 km de long et 5 à 12 km de large, soit 365 km^2) reçoit des précipitations comprises entre 400 mm à l'extrême nord-est et 200 mm au sud-ouest. L'énorme concentration actuelle de population, passée dans ce milieu aride de 70 000 habitants en mai 1948 à 2 048 000 en 2020, se mesure à sa **densité de 5 610 habitants/km^2**, comparable à celle de Singapour, un record mondial. La population est **urbaine à 92 %**, malgré les efforts entrepris pour développer l'agriculture, qui souffre de sa structure très émiettée. La présence juive y est restée limitée : 8 600 personnes réparties en 21 implantations avant leur retrait en Israël courant 2005.

b) La Cisjordanie et Jérusalem

La rive droite du Jourdain est une zone de plateaux et de collines qui s'étend sur 5 375 km^2. L'altitude peut localement atteindre 1 000 m. Elle jouit d'un **climat de type méditerranéen**, aux précipitations très irrégulières. Avec un total pluviométrique annuel moyen de 614 mm, elle apparaît comme **relativement arrosée par rapport à Israël**. **En 2020, la population de Cisjordanie s'élève à 2 747 943 Palestiniens, dont 281 000 à Jérusalem-Est** [→ ZOOM P. 410], et **592 000 Israéliens, dont 201 200 à Jérusalem-Est et près de 400 000 établis dans plus de 200 colonies juives**, dont certaines sont de véritables villes (Modiin Illit, Betar Illit et Ma'aleh Adumim comptent chacune plus de 35 000 habitants), ou à Jérusalem-Est, qui fait partie de la Cisjordanie, même si la politique israélienne tend à l'en détacher.

Ville hors normes, Jérusalem est investie d'une dimension religieuse et historique prégnante, très intriquée dans la vieille ville, où l'itinéraire des chrétiens se juxtapose aux lieux sacrés des juifs et des musulmans qui, eux, se superposent. Selon la Bible hébraïque, David s'empare de la ville, en fait la capitale de son royaume et y dépose les Tables de la Loi sur le mont Moriah, lieu du sacrifice d'Abraham, où son fils Salomon fait édifier, au Xe siècle avant J.-C., le premier temple, détruit par le Babylonien Nabuchodonosor en 587 avant J.-C. Du second temple, bâti sur le même site et détruit par les Romains en 70, il ne reste que le Mur occidental (Kotel), dit « Mur des lamentations », haut lieu de la piété juive où l'on vient du monde entier se recueillir et prier. Après la prise de la ville par le calife Omar en 637, ce mur forme le soutènement du Haram al-Charif (« Le Noble Sanctuaire »). À l'emplacement du temple, se dressent le dôme du Rocher et la mosquée al-Aqsa. **Le Haram al-Charif, dont la sécurité est assurée par la police et l'armée israéliennes, est administré par la Jordanie.** Pour les chrétiens, des épisodes majeurs de la vie du Christ, dont sa crucifixion et sa résurrection, se situent à Jérusalem. En 325, un sanctuaire est érigé, qui comprend le site du calvaire (Golgotha) et le tombeau du Christ (Saint-Sépulcre). Pour y accéder, les pèlerins gravissent la Via Dolorosa, reproduisant les stations du Chemin de croix, environnés de basiliques, couvents, monastères des différentes Églises chrétiennes. Jérusalem est le siège d'un patriarcat orthodoxe et d'un patriarcat latin. Leur juridiction dépasse les frontières d'Israël et des territoires palestiniens.

Si chacune des trois religions abrahamiques peut manipuler des symboles mobilisateurs, si représentations territoriales, référents historiques et récits mémoriels se mêlent à la dimension religieuse dans le judaïsme, pour les musulmans, l'importance d'**El Quds (« La Sainte », nom arabe de Jérusalem), troisième Ville sainte de l'islam après La Mecque et Médine**, s'exacerbe dans les périodes de domination étrangère, qu'elle soit chrétienne à l'époque des croisades ou juive depuis l'installation sioniste. Les fouilles archéologiques à la recherche du temple de Salomon sont ainsi dénoncées comme une volonté de l'État hébreu d'occulter l'histoire arabo-musulmane de la ville, dont le statut reste une pierre d'achoppement majeure du conflit israélo-palestinien.

En 1947 et 1948, les résolutions 181 et 194 des Nations unies posent le principe d'une internationalisation de Jérusalem. Mais la première guerre israélo-arabe (1948-1949) aboutit à la partition entre Jérusalem-Ouest sous contrôle israélien et Jérusalem-Est sous contrôle jordanien. La réunification de la ville au profit des Israéliens en 1967 après la guerre des Six-Jours donne lieu à une nouvelle résolution de l'ONU qui invalide la décision israélienne. En 1980, suite à la Loi fondamentale qui fait de « Jérusalem, entière et unifiée, la capitale d'Israël », un nouveau désaveu de l'ONU reste une fois de plus lettre morte. On aboutit à une situation complexe : **Jérusalem-Est est toujours revendiquée par les Palestiniens comme capitale de leur État, mais leur Autorité nationale siège à Ramallah** ; le Parlement, la présidence et les ministères israéliens sont à Jérusalem, mais les ambassades étrangères à Tel-Aviv. Une loi votée en 1995 aux États-Unis établissant que « Jérusalem devrait être reconnue capitale de l'État d'Israël » et prévoyant le transfert de l'ambassade à Jérusalem n'a pas été appliquée. En affirmant, durant sa campagne, son intention de déplacer l'ambassade américaine, Donald Trump a soulevé un tollé général dans le monde arabe.

En 2019, Jérusalem compte 919 400 habitants dans ses limites municipales à la délinéation et aux remaniements empreints de préoccupations géopolitiques. Tandis que la proportion de chrétiens est de 2 % et celle des Arabes musulmans passée de 20 % en 1967 à 33 % en 2007 et 38 % en 2019, les Juifs, où la part des ultraorthodoxes (25 %) et des religieux progresse au détriment des modérément religieux et des laïcs, représentent 61 % de la population (70 % en 1999). **La dynamique spatiale marquante est la proportion croissante (40 %) de population juive à Jérusalem-Est, où se cantonnent 98 % de la population palestinienne de la ville.** S'y ajoutent l'expansion de quartiers juifs vers l'est et l'implantation de centres urbains à population juive dans un rayon d'une dizaine de kilomètres, ce qui fait de Jérusalem une aire urbaine de plus d'un million d'habitants. Des stratégies de contrôle territorial – évictions de familles palestiniennes, gel du foncier ou attribution sélective des permis de construire – sont souvent dénoncées. Bien que l'on puisse invoquer des contraintes topographiques, le tracé du tramway qui délaisse les quartiers palestiniens est perçu comme une volonté de renforcer l'enclavement et la fragmentation des quartiers musulmans, sans parler du mur qui sinue entre les quartiers arabes et isole la partie orientale de la ville.

Ainsi, **Jérusalem offre un exemple de l'interférence entre enjeux symboliques et territoriaux**. C'est aussi un cas d'école en matière d'urbanisme sécuritaire au service d'une stratégie politique. Enfin, Jérusalem est une ville où l'État d'Israël a implanté sa capitale en dépit de l'absence d'accord international sur le statut de la ville.

2. Une appropriation foncière par les Israéliens

L'appareil d'État israélien exerce toute son autorité afin de déposséder les populations palestiniennes et recourt à la panoplie classique pour procéder à l'accaparement des terres : expropriations diverses, ventes plus ou moins forcées... En Cisjordanie et à Gaza, l'accaparement se fait à coups d'ordonnances militaires. Les Arabes israéliens ne bénéficient pas des mesures d'allocation de terres, alors que tout Juif, même non-citoyen israélien, pouvait bénéficier de ces mesures. Au bout de quinze ans de ce régime, **vers les années 1980, les Israéliens se sont emparés d'environ 67 % des terres de Cisjordanie** (ils occupent 18 % du territoire et en contrôlent plus de la moitié par le biais de l'armée) et de **42 % de celles de la bande**

de Gaza. En 1995, un rapport de l'ONU estime que le contrôle israélien s'étend sur 73 % de la Cisjordanie et de la bande de Gaza. Cette appropriation foncière prive les Palestiniens de terres utiles à leur expansion démographique et à leur développement économique futur. **Ce n'est pas un front pionnier qui se déploie, mais un mitage de l'espace.**

Pour aller plus loin

Les implantations israéliennes en Cisjordanie : histoire d'une colonisation depuis 1967
liennathan.fr/9yp43a

Les **colonies juives**, expression à laquelle les Israéliens préfèrent le vocable d'« implantations », recouvrent des colonies agricoles, à vrai dire fort peu nombreuses, des camps plus ou moins retranchés dans l'espace rural, des cités-dortoirs autour de Tel-Aviv et les nouveaux quartiers à Jérusalem-Est. **Deux générations d'implantations s'opposent clairement** par leurs principes de localisation en Cisjordanie.

Les colonies créées entre 1967 et 1977 étaient destinées à renforcer, en principe, la sécurité d'Israël. Elles occupent, en chapelets, des sommets de collines proches de la ligne d'armistice de 1949 ou le rebord occidental de la vallée du Jourdain. C'est aussi au cours de cette période qu'a été mise en œuvre la « judaïsation » de Jérusalem-Est, favorisant, par des moyens divers, l'installation de Juifs dans la vieille ville arabe.

Après 1977, la tendance inaugurée par les colonies militantes du **Goush Emounim**, le « Bloc de la foi », mouvement sioniste religieux qui **proclame que la Judée-Samarie, le nom biblique de la Cisjordanie, est une terre juive**, s'est généralisée. On affirme la présence juive en expropriant le maximum de terres arabes et en recherchant au besoin la confrontation. Une telle politique fut engagée de façon résolue par Ariel Sharon et le Likoud, puis poursuivie par les gouvernements qui lui ont succédé. Les agglomérations de type urbain l'emportent avec les cités-dortoirs du Grand Jérusalem ou du bord occidental de la Cisjordanie.

Un dense réseau routier relie, entre elles et avec Israël, les colonies qui ont souvent l'aspect de forteresses de béton. Le territoire est fragmenté à l'extrême, les déplacements sont très étroitement contrôlés, la gestion territoriale est imposée aux Palestiniens sous forme militaire, sécuritaire et réglementaire. La logique qui prévaut est celle de séparer, découper, cantonner des portions d'espaces peuplés de population au statut homogène. Un strict contrôle unilatéral permet de protéger autant que possible les Israéliens de la pénétration de Palestiniens dans leurs zones. Par ailleurs, les colonies et les routes de contournement constituent une barrière physique à l'extension des villes et villages palestiniens.

B. DE L'ORGANISATION DE LIBÉRATION DE LA PALESTINE AU HAMAS

1. La naissance de l'OLP et l'évolution de ses objectifs

En mai 1964, se tient à Jérusalem le premier Congrès national palestinien : **l'Organisation de libération de la Palestine (OLP) est créée**. Une charte est adoptée, qui fixe un objectif : la libération de la Palestine, une Palestine unique dans les frontières du mandat britannique. L'OLP est un front : une fédération de mouvements. **La défaite de 1967 fait prendre conscience aux Palestiniens de la nécessité de se doter d'une organisation politique solide.** L'OLP se structure peu à peu jusqu'à devenir un appareil quasi étatique que Yasser Arafat contrôle à partir de 1969.

L'OLP devient le pôle de référence identitaire. L'identité nationale se développe au travers des réseaux tissés entre les communautés palestiniennes géographiquement dispersées. **L'OLP assume les principales fonctions d'un État** : elle s'érige en pouvoir central doté d'une administration qui paye des salaires, assure des services sociaux, subvient aux besoins d'une large frange de la population dans ses différents lieux d'exil. Ses institutions politiques sont constituées par le Conseil national palestinien, le Conseil central et le Comité exécutif. Ses ressources sont gérées par le Fonds national palestinien. L'émergence du mouvement national palestinien a été essentiellement un phénomène de la diaspora palestinienne et l'OLP s'est employé à rassembler les différents fragments d'une communauté palestinienne éclatée. Le leadership, les institutions et l'action diplomatique se déploient à l'extérieur, là où se trouve concentré l'essentiel des ressources.

L'OLP mène une lutte armée : guérilla dans les territoires occupés, mais aussi attaques contre Israël à partir de bases jordaniennes ou libanaises, terrorisme, y compris terrorisme international. En 1972, lors des jeux Olympiques de Munich, deux membres de la délégation israélienne sont abattus dans le village olympique et neuf autres pris en otage par un commando palestinien exigeant que l'on relâche des prisonniers arabes détenus en Israël. Une intervention policière tourne à la catastrophe, entraînant la mort de tous les otages et de cinq des huit terroristes.

L'OLP déploie aussi une activité diplomatique. En octobre 1974, la conférence des chefs d'État arabes reconnaît l'OLP comme le « seul représentant du peuple palestinien ». Un mois plus tard, à l'invitation de 105 États, Arafat est triomphalement accueilli à l'Assemblée générale de l'ONU. Cette percée internationale saisissante a contribué au prestige de la résistance et abouti à la reconnaissance de l'OLP par plus de 100 États. Toutefois, les États-Unis restent étroitement liés à Israël.

Les positions palestiniennes évoluent et l'idée d'un mini-État (*grosso modo*, la Cisjordanie et Gaza, soit moins d'un quart de la Palestine mandataire) est acceptée, mais comme étape d'une libération totale ultérieure. Pourtant, **dans la décennie 1980, l'OLP enregistre de lourds revers**. Elle doit évacuer Beyrouth en 1982 suite à l'intervention israélienne « Paix en Galilée » [→ CH. 25]. Le même scénario se reproduit en 1983 à Tripoli devant l'armée syrienne. L'OLP perd tout son appareil politico-administratif. Les chefs de la résistance doivent se disperser. Le fonctionnement de l'organisation est perturbé. Surtout, avec le départ des combattants du Liban, c'est l'idée même de la lutte armée, un des thèmes constitutifs de l'organisation, qui est atteinte. La situation devient très difficile pour l'OLP, privée d'une base géographique et militaire lui permettant une certaine autonomie de décision. L'organisation dépend du bon vouloir des pays d'accueil. Le traité de paix égypto-israélien, l'affrontement avec la Syrie, le bombardement par Israël du nouveau QG de l'OLP à Tunis en 1985 ne laissent à l'organisation d'autre choix que l'Irak.

La question palestinienne n'est plus posée dans un cadre régional israélo-arabe, mais dans le cadre israélo-palestinien. L'OLP semble évoluer sur la question de la reconnaissance de l'État d'Israël. Les **décisions d'Alger (novembre 1988)** couronnent cette inflexion avec la **proclamation de l'État palestinien** par le Conseil national de la Résistance et la **reconnaissance, au moins implicite, de l'État d'Israël**. Yasser Arafat dit accepter les résolutions 242 et 338 du Conseil de sécurité, portant reconnaissance de l'État d'Israël. Le 13 décembre 1988, devant l'Assemblée générale de l'ONU, il expose les nouvelles positions de l'OLP.

2. La montée en puissance du Hamas

Dans la décennie 2000, l'Autorité palestinienne, fortement mise en cause pour ses pratiques autoritaires et arbitraires, son népotisme, sa corruption, est en pleine crise et ne dispose pratiquement d'aucune marge de manœuvre. **Israël ne reconnaît plus Yasser**

Arafat comme interlocuteur. Après son décès en novembre 2004, **Mahmoud Abbas**, élu, lui succède. Il veut privilégier l'approche politique dans les relations avec Israël, mais le Fatah* a été incapable d'obtenir la moindre avancée dans le règlement du conflit avec les Israéliens. Nombre de Palestiniens, déçus, se sont rapprochés du Hamas, dont la popularité s'est renforcée. Plongés dans la crise économique induite par les bouclages israéliens, ils se sont tournés vers son réseau très efficace d'associations caritatives qui se sont substituées aux structures défaillantes de l'Autorité. L'intransigeance du Hamas face aux Israéliens, le grand nombre de morts et de prisonniers dans ses rangs ont contribué à son prestige.

En janvier 2006, le Hamas remporte les élections législatives (74 députés sur 132, 44 au Fatah). Le triomphe est particulièrement net à Gaza. Un gouvernement de coalition, auquel participent le Hamas et le Fatah, est enfin constitué après de nombreuses difficultés. Il n'est pas reconnu par Israël, qui refuse tout contact. En fait, une véritable lutte pour le pouvoir est ouverte entre le Hamas et le Fatah, symbolisée par les rivalités entre le gouvernement et la présidence. Circonscrits à Gaza, des affrontements qui ont provoqué la mort de plus de 600 Palestiniens se soldent par une victoire incontestable du Hamas. **Celui-ci prend désormais le contrôle de toute la bande de Gaza. La crise politique aggrave la situation économique**, car avec l'arrivée au pouvoir du Hamas, les pays occidentaux et Israël cessent le versement d'aides financières au gouvernement palestinien.

En mai 2011, un accord de réconciliation est signé au Caire entre le Fatah et le Hamas, devant permettre la constitution d'un gouvernement d'union. L'accord tarde toutefois à se concrétiser en raison de dissensions sur la désignation du Premier ministre. **Un nouvel accord de réconciliation est signé, toujours au Caire, en octobre 2017**, qui stipule « la mise en œuvre de mesures visant à permettre au gouvernement de réconciliation nationale d'exercer ses fonctions et d'assumer entièrement les responsabilités qui sont les siennes dans la gestion des affaires de la bande de Gaza et en Cisjordanie, dans un délai maximum, fixé au premier décembre, tout en s'employant à éliminer toutes les entraves, résultant de la division ».

C. LES ÉTATS ARABES ET LES PALESTINIENS

1. Des paix séparées

a) Les accords de Camp David (1978) et le traité de paix israélo-égyptien (1979)

Président de l'Égypte depuis la mort de Nasser en 1970, Anouar el-Sadate se rend en visite officielle à Tel-Aviv, où il rencontre Menahem Begin en 1977, ce qui lui vaut la réprobation des autres pays arabes qui forment un « front du refus » autour de la Syrie. L'année suivante, le président américain Jimmy Carter invite Sadate et Begin. Le premier est animé par le désir de récupérer le Sinaï, occupé par Israël depuis la guerre des Six-Jours, le second par le souci de rompre l'encerclement d'Israël. Les **accords de Camp David de 1978** débouchent sur le **traité de paix israélo-égyptien de 1979, permettant à l'Égypte de récupérer le Sinaï**. Si la normalisation de ses relations avec Israël vaut à l'Égypte des subsides des États-Unis, elle la met au ban des nations arabes et heurte l'opinion publique égyptienne. En 1981, Anouar el-Sadate est assassiné.

DÉFINITION

Fatah : principale composante de l'OLP, le Fatah (« conquête »), en rupture avec le courant socialiste panarabe, professe un nationalisme patriotique idéologiquement neutre et se fixe comme objectif unique la libération de toute la Palestine en recourant à la lutte armée contre Israël.

b) Septembre noir (1970) et le traité de paix jordano-israélien (1994)

Le royaume de Jordanie est constitué de l'union des deux rives du Jourdain, Transjordanie et Cisjordanie annexée en 1949 pour former la Jordanie. L'éventualité d'un affrontement avec Israël le rapproche de ses voisins et il s'associe à la guerre de 1967, ce qui lui fait perdre la Cisjordanie et Jérusalem-Est. Devenu « pays de la confrontation », il profite de l'aide financière des pays arabes. La résistance palestinienne s'implante sur le territoire jordanien, minant le pouvoir du roi Hussein. **En septembre 1970**, le Septembre noir de la mémoire collective palestinienne[3], **l'OLP affronte l'armée jordanienne dans des combats qui se soldent par l'écrasement des fedayin***. L'OLP s'installe alors au Liban, où se met en place un véritable pouvoir palestinien avec ses réseaux, ses banques, sa bureaucratie, et qui devient le principal centre de la résistance palestinienne. Quant à la Jordanie, le roi rompt en 1988 les liens avec la Cisjordanie.

En 1994, au Wadi Araba, à la frontière méridionale d'Israël et de la Jordanie, en présence de Bill Clinton, qui a pesé pour que les négociations aboutissent, les Premiers ministres des deux pays signent un **traité de paix qui reconnaît le Jourdain comme frontière**, affirme le respect réciproque de la souveraineté et du territoire de l'autre, comporte des clauses de partage des eaux et de coopération dans la lutte contre le terrorisme.

2. Une reconnaissance tardive d'Israël par des États arabes

Les accords d'armistice qui mettent fin à la première guerre israélo-arabe n'impliquent pas, de la part des belligérants arabes, une reconnaissance d'Israël et, à son sommet de Khartoum, en 1967, la Ligue arabe [→ CH. 18] affirme la non-reconnaissance d'Israël et réaffirme les droits du peuple palestinien sur son pays. Seules l'Égypte et la Jordanie s'écarteront de cette ligne. Dominique Vidal résume assez bien le dilemme auquel sont confrontés les dirigeants arabes « pris dans des contraintes contradictoires. Ils veulent tous des relations avec Israël et les États-Unis pour des raisons économiques et stratégiques, notamment pour faire face à la menace iranienne, et ils n'ont pas toujours soutenu les Palestiniens. Mais d'un autre côté, il y a un attachement identitaire de leurs populations à la question palestinienne et trahir cette cause serait prendre le risque de susciter une révolte ».

En 2020, deux États du Golfe, les Émirats arabes unis et Bahreïn, pour qui la puissance de l'Iran est plus cruciale [→ CH. 27] que la question palestinienne, signent les **accords d'Abraham**[4], qui normalisent leurs relations avec Israël. Sous l'égide de Donald Trump et moyennant une aide financière, le Soudan normalise à son tour ses relations avec Israël, « péché politique qui nuit au peuple palestinien et à sa juste cause », selon le porte-parole du Hamas. Enfin, le roi du Maroc établit des relations diplomatiques avec Israël, au moment où le président des États-Unis reconnaît la souveraineté marocaine sur le Sahara occidental [→ CH. 22].

DÉFINITION

Fedayin : les fedayin (étymologiquement « prêts à se sacrifier ») – terme que l'on pourrait traduire par « francs-tireurs » ou « commandos-suicides » – sont des combattants palestiniens menant la lutte armée pour recouvrer leur patrie.

3. Un groupe terroriste palestinien, auteur du sanglant attentat lors des jeux Olympiques de Munich, adopte le nom de Septembre noir.

4. Les Juifs se considèrent comme des descendants d'Abraham par son fils Isaac né de Sarah, tandis que les musulmans se considèrent comme des descendants d'Abraham par son fils Ismaël, né d'Agar l'Égyptienne.

IV. Un impossible règlement du conflit ?

De même que les traités présentés aux paragraphes précédents ont été signés avec la médiation ou sous la pression des États-Unis, c'est sous l'égide du président américain que se déroule le processus d'Oslo.

A. LES ESPOIRS DU PROCESSUS D'OSLO (1993-2000)

1. Première phase : la Déclaration de Washington (13 septembre 1993)

À partir d'août **1993**, des représentants d'Israël et de l'OLP se rencontrent secrètement à Oslo, la capitale norvégienne. Un accord, signé par Yitzhak Rabin et Yasser Arafat en présence de Bill Clinton à Washington en septembre de la même année, établit la **reconnaissance mutuelle d'Israël et de l'OLP**. La **Déclaration de Washington** prévoit le **retrait des troupes israéliennes** de la bande de Gaza et de la ville de Jéricho en Cisjordanie, ainsi que la **mise en place d'une Autorité palestinienne** pour administrer les **territoires occupés** depuis la guerre des Six-Jours (1967). Cette démarche de négociation et ce dispositif sont rejetés tant par le Likoud que par le Hamas.

2. Deuxième phase : l'accord du Caire ou Oslo I (4 mai 1994)

Le 4 mai **1994, l'accord du Caire, resté sous la dénomination d'Oslo I et dit « Gaza-Jéricho d'abord »**, fixe les modalités d'application de la Déclaration de Washington et marque le début de la période transitoire de cinq ans. L'autonomie est proclamée pour la bande de Gaza et une partie de la Cisjordanie dans la région de Jéricho avant de parvenir ultérieurement à une autonomie complète du territoire. L'armée israélienne doit quitter les territoires concernés, mais continuer à assurer la sécurité des frontières et celle des colonies juives. Les compétences civiles sont transférées aux Palestiniens et une police palestinienne doit se mettre en place.

3. Troisième phase : l'accord de Taba ou Oslo II (28 septembre 1995)

L'accord négocié à Taba (Égypte) sur fond d'attentats meurtriers du Hamas et d'autorisation israélienne d'extension des « implantations » est signé en **septembre 1995 à Washington**. Son volet institutionnel prévoit la mise en place d'une Autorité exécutive et d'un Conseil palestinien. Son volet territorial transforme en « peau de léopard » la Cisjordanie, découpée en trois zones :

– la **zone A**, soit moins de 4 % de la Cisjordanie et 20 % de sa population, comprend les sept grandes cités palestiniennes (outre Jéricho, Jénine, Naplouse, Tulkarem, Kalkilya, Ramallah, Bethléem), mais Jérusalem-Est est exclue ainsi qu'une importante partie d'Hébron. Elle est placée sous le contrôle de l'Autorité palestinienne chargée de pouvoirs civils et de police ; l'armée israélienne peut intervenir dans le cadre de patrouilles conjointes ;

– la **zone B** comprend la quasi-totalité des 450 villages palestiniens, soit environ 23 % de la Cisjordanie et 70 % de la population. L'Autorité n'y est dotée que de pouvoirs civils et d'une partie des pouvoirs de police. L'armée israélienne y conserve la responsabilité de la sécurité et le droit d'intervenir à tout instant ;

Les territoires sous contrôle d'Israël

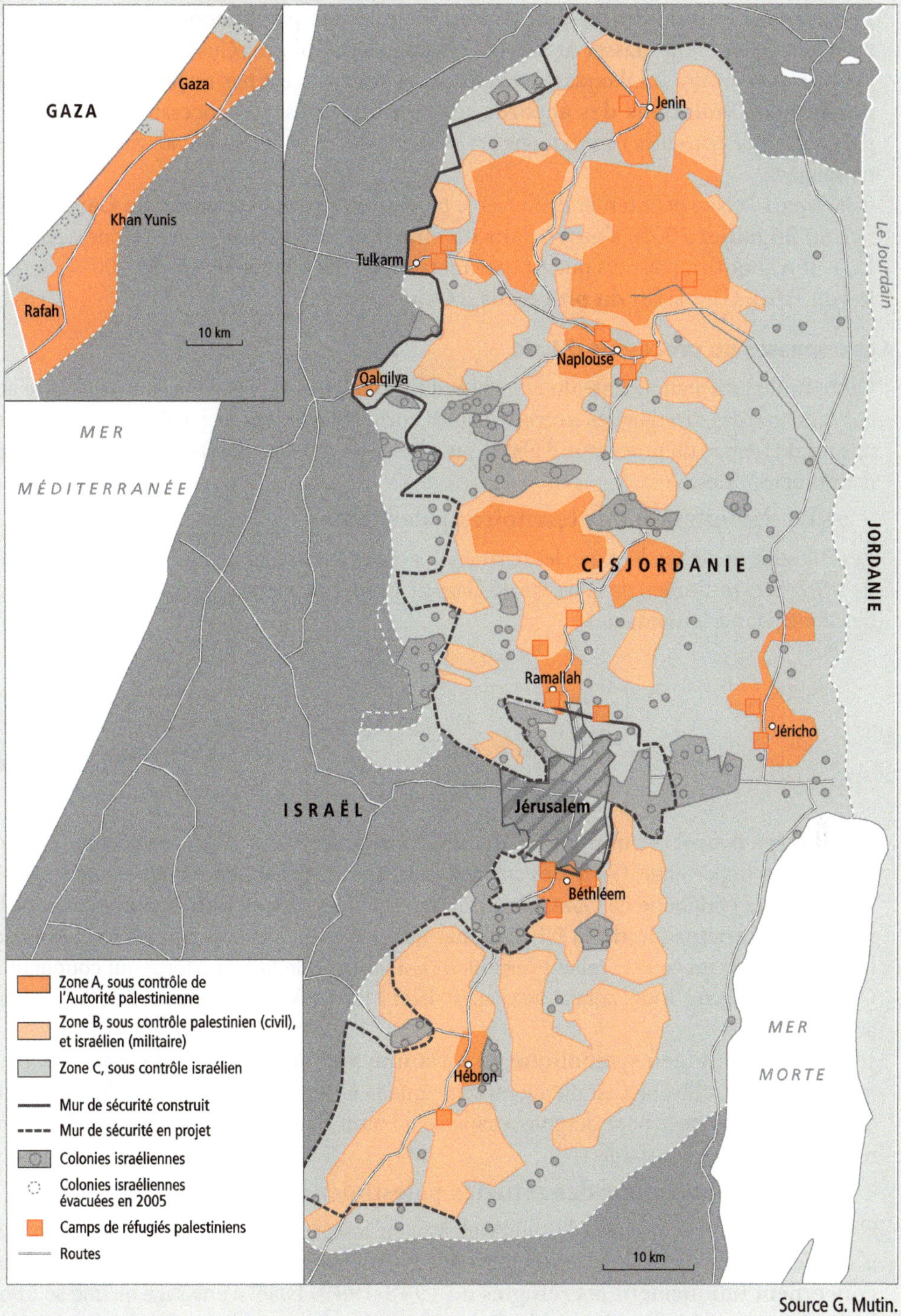

Source G. Mutin.

– la **zone C**, soit 73 % de la superficie de la Cisjordanie, comprend les zones non peuplées, les zones dites « stratégiques » et les colonies. Elle demeure sous contrôle israélien exclusif. **Les échéances électorales palestiniennes prévues par l'accord sont tenues.** Le président de l'Autorité (Yasser Arafat) et le Conseil législatif sont élus en janvier 1996. Avec l'arrivée au pouvoir du Likoud, le calendrier des retraits n'est pas respecté par Israël. **De nombreuses violations des accords sont enregistrées.** Le processus ne s'enclenche pas en dépit de nouvelles négociations en 1998 et 1999, et le retour au pouvoir en Israël des travaillistes.

Convoqué à la hâte pour tenter de sauver le processus de paix, **le sommet de Camp David (11 au 24 juillet 2000) s'ouvre dans un climat de scepticisme** sous l'égide des États-Unis. **Il n'aboutira pas** plus que l'ultime tentative de Bill Clinton en janvier 2001 (pourparlers de Taba). C'est la **fin du processus d'Oslo**.

4. Les impasses du processus d'Oslo

Outre l'influence grandissante du Hamas et du Likoud, pas plus enclins l'un que l'autre aux concessions, des divergences irréconciliables entre Palestiniens et Israéliens éclairent les raisons de l'échec du processus d'Oslo, qui a laissé de côté les points de blocage entre les deux protagonistes.

a) La délimitation des territoires palestiniens

Les Palestiniens demandent que les territoires occupés leur soient restitués dans leurs limites de 1967. Si la restitution de la bande de Gaza ne paraît pas poser de problème, il n'en va pas de même pour la Cisjordanie.

Pour aller plus loin

Palestine : géopolitique d'une violence territoriale
liennathan.fr/3iwp38

Israël exige d'annexer une partie de la Cisjordanie (5 % à 10 %), englobant les colonies les plus importantes (80 % des colons). Les Palestiniens obtiendraient en contrepartie des terres à la périphérie de Gaza, dans le désert du Néguev. **Les Palestiniens exigent la continuité territoriale de la Cisjordanie** qu'Israël n'est pas près d'accorder. Les Israéliens souhaitent un couloir reliant Jérusalem-Est au nord de la mer Morte qui couperait la Cisjordanie en deux. Israël aurait ainsi accès direct à la mer Morte et une portion de frontière avec la Jordanie.

Jérusalem-Est, enjeu symbolique fort, est une pomme de discorde majeure. Pour les Palestiniens, elle obéit au même principe que la Cisjordanie et la bande de Gaza. Elle doit donc être restituée pour devenir la capitale du futur État, tandis que pour Israël, aucune restitution n'est envisageable.

b) Le droit au retour des réfugiés palestiniens

C'est le point où se heurtent le plus violemment les parties en présence qui, en outre, n'abordent pas la vague de réfugiés provoquée par la guerre de 1967. **Les négociations concernent uniquement les réfugiés de 1948-1949.** Israël n'envisage qu'une solution humanitaire (faciliter l'intégration des Palestiniens dans les pays d'accueil), les Palestiniens plaident pour la reconnaissance du droit au retour, inacceptable aux yeux des Israéliens en dépit des conventions de Genève et des résolutions des Nations unies.

B. LA PAIX IMPOSSIBLE (2001-2020)

La seconde Intifada et les trois guerres de Gaza attestent de l'échec de la solution négociée et la poursuite des affrontements armés. L'État palestinien souverain, prévu dans les accords d'Oslo au terme d'une période de transition de cinq ans, n'existe toujours pas.

1. La dégradation de la situation dans les Territoires palestiniens

a) Un territoire de plus en plus émietté

Les **Territoires palestiniens** sont une somme d'enclaves disjointes étroitement corsetées. En Cisjordanie, le contrôle de l'Autorité ne s'y exerce que sur 40 %, totalement en zone A, partiellement en zone B. Le gouvernement israélien n'a plus, pour l'essentiel, à assurer la sécurité dans les zones palestiniennes, ni à assumer le poids financier de l'occupation.

Avec la zone C, Israël contrôle les implantations juives, les routes d'accès et de communication, un espace de sécurité entourant les implantations de même que les Lieux saints (les tombeaux de Rachel à Bethléem et de Joseph à Naplouse). Enfin, se situent dans cette zone les lieux stratégiques, les camps militaires, les carrières dont l'exploitation assure la construction des colonies et des infrastructures, les zones de sécurité, l'accès aux nappes phréatiques. Les infrastructures de sécurité des colonies sont renforcées : grillages, barbelés, routes de contournement, véhicules de sécurité. Alors qu'elle met en place de nouvelles adductions d'eau et d'électricité séparées des réseaux palestiniens, Israël renforce l'interconnexion de ses différents réseaux en Cisjordanie avec ceux de la plaine côtière.

La colonisation, « la conquête de l'Est », se poursuit sans relâche quels que soient les gouvernements. En 1993, il y avait 110 000 colons en Cisjordanie ; ils sont 185 000 en 2001, 300 000 en 2010 et 440 000 en 2020, date à laquelle on dénombre 280 colonies, dont 138 officiellement reconnues par Israël et près de 150 colonies sauvages construites sans autorisation du gouvernement israélien. Cette dynamique ancre la population juive selon un maillage parfaitement maîtrisé, qui permet peu à peu de prendre le contrôle de toute la Cisjordanie. À Jérusalem-Est, pendant la même période, la population juive est passée de 130 000 personnes en 1993 à plus de 200 000 en 2021. En 1998, Israël dévoile ses plans pour la « grande Jérusalem métropolitaine », devant s'étendre sur 440 km², dont les trois quarts en Cisjordanie.

Colline après colline, villes et villages palestiniens se retrouvent encerclés. Plus de 500 points de contrôle, fixes ou mobiles, entravent les déplacements de plus de 3 millions d'habitants. Il est pratiquement impossible pour un Palestinien de se rendre d'une ville à l'autre sans un permis très difficile à obtenir.

Quant à la bande de Gaza, elle est désormais entourée d'un mur hermétique, qui la transforme en prison à ciel ouvert pour ses 1 500 000 habitants. L'évacuation par Israël, en 2005, fait naître de nombreux projets de développement, mais en 2006, la capture, durant son service militaire, du caporal Gilad Shalit[5], lors d'une embuscade tendue par le Hamas en lisière de la bande de Gaza, provoque une sévère riposte israélienne, qui vise aussi à mettre fin aux fréquents tirs de roquette sur la ville de Sederot. Tous les points de passage, déjà durement réglementés, sont bouclés et une vaste offensive aérienne et terrestre s'abat sur la bande de Gaza, provoquant la mort de 300 Palestiniens et la destruction de nombreuses infrastructures civiles. L'armée israélienne se déploie également en Cisjordanie, où plus de 70 représentants du Hamas sont arrêtés. Gilad Shalit sera échangé contre 1 054 prisonniers politiques palestiniens après cinq années de captivité.

5. Gilad Shalit ayant la double nationalité française et israélienne, le président Sarkozy appelle en vain le Hamas à le libérer.

La seule porte ouverte – quelques kilomètres de frontière avec l'Égypte à Rafah – est barrée par un mur, un *no man's land* et une route de surveillance, contrôlée par l'Égypte. **Ce n'est qu'en juin 2010 que le blocus de Gaza**, instauré en 2007, **est allégé** suite à de très vives protestations internationales suscitées par l'opération « Plomb durci » et l'arraisonnement de la flottille pour Gaza[6].

b) Une crise économique et sociale

Un processus de paupérisation généralisé affecte la population civile des territoires occupés. L'extrême incertitude née de la situation politique, les restrictions apportées à la libre circulation des personnes et des biens, ainsi que les dommages et destructions subies par les infrastructures palestiniennes publiques et privées sont les raisons essentielles de la crise économique et sociale que traversent ces territoires. Les très nombreux couvre-feux imposés dans la plupart des villes cisjordaniennes et à Gaza ont aussi considérablement aggravé la situation. Alors que l'économie palestinienne a engrangé quelques succès au cours de la décennie 1990-1999, les années **2000-2002** marquent une rupture et un **déclin spectaculaire**. La structure de l'économie est profondément transformée en s'orientant vers des activités de subsistance liées à l'agriculture et au petit commerce. Le secteur privé, le plus durement touché, est pratiquement paralysé. L'économie est très durement affectée par la fermeture du marché israélien qui assurait 75 % de ses débouchés. Les quelque 128 000 travailleurs palestiniens employés en Israël se voient quasiment refuser l'accès à ce marché du travail après le début de la seconde Intifada : les autorités n'émettent que 32 000 permis de travail fin 2002 et, de surcroît, seule la moitié d'entre eux est effectivement utilisée en raison des difficultés de déplacement. **Les conséquences sociales sont dramatiques** : généralisation du chômage, extension de la pauvreté (moins de 1,90 dollar par jour et par ménage selon la définition de l'ONU) et de l'extrême pauvreté (moins de 1,25 dollar par jour et par ménage). Dès 2002, l'ampleur de la crise économique et sociale provoque un basculement de la politique d'assistance de la communauté internationale, qui passe d'une logique d'aide au développement à une logique d'aide humanitaire. En décembre 2002, 1,5 million de Palestiniens reçoivent une assistance alimentaire directe, soit cinq fois plus de personnes qu'en 2000.

Le blocus de la bande de Gaza, qui tend à devenir un gigantesque bidonville où la plupart des habitants n'ont accès ni à l'eau potable ni à un approvisionnement régulier et fiable en électricité, **provoque le quasi-effondrement de l'économie locale** et son isolement de l'économie palestinienne et du reste du monde. Le rapport 2020 de la CNUCED[7] évalue à 16,7 milliards de dollars le coût économique cumulé de l'occupation israélienne, du seul fait du bouclage prolongé et des opérations militaires à Gaza, pendant la période 2007-2018. En 2019, **la pauvreté touche plus de la moitié de la population** (53 %) et le chômage 51 % des Gazaouis, le chômage des jeunes détenant le triste record mondial de 61 %. La pandémie de Covid-19 aggrave encore la situation sanitaire et la détresse économique. Le rapport de l'agence onusienne conclut que, pour remettre Gaza sur la voie d'un développement durable, il faudrait la levée de toutes les restrictions en matière de déplacements et d'accès, la construction de ports et d'aéroports, la réalisation de projets d'approvisionnement en eau et en électricité. Il ajoute : « le gouvernement palestinien devrait être autorisé à développer

6. L'abordage de la flottille de Gaza est une opération de l'armée israélienne exécutée en haute mer, dans les eaux internationales, le 31 mai 2010, contre une flottille internationale de bateaux qui tentait de briser le blocus.
7. Rapport de la Conférence des Nations unies sur le commerce et le développement intitulé « Coûts économiques de l'occupation israélienne pour le peuple palestinien : la bande de Gaza sous le bouclage et les restrictions ».

les ressources en pétrole et en gaz naturel au large de la bande de Gaza. Cela permettrait d'obtenir les ressources nécessaires à la réhabilitation, la reconstruction et la relance de l'économie ». Il va sans dire que la situation géopolitique ne s'y prête aucunement.

2. Les vains efforts pour une reprise des négociations

À partir de décembre 2006, les contacts repris entre Ehud Olmert, alors Premier ministre d'Israël, et Mahmoud Abbas, tous deux confrontés à des contestations internes, piétinent, tandis que les réunions internationales pour tenter de résoudre un conflit qui dure depuis des décennies reprennent.

a) La proposition saoudienne

Les États arabes, au sommet de la **Ligue des États arabes à La Mecque en 2007**, manifestent leur volonté de jouer un rôle actif dans la reprise des négociations de paix en réactivant l'initiative de paix arabe présentée par l'Arabie saoudite en 2002. Elle propose au gouvernement israélien une normalisation de ses relations avec les pays arabes en échange de la reconnaissance par Israël d'un État palestinien dans les frontières de 1967 avec Jérusalem-Est pour capitale et d'un règlement « équitable » de la question des réfugiés. Israël rejette l'initiative.

b) Le processus d'Annapolis

Sous l'impulsion des États-Unis, le processus d'Annapolis[8] est lancé le 27 novembre 2007, avec l'objectif proclamé d'aboutir à la création d'un État palestinien fin 2008. **La conférence de Paris du 17 décembre 2007** réunit les institutions et pays donateurs pour venir en aide aux Territoires et aider au processus d'Annapolis. Les Palestiniens espèrent récolter 7,7 milliards de dollars pour une période de trois ans. Les deux tiers de cette somme seraient consacrés au soutien direct des finances palestiniennes et le dernier tiers à des projets de développement. Un fonctionnaire sur deux serait ainsi concrètement financé par la communauté internationale. **Les Territoires palestiniens sont placés sous perfusion internationale.**

c) Les atermoiements des États-Unis

L'année 2008 s'ouvre sur une **note d'espoir avec l'arrivée de Barack Obama** à la Maison-Blanche. Dans son **discours du Caire le 4 juin**, le président américain souligne que la situation des Palestiniens est « intolérable » et assure que **l'Amérique « ne tournera pas le dos aux aspirations légitimes des Palestiniens** à la dignité et à un État à eux ». Washington paraît vouloir se réengager dans le processus de paix. **Les pourparlers de l'émissaire américain** George Mitchell se multiplient ; ils **butent vite sur la question de l'arrêt de la colonisation juive dans les territoires occupés**. Le gouvernement Netanyahou reste inflexible et Israël poursuit la colonisation. En 2011, soucieux de ménager leur allié israélien et alors qu'Obama, tourné vers sa réélection, ne se fait plus l'avocat des Palestiniens auprès des Israéliens, les États-Unis opposent leur veto à un projet de résolution du Conseil de sécurité de l'ONU, qui stipule que les colonies dans les territoires occupés « sont illégales et constituent un obstacle majeur à la paix ». Barack Obama, qui gouverne avec un Congrès républicain à partir de 2014, renonce à ses promesses antérieures.
Face aux échecs répétés des négociations avec les Israéliens, les Palestiniens envisagent une autre démarche, celle d'obtenir une reconnaissance par les institutions de la gouvernance mondiale. **L'Autorité palestinienne demande l'adhésion de l'État de la Palestine**

8. Du nom de la ville du Maryland, qui abrite les pourparlers.

à l'ONU le 23 septembre 2011. L'État palestinien est déjà reconnu par 130 pays, mais l'adhésion qui doit être approuvée par le Conseil de sécurité est problématique : les États-Unis ont déclaré qu'ils exerceront leur droit de veto ! Toutefois, en octobre 2012, l'UNESCO admet la Palestine comme membre à part entière par 107 voix contre 12. Les États-Unis, tout comme Israël, suspendent leur financement avant de quitter l'UNESCO au 31 décembre 2018.

En décembre **2017**, **Donald Trump**, en rupture avec ses prédécesseurs et au risque d'enclencher une troisième intifada, **reconnaît Jérusalem comme capitale d'Israël**, ce qui suscite la colère des Palestiniens.

d) La conférence de Paris pour la paix au Proche-Orient (2017)

Face à la dégradation de la situation en Israël et dans les Territoires palestiniens dans un contexte de poursuite de la colonisation juive et des attentats palestiniens, de radicalisation des discours, d'insécurité et de crise régionale, la France réunit 28 pays ou organisations internationales à Paris en juin 2016 afin de remobiliser la communauté internationale en faveur de la paix entre Israéliens et Palestiniens. Cela débouche sur un rapport du Quartet (Nations unies, Union européenne, États-Unis et Russie) qui réaffirme la **solution de deux États** et une résolution du Conseil de sécurité dans le même sens. **En janvier 2017, la conférence de Paris pour la paix au Proche-Orient**, à laquelle ne participent ni les Palestiniens ni les Israéliens, rappelle que la paix durable passe par une solution négociée et qu'il importe que les deux protagonistes respectent le droit international, notamment en matière de droit humanitaire et de droits de l'homme. Qualifiée d'imposture par le Premier ministre israélien, Benyamin Netanyahou, favorable à des négociations bilatérales et estimant que la communauté internationale n'a pas à dicter sa conduite à Israël, elle est saluée comme la réunion de la dernière chance par Mahmoud Abbas, président de l'Autorité palestinienne, qui souhaite qu'elle débouche sur un mécanisme international et un agenda des négociations.

Depuis la conférence de Paris de 2017, **les négociations** multilatérales ou bilatérales **en vue d'une résolution diplomatique du conflit sont au point mort**. Sur le terrain, on assiste à une **recrudescence du conflit** sous sa forme armée et les appels internationaux à la désescalade résonnent dans le vide. En mai 2021, des raids israéliens sur Gaza, des heurts entre Juifs et Arabes dans des villes à population mixte et des affrontements en Cisjordanie ont fait, en une semaine, plus de 200 morts, en majorité palestiniens. Un contexte politico-religieux de radicalisation et le désintérêt croissant des pays arabes pour la cause palestinienne rendent illusoire, dans l'immédiat, l'espoir d'une relance du processus de paix dans un conflit qui dure depuis bientôt trois quarts de siècle.

L'équation de la Déclaration Balfour, l'établissement en Palestine d'un Foyer national pour le peuple juif sans porter préjudice aux droits civils et religieux des communautés non juives en Palestine, n'est toujours pas résolue.

25 GUERRES CIVILES ET INTERVENTIONS ÉTRANGÈRES : LIBAN ET AFGHANISTAN

Le Liban a été le théâtre de 1975 à 1990 d'une guerre en plusieurs phases souvent présentée comme une guerre civile opposant chrétiens et musulmans. Une analyse prenant en compte des enjeux multiples et le jeu complexe d'acteurs locaux, régionaux et internationaux, conduit à nuancer cette vision du conflit. Pareillement, l'Afghanistan est en proie, depuis 1979, à une série de guerres civiles où la dimension religieuse est mise en avant, mais qui se déroulent sur fond d'ingérences étrangères, de tensions interethniques et de rivalités tribales. Le Liban et l'Afghanistan sont assurément des territoires différents par leur situation et leur configuration géographiques : un pays du Levant de tout temps ouvert sur la mer et un pays enclavé aux confins de l'Asie centrale, de l'Asie du Sud et du Moyen-Orient. L'un est un État multiconfessionnel ; dans l'autre, 99 % des habitants sont musulmans. Pourtant, dans une lecture géopolitique, ces deux pays si différents présentent des similitudes fortes. Dans les deux cas, une position de lieu de passage pour l'un, de carrefour pour l'autre, a attisé précocement les convoitises, d'où une histoire marquée par des dominations extérieures. Au XIXe siècle, les antagonismes communautaires, sur une base religieuse au Liban, ethnolinguistique en Afghanistan, sont instrumentalisés par les grandes puissances impérialistes. À la fin du XXe siècle et au début du XXIe, des luttes sanglantes pour le pouvoir entre communautés, entre factions, entre milices, interfèrent avec des ingérences et des interventions militaires d'acteurs étrangers proches ou lointains, puissances régionales ou mondiales.

Notions principales

Confessionnalisme : système politique où, dans un État pluriconfessionnel, le partage du pouvoir s'établit selon la proportion de chaque confession et non selon un principe de laïcité.
État tampon : État qui constitue un élément géostratégique d'équilibre entre deux puissances rivales qu'il sépare, réduisant la possibilité de conflits entre elles.
Le Grand Jeu : luttes d'influence et rivalités coloniales entre l'Empire russe et l'Empire britannique en Asie centrale au XIXe siècle.

CHRONOLOGIE

Liban

1920 : Création de l'État du Grand Liban
1943 : Indépendance du Liban
1970-1990 : Guerre civile
1976-2005 : Occupation syrienne
1978-2000 : Occupation israélienne du Sud-Liban
1989 : Accords de Taëf
2006 : Guerre des 33 Jours
2016 : Michel Aoun élu président de la République
2020 : Gigantesque explosion dans le port de Beyrouth

Afghanistan
1747 : Création du Royaume d'Afghanistan
1907 : Convention anglo-russe
1919 : Armistice de Rawalpindi
1973 : Proclamation de la République
1979-1989 : Intervention soviétique
1996 : Les talibans au pouvoir
2001 : Intervention américaine
2014 : Retrait des forces de combat de l'OTAN
2020 : Accord de Doha
2021 : Départ des troupes américaines et retour au pouvoir des talibans

I. Le Liban

Lieu de passage et de brassage au sein d'empires successifs, arabisé, mais non totalement islamisé, le Liban participe de la Méditerranée par son milieu naturel et sa configuration géographique, par son histoire et sa culture, par une société patriarcale et une importante diaspora.

A. UNE GUERRE DE RELIGION ?

1. Une société pluriconfessionnelle

La Constitution libanaise reconnaît dix-huit communautés religieuses. Cinq sont musulmanes ou réputées telles, bien que syncrétiques, et douze sont chrétiennes. S'y ajoute la communauté juive. **L'importance numérique de chaque communauté est un sujet sensible.** Le dernier recensement officiel au Liban, mené sur une base confessionnelle, remonte à 1932. Sur 875 252 habitants, on comptait alors 53 % de chrétiens et 47 % de musulmans. En 2011, selon un institut de recherche libanais, sur 2 981 015 Libanais résidant au Liban, il y aurait 65,5 % de musulmans et 34,5 % de chrétiens. Toujours selon une source libanaise, les chrétiens au Liban ont augmenté en nombre mais diminué en proportion. En 2018, la part de musulmans est estimée à 69,4 % et la communauté chiite, désormais la plus nombreuse, représenterait 31,6 % du total de la population. Seules trois ou quatre communautés dépasseraient 10 % de la population.

Cartographier le fait religieux au Liban est délicat tant les populations sont imbriquées. Même si le Liban est bien une interface entre les deux grandes religions, une cartographie opposant régions musulmanes et régions chrétiennes est trop simplificatrice pour être pertinente. En effet, elle gomme la spécificité des Druzes, acteurs politiques avec qui il faut compter, et présente les chrétiens et les musulmans comme des ensembles homogènes. Or, c'est loin d'être le cas, du fait des différences de positionnement entre catholiques de rite oriental et orthodoxes, ou des antagonismes entre sunnites et chiites. Lignes de partage politique et lignes de fracture sociale ne coïncident pas avec le clivage chrétiens-musulmans, ce qui invalide une lecture binaire de la situation et rend préférable une catégorisation plus fine. Une cartographie minutieuse fausse néanmoins, elle aussi, la perception de la situation dans la mesure où les densités de population sont inégalement réparties dans ce pays montagneux organisé en quatre bandes parallèles. L'étroite plaine littorale est dominée par le mont Liban, qui culmine à plus de 3 000 m. Au pied du versant oriental de cette chaîne compartimentée, s'étend la plaine de la Bekaa, surplombée à l'est par les hauteurs massives de l'Anti-Liban et de l'Hermon, dont la ligne de crêtes, entre 2 500 et 2 800 m, forme la frontière avec la Syrie. La haute montagne est inhabitée et les densités sont beaucoup plus élevées sur la côte, fortement urbanisée, que dans la Bekaa.

Répartition de la population libanaise par communauté religieuse

Confessions	% des résidents
Chiite	30 à 35
Sunnite	23 à 28
Maronite	22 à 24
Grecque-orthodoxe	8 à 12
Arménienne-orthodoxe	< 3
Alaouite	< 1
Arménienne-catholique	< 1
Protestante	< 1
Assyrienne	< 0,5
Chaldéenne	< 0,5
Latine	< 0,5
Syrienne-catholique	< 0,5
Syrienne-orthodoxe	< 0,5
Copte	< 0,1
Juive	< 0,1

Source : Michael F. Davie, « Internet et les enjeux de la cartographie des religions au Liban », *Géographie et cultures*, n° 68, 2008, p. 4.

La religion dominante cartographiée sur tel ou tel territoire s'avère majoritaire dans des proportions variables, si bien que l'on peut envisager une troisième lecture : des môles confessionnels et de vastes espaces mixtes. Les fiefs maronites et Druzes sont des espaces de moyenne montagne, versant occidental du mont Liban pour les uns, Chouf pour les autres. Un archipel sunnite, plus urbain, avec des îles septentrionales (Tripoli, le Akkar) et des îles méridionales (Saïda, les contreforts de l'Hermon), contraste avec un territoire chiite plus vaste et rural (Bekaa centrale et septentrionale, Sud-Liban). Cependant, au sein même des territoires confessionnels, existent des enclaves communautaires, ce qui rend le puzzle des religions extrêmement complexe.

2. Un État confessionnaliste

La Constitution libanaise de 1926 institutionnalise le confessionnalisme : « À titre transitoire et dans une intention de justice et de concorde, les communautés seront équitablement représentées dans les emplois publics et dans la composition du ministère » (article 95). Cette Constitution reste en vigueur après l'indépendance. Le confessionnalisme perdure, validé par le **Pacte national de 1943**. Selon cet arrangement verbal, le président de la République est maronite, le président du Conseil des ministres sunnite et le président de la Chambre des députés chiite ; la répartition des portefeuilles ministériels, des postes dans l'Administration et le système électoral répondent au même principe de **partage du pouvoir au prorata de l'importance numérique des communautés**. Le confessionnalisme est renforcé par les « féodalités libanaises », qui reposent sur un fonctionnement clanique, népotique et clientéliste à assise territoriale et foncière.

La répartition des groupes confessionnels au Liban

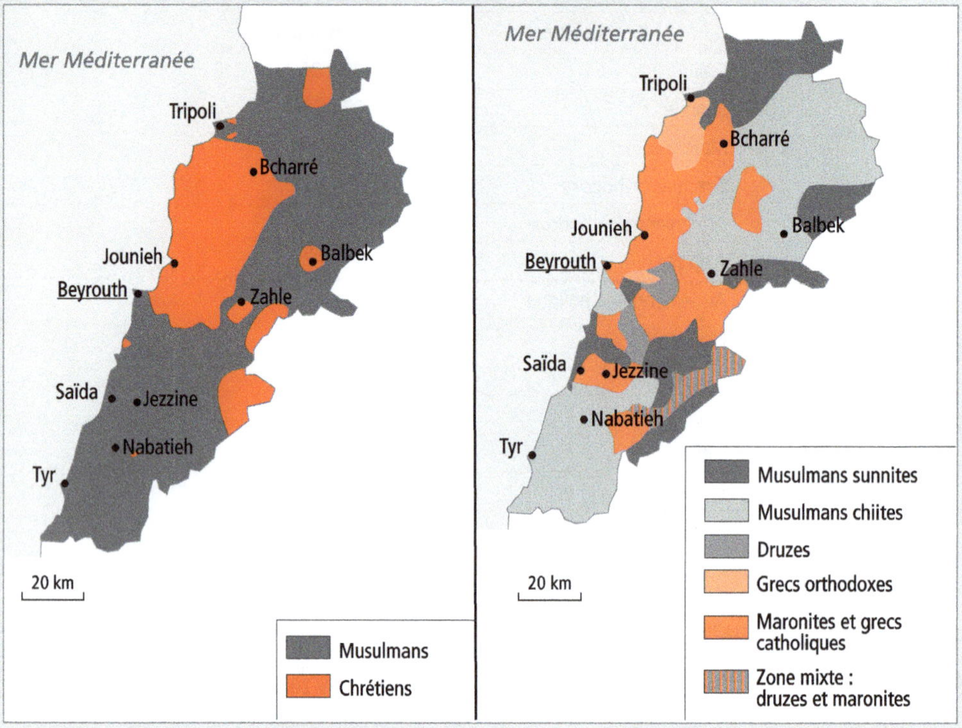

Source : d'après G. Mutin, *Du Maghreb au Moyen-Orient, un arc des crises*, Documentation photographique, n° 8072, 2002.

ZOOM ▶ Vieilles familles et hommes nouveaux

L'influence des familles de notables politiques, qui ont payé un lourd tribut au conflit, **s'est largement maintenue après la guerre**. Elles sont maronites, tels les **Gemayel, Chamoun ou Frangié**, druzes, comme les *Joumblatt* qu'une rivalité séculaire oppose aux **Arslan** pour le leadership de leur communauté, ou sunnites, comme les **Karamé**. Mais **la guerre a favorisé l'émergence d'hommes nouveaux**, souvent issus de la diaspora. **Rafic Hariri**, né en 1944 dans une famille pauvre de paysans sunnites, a fait fortune en Arabie saoudite et a occupé la fonction de Premier ministre. Attribué aux Syriens, son assassinat en 2005 provoque la révolution du Cèdre contre la présence syrienne. Né en 1938 en Sierra Leone, **Nabih Berri**, qui se dit « chiite sur la carte d'identité et libanais avant tout », est président de la Chambre des députés. **Michel Aoun**, né en 1933 et fils de boucher d'une banlieue populaire de Beyrouth, devient commandant en chef de l'armée pendant la guerre et s'oppose à la fois au règne des milices et à la présence syrienne. Après quinze ans d'exil en France, il rentre au Liban et signe un document d'entente avec **Hassan Nasrallah**, né en 1960, secrétaire général du Hezbollah. Aoun est président de la République libanaise depuis octobre 2016.

3. La remise en cause du Pacte national

Les dynamiques démographiques de chaque communauté et la situation géopolitique au Proche-Orient vont contribuer à gripper le système en entraînant la rupture des fragiles équilibres numériques sur lesquels reposait le Pacte national. La première raison est le **différentiel de fécondité entre les communautés en faveur des musulmans**. Cela reflète sans doute autant des différences de niveau social et de niveau d'instruction que des comportements volontairement natalistes, selon les démographes Youssef Courbage et Philippe

Fargues, qui estiment le taux de natalité des musulmans à 42 ‰ et celui des chrétiens à 25 ‰ dans les années 1970[1]. À cela s'ajoute une **plus forte propension des chrétiens à émigrer** d'un pays qui alimente une importante diaspora.

ZOOM ▶ La diaspora libanaise

La population libanaise est estimée entre 6 et 7 millions d'habitants en 2020. Selon les sources, **la diaspora libanaise compterait entre 8 et 12 millions de personnes.** Sa **dispersion géographique** est flagrante. On trouve des communautés libanaises sur tous les continents. Dès la fin du XIXe siècle, les paysans de la montagne fuyant la surpopulation, la misère et l'archaïsme des structures sociales gagnent l'Amérique latine et les Caraïbes. Les communautés y sont totalement intégrées, en particulier au Brésil (plusieurs millions de Brésiliens se réclament d'une ascendance libanaise) et en Argentine. À cela s'ajoute une émigration définitive vers l'Afrique occidentale (Côte d'Ivoire, Sénégal) et centrale (Congo, Gabon) de commerçants souvent chiites qui ne se sont guère assimilés à leur pays d'accueil. L'Amérique du Nord est une destination attractive aux débuts de l'histoire migratoire libanaise ; elle le reste pour ce qui est du Canada ; l'Europe apparaît plus tardivement ainsi que l'Océanie. La péninsule Arabique constitue la destination la plus récente. Les membres de la diaspora, même s'ils ne possèdent pas, ou plus, la nationalité libanaise (le Liban n'existe pas en tant qu'État avant 1920), maintiennent des **liens forts avec leur territoire d'origine** et ont construit des **réseaux diasporiques** familiaux et commerciaux, mais aussi diplomatiques et financiers.

Le recensement de 1932 comptabilise, selon leur confession, les Libanais qui émigrent : 85 % des Libanais qui quittent leur pays pour tenter leur chance ailleurs sont des chrétiens. Cela reste vrai jusqu'au milieu des années 1980. La répartition confessionnelle de ceux qui partent s'inverse ensuite avec l'émigration massive de musulmans vers le Golfe. Ceux qui émigrent du Liban entre 1985 et 1990 sont à 78 % des musulmans. **Le montant des remises des émigrés excède celui des exportations** du pays et **les Libanais de l'étranger sont une source d'investissements,** notamment associés à des hommes d'affaires de leur pays d'accueil. Enfin, **les Libanais de l'extérieur jouent un rôle politique.**

La question palestinienne a constitué un facteur de déstabilisation. En 1948 (proclamation de l'État d'Israël), le Liban accueille 100 000 réfugiés palestiniens enregistrés par l'UNRWA[2], soit 10 % de sa population de l'époque. S'ajoutent environ 40 000 réfugiés palestiniens non enregistrés, mais en possession de titres de séjour au Liban, 3 000 à 5 000 clandestins palestiniens et 40 000 réfugiés palestiniens qui ont fui la Syrie. Moins intégrés juridiquement, économiquement et socialement que dans d'autres pays arabes, ces réfugiés s'entassent dans les camps officiels de l'UNRWA ou des groupements d'habitat informel. En 1970, après Septembre noir [→ CH. 24], le principal centre de la résistance palestinienne devient le Liban, ce qui exacerbe ses tensions internes.

B. UNE GUERRE CIVILE ?

1. La crise libanaise

Globalement, la majorité des maronites souhaitent le départ des Palestiniens, dont les musulmans et les druzes sont solidaires. Le conflit israélo-arabe va se répercuter au Liban en opposant la droite chrétienne et les « forces palestino-progressistes ». Il s'ensuit des **affrontements sanglants entre les milices** à partir de 1975. Hormis l'Armée du Liban-Sud, alliée d'Israël, à forte majorité chrétienne, mais comptant aussi dans ses rangs des éléments

1. Youssef Courbage et Philippe Fargues, *La situation démographique au Liban : Analyse des données*, Beyrouth, Librairie orientale, 1974.
2. UNRWA (*United Nations Relief and Works Agency*) : office de secours et de travaux des Nations unies pour les réfugiés de Palestine dans le Proche-Orient, créé en 1949 et spécifiquement dédié aux réfugiés palestiniens.

chiites et druzes anti-palestiniens, les milices sont à base confessionnelle. Toutefois, la même confession peut avoir des milices rivales selon des clivages géographiques ou idéologiques et des divergences sur les alliances : Marada et Forces libanaises chez les maronites, Amal et Hezbollah chez les chiites. L'armée libanaise est impuissante à s'interposer dans cet enchevêtrement de luttes inter- et intra-confessionnelles et à **rétablir la paix civile**. Cela provoque l'intervention des deux plus proches voisins du Liban.

2. L'intervention syrienne

Alors que l'État libanais ne contrôle plus la situation et que le territoire national se fragmente, **30 000 soldats syriens entrent au Liban en 1976** sous couvert de la **Force arabe de dissuasion**. La Syrie se pose en force d'interposition et impose une fragile *Pax Syriana*. Les Syriens occupent le pays, hormis sa partie méridionale, et exercent leur mainmise sur les affaires internes du Liban. Il est vrai que les frontières issues du démembrement de l'Empire ottoman portaient en germe un conflit où les idéologies inconciliables du Grand Liban et de la Grande Syrie mobilisent chacune des justifications historiques [→ CH. 18]. Si l'intervention syrienne est associée à un enjeu idéologique arabiste, plus prosaïquement, le Liban fait office de « poumon libéral » pour une économie syrienne très étatisée et Beyrouth est considéré comme le port de Damas. À l'enjeu économique s'ajoute un enjeu stratégique, en particulier dans la Bekaa. **Les dernières troupes syriennes ne quitteront le Liban qu'en 2005.**

3. Les opérations israéliennes

Israël lance des opérations militaires (« Litani » en 1978, « Paix en Galilée » en 1982, « Raisins de la colère » en 1996, « Punition adéquate » en 2006) en territoire libanais **et occupe le Sud-Liban de 1978 à 2000**. Pour Israël, le Sud-Liban représente un enjeu hydraulique (la Hasbani, une des sources du Jourdain) et stratégique face aux Palestiniens, puis au Hezbollah. En 1982, Israël bombarde Beyrouth, alors siège de l'Organisation de libération de la Palestine (OLP), et pilonne la ville pendant un mois. Les Palestiniens des camps de Sabra et Chatila sont massacrés[3]. En 1996, la montée en puissance du Hezbollah donne lieu à des raids israéliens au Sud-Liban en riposte à des tirs de missiles. En juillet 2006, suite à un accrochage à la frontière, les Israéliens, désireux de détruire l'arsenal du Hezbollah, mènent la guerre des 33 Jours, dont les bombardements visent non seulement le Sud-Liban ou des positions du Hezbollah (Bekaa, banlieue sud de Beyrouth), mais des objectifs stratégiques (ponts, dépôts de carburant) dans tout le pays.

4. Les acteurs lointains

Cette « guerre civile » à ingérence active des pays frontaliers est aussi une **guerre par délégation**, d'abord entre Soviétiques, qui soutiennent l'OLP, et Américains, alliés d'Israël, puis entre l'Iran, qui finance et arme le Hezbollah, et l'Arabie saoudite, principale puissance sunnite du monde arabe. Elle provoque aussi l'**intervention d'acteurs internationaux**. En 1978, suite à l'entrée des troupes israéliennes au Sud-Liban, le Conseil de sécurité de l'ONU met en place la **FINUL (Force intérimaire des Nations unies au Liban)** pour rétablir la paix et la sécurité internationales, et confirmer le retrait des troupes israéliennes du sud du Liban. Si elle échoue dans son mandat d'aider le gouvernement libanais à rétablir son

3. Sous la pression des manifestations à Tel Aviv devant ce carnage, une commission d'enquête est mise en place pour établir la responsabilité de l'armée israélienne. La Commission Kahane récuse la responsabilité directe d'Israël, considérant que les massacres ont été perpétrés par les groupes phalangistes d'Élie Hobeika (assassiné en 2002), mais reconnaît la responsabilité indirecte d'Israël. Selon les Palestiniens, des commandos israéliens en civil ont pris une part active aux événements.

autorité effective sur la région, elle apparaît comme une force de protection des populations civiles. En 1982, suite au blocus de Beyrouth, une **Force multilatérale d'interposition** (États-Unis, France, Italie) est constituée à la demande du Liban, pour assurer l'évacuation des combattants de l'OLP qui acceptent de quitter le Liban en échange d'un cessez-le-feu. C'est sous l'égide d'un **comité tripartite** (Maroc, Algérie et Arabie saoudite) que sont signés les **accords de Taëf** en 1989, qui réaffirment l'indépendance du Liban tout en entérinant le rôle de la Syrie. La reddition des derniers adversaires de cette négociation, autour du général Aoun, qui y voit un diktat de la Syrie, a lieu l'année suivante. La **Constitution de 1990**, élaborée dans le cadre des accords, prévoit que « la Chambre des députés élue sur une base égalitaire entre les musulmans et les chrétiens doit prendre les dispositions adéquates en vue d'assurer la **suppression du confessionnalisme politique** ». De fait, le confessionnalisme prévaut encore pour le Parlement et le Conseil des ministres, où les communautés ne sont plus représentées « équitablement » mais « sur une base égalitaire ». D'un côté, cela signifie une réduction du poids des chrétiens à la Chambre et au gouvernement, mais d'un autre côté, cela leur garantit un pouvoir politique à égalité avec les musulmans quelles que soient les dynamiques démographiques.

C. DE GRAVES SÉQUELLES

1. Un lourd bilan

On évalue à 145 000 morts et 185 000 blessés le bilan d'un conflit qui a fait un **grand nombre de victimes civiles**. **Le bilan matériel est lourd** : champs de mines, habitations et infrastructures détruites, amas de ruines dans le centre de Beyrouth. La guerre a provoqué une reprise spectaculaire de l'émigration et des **déplacements de population massifs**. Aux familles ayant quitté leur village ou leur quartier pour chercher refuge auprès de leurs coreligionnaires, s'ajoutent 800 000 déplacés de force. Fuyant le Sud-Liban occupé par les Israéliens, les réfugiés chiites investissent la banlieue sud de Beyrouth, tandis que les chrétiens se concentrent autour de la baie de Jounieh, au nord de la capitale.

2. La partition de Beyrouth

Le cas de Beyrouth, où l'afflux de population influe sur les dynamiques urbaines (développement de quartiers informels, urbanisation anarchique du littoral), est édifiant. Avant la guerre, les chrétiens dominent dans les quartiers orientaux plus homogènes que les quartiers occidentaux à dominante musulmane et il existe des quartiers mixtes. **La guerre aboutit à la partition de Beyrouth** entre Beyrouth-ouest, musulman, et Beyrouth-est, chrétien, séparés par une ligne de démarcation qui est aussi la ligne des combats, et les quartiers mixtes se réduisent comme une peau de chagrin. Les coupures sociales et confessionnelles avivées par la guerre se cicatrisent lentement et imparfaitement.

D. LE FEU SOUS LA CENDRE

1. La proximité du conflit syrien

La situation en Syrie constitue un risque de déstabilisation pour le Liban où les attentats meurtriers se multiplient (une vingtaine entre 2013 et 2016). Revendiqués par Daech, ils visent le Hezbollah libanais qui combat en Syrie aux côtés de Bachar al-Assad contre les djihadistes sunnites. La crise syrienne se répercute aussi par un **renouveau des tensions politico-communautaires** dans le nord et l'est du Liban. À Tripoli, la seconde ville du Liban, proche de la frontière syrienne, des flambées de violence (combats de rue et affrontements à l'arme lourde) embrasent les quartiers pauvres de Bab al-Tebbaneh et Jabal Mohsen : le premier, sunnite, est favorable à la rébellion syrienne ; le second, majoritairement alaouite, soutient le président syrien.

Beyrouth à la fin de la guerre

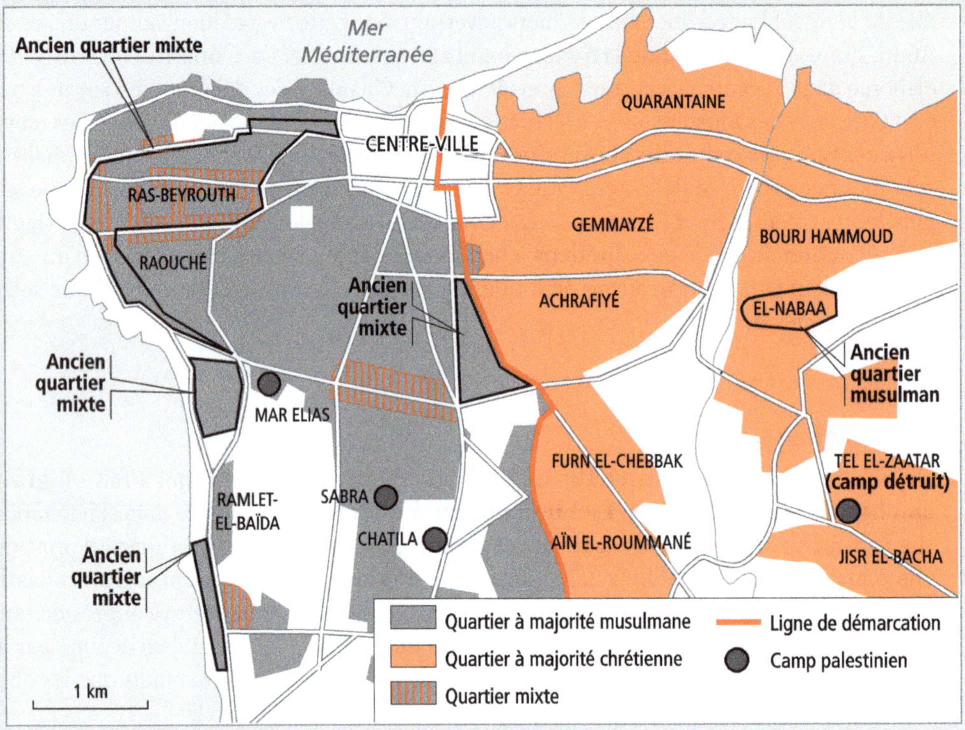

Source : d'après B. Dumortier, *Atlas des religions*, Autrement, 2002.

Les réfugiés syriens sont une source d'inquiétude. Leur nombre ne cesse d'augmenter au Liban (133 040 en 2011, 431 110 en 2013, 1 172 753 en 2015), deuxième pays d'accueil après la Turquie. **Ces réfugiés, qui ne bénéficient pas du statut légal de réfugiés[4] au sens de la convention de Genève** de 1951, jamais ratifiée par le Liban, sont estimés à 1 500 000 fin 2020. Leur sort est de plus en plus précaire et les rapports se tendent entre les réfugiés et la population libanaise, elle-même de plus en plus pauvre.

Pour aller plus loin

La situation des réfugiés syriens au Liban
liennathan.fr/z63py3

4. Selon la convention de Genève relative au statut des réfugiés de 1951, ratifiée par 145 États, est considérée comme réfugiée une personne « qui craignant avec raison d'être persécutée du fait de sa race, de sa religion, de sa nationalité, de son appartenance à un certain groupe social ou de ses opinions politiques, se trouve hors du pays dont elle a la nationalité et qui ne peut ou ne veut se réclamer de la protection de ce pays ». Le texte précise que « le principe fondamental est le non-refoulement, selon lequel un réfugié ne devrait pas être renvoyé dans un pays où sa vie ou sa liberté sont gravement menacées ».

Les mesures restrictives du gouvernement libanais pour enrayer ce flot en provenance du pays voisin ont surtout comme conséquence l'augmentation du nombre de réfugiés clandestins. Le Liban doit faire face à une **grave crise humanitaire**, particulièrement dans la Bekaa. À Zahlé, capitale administrative de la Bekaa, à 40 km de la Syrie, ville très majoritairement grecque-catholique, l'Église a aidé plus de 3 000 réfugiés chrétiens à se loger décemment et leur apporte un soutien alimentaire, sanitaire et scolaire. En revanche, ce sont les ONG internationales et les agences onusiennes, particulièrement l'UNICEF, qui s'efforcent de pourvoir aux besoins de première urgence des dizaines de milliers de réfugiés sunnites vivant dans des camps aux abords de la ville.

La présence des réfugiés implique le Liban dans le conflit syrien, où il entend rester neutre. Ersal, enclave sunnite surplombant la partie chiite de la Bekaa, à 12 km de la frontière syrienne, a accueilli près de 50 000 Syriens depuis le début du conflit. Non seulement cette petite ville de 30 000 habitants s'est transformée en un vaste camp de réfugiés, mais elle est aussi devenue une base arrière des opposants syriens. Ces derniers se retranchent dans les montagnes où ils sont ravitaillés par la population libanaise hostile au régime d'Assad. Si les incidents avec les villageois chiites des environs sont rares, Ersal risque d'être prise en tenaille par l'armée syrienne à l'est et le Hezbollah à l'ouest. Mais c'est entre l'armée libanaise et les djihadistes syriens qui s'étaient emparés de la ville que se déroule la **bataille d'Ersal** en août 2014. La ville est reprise par les Libanais.

2. L'explosion dans le port de Beyrouth : un symptôme du mal qui ronge le Liban

Le 4 août 2020, une double explosion, très violente, secoue le port de la capitale libanaise. Le bilan humain et matériel est très lourd : 214 morts, 6 500 blessés ; plusieurs quartiers dévastés, ce qui met à la rue 250 000 à 300 000 personnes au soir de l'événement ; la destruction des silos à blé du port, qui fait craindre une pénurie de farine ; des dégâts dont les dernières estimations s'élèvent à 13 milliards d'euros.

Pour aller plus loin

L'explosion de Beyrouth
liennathan.fr/t9wz92

Pour comprendre l'origine de la catastrophe, il faut remonter sept ans en arrière. Un navire appartenant à un affairiste russe et battant pavillon moldave quitte le port de Batoumi, en Géorgie, à destination du Mozambique avec une cargaison de nitrate d'ammonium qui sert à fabriquer des engrais et des explosifs. Suite à des problèmes techniques et financiers, le bateau se déroute vers Beyrouth afin de charger une cargaison complémentaire, censée financer les droits de passage du canal de Suez.

Jugeant que ce bateau, vieux, mal entretenu et qui prend l'eau, n'est pas en état de reprendre la mer, les autorités portuaires libanaises le retiennent à Beyrouth. L'armateur disparaît, le capitaine et les membres de l'équipage, majoritairement ukrainiens, rentrent dans leur pays. Les 2 750 tonnes de nitrate d'ammonium sont transférées dans un entrepôt du port de Beyrouth, où le bateau finit par sombrer.

Dans un pays miné par la corruption, la colère de la population éclate contre l'incurie de la classe politique. La proposition d'une enquête internationale sur l'explosion dans le port de Beyrouth est rejetée d'emblée par les dirigeants libanais qui mettent en place un comité d'investigation, mais entravent ses travaux.

La Cour de cassation libanaise, accédant à la demande de deux parlementaires et anciens ministres mis en cause, récuse le juge chargé de l'enquête. Son remplaçant, le juge Tarek Bitar, fort de sa réputation d'intégrité et soutenu par les familles des victimes, ne cède pas aux pressions d'un gouvernement et d'un Parlement qui mettent à mal l'indépendance de la justice et refusent de lever les immunités des hommes politiques mis en cause. Il résiste aussi aux menaces à peine voilées du Hezbollah, qui serait impliqué dans le stockage de ce produit dangereux. Il semblerait que les autorités portuaires aient alerté à plusieurs reprises le gouvernement sur la dangerosité de ce stock et proposé des solutions pour s'en débarrasser, sans aucun résultat.

3. Un pays qui s'enfonce dans une crise économique, sociale et politique

Le Liban traverse une grave crise économique qui se prolonge, aggravée par la crise sanitaire liée à la Covid-19 et par l'explosion destructrice dans le port de Beyrouth. « **La crise économique et financière que connaît le pays pourrait être classée parmi [...] les trois crises mondiales les plus sévères depuis le milieu du XIXe siècle[5].** » Le PIB a chuté de plus de 20,3 % en 2020, la livre libanaise enregistre une dépréciation vertigineuse, l'inflation atteint 145 % en décembre 2020, la dette publique s'élève à 400 % du PIB.

Le pouvoir d'achat des Libanais s'effondre et les trois quarts de la population vivent sous le seuil de pauvreté. Les pénuries de médicaments, de carburant, voire les pénuries alimentaires se multiplient ainsi que les coupures d'eau et d'électricité. Le taux de chômage est de 25 % et le celui des jeunes de 35 %, si bien que les départs vers l'étranger s'amplifient.

Dès **octobre 2019**, les Libanais protestent par une **série de manifestations** contre le gouvernement et réclament des réformes. La contestation se durcit en **août 2020** et **des heurts éclatent entre les manifestants**, qui dénoncent un État défaillant, **et les forces de sécurité**. En **octobre 2021**, **une manifestation** à l'appel du Hezbollah et de Amal pour obtenir la démission du juge Bitar **dégénère en affrontements de rue**, rappelant l'époque de la guerre civile avec ses morts et ses blessés.

La crise économique et la crise sociale débouchent sur une crise politique. Après la démission du chef du gouvernement suite à l'explosion dans le port de Beyrouth, le Liban reste dépourvu de gouvernement jusqu'à la constitution, en septembre 2021, d'une nouvelle équipe par Najib Mikati[6] au terme de treize mois de marchandages politiciens. Le président Macron s'est rendu à deux reprises à Beyrouth, au nom des relations historiques et culturelles qui lient le Liban à la France, pour plaider en faveur d'un changement des pratiques de la classe politique libanaise, sans plus de succès que les instances internationales qui subordonnent le déblocage d'aides financières à la mise en place de réformes structurelles. En janvier 2022, une mission du FMI s'est rendue à Beyrouth pour discuter, une fois encore, d'un plan de redressement préalable indispensable à l'octroi de l'aide internationale. Il n'est pas sûr que les pressions extérieures favorisent la résolution de la crise libanaise inhérente aux tensions constitutives de l'identité du pays du cèdre.

5. « Le Liban s'enfonce dans l'une des crises mondiales les plus graves, sur fond d'inaction délibérée », communiqué de presse de la Banque mondiale, 1er juin 2021.
6. Ce milliardaire sunnite de formation française et américaine (INSEAD et Harvard), qui a bâti sa fortune dans les médias, a déjà été à deux reprises chef du gouvernement et passe pour un homme de consensus.

II. L'Afghanistan

Au carrefour de l'Asie centrale, de l'Asie du Sud et du Moyen-Orient, l'Afghanistan a connu, au cours de l'histoire, les invasions successives d'empires expansionnistes et les incursions à répétition de hordes nomades.

A. UN CARREFOUR CONVOITÉ

Si le nord du pays relève de l'Asie centrale, on peut aussi inclure l'Afghanistan dans le Moyen-Orient en continuité avec l'Iran. Mais ce membre de l'ASACR (Association sud-asiatique pour la coopération régionale), plus connue sous son sigle anglais de SAARC (*South Asian Association for Regional Cooperation*), est aussi un pays d'Asie du Sud. Le bouddhisme y fut structurant du IIIe siècle avant J.-C. jusqu'au IXe siècle, où l'islam devint la religion dominante. En 2001, les talibans, qui y voient des idoles impies, détruisent les bouddhas géants de Bâmiyân, debout depuis plus de 1 500 ans, geste iconoclaste et déni du passé préislamique de l'Afghanistan.

1. Un pays montagneux aux passes stratégiques

Le milieu naturel de ce pays enclavé au cœur du continent asiatique est rude : climat continental **(été très chaud et hiver fort rigoureux)**, faible étendue des espaces inférieurs à 500 m d'altitude, hauts plateaux et hautes montagnes couvrant la moitié du pays, terres cultivables limitées (12 % du territoire national). L'Afghanistan est coupé en deux par l'Hindou Kouch. Cette chaîne de montagnes, dont l'altitude sommitale décroît d'est en ouest de 7 000 à 4 000 m, sépare les plaines steppiques du nord (précipitations inférieures à 400 mm par an) des plaines arides du sud (précipitations inférieures à 200 mm). Le col de Salang (3 878 m), doublé par un tunnel depuis 1964, fait communiquer le nord du pays avec Kaboul, et plus largement l'Asie centrale avec le monde indien, tandis qu'à l'extrémité du corridor du Wakhan, le col Wakhjir (4 923 m) est un passage stratégique vers la Chine. Par sa topographie et son enneigement, un **tel terrain** est propice aux actions de guérilla des populations locales[7].

Étape sur la route de la soie, passage obligé pour accéder au sous-continent indien par voie terrestre – d'où l'importance stratégique de la passe de Khyber (1 072 m) qui conduit au Pakistan – cette citadelle montagnarde, riche en ressources minérales (fer, cuivre, lithium, or, chromite, terres rares, pierres précieuses et semi-précieuses), a connu de nombreuses invasions sans qu'aucun envahisseur ne s'y implante durablement. Après la domination perse achéménide (Darius cherche à établir la frontière de son empire à l'Indus), puis celle, hellénistique, d'Alexandre le Grand, la reconquête de cet espace par les empereurs indiens Maurya donne naissance à une entité gréco-bouddhiste, le royaume de Bactriane. La région est envahie successivement par les Huns venus d'Asie centrale, par des tribus arabes (prise de Kaboul en 663), par des nomades turcs, par les hordes mongoles de Gengis Khan (XIIIe siècle), puis les hordes turco-mongoles de Tamerlan. Du XVIe au XVIIIe siècle, l'actuel Afghanistan est disputé entre l'empire Moghol d'Inde du Nord, les Safavides d'Iran et le Khanat de Boukhara dans l'actuel Ouzbékistan. En 1747, après avoir réuni les chefs de tribus en une grande

7. En 1915 déjà, Werner Otto von Hentig, diplomate chargé d'une expédition destinée à inciter l'émir d'Afghanistan à attaquer l'Inde, écrivait : « Dans un pays comme l'Afghanistan [...], on ne peut pas adopter une structure à l'européenne, avec des corps d'armée et des divisions, mais il faut, si possible, constituer de petites unités autonomes, les seules à pouvoir être utilisées dans ces zones montagneuses sans voies praticables. »

assemblée (Loya Jirga)[8], un chef tribal, Ahmad Shah, se proclame roi et fonde la dynastie Durrani, du nom d'une des deux grandes confédérations tribales pachtounes.

Une citadelle montagneuse

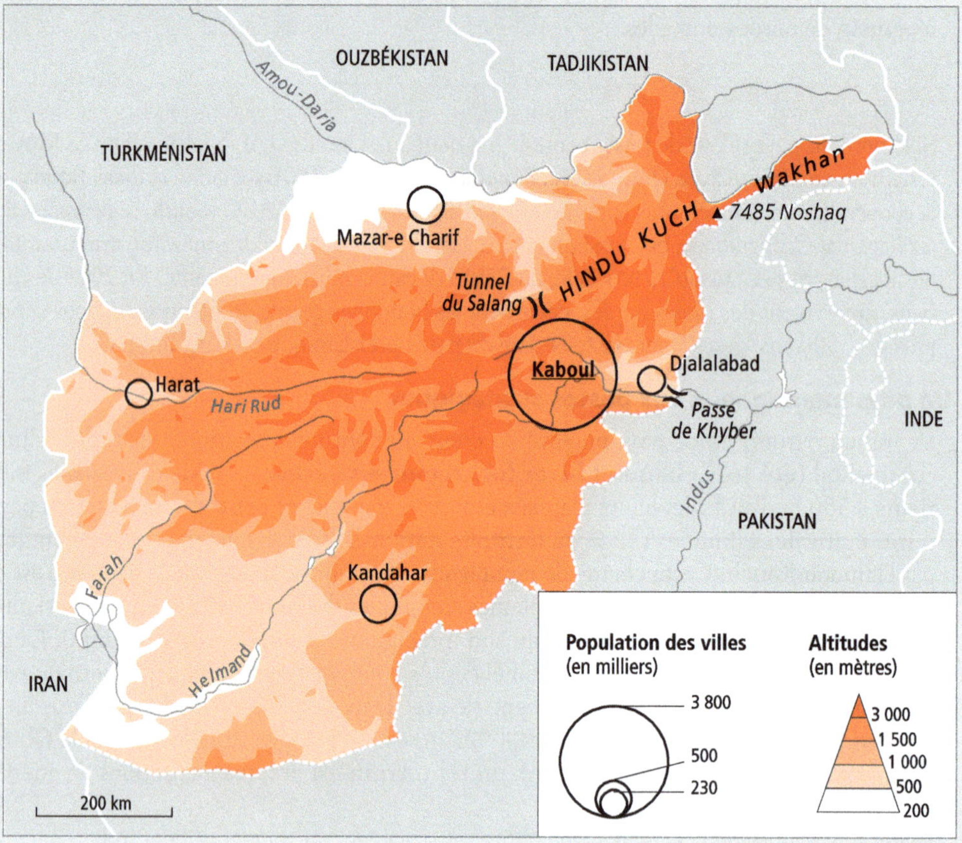

Source : Nathan, 2022.

2. Une mosaïque ethnolinguistique

La population afghane est à 99 % musulmane, très majoritairement sunnite (80 %). Mais, s'il a été islamisé, le pays ne s'est pas arabisé. **Les langues indo-iraniennes, dominantes, voisinent au nord avec des langues turciques.** Des isolats montagnards et un faible taux de scolarisation ont favorisé la **survivance** d'une trentaine **de langues vernaculaires**. Le pachtou et le dari sont les deux langues officielles, mais les langues minoritaires sont la troisième langue officielle dans les régions où la majorité de la population les parle.

Les Pachtouns, ethnie dominante détentrice du pouvoir, occupent le sud du pays. Organisés en tribus regroupées en deux confédérations tribales ennemies, ces musulmans sunnites parlent une langue indo-iranienne. La majorité des pachtounophones vivent au Pakistan sous la dénomination ourdoue de Pathans. Les Tadjiks sont des persanophones.

8. Cette assemblée coutumière a validé les Constitutions du pays et les décisions importantes ; elle a joué un rôle dans la restauration de la République afghane après la chute des talibans.

Bien que l'on distingue le farsi (persan d'Iran), le dari (persan d'Afghanistan) et le tadjik (persan d'Asie centrale), il y a intercompréhension entre les trois. Le baloutche et le pashai sont des langues indo-iraniennes, comme le persan, parlé par les Farsiwan Herati dans une variante de la région d'Herat. En revanche, l'ouzbek et le turkmène, parlés dans le nord du pays (Turkestan afghan), sont cousins du turc et le brahoui est curieusement une langue dravidienne apparentée à celles de l'Inde du Sud.

Répartition de la population afghane par groupes ethnolinguistiques

Groupe ethnolinguistique	% de la population
Pachtouns	38,0
Tadjiks	25,0
Hazaras	19,0
Ouzbeks	6,0
Aïmaks	3,7
Farsiwan Herati	2,8
Turkmènes	1,4
Brahouis	1,0
Baloutches	0,5
Nouristanis	0,5
Pashai	0,5

Source : d'après Jacques Leclerc, « Afghanistan », in *L'Aménagement linguistique dans le monde*, Québec, CEFAN, Université Laval, 2015.

Les groupes linguistiques ne coïncident pas strictement avec les identités ethniques. Par exemple, les Hazaras, persanophones, forment un groupe ethnique distinct : ils sont chiites et mettent en avant une ascendance mongole. Partageant avec les Hazaras des traits de type mongol, les Aïmaks sont aussi des persanophones, mais de confession sunnite. Les Nouristanis, de type physique européen (teint, yeux et cheveux clairs), ne furent touchés ni par le bouddhisme ni par l'islam. Leurs pratiques religieuses traditionnelles valent à ces hautes vallées très isolées le nom de Kafiristan (« Pays des infidèles »), qui devient Nouristan (« Pays de la lumière ») après son islamisation forcée et violente en 1896. **Beaucoup de groupes linguistiques sont transfrontaliers**, la non-coïncidence des limites linguistiques et des frontières des États résultant des rapports de force entre Russes et Britanniques au XIXe siècle.

3. Le Grand Jeu

La poussée vers l'est de l'Empire tsariste et son ambition d'accéder à l'**océan Indien,** « **mer chaude** », inquiètent les Britanniques, car cela menace l'accès maritime à l'**Empire des Indes** et plus encore ses frontières terrestres. Cet **affrontement de deux impérialismes**, le Grand Jeu, est une véritable guerre de l'ombre : délégations diplomatiques, activités de renseignement sous couvert d'expéditions géographiques ou de missions archéologiques, révoltes fomentées par des aventuriers s'adonnant au trafic d'armes avec l'aval de leur gouvernement. Afin de protéger le flanc nord-ouest des Indes, les Britanniques cherchent à s'emparer de l'Afghanistan. La première guerre afghane (1838-1842) se solde par un échec et la retraite de l'armée des Indes tourne à la **Bérézina**. Les Britanniques s'emparent de Kaboul lors de la **deuxième guerre afghane (1878-1880)** et contraignent l'Afghanistan à accepter une frontière qui partage en deux le territoire pachtoun [→ ZOOM]. Également inquiets des menées allemandes dans la région, **Anglais et Russes définissent leurs zones d'influence respectives de l'Iran au Tibet** par une convention signée en 1907 à Saint-Pétersbourg : la Russie renonce à intervenir en **Afghanistan, qui devient un État tampon**. Au terme de la troisième guerre afghane, le pays retrouve son indépendance après l'armistice de Rawalpindi (1919) et le traité de Kaboul (1921).

Une mosaïque linguistique

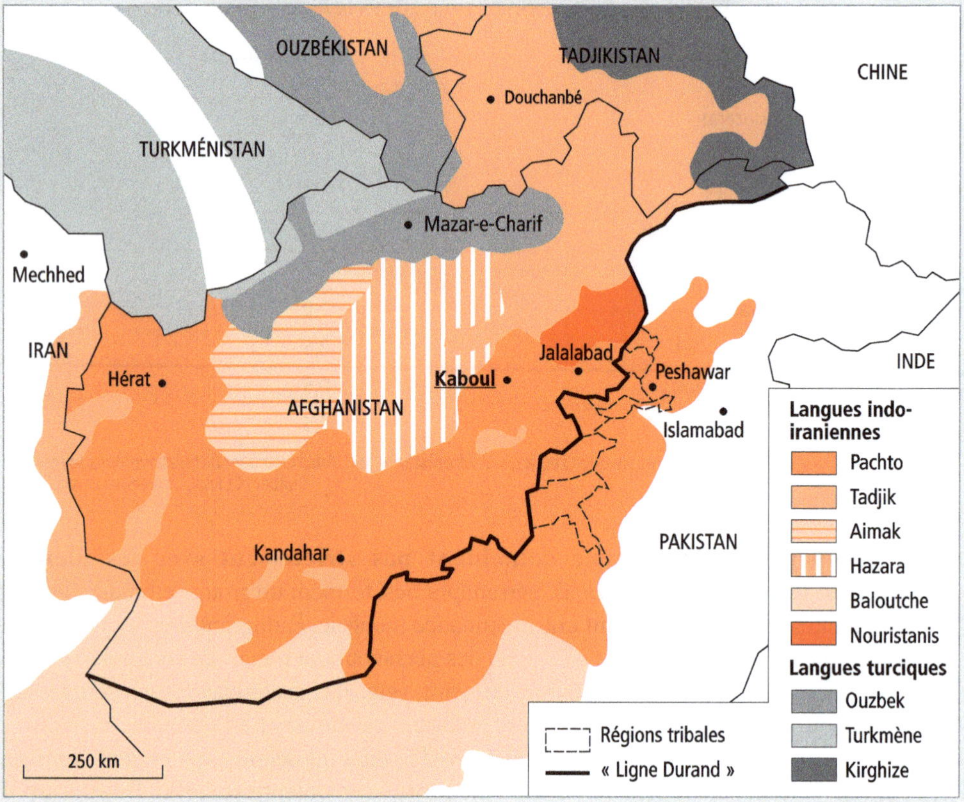

ZOOM La ligne Durand

En 1893, Sir Mortimer Durand, représentant des Britanniques, et l'émir d'Afghanistan signent un accord qui trace une frontière de 2 640 km entre l'Afghanistan et l'Empire des Indes. Elle coupe en deux la zone de peuplement pachtoun. Ce tracé sera contesté par tous les gouvernements afghans successifs. En 1947, la ligne Durand devient frontière interétatique entre le Pakistan et l'Afghanistan, qui ne l'a jamais reconnue. Elle est remise en cause par les Pachtouns qu'elle sépare : un tiers d'entre eux vit en Afghanistan et les deux tiers restants au Pakistan. Désireux de se ménager un glacis stratégique, mais conscients de l'irrédentisme pachtoun, les Britanniques mettent en place sept agences tribales auto-administrées, qui survivent à l'indépendance et à la partition de l'Empire des Indes. Le Pakistan nomme *Federally Administered Tribal Areas* (FATA) cette zone de 27 200 km² qui compte 4,4 millions d'habitants en 2013. C'est un territoire qui échappe en grande partie à Islamabad et où l'armée pakistanaise ne pénètre pas jusqu'aux années 2000. Ce territoire devient, de 1979 à 1989, la base arrière de la guérilla antisoviétique avec une densité d'armements et de camps d'entraînement dont peut profiter toute une galaxie de militants islamistes, avec notamment les « volontaires » arabes menés par Oussama Ben Laden. Ce dernier a profité de cette logistique pour mener à bien sa propre planification terroriste, qui culmine avec les attentats du 11 septembre 2001 aux États-Unis contre le World Trade Center et le Pentagone.

B. UNE INTERMINABLE GUERRE

1. L'intervention soviétique et ses prémices

Dans le contexte de la guerre froide, l'URSS et les États-Unis cherchent à étendre leur influence dans le pays. **Le roi Zahir Chah**, qui a établi une monarchie constitutionnelle en 1964, **est destitué en 1973** par un de ses cousins qui proclame la République avant d'être renversé par un **coup d'État communiste en 1978**. Les mesures (réforme agraire, éducation pour tous, plafonnement de la dot) brutalement imposées par de jeunes intellectuels citadins formés en Occident et des officiers peu enclins aux concessions heurtent une société rurale très conservatrice soumise à l'influence des propriétaires fonciers, des chefs traditionnels et des religieux. De plus, des changements surviennent dans l'environnement immédiat de l'Afghanistan : en 1977, le général Zia, favorable à l'instauration d'un État islamique au Pakistan, renverse Ali Bhutto, et en février 1979, l'ayatollah Khomeiny prend le pouvoir en Iran. Le nouveau pouvoir afghan, divisé et inexpérimenté, est incapable de faire face à la multiplication des soulèvements. L'Afghanistan illustre l'enchevêtrement des géopolitiques internes et externes. **En décembre 1979, les Soviétiques interviennent militairement** pour soutenir la République démocratique d'Afghanistan qui s'enfonce dans un conflit violent : guerre des Afghans contre l'envahisseur russe, guerre civile entre factions afghanes contrôlant chacune une partie du pays. **Les moudjahidines** qui combattent l'Armée rouge au nom de leur foi **sont armés par les États-Unis et l'Arabie saoudite** ; le Pakistan devient une base arrière où se mettent en place des camps d'entraînement, tandis que le Saoudien Oussama Ben Laden recrute des combattants arabes pour venir faire le djihad en Afghanistan et que les Iraniens aident les Hazaras. Les Russes ne parviennent jamais à prendre l'avantage de façon décisive. Dans la logique de fin de la guerre froide, Mikhaïl Gorbatchev négocie le **départ des troupes russes en 1989**, départ auquel le régime communiste afghan survit jusqu'à ce que ses adversaires s'emparent finalement de la capitale en 1992.

2. La guerre civile et l'ascension des talibans

Ahmad Chah Massoud proclame l'État islamique d'Afghanistan, mais les anciens moudjahidines s'affrontent pour le contrôle du pouvoir selon des clivages ethniques, mais aussi des lectures différentes du Coran. Ceux du Nord, partisans de **Massoud**, s'opposent aux Pachtouns du Sud, partisans de **Gulbuddin Hekmatyar**, tenant d'un islamisme politique radical. À la faveur de ces divisions, une composante nouvelle recrute dans les écoles coraniques (madrasas), d'où le nom de **talibans (« étudiants »), même si beaucoup de talibans sont analphabètes**. La référence théologique et juridique des talibans est le deobandisme, une école de pensée hanafite [→ CH. 3] fondamentaliste née à Deoband, dans le nord de l'Inde, à la fin du XIXe siècle et qui s'est répandue en Asie du Sud.

Les talibans donnent la priorité à la réforme des mœurs plus qu'à la mise en place d'un système de gouvernement. Ils imposent leurs normes par la terreur (tortures, mutilations, châtiments corporels et exécutions publics) : exclusion des femmes du travail et de l'éducation hors de la sphère domestique ; port obligatoire de la burqa pour les femmes et de la barbe pour les hommes ; interdiction de la musique, de la danse, des jouets… Leur chef, **le mollah**

Omar, met en place en 1996 un Émirat islamique d'Afghanistan, entité informelle qui contrôle peu à peu la totalité du territoire national. Seul le Nord-Est, tenu par le Front uni islamique et national pour le salut de l'Afghanistan, lui échappe. Ce mouvement dit « Alliance du Nord » rassemble des Tadjiks, des Ouzbeks et des chiites sous le commandement de Massoud. Celui-ci, qui a toujours refusé de pactiser avec Ben Laden et la mouvance d'Al-Qaida, est assassiné en 2001, deux jours avant le 11-Septembre. Cette attaque, qui stupéfie les Américains en les touchant sur leur sol, les conduit à réviser leur politique dans la région.

3. Une intervention occidentale impuissante à éradiquer l'insécurité

L'**opération *Enduring Freedom*** (« **Paix immuable** ») a pour objectif de détruire les camps d'entraînement et les infrastructures terroristes en Afghanistan, de capturer les dirigeants d'Al-Qaida et de **mettre un terme aux activités terroristes dans le pays**. Cette coalition dirigée par les États-Unis, qui fournissent le plus gros contingent, vient rapidement à bout du régime taliban. **L'ONU met en place la FIAS** (Force internationale d'assistance et de sécurité), **qui a pour mission de sécuriser le territoire** et passe sous le commandement de l'OTAN en 2003. **La MANUA** (Mission d'assistance des Nations unies en Afghanistan) **doit appuyer la reconstruction du pays**. Durant la vingtaine d'années précédentes, environ 6 millions de personnes ont fui, principalement vers l'Iran ou le Pakistan, et les guerres ont fait environ 1 million de morts. La volonté de construire une démocratie débouche sur la rédaction de la constitution de la République islamique d'Afghanistan en 2004. Le vainqueur des **élections présidentielles** est Hamid Karzai, un Pachtoun lié aux États-Unis qui a dirigé le gouvernement de transition.

Les talibans, qui avaient trouvé refuge de l'autre côté de la frontière, **reprennent le combat dès 2006**. Des groupuscules mus et liés par la haine de l'Occident, talibans, djihadistes d'Al-Qaida ou partisans d'Hekmatyar, soutenus par l'ISI (*Inter-Services Intelligence*), puissant service de renseignement militaire pakistanais qui a joué un rôle trouble dans toutes les phases du conflit, multiplient les opérations de guérilla, les attentats-suicides, les assassinats, les prises d'otages et les enlèvements. Des foyers insurrectionnels antigouvernementaux éclatent dans tout le pays.

En 2008, l'élection de Barack Obama et le remplacement, au Pakistan, de Pervez Musharraf, allié peu fiable des États-Unis, par Asif Ali Zardari, gendre d'Ali Bhutto, changent la donne. **La nouvelle Administration américaine adopte la stratégie Afpak**, qui englobe l'Afghanistan et le nord du Pakistan. Les États-Unis envoient des renforts en Afghanistan et l'armée pakistanaise intervient massivement dans les zones tribales, même si l'ISI, véritable État dans l'État, continue de jouer un rôle ambigu. Les Américains lancent des opérations aériennes pour détruire des bases et des camps d'entraînement de terroristes, **éliminent Ben Laden réfugié au Pakistan (2011)** et recourent aux drones pour cibler les meneurs. En 2010, l'OTAN décide le retrait des troupes d'Afghanistan et le transfert des responsabilités aux forces de sécurité afghanes que la FIAS s'est efforcée de former malgré la corruption et les désertions. **Le plus gros des troupes de l'OTAN quitte le pays en 2014**, même s'il reste un contingent chargé d'épauler l'Armée nationale afghane. En treize ans, les troupes de l'OTAN ont perdu 3 485 hommes et comptent plus de 16 000 blessés, sans oublier 13 700 morts chez les militaires et policiers des forces gouvernementales afghanes. Entre 2009 et 2014, l'ONU recense 17 774 civils tués et 29 971 blessés parmi son personnel.

La corruption, le clientélisme, la violence et la misère obèrent la sortie de crise. La fragmentation ethnique et sociologique de la société afghane complique la construction d'un État central. En effet, le fondement de l'organisation sociale afghane est le *qawm*, groupe de solidarité qui détermine des réseaux d'allégeance à des chefs (*khan*). Or, leur pouvoir réside dans leur capacité à combattre leurs rivaux et à faire profiter leur *qawm* d'avantages matériels (par exemple, le détournement de l'aide internationale ou les revenus du trafic de drogue dans un contexte d'économie de guerre en synergie avec une économie de la drogue).

ZOOM ▶ L'opium et la guerre en Afghanistan

En Afghanistan, la culture du pavot à opium et son commerce remontent à l'Antiquité. Ce pays du Croissant d'or (Iran, Afghanistan, Pakistan), qui a détrôné le Triangle d'or (Laos, Birmanie, Thaïlande), est, depuis 1991, le premier producteur d'opium et assure 90 % de la production mondiale. L'interdiction de la culture du pavot par les talibans en 2001 n'a eu qu'un impact éphémère. Les politiques successives de lutte contre cette culture illicite n'ont pas enrayé la tendance à la hausse de la production à cause du faible contrôle politique et territorial exercé par l'État.

La culture du pavot est à la fois ubiquiste et concentrée : elle est pratiquée dans une grande partie du pays, mais plus de la moitié de la production d'opium vient des provinces du Sud-Ouest et le quart d'une petite région du Sud-Est, tandis qu'elle se développe vers la frontière turkmène. Ces localisations, proches des pays limitrophes, sont en rapport avec les routes de la drogue. *Via* l'Iran, on atteint la Turquie, tête de pont du trafic vers l'Europe (route des Balkans). *Via* le Baloutchistan, on rejoint le port de Karachi, d'où l'héroïne est redistribuée vers différents continents (route du Sud). Mais l'Asie centrale (route du Nord) joue un rôle croissant.

Pour aller plus loin
Le site de geopium.org
liennathan.fr/9v6gt4

La culture du pavot à opium

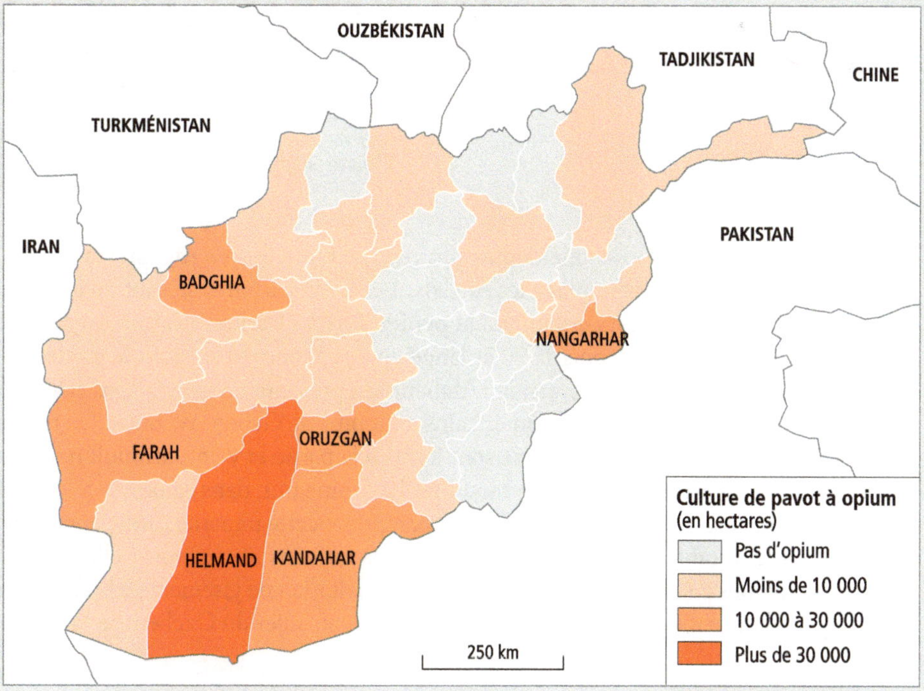

Source : UNOC, Republic Islamic of Afghanistan, Ministry of Counter Narcotic, 2016.

Des systèmes d'irrigation endommagés par la guerre et une succession de sécheresses ont amené beaucoup de paysans à préférer cette culture à celle du blé, moins lucrative, qui ne suffisait pas à nourrir leur famille. « L'opium a permis à nombre d'Afghans parmi les plus pauvres de subvenir à leurs besoins les plus élémentaires. Mais l'opium a aussi enrichi d'autres Afghans, dont des propriétaires terriens et, bien sûr, les trafiquants. Il nourrit une corruption rampante, à tous les échelons des autorités et du pouvoir [...]. Il importe de garder à l'esprit que l'économie de l'opium n'est pas la source des problèmes rencontrés par l'Afghanistan, mais que c'est la longue série de crises traversées par le pays qui a permis le développement d'une telle production illicite » (P.-A. Chouvy)[9]. Le même auteur rappelle que si l'opium a été un des nerfs de la guerre pour la guérilla afghane, il est ensuite devenu un de ses enjeux. Il a favorisé la prolongation des conflits et rendu plus difficile la résolution des crises. Il a aussi posé les fondations de la criminalisation de l'économie de paix.

La production d'opium 1980-2020

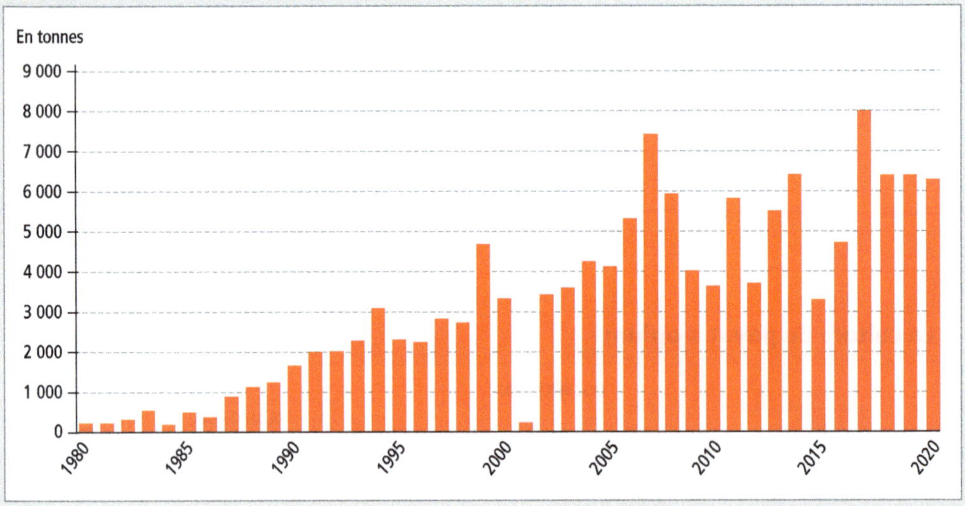

Source : *Afghanistan Opium Survey*, ONUDC, 2020.

Un « nouveau Grand Jeu » se joue depuis plus de quarante ans en Afghanistan. Face aux Russes, les Américains ont remplacé les Anglais. Les hydrocarbures se sont invités dans ce « nouveau Grand Jeu ». Il est certain que le **projet TAPI (Turkménistan-Afghanistan-Pakistan-Inde)**, envisagé depuis 1990 et lancé en 2015, pour faire sortir le gaz turkmène sans passer par la Russie et en traversant l'Afghanistan présente un intérêt géostratégique et qu'il a suscité l'intérêt des pétroliers américains au temps de George W. Bush. De nouveaux partenaires, voisins ou plus lointains, se sont joints à la partie et y ont introduit une dimension religieuse : Pakistan, Iran, Arabie saoudite. La Chine qui, dans sa province autonome ouïgoure du Xinjiang, aux portes de l'Afghanistan, réprime cette minorité turcophone sunnite, ne verrait pas favorablement un retour négocié des talibans au pouvoir ; elle avance ses pions économiques par la signature d'un contrat d'exploitation de gisements d'hydrocarbures. L'Inde, qu'un contentieux durable oppose au Pakistan au sujet du Cachemire tout proche,

9. Pierre-Arnaud Chouvy, « Production illicite d'opium et sécurité globale en Afghanistan », *Sécurité globale*, n° 2, février 2008, p. 131-143.

n'est pas prête à accepter le principe d'une négociation avec les talibans qui s'affrontent avec les forces gouvernementales qui sont décimées. Au nom du processus de paix, Gulbuddin Hekmatyar est amnistié non seulement par le gouvernement afghan en 2016 en échange de l'engagement de respecter la Constitution, mais aussi par l'ONU en 2017, ce qui provoque l'indignation des ONG, qui y voient une insulte à la mémoire des milliers de victimes des atrocités qu'il a commanditées.

C. LE RETRAIT AMÉRICAIN ET SES CONSÉQUENCES

1. Un retrait dans la continuité des présidences précédentes

En réponse aux attentats du 11 septembre 2001, le président George W. Bush lance la « guerre au terrorisme ». Les États-Unis interviennent militairement en Afghanistan contre les talibans qui refusent d'extrader les dirigeants d'Al-Qaida, dont Oussama Ben Laden. L'intervention en Irak à partir de 2003 [→ CH. 27] relègue l'Afghanistan au second rang des préoccupations militaires américaines tandis que, sur le terrain, les relations avec la population se dégradent et les attentats-suicides se multiplient.

Après son élection en 2008, Barack Obama expose sa « stratégie de la montée en puissance ». L'envoi de renforts porte à 100 000 le nombre de soldats américains déployés en Afghanistan. Le président Obama annonce un plan de retrait après la mort de Ben Laden en 2011. Tandis que **la France se retire d'Afghanistan en 2012**, les Américains ralentissent le rythme de départ de leurs soldats.

Donald Trump promet, à son arrivée au pouvoir en 2016, de « mettre fin à cette guerre sans fin » où sont morts plus de 2 400 militaires américains et qui a coûté plus de 2 000 milliards de dollars aux États-Unis. Percevant la Chine comme la menace majeure pour la puissance des États-Unis et faisant de l'aire indopacifique la priorité géostratégique, il opte pour le retrait définitif des troupes américaines d'Afghanistan.

2. L'accord de Doha

Après des pourparlers avec les talibans entamés dès 2018, l'accord pour la paix en Afghanistan, dit « **accord de Doha** » car signé dans la capitale du Qatar, est **signé en février 2020** par Zalmay Khalilzad, diplomate américain d'origine afghane, et le mollah Abdul Ghani Baradar, cofondateur du mouvement des talibans. Cet accord **fixe le calendrier du retrait des troupes américaines** en contrepartie de l'engagement des talibans de faire en sorte que l'Afghanistan ne serve pas de base à des attaques contre les États-Unis.

L'accord de Doha mise sur le fait que les forces de sécurité afghanes, formées par les Occidentaux, prendront le relais après le départ des Américains. Une telle analyse n'est pas partagée par le chef d'état-major américain, le général Mark A. Milley, qui prédit : « Dans le pire des cas, on a un effondrement du gouvernement afghan, un effondrement de l'armée afghane, on a une guerre civile, on a la catastrophe humanitaire qui va avec, puis le retour potentiel d'Al-Qaida. »

3. L'accélération du départ des Américains et la rapidité de la victoire des talibans

En avril 2021, le président Joe Biden annonce le retrait des troupes américaines à partir du 1er mai et l'achèvement du départ des 2 500 soldats de l'armée américaine encore en Afghanistan au plus tard le 31 août de la même année. Les États-Unis, qui prévoient une collaboration bilatérale avec l'Afghanistan et une transition en douceur, déchantent rapidement. **Alors que les derniers soldats américains quittent le pays dans la nuit du 30 au 31 août, Kaboul tombe dès le 15 août aux mains des talibans**, qui ont pris le contrôle

des grandes villes du pays les unes après les autres. Le président afghan Ashraf Ghani s'enfuit et se réfugie aux Émirats arabes unis. L'évacuation des Occidentaux et d'une partie des Afghans qui ont travaillé pour eux se poursuit dans le chaos.
L'Afghanistan sombre dans une grave crise humanitaire. Selon les agences onusiennes, début 2022, plus de la moitié de la population se trouve dans un état d'insécurité ou d'urgence alimentaire et la moitié des enfants de moins de cinq ans souffre de malnutrition aiguë. La plupart des provinces sont au bord de la famine.
En janvier 2022, aucun pays ne reconnaît le gouvernement des talibans qui, malgré des déclarations qui se veulent rassurantes, a pris des mesures qui sont des retours en arrière du point de vue institutionnel et sociétal, en particulier concernant le statut des femmes. Dans un pays qui dépendait à 75 % de l'aide extérieure, **la reconnaissance internationale est un enjeu majeur pour le nouveau régime**.
L'**échec de la première puissance économique et militaire du monde** clôt le premier cycle du XXIe siècle, brutalement inauguré le 11 septembre 2001, ouvrant un **nouveau cycle dominé par la rivalité entre les États-Unis et la Chine**. De la Méditerranée aux contreforts de l'Himalaya, **le Moyen-Orient n'en devient pas pour autant un angle mort de la géopolitique mondiale**, la fragilité des États constituant un facteur structurel d'instabilité.

26 VERS LA BALKANISATION DE LA SYRIE ET DE L'IRAK ?

Si Damas et Bagdad furent tour à tour le centre du califat dans les premiers siècles de l'islam, la Syrie et l'Irak actuels sont nés du démembrement de l'Empire ottoman. Dans les années 1960, le parti Baas, socialiste et nationaliste panarabe, accède au pouvoir en Syrie et en Irak. En 1970, un coup d'État amène à la tête de la Syrie Hafez el-Assad, président de la République pendant trente ans. À sa mort, son fils Bachar lui succède. En 1968, c'est aussi par un coup d'État que le Baas prend le pouvoir en Irak, dont Saddam Hussein est président de 1979 à sa destitution en 2003. Ces deux pays, après avoir subi des régimes clientélistes dictatoriaux aux mains d'une minorité, sont le théâtre de conflits entre gouvernement et opposition, mais aussi entre factions armées cherchant à s'emparer du pouvoir. Si les réseaux islamistes ou les groupes djihadistes sont des acteurs majeurs, les interférences avec la question kurde, le jeu des puissances régionales et la rivalité russo-états-unienne compliquent la donne.

Notions principales

***Asabiyya* :** notion développée par Ibn Khaldoun, souvent traduite par « esprit de corps », qui fait partie du vocabulaire politique de l'islam. Elle renvoie au sentiment d'appartenance à un même groupe ethnique, communautaire, tribal, présentant une grande cohésion sociale et une forte solidarité. Elle est condamnée dans des hadiths sunnites [→ CH. 18] qui prescrivent de ne pas aider « les siens parce qu'ils sont les siens », mais de le faire pour une cause légitime et prouvée.

Balkanisation : par allusion au processus de morcellement politique des Balkans après le retrait de l'Empire ottoman de la plus grande partie de ses territoires européens à la fin du XIXe siècle et au début du XXe, ce terme désigne la fragmentation d'un État en plusieurs entités nouvelles, voire l'atomisation d'un territoire en petites structures plus ou moins antagonistes.

Guerre asymétrique : à la différence d'une guerre conventionnelle qui oppose les armées de deux États, une guerre asymétrique oppose une armée régulière à des groupes de combattants.

CHRONOLOGIE

Syrie

661-750 : Califat omeyyade (Damas)
1516-1918 : Syrie ottomane
1920 : Mandat français sur la Syrie
1946 : Indépendance de la Syrie
1958-1961 : République arabe unie
1963 : Coup d'État du Baas syrien
1970-2000 : Présidence d'Hafez el-Assad
2000 : Arrivée au pouvoir de Bachar el-Assad
2011 : Début de la contestation du régime
2019 : Mort d'Abou Bakr al-Baghdadi

Irak

750-1258 : Califat abbasside (Bagdad)
1534-1918 : Irak ottoman
1920 : Mandat britannique de Mésopotamie
1932 : Indépendance de l'Irak
1932-1958 : Royaume d'Irak
14 juillet 1958 : Proclamation de la République
1968 : Coup d'État du Baas irakien
1979-2003 : Présidence de Saddam Hussein
2003-2011 : Occupation états-unienne
2017 : Fin du « califat » en Irak

I. La Syrie

En 2011, la contestation du régime issu de la minorité alaouite [→ CH. 18] et l'expression d'aspirations démocratiques dans le contexte du Printemps arabe dégénèrent en **guerre civile**. **Différentes mouvances islamistes et djihadistes supplantent rapidement l'opposition libérale**, tandis qu'à la périphérie du pays, **la résistance kurde poursuit ses propres objectifs**.

A. DE LA CONTESTATION DÉMOCRATIQUE À LA GUERRE CIVILE

1. D'une guerre asymétrique à une guerre par procuration

Depuis 2011, la Syrie est en proie au chaos et le territoire national éclate en fragments sous la coupe de factions rivales. Dans un premier temps, les forces gouvernementales de l'armée arabe syrienne doivent affronter sur **plusieurs fronts** une **guerre asymétrique**. Les forces non gouvernementales, qui comptent dans leurs rangs des mercenaires et sont armées par des puissances extérieures, contrôlent, toutes tendances confondues, jusqu'à 75 % du territoire. Les troupes loyalistes bénéficient, elles aussi, de soutiens extérieurs en hommes, armement, encadrement, entraînement. La guerre devient une **guerre par procuration**. En 2016, l'armée arabe syrienne, appuyée par des renforts étrangers aguerris, reconquiert des positions.

Les batailles font rage pour le contrôle des villes. En 2013, le Front islamique s'empare de Raqqa, qui devient la capitale de l'État islamique (EI) en Syrie. En 2014, les islamistes lancent une offensive contre Kobané, à la frontière turque, mais ne parviennent pas à contrôler la totalité de la ville face à la résistance kurde, à laquelle les femmes prennent une part active. **Kobané est définitivement reprise par les Kurdes en juin 2015. Palmyre**, ville oasienne du désert syrien, **est prise par l'EI en 2015**, reprise par les forces gouvernementales en mars 2016, à nouveau contrôlée par l'EI en décembre 2016 et **reconquise par le régime de Damas début 2017**. **La bataille d'Alep**, seconde ville du pays[1], dure **de juillet 2012 à décembre 2016**. L'est d'Alep était aux mains des rebelles et l'ouest restait sous contrôle du gouvernement, qui a fini par reprendre la ville. Cette victoire, au terme d'un déluge de bombardements aériens syriens et russes, est d'une **grande importance symbolique et stratégique** pour le régime. En 2017, s'engage la reconquête de **Raqqa**, **dernier fief de l'EI en Syrie**.

Pour aller plus loin
Syrie, neuf ans de guerre
liennathan.fr/i4w27q

2. Le clan Assad

Le président Bachar el-Assad, qui a succédé à son père, Hafez el-Assad [→ ZOOM CI-CONTRE], non seulement n'est pas tombé, mais regagne du terrain, contrairement aux prévisions qui donnaient au régime des chances de survie n'excédant pas trois mois et conformément aux analyses du géographe Fabrice Balanche, qui a précocement mis en avant l'importance des

1. La ville d'Alep (2 millions d'habitants) est plus peuplée que celle de Damas (1,8 million d'habitants), mais l'agglomération damascène l'emporte sur celle d'Alep.

territoires et des réseaux communautaires[2]. La catégorie khaldounienne de l'***asabiyya*, appropriation de l'autorité et des ressources par un groupe** cimenté par un fort esprit de corps, des liens interpersonnels et la loyauté envers son chef, semble **pertinente pour décrire le système en vigueur en Syrie**. Le clan Assad bénéficie toujours de soutiens dans le pays alors que ses opposants sont affaiblis par leurs divisions et les incompatibilités entre leurs projets politiques respectifs.

Fondateur de cette dynastie républicaine, Hafez el-Assad avait confié la répression du mouvement Frères musulmans à son frère Rifaat. Bachar s'appuie sur son frère Maher, à la tête des troupes d'élite du régime et principal maître d'œuvre de la répression. Le beau-frère du président, le général Assef Chawkat, a dirigé les services de renseignement avant d'être évincé au profit de Hafez Makhlouf, un cousin germain. Il est le frère de Rami Makhlouf, homme d'affaires dont on dit qu'il contrôlait 60 % de l'économie syrienne jusqu'en 2011.

À la mort d'Hafez el-Assad en 2000, son fils Bachar lui succède. Son arrivée au pouvoir suscite des espoirs de réformes qui tournent court. Réélu avec une majorité qui frôle ou dépasse les 90 % lors de référendums présidentiels à la légitimité contestée, il entame son quatrième septennat en 2021.

REPÈRES

Ibn Khaldoun (1332-1406) : penseur arabe majeur, précurseur des sciences sociales modernes. *Les Prolégomènes. Introduction à une histoire universelle*, ouvrage rédigé au terme d'une carrière politique et diplomatique, contient une réflexion rigoureuse et critique sur l'histoire, le pouvoir et la société.

ZOOM ▶ Hafez el-Assad

Hafez el-Assad est né en 1930 dans une bourgade proche de Lattaquié, où sa famille, d'origine alaouite, l'envoie faire des études secondaires, une exception à cette époque dans une communauté rurale. Son père, Ali Sulayman al-Wahch, est un petit notable nationaliste surnommé « el-Assad » (« le lion »), surnom que la dynastie adoptera comme patronyme. Faute de financement pour des études universitaires, Hafez el-Assad entre à l'Académie militaire. Il en sort officier de l'armée de l'air, puis suit des formations en Égypte et en URSS pour se perfectionner comme pilote de chasse.

Dès l'âge de 16 ans, il milite au parti Baas. Opposé à la République arabe unie (RAU), union de l'Égypte et de la Syrie créée en 1958 et dominée par Nasser, il fonde en 1959 un Comité militaire baathiste avec quatre autres officiers syriens en poste en Égypte. Après la dissolution de la RAU en 1961, il participe au coup d'État baasiste de 1963. Promu chef d'état-major de l'armée de l'air en 1964, il est nommé ministre de la Défense en 1966. Éliminant peu à peu tous ses rivaux, il s'empare du pouvoir par la force en 1970.

Président de la République arabe syrienne en 1971, Hafez el-Assad, candidat unique, est réélu à chaque élection présidentielle (il meurt en 2000 au cours de son cinquième septennat). Après son accession au pouvoir, il met en place un système népotique et clientéliste. Le régime repose sur le parti Baas, sur les forces de sécurité et sur les réseaux communautaires des minorités. Le président met en place un culte de la personnalité autour de sa personne, puis de son fils aîné Bassel, qui meurt dans un accident de voiture en 1994. Dans le cadre d'une économie dirigiste et étatisée, qui n'exclut pas un secteur informel, le niveau de vie de la population s'améliore et les infrastructures se développent. Les régions périphériques font l'objet de politiques d'aménagement, en particulier la région alaouite du djebel Ansarieh et le littoral. Hafez el-Assad réprime violemment l'opposition sunnite, en particulier le mouvement des Frères musulmans. La répression par l'armée de la rébellion sunnite de Hama en 1982 fera 15 000 morts.

2. Voir la thèse de Fabrice Balanche, « Les Alaouites, l'espace et le pouvoir dans la région côtière syrienne : une intégration nationale ambiguë », 2000.

En politique étrangère, il s'oppose à Israël, qui a annexé le Golan en 1981, intervient militairement au Liban, occupé par l'armée syrienne de 1976 à 2005, et soutient l'Iran dans la guerre Irak-Iran. La Syrie devient un acteur incontournable dans la géopolitique du Moyen-Orient.

B. LE CONTEXTE DU CONFLIT

1. La dimension démographique

La Syrie s'étend sur 185 000 km^2 et comptait 22 millions d'habitants à la veille de la guerre civile (17,5 millions en 2020). Le pays souffre d'un déficit hydrique malgré la présence de fleuves transfrontaliers (Euphrate, Oronte) mis à contribution pour l'irrigation. Les difficultés des plaines agricoles dans un contexte de crise de l'eau ont aggravé l'exode rural. Les néo-citadins qui ne trouvent pas à s'employer en ville s'entassent dans des quartiers de logements sociaux ou d'habitat précaire surpeuplés et sous-équipés à la périphérie des villes. Cela alimente le **ressentiment des couches populaires**, tandis que **les couches moyennes urbaines aspirent à plus de liberté**.

Le taux élevé de croissance annuelle de la population (1,8 % en 2020) tient à un **fort accroissement naturel** dans un pays au solde migratoire négatif[3]. Du fait du progrès des infrastructures sanitaires et de l'élévation du niveau de vie, l'espérance de vie passe de 59 ans en 1970 à 73 ans en 2019. La mortalité infantile passe de 180 ‰ en 1950 à moins de 20 ‰ après 2000, tandis qu'une **forte fécondité** se maintient. Le nombre moyen d'enfants par femme, supérieur à 7 jusqu'aux années 1980, diminue ensuite régulièrement (estimation à 2,8 en 2019). La transition démographique, tardive, ne s'est pas faite au même rythme selon les communautés. La baisse de la fécondité a été plus sensible chez les Alaouites que chez les sunnites.

L'évolution de la population syrienne de 1960 à 2015

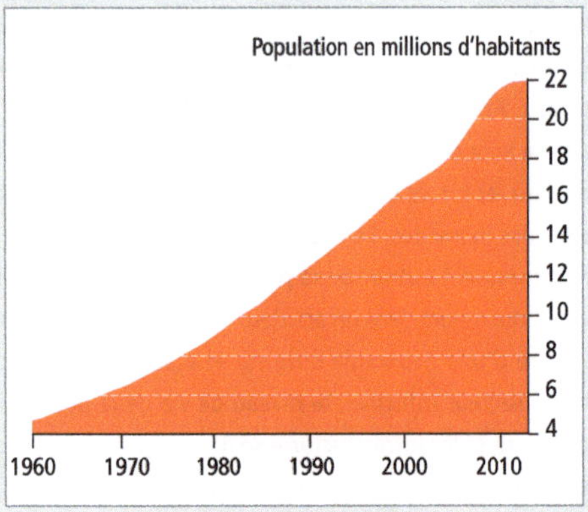

Taux de natalité et de mortalité en Syrie de 1960 à 2015

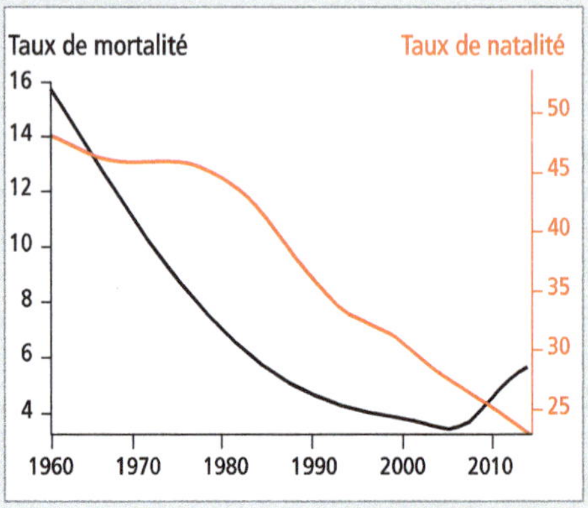

Source : Banque mondiale, 2015.

2. La dimension communautaire

Des **institutions laïques**, aux antipodes du communautarisme libanais [→ CH. 24], n'empêchent pas le **poids des solidarités communautaires** dans la société syrienne. La population est

3. Si l'émigration l'emporte sur l'immigration en Syrie, il faut toutefois noter que le pays abrite un demi-million de Palestiniens et a accueilli près de 2 millions de réfugiés irakiens.

à 90 % arabe et à 70 % sunnite, mais le pays abrite des minorités d'importance numérique et d'influence inégales.

Les Kurdes sont globalement sunnites et les chrétiens, hormis les Églises arméniennes, arabes. Les grandes villes se caractérisent par leur diversité, mais on y retrouve une organisation communautaire par quartiers tempérée par la présence de quartiers mixtes.

La minorité alaouite, longtemps pauvre et méprisée par les sunnites, contrôle depuis plusieurs décennies tous les leviers du pouvoir et s'appuie sur d'autres communautés religieuses minoritaires, chrétiennes et druzes. Toutefois, l'appartenance à tel ou tel groupe ne détermine pas automatiquement la position des individus par rapport au régime : des sunnites soutiennent Assad et des Alaouites dénoncent les exactions du régime.

ZOOM ▶ L'explosion démographique de la jeunesse

La Syrie connaît une explosion démographique de la jeunesse à l'issue d'une phase où la baisse de la mortalité infantile s'est conjuguée au maintien d'une fécondité très élevée. En 2010, à la veille de la guerre civile, près de la moitié de la population a moins de 20 ans et les deux tiers moins de 30 ans. **Le pays doit faire face à l'arrivée d'une jeunesse nombreuse**, au niveau d'éducation plus élevé que la génération précédente, **sur le marché du travail** où les possibilités d'emploi sont d'autant plus réduites que la politique d'industrialisation s'est soldée par un échec. Au chômage des jeunes s'ajoute la forte proportion d'emplois informels, sans parler des jeunes diplômés qui ressentent de la frustration à occuper des emplois pour lesquels ils sont surqualifiés. Selon la théorie du *youth bulge**, une telle structure par âge et un taux de chômage des jeunes avoisinant 20 % peuvent contribuer à la déstabilisation de la société en créant un contexte propice à l'activisme et à l'enrôlement dans des groupes paramilitaires.

Répartition linguistique et confessionnelle de la population syrienne en 2010

Groupes linguistiques		Groupes religieux	
Arabes	90 %	Sunnites	70 %
Kurdes	8,5 %	Alaouites	12,5 %
Turkmènes	0,7 %	Chrétiens	11 %
Tcherkesses	0,5 %	Chiites	3,3 %
Arméniens	0,3 %	Druzes	3,2 %

Source : d'après M. Izady, *Gulf 2000 Project*, Columbia University.

3. La dimension économique et sociale

De 1960 à 2000, prévaut en Syrie un modèle de développement d'inspiration socialiste largement étatisé et protectionniste. À l'arrivée au pouvoir de Bachar el-Assad, une série de mesures encourage l'entreprise privée et ouvre le pays aux investisseurs étrangers. Le maintien d'une bureaucratie pesante, la corruption, les tensions politiques et l'environnement géopolitique rebutent les investisseurs européens. En revanche, la Syrie reçoit des investissements du Golfe, notamment dans l'immobilier touristique. Le démarrage du tourisme

DÉFINITION

Youth bulge : cette théorie, qui fait allusion au renflement (*bulge*) de la pyramide des âges aux tranches 15-29 ans, met en relation les guerres et le terrorisme au Moyen-Orient avec la surreprésentation dans la structure par âge des jeunes adultes masculins qui ne trouvent pas leur place dans la société.

Les territoires communautaires en Syrie

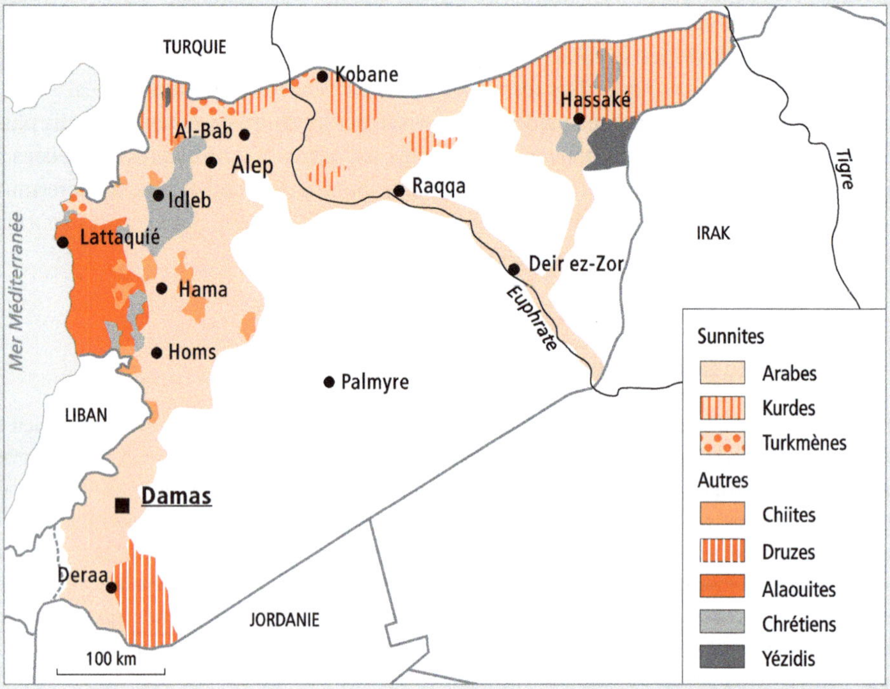

Source : d'après diverses publications de F. Balanche.

international, qui repose sur un riche patrimoine archéologique et architectural, s'amorce dans les années 2000.

Le Xe Plan (2006-2010) met en avant le modèle de l'économie sociale de marché pour éviter que la modernisation de l'économie ne soit génératrice de fracture sociale. Mais au-delà de ce discours, les réformes économiques n'enclenchent pas une dynamique d'émergence. Les bénéficiaires de l'ancien système qui dirigeaient les entreprises d'État sont ceux qui profitent le plus de la libéralisation du fait de leurs liens avec le pouvoir politique. Les réformes occasionnent un creusement des inégalités sociales et une aggravation des disparités spatiales. Le pourcentage de Syriens vivant sous le seuil de pauvreté est de 35 % en 2007 et la misère touche autant les campagnes que les villes. En 2021, dix ans après le début de la guerre, le taux de Syriens vivant sous le seuil de pauvreté dépasse 80 % selon les ONG.

C. LES FORCES EN PRÉSENCE

La contestation armée du régime met en jeu des intérêts différents selon les acteurs. **La révolte éclate le 15 mars 2011 à Deraa**, ville sunnite, suite à l'arrestation d'enfants, auteurs de graffitis contre le président sur le mur de leur école. La répression des manifestations a pour effet de propager la contestation dans tout le pays. Tandis qu'une partie des militaires désavouent la violence de la répression et désertent pour fonder l'Armée syrienne libre (ASL), l'opposition politique, largement en exil, s'organise en un Conseil national syrien. De nouveaux acteurs s'ajoutant au fil des mois, **le conflit s'éternise et s'atomise**.

1. Les forces gouvernementales et leurs alliés

L'armée arabe syrienne est soutenue par des milices alaouites, par le Hezbollah libanais et les milices chiites irakiennes. Assad bénéficie du soutien diplomatique, financier et militaire de l'Iran, allié de longue date contre Israël et les États-Unis. La place des chiites, dont certains ont trouvé refuge en Syrie du temps de Saddam Hussein, dans le gouvernement irakien actuel n'est pas étrangère au soutien irakien à Assad. Le soutien le plus décisif du régime est la Russie, qui entend conserver l'unique allié qui lui reste dans la région et sa **base navale de Tartous**. Des frappes russes visent toutes les forces anti-Assad et les forces spéciales russes (*Spetsnaz*) agissent en Syrie. Incertains de l'issue du conflit et désireux de préserver leurs intérêts économiques, les Chinois mènent une politique ambiguë, puis abandonnent leur principe de non-ingérence pour s'aligner sur les Russes.

Les forces en présence sur le terrain syrien en 2016

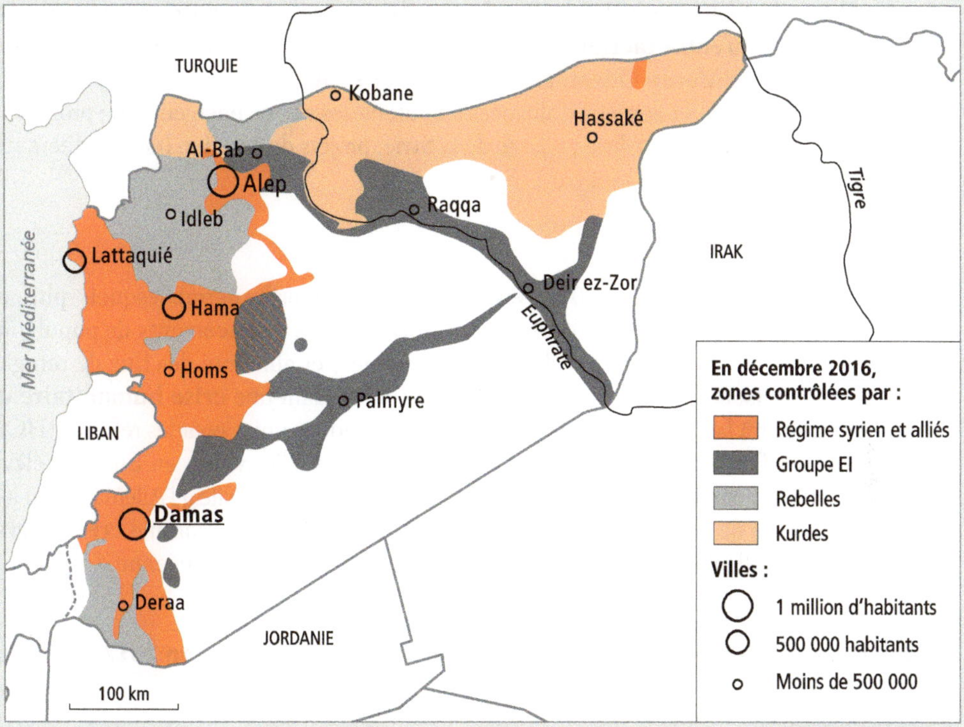

Source : d'après AFP, 2016.

2. Les forces d'opposition et leurs soutiens

Les forces d'opposition rassemblées dans la Coalition nationale syrienne (CNS) sont hétérogènes. Reconnue comme le gouvernement légitime de la Syrie par la Ligue arabe, la Turquie et des pays occidentaux, dont la France et la Grande-Bretagne, la CNS, affaiblie par les dissensions entre l'axe laïc et l'axe islamique, perd du terrain à partir de 2013. Les objectifs de démocratisation passent au second plan face à la montée en puissance du Front islamique où dominent les salafistes et celle des djihadistes de la branche syrienne d'Al-Qaida (Jabhat al-Nosra) et de l'État islamique (EI) qui recrute et forme des djihadistes étrangers. Les forces antigouvernementales sont soutenues par la Turquie, qui souhaite la chute de Bachar el-Assad et ne veut pas d'entité kurde autonome le long de ses frontières, par l'Arabie saoudite et le Qatar, qui soutiennent les sunnites et veulent renverser un régime allié à l'Iran, et par les États-Unis, opposés à l'Iran et à la Russie. Les frappes occidentales visent moins à renverser le régime qu'à détruire les bases des djihadistes et à éliminer leurs chefs.

3. Les Kurdes

Les Kurdes de Syrie, qui ont été soumis à une arabisation forcée, voient dans le soulèvement l'opportunité d'**acquérir l'autonomie du Rojava** (Kurdistan occidental). Ils s'allient à d'autres minorités (Turkmènes, chrétiens, bédouins), à des rebelles sunnites et à des brigades de l'ASL au sein des Forces démocratiques syriennes créées en 2015. Ils sont renforcés par des combattants kurdes d'Irak (*peshmergas*) et de Turquie. Ils ne s'opposent pas au régime, qui leur abandonne le contrôle de leur territoire, mais luttent contre l'EI. Ce faisant, ils soulagent les forces gouvernementales d'un front septentrional et s'assurent le soutien à la fois des États-Unis et de la Russie.

Le conflit syrien est une imbrication de conflits qui se jouent **entre gouvernement et rebelles** ainsi qu'**entre factions rivales** à l'échelle nationale, **entre puissances régionales** à l'échelle du Moyen-Orient, **entre Russes et États-Uniens** à l'échelle mondiale. Aux enjeux stratégiques et aux jeux d'alliances s'ajoutent des enjeux énergétiques : probabilité de riches gisements de gaz *offshore* au large de la Syrie, projets de gazoduc Iran-Méditerranée ou Qatar-Méditerranée transitant par la Syrie.

D. LES RÉFUGIÉS SYRIENS

Le conflit, qui a fait, depuis 2011, environ 500 000 morts, parmi lesquels plus de 117 000 civils, dont plus de 22 000 enfants, a provoqué des déplacements de population massifs à l'intérieur du pays (7,6 millions de personnes) et alimenté des flux de réfugiés (5 millions de personnes) vers les pays limitrophes, provoquant une **crise humanitaire de grande ampleur** à laquelle le Haut Commissariat des Nations unies pour les réfugiés (HCR) a du mal à faire face. Le nombre cumulé de demandeurs d'asile syriens en Europe s'élève, entre avril 2011 et octobre 2016, à 884 461, dont 64 % demandent asile à l'Allemagne ou à la Suède. La volonté de nombreux Syriens de gagner l'Europe débouche sur une **crise migratoire** face à laquelle il n'y a pas de réponse coordonnée de l'Union européenne.

Principaux pays d'accueil des réfugiés syriens au Moyen-Orient en 2017

Pays d'accueil	Nombre de réfugiés
Turquie	2 967 149
Liban	1 011 366
Jordanie	657 000
Irak	235 526
Égypte	120 154
Maghreb	29 275
Total	**5 020 470**

Source : ONU, HCR.

En décembre 2016, le rapprochement russo-turc débouche sur un cessez-le-feu, souvent violé, et l'annonce de négociations. Tout comme les précédentes (processus de Genève), la rencontre de mars 2017 ne parvient pas à dégager de solution politique, mais les pourparlers ne sont pas rompus. En 2019, après la mort d'Abou Bakr al-Baghdadi[4] et la reconquête de Raqqa, Donald Trump, qui ne fait pas du départ de Bachar el-Assad sa priorité, annonce que les États-Unis vont se désengager de Syrie.
Les troupes russes et les mercenaires de la milice Wagner [→ CH. 17] restent dans le pays, dont Vladimir Poutine semble avoir fait un laboratoire et un terrain d'entraînement pour son armée. En 2021, l'enclave d'Idlib, que les Turcs ne souhaitent pas voir tomber aux mains de l'armée syrienne, reste contrôlée par l'EI, dont on observe une résurgence sous des formes moins territorialisées.

Pour aller plus loin

Fabrice Balanche : « La Syrie est devenue un condominium irano-russe »
liennathan.fr/96xjd2

La Syrie divisée et occupée fin 2020

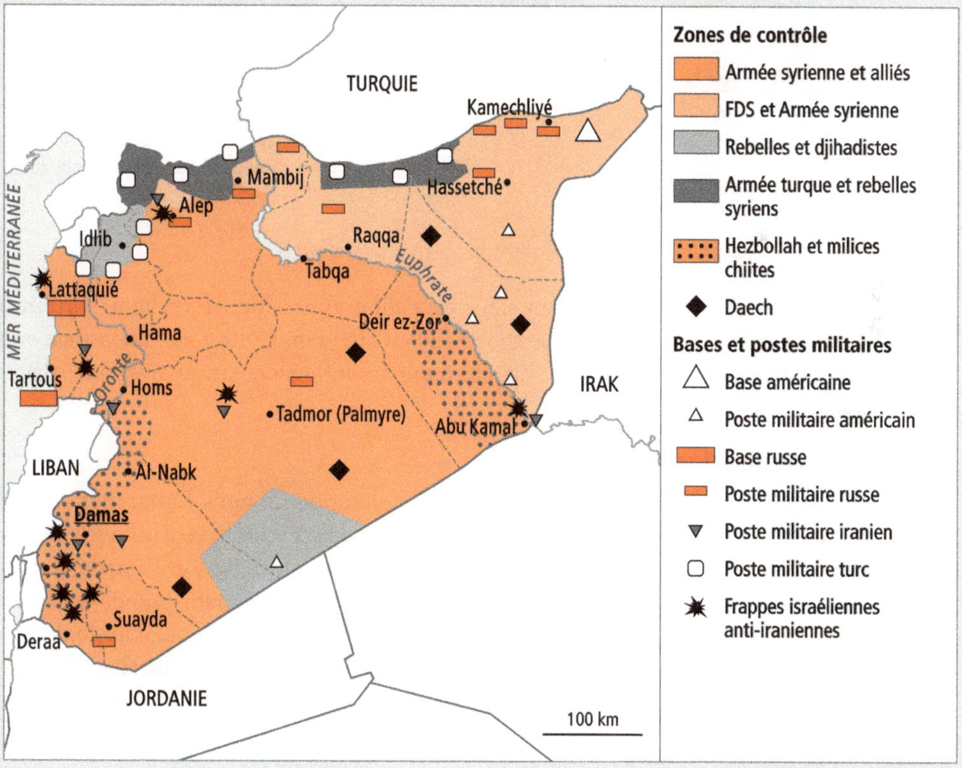

Source : d'après F. Balanche.

4. Le fondateur et calife autoproclamé de l'organisation dite « État islamique », encerclé par les forces spéciales américaines, est tué par l'explosion de sa ceinture d'explosifs.

II. L'Irak

Deux fois plus vaste que la Syrie, l'Irak (435 000 km²) a vu sa population plus que décupler en un siècle. Le pays comptait 3 millions d'habitants en 1920 et 40 millions en 2020. L'Irak a un taux d'urbanisation de l'ordre de 70 % dès 1990. Le nombre moyen d'enfants par femme est de 7 jusqu'à la fin des années 1970 mais n'est plus que de 3,6 en 2019. Le taux de croissance annuel de la population reste relativement élevé (2,4 % en 2019).

L'évolution de la population irakienne de 1960 à 2014

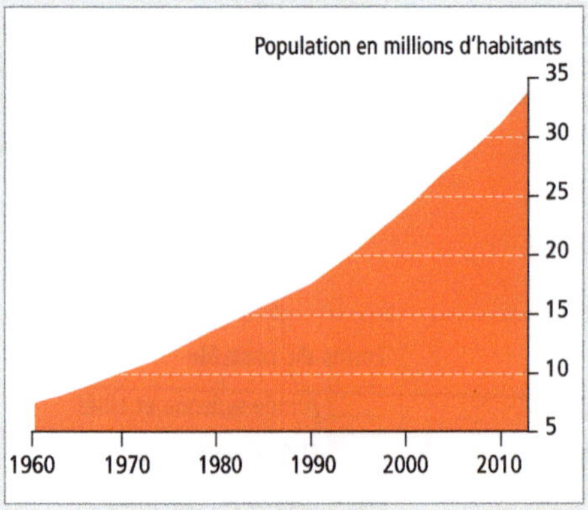

Taux de natalité et de mortalité en Irak de 1960 à 2015

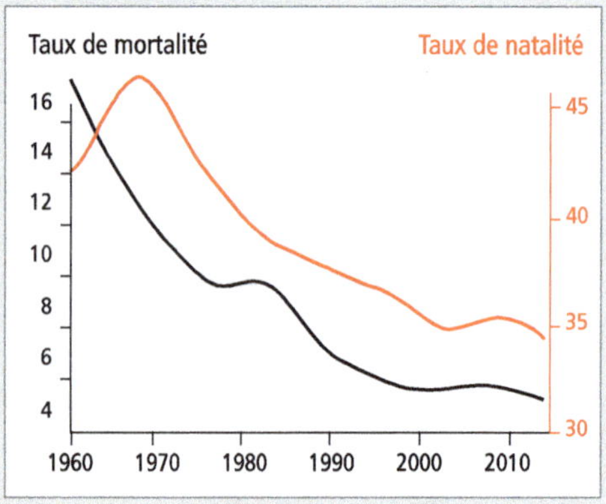

Source : Banque mondiale, 2015.

A. DE LA MÉSOPOTAMIE À LA RÉPUBLIQUE IRAKIENNE

L'Irak, à la fois berceau du chiisme et siège du califat abbasside, se réclame surtout du double héritage mésopotamien et arabe sous Saddam Hussein. Cette zone de passage entre le monde méditerranéen et le monde indien a connu des influences successives qui éclairent sa complexité.

1. Les grandes civilisations antiques

Au IIIe millénaire de l'ère préchrétienne, Sumer, fédération de cités-États, met au point l'écriture cunéiforme et offre le premier exemple d'État organisé, corollaire d'un système d'irrigation élaboré, avant qu'Akkad constitue le premier empire centralisé. Au IIe millénaire, les Babyloniens succèdent aux Akkadiens et rédigent le Code d'Hammourabi, première synthèse écrite d'un système de gouvernement. En – 639, Cyrus s'empare de l'Empire babylonien, qui passe sous domination perse durant plus d'un millénaire. Jusqu'aux débuts de l'ère islamique, la Mésopotamie a des contacts continus avec ses voisins de l'est et de l'ouest, mais peu d'échanges avec la péninsule Arabique.

2. Les Empires musulmans

À la faveur des luttes entre Perses et Byzantins, les Arabes conquièrent la Mésopotamie, qui devient l'Irak. Théâtre des luttes politico-religieuses des débuts de l'islam, ce qui fait de Najaf et Kerbela des hauts lieux de pèlerinage chiite, l'Irak est un foyer d'opposition aux Omeyyades de Damas finalement chassés par les Abbassides. Au cours de cinq siècles, trente-sept califes abbassides se succèdent à Bagdad. Les villes connaissent une grande prospérité marchande et une brillante vie intellectuelle, artistique et scientifique. Les chiites, conformément à la doctrine de la *taqiya*, qui leur prescrit de vivre leur foi dans le secret en cas de risques de persécution, vivent dans le repli. S'ils ne font pas l'objet de persécutions systématiques, ils sont marginalisés, discriminés et exclus de la vie politique par le califat sunnite. Le pouvoir des Abbassides s'affaiblit au fur et à mesure que s'étend leur empire, qui finit par tomber aux mains des Turcs. L'Irak, devenu une lointaine province de l'Empire ottoman périodiquement en butte à des attaques persanes, entame un long déclin.

3. La domination britannique

À la fin du XIXe siècle, face à l'Allemagne bien implantée dans l'Empire ottoman et qui envisage de relier par chemin de fer Constantinople à Bassora (*Bagdadbahn*), la situation de l'Irak aiguise l'appétit de la Grande-Bretagne. À l'enjeu de contrôle des routes commerciales, s'ajoute bientôt celui de la mainmise sur les gisements de pétrole. En 1922, les Britanniques installent une monarchie constitutionnelle dans leur mandat devenu protectorat. Le pouvoir est aux mains d'une oligarchie sunnite inféodée à la Grande-Bretagne tandis que règne l'instabilité politique : assassinats en série, coups d'État à répétition. À partir de 1945, Nouri Saïd, Premier ministre soutenu par les Anglais, exerce un pouvoir très autoritaire.

4. Le régime baasiste

Les mutations qui résultent de l'exploitation du pétrole et l'exemple égyptien conduisent au renversement de la monarchie par l'Organisation des officiers libres en 1958. Après dix ans de dictature militaire, un coup d'État permet l'ascension de Saddam Hussein, qui contrôle peu à peu tous les rouages du régime. Vice-président en 1971, il devient président en 1979.

ZOOM ▶ Saddam Hussein al-Tikriti

Né en 1937 dans une famille sunnite de paysans pauvres des environs de Tikrit, il est scolarisé tardivement et exerce divers petits métiers. Il rejoint très tôt le parti Baas. Sa participation à des actions manquées contre le roi, puis contre la dictature militaire, le contraint à se réfugier en Syrie et à s'exiler quatre ans en Égypte. Après la prise du pouvoir par le Baas en 1968, il devient responsable des services de sécurité du parti grâce à l'appui d'un oncle par alliance. Il s'entoure de membres de sa famille proche ou lointaine et de natifs de Tikrit.

Poursuivant « l'édification d'un homme arabe nouveau pour bâtir une société arabe moderne et prospère », il dote le pays d'un système éducatif et sanitaire de qualité. Il instaure la laïcité, et le statut des femmes est plus favorable que dans les pays voisins. Sur le plan économique, il prône la planification socialiste, mais réhabilite le secteur privé en 1982. Le pétrole est exploité par une compagnie nationale publique. La tendance à la réislamisation de la société, dont les femmes font les frais, dans les années 1980, s'accentue la décennie suivante.

En 1989, Saddam Hussein doit faire face aux contestations reléguées au second plan pendant la guerre contre l'Iran. L'année suivante, l'invasion du Koweït lui permet de reprendre toutes les rênes du pouvoir, mais la défaite ébranle le régime. Dans la décennie 1990, il se maintient au pouvoir par la violence et la terreur. Après la chute du régime en 2003, il est traqué par les États-Uniens et sa tête est mise à prix 25 millions de dollars. Capturé à Tikrit, il est jugé pour génocide, crime contre l'humanité et crime de guerre par le Tribunal spécial irakien mis en place par les États-Unis. Il est condamné à mort et pendu en décembre 2006.

B. LA DIVERSITÉ DES MILIEUX ET DES POPULATIONS

1. Quatre ensembles naturels contrastés

Des **espaces désertiques ou semi-désertiques** occupent plus de la moitié du territoire irakien. Au nord-est, les **montagnes du Kurdistan** culminent à plus de 3 500 m. Elles dominent des **plateaux et des collines de piémonts** où s'individualise le massif du djebel Sinjar (1 400 m) à la frontière syrienne. C'est la **plaine du Tigre et de l'Euphrate** qui constitue l'axe majeur du pays, l'antique Mésopotamie (« entre les fleuves »). En aval de la confluence des deux fleuves qui forment le Chatt el-Arab, le monde amphibie des marais a servi d'asile aux déserteurs de la guerre contre l'Iran et aux insurgés du soulèvement de Bassora en 1991. Plus encore que les hautes terres du Kurdistan, riches en eau et en hydrocarbures, la Basse Mésopotamie, polarisée par Bassora, est au cœur des enjeux économiques et politiques de l'Irak d'aujourd'hui. Cette plaine pétrolière à population majoritairement chiite occupe une position stratégique entre l'Iran et la péninsule Arabique. Elle ouvre l'Irak sur le Golfe par un littoral lagunaire d'une vingtaine de kilomètres à l'importance majeure pour le pays.

2. L'imbrication des clivages ethnolinguistiques et religieux

La population compte plus de 80 % d'Arabes. Parmi eux, les chiites sont beaucoup plus nombreux que les sunnites, mais bien qu'ils représentent **58 % de la population, le pouvoir a été aux mains des sunnites pendant un quart de siècle.**

Les Kurdes (15 %) sont la minorité la plus nombreuse du pays. Entre 1961 et 1970, cinq guerres de libération entrecoupées de trêves se succèdent. Une loi de 1974 leur donne la possibilité d'étudier dans leur langue, y compris à l'université, et instaure une Région autonome kurde. Les Kurdes contestent sa délimitation, qui n'englobe ni Mossoul ni Kirkouk, et exclut de nombreux gisements pétroliers. Ils ne se satisfont pas d'une autonomie de façade, où les membres du Conseil autonome sont choisis par Bagdad. Après 1976, les Kurdes d'Irak subissent une arabisation forcée qui tourne au nettoyage ethnique : destruction de villages, déportation de populations. En 1988, l'aviation irakienne fait usage, sous les ordres d'un cousin de Saddam Hussein, d'armes chimiques contre les Kurdes à Halabja, petite ville à la frontière iranienne, tuant 5 000 civils. **La Constitution de 2005 permet la création d'une Région du Kurdistan dans un cadre fédéral.**

Les Kurdes sont majoritairement sunnites, mais comptent aussi des communautés syncrétiques dont **les Yézidis**, autres victimes des djihadistes, qui **souhaitent une Région du djebel Sinjar**.

Les Assyriens et les Turkmènes vivent, comme les Kurdes, au nord du pays. Ils représentent respectivement 3 % et 2 % de la population. La Constitution de 2005 garantit leur identité culturelle. Les Assyriens, minorité chrétienne, **revendiquent une Région de Ninive**.

Les hydrocarbures du Kurdistan et de Basse Mésopotamie ont suscité les convoitises des différents protagonistes irakiens désireux de s'approprier les revenus du pétrole, mais aussi celles de puissances extérieures. **L'importance géopolitique des hydrocarbures est flagrante en Irak** dès le début du XXe siècle, quand les Britanniques obtiennent que la wilaya de Mossoul soit intégrée à leur mandat. L'instrumentalisation des communautés est mise précocement au service des intérêts pétroliers. Ainsi, pendant la Première Guerre mondiale, les Britanniques fomentent des révoltes chiites contre les Turcs.

C. LA LUMIÈRE AU BOUT DU TUNNEL ?

1. Les derniers soubresauts du régime (1991-2003)

L'invasion du Koweït et la défaite irakienne en 1990-1991 [→ CH. 19] ont pour conséquence une **mise sous tutelle de l'Irak par la coalition internationale**. La production pétrolière s'est effondrée, l'Irak a subi de lourds dégâts matériels, ses pertes financières sont énormes. Le blocus et l'embargo ne viennent pas à bout du régime, mais les pauvres souffrent de malnutrition et le marché noir ruine la classe moyenne. Du fait de la désorganisation du système scolaire, l'analphabétisme regagne du terrain. Le système sanitaire se dégrade et le taux de mortalité infantile remonte. La délinquance, auparavant rare, se répand et la corruption se généralise. Le projet originel de société moderne est relégué au profit de la « retribalisation » de la société.

La répartition géographique des communautés en Irak

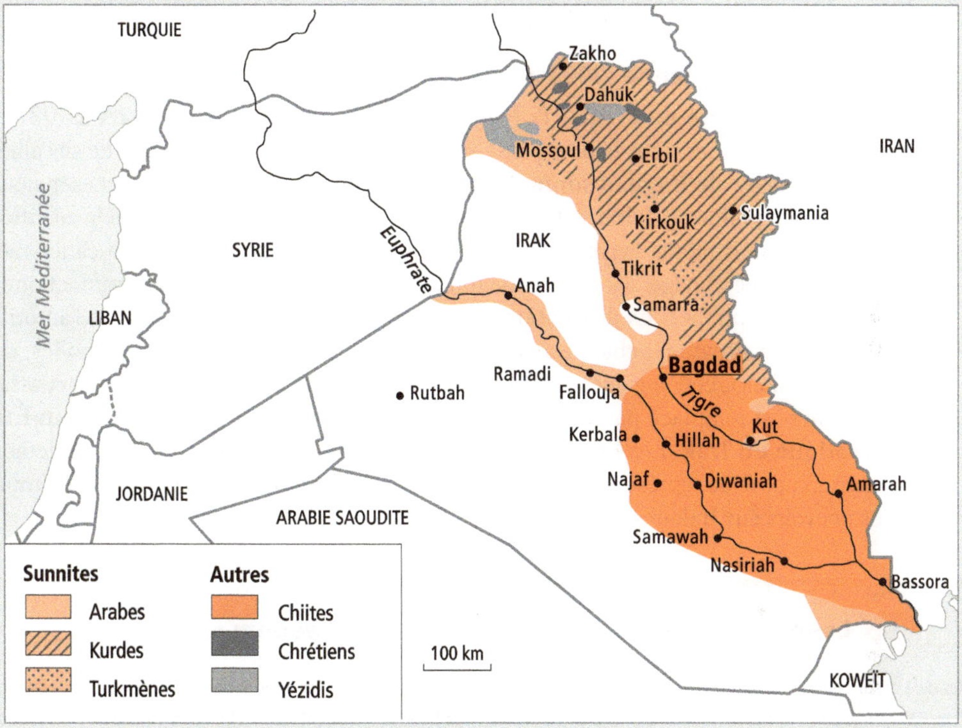

Source : F. Balanche, *Atlas du Proche-Orient arabe*, 2011.

À la crise économique et au délitement de la société, s'ajoutent des mouvements centrifuges. **Les chiites et les Kurdes se révoltent en 1991.** Les baasistes ne contrôlent plus qu'une partie du territoire national. Les forces de la coalition internationale n'interviennent pas quand une répression féroce, qui fait des dizaines de milliers de morts, s'abat sur les chiites. Elles restent aussi passives quand une répression sanglante est menée contre les Kurdes. Un million de Kurdes d'Irak se réfugient en Turquie. Un soutien de la coalition internationale aux révoltes de 1991 aurait sans doute précipité la chute du régime. Mais deux des participants à cette coalition sont l'Arabie saoudite, qui craint une alliance entre un Irak aux mains des chiites et l'Iran, et la Turquie, peu désireuse de voir les Kurdes d'Irak accéder à une grande autonomie, préoccupation qui guide aussi sa position sur la Syrie.

2. La question des armes de destruction massive

Le 11 septembre 2001 change la donne. Washington avance l'idée d'une collusion entre Bagdad et Al-Qaida, et orchestre une vaste campagne médiatique sur la poursuite de programmes secrets d'armement non conventionnel par l'Irak. En 1991, l'ONU avait exigé (résolution 687) que l'Irak mette fin à ses **programmes d'armement biologique, chimique et nucléaire**. Une Commission spéciale avait été créée pour contrôler le démantèlement de ces programmes et l'Agence internationale de l'énergie atomique (AIEA) était chargée du contrôle du nucléaire. Les inspecteurs mandatés par l'ONU détruisent d'importantes quantités d'armes chimiques et des stocks d'uranium et de plutonium sont retirés d'Irak. Mais Saddam Hussein renâcle à se plier à la résolution 715, qui lui impose le contrôle permanent de ses installations civiles et militaires. En 2003, la droite états-unienne, qui rallie le gouvernement travailliste de Londres à ses vues, invoque le non-désarmement de l'Irak pour l'attaquer militairement sans l'aval de l'ONU [→ CH. 20].

3. L'occupation états-unienne (2003-2011)

L'opération « Liberté de l'Irak » (« *Iraqi Freedom* ») débute le 19 mars 2003. En moins de trois semaines, tout le pays passe sous le contrôle des États-Unis et de ses alliés. **Le 9 avril, la prise de Bagdad sonne le glas du régime.** L'incontestable succès militaire tourne au fiasco politique. L'Irak est administré par une Autorité provisoire de la coalition. Son premier administrateur, le général Garner, mène une politique de « debaasification radicale », mettant au chômage des milliers de fonctionnaires et provoquant un dysfonctionnement des services publics. La dissolution de l'armée et du Parti laisse un vide de l'autorité. Le contrôle de la situation échappe aux Occidentaux : pillages des bâtiments publics, des musées et des sites archéologiques ; sabotage des installations pétrolières ; attentats et assassinats. Garner est remplacé par le diplomate **Paul Bremer, chargé d'instaurer un État démocratique en Irak**. Les États-Uniens mettent en place un Conseil de gouvernement transitoire composé de représentants des différentes ethnies et confessions du pays. Le transfert des pouvoirs aux Irakiens s'opère en 2004.

ZOOM ▶ Les enjeux cachés de l'opération « *Iraqi Freedom* »

Au-delà du discours messianique sur la démocratie, l'opération « *Iraqi Freedom* » a des mobiles pétroliers. Elle a eu lieu sous la présidence de George W. Bush, lié au lobby pétrolier texan, et la vice-présidence de Dick Cheney, à la tête d'Halliburton, la plus grosse firme parapétrolière mondiale. La conseillère à la Sécurité, Condoleezza Rice, siège au conseil d'administration de Chevron, deuxième compagnie pétrolière des États-Unis. Cette équipe voit d'un mauvais œil l'arrivée d'intérêts russes et chinois en Irak et pense qu'un régime acquis aux États-Unis fournirait une alternative à l'alliance américano-saoudienne en déclin. Aux États-Unis, une partie de l'opinion et de la classe politique et militaire, y compris le général Colin Powell, qui estime avoir été dupé par la CIA au sujet des armes de destruction massive, s'interroge encore sur le bien-fondé d'une intervention qui a envoyé à la boucherie des milliers de jeunes États-Uniens (4 500 soldats et 1 500 personnels civils morts entre 2003 et 2011), avec pour résultat de mettre l'Irak à feu et à sang. Le secrétaire d'État à la Défense de l'époque, Donald Rumsfeld, qui a poussé à l'intervention, est mis en cause dans l'affaire des tortures perpétrées par des soldats états-uniens contre des prisonniers irakiens à la prison d'Abou Ghraib à Bagdad, sinistre geôle où croupissaient, quand ils ne disparaissaient pas, les opposants au régime de Saddam.

Au Royaume-Uni, la commission d'enquête sur la guerre en Irak rend son rapport (rapport Chilcot) en 2016. Elle conclut que l'intervention était prématurée, que ses conséquences ont été sous-estimées et que la possession par l'Irak d'un stock d'armes chimiques et biologiques n'était pas avérée. La France n'était pas favorable à une intervention militaire et son ministre des Affaires étrangères, Dominique de Villepin, a prononcé en 2003 un discours qui a fait date aux Nations unies.

En 2006, un attentat contre un mausolée révéré par les chiites à Samara, ville majoritairement sunnite, provoque des représailles contre les sunnites. **Les affrontements évoluent en épuration communautaire.** Ces troubles se traduisent par le déplacement de plus de 2 millions de personnes à l'intérieur du pays et le départ de 2,5 millions d'Irakiens hors d'Irak. Les luttes intracommunautaires s'intensifient. **Les communautés se fragmentent en milices rivales** qui mènent une guerre des fiefs pour se tailler un territoire. Dans la région de Bassora, plusieurs milices chiites s'affrontent pour le contrôle des puits de pétrole et du port. Al-Qaida, qui fait de l'Irak une terre de djihad, est combattu par les milices *Sahwa* (« réveil »), sunnites et nationalistes. À Bagdad, le Tigre devient une ligne de démarcation entre la rive droite sunnite et la rive gauche chiite.
Confronté à l'impopularité croissante de l'aventure irakienne dans l'opinion états-unienne et à l'enlisement des troupes qui ne parviennent pas à juguler sur le terrain une **insurrection protéiforme reliée au djihad global**, George W. Bush nomme le général David Petraeus à la tête des forces états-uniennes en Irak en 2007. Ce théoricien de la guerre contre-insurrectionnelle considère que la « guerre globale contre la terreur » (bombardements, opérations spéciales…) ne fait que nourrir le sentiment anti-occidental dans le monde arabe. Il entend « gagner les esprits et les cœurs ». La réintégration des sunnites dans le jeu politique et l'amorce d'une réconciliation à l'échelle locale entre les communautés contribuent à améliorer la situation, sans doute aussi du fait de la lassitude de la population. En 2008, Bush annonce le retrait progressif des troupes états-uniennes. En 2011, celles-ci quittent l'Irak deux ans après le retrait des troupes britanniques.

4. La difficile transition démocratique

Aux élections à l'Assemblée nationale transitoire en 2004, la liste de l'ayatollah Sistani (48 %) et celle des partis kurdes (25,7 %) arrivent en tête. L'Assemblée, qui met en place un **gouvernement dominé par les chiites et les Kurdes**, rédige une Constitution adoptée par référendum en août 2005. La Constitution met en place le multipartisme et vise à représenter toutes les composantes de la population : les députés sont élus par circonscription, mais un quota de huit sièges est réservé pour les petites minorités religieuses. Elle repose sur le **fédéralisme** dans l'espoir de régler la question kurde sans pour autant amputer le territoire national. L'Irak comporte désormais une Région fédérale autonome du Kurdistan doté de son propre Parlement et de son propre gouvernement, dirigé par Massoud Barzani. Elle englobe trois gouvernorats, les quinze autres gouvernorats bénéficiant d'un haut degré de décentralisation et de la possibilité de se constituer en Région fédérale autonome sous réserve d'un référendum favorable dans le gouvernorat concerné.
Aux élections législatives de 2005, l'Alliance unie irakienne de Sistani remporte 128 sièges, la Coalition kurde 53 et les sunnites du Front irakien de la concorde 44. Les élections de 2010 sont gagnées par les chiites, mais l'opposition entre tendance conservatrice et tendance moderniste laïque provoque une longue crise politique. Les élections de 2014 se déroulent dans un climat d'insécurité (des centaines de victimes périssent dans des attentats). Le fonctionnement des institutions n'est pas sans rappeler le système libanais : la présidence de la République échoit aux Kurdes ; les trois premiers ministres qui se succèdent de 2006 à 2017 et détiennent la réalité du pouvoir appartiennent au parti chiite conservateur Dawa ; le président du Parlement est sunnite.
Aux élections législatives d'octobre 2021, anticipées suite à des manifestations antigouvernementales, les chiites conservateurs perdent du terrain. Le sadrisme, mouvement chiite nationaliste et populiste qui dénonce les ingérences étrangères, y compris celles de l'Iran, ainsi que les partis kurdes balaient les formations pro-iraniennes.

5. État de droit et « État islamique »

En 2006, **un groupe salafiste djihadiste** [→ CH. 18] **proclame l'État islamique d'Irak**. Ce groupe armé, classé par l'ONU comme organisation terroriste, est un **État autoproclamé** dépourvu de reconnaissance internationale. Il se considère comme la seule autorité légitime du pays. Prenant pied en Syrie, **il devient l'État islamique d'Irak et du Levant (EI)**, aussi désigné par l'acronyme arabe **Daech**. En 2014, Ibrahim al-Badri, qui se fait appeler **Abou Bakr al-Baghdadi, proclame le califat**. Le choix du prénom d'un compagnon du Prophète qui fut le premier calife et la référence à Bagdad montrent combien il s'identifie aux califes et aux Abbassides. Poursuivant l'objectif de **restaurer l'unité de l'Empire arabo-musulman**, l'EI administre ses territoires du centre du pays en terrorisant la population et en appliquant strictement les **préceptes coraniques**.

La ville sunnite de **Falloujah** est investie en 2014 par l'EI et des tribus sunnites du gouvernorat d'Al-Anbar, vaste province désertique de l'ouest du pays bordée par la vallée de l'Euphrate, où **Ramadi**, capitale de la province, tombe à son tour aux mains de l'EI. Les deux villes sont **reprises par l'armée irakienne en 2016**. **Mossoul**, la deuxième ville d'Irak, a été **conquise par Daech en 2014**. **En 2016, sa reconquête est lancée** par les forces gouvernementales. Celles-ci sont épaulées par des acteurs aux objectifs différents : les milices loyalistes, dont la milice chiite Hachd al-Chaabi (« Unités de mobilisation populaire ») soutenue par l'Iran ; les combattants kurdes ; la coalition arabo-occidentale pour l'Irak et la Syrie qui regroupe 22 pays, dont la France (opération « Chammal »). L'EI est acculé dans la vieille ville, où se déroulent des combats urbains effroyables. Plus de 800 000 habitants ont fui leur quartier. Les camps mis en place par l'ONU manquent d'eau et de vivres. **La ville est définitivement reprise en 2017.**

Pour aller plus loin

Irak : la lente reconstruction de Mossoul
liennathan.fr/7f7e6g

En mars 2021, le voyage du pape en Irak a une grande portée symbolique auprès de la population, car c'est non seulement un geste de soutien aux chrétiens d'Orient qui culmine à Mossoul, avec une messe sur les ruines d'une église bombardée par les djihadistes, mais aussi une démarche de dialogue interreligieux marquée par une rencontre avec l'ayatollah Sistani dans la Ville sainte chiite de Najaf.

Ses défaites ont mis à mal deux ambitions de Daech : sa « prétention à la territorialisation et la disparition symbolique de la frontière entre l'Irak et la Syrie » (Gérard Chaliand). Mais cela ne lève pas les interrogations sur l'avenir du pays. Pour Georges Mutin, « l'État-nation irakien des années 1970 est devenu une juxtaposition de territoires ethnico-confessionnels où l'autorité de l'État est bien faible ». Il est incontestable que l'on est passé **d'un État unitaire centralisé à un État fédéral décentralisé**. Toute la question est de savoir si le fédéralisme adopté en 2005 est « la solution pour un Irak stable à long terme ou une étape sur la route de la division de l'État irakien, voire sa désintégration » (Ali Al-Yaqoobi).

Tandis qu'en Syrie, devenue en quelque sorte « un protectorat russo-iranien, un condominium entre Moscou et Téhéran » (F. Balanche), la guerre, qui a baissé en intensité depuis 2020, prend désormais des allures de conflit larvé, l'heure est à la reconstruction en Irak. La tâche est de grande ampleur dans un environnement géopolitique qui reste fragile dans ce pays frontalier de l'Iran.

27 DYNAMIQUES ET ANTAGONISMES DANS LES PAYS DU GOLFE

Le mode de mise en valeur plurimillénaire d'un milieu aux marges de l'écoumène, où le seul changement notable a été la naissance de l'islam, a légué à la péninsule Arabique l'héritage du tribalisme. Dans un monde où le fonctionnement politique ne reposait pas sur l'État, où l'espace était pensé en termes d'itinéraires plus que de maillage et le pouvoir en termes d'allégeances tribales, le découpage récent en entités territoriales souveraines a donné lieu à des litiges frontaliers et des revendications territoriales. L'intégration régionale progresse jusqu'au milieu de la décennie 2010, mais depuis, les tensions géopolitiques augmentent au sein du Conseil de coopération des États arabes du Golfe. Parmi des États de poids inégal, l'Arabie saoudite s'affirme comme une puissance régionale alliée des États-Unis et rivale de l'Iran, État précocement centralisé à identité perso-chiite, héritier d'empires pluriethniques et abritant des minorités périphériques. Dans un contexte d'antagonisme opposant une dynastie wahhabite à une république islamique active dans le monde arabe par communautés chiites interposées, les Saoudiens inaugurent une politique étrangère nouvelle en intervenant au Yémen.

Notions principales

Arc sunnite : au croissant chiite, on oppose un arc sunnite, du Maghreb à la Turquie en passant par l'Égypte jusqu'à la péninsule Arabique, dont le fer de lance serait l'Arabie saoudite. Mais cette ceinture sunnite est fort fragmentée et de plus en plus fracturée, ce qui remet en cause la pertinence de cette notion.

Croissant chiite : l'expression, entendue pour la première fois en 2004 dans la bouche du roi de Jordanie, souverain sunnite et pro-américain, renvoie moins à un ensemble de pays ou de régions où le chiisme est majoritaire ou largement répandu, de l'Iran au Liban, qu'à l'interprétation géopolitique d'une alliance chiite transnationale dirigée par l'Iran contre les États sunnites et leurs alliés occidentaux. L'expression est largement nuancée par les spécialistes.

Pour aller plus loin

Existe-t-il un croissant chiite ?
liennathan.fr/89um5r

CHRONOLOGIE

Chronologie arabe

1745-1818 : Premier État saoudien

1843-1865 : Deuxième État saoudien

1932 : Création du royaume d'Arabie saoudite

1961 : Indépendance du Koweït

1971 : Indépendance de Bahreïn, du Qatar et des États de la Trêve

1990 : Réunification du Yémen

2011 : Printemps de la Perle à Bahreïn

2014 : Début du soulèvement houthiste au Yémen

2017 : Désignation de Mohammed ben Salmane comme prince héritier d'Arabie saoudite

Chronologie persane

550-330 av. J.-C. : Empire achéménide

224-642 : Empire sassanide

1501 : Chiisme religion d'État en Perse

1906-1911 : Révolution constitutionnelle

1926-1979 : Dynastie Pahlavi

1979 : République islamique d'Iran

2013 : Élection de Hassan Rohani en Iran

2015 : Accord sur le nucléaire iranien

2018 : Retrait des États-Unis de l'accord sur le nucléaire

I. L'organisation sociopolitique traditionnelle de la péninsule Arabique

A. L'ADAPTATION À UN ENVIRONNEMENT ARIDE

Au nord, le Néfoud (plus de 50 000 km²) prolonge le désert de Syrie[1]. Au centre, le Nedjd est un vaste plateau disposant de sources qui ont permis le développement d'un semis d'oasis dont Riyad, capitale saoudienne et ville la plus peuplée d'Arabie (6 millions d'habitants). Dans le Sud-Est, le Rub al-Khali (« Quart vide ») s'étend sur 650 000 km².

Les géographes antiques identifiaient une Arabie déserte et une Arabie heureuse (*Arabia Felix*), la topographie et l'influence de la mousson donnant à l'Arabie méridionale un aspect plus verdoyant grâce à des précipitations moins parcimonieuses.

Dans la difficile définition de l'arabité, on peut considérer comme Arabes ceux qui se rattachent, selon des généalogies plus ou moins fictives, aux tribus de l'Arabie préislamique. S'y ajoutent les populations arabisées qui ont adopté la langue et une partie des pratiques culturelles des Arabes d'Arabie pendant et après la conquête musulmane. Même si la distinction entre Arabes et arabisés n'a plus guère de sens aujourd'hui étant donné la fusion ethnoculturelle dont résulte l'arabité contemporaine, elle reste présente dans les représentations des autochtones de la péninsule Arabique, pour qui le terme « arabe » renvoie au genre de vie bédouin. **La géographie participe ainsi à la définition de l'arabité.** « L'important n'est pas l'ethnie, mais que l'équilibre ancestral de ces peuples avec le milieu ait modifié leur comportement et jusqu'à la conception qu'ils se forment eux-mêmes [...] celle d'une vie fusant du désert » (Jacques Berque)[2].

1. Le désert de Syrie s'étend en Syrie, Irak et Jordanie.
2. Jacques Berque, *Les Arabes d'hier à demain*, Le Seuil, Paris, 1960.

ZOOM ▶ Le monde du désert

À la charnière de l'Asie et de l'Afrique, baignée par la mer Rouge à l'est, le golfe Arabo-Persique à l'ouest et la mer d'Arabie au sud, la péninsule Arabique couvre près de 2,5 millions de km². Cette immensité aréique traversée par le tropique du Cancer participe de la ceinture des grands déserts de l'hémisphère nord. Les montagnes qui culminent à plus de 3 000 m, chaînes du Hedjaz et de l'Assir à l'ouest, monts Hajar à l'est, permettent à quelques rares régions d'échapper à l'aridité. La mise en valeur du milieu repose sur l'association du nomadisme pastoral et de l'agriculture sédentaire irriguée. Ce système, qui ne supporte pas de fortes densités, reste inchangé pendant des millénaires. La découverte du pétrole sonne le glas du nomadisme, renforce l'anthropisation du désert et provoque son artificialisation, voire sa quasi-occultation en milieu urbain, mais le désert reste un paramètre géotactique majeur sur le plan militaire.

B. UN MONDE ARABO-MUSULMAN

1. Les tribus arabes

Le mode de vie bédouin, qui a pratiquement disparu, garde une grande force symbolique. L'organisation traditionnelle était fondée sur la cohésion de la tribu, sur le lien intergénérationnel et sur des hiérarchies de prestige. Elle perdure plus ou moins, même si elle s'érode pour faire place à des hiérarchies de classes à fondement monétaire. Dans la tradition bédouine, le cheikh doit assurer la subsistance de sa tribu, y compris en lançant des razzias, et sa sécurité dans un contexte de luttes incessantes ou d'alliances conjoncturelles avec d'autres tribus. Exerçant un pouvoir paternaliste, il consulte les sages de la tribu, mais reçoit aussi ses membres, dont il écoute les requêtes et les doléances lors de *majlis* (réunions).

Les Britanniques font des chefs des tribus les plus puissantes des souverains qui portent le titre d'émir. Les Al Bu Saïd, qui bâtissent un empire ultramarin à partir de Mascate, prennent celui de sultan. En 1932, Ibn Saoud, dont la famille avait déjà gouverné dès le XVIIIe siècle et qui exerce son pouvoir sur des territoires échappant à la tutelle britannique, se proclame roi. Les hydrocarbures et les indépendances ont renforcé la puissance des dynasties, qui redistribuent à leurs sujets une partie de la rente pétrolière et sont légitimées *a posteriori* par des constitutions entérinant des monarchies héréditaires. Les émirs appliquent les **principes traditionnels de consultation (*choura*) et de consensus (*ijma*)**. Cette **sorte de despotisme éclairé** leur semble une meilleure garantie de stabilité qu'une démocratie représentative à l'occidentale avec des partis politiques. La distribution des portefeuilles ministériels intègre toujours le souci de respecter des équilibres tribaux. Depuis l'abolition de la monarchie en 1962, le Yémen est le seul État républicain de la péninsule, mais les tribus y exercent encore une influence politique considérable.

L'ancienneté des dynasties arabes du Golfe

Koweït	Al Sabah, 1752
Arabie saoudite	Al Saoud, 1932
Bahreïn	Al Khalifah,1783
Qatar	Al Thani, 1868
Abou Dhabi	Al Nahyan, 1761
Doubaï	Al Maktoum,1833

Charjah	Al Qassimi, 1727
Ajman	Al Nuaimi, 1800
Umm al Qwain	Al Mualla, 1775
Ras el Khaïmah	Al Qassimi,1680
Foujeirah	Al Sharqi,1876
Oman	Al Bu Saïd, 1744

Source : B. Dumortier et Ph. Cadène, Atlas des pays du Golfe, PUPS, 2011.

2. L'omniprésence de l'islam

■ **La densité des mosquées dans la banlieue sud de Koweït**

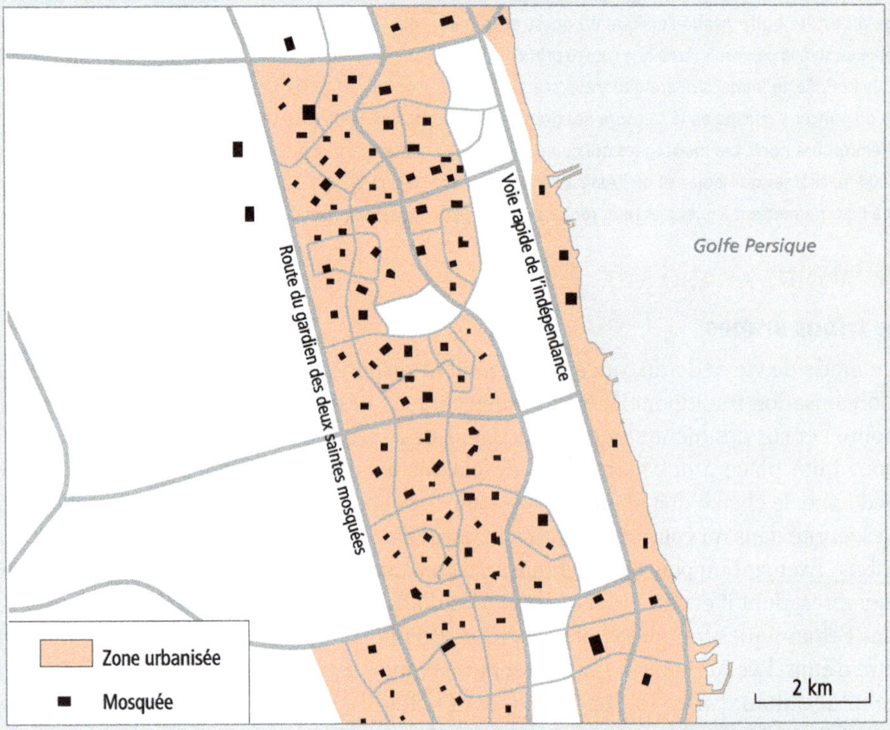

Source : d'après Hamdy El-Gamily, *Geoinformatics Center*, Kuwait.

Les populations autochtones de la région sont musulmanes sunnites à plus de 90 %, mais la présence de nombreux migrants hindous ou chrétiens abaisse considérablement la proportion de musulmans dans la population résidente. La présence de grandes mosquées monumentales de construction récente et la densité des mosquées de quartier impriment **dans le paysage urbain la prégnance de l'islam**.

L'**imbrication du temporel et du spirituel** marque l'Arabie saoudite dès les origines. En 1744, le réformateur religieux Mohammed Abdel Wahab se lie avec Mohammed Ibn Saoud, émir de Dariya, par un pacte fondateur d'un système bicéphale où l'autorité religieuse est aux mains des oulémas et l'autorité politique détenue par la famille Saoud. Le régime saoudien repose toujours sur cette alliance. La dynastie Saoud s'engage à faire appliquer dans la société le message religieux de Mohammed Abdel Wahab, en échange d'une légitimation religieuse de ses décisions politiques.

La garde des Lieux saints de La Mecque et Médine **est un enjeu symbolique considérable**. Elle est assurée par les Saoud depuis leur victoire sur les Hachémites de La Mecque. Depuis 1986, « Gardien des Deux Saintes Mosquées » est le titre du roi d'Arabie saoudite. Les Saoud ont œuvré à l'aménagement des sanctuaires pour le pèlerinage (*Hadj*) dont l'organisation est un défi logistique (acheminement, hébergement), sécuritaire (attentats, mouvements de foule meurtriers) et sanitaire (malaises dus à la chaleur, au jeûne et à l'émotion). Le nombre de pèlerins, qui ne cesse d'augmenter (150 000 en 1950, 3 millions en 2010), impose des quotas par pays et les revenus du pèlerinage, y compris la vente d'objets pieux, sont considérables. Le pèlerinage a une dimension géopolitique, car c'est un vecteur de diffusion d'un islam traditionaliste et une filière d'immigration clandestine.

ZOOM ▶ Les Hachémites de La Mecque

À partir du XIe siècle, la garde des Lieux saints est confiée aux Hachémites, descendants de la famille du Prophète. Bien que les prérogatives qui y sont attachées soient des plus restreintes sous les Ottomans, la fonction de **chérif de La Mecque** reste investie d'une grande valeur symbolique dans le monde musulman. Pendant la Première Guerre mondiale, le chérif Hussein s'allie aux Anglais contre les Turcs et participe à la **Grande révolte arabe** (1916-1918) relatée par T. E. Lawrence **(Lawrence d'Arabie)** dans *Les Sept Piliers de la sagesse*. Après la guerre, son fils Abdallah reçoit l'émirat de Transjordanie et ses descendants règnent toujours sur le **royaume hachémite de Jordanie**. Son fils Fayçal règne en 1920 sur un éphémère royaume de Syrie. Renversé par les Français, il reçoit des Britanniques le trône d'Irak. Un troisième fils, Ali, lui succède comme roi du Hedjaz.

II. Une diversité à prendre en compte

A. DES ÉTATS DE POIDS INÉGAL

Les pays de la péninsule Arabique diffèrent considérablement par leur superficie et leur population, sans parler de leur richesse en hydrocarbures [→ CH. 19]. Les riverains du Golfe, à l'IDH très élevé ou élevé (Iran), contrastent avec le Yémen, que son IDH classe dans les derniers à l'échelle mondiale. À l'échelle de l'Afrique du Nord et du Moyen-Orient, l'Iran occupe le deuxième rang pour la population après l'Égypte.

Les indicateurs démographiques, économiques et de développement

	Superficie (en km²)	Population 2020 (en millions)	PIB 2020 (en milliards de dollars)	PIB/hab. 2020 (en dollars)	IDH 2020
Arabie saoudite	2 149 690	34,8	700	20 110	0,854
Bahreïn	791	1,7	34	20 410	0,852
Émirats arabes unis	830 600	9,9	358	36 284	0,890
Iran	1 648 000	83,9	203	2 422	0,783
Koweït	17 818	4,3	106	24 811	0,806
Oman	212 457	5,1	64	12 659	0,813
Qatar	11 000	2,8	144	50 124	0,848
Yémen	528 000	29,6	21	758	0,470

Sources : Banque mondiale et PNUD.

B. DES GÉOHISTOIRES DIFFÉRENTES

1. L'Iran : des Empires perses à l'État-Nation

Deux vastes déserts salés (Dacht-e Kavir et Dacht-e Lout) s'étendent à l'est du pays, mais l'Iran est surtout une forteresse montagneuse. Au nord, l'Elbrouz, allongé sur 600 km, culmine à plus de 5 500 m. Son versant septentrional domine la Caspienne ; sur son versant méridional est implantée Téhéran, à 1 200 m d'altitude. À l'ouest, le Zagros, chaîne de 1 500 km de la frontière arménienne au détroit d'Ormuz, culmine à plus de 4 000 m. Le Plateau central (altitude moyenne 900 m) a été le creuset de la Nation persane.

Le chiisme duodécimain et la langue persane sont les deux piliers de l'identité nationale qui puise aussi au **souvenir des empires de la Perse** antique (achéménide, parthe et sassanide), dont les limites dépassaient considérablement les frontières de l'Iran actuel. En proclamant le chiisme religion d'État, les Safavides (1501-1736) consacrent la spécificité du monde iranien au sein du monde musulman. La dynastie Qadjar (1786-1925) se heurte à la résistance des religieux dans son entreprise de modernisation du pays. Il en sera de même pour la **dynastie Pahlavi** qui lui succède et dont le fondateur (Reza Shah) interdit le port du voile en 1936. Cette dynastie unificatrice, autoritaire et modernisatrice valorise la dimension persane de l'identité. **Suite à la révolution de 1979, elle fait place à une République islamique conservatrice**, tout aussi centralisatrice et autoritaire, qui érige en « principe éternellement immuable » que le chiisme duodécimain est la religion officielle de l'Iran [→ CH. 3].

L'Iran, marqué par des tensions irréductibles et précoces entre libres-penseurs et religieux, oscille depuis longtemps entre deux pôles, moderniste et traditionaliste, ce qu'illustre le basculement de la place des femmes d'une quasi-égalité avec les hommes à une subordination totale. En revanche, un nationalisme ombrageux et un État centralisateur sont deux constantes.

2. Des États saoudiens au royaume d'Arabie saoudite

En Arabie saoudite, on distingue : au centre, le Nedjd, de tradition bédouine, berceau de la dynastie et de la réforme wahhabite, où se trouve la capitale ; à l'ouest, le Hedjaz, de tradition commerçante, avec les Villes saintes de La Mecque et Médine et le port de Djeddah ; au sud-ouest, l'Assir, montagneux et arrosé, apparenté au Yémen ; le Hasa, province orientale riche en hydrocarbures. Dans cette dernière région, où la conurbation Dammam, Dhahran, Al-Khobar doit son origine au pétrole, d'importantes migrations intérieures et l'afflux d'étrangers ont réduit considérablement le poids des chiites, qui représenteraient entre 5 et 10 % de la population saoudienne selon les sources.

La construction territoriale du pays s'est faite à partir du Nedjd. Après avoir scellé le pacte de Dariya, les Saoud partent à la conquête du centre de la péninsule, puis de sa côte orientale. Ils conquièrent ensuite l'Assir et le Hedjaz, où ils s'emparent de La Mecque et de Médine. Cela entame le prestige des Ottomans qui partent à la reconquête du Hedjaz, suivie de celle du Nedjd qui s'achève en 1818 par la prise de Dariya. C'est la fin du premier État saoudien. Un deuxième État saoudien, plus faible et moins étendu, se reconstitue à partir de Riyad au milieu du XIXe siècle. En 1902, Abd al-Aziz Ibn Saoud quitte Koweït, où les Saoud avaient trouvé refuge, et reprend Riyad. En 1913, il s'empare du Hasa, en 1920 de l'Assir, puis en 1924 de La Mecque. **Ayant détrôné les Hachémites** [→ ZOOM P. 465]**, Ibn Saoud est reconnu comme roi du Hedjaz et sultan du Nedjd et de ses dépendances en 1926** avant de réunir ses territoires en un royaume d'Arabie saoudite en 1932.

3. Des protectorats britanniques aux jeunes États du Golfe

En 1507, la conquête d'Ormuz par Albuquerque inaugure la domination portugaise sur le Golfe pour près d'un siècle et demi. Les Britanniques s'allient à des familles locales pour chasser les Portugais, mais sont confrontés à la résistance des Qawassim, puissante tribu marchande maritime[3]. Après plusieurs expéditions navales, ils imposent aux émirs locaux une « trêve maritime perpétuelle » en 1853. **Le Golfe est un élément stratégique de l'Empire britannique,** qui établit des protectorats formels (Koweït, Bahreïn, Qatar, États de la Trêve) ou informels (Mascate et Oman).

Les revendications frontalières saoudiennes

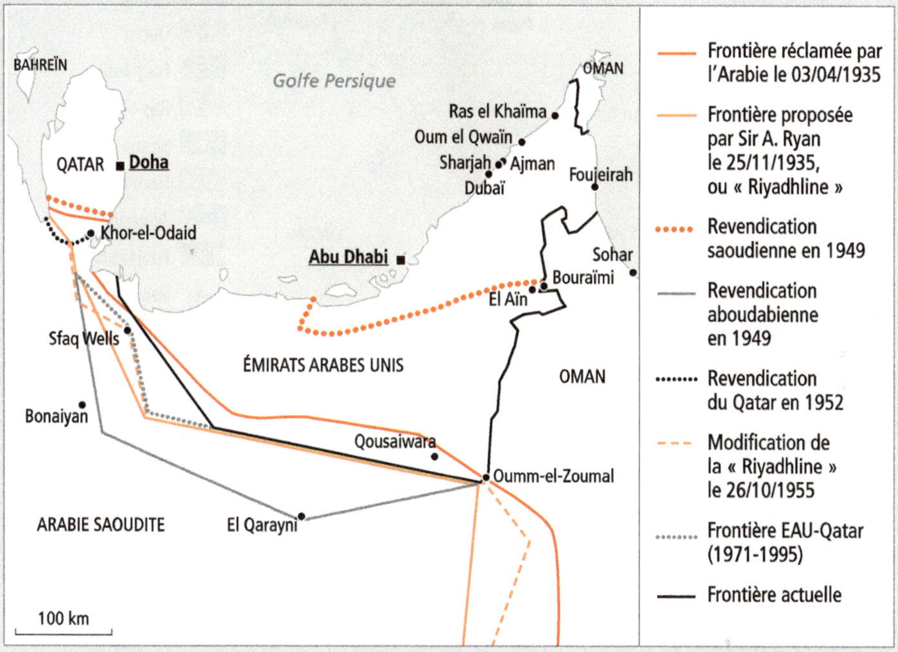

Source : d'après Ch. Dallaporta, « Les transferts institutionnels et politiques dans l'Émirat d'Abou Dhabi », *Politique étrangère*, n° 6, 1974.

Les indépendances, accordées en 1961 au Koweït et dix ans plus tard aux autres protectorats de la région, posent la question des frontières jusqu'alors floues, surtout vers l'intérieur, car les Britanniques ne s'étaient longtemps souciés que de la maîtrise du littoral pour protéger la route des Indes. **Les hydrocarbures et les ressources en eau constituent des enjeux qui éclairent les prétentions de l'Arabie saoudite.** En 1995, en échange de leur renonciation à toute revendication sur la région d'El Aïn riche en eau [→ ZOOM P. 473], Abu Dhabi concède aux Saoudiens une étroite lucarne littorale à l'est de la péninsule de Qatar.

Abu Dhabi, Dubaï, Sharjah, Ajman, Oum el Qwaïn, Ras el Khaïmah et Foujeirah forment une fédération à laquelle Bahreïn et Qatar refusent d'adhérer. **La difficile fixation des frontières engendre toute une gamme de curiosités géopolitiques** : enclaves, doubles enclaves*, fragments détachés, condominiums… L'héritage d'une économie anciennement fondée sur la complémentarité entre la côte, le désert et les oasis de piémont explique la

DÉFINITION

Double enclave : enclave dans une enclave. On emploie aussi l'anglicisme « contre-enclave » pour désigner une telle configuration.

3. L'émir de Sharjah, Cheikh Sultan al-Qasimi, et celui de Ras el Khaïmah, Cheikh Saoud Al Qassimi, sont des Qawassim (pluriel de Qassimi).

■ **Les frontières internes des Émirats arabes unis**

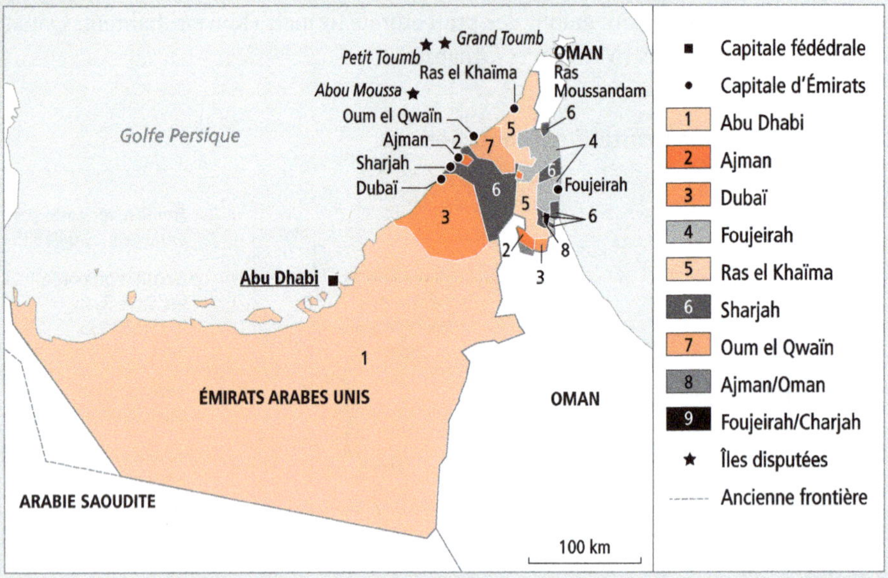

Source : d'après B. Dumortier, P. Picouet, J.-P. Renard, *Les Frontières mondiales. Origines et dynamiques*, Le Temps, 2007.

complexité des frontières internes des Émirats arabes unis et l'extrême fragmentation des territoires dont seul celui d'Abu Dhabi est d'un seul tenant.

C. DES DYNAMIQUES DIVERGENTES

1. Les tentatives d'intégration des pays arabes du Golfe

a) Au sein des territoires nationaux

L'intégration territoriale progresse aux Émirats, bien que chaque composante reste jalouse de son individualité. À chaque occasion, on célèbre « l'esprit de l'Union » en invoquant le souvenir de **Cheikh Zayed**, souverain respecté qui a présidé aux destinées des Émirats arabes unis pendant plus de trente ans et joué un grand rôle dans le renforcement de la fédération face aux tendances centrifuges de certains de ses membres. La frontière entre l'émirat de Dubaï et celui de Sharjah, longtemps occupée par un *no man's land* du fait des prétentions discordantes des deux émirats, est définie.

En 2009, la conjonction de la crise des *subprimes* et de l'éclatement d'une bulle spéculative immobilière explique la **banqueroute de Dubaï**. Son **renflouement par Abu Dhabi**, qui lui a consenti un prêt de 5 milliards de dollars, a renforcé la prééminence de cet émirat riche de son pétrole.

Le sultanat d'Oman est héritier d'une puissante thalassocratie dirigée par les sultans de Mascate et d'une principauté religieuse millénaire, l'imamat ibadite de Nizwa. Le nom que porte le pays jusqu'en 1970, Mascate et Oman, reflète la dualité du pays articulé en deux parties, l'une tournée vers l'extérieur, l'autre vers l'intérieur, à laquelle s'ajoutent de vastes étendues de désert et le Dhofar (Sud) géographiquement et culturellement proche du Yémen. En 1955, le sultan affirme son contrôle sur l'intérieur, obtient l'abdication de l'imam et mate la tentative ultérieure de restauration de l'imamat avec l'aide militaire britannique. **Dans le**

Dhofar, une révolte tribale éclate en 1961. Elle entre dans une nouvelle phase deux ans plus tard, avec la création d'un Front de libération du Dhofar, dont la République démocratique du Yémen deviendra la base arrière. Des opérations militaires à participation britannique réduisent la guérilla sans parvenir à l'anéantir. En 1970, les Britanniques contraignent le sultan Saïd bin Taymour à abdiquer en faveur de son fils Qabus, qui mena une politique d'amnistie et de développement local, et mit fin à la rébellion du Dhofar.

b) Au sein du CCG

Le **Conseil de coopération des États arabes du Golfe** (CCG) rassemble six riverains du Golfe : le Koweït, l'Arabie saoudite, Bahreïn, le Qatar, les Émirats arabes unis et Oman. Sa charte stipule que les pays fondateurs, pleinement conscients de liens particuliers, de caractéristiques communes et de la similitude de systèmes fondés sur la croyance en l'islam, sont désireux de mettre en œuvre une coordination, une coopération et une intégration entre eux dans tous les domaines.

En 1981, à sa création, le CCG répond au souci de constituer une **alliance stratégique défensive contre l'Iran** devenu une République islamique. Alors que les Saoudiens privilégient le plan militaire et les accords d'intervention réciproque, Cheikh Zayed l'envisage plutôt comme une force de négociation à même d'empêcher une confrontation avec l'Iran et d'éviter ainsi des interventions étrangères au monde arabe. Sous l'influence du Koweït, le CCG s'engage vers une **union douanière** et un **marché commun**. Il devient progressivement une instance d'intégration économique et va jusqu'à émettre un projet de monnaie unique. Il s'efforce d'encourager les complémentarités afin de réduire les doublons et les concurrences. Des **projets transnationaux d'infrastructures stratégiques** progressent : interconnexion du réseau électrique et du réseau d'approvisionnement en eau.

Le débat majeur porte sur la place à donner à l'Irak et à l'Iran dans le dispositif de sécurisation du Golfe. Le sultan d'Oman, qui avait noué des relations étroites avec le shah d'Iran, a maintenu le dialogue avec la République islamique. Aux antipodes de la position saoudienne farouchement hostile à l'Iran, il préconise sur le plan stratégique un système de sécurité collective incluant l'Irak et l'Iran. L'idée fait son chemin aux Émirats arabes unis, dont on constate la montée en puissance face au « grand frère saoudien » avant que le Qatar ne joue à son tour un rôle diplomatique sans commune mesure avec sa taille et sa population, comme dernièrement dans les relations entre les talibans et la communauté internationale.

Les changements politiques en Égypte et la guerre au Yémen font éclater au grand jour des tensions latentes entre les membres du CCG. Après la chute de Mohamed Morsi [→ CH. 23], le Qatar accueille les Frères musulmans pourchassés par le président Sissi. En 2014, l'Arabie saoudite, Bahreïn et les Émirats arabes unis rappellent leur ambassadeur à Doha, puis en 2017, rompent, ainsi que l'Égypte, leurs relations diplomatiques avec le Qatar, accusé de protéger des groupes terroristes. Le Qatar est exclu de la coalition militaire arabe au Yémen menée par les Saoudiens. Une autre divergence entre pays voisins apparaît ensuite, quand les Émirats arabes unis soutiennent le Conseil de transition du Sud, à la différence des Saoudiens, qui le jugent illégitime. La médiation du Koweït permet le rétablissement des relations diplomatiques entre les pays du CCG en janvier 2021, ce qui ne signifie pas pour autant la fin des tensions.

c) Au sein du monde arabe

Le Conseil de coopération du Golfe, qui ne se limite pas à une zone de libre-échange, à la différence de l'accord d'Agadir ou de la Grande zone arabe de libre-échange, fonctionne indéniablement mieux que les autres organisations internationales arabes.

■ **La Ligue arabe**

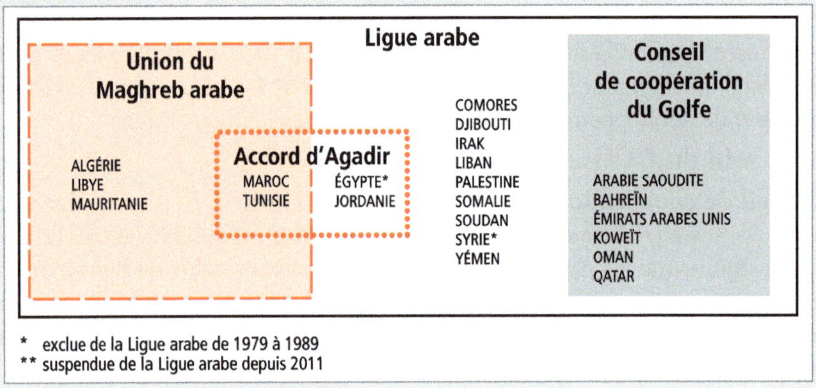

ZOOM ▶ Les organisations arabes et islamiques

Durant la Première Guerre mondiale, les Britanniques font miroiter la création d'un État arabe unifié pour s'assurer une alliance arabe contre l'Empire ottoman, allié de l'Allemagne. Recherchant à nouveau l'alliance arabe durant la Seconde Guerre mondiale, ils encouragent, **en 1945, la création de la Ligue arabe** par l'Arabie saoudite, l'Égypte, l'Irak, la Jordanie (à cette époque, le royaume de Transjordanie), le Liban et la Syrie. Ce « rassemblement dans la division » parvient difficilement à parler d'une même voix. Les résolutions de ses sommets sont rarement suivies d'effet.

Les États de la Ligue arabe sont aussi membres de l'**Organisation de la coopération islamique (OCI)**, dont le siège est à Djeddah. Créée en 1969 et regroupant 57 États musulmans, l'OCI met en avant la recherche d'une « parfaite unité du monde musulman ». Elle ne doit pas être confondue avec la **Ligue islamique mondiale (LIM), ONG saoudienne créée en 1962 pour contrer le projet panarabe non religieux** de Nasser. La LIM se donne pour mission de fédérer tous les musulmans et de favoriser la diffusion de l'islam sur tous les continents (formation des imams, financement de la construction de mosquées).

2. Les risques centrifuges en Iran

La reconnaissance institutionnelle des minorités, mais en aucun cas des musulmans sunnites, n'empêche ni les discriminations, ni les amalgames, ni les persécutions religieuses, particulièrement féroces contre les bahaïs. Après 1979, les minorités chrétiennes, mandéennes ou juives ont massivement quitté le pays.

Les Persans chiites, dominant numériquement et politiquement, occupent les régions les plus densément peuplées du centre du pays. La diversité culturelle s'inscrit dans un modèle centre-périphérie. Les Lors, éleveurs nomades sédentarisés proches des Persans, et les Qashqai, éleveurs transhumants turcophones, vivent dans le Zagros. Les Turkmènes, vivant principalement dans la province du Golestan, frontalière du Turkménistan, sont depuis longtemps associés au pouvoir : les Safavides et les Qadjar étaient des dynasties turkmènes. D'autres minorités secouent la férule des autorités malgré la surveillance et la coercition. Concilier l'iranité avec la diversité culturelle devient un problème politique du fait de la contestation du régime au nom de l'ethnicité, mais aussi géopolitique compte tenu de la position transfrontalière des minorités les plus revendicatrices. Au nord, à la frontière de la Turquie et de l'Irak, **la résistance des nationalistes kurdes est structurée en plusieurs mouvements**, dont le PJAK (Parti pour la vie libre du Kurdistan), qui mène une véritable **guérilla contre le gouvernement** :

Les groupes culturels en Iran en 2014

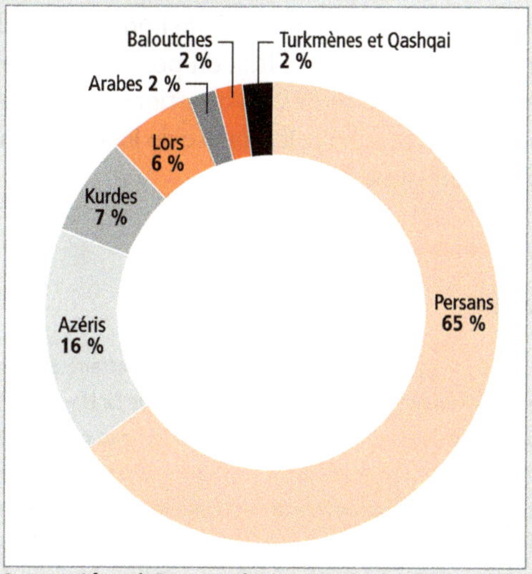

Source : Afsaneh Pourmazaheri, *La Revue de Téhéran*, 2014.

– les Azéris occupent le **nord-ouest** de l'Iran à la frontière de l'Azerbaïdjan. Des **mouvements protestataires** ont éclaté **dans les villes azéries** au milieu des années 2000 ;
– **des Arabes chiites vivent au sud-ouest** de l'Iran, à la frontière de l'Irak, dans la province pétrolière du **Khuzestan**, au cœur des enjeux de la guerre Irak-Iran. Dans la province d'Hormuzgan, **sur la côte du Golfe**, les principales villes sont persanes, mais les bourgades et les villages ont une **composante arabe sunnite**. Des tensions intercommunautaires larvées se sont tendues depuis la révolution islamique. Dans les années 2000, l'exploitation du gisement gazier de South Pars provoque l'arrivée de nouveaux venus de l'intérieur du pays qui bénéficient de bons revenus dans le secteur des hydrocarbures, ce qui accentue le sentiment de marginalisation de la population locale arabophone à l'économie traditionnelle autarcique fondée sur la pêche et l'agriculture ;
– **au sud** de l'Iran, les **Baloutches** sunnites vivent **à la frontière du Pakistan**, dans la province de Sistan-et-Baloutchistan, où le PIB par habitant et le taux d'alphabétisation sont nettement inférieurs à la moyenne nationale. Sous la présidence de Mohammad Khatami (1997-2005), favorable à la tolérance, Téhéran joue la carte de l'intégration de cette région périphérique pour désamorcer la montée de mouvements proches des talibans. Sous celle de Mahmoud Ahmadinejad (2005-2013), conservateur peu enclin au dialogue, le groupe Jundullah (« Soldats de Dieu ») mène des attaques terroristes meurtrières. La région devient le théâtre d'affrontements armés entre les milices baloutches, qui contrôlent le trafic d'armes et d'héroïne afghane, et l'armée iranienne. Le chef de Jundullah est capturé en 2010.
La répression exacerbe les **aspirations séparatistes** face au régime qui n'est pas prêt à faire des concessions compte tenu d'**enjeux stratégiques** dans ces régions frontalières et d'**enjeux énergétiques**, que ce soit le contrôle des gisements d'hydrocarbures ou la construction du gazoduc IPI (Iran-Pakistan-Inde) qui doit nécessairement transiter par le Baloutchistan.

3. Des litiges inégalement réglés

L'**importance de Boubiane et Warba dans les relations irako-koweïtiennes** est symptomatique de l'**intérêt stratégique des îles qui jalonnent les côtes du Golfe**. En cas de conflit armé avec l'Iran, l'Irak doit pouvoir compter sur son port d'Oum Qasr, à la frontière du Koweït, dont l'accès est contrôlé par les deux îles koweïtiennes de Boubiane et Warba. La signature d'accords entre l'Iran et l'Irak en 1975 met en veilleuse la revendication irakienne sur ces îles. Sa guerre contre l'Iran met l'Irak en position de demandeur : en 1984, l'Irak propose au Koweït le règlement de toutes les questions pendantes contre le droit d'utiliser Boubiane comme base militaire. Le Koweït propose de louer Warba, mais refuse toute discussion sur Boubiane, plus stratégique.

ZOOM ▶ Les îles Hawar

Bahreïn est un archipel dont l'île éponyme occupe 90 %, 34 îles se partageant le reste. Le Qatar revendique l'île Hawar et quatre îlots voisins situés à proximité de ses côtes. La tension monte et donne lieu en 1986 à un bref affrontement armé. Le roi d'Arabie saoudite convoque les deux souverains, qui ne parviennent pas à trouver un compromis et boycottent alternativement les réunions du Conseil de coopération du Golfe. Pour ténu que soit l'objet du litige (50 km² et moins de 5 000 habitants), cette pomme de discorde a sans doute contribué, en affaiblissant la solidarité des monarchies du Golfe, à la décision de Saddam Hussein d'envahir le Koweït en août 1990. L'affaire est portée devant la Cour internationale de justice de La Haye en 1991. Dix ans plus tard, mettant fin à la plus longue procédure de son histoire, la Cour confirme la souveraineté bahreïnienne sur les Hawar. En l'absence d'enjeu stratégique ou pétrolier, force est d'admettre qu'il s'agit d'une affaire d'honneur qui plonge ses racines dans des rivalités familiales vieilles de plus d'un siècle entre les Al Thani et les Al Khalifa. La normalisation des relations entre les deux voisins a ouvert la possibilité de les relier par le pont de l'Amitié (45 km).

Le litige opposant l'Iran aux Émirats à propos de trois îles du détroit d'Ormuz est plus grave par ses enjeux et ses implications possibles. Abou Moussa est une île pétrolière de 90 km² à 56 km au large de Sharjah et à 69 km de l'Iran, **Petite Tumb et Grande Tumb** deux îlots entre Ras el Khaïmah et l'Iran. Un trait de plume sur une carte dressée par la Royal Geographical Society en 1892 en fait des territoires iraniens. Quand le pétrole commence à jaillir, les Qawassim de la côte arabe revendiquent la souveraineté sur ces îles dont personne ne se souciait jusqu'alors. L'Iran riposte en nommant un gouverneur, mais les tentatives d'implantation iraniennes avortent. Dans les années 1960, Abou Moussa passe sous le contrôle effectif de Sharjah avec l'appui du Royaume-Uni qui attribue les deux Tumb à Ras el Khaïmah. Le lendemain de l'indépendance des Émirats arabes unis, l'Iran occupe les trois îles. Il conserve les deux Tumb, mais négocie un compromis avec Sharjah : celui-ci conserve la souveraineté ; les revenus pétroliers sont partagés ; l'Iran, à cette époque allié des Américains qui lui ont dévolu le rôle de gardien du Golfe, obtient l'autorisation d'établir des installations militaires. La chute du shah change la donne : l'Iran occupe unilatéralement les trois îles depuis 1992. Les Émirats ne veulent à aucun prix envenimer les choses. Malgré des escalades verbales périodiques, aucun des deux protagonistes n'a franchi jusqu'à maintenant le point de non-retour. La situation nourrit cependant une tension permanente entre la République islamique et l'ensemble des États du Conseil de coopération du Golfe. L'Arabie saoudite pourrait en faire un *casus belli* au corps défendant des Émiriens liés à l'Iran par des intérêts croisés.

ZOOM ▶ L'affaire de Buraïmi

À l'orée du Rub al-Khali, une occupation humaine est attestée dès le IIIe millénaire avant J.-C. au pied du chaînon du djebel Hafit, où a prospéré un groupe d'oasis dont les deux principales sont El Aïn et Buraïmi. Une situation de carrefour et des ressources hydrologiques ont suscité les convoitises des Omanais, des Saoudiens et des Aboudhabiens. Sous contrôle omanais au XVIIIe siècle, les oasis font l'objet d'incursions des wahhabites. En 1891, l'émir d'Abou Dhabi se rend maître d'El Aïn et le sultan de Mascate conserve Buraïmi, que les Saoudiens occupent en 1952. L'affaire de Buraïmi est moins un conflit de pouvoir entre un sultan ibadite, un émir malékite et un roi wahhabite qu'une complication entre le gouvernement britannique et les compagnies pétrolières américaines. Après l'échec d'une commission d'arbitrage international en 1954, une intervention militaire britannique met fin à la présence saoudienne en 1955. Buraïmi appartient à Oman et El Aïn aux Émirats arabes unis. Le tracé de la frontière coupe en deux une agglomération transfrontalière de 500 000 habitants. Cette frontière internationale, longtemps totalement poreuse et non matérialisée, se durcit avec la mise en place de points de passage contrôlés par les autorités d'Abu Dhabi. Cela n'a pas pour cause une dégradation des relations avec Oman, mais vise à enrayer les infiltrations de clandestins et le trafic de drogue à partir de l'Iran qui se fait *via* les petits ports omanais depuis le renforcement des contrôles dans les ports émiriens.

III. Des mutations spectaculaires

A. L'URBANISATION

L'Iran s'enorgueillit d'une tradition urbaine ancienne. Certaines villes doivent à leur passé de capitale un riche patrimoine architectural comme Ispahan, Tabriz ou Chiraz, qui comptent chacune plus d'un million d'habitants. Téhéran, capitale depuis l'avènement des Qadjar, a vu sa population presque décupler en un demi-siècle. En 2020, c'est une **agglomération de plus de 15 millions d'habitants** en proie à une intense spéculation immobilière. Machhad, deuxième agglomération du pays, bénéficie des faveurs du régime. Elle est passée de 670 000 habitants à la veille de la révolution islamique à 3 millions en 2020. En 1960, un tiers des Iraniens vivent dans des villes ; en 2020, les trois quarts. L'Iran compte une dizaine de villes de plus d'un million d'habitants, une douzaine entre 500 000 et un million, et une cinquantaine entre 100 000 et 500 000. Une population de villageois fuyant la misère afflue dans des bidonvilles aux marges des grandes villes, en particulier Téhéran, où elle grossit un sous-prolétariat urbain.

Dans la péninsule Arabique, les taux d'urbanisation sont très élevés, sauf au Yémen (38 % en 2020). Les taux d'urbanisation (98 %) du Koweït et du Qatar traduisent une **organisation binaire du territoire : la capitale et le désert**. Les Émirats arabes unis, du fait de leur organisation fédérale, et plus encore l'Arabie saoudite, du fait de sa taille et d'une exploitation plus ancienne du pétrole, présentent un système urbain plus complet. En dépit de la présence d'assez nombreuses villes, le taux d'urbanisation d'Oman, plus tardivement pétrolier, a longtemps été faible (16 % en 1960), puis a augmenté régulièrement pour atteindre 86 % en 2020. Mieux pourvu en eau, ce pays, qui possédait une agriculture sédentaire et une paysannerie enracinée, a été touché par l'exode rural.

Contrairement à une idée reçue, les villes du Golfe n'ont pas jailli *ex nihilo* du désert en même temps que le pétrole. La plupart se sont développées à partir de petits ports, de bases de pêche perlière ou d'oasis, même si quelques villes monofonctionnelles sont nées des activités pétrolières. Elles ont connu une **croissance spectaculaire à partir de la seconde moitié du XXe siècle**. En 1950, seule Koweït City compte plus de 100 000 habitants.

Dubaï

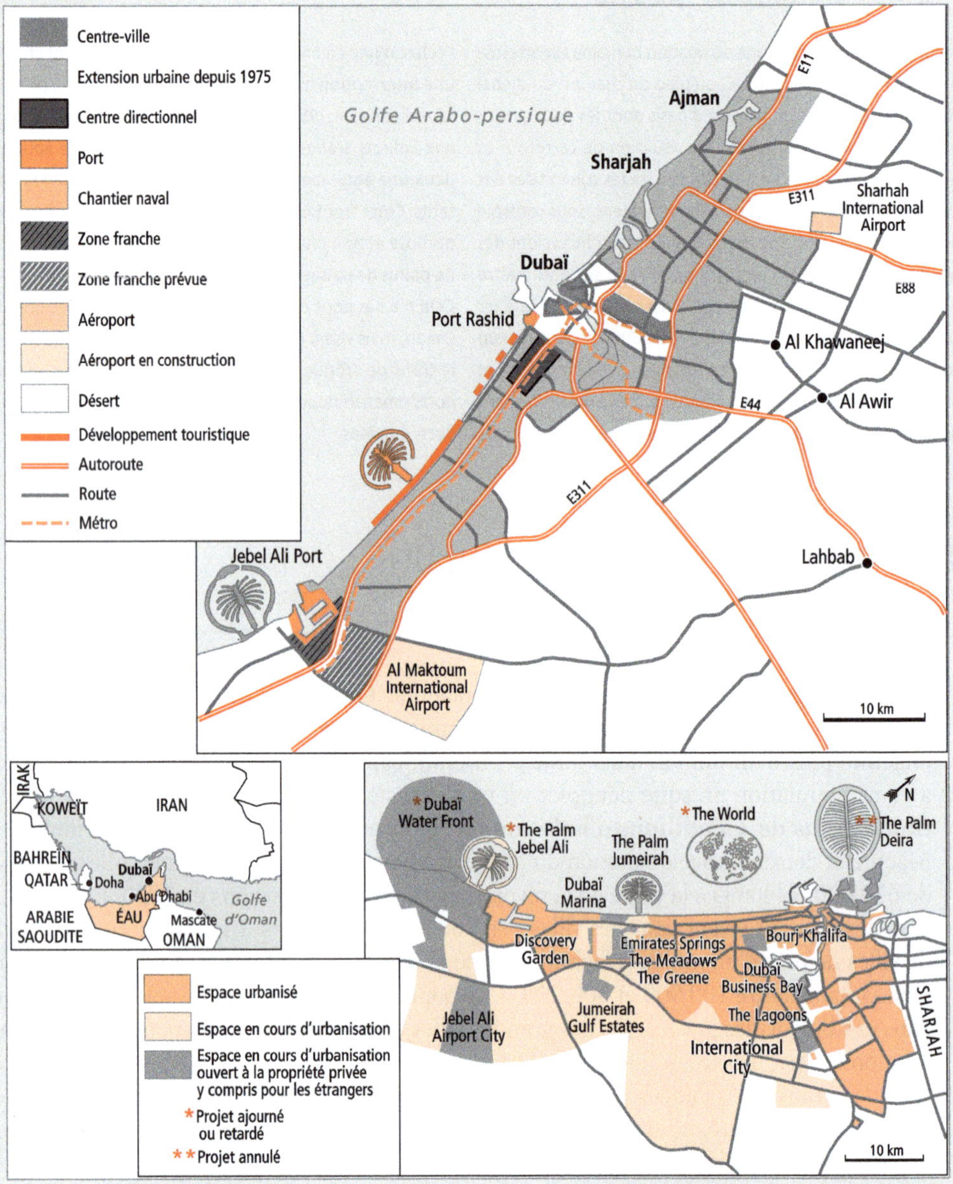

Sources : J. Varlet et P. Zembri, *Atlas des transports*, Autrement, 2010 ; P. Cadene et B. Dumortier, *Atlas des pays du Golfe*, PUPS-RFI, 2011.

Vingt ans plus tard, six villes dépassent ce seuil. Si les hydrocarbures sont le moteur principal de l'urbanisation, des facteurs géopolitiques éclairent les reconfigurations dans la hiérarchie urbaine. Les indépendances érigent au rang de capitale des villes dont la croissance s'accélère après 1970 : Manama, Doha, Abu Dhabi. L'invasion irakienne de 1990 ralentit sensiblement l'essor de Koweït, tandis que la guerre au Liban puis l'embargo contre l'Iran ne sont pas étrangers à la fortune de Dubaï. En 2015, la rive arabe du Golfe compte une dizaine de villes de plus de 200 000 habitants, dont cinq avoisinent ou dépassent un million d'habitants.

Débordant sur les émirats de Sharjah et d'Ajman pour former une agglomération linéaire polycentrique sur plus de 70 km, Dubaï (2,5 millions d'habitants) est la plus grande ville du Golfe. La puissance économique des villes du Golfe à la tête de réseaux urbains macrocéphales leur donne une place sur la scène mondiale sans commune mesure avec leur poids démographique. **L'urbanisation a été un facteur majeur de changement démographique et social** : baisse de la fécondité, recul de l'âge au mariage, recul de la polygamie, baisse de l'écart d'âge entre les conjoints, augmentation du taux de divortialité. Alors que la croissance des villes iraniennes est endogène, les villes de l'autre rive comptent entre 60 % et 90 % d'étrangers.

B. UN MULTICULTURALISME PARTICULIER

L'émigration de travail vers le Golfe, où les étrangers constituent plus de la moitié de la population active, commence à partir des années 1950 et s'intensifie à partir de la décennie 1970. Les migrants asiatiques, principalement d'Asie du Sud et du Sud-Est, submergent rapidement la composante arabe, majoritairement égyptienne. Depuis les années 2000, l'immigration se poursuit et l'aire de recrutement des migrants s'élargit.

Les sociétés arabes du Golfe sont multiculturelles au sens où une grande diversité de langues, de religions, de traditions alimentaires ou vestimentaires cohabite. C'est un multiculturalisme particulier, car **l'organisation de la société repose sur un clivage radical entre nationaux et étrangers**. La nationalité se transmet par filiation paternelle et ne s'acquiert pas, sauf exception. Une gestion très vigilante des populations étrangères s'opère dans le cadre d'une société fortement hiérarchisée, mais assez loin de l'image manichéenne d'une bipolarisation par l'immense richesse de l'oligarchie au pouvoir et le dénuement des travailleurs de chantiers ou des personnels domestiques, image qui fait abstraction de l'**existence d'une large classe moyenne essentiellement étrangère**.

Les migrations dans le Golfe s'inscrivent dans le contexte géopolitique des tensions au Moyen-Orient. Les migrants arabes et les ressortissants de pays musulmans non arabes sont de plus en plus considérés comme une menace potentielle de déstabilisation. Les migrants indiens les moins qualifiés, forts de leur nombre et des traditions syndicales de leur pays, font aussi l'objet de méfiance à cause de leur participation à des mouvements sociaux dans la décennie 2000 à Dubaï et à Doha, protestant contre les entreprises indélicates (passeports confisqués, salaires impayés...) et réclamant des conditions de logement et de transport plus décentes. Les grandes ONG internationales se mobilisent ; **le Bureau international du Travail dénonce le statut des travailleurs** dans les pays du Golfe, en particulier l'interdiction des organisations syndicales. Sa médiatisation dans la presse occidentale, mais aussi arabe et indienne, porte la question des migrations de travail sur le champ de la géopolitique. Des dispositifs juridiques se mettent peu à peu en place pour assurer aux travailleurs une protection contre les abus et les excès, mais ne règle pas la question de la précarité du statut des étrangers à la merci d'une expulsion ou d'un non-renouvellement de visa. De plus, elle ne s'applique pas à un personnel domestique féminin particulièrement vulnérable.

C. LES RÉFORMES

Pour réduire leur dépendance à l'égard des hydrocarbures, les pays producteurs diversifient leur économie. La logistique, l'immobilier, le tourisme international, la finance figurant en bonne place dans les stratégies de diversification, des réformes économiques libérales sont menées, à des degrés divers selon les pays, dans la décennie 2000 pour attirer les investissements privés et ancrer les économies dans la globalisation. Les zones franches facilitent l'investissement étranger. **L'immobilier devient un volet majeur du recyclage de la rente**, mais si elle lève un blocage, la réforme du droit foncier qui passe d'une appropriation collective coutumière à une propriété privée ouverte sous conditions aux étrangers ouvre la porte à la spéculation. Cela contribuera à la crise traversée en 2009 par Dubaï, pionnier en matière de libéralisation économique. En 2016, l'Arabie saoudite s'engage à son tour dans la voie des réformes avec un document intitulé « Vision 2030 », dans la ligne de ceux adoptés par les États voisins (« Vision 2021 » aux Émirats arabes unis, « Vision 2030 » au Qatar).

L'arrivée au pouvoir d'une nouvelle génération, la nécessité d'adapter la gouvernance aux conditions économiques nouvelles, la volonté de désamorcer les contestations devraient conduire à des réformes politiques déjà engagées dans certains pays. Mais **au sein du pouvoir, les réformistes ne parviennent pas à impulser un changement durable** et, au sein des familles régnantes, des tensions existent entre branche moderniste et branche traditionaliste.

Pionnier de la démocratie dans la région, Koweït dispose d'un Parlement élu au suffrage universel depuis 1962, mais a accordé le droit de vote aux femmes seulement en 2005. En Oman, le sultan opte pour un changement institutionnel progressif du pays jusqu'alors exclusivement régi selon les traditions juridico-religieuses de l'islam ibadite. La Loi fondamentale de 1996 a instauré un système parlementaire bicaméral avec un Conseil d'État (*Majlis al-Dawla*) nommé par le sultan et un Conseil consultatif (*Majlis al-Shura*) élu au suffrage universel direct par les Omanais et Omanaises, mais dépourvu de rôle législatif jusqu'en 2011, année où le sultan annonce le transfert au Parlement d'une partie de ses pouvoirs législatifs.

En 2002, l'émirat de Bahreïn se transforme en monarchie constitutionnelle : mise en place d'un Parlement avec une chambre basse élue et une chambre haute nommée ; instauration du droit de vote pour les nationaux, y compris les femmes, qui sont éligibles ; tenue d'élections législatives et municipales. Mais une ingénierie électorale aux allures de *gerrymandering** fait qu'aux élections de 2010, le parti chiite Al-Wefaq obtient 45 % des sièges, avec 63 % des suffrages exprimés.

L'**inertie de l'Arabie saoudite en matière de réformes** a pu être attribuée au rigorisme wahhabite, mais on a également invoqué un système successoral adelphique* qui a fait de l'Arabie saoudite une gérontocratie[4]. Accédant au trône en 2015, Salmane, le vingt-cinquième fils d'Ibn Saoud, rompt avec la tradition en imposant comme prince héritier un de ses fils, Mohammed ben Salmane, âgé de 31 ans. En 2018, les femmes sont autorisées à conduire et les premières salles de cinéma rouvrent dans le pays après 35 ans d'interdiction. Ces réformes spectaculaires, saluées comme des avancées par l'opinion internationale, ne s'accompagnent pas de réformes politiques. L'assassinat à Istanbul du journaliste saoudien Jamal Khashoggi écorne sévèrement l'image de la monarchie saoudienne.

DÉFINITIONS

***Gerrymandering* :** manipulation du découpage des circonscriptions électorales en vue de favoriser tel ou tel parti. Le terme naît en 1812, quand Elbridge Gerry, gouverneur du Massachusetts, autorise le redécoupage électoral de son État dans le but de favoriser son propre parti, les contours redessinés d'un des districts lui donnant la forme d'une salamandre. Le terme est entré dans le vocabulaire politique francophone.

Adelphique : qualifie une succession dynastique de frère en frère et non pas de père en fils.

4. Quand Abdallah accède au trône après la mort du roi Fahd, son demi-frère, il est âgé de 81 ans et régnera jusqu'à ses 90 ans. C'est son demi-frère, Salmane, frère de Fahd, qui lui succède à l'âge de 80 ans.

D. L'AVÈNEMENT D'UNE RÉPUBLIQUE ISLAMIQUE EN IRAN

En 1935, la Perse fait officiellement place à l'**Iran, toponyme** attesté dès l'Antiquité **qui renvoie aux Aryens**. La société iranienne traditionnelle illustre la théorie de Georges Dumézil sur la tripartition fonctionnelle des sociétés indo-européennes entre ceux qui prient, ceux qui font la guerre et ceux qui travaillent. Tout comme la noblesse, le clergé et la bourgeoisie au temps de la Révolution française, **la cour, la mosquée, le bazar*** se disputent le pouvoir au début du XXe siècle. Lors de la **révolution constitutionnelle en 1906**, les marchands et le clergé chiite concourent à renverser le monarque Qadjar. Dès l'année suivante, Russes et Britanniques, mettant fin au Grand Jeu [→ CH. 25], se partagent le pays. En 1921, Reza Khan, avec l'assentiment des Anglais, s'empare du pouvoir par un coup d'État militaire. Cet admirateur d'Atatürk, qui entreprendra des **réformes analogues à celles menées en Turquie**, renonce à établir une république face à l'opposition des conservateurs et fonde la dynastie Pahlavi.

Une modernisation à la hussarde, des **inégalités sociales** criantes, une **répression** féroce tant contre les libéraux que contre les religieux, une **présence américaine voyante**, les **aspirations démocratiques de la jeunesse urbaine** et les **harangues** anticapitalistes et anti-impérialistes **des dignitaires chiites** provoquent **des grèves et des manifestations en 1978**. La nomination comme Premier ministre de Chapour Bakhtiar[5], foncièrement démocrate et ouvertement anticlérical, ne suffit pas à sauver la monarchie. L'**ayatollah Khomeyni**, rentré triomphalement de son exil à Neauphle-le-Château, instaure **en 1979 une république islamique** et prend le titre de **Guide suprême de la révolution**, investi d'un pouvoir supérieur à celui du président, élu au suffrage universel.

IV. L'Arabie saoudite et l'Iran, puissances régionales

A. CROISSANT CHIITE *VERSUS* ARC SUNNITE ?

Au lendemain de la Seconde Guerre mondiale, le désir d'unité arabe peut se réaliser soit dans un État arabe républicain qui aurait pour capitale Damas, soit dans une monarchie arabe avec La Mecque comme capitale, soit dans une union dirigée par Le Caire. Le reflux de l'utopie moderniste de l'arabisme, l'échec du projet panarabe et les dérives des régimes arabes progressistes conduisent à l'effacement de l'Égypte, de la Syrie et de l'Irak qui se rêvaient chacun comme le centre du monde arabe. La montée d'une utopie unitaire conservatrice qui se veut désormais au nom de l'islam redonne une **place centrale à l'Arabie saoudite dans un monde arabo-musulman** dont elle est **à la fois le berceau et le pays le plus riche**. Se considérant comme dépositaire de l'orthodoxie musulmane, elle s'affronte à l'Iran. **La République islamique d'Iran se pose**, en effet, **en protecteur des communautés**

DÉFINITION

Bazar : équivalent persan, turc et indien du souk arabe. Les bazars ne sont pas seulement des lieux d'artisanat et de commerce de détail, mais aussi des lieux de rencontre et de convivialité. Dans les grandes villes d'Iran, les marchands du bazar et leurs employés ont joué un grand rôle politique à plusieurs reprises.

5. De formation secondaire francophone et docteur de la Sorbonne, ce grand bourgeois iranien a épousé une Française et participé à la Résistance. Après la prise du pouvoir par Khomeyni, il se réfugie en France et fonde le Mouvement de résistance nationale de l'Iran. Il est assassiné en 1991 à son domicile de Neuilly-sur-Seine, près de Paris.

chiites. Elle soutient les mouvements chiites dans les pays arabes sunnites où les chiites sont souvent une communauté pauvre et discriminée. Les gouvernements arabes voient la main de Téhéran derrière toute revendication exprimée par des chiites. Or, leurs mouvements ont aussi des mobiles sociaux et politiques, les chiites étant souvent traités comme des citoyens de seconde zone dont la loyauté serait douteuse. Quelles que soient la politisation des chiites et la confessionnalisation des conflits qui prévaut désormais au Moyen-Orient, la vision d'un **croissant chiite *versus* un arc sunnite** est tout aussi à nuancer que celle de l'**antagonisme multiséculaire des Arabes et des Persans**. Choc des civilisations ou tout simplement choc des ambitions hégémoniques ?

B. LE PRINTEMPS DE LA PERLE

L'Iran revendique Bahreïn, qu'il considère comme la « quatorzième province » de Perse. En 1927, Reza Shah, animé par une motivation strictement nationaliste et aucunement religieuse, demande à la Société des Nations le retour de Bahreïn à la Perse. La République islamique reprend cet irrédentisme à son compte. Les Saoudiens financent la chaussée du roi Fahd, pont de 25 km qui ancre le petit royaume à la péninsule Arabique. La population de Bahreïn se compose d'une **majorité chiite** (60 %) et d'une **forte minorité sunnite à laquelle appartient la famille royale**. Face à des manifestations régulières, soutenues après 1979 par l'Iran khomeyniste, le pouvoir se raidit et multiplie les arrestations. L'expérience de démocratie parlementaire des débuts de l'indépendance est compromise. L'abolition de l'État d'urgence et de la Cour de sûreté de l'État ainsi que les mesures visant à améliorer l'intégration sociale ne suffisent pas à rassurer la communauté chiite.

Au printemps 2011, des manifestations éclatent place de la Perle, au cœur de Manama, la capitale. Après des heurts avec la police, les revendications des opposants se durcissent. Au terme d'une répression violente et d'une **intervention armée des forces communes du CCG** pour soutenir la dynastie, l'État d'urgence est rétabli et les chefs de l'opposition arrêtés. En 2016, le parti d'opposition chiite Al-Wefaq est dissous et Cheikh Issa Qassim, le plus haut dignitaire religieux chiite de Bahreïn, est déchu de sa nationalité. Les mesures d'apaisement prises par le souverain sont jugées insuffisantes par l'opposition chiite et exorbitantes par une opposition sunnite radicalisée, tandis que l'emprise saoudienne sur Bahreïn se renforce. Au-delà des rivalités régionales, l'archipel a un intérêt stratégique mondial. **Le quartier général de la Ve flotte des États-Unis se trouve à Manama**, ainsi que les *Combined Maritime Forces**.

C. LA RÉBELLION HOUTHISTE AU YÉMEN

La guerre au Yémen est le plus souvent décrite comme un **affrontement entre sunnites et chiites**. D'autres clés permettent de comprendre ce conflit qui oppose depuis 2014 les rebelles houthistes, soutenus financièrement par l'Iran, aux partisans du président Abdrabbo Mansour Hadi, appuyés militairement par l'Arabie saoudite. Sur le terrain agissent aussi les

Pour aller plus loin
Yémen, chronologie contemporaine
liennathan.fr/57gjr6

DÉFINITION
***Combined Maritime Forces* :** alliance navale de 34 pays comportant trois forces opérationnelles, le contre-terrorisme, la contre-piraterie et la sécurité dans le Golfe.

salariés de sociétés militaires privées* ayant contracté avec les pays arabes du Golfe, ainsi que les djihadistes de Daech menant des raids contre des cibles militaires à Aden à partir de leur fief de Tarim dans l'Hadramaout, et les combattants d'AQPA*, qui contrôlent la plus grande partie de ces hauts plateaux difficiles d'accès.

Une **instabilité intérieure chronique**, des **tendances centrifuges rémanentes**, de perpétuels **contentieux territoriaux** avec les Saoudiens, l'**importance stratégique d'Aden** et les **enjeux de la prospection des hydrocarbures** se cumulent avec l'**instrumentalisation de la religion** dans les rivalités de puissance entre l'Arabie saoudite et l'Iran.

ZOOM ▶ L'imamat zaydite de Sanaa

Pendant plus de dix siècles (898-1962), le Yémen a abrité une entité politique stable, tantôt dilatée de l'Assir au Dhofar, tantôt confinée dans les hautes terres centrales, selon les rapports de force entre l'imam de Sanaa et les chefs tribaux de la périphérie. Soumis à une domination ottomane purement nominale, l'imamat devient indépendant en 1918 sous le nom de **royaume mutawakkilite du Yémen.** L'imam Yahya doit consolider son territoire au nord face à Ibn Saoud et au sud face aux Anglais implantés dans leur colonie d'Aden et son *hinterland*. Le rigorisme wahhabite s'accommode mal d'un imam qui ne voit pas d'inconvénient à la modernisation des mœurs, mais c'est la possession de l'Assir, montagneux et arrosé, qui est le véritable enjeu. Les traités et accords passés par l'imam avec ses puissants voisins établissent un *statu quo*. En 1962, l'imam est renversé et remplacé par un régime très conservateur. En 1967, les Anglais sont chassés d'Aden par le Front national de libération.

Après la chute de la monarchie yéménite et la décolonisation d'Aden, le Yémen est coupé en deux par une fracture idéologique entre la République arabe du Yémen (Nord Yémen) et la République démocratique populaire du Yémen (Sud Yémen). Un conflit « féodalo-marxiste[6] » meurtrier au sud et la montée en puissance des islamistes au nord favorisent la **réunification en 1990**. Des divergences apparaissent rapidement entre le président, **Ali Abdallah Saleh**, l'ancien dirigeant du Nord, et son vice-président Hadi, l'ancien dirigeant du Sud. **En 1994**, une **guerre civile** oppose les séparatistes du Sud au gouvernement. **En 2004, la guerre du Saada**, un gouvernorat du nord-ouest du pays, exprime avant tout la volonté d'autonomie d'une communauté zaydite marginalisée sur tous les plans. Elle est menée par **Abdul-Malik al-Houthi**, dont le discours véhément est prioritairement dirigé contre « l'impérialisme américain et ses alliés sionistes et saoudiens ». Une commune opposition aux islamistes sunnites du **parti *al-Islâh*** (« la Réforme »), lié aux Frères musulmans, explique leur rapprochement avec des forces laïques socialistes arabes. Bien que le chiisme zaydite soit proche du sunnisme chaféite prépondérant au Yémen (75 % de la population), et fort éloigné du chiisme duodécimain [→ CH. 3], l'Iran finance la rébellion.

DÉFINITIONS

Sociétés militaires privées : forme nouvelle de mercenariat, ces entreprises, essentiellement anglo-saxonnes, ont connu leur essor lors des guerres d'Afghanistan et d'Irak. Alors qu'un mercenaire s'engage au service d'une armée étrangère, ces sociétés passent un contrat avec un commanditaire, d'où leur appellation de contractors, et mettent à sa disposition le savoir-faire militaire de leur personnel.

AQPA : Al-Qaida dans la péninsule Arabique est un mouvement djihadiste issu de la fusion, en 2009, des branches saoudienne et yéménite d'Al-Qaida.

6. Dans un contexte de graves difficultés économiques, l'opposition entre les marxistes orthodoxes et les pragmatiques qui veulent ouvrir le pays aux capitaux arabes et occidentaux se déroule sur fond de luttes de pouvoir entre dirigeants, luttes qui se tribalisent rapidement.

La situation au Yémen en 2020

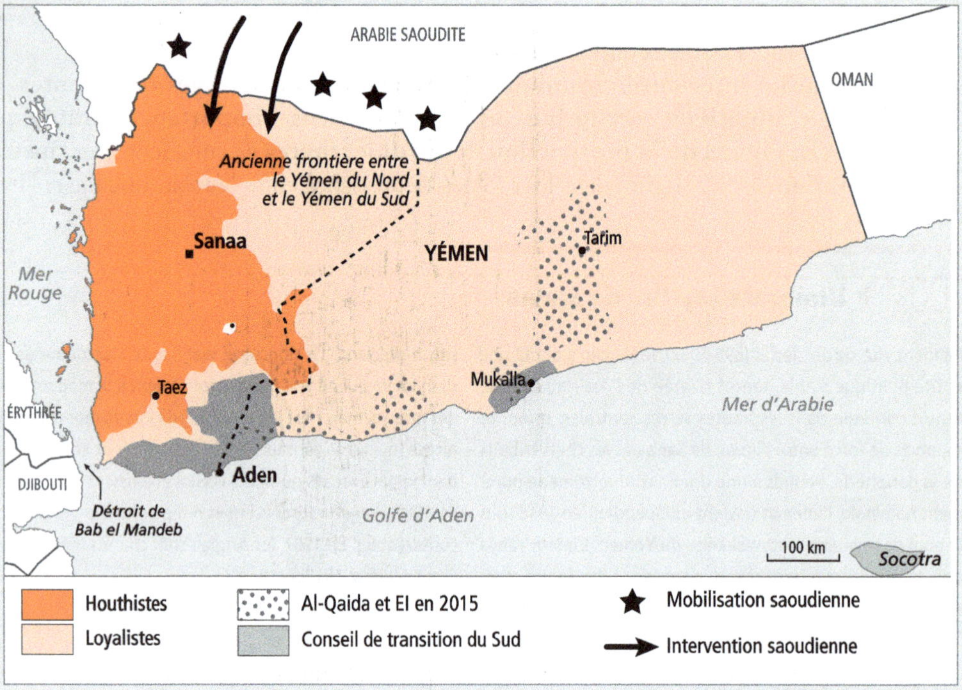

Source : d'après B. Dumortier, 2021.

Dès 1969, de **graves incidents frontaliers** ont opposé l'Arabie saoudite et la République démocratique populaire du Yémen. Loin de faciliter le règlement des différends, la disparition du seul régime communiste du monde arabe à ses portes envenime paradoxalement la situation du fait de la crainte saoudienne d'un Yémen réunifié, réconcilié avec Oman, organisant des élections démocratiques et devenu producteur de pétrole depuis 1986. Par ses mouvements de troupes à la frontière, l'Arabie saoudite cherche surtout à entretenir un climat de tension destiné à dissuader les compagnies occidentales de prospecter dans cette zone.

En 2011, sunnites et chiites se mêlent dans les manifestations qui réclament la démocratie, la fin de la corruption et le départ du président Saleh. Ce dernier quitte le pouvoir en 2012, mais le processus de démocratisation enclenché après le « Printemps yéménite » tourne court. Les rebelles s'emparent de Salalah en 2014, puis d'Aden en 2015. Les Saoudiens lancent alors l'**opération** « **Tempête décisive** ». Le président Hadi, élu en 2012, contraint de se réfugier à Riyad après la chute du palais présidentiel de Sanaa en 2014, rentre au Yémen, où son gouvernement réside à Aden, reprise aux houthistes. Les tentatives de médiation omanaises et de règlement diplomatique du conflit sous l'égide de l'ONU échouent. Le conflit, qui s'enlise, tourne à l'hécatombe et au désastre humanitaire.

Tandis que AQPA et la branche yéménite de Daech accumulent les revers militaires et que le parti *al-Islâh* est de plus en plus marginalisé, les séparatistes du Sud mettent en place un Conseil de transition du Sud et l'intervention saoudienne, de plus en plus critiquée, est un échec. La guerre au Yémen a fait plus de 150 000 victimes des combats et environ 227 000 morts indirectes liées à la crise alimentaire et sanitaire provoquée par le conflit.